Les Éditions du Boréal
4447, rue Saint-Denis
Montréal (Québec) H2J 2L2
www.editionsboreal.qc.ca

F. R. Scott
Une vie

Sandra Djwa

F. R. Scott
Une vie

traduit de l'anglais (Canada)
par Florence Bernard

Boréal

Les Éditions du Boréal remercient le Conseil des Arts du Canada
ainsi que le ministère du Patrimoine canadien et la SODEC
pour leur soutien financier.

Les Éditions du Boréal bénéficient également du Programme
de crédit d'impôt pour l'édition de livres du gouvernement du Québec.

Photo de la couverture : Yousuf Karsh. © COMSTOCK

L'édition originale de cet ouvrage est parue en 1987 chez McClelland and Stewart
sous le titre *A Life of F. R. Scott : The Politics of the Imagination*.

Diffusion au Canada : Dimedia
Diffusion et distribution en Europe : Les Éditions du Seuil

Données de catalogage avant publication (Canada)
Djwa, Sandra, 1939-
    F. R. Scott, une vie
    Traduction de : A Life of F. R. Scott : The Politics of the Imagination
    Comprend un index.

    ISBN 2-7646-0146-8

    1. Scott, F. R. (Francis Reginald), 1899-1985. 2. Poètes canadiens-anglais –
20ᵉ siècle – Biographies. 3. Avocats – Canada – Biographies. 4. Socialistes – Canada –
Biographies. I. Titre.

PS8537.C6Z6514   2001   C811'.54   C2001-941506-0
PS9537.C6Z6514   2001
PR6037.C6Z6514   2001

Chronologie

1929   naissance d'un fils unique, Peter.

1932   fondateur de la Ligue pour la reconstruction sociale (LSR) avec Frank Underhill et d'autres ; voyage en Angleterre au lieu d'assister à la réunion de création de la Fédération du Commonwealth coopératif (CCF) ; publie « An Up-to-Date Anthology of Canadian Poetry » dans le *Canadian Forum*.

1933   présente un rapport sur les conditions de travail des ouvriers de l'industrie du vêtement, en collaboration avec Harry Cassidy ; participe à la rédaction du manifeste de Regina pour le congrès de la CCF.

1935   rédige en grande partie *Social Planning for Canada* ; voyage en Union soviétique.

1936   *New Provinces*, anthologie de poésie conçue avec A. J. M. Smith ; conférence de l'American Institute of Pacific Relations, à Yosemite en Californie.

1938   se rend à la conférence de l'Institut des affaires internationales à Sydney, en Australie ; révise *Le Canada d'aujourd'hui*.

Années 1930 publie de nombreux essais sur la neutralité du Canada, la politique du Québec, la démocratie, le droit constitutionnel, les libertés civiles.

1940-1941   boursier Guggenheim. Il fait de la recherche à Harvard dans le but de rédiger un livre sur l'Acte de l'Amérique du Nord britannique ; la guerre l'empêchant de terminer son livre, il écrit à la place « Le manifeste démocratique ».

1942   élu président de la CCF ; fonde et publie *Preview*, avec Patrick Anderson, Margaret Day, P. K. Page et d'autres.

1943   mort de sa mère ; rédige *Un Canada nouveau* avec David Lewis.

1944   mort de son père ; F. R. Scott reçoit le prix Guarantors, *Poetry* à Chicago.

1945   premier recueil de poèmes, *Overture*.

1946   « Laurentian Shield » dans *Northern Review*, nouvelle revue née de la fusion de *Preview* et de *First Statement*.

1949-1950   le poste de doyen de la faculté de droit de McGill lui échappe, en raison de ses activités et de ses affiliations politiques.

1950	démissionne de ses fonctions de président de la CCF; contribue à la fondation de l'Association des professeurs de droit.
1952	représentant résident des Nations unies pour l'assistance technique en Birmanie, contracte l'amibiase intestinale.
1953	conférence de poésie de Keewaydin.
1954	*Events and Signals* (poésie).
1956	conférence des écrivains à Kingston; voyage sur le fleuve Mackenzie avec Pierre Trudeau; plaide dans la cause de la Loi du cadenas devant la Cour suprême du Canada.
1957	*The Eye of the Needle* (satire); gagne la cause de la Loi du cadenas par un jugement de la Cour suprême, le 7 mars; *The Blasted Pine* (anthologie de vers satiriques), avec A. J. M. Smith.
1959	gagne la cause Roncarelli en Cour suprême.
1961	effectue un voyage autour du monde grâce à une bourse du Conseil des arts du Canada pour étudier le processus d'élaboration des nouvelles constitutions dans les démocraties parlementaires; doyen de la faculté de droit de McGill.
1962	défend avec succès la cause *Lady Chatterley* devant la Cour suprême; *Saint-Denys Garneau et Anne Hébert : Translation / Traductions*.
1963	siège à la Commission royale d'enquête sur le bilinguisme et le biculturalisme.
1964	quitte ses fonctions de doyen après trois années difficiles; *Signature* (poésie); *Quebec States Her Case,* avec Michael Oliver.
1966	*Selected Poems.*
1967	*Trouvailles : Poems from Prose.*
1970	*Dialogue sur la traduction,* avec Anne Hébert.
1973	*The Dance Is One* (poésie).
1977	*Poems of French Canada* (traductions).
1978	Prix du Gouverneur général dans la catégorie essai pour *Essays on the Constitution : Aspects of Canadian Law and Politics.*
1981	Colloque F. R. Scott, à l'Université Simon Fraser; *The Collected Poems of F. R. Scott.*
1982	Prix du Gouverneur général de poésie *(Collected Poems).*
1985	meurt le 31 janvier.

Je dédie ce livre à Ann Herstein, par-dessus tout,
ainsi qu'à Francis Hord, Marilyn Fletton et Perry Millar.

On ne le remarque pas souvent, mais la vie politique de l'homme est l'expression intime de la qualité de son imagination : et ceux que la vie créatrice intéresse s'intéressent par conséquent au domaine dans lequel les concepts politiques sont formés — je dis bien « formés » —, ils ne se forment pas, mais ils sont formés dans l'imagination, non seulement par la destinée mortelle de l'homme et par les questions métaphysiques qu'elle soulève, mais aussi par les contextes particuliers de nation, de doctrine, de classe et de race. Toutes ces forces réunies permettent à l'imagination et à la pensée politique de l'homme de prendre forme, d'exister et d'interagir, et l'on ne peut complètement séparer l'étude de l'une de celle de l'autre.

CONOR CRUISE O'BRIEN, 1976.

MOUNT ROYAL

No things sit, set, hold. All swim,
Whether through space or cycle, rock or sea.
This mountain of Mount Royal marks the hours
On earth's sprung clock. Look how where
This once was island, lapped by salty waves,
And now seems fixed with sloping roads and homes.
Where flowers march, I dig these tiny shells
Once deep-down fishes, safe, it seemed, on sand.
What! Sand, mud, silt, where now commuters go
About their civic clatter! Boulevards
Where crept the shiny mollusc! Time is big
With aeon seconds now, its pendulum
Swung back to ice-pressed pole cap, that drove down
This chest of earth until the melting came
And left a hollow cavity for seas
To make into a water waiting-room.
But sea-bed floated slowly, surely up
As weight released brought in-breath back to earth
And ground uprising drove the water back
In one more tick of clock. Pay taxes now,
Elect your boys, lay out your pleasant parks,
Your gill-lunged, quarrelsome ephemera!
The tension tightens, yearly, underneath,
A folding continent shifts silently
And oceans wait their turn for ice or streets.

F. R. Scott, 1962

MONT ROYAL

Rien ne repose, ne demeure, ne tient. Tout flotte,
Dans l'espace ou le cycle, la roche ou la mer.
Cette montagne du mont Royal marque les heures
À l'horloge rythmée de la terre. Regarde
C'était autrefois une île, que les vagues salées venaient lécher,
La voilà aujourd'hui comme ancrée par des rues en pente
                                        [et des maisons.
Là où défilent les fleurs, je déterre ces petits coquillages,
Jadis poissons des grands fonds, à l'abri dans le sable
Quoi ! du sable, de la boue, de la vase, là où aujourd'hui les travailleurs
Vaquent à leurs affaires dans un brouhaha citadin ! Des boulevards
Là où ont rampé de luisants mollusques ! Le temps se mesure
En secondes éoniennes, son balancier
Remonte aux calottes glaciaires dont le poids a écrasé
La poitrine de la terre jusqu'à leur dégel
Formant une vaste cavité pour les mers
Créant une salle d'attente aquatique.
Mais le lit de la mer est remonté doucement, et sûrement,
Le fardeau s'est allégé et la terre a respiré de nouveau
Le sol s'est élevé, ramenant l'eau,
En un autre tic-tac d'horloge. Pressez-vous de payer vos impôts,
D'élire vos hommes, de dessiner vos beaux parcs,
Préparez vos poumons-branchies, batailleurs éphémères !
En dessous, la tension se resserre chaque année,
Un continent se plie dans le silence
Et les océans attendent la glace ou les rues.

F. R. SCOTT, 1962

CHAPITRE PREMIER

La famille Scott

Un beau dimanche après-midi du mois de novembre 1979, comme nous remontions la rue Peel en voiture jusqu'à l'avenue des Pins, Frank R. Scott me montra le vieux manoir John-Ross, abritant maintenant la faculté de droit de l'Université McGill. Nous avons suivi le chemin de la Côte-des-Neiges, vers l'ouest, traversant le mont Royal qui a donné son nom à la ville. La paroi rocheuse qui borde un côté de la route dévoile aux regards l'ossature de la montagne : des couches de roche sédimentaire, autrefois en dessous du niveau de la mer, qui s'étagent aujourd'hui à l'air libre.

Au fur et à mesure que l'on monte, ces couches de sédiments font place à de gros blocs de pierre grise appartenant aux murs de soutènement des imposantes maisons qu'ont fait bâtir des magnats de l'industrie de Montréal, à la fin du XIXᵉ siècle. La ville, qui a pris naissance au bord du Saint-Laurent, s'étend aujourd'hui sur un peu plus de la moitié de la montagne. Tout près du sommet, une route serpente vers le cimetière du Mont-Royal, où, pendant plus d'une centaine d'années, les protestants de Montréal ont enterré leurs morts. C'est là, sur une pente douce, au sud du cimetière, face au nord, que se trouve le lot de la famille Scott.

Quatre générations de Scott y reposent. La tombe de John Scott, en pierre grise, est la plus ancienne. Premiers de la lignée, John

Scott et sa femme, Caroline Neate, ont quitté l'Angleterre pour s'ins-
taller à Montréal en 1831. Puis, à côté de leur sépulture, une autre en
marbre noir, celle de leur fils, le docteur William Edward Scott, et de
sa femme, Elizabeth Sproston. Un vieux chêne rouge ombrage leur
tombe aux épitaphes effacées. Il se dresse bien haut, le tronc profondé-
ment creusé et strié, ses quelques branches, d'où irradient encore les
toutes dernières feuilles de l'automne, s'élançant vers le ciel.

Une grande croix blanche domine l'ensemble, sise sur la tombe du
petit-fils de John Scott, le révérend archidiacre Frederick George
Scott, et de sa femme, Amy Brooks, les parents de Frank Scott ; deux
de leurs enfants, Mary et Charles, reposent près de la croix. Frank
Scott me désigne l'emplacement derrière eux où le moment venu l'on
déposera ses cendres. Il sait qu'il lui reste peu de temps à vivre et
cherche à définir enfin sa place dans ce qu'il appelle « le mouvement »
de la création.

Le mardi 1ᵉʳ août 1899, le révérend Frederick G. Scott note
dans son journal : « Petit garçon né à 5 heures 50. Sieste l'après-
midi. Dîner chez les Dobell[1]. » Après tout, quand on vit dans
une maison sens dessus dessous après l'accouchement de sa
femme, où il y a cinq autres enfants à nourrir et à mettre au lit,
un souper chez l'une des plus riches familles de sa paroisse de
Québec est sûrement un intermède bien agréable. Francis Regi-
nald, ainsi qu'on le baptise, sixième enfant du couple, allait à la
fois détester et aimer sa place dans la famille, celle du « petit der-
nier ».

L'un des deux plus jeunes garçons, « the dregs★ », surnom
dont les affuble leur père à la blague, Frank est tout au bout de la
chaîne de commandement. Non seulement la famille exerce un
fort ascendant sur lui, mais elle intensifie sa pression au fil des
ans afin qu'il se montre digne de porter le nom de Scott. Son
père, le chanoine puis l'archidiacre Scott, est un homme d'Église
d'envergure et un courageux chapelain, dont les maîtres mots

★ Littéralement, « la lie » ou « le fond du baril ». (N. D. T.)

sont devoir, honneur, courage, vertu et pureté. Des valeurs qu'il inculque à chacun de ses enfants. « Un bon Scott doit être sans tache ! » écrit le jeune Scott à la veille de son dix-septième anniversaire[2]. Il transmettra à son tour cet héritage d'excellence, lourd à porter, à la génération suivante. Dans les années 1930, le fils de Frank, Peter, grave sur son pupitre de la vieille école secondaire de Westmount : « Un Scott doit être plus que parfait[3]. » Cette grande famille a des idéaux très élevés et, depuis l'arrivée des premiers Scott au Canada, ces idéaux ont non seulement modelé la proche famille, mais aussi la carrière de chacun ainsi que la société canadienne naissante.

John Scott, arrière-grand-père de Frank, arrive au Canada en 1831, avec femme et enfants. Né en Angleterre le 8 octobre 1791, il entre comme lieutenant au 4e régiment de la milice locale du Surrey[4]. Il épouse Caroline Neate le 15 janvier 1818 et engendre une grande famille : six enfants vivront et trois mourront en bas âge en Angleterre. La dernière de la famille, une fille, naît au Québec en 1834.

Lorsque la famille s'installe au Canada, le pays est une poudrière et la mort est omniprésente. L'année de leur arrivée, cinquante-deux mille immigrants débarquent à Québec et à Montréal, apportant avec eux les germes du choléra qui sont à l'origine des épidémies de 1832 et de 1834. En 1832, les troupes britanniques font feu sur la foule au cours d'une réunion électorale houleuse, tuant trois jeunes Français et précipitant la rébellion de 1837 au Bas-Canada. John Scott meurt en 1835, probablement du choléra, laissant sa femme et six jeunes enfants dont l'aîné, John, a quatorze ans et son jeune frère, William, treize.

William Scott, le grand-père de Frank, est d'abord apothicaire puis médecin. La médecine à Montréal au milieu du XIXe siècle n'est ni pire ni meilleure que partout ailleurs en Amérique du Nord. Le système d'égouts de la ville est peu développé et l'eau est régulièrement contaminée, provoquant des flambées de typhoïde. L'arrivée des immigrants entraîne de nouvelles épidémies de choléra et de grippe qui déciment des milliers de gens. Tout comme les victimes de la peste en Europe au siècle précédent, on enterre les morts sans cérémonie dans des fosses communes. Les médecins dévoués comme Scott ont fort à faire pour combattre la maladie. Un de ses amis de Montréal, J. Shaw, se souvient d'avoir rendu visite à Scott dans sa boutique d'apothicaire, pendant l'épidémie de typhoïde de 1847. Le docteur Scott distribuait ses ordonnances dans la journée et traitait les malades le soir. Déprimé et surchargé de travail, il entraînait alors Shaw dans l'arrière-boutique et le suppliait de lui parler de « livres et du bon vieux temps de l'école », ajoutant : « Même si je gagne bien ma vie, je suis fatigué des affaires et à moins de me reposer bientôt, je vais finir moi aussi par m'effondrer[5]. » Il témoigne d'un tel courage et d'un tel dévouement envers les victimes des épidémies successives, au contraire de nombre de ses confrères, que tous les journaux de Montréal de l'époque lui rendent hommage.

Pourtant, il est incapable d'empêcher la mort de cinq de ses neuf enfants. Le docteur Scott n'adhère pas à la théorie des germes. Cruelle ironie du sort, c'est son épouse, porteuse de germes à son insu, qui a peut-être contaminé ses enfants, morts d'une tuberculose galopante, car ceux qui survivent, les plus jeunes garçons, avaient été confiés à la garde d'une orpheline anglaise, Matilda Preddy. Celle-ci, entrée au service des Scott en 1857, avait pour tâche de veiller sur le père de Frank Scott, Frederick George, né en 1861, et sur ses frères cadets, Frank et Charles. La perte d'un si grand nombre de ses enfants explique peut-être l'affection débordante que le docteur Scott manifeste à ceux de ses fils qui ont été épargnés. Les lettres qu'il adresse à son fils commencent par « Mon Fred chéri » et sont riches de mots exprimant une affection profonde, des mots que reprendra plus tard Frederick George lorsqu'il écrira à ses enfants.

McGill nomme William Scott au poste de chargé de cours en médecine légale puis lui offre, en 1852, la prestigieuse chaire de professeur d'anatomie, qu'il occupera jusqu'à sa mort en 1883. Entre 1871 et 1874, il est président de l'Ordre des médecins et des chirurgiens de la province de Québec, ce qui montre bien que ses confrères le tiennent en haute estime. Parmi ses étudiants, il compte William Osler, Ernest Shepherd et sir Thomas Roddick, précurseurs de la nouvelle médecine, qui font de la faculté de médecine de l'Université McGill l'une des plus réputées d'Amérique du Nord.

À sa mort en 1883, ses collègues de la faculté soulignent « qu'il a été l'élève de certains des fondateurs de l'école, y a enseigné pendant trente-huit ans et, à ce titre, formait l'unique trait d'union entre le personnel actuel et ceux qui ont fondé l'université. Large d'esprit, honorable et courageux, il affichait, en outre, une grande fermeté dans ses convictions et se montrait d'une modération admirable… l'université est fière d'avoir compté dans ses rangs un tel collègue[6] ».

La mort du docteur Scott marque un terrible changement dans la vie de la famille. Après quelques mois, le jour de la Fête du Canada, Elizabeth, sa veuve, exprime son chagrin dans son journal : « Quel triste changement s'est opéré dans notre vie depuis l'année dernière. Mon cher mari n'est plus, et comme je me sens triste et seule. Tout a changé et j'ai l'impression que jamais plus je ne connaîtrai le bonheur. » Elle ajoute : « Je n'attends plus rien maintenant sinon le retour de Fred. Pauvre enfant, quel changement pour lui[7]. » Sa fille, Emily, demeure avec elle, mais les garçons doivent gagner leur vie. Frank trouve un emploi en comptabilité au Grand Tronc, compagnie dont il deviendra plus tard vice-président ; son frère cadet, Charles, émigre aux États-Unis et meurt à Duluth, en 1894 ; l'aîné, Fred, étudie la théologie au King's College de Londres.

Frederick Scott, d'après sa mère, a une nature impulsive et généreuse. « Je n'aime pas vous savoir parmi les pauvres gens de Londres. C'est dangereux, lui écrit-elle le 11 mars 1883. Je suis heureuse de savoir que vous emmenez ces petits enfants misérables et affamés chez le boulanger afin de leur donner des brioches, mais prenez garde qu'on ne vous attaque ou qu'on ne vous vole[8]. »

C'est à Saint-George, à Montréal, l'église de la paroisse de son père et de son grand-père, que Frederick Scott commence son éducation religieuse. Saint-George fait partie de la respectable

Low Church* — la plupart des membres de l'Église d'Angle-
terre au Canada ne connaissent pas encore le mouvement anglo-
catholique d'Oxford —, et les parents du jeune Fred lui ont
enjoint de ne jamais entrer dans l'église de St. John the Evange-
list de Montréal, où le service religieux tient trop de la High
Church, au point qu'on le perçoit comme « papiste ». Dans un
mémoire sur Scott, le chanoine Sydenham Lindsay écrit que
Fred, comme bien d'autres petits garçons, a envie de passer
outre aux interdictions et qu'il s'y rend. Lorsqu'il voit les enfants
de chœur en surplis, précédés d'une croix de procession
et suivis par le père Wood (le prêtre de la paroisse), en vêtements
sacerdotaux, il sort de l'église les jambes à son cou, terrifié[9]. Mal-
gré ses peurs, ou peut-être à cause d'elles, cette scène s'est gravée
dans l'imaginaire religieux de Frederick Scott : la croix est deve-
nue le symbole dominant de sa vie religieuse, le père Edmund
Wood son mentor spirituel, et l'anglo-catholicisme sa foi.

Jusqu'à l'âge de dix-neuf ans, Fred Scott est le type même
du jeune homme romantique, écrivant des poèmes d'amour aux
titres très classiques, dans le style « À Célia ». Recalé à McGill, il
va étudier au collège Bishop, à Lennoxville, dans les cantons de
l'Est, où il réussit ses examens et obtient son diplôme en 1881.
L'année suivante, un événement vient brusquement ébranler sa
vie sentimentale. La jeune fille qu'il courtise est fauchée par la
mort et il ne l'oubliera jamais. En décembre 1882, il se rend en
Angleterre pour étudier la théologie au King's College de
Londres. C'est là qu'il apprendra les décès successifs de son
père, de sa mère, quelques mois plus tard, et de sa sœur aînée, en
janvier 1884. La maladie de son père, la présence constante de la

---

* Les différentes confessions de l'Église anglicane ne partagent pas les mêmes
traditions. Les cérémonies et les rituels de la Haute Église (*High Church*) sont
semblables à ceux de l'Église catholique. La Basse Église (*Low Church*) s'en
tient à des cérémonies plus simples. L'anglo-catholicisme, ou le mouvement de
la Haute Église, était perçu par ses opposants comme un dangereux et impar-
donnable rapprochement avec Rome, et par ses adhérents comme une tentative
de restaurer une dimension spirituelle perdue par l'Église anglicane. (N. D. T.)

mort dans la famille et la perte de la jeune fille qu'il aime engendrent chez lui une mélancolie dépressive teintée d'un sentiment de culpabilité et de peur.

En mars 1882, Fred Scott exprime dans un poème sa peur terrible de la mort. Depuis sa plus tendre enfance, un « démon » le hante « avec la mort et des rêves de mort » :

And when I gaze in rapture on the face
Of whom I love, he casts a hideous light,
That lets me see, behind the sweet, warm flesh,
The lightless skull ★[10]...

Les jeunes femmes qui gravitent autour de lui admirent en ce jeune personnage romantique et triste, toujours vêtu de noir et qui écrit des poèmes sur la mort, un archétype du « jeune Werther ».

Derrière cette image dramatique se cache un jeune homme sensible, angoissé, qui, à l'annonce de la mort imminente de son père, trouve refuge et consolation au sein de l'Église d'Angleterre. Événement mémorable de son séjour en Angleterre en 1883, le pèlerinage qu'il fait à Birmingham pour rencontrer le cardinal Newman, anglo-catholique converti au catholicisme romain. À son retour au Canada, Fred évoquera les yeux du prélat qui regardaient bien au-delà de lui vers quelque « vaste étendue… où les murailles de la Nouvelle Jérusalem, cité de Dieu, se rapprochaient d'heure en heure dans la brume[11] ». Newman était la tangible incarnation de la dévotion à une foi vivante.

Pour ce jeune prêtre-poète que la vie a éprouvé, le rituel anglo-catholique est un refuge spirituel, et plus particulièrement le mystère de la messe, sa doctrine de l'incarnation et sa promesse d'une résurrection spirituelle. Les rituels de la High Church embrasent Scott, tout comme l'obligation du don de soi

---

★ Et, quand je regarde avec ravissement le visage / De la personne que j'aime, il projette une lumière hideuse, / Qui me laisse voir, derrière la douce chair tiède, / le crâne sans lumière.

total à l'Église, et confèrent un sens à sa vocation, ce que n'a pas su lui donner l'anglicanisme de son enfance. Ses convictions placent Fred du mauvais côté de la clôture dans le diocèse de Montréal. Les membres de l'Église d'Angleterre au Canada, bien plus encore que ceux de la mère patrie, s'opposent fermement à l'anglo-catholicisme. Dans ces quelques lignes qu'il adresse à son fils un peu avant sa mort, le docteur Scott montre qu'il saisit pleinement la profondeur et le radicalisme (selon les critères montréalais) de l'engagement religieux de son fils : « Si le Tout-Puissant le permet », il aimerait avoir une bonne discussion avec son cher fils avant son ordination. « J'aimerais qu'il ait une vision modérée des choses et du rituel de l'Église et qu'il ne fasse rien pour déplaire à l'évêque qui lui offrira une charge dans ce diocèse[12]. » Les pires craintes du docteur Scott vont se matérialiser. Fred a obtenu de bonnes notes en théologie au King's College, mais lorsqu'il revient au Canada et demande son ordination en septembre 1883, on la lui refuse. L'évêque trouve sa théologie « rudimentaire et contradictoire[13] ». L'une de ses réponses au cours de l'examen menant à l'ordination se rapproche dangereusement de la doctrine des anglo-catholiques qui croient que le Christ est réellement présent dans l'Eucharistie[14].

Fred Scott retourne alors au collège Bishop de 1883 à 1884, où il se morfond et écrit des vers sur la nature, la mort et l'œcuménisme. L'année suivante, année marquante de sa vie puisqu'il envisage sérieusement d'entrer dans un ordre monastique, il enseigne à l'école St. John auprès du père Wood. Il fait une demande d'ordination à la paroisse anglo-catholique de Coggeshall dans l'Essex, en Angleterre. Puis, tout à coup, juste avant de quitter le Canada, il change d'avis et demande en mariage une jeune Montréalaise arrivée d'Angleterre depuis peu, Amy Brooks.

Celle-ci arrive au Canada, en 1878, à la suite du décès de son père, George Brooks, organiste d'église à Barner, en Angleterre, et s'installe auprès de l'amie d'enfance de sa mère, Mme Hutton. Jeune femme d'esprit, éduquée selon les préceptes de la haute bourgeoisie, elle lit beaucoup, parle un assez bon français et est une couturière accomplie. Amy est surtout une excellente pianiste qui joue régulièrement à l'église. Un portrait d'elle datant de cette époque nous montre une jeune femme au visage doux et aux cheveux ondulés ; dans ses bras, elle tient un petit terrier blanc. Malgré la douceur de son expression, Amy Brooks n'est pas le type de jeune femme à se laisser ravager par la passion, même pour un fougueux personnage comme Fred Scott.

Elle estime qu'ils se sont engagés trop vite. Dans une de ses lettres, elle explique à Scott, qui séjourne en Angleterre afin d'y être ordonné, qu'elle savait qu'il voulait l'épouser, mais elle ajoute : « À mon avis c'est parce que vous vous imaginiez que le mariage vous rendrait plus heureux et que j'étais la seule fille assez proche de vous pour que vous osiez demander sa main[15]. » Elle se montre perspicace. Quand Fred s'embarque pour l'Angleterre, il a déjà traversé plusieurs deuils, dont celui de ses parents. Il désire certainement une vie affective stable, et Amy est la candidate idéale. Ils ont tous deux le même âge et se voient souvent dans le cercle des jeunes gens qui fréquentent l'église anglicane Saint-George.

Amy ne veut pas s'engager à la légère. Elle a besoin de certitudes. Sa première lettre, écrite en 1885, la veille du jour de l'An, peu de temps après le départ de Fred, évoque les grands changements qui se sont produits dans leur vie depuis le début de l'année : « Je frémis à la seule idée de devoir attendre la fin de 1886 ; il faut me laisser envisager les changements qui peuvent se produire d'ici là. Cette pensée ne te fait-elle pas peur, cher Fred, et ne regrettes-tu pas les joies supérieures que tu pourrais connaître au sein d'un ordre religieux ? » Puis, se reprenant, elle se lance dans une attaque en règle contre la vie monastique : « J'ai toujours pensé qu'il fallait une forme de lâcheté morale pour entrer dans une institution de cette sorte puisque, ce faisant, on est dépouillé d'une grande part de la responsabilité individuelle qui se rattache à cette vie[16]… » L'été 1886, Amy écrit avec franchise que le ton des lettres de Scott a changé si radicalement qu'elle se demande s'il l'a jamais aimée auparavant. Mais elle en est alors absolument convaincue et avoue, du moins dans la mesure où elle considère qu'il convient de le faire, qu'elle se sent aussi prête que lui[17].

Alors que l'amour d'Amy pour son futur mari s'approfondit — et qu'elle lui fait une cour discrète —, les événements prennent un tour inattendu et positif dans la carrière de Scott. Un poste de recteur s'ouvre à Drummondville, une bonne paroisse rurale des Cantons de l'Est. L'évêque anglican de Québec désire que Fred accepte cette charge : « J'aime beaucoup Scott, c'est un très bon ami de mon fils et, s'il veut avoir Drummondville, qu'il me l'écrive[18] », dit l'évêque Williams à la vieille nourrice, Matilda Preddy. Elle s'en réjouit : « Tu ne peux pas savoir, mon cher enfant, combien cette nouvelle nous fait plaisir à tous... L'avenir s'ouvre devant toi en réponse à nos prières[19]. »

Fred pose sa candidature, qui est acceptée. Deux mois plus tard, le poème intitulé « The Soul's Quest », daté du 12 novembre 1886, à Coggeshall, apporte la solution à ses tourments spirituels. Faut-il, comme Newman à Littlemore, se retirer du monde pour servir Dieu au sein d'un ordre anglo-catholique ? Ou bien, comme Arnold de Rugby, assouvir sa vocation spirituelle en se consacrant activement à Dieu ? Pour Scott, la vie cloîtrée, très attirante sur le plan esthétique, n'apporte pas la paix à l'âme tourmentée. C'est dans le monde que l'on peut communier avec Dieu — en cheminant parmi les hommes et en se vouant à son prochain. Toutefois, ce choix n'exclut pas une visite de temps à autre à l'intérieur du sanctuaire, où :

The altar-lights are shining fair
And Jesus' cross is standing there
The darkness brightens everywhere★[20].

Dans ces strophes, Scott dévoile son désir d'être un homme d'Église engagé, suivant le large chemin du compromis anglican, sa sensibilité d'esthète se nourrissant, à l'occasion, des rituels de la High Church.

★ Les lumières de l'autel brillent doucement, / Et le Christ en croix se dresse là ; / L'obscurité partout s'illumine.

En clair, Scott va donc tenter d'introduire dans ses paroisses canadiennes des pratiques de la High Church. Il va se heurter à une forte résistance de la part de ses congrégations de la Low Church. Le révérend Fred Scott arrive à Drummondville à la fin de janvier 1887 ; le 27 mars, il prononce un sermon controversé dans lequel il exprime sa position anglo-catholique sur les espèces de la Sainte Cène. Les marguilliers de la congrégation s'empressent d'en aviser l'évêque et, au bout de deux semaines, il est sur le point de perdre sa paroisse.

L'évêque Williams agit de manière judicieuse en entendant le point de vue d'une seconde délégation, en faveur de Scott cette fois-ci. Il semonce ce dernier fermement mais non sans tact[21]. Près de dix ans plus tard, son successeur, l'évêque Andrew Hunter Dunn, écrira à Scott, faisant appel à la raison : « L'hostie, la soutane, le crucifix, les habits sacerdotaux, le signe de la croix, la génuflexion, les prostrations, etc., ne sont pas, après tout, absolument essentiels. » Aucune autre église du diocèse ne les met en pratique, et si le révérend Frederick Scott désire vraiment obtenir une paroisse plus grande, il devra auparavant, s'il veut « être en paix avec lui-même », « abandonner » ces pratiques. Pourquoi ne pas commencer tout de suite[22] ?

Fidèle à lui-même, Scott est tout aussi incapable de se conformer à de telles requêtes en 1895 qu'en 1887. La conception anglo-catholique de la Sainte Cène, ou de la messe comme il aime l'appeler, est au cœur de sa foi. Le crucifix est le symbole de sa religion, et il tient à ce qu'il figure sur l'autel. Qu'est-ce que cela peut faire si un paroissien impétueux jette ses chandeliers en argent dans la rivière ? Pour sa défense, il affirme : « Ma loi est au-dessus de certaines décisions du Conseil privé britannique[23]. »

Scott et Amy se marient le 27 avril 1887, trois mois après l'installation de Scott à Drummondville. Il est clair qu'en se mariant Amy ne se fait aucune illusion sur le caractère de Scott, comme en témoigne sa remarque sur la controverse de Drummondville : « Je regretterai toujours que cela se soit passé… vos deux dernières lettres laissaient transparaître un tel enthousiasme que je vous soupçonne d'avoir pris plaisir à cette situation (sous réserve de bien vous en sortir). » Elle reconnaît aussi qu'ils sont de nature franchement opposée : « Je ne pourrai jamais m'épanouir, comme vous, au milieu de l'opposition. » Bien qu'elle ait le sentiment que la paix est ce qu'il faut rechercher à tout prix dans la vie, elle prévient Scott : « Je tiens à mettre les points sur les *i* : n'espérez pas me modeler selon vos désirs[24]. » Mais plus encore, Amy se sent à la croisée des chemins. Elle estime que son mariage résulte de la volonté de la « Divine Providence » : « Bien que mon avenir ne semble pas prendre exactement le chemin que j'espérais, je dois m'estimer heureuse qu'il suive la voie qu'on lui a tracée[25]. » Le mariage du jeune couple a lieu à Montréal, mais après avoir été repoussé à la demande d'Amy, qui désirait assister au concert de l'Orchestre symphonique de Boston.

Cinq enfants naissent à Drummondville : William Bridges en 1888, Henry Hutton en 1890, Mary en 1892, Elton en 1893 et Charles Lennox en 1895. Scott prend plaisir à son rôle de père de famille. Il remet une récompense de dix dollars à chacun de ses enfants mâles, qui ont tous hérité son large nez busqué, le nez des Scott. Il revendique une tête de cerf comme « blason de la famille Scott » et le fait graver sur une énorme pierre noire, montée en bague qu'il porte à l'auriculaire[26]. À leur majorité, chacun de ses fils se voit offrir sa propre « chevalière aux armes de la famille ». Ils l'ont tous arborée avec fierté tout au long de leur vie. Scott tente de donner à sa famille un passé anglais aristocratique, un besoin qui se fait encore plus sentir après sa découverte de « brasseurs » dans sa lignée. Ce mythe a la vie dure et pousse plusieurs de ses fils à tout faire pour être à la hauteur du nom des Scott, d'autant que la vie héroïque du père fait monter les enchères.

Elton ne pèse que 1,6 kg à la naissance et son père estime qu'il serait idiot de donner le nom d'un ancêtre Scott à un bébé qui risque fort de ne pas vivre[27]. Il lui donne le nom du héros d'un roman qu'il vient juste d'écrire, *Elton Hazelwood,* qui raconte l'histoire d'un jeune homme qui se destine à la prêtrise et qui exalte les idéaux qu'il veut transmettre à ses enfants. Lorsque le héros faillit à son serment de chasteté, il explique : « Tu te rappelles comme nous avions coutume de parler de la chevalerie et de Perceval ainsi que du Saint-Graal. On disait qu'on s'évertuerait à vivre comme des chevaliers chrétiens, mais, Harry, pauvre de moi… je suis allé dans le monde bien souvent depuis, et, en fait, j'ai échoué[28]. » Le roman, qui trace un parallèle entre la chevalerie et le code de conduite du gentilhomme anglais, traite de la crise de la foi victorienne. On y retrouve des éléments autobiographiques à peine déguisés, qui donnent à penser que Frederick Scott avait en lui deux vocations : celle de prêtre et celle d'artiste. Le roman encense la prêtrise, grâce à laquelle le narrateur se trouve assuré qu'il y a une vie après la mort.

La question de la vocation le taraude tout autant, car Scott continue d'écrire de la poésie, publiant à compte d'auteur *Justin and Other Poems*, en 1885, et *The Soul's Quest*, en 1886. En 1888, Kegan Paul, de la maison d'édition Trench à Londres, réédite ces premiers vers, et deux vers extraits de « In memoriam », poème dédié aux jeunes Canadiens anglais morts au cours de la rébellion de 1885, deviennent l'épigraphe de *Songs of the Great Dominion* de W. D. Lighthall, grande anthologie de la poésie canadienne du XIXe siècle. Ses vers plus tardifs, *My Lattice and Other Poems* de 1894 et *The Unnamed Lake and Other Poems* de 1897 illustreront son profond attachement à la solitude du paysage nordique :

Among the cloud-capt solitudes,
No sound the silence broke,
Save when, in whispers down the woods,
The guardian mountains spoke★[29].

En 1892, Scott reçoit une lettre de son vieil ami le révérend Lennox Williams (fils de l'évêque de Québec) lui annonçant qu'il ouvre un poste de vicaire dans sa paroisse de St. Matthew,

---

★ Dans les solitudes ennuagées, / Aucun son n'a brisé le silence, / Sauf quand, dans un murmure du fond des bois, / Les montagnes qui veillent ont parlé.

à Québec ; peut-être Scott pourrait-il lui suggérer un nom ? Frederick répond très vite : « Ne cherchez plus, je suis votre homme[30]. »

Au tournant du siècle, au Canada et au sein de l'Empire, le révérend Scott, alors recteur de l'Église anglicane St. Matthew, a bonne renommée. Chapelain de la Citadelle de Québec, il prêche aux troupes canadiennes avant leur départ pour la guerre des Boers. En 1901, à la mort de la reine Victoria, il en fait un éloge funèbre vibrant, repris dans son intégralité par tous les journaux du Québec. Il rend grâce à la vaillante reine, véritable « mère » puisqu'elle a su « créer un lien subtil unissant les générations montantes des jeunes nations qui forment la famille impériale » et qu'elle a châtié ceux qui « fomentaient des antipathies raciales et encourageaient l'exclusivité tribale, poursuivant un idéal bien en dessous de l'idéal national[31] ». Scott fait plus particulièrement allusion à la guerre des Boers et au refus des Canadiens français d'y participer, mais ses remarques s'appliquent aussi à la question beaucoup plus large des relations entre les Canadiens anglais et les Canadiens français du Québec[32].

La cordialité tout à fait personnelle de Scott se situe bien au-dessus des nombreuses tensions culturelles qui tiraillent la province. En tant qu'anglo-catholique, il prêche et pratique l'œcuménisme ; en conséquence, il voit sa paroisse comme un tout — qu'il s'agisse d'anglicans, de catholiques romains ou d'orthodoxes grecs. Les Québécois de toutes obédiences ont souvent eu recours à son aide. Il ressemble à un prêtre catholique romain et dans une certaine mesure se comporte comme tel : il aime revêtir la longue cape ecclésiastique noire et il expose le crucifix. Il a l'habitude d'entrer dans les églises catholiques, comme il l'explique aux enfants, « pour respirer l'odeur de l'encens ». Il aime le rituel de la messe, l'or des statues et l'eau bénite.

Puis, il y a son charme. Personnage de grande taille, quelque peu farfelu, il semble « d'un naturel agréable et exubérant. Il a un visage rayonnant et son corps et son esprit respirent le plaisir[33] ». Il se promène toujours flanqué de son chien bâtard, arrête dans la rue les gens qu'il connaît et leur remet de petites cartes sur lesquelles il a recopié son dernier poème. Toute la ville de Québec connaît bien ses manies, tout comme elle a lu son poème sur les Laurentides. Les Québécois francophones se reconnaissent dans cette poésie du terroir.

Il a surtout une aura de bravoure. Tout le monde sait bien que la Royal Humane Society l'a récompensé pour avoir sauvé la vie d'un Québécois qui, ayant un peu trop bu, est tombé du traversier de Lévis par une nuit froide et sombre. Scott, très bon nageur, avait alors plongé dans les eaux noires et glaciales pour l'en sortir. « Dire que vous avez eu ce geste envers un Canadien français ! » s'était extasié l'un des principaux ecclésiastiques de l'Église anglicane. « Mon Dieu ! a répondu Scott, je n'ai fait qu'aider un de mes compatriotes[34]. »

Aux yeux de nombreux Canadiens français, rien ne peut apaiser certaines divergences séparant les Anglais et les Français du Québec ; ainsi l'attitude des anglophones qui sont convaincus de leur supériorité religieuse et politique est un obstacle de taille. Cependant, les préoccupations sociales sincères de Scott, sa personnalité attachante, sa poésie aux accents du nord et, plus tard, au moment de la Grande Guerre, son extraordinaire courage au front, alors qu'il est le guide spirituel de ses « garçons » anglais et français, ont énormément contribué à atténuer ces divergences. Pourtant, le canadianisme de Scott est indissociable de son impérialisme. Dans les écoles du Dominion, les enfants chantent son « Hymne à l'Empire ». Il publie un article controversé au tournant du siècle dans lequel il se déclare en faveur de la politique de libre-échange au sein de l'Empire, prônée par Chamberlain. Donnant suite à cet article, Henri Bourassa, alors éditeur du *Devoir* et l'un des porte-parole les plus en vue du Québec, écrit que, même s'il ne partage pas l'opinion de Scott, il s'associe « de tout son cœur à ce vibrant appel en faveur de l'émergence d'un vaste et profond sentiment d'appartenance… d'accord également avec votre opinion que les différences de race, de vue et de langue ne devraient pas faire obstacle au sentiment de profond attachement à cette terre commune qui nous unit tous[35] ».

C'est dans ce climat surchauffé de canadianisme, d'anglo-catholicisme et d'impérialisme que se déroulent les premières années de Frank Scott. Le garçon connaît parfaitement les points doctrinaux qui rapprochent son père de la communauté francophone[36]. Le révérend Scott emmène le jeune Frank, qu'il espère voir devenir prêtre anglican un jour, en cachette à la grand-messe catholique romaine en disant : « Un jour, tu verras, les deux Églises se réconcilieront[37]. » Il transmet à son fils son idéal d'une fraternité chrétienne mondiale et sa croyance en la messe comme affirmation du triomphe de la vie éternelle sur la mort omniprésente. Souvent, faisant allusion à la série de deuils qui ont marqué sa jeune vie, il dit : « Vous ne pouvez imaginer ce que c'est que de perdre ses deux parents la même année, à quelques mois d'intervalle[38]. » Par ses actions, il démontre à la fois la profondeur de sa foi et la consolation qu'elle apporte.

CHAPITRE 2

Une enfance à Québec

À la naissance de Frank Scott, Québec n'est qu'une petite ville qui vit en vase clos et que la géographie, l'histoire et la langue divisent. La basse-ville, c'est-à-dire le secteur qui borde le Saint-Laurent, forme le Vieux-Québec, fondé par Samuel de Champlain en 1608. Composée principalement de Français catholiques romains, la basse-ville a su intégrer des milliers d'Irlandais à la fin du XIXe siècle. La haute-ville, qui domine les escarpements près du sommet du promontoire, était, depuis la conquête de 1758, majoritairement anglaise.

À partir de 1890, la population anglaise commence à décliner, mais conserve une enclave assez importante à Québec. Elle compte surtout des marchands aux opinions impérialistes qui se réclament de l'Église d'Angleterre. Les deux principales églises anglicanes de la ville sont la cathédrale, d'où l'évêque de Québec dirige tout le diocèse, et l'église St. Matthew, édifice de pierres grises que la congrégation locale a construit en 1876. Cette église possède un beau clocher, de bons vitraux, un imposant autel de pierre et des fonts baptismaux en marbre. C'est là que Frank et son frère cadet, Arthur, sont baptisés.

Le presbytère de l'église St. Matthew, résidence de la famille Scott, est situé au 5 de la rue Simard et se dresse sur l'escarpement qui surplombe la basse-ville. À moins de deux kilomètres à l'extérieur des remparts, le presbytère est à douze minutes de l'église, si on marche d'un bon pas. La maison, grand bâtiment de briques entouré d'un vaste jardin boisé, a des airs de vieille maison de campagne biscornue. Au nord, les fenêtres donnent sur la rivière Saint-Charles avec les Laurentides en toile de fond. À l'est se dresse le cap Diamant, où flotte le drapeau britannique. Au sud et à l'ouest s'étendent les plaines d'Abraham, rappel constant de la dernière bataille décisive entre les Anglais et les Français au Canada.

Frank Scott a vécu dans cette maison de sa naissance à l'âge adulte. Le presbytère est pour lui un monde à part, un lieu avec ses émotions propres, avec des coins et des recoins qu'il affectionne. La maison est grande mais rassurante. Le bureau est à gauche en entrant, la salle d'attente à droite. Dans le bureau, Frederick Scott a installé ses livres, un sofa pour la sieste et un fauteuil de cuir rouge que les enfants appellent « le château des rêves éveillés » (il y a aussi dans une autre pièce « le fauteuil de la mort », appelé ainsi parce que l'oncle Walter Scott y est mort). De temps en temps, leur père surgit du bureau en rameutant toute la famille : « J'ai écrit un nouveau poème. Amy ! Amy ! Les enfants ! Écoutez ça ! » Tout le monde accourt alors, tandis qu'il déclame. Dans ces moments-là, il laisse déborder le trop-plein de ses émotions. Frank écoute, ne sachant pas trop ce qu'il est censé faire ou quels sentiments exprimer. Il apprend à se taire, répugnant à montrer ses émotions, ou tourne en dérision ou en satire tout ce qui touche à la sensibilité[1].

Un feu brûle souvent dans l'âtre de la salle de séjour. Frank aime aller chercher des brindilles dans le jardin pour l'allumer. Dans un coin de la pièce trône le piano à queue de Mme Scott, un grand Steinway noir, sur lequel Frank apprend à pianoter. Un escalier mène à l'étage où se trouvent la grande chambre des parents, deux chambres plus petites et une salle de jeux adjacente dont les fenêtres à la française donnent sur les Laurentides. À l'époque où ils sont quatre ou cinq, Frank et Arthur dorment dans un même grand lit installé dans la salle de jeux. Frank se laisse gagner par le sommeil en écoutant sa mère jouer doucement du piano juste en dessous ; elle interprète parfois des sonates de Beethoven, parfois des hymnes religieux. Il se souvient combien il était heureux enfoui bien au chaud sous l'édredon, attendant sereinement le sommeil toujours prompt à le gagner.

Il lui arrivait parfois de se réveiller et, pris de peur, d'appeler sa mère : « Maman ! maman ! J'ai peur ! », et elle montait aussitôt. Aux frayeurs habituelles qu'éprouvent les enfants quand vient la nuit, s'ajoute chez Frank la peur de la mort. « Mon frère aîné, Charlie, est mort de pneumonie ou d'une autre maladie pulmonaire à l'âge de sept ans, je crois, et moi j'en avais cinq… Tout ce que je me rappelle, c'est que j'étais agenouillé près de son lit ; mon père célébrait une cérémonie funèbre entouré de la famille[2]. » La mort de Charlie, tombé gravement malade en l'absence de son père, censément parti rendre visite au pape, a profondément remué Scott. Dès lors, avant de partir pour un voyage de plusieurs jours, le chanoine prend l'habitude de faire mettre ses enfants en rang et de les embrasser affectueusement, au cas où l'un d'entre eux devrait mourir en son absence. « Allez, les enfants, venez que je vous embrasse », ordonnait-il[3].

Il règne une atmosphère très victorienne au presbytère : le père se veut un patriarche exigeant, la mort fait largement partie de la vie quotidienne et la mère affiche une grande sérénité et une maternité heureuse. Amy Scott incarne la stabilité, tandis que son mari est un perpétuel feu follet et ce, jusqu'à la fin de son existence. Le révérend Scott applique à la lettre sa règle de vie, « Dieu y pourvoira », et ne se soucie de rien. Toute l'organisation de la maisonnée retombe sur les épaules de Mme Scott, de son fils aîné et des autres, au fur et à mesure qu'ils en ont l'âge.

Les plus jeunes enfants grandissent dans un tourbillon de pique-niques et de jeux de plein air, entourés d'animaux familiers. Sur une photo de famille prise pendant les vacances d'été de 1903, à Cap-à-l'Aigle, à cent cinquante kilomètres de Québec, Frederick Scott et cinq de ses enfants sont alignés par ordre décroissant devant une clôture de rondins[4]. À une extrémité, Frank, quatre ans environ, porte un costume de marin. Le garçon semble gêné et fixe le sol au lieu de regarder l'objectif.

À l'autre bout, le père a une allure décontractée. Puis vient William, l'aîné, l'air maussade ; William, c'est celui qui commande. Ensuite, Harry, le visage ouvert, la casquette à la main, est la figure centrale de la photo. Tout le monde l'aime. Enfin, Elton, celui du milieu, tourne la tête vers ses plus jeunes frères, Charlie, Frank et Arthur. Lorsque Charlie meurt un an plus tard, Elton se rapproche de Frank et d'Arthur. La petite fille, Mary, vive et malicieuse, née après Harry, est absente, ainsi que Mme Scott, dont les fils se souviennent qu'elle était vêtue d'une jupe bleu marine et d'un chemisier blanc.

Étant l'avant-dernier de cette grande famille, Frank connaît tous les avantages d'une enfance protégée, mais également un sentiment d'impuissance. Les décisions sont prises bien au-dessus de lui, d'abord par sa mère et par son père, puis par son frère aîné, William ou « Willum » comme ils le surnomment. Frank et Arthur, les petits derniers, vivent dans l'aisance de St. Matthew (en regard de l'austérité de Drummondville) et ont une enfance choyée. On leur « apprend l'irresponsabilité », dira Frank plus tard avec humour. Leur père les surnomme bientôt « les deux messires », car ils ont l'habitude de s'adresser l'un à l'autre en ces termes : « Messire, allons jouer[5]. »

Ils jouent la plupart du temps dans le jardin du presbytère. Pour le chanoine, la nature est une retraite — un plaisir que les enfants finissent également par partager —, aussi tient-il à conserver au jardin son aspect naturel ; il ne taille, ne déracine ni ne coupe rien. Sa seule concession à l'art est l'installation d'un banc rustique où il vient s'asseoir pour communier avec la nature, écrire des poèmes, recevoir des invités, et parmi eux des poètes canadiens tels Archibald Lampman et Wilfred Campbell. Un jour, Arthur, alors âgé de huit ou neuf ans, se précipite dans la maison : « Frank, sais-tu qui est là sur le Banc du Poète avec papa ? Charles G. D. Roberts[6] ! » Les garçons sont surexcités, car Frank avait lu à Arthur des extraits des histoires d'animaux dont Roberts est l'auteur.

Mme Scott aime les jardins bien entretenus, mais toutes ses tentatives pour obtenir un jardin digne de ce nom sont vouées à l'échec. Elle arrondit le modeste revenu familial avec les produits de son potager, un noisetier, un groseillier et des framboisiers blancs. Une année, elle fait même pousser du maïs. Frank en retire les feuilles et mange le succulent épi cru. En automne, il aime ratisser les feuilles afin de faire un grand feu dans lequel on fait cuire des pommes de terre[7].

Au fond du vaste jardin, il y a un ruisseau, une écurie et de grands arbres, chênes, érables, bouleaux et saules, où Elton, Frank et Arthur passent leur temps à grimper. Lorsqu'il les attrape, dangereusement suspendus aux branches, leur père les punit, mais bien vite, ils oublient. Qu'Elton se soit cassé le bras trois fois en tombant d'un arbre ne les arrête aucunement. Le ruisseau traverse les vastes prairies derrière le presbytère. Au printemps, lorsque la neige recouvre encore les champs, les enfants ont du mal à localiser le cours d'eau, jusqu'à ce que leurs pieds s'enfoncent brusquement dans la boue. Plus tard, pendant la crue, ils construisent des barrages et font filer sur leur étang artificiel l'un des superbes bateaux construits par Elton. Juste avant de se jeter du haut d'une petite falaise, le ruisseau passe par un enchevêtrement impénétrable d'aubépines, où les enfants ont ouvert un sentier qui mène à leur fort secret[8].

L'écurie dans le jardin est vide, car le chanoine n'a pas les moyens de s'offrir un cheval. Il marche jusqu'à l'église pour célébrer la messe anglo-catholique matinale, ce qui est pour lui le premier de ses devoirs religieux ainsi que son réconfort, malgré une assemblée de fidèles des plus réduites. À sa famille qui le taquine à ce propos, il répond : « Le sacristain était là et l'église était remplie d'anges[9]. » Un petit garçon qui voit son père partir à pied, le ventre vide, à sept heures et quart tous les matins, qu'il pleuve, qu'il neige ou qu'il vente, apprend vite que le « devoir » ou la « vie au service de Dieu » passe avant tout confort personnel.

La vie dans la maisonnée Scott se déroule au rythme des fêtes anglicanes, particulièrement Noël, Pâques et la fête des moissons, qui coïncident avec les saisons. Leur existence est donc bien réglée, faite de ce que les enfants perçoivent comme des vérités immuables. Le dimanche, la famille au complet se rend à trois ou quatre fois à l'église[10]. Enfant, Frank chante dans le chœur. Pendant le temps interminable qu'il lui faut pour boutonner son surplis, Frank concentre son esprit sur « Devoir », l'un des poèmes de Frederick Scott accrochés au mur de la sacristie :

Duty from thy golden wings
God on man his glory flings
And all the harps of God are strung
With the songs that Thou hast sung★[11].

L'année où Frank atteint ses douze ans, le chanoine instaure la tenue d'une procession précédée de la croix. Le chœur pénètre à sa suite dans l'église en entonnant « Saint, Saint, Saint, Dieu de l'univers ». Chez Scott, le sens aigu de l'esthétique prend sa source dans le chœur de son enfance, de même que dans la musique de sa mère. Il a intériorisé les mesures des anciens hymnes religieux et l'image de la croix. Des concepts souvent considérés contradictoires — comme devoir et poésie, ou religion et art — se sont fondus en lui.

L'événement marquant du calendrier religieux, pour le jeune Frank, c'est la naissance du Christ. Cent cinquante chandelles brûlent sur l'autel. Les rameaux de sapin baumier emplissent l'église de leur odeur de résine. À la maison, le sapin de Noël est proscrit, car aux yeux du chanoine c'est un symbole païen, mais on décore la salle de jeux de taies d'oreiller de Noël accrochées à un fil tendu dans la pièce[12]. Le chanoine Scott a écrit une pièce sur la nativité, *The Key of Life*, et, en 1913, il la présente dans la salle paroissiale avec Frank dans le rôle du premier ange. Sous « la voûte étoilée de l'espace infini », il annonce la nativité :

★ Devoir, de tes ailes dorées / Dieu projette sa gloire sur l'homme / Et toutes les harpes célestes s'accordent / Aux chants que Tu as chantés.

Dear Brother, canst thou see,
Far down the gulfs of night,
That world to which so joyfully
Great Gabriel speeds his flight★[13] ?

Ce tableau procure à Frank une vision poétique des cieux étoilés et de l'immense distance qui les sépare de la terre. Lui, l'enfant, le plus petit ange, commence à éprouver de manière tangible la relation qui lie l'infini religieux et les êtres humains. Par les claires nuits d'hiver, la neige étend son tapis sous la fenêtre de la chambre de Frank. Les Laurentides se découpent au loin, les étoiles scintillent dans le ciel. Pour l'enfant, les cieux irradient la gloire de Dieu et, allongé sur son lit, il songe à l'éternité : « Quand j'irai au paradis, il n'y aura pas de fin, non, ça ne finira jamais. » Cette pensée est si foudroyante « qu'elle nous donne le vertige[14] ». Dans les années qui suivent, sa notion d'éternité vacillera considérablement au contact de l'infinité d'Eddington ou d'Einstein, mais Frank Scott continuera de voir en l'homme un microcosme se profilant sur la toile de fond que forment les grands mouvements de l'univers.

Le premier souvenir de la nature qu'il garde est bienfaisant. Vers l'âge de quatre ans, alors qu'il joue sur un vieux quai de bois au lac Saint-Joseph, près de Québec, il tombe soudain à l'eau :

> À ma grande surprise, je flottais. Je n'avais plus pied et je ne savais pas nager. Pourtant, je me souviens d'avoir été allongé sur le dos à la surface de l'eau, en regardant le ciel et en me disant (et en le ressentant aussi) : « Je flotte. » Cela m'a surpris… Au lieu de m'avoir effrayé, cet accident m'a en quelque sorte encouragé[15].

★ Cher Frère, ne vois-tu pas, / Au plus profond des golfes de la nuit / Ce monde vers lequel dans la joie / Le grand Gabriel s'envole ?

Son père lui dit toujours : « Tu as un ange gardien qui veille sur toi », et pour Frank c'est comme si l'univers lui-même était bienveillant[16]. Pour l'enfant qui fait ses prières, cet ange gardien est bien réel. À l'adolescence, cette notion prendra la forme d'une divine providence qui contribue à orienter la destinée de chacun, et, des années plus tard, Scott, alors d'âge mûr, évoquera la présence de « petites mains » sur le ton de la plaisanterie. Derrière ce concept, il y a la croyance, d'abord littérale, puis métaphorique, à une présence bénéfique qui nous guide et nous soutient, particulièrement lorsque l'on défend une juste cause.

Rebelle, le jeune Frank se heurte à son père dès son plus jeune âge. Adulte, Elton racontera à Frank que, tout petit, alors qu'il n'avait que deux ou trois ans, ce dernier refusait de quitter les cabinets. Son père avait beau le forcer à en sortir, le jeune garçon n'avait de cesse d'y retourner. En colère, son père cria : « Tu vas voir qui commande ici », et il lui donna une fessée telle qu'Elton en fut terrorisé[17]. Apparemment, Frank comprit la leçon. Sur plusieurs photographies, prises entre quatre et douze ans, il a l'air gêné, les yeux toujours baissés.

La fessée est monnaie courante dans la famille Scott et s'accompagne du vieil adage : *Qui aime bien châtie bien.* Un jour, Frank et Arthur décident de faire un tas avec le foin d'une stalle de l'écurie et d'y jeter une allumette. Sous les yeux des enfants terrifiés s'élève alors une colonne de fumée. « J'avais peur et je suis allé me tapir au fin fond du bâtiment. Père s'est précipité dans l'écurie, m'a trouvé et m'a traîné dehors. Il m'a administré une correction retentissante. Je me revois caché sous le lit dans la salle de jeux après la fessée, essayant de m'en remettre. J'aurais pu être brûlé vif, mais ce qui avait rendu mon père furieux, c'est que j'aie pu me montrer aussi stupide[18]. »

Adolescents, Elton, Frank et Arthur sont surpris par leur père en train de se masturber, pratique que venait tout juste de leur apprendre un de leur condisciple. C'est Elton qui porte le poids de la punition, une leçon dont Arthur se souvient comme « du pire interrogatoire qu'un père puisse faire subir à son fils ». Depuis ce jour, la pratique anglo-catholique de la confession, à laquelle son père tient beaucoup, commence à prendre des allures d'inquisition. Frank se rappelle que « pendant les quelques années durant lesquelles je me suis confessé, l'impureté était le pire péché que l'on pût commettre[19] ». La réaction excessive du chanoine et la distinction très marquée qu'il établit entre la pureté de l'esprit et l'impureté du corps sont à l'origine d'une vision très manichéenne de l'esprit et du corps chez ses fils. Ils ont toutes les peines du monde à exprimer leurs émotions, particulièrement sur le plan sexuel. Aucun des hommes de la famille, remarque Arthur, n'a jamais embrassé sa femme en public[20].

Le chanoine a aussi pour maxime *La colère est bonne quand on n'a rien à se reprocher*. Pour tous les membres de la famille, cela revient à dire que c'est un péché de ne pas exprimer une indignation justifiée. Malgré cela, les enfants craignent l'autorité de leur père tout en s'imprégnant de son comportement pugnace. Frank, dans sa vie adulte, aura la conviction qu'on a le droit d'être en colère, conséquence de la conduite de son père — en fait, la colère s'impose face à l'injustice et à l'inconduite. Mais il a aussi appris à détester et à combattre tout pouvoir débridé, quel qu'il soit.

Pourtant, Scott gardera un très bon souvenir de son père. Celui-ci continue de communiquer aux enfants ses connaissances du monde naturel, et le jeune Frank est très réceptif à cet enseignement. Le chanoine a l'habitude d'emmener les enfants dehors la nuit afin de regarder les lumières de la rue se refléter sur les cristaux de neige et d'admirer les constellations. « Frank ! Regarde-les scintiller ! Regarde ! La Grande Ourse. » Très vite, Frank se met à fréquenter la bibliothèque pour y consulter les livres d'astronomie. Lorsqu'ils vont pique-niquer dans les Laurentides, ils apprennent la géologie. Frank se souvient de son père leur racontant, à la chute Montmorency, l'un des endroits favoris de la famille, que la roche calcaire se trouvait autrefois sous le niveau de la mer, que les Laurentides étaient « les plus vieilles montagnes du monde ». Ils apprennent que le sol couvrant la roche sur laquelle ils marchent est si peu épais qu'en certains endroits, si on le frappe du pied, il rend un son creux. La jeunesse de la forêt laurentienne, du point de vue du temps géologique, les fascine. Par-dessus tout, leur père est intarissable sur les immensités du Nord canadien qui s'étendent à perte de vue : « Frank, monte sur ce rocher et regarde vers le nord. Il n'y a rien entre toi et le pôle Nord[21]. » « Il n'a pas pensé un seul instant, dira Frank plus tard en riant, qu'il pouvait y avoir les Indiens. »

Frank commence aussi à saisir l'essence de la relation qui existe entre l'anglais et le français au Québec, et même à comprendre quelle est la place du Canada dans l'Empire. En 1909, Québec célèbre le tricentenaire de la fondation de la ville. Une réplique de l'un des bateaux de Jacques Cartier mouille dans le port, et on érige des estrades et des tentes près de la citadelle pour le confort de la foule. Les voix des ouvriers français résonnent au lointain lorsqu'ils chantent de vieilles chansons et des ballades.

Le jour du tricentenaire, les habitants de la ville mettent en scène la bataille historique. Une multitude de tuniques rouges traversent les plaines d'Abraham pour affronter les tuniques bleues, qui affluent hors de la citadelle. Là, au centre d'une scène en bois, les représentants des deux nations se rencontrent et se serrent la main. Frank Scott, fils d'un homme d'Église canadien-anglais, en uniforme bleu représentant les Français, accueille Jack Price, fils d'un baron canadien-anglais de l'exploitation forestière, dans un uniforme rouge représentant les Britanniques[22]. C'est comme si, par cette poignée de main, on effaçait toutes les différences entre Français et Anglais.

Le vieux Quebec High School, grand immeuble aux immenses fenêtres gothiques, est construit en hauteur sur le promontoire près de la citadelle. Sur le chemin de l'école, Frank et Arthur passent devant les fosses communes qu'il a fallu creuser, soixante ans auparavant, pour y ensevelir les innombrables immigrants, dont beaucoup d'Irlandais, emportés par les épidémies contre lesquelles leur grand-père, le docteur Scott, a tant lutté. Quelques crânes sont sortis de terre et les enfants les utilisent de temps à autre comme ballons de football, les tapant et criant avec ardeur : « Vas-y, McGinty[23]. » À l'intérieur de l'école, dans l'une des salles de classe, il y a une grande mappemonde où figurent en rouge toutes les possessions britanniques. « L'Empire est mon pays, le Canada mon foyer », dit la légende. Dans la cour de l'école comme en classe, Frank s'imprègne du sens de l'histoire du Canada. Il devient aussi une figure de proue, car Arthur et lui-même commencent à rafler les prix d'excellence.

Les grands moments de chaque été consistent à camper sur les rivages du Saint-Laurent. Vers la mi-juin, la famille Scott fait ses bagages, prend le train ou un bateau à aubes dans le port de Québec et descend camper à Beaupré, à Cap-à-l'Aigle ou encore à Cacouna, lieux de villégiature à la mode. Le chanoine Scott a acheté une grande tente, ayant servi aux célébrations du tricentenaire, et lui et les garçons prennent l'habitude d'installer quatre autres tentes plus petites sur la plage de Beaupré. Mary et sa mère dorment d'abord dans une ferme proche ; plus tard, on leur installera une tente pour elles seules, dotée d'un plancher de bois. La famille se retrouve autour d'une table pour le petit déjeuner et, pour le dîner, sous un auvent près d'un foyer en pierre. Au petit déjeuner, l'un des aînés, Harry ou Elton, prépare du porridge dans une grande gamelle. À midi, tout le monde se rassemble dans une pension tenue par une famille Tremblay afin d'y prendre le principal repas de la journée[24].

La vie sous la tente à Beaupré se veut le prolongement des joies éprouvées dans le jardin du presbytère. La nuit, les garçons s'endorment sous les couvertures, bercés par « le murmure constant » de l'eau. L'eau est leur élément, et la rivière Sainte-Anne est très poissonneuse. Harry, pêcheur accompli, montre aux plus jeunes comment s'y prendre. C'est le préféré de Frank et d'Arthur. Comme il est le cadet de William, il ne se sent pas investi de la lourde responsabilité qui pèse sur son aîné ; il est doux et possède un bon sens de l'humour.

Pendant les vacances d'été, le chanoine les rejoint le samedi, mais, dès le lundi, il se soucie de ce qu'il a à faire dans sa paroisse. La vie et l'animation de la ville lui manquent. « Je dois repartir », annonce-t-il, et il disparaît. Cependant, malgré ses absences, il perpétue à Beaupré les rites religieux de la vie du presbytère. À mi-hauteur de la falaise, il a trouvé une niche qu'ombrage un grand pin et d'où l'on découvre une vue splendide. Là, il vient prier, célébrer vêpres ou matines. Il officie aussi spécialement pour la famille le dimanche sous les arbres près des tentes, disant la messe sur un petit autel constitué d'une boîte recouverte d'une nappe, sur laquelle il place la croix[25].

De 1912 à 1914, la famille va de plage en plage, se rapprochant de Beaupré, pour s'installer dans une cabane en rondins dont le propriétaire est le patron de l'usine de pâte à papier du coin. La famille conserve une tente pour les amis. En 1914, Harry se fiance à une séduisante jeune femme aux cheveux noirs, Constance Hall. Ces fiançailles intriguent beaucoup les plus jeunes, qui aimeraient bien savoir comment ça se passe. Un soir, alors que Harry, Frank et Arthur font la vaisselle, Arthur commence à l'interroger : « Quand est-ce que ça s'est passé ? demande-t-il, as-tu posé un mouchoir par terre pour faire ta demande à genoux[26] ? »

L'image chevaleresque qu'évoque la question d'Arthur rappelle le style parodique de Stephen Leacock dans *Nonsense Novels,* que Frederick G. Scott a l'habitude de lire à haute voix. Ils ont beaucoup lu Leacock — *Histoires humoristiques* et *Un été à Mariposa : croquis en un clin d'œil,* de même que les *Carnets de Pickwick,* de Charles Dickens. Arthur et Frank se tordaient de rire en lisant ce qu'a écrit Leacock à propos du jeune lord Ronald qui, lorsqu'il éprouve un dépit amoureux, ne sait rien faire d'autre que « se ruer hors de la pièce, enfourcher son cheval et galoper comme un fou dans toutes les directions ». Ils adorent aussi sa parodie du chevalier errant dans « Guido the Gimlet of Ghent : A Romance of Chivalry », particulièrement le paragraphe d'introduction, qu'ils adorent déclamer : « C'était le zénith de l'idéal chevaleresque. La chevalerie était en bouton★[27]. »

★ « It was the flood-tide of chivalry. Knighthood was in the pod. »

CHAPITRE 3

Le chevalier Scott

Deux jours après la déclaration de la guerre, le 4 août 1914, le chanoine fait part au marguillier de sa paroisse, tout surpris, de sa décision d'aller au front. Âgé de cinquante-trois ans, il déclare à un ami que « c'est [m]on devoir[1] » en tant que chapelain du huitième régiment d'infanterie légère. Il aime claironner qu'il a coiffé au poteau son fils aîné. William s'est en effet enrôlé comme simple soldat vingt-quatre heures après son père, qu'il retrouve stationné au camp de Valcartier. La guerre a éclaté trois jours après le quinzième anniversaire de Frank.

Une fois enrôlé, Frederick Scott rejoint sa famille en vacances à Beaupré. Là, il écrit un poème, « Blood Guilt », qui décrit la bataille à venir comme une guerre sainte contre un despote sanguinaire :

The brand of Cain is on your brow,
  Emperor!
A crown of gold may hide it now,
  Emperor!
But when the day of reckoning comes…
A people's wrath will rend the skies
And topple down your dynasties,
  Emperor[★2] *!*

Quelques jours plus tard, sous les yeux horrifiés de Frank, Ferdinand Van Bruysel, patron de l'usine de pâte à papier du coin, incite son chien à attaquer une marmotte et à la mettre en pièces. Frank compose des vers pleins d'indignation :

The brand of Cain is on your brow,
*   Ferdinand!*
Although you may not know it now
*   Ferdinand!*
If you a great big house would build
I'm sure that you could have it filled
With all the woodchucks you have killed,
*   Ferdinand★★[3]!*

Il découvre la joie d'être auteur lorsque sa cousine lui confie combien elle aime son poème. Frank commence à prendre conscience du pouvoir des mots, le 1er janvier 1912, jour où sa sœur lui offre un journal intime de poche en cadeau. Dans ce journal, il jette des notes sur l'école, ses sorties, ses amis et ses lectures. De ces gribouillis émergent quelques images de sa vie de jeune garçon : « 1. Mon rat est mort / 2. Ai reçu un canari / 3. Ai perdu mon canari / 4. Ai reçu deux autres canaris / 5. Buster a mangé un de mes canaris. » Aucune mention de la Grande Guerre dans cet innocent compte rendu des « grands événements de 1914[4] ».

(*note de la page précédente*)
★ La marque de Caïn est sur ton front, / Empereur ! / Une couronne d'or la cache, mais ce ne sera pas long, / Empereur ! / Quand le jour du jugement viendra… / Le courroux du peuple, des cieux descendra / Et fera basculer vos dynasties, / Empereur !

★★ La marque de Caïn est sur ton front, / Ferdinand ! / Même si tu ne le sais encore pas au fond, / Ferdinand ! / Si une grande maison tu veux construire / Je suis sûr que tu pourrais la remplir / De toutes les marmottes que tu as tuées, / Ferdinand !

En septembre 1914, la guerre prend tout son sens pour la famille Scott lorsque le chanoine et William, au centre d'entraînement de Valcartier, se préparent à partir outre-mer. Affecté à Salisbury Plain, Frederick Scott transgresse les ordres et se rend subrepticement en France. Là, il est incorporé au plus proche détachement canadien, le 15e bataillon de la 1re division[5]. À partir de ce moment-là, on le voit souvent sur les lignes du front, administrant les derniers sacrements au mépris de sa propre sécurité, certain que « Dieu y pourvoira ! ». Sa foi dans le miracle de la messe apporte réconfort aux jeunes gens qui agonisent sur le champ de bataille.

Pendant les années de guerre, Frank ressent cruellement l'absence de ses frères et compagnons de jeux. Harry et Elton, suivant l'exemple de leur père et de William, se joignent à l'armée chacun à leur tour dès qu'ils atteignent l'âge de dix-huit ans. Frank a une santé fragile qui l'incline au vague à l'âme. Son enfance oscille entre des périodes de jeux et d'autres plus calmes : il arrive qu'à ses activités de petit garçon robuste succèdent de longues semaines de maladie, qu'il passe au lit. Il attrape toutes les maladies infantiles : coqueluche, bronchite, rhumes, grippes chroniques et, en 1915, une amygdalite, sans oublier l'appendicite et la pneumonie.

Cloué au lit, Frank dévore de nombreux livres, dorloté par sa mère et par Mary. Il inscrit dans son journal intime toutes ses lectures. En 1912, il passe en revue les classiques de la littérature enfantine : *Le Livre de la jungle,* de Kipling, *La Vie de collège de Tom Brown,* de Thomas Hughes, et *Chums,* de Philip Warner ; en 1914, il découvre *The Story of the Heavens,* de sir Robert Stawell et, en 1915, *Lorna Doone,* de Richard Blackmore, *Rob Roy,* de sir Walter Scott, *Stalky & Cie,* de Kipling et *Le Livre des martyrs,* de Foxe, qui lui laisse plus que tout autre une forte impression. Cet ouvrage contient des illustrations de martyrs attachés à des poteaux et brûlant dans les flammes, le visage tordu de souffrance et d'extase. Ces images de martyrs et de souffrance transparaîtront plus tard dans sa poésie et conditionneront sa vision de la religion. Cette lecture le laisse avant tout plein d'admiration pour le sacrifice, influencé par son père et par la perception très répandue dans la population que la Première Guerre mondiale est une croisade dont les soldats sont les nouveaux martyrs.

Blessé au visage, Willum revient à la maison. La balle d'un tireur d'élite allemand ayant pulvérisé ses jumelles pendant qu'il surveillait le champ de bataille, il perd l'usage d'un œil. Un an plus tard, en juin 1916, lorsque Elton atteint ses dix-huit ans, c'est à son tour d'aller au front. Pour fêter son départ, Frank décide d'organiser un feu d'artifice. Il fabrique un gros pétard rudimentaire, cherchant peut-être inconsciemment à s'exposer aux mêmes dangers que ses frères combattants. Il forme un gros tas de poudre, allume la mèche et attend, à l'abri, au coin du presbytère. Le feu d'artifice ne se déclenchant pas, il s'en approche et la poudre lui explose à la figure, lui projetant des éclats de métal dans les yeux.

À la vue du visage sanglant de Frank, Mme Scott est convaincue qu'il va perdre complètement la vue. On fait appel immédiatement à Willum, qui est maintenant avocat à Montréal. Il entre en contact avec l'oncle Frank, à l'époque vice-président de la société ferroviaire du Grand Tronc. Ce dernier affrète un train spécial afin de transporter le garçon le plus vite possible à l'hôpital Jeffery Hale de Québec. Allongé sur son lit, les yeux bandés, Frank est convaincu qu'il ne verra jamais plus. Il tente courageusement de se consoler. Même aveugle, il pourra continuer de pêcher la perche sur le quai de Cap-à-l'Aigle. En imagination, il essaie de visualiser les contours irréguliers du quai en bois et tente d'imaginer comment il pourrait installer sa ligne[6]. Mme Scott reste à son chevet. Elle écrit elle-même dans le journal de son fils jour après jour et envoie une lettre à son mari au front, l'assurant que Frank possède « l'esprit d'un vrai soldat[7] ». Le chanoine, qui ne voit autour de lui que corps mutilés et brisés, n'est pas enclin à la compassion envers son fils. « Ne laisse pas les garçons jouer avec le feu. Nous en avons assez ici, beaucoup trop, qui le font. C'est heureux qu'il n'ait pas perdu les deux yeux[8]. »

Frank traverse une semaine angoissante avant d'apprendre que les chirurgiens ont pu lui sauver l'œil gauche. Il devra porter un cache-œil sur le droit pendant un an environ, puis on lui posera un œil de verre. Il prendra l'habitude à l'avenir de toujours montrer son profil gauche. Cet accident l'empêche d'assister à la cérémonie de remise des diplômes de l'école secondaire. Quand il reçoit les résultats, Frank découvre qu'il a gagné deux médailles d'argent : l'une pour ses bons résultats en français et l'autre pour la meilleure composition littéraire de l'école[9]. Il avait disserté sur la bonté envers les animaux. Il manque de peu la première place de sa classe, un point derrière son meilleur ami, Sydney Williams, le fils de Lennox Williams, vieil ami de son père.

Pendant l'été 1916 à Cap-à-l'Aigle, Frank et Arthur apportent leur contribution à l'effort de guerre en attrapant des éperlans et en les vendant de porte en porte afin de collecter de l'argent pour la Croix-Rouge. Ils préparent des bandages et organisent des concerts[10]. Frank, âgé de dix-sept ans, est grand et dégingandé, une tignasse de cheveux lui mange le front. Il joue au prince charmant — fougueux avec son cache-œil — avec la princesse Margaret Cundhill, une jeune voisine[11].

On commence à le connaître comme l'un des aventureux frères Scott, qui ont la réputation d'être des enfants « originaux ». La rumeur veut que, au cours d'un voyage en train, Frank et Elton soient montés sur le toit du wagon, s'y cramponnant à mains nues, les cheveux au vent. Lorsqu'ils vont à la campagne, au lieu de loger dans les pensions de famille, comme tout le monde, ils campent sur la plage et se baignent nus. Ils font de longues randonnées, escaladent les montagnes du coin et se rendent en barque dans les îles du Saint-Laurent[12].

En septembre, il quitte la maison pour la première fois, pour entrer au collège Bishop, à Lennoxville. Frank aime le collège. Les professeurs sont sympathiques, le travail agréable et son ami, Syd Williams, est dans sa classe. La vie sociale — sorties, concerts et défilés historiques, contributions à l'effort de guerre — est plaisante. Frank découvre qu'il est doué pour la comédie en jouant dans une pièce appelée *The Hoodoo*[13]. Syd et Frank passent de nombreux après-midi à ramer sur la rivière aux abords du collège. Seule ombre au tableau, la guerre, de plus en plus menaçante. Dans sa chambre, juste au-dessus de son bureau, Frank a disposé les photographies de son père et de ses trois grands frères — tous superbes dans leur uniforme[14].

En automne 1916, William n'est plus à la guerre et Elton, en Angleterre, attend de prendre du service. Cependant, Harry, qui s'est enrôlé en 1915, est lieutenant d'une compagnie de batterie qui se prépare à combattre sur le front de la Somme, là où est son père. Le chanoine s'inquiète pour son fils, mais comme bien d'autres hommes issus du même milieu et pétris des mêmes sentiments, il voit la guerre comme une bataille chevaleresque et il l'exprime dans une épitaphe, « Chevalerie », qu'il écrit pour un soldat à l'agonie :

In honour, chivalrous ;
In duty, valorous ;
In all things, noble ;
To the heart's core, clean*[15].

Néanmoins, l'inquiétude toute paternelle qu'il éprouve pour Harry, qui va affronter le feu de l'ennemi, s'accentue, car ces batailles sont très meurtrières.

Dans une lettre envoyée à la maison, il raconte que, par une sombre journée, il a célébré la messe, sur une colline, pour le bataillon de Harry, le 87e, qui allait au front le lendemain. Il a prêché : « Je vous en conjure, marchez à la bataille, dignes des idéaux qui vous ont amenés jusqu'ici », et il se sentait transporté de joie à l'idée que Harry figurait parmi les soldats du bataillon. Après le service, le père et le fils ont l'occasion de parler des jours heureux à Beaupré et de la dernière communion que le chanoine a donnée sous les arbres, près du fleuve. Il termine la lettre par la promesse « qu'à son retour à la maison, l'une des premières excursions qu'il fera sera au camp au bord de l'eau et à la croix sur le rocher[16] ».

---

* Pour l'honneur, chevaleresque ; / En devoir, valeureux ; / En toutes choses, noble ; / Au plus profond de son cœur, pur.

Une semaine plus tard, Frank reçoit au collège un coup de téléphone de sa sœur Mary. Harry a disparu dans la bataille. Frank part immédiatement pour le presbytère, à Québec. Là, tous les membres de la famille, même la femme de Harry, Constance, se rassemblent dans l'attente de nouvelles, qui arrivent le 30 octobre 1916, sous forme d'un câble du chanoine confirmant la tragédie. « Harry est mort en héros, à la tête de sa compagnie au cours d'une attaque. Il n'a pas souffert. J'espère pouvoir aller chercher son corps plus tard. Que Dieu vous donne le courage et la force de continuer. Nous devons tenir, sans flancher, jusqu'au bout[17]. » Frank n'oubliera jamais la réaction de Constance, qui s'effondre « comme si elle avait reçu un coup sur la tête[18] ».

Frank ne se laisse pas abattre et retourne à Bishop et à ses études. Deux semaines plus tard, début décembre, il reçoit un gros paquet de lettres, envoyées à la maison par son père qui demande qu'on les garde pour les archives familiales. Dans une lettre de onze pages, le chanoine raconte sa descente aux enfers, la recherche du corps de Harry. Il y a aussi une page destinée à Elton : « Je suis si fier de mes fils. J'ai la chance d'être le père de deux garçons qui ont versé leur sang pour l'Empire et d'un autre qui sera bientôt au front. Vous êtes de nobles enfants[19]. »

Harry, écrit le chanoine, s'est fait tuer par un tireur d'élite alors qu'il attendait de mener sa batterie à l'attaque. On a enterré son corps à la hâte en terrain neutre. Le chanoine, qui désirait lui offrir des funérailles dignes de ce nom, décrit à sa famille l'horreur de ces vingt-quatre heures passées à chercher le corps de son fils dans la tranchée de Regina. Il finit par le découvrir dans un endroit que les soldats dépeignent comme un « trou lugubre et étrange » et qu'ils ont surnommé la « vallée de la mort ». Dans ce paysage où le sol est troué d'innombrables cratères, où la boue est glissante et colle aux semelles et où l'on ne voit qu'à la lueur des bombardements, le chanoine découvre enfin « une petite croix blanche solitaire ». Aidé d'un soldat, il se met à creuser, mais ne trouve rien. Juste avant un autre bombardement, ils creusent plus près de cette même croix et d'une autre, juste à côté, en bois nu. Enfin, « après quelques pelletées de terre, [le soldat] a découvert quelque chose de blanc ; c'était la main gauche de notre cher Harry, sa chevalière à son petit doigt. C'était un miracle — penser que j'aie pu le découvrir sur cette étendue où reposent encore tant de corps que l'on n'a pas enterrés[20] ». Au milieu des bombes qui sifflent à ses oreilles, le chanoine a alors accompli le service funèbre.

Peu après, Frank lui répond qu'il est content d'avoir lu ces lettres. Il a très bien compris la leçon de son père : « Je suis fier d'appartenir à une famille comme la nôtre. Elles me donnent envie de me dépasser. Notre devise devrait être : *Un bon Scott doit être sans tache*[21] ».

Le défi est immense pour le jeune homme, car il doit faire preuve d'une vertu surhumaine. Il faut littéralement qu'il réveille le chevalier en lui, une idée commune aux Canadiens de la génération de cette guerre[22]. À Bishop, Frank achète l'édition canadienne de *Memoir,* d'Edward Marsh, qui parle du soldat poète Rupert Brooke. Il lit cet ouvrage ainsi que les poèmes de Brooke, qui ne le quitteront pas durant de nombreuses années, méditant dès que l'occasion lui en est donnée sur la nature de la grandeur et sur son désir d'imiter Brooke. Ce climat saturé d'émotion — le tempérament chevaleresque propre à son âge, l'influence de son père, la mort de son frère aîné — révèle ce potentiel de chevalier errant, le désir de servir et d'être utile dans le monde, qui anime un jeune esprit idéaliste. Cet idéalisme grandit en Frank Scott lorsqu'il se rend compte qu'il ne peut servir au front.

Au printemps de 1918, le journal de Frank commence à refléter en partie l'angoisse qui règne pendant les années de guerre : « Tout le monde s'interroge sur la grande bataille du front ouest. Toutes sortes de rumeurs circulent[23]. » Lorsqu'il revient au presbytère pour le week-end de Pâques, le 30 mars 1918, Québec est aux prises avec des émeutes contre la conscription : « Les nuits de jeudi et de vendredi ont été très mouvementées, et on s'attend à ce que les troubles s'intensifient la nuit prochaine. Des soldats patrouillent les rues et protègent les édifices importants. Tout cela à cause de la Loi du Service militaire. Ces Canadiens français ne sont pas des Britanniques[24]. » Pour la première fois, Frank commence à percevoir que le sympathique défilé du tricentenaire de Québec n'était qu'un leurre.

Le lendemain, le dimanche de Pâques, les réunions publiques sont remises à plus tard et les femmes et les enfants n'ont pas le droit de sortir à la nuit tombée, mais on autorise de brefs services religieux. Tandis que la famille Scott récite des prières à St. Matthew, la rumeur de la foule montant de la basse-ville se fait plus forte. Au fur et à mesure que la foule se rapprochait, racontera Frank plus tard, les prières de la congrégation redoublaient d'ardeur. Une fois le service terminé, Frank et Arthur descendent dans la basse-ville. Là, dans la Côte du palais, ils rencontrent un policier qui pointe son arme dans le dos d'Arthur et dit : « Halte-là ! Allez, maintenant va-t'en ou je tire[25]. »

Le lendemain soir, le lundi de Pâques, la famille Scott est assise sur le petit balcon à l'arrière du presbytère, tourné vers la basse-ville. Les émeutiers ont coupé l'électricité ; toute la basse-ville est plongée dans le brouillard et dans le noir. Ils entendent crier. De temps à autre, des voix s'élèvent pour chanter le *Ô Canada,* suivies d'autres cris. Soudain, leur parvient le bruit terrifiant des armes à feu. En fait, l'armée a tourné ses fusils vers les murs de briques. Au petit jour, les corps de cinq Canadiens francophones reposent à la morgue. Frank n'oubliera jamais la rumeur de la foule. Il en gardera toujours l'impression qu'une étincelle peut mettre le feu aux poudres entre les Français et les Anglais du Québec. De là naît sa détermination à préserver cette *entente cordiale.*

Le jour de ses dix-neuf ans, le 1ᵉʳ août 1918, Frank tente de s'enrôler. « Me suis rendu au Camp Saint-Louis où j'ai vu le major Peppel. Il m'a dit que je serais dans la catégorie B2, ce qui veut dire service au Canada seulement, alors je ne me suis pas enrôlé. » La catégorie B2 est exclue du service au front. Deux jours après, il fait un nouvel essai auprès de hauts responsables militaires. Cependant, le 3 novembre, après cinq tentatives, force lui est de constater qu'il n'y a rien à faire. Il se dit qu'on ne veut pas d'un borgne. « Je me demande quel aurait été le cours de ma

vie si j'avais pu m'enrôler ! écrit-il. Il suffit d'un rien pour chan-
ger une vie. » Huit jours plus tard, le 11 novembre 1918, la
Grande Guerre prend fin. En dépit de la rhétorique chevale-
resque de la guerre et de ses propres tentatives pour s'enrôler,
Frank est conscient de l'atmosphère de sentimentalité surfaite
qui l'entoure. Le jour de l'armistice, il écrit dans son journal :
« Au moment où j'écris ces lignes, toutes les sirènes d'usines du
monde retentissent pour saluer la signature de l'armistice. On
peut imaginer avec quel enthousiasme les mères de tout l'Em-
pire accompliront leur travail aujourd'hui ! (Foutaises) »

Le dimanche 4 mai 1919, la famille Scott reçoit des nou-
velles du chanoine qui doit arriver ce jour même sur un bateau
de transport de troupes. Le chapelain débarque en héros de
guerre : toute la famille et une bonne partie de la ville de Québec
sont là. Au cours d'une cérémonie spéciale, la Ville a prévu de lui
offrir une voiture Nash en signe de gratitude. La famille se
trouve sur les quais quand l'*Empress of Britain* accoste au port.
Ils aperçoivent, massés sur les ponts du grand navire, pressés
contre les rambardes, deux mille sept cents hommes en kaki qui
attendent de débarquer. Frank regarde son père inspecter la
garde d'honneur. Le chanoine lève la main et un grand silence
s'abat sur la foule. « Je leur ai dit ce qu'ils ont accompli pour le
Canada, combien le Canada leur en est reconnaissant et com-
bien je suis fier d'avoir été des leurs. Je leur ai demandé de conti-
nuer à défendre dignement ici ce qu'ils ont si chèrement
défendu en France… Je les ai bénis, leur ai dit "adieu les gars" et
les ai renvoyés dans leurs foyers[26]. » Frank est profondément
ému à ce moment-là, et chaque fois qu'il évoquera cette scène, il
en aura les larmes aux yeux[27].

Le mois suivant, Frank obtient son diplôme en arts du col-
lège Bishop. Il y a passé quatre années heureuses et fructueuses.
Il s'y est découvert des aptitudes pour l'histoire et la littérature,
et son professeur favori, le professeur Boothroyd, diplômé de
Cambridge qui lui a enseigné ces deux matières, l'encourage
dans ces voies. « Boots », comme on l'appelle avec familiarité, a
fait beaucoup plus que n'importe qui d'autre pour insuffler

l'amour de la poésie à Frank. Son père n'a jamais lu à haute voix de poèmes autres que les siens. Mais Frank trouve plutôt embarrassante l'habitude qu'a le chanoine d'importuner ses amis en leur faisant lecture de ses dernières compositions. La poésie telle que Boots la lit — la verve familière de Browning et la grandiloquence de Tennyson — n'a rien à voir avec ceux-ci. Et Boothroyd lui a bien fait comprendre qu'un bon poème doit vouloir dire quelque chose. Pour Frank, bercé par les poèmes de son père qui laissaient couler un flot de sentiment brut, c'était une perspective entièrement nouvelle[28].

Boothroyd a aussi donné à Frank le sens de l'histoire européenne. L'un des sujets de dissertation qu'il propose porte sur le socialisme. Lorsque Frank lui annonce qu'il n'y connaît rien, Boots rétorque : « Regardez dans l'*Encyclopaedia Britannica*. » Frank suit son conseil et tombe sur un article de George Bernard Shaw : « Dans le socialisme, la propriété privée est totalement rejetée et la distribution équitable des revenus, une considération de premier plan[29]. » Le professeur encourage aussi Frank à s'intéresser à la naissance de la Société des Nations, intérêt qui se reflète dans son discours d'adieu portant sur « la fraternité de l'homme » :

> L'Armistice a placé le Collège à la croisée des chemins, mais il fait bien plus que cela… Bishop a toujours suscité chez ses étudiants l'amour de la nation et de l'Empire. Mais maintenant un devoir encore plus grand l'attend : il doit distiller dans l'esprit de ceux qui étudient dans ses murs cet amour de l'humanité tout entière, ce sentiment de la fraternité des hommes — cet esprit universel qui seul permettra à la Société des Nations de jouer son rôle[30].

En été 1919, la famille Scott fait un séjour à Cap-à-l'Aigle, où Frank découvre les affres du premier amour lorsqu'il s'entiche de Kan Dennis, jolie fille aux cheveux noirs de la Nouvelle-Écosse, dont le charmant profil est mis en valeur par les grands chapeaux de paille d'Italie en vogue à l'époque. Ils s'installent autour d'un feu de camp et discutent de poésie. Un frôlement furtif de leurs pieds galvanise ses émotions[31]. En septembre, à la fin de l'été, Kan écrit un mot d'adieu dans l'agenda de Frank : « Au revoir — Franco ! Souviens-toi que notre *amitié* est forte et qu'elle n'a rien de fugitif. » Après son départ, il se met à broyer du noir. Jamais personne auparavant ne lui avait fait ressentir semblable émotion ni n'avait stimulé son esprit autant que Kan lorsqu'ils discutaient de poésie. Il se ressaisit, nomme son état « la maladie de Kan[32] » et se réconforte en écrivant des vers.

En octobre 1919, Frank obtient un poste temporaire de professeur principal de la classe préparatoire à la Quebec High School, niveau auquel son ancien maître, Adam Elliot[33], qu'il a tant admiré, a enseigné avant lui. Il habite de nouveau au presbytère, qui voit fréquemment passer d'anciens soldats désireux de saluer le chanoine. L'un de ces soirs-là, en octobre, Frank résume sa pensée : « Papa a encore invité des hommes ce soir. Ils n'ont cessé de discuter de la guerre. J'aurais donné n'importe quoi pour être allé au front moi aussi[34]. »

Qu'il n'ait pas pu aller à la guerre lui reste sur le cœur. Pis encore, le climat d'après-guerre au Canada se nourrit de la guerre. Lorsqu'il se rend au collège Bishop pour voir Arthur, il arrive au milieu d'une conférence sur la poésie de guerre. Le soir, quand il s'installe pour résumer ses activités de la journée, il trouve sur chaque page de son calendrier de 1920 la devise *In Memoriam*. Dès le printemps 1920, il aide son père à mener à terme la rédaction d'un livre. Publié en 1922, *The Great War as I Saw It* décrit la guerre comme « la grande aventure » de sa vie au milieu des hommes les plus braves que le monde ait connus[35].

En janvier 1920, la famille décide d'envoyer Frank à Oxford où il retrouvera Elton, qui y étudie la théologie grâce à une bourse de la Fondation Rhodes et qui s'engage à l'aider. Malheureusement, au tournant de l'année, il tombe malade, atteint d'une de ces amygdalites récurrentes. Très affecté physiquement et moralement, il lit George Eliot et réagit profondément à ce qu'il reconnaît être le bonheur tragique de la mort de Maggie Tulliver, dans *Le Moulin sur la Floss*. Comme Maggie, il se rend compte qu'il est lui aussi arrivé à un tournant de sa vie. « Je suppose qu'il marque le passage d'une vie de jeune garçon à une vie d'homme, de la dépendance à l'autonomie[36]. » Il se demande s'il fera jamais quelque chose de bien et s'inquiète de ne pas encore avoir fait ses preuves.

> Jusqu'à maintenant, rien ne justifie mon existence. Ma vie est semblable à celle d'un animal domestique, un chien ou un canari, que l'on nourrit et qui vit dans la maison du maître. Il est temps maintenant pour moi de montrer que toutes ces dépenses affectives et matérielles servent à quelque chose… La nuit dernière, afin de calmer mes angoisses, j'ai ouvert la Bible par hasard à Matthieu VI 25-34. Puisse Dieu me donner la force d'en faire mon credo et de l'appliquer[37].

Le message de l'évangile est tout simplement que « Dieu y pourvoira », écho de la croyance qui a dominé la vie de son père.

À la fin de l'année, l'amygdalite de Frank s'aggrave. Au début de janvier, le chanoine annonce qu'il faut repousser l'entrée à Oxford. Dans son état actuel, Frank ne supporterait pas l'humidité du climat britannique. Pendant les trois mois qui suivent, le jeune Scott est désœuvré. Il passe les trois quarts de sa convalescence à conduire son père dans les environs de Québec, là où l'appellent ses fonctions. Tandis qu'il attend dans la voiture, il lit ; le soir, il participe à la correction du livre de son père sur la guerre. Pensant que Frank doit se trouver un travail plus lucratif, le chanoine consulte un vieil ami qui offre à son fils un emploi de porteur de ballots de cuir dans sa tannerie, pour un salaire convenable[38].

Un jour, juste avant que Frank ne commence à travailler, il se promène en compagnie de son père dans la rue à Québec et rencontre l'évêque anglican. « Frank, qu'est-ce que tu fais de bon ? » lui demande-t-il. « Eh bien, je vais travailler à la tannerie. » « Pourquoi ne demandes-tu pas la bourse Rhodes ? Il me semble que tu as toutes les qualifications requises. Tu as de bonnes chances de l'obtenir[39]. » Frank envoie sa demande et se rend à Montréal où il rencontre les membres du comité de sélection de la Fondation Rhodes et son président, M. Edward Beatty, également président du Canadien Pacifique. On lui demande « de faire valoir sa candidature », mais il n'a pas l'habitude de faire ce genre de chose à pied levé : « Me suis senti comme un caniche savant dans un cirque, écrit-il dans son journal. Me suis rendu au théâtre de variétés Loew's pour faire passer le goût amer de cette journée[40]. » Quelques semaines plus tard, Frank reçoit la surprenante nouvelle : on lui accorde la bourse pour aller étudier à Oxford. « Dieu y a pourvu », comme Il l'a fait pour le jeune Fred Scott, quelque vingt-cinq ans plus tôt, et encore une fois grâce à Lennox Williams, l'évêque anglican de Québec.

CHAPITRE 4

Oxford : « La grande aventure »

Lorsque Frank Scott, en compagnie de son frère, passe devant la loge du concierge de Magdalen College à Oxford et franchit l'arche de grosses pierres portant l'effigie de Marie Madeleine, il pénètre dans un monde où peu de choses ont changé depuis le Moyen Âge. Les frères Scott parcourent la galerie voûtée du vieux cloître. À leur gauche, une fenêtre gothique s'ouvre sur un carré de verdure ; à droite, des degrés mènent au réfectoire, tandis que juste au coin se trouve la salle des étudiants du premier cycle, où ceux-ci viennent se retrouver, fumer la pipe et lire les journaux. Plus loin, une porte mène à un portail en fer peint s'ouvrant sur un pont qui conduit aux sentiers qui longent la Tamise.

Au-delà du portail, l'allée Addison suit le fleuve, bordé de grandes aubépines, de chênes et de saules. Elle traverse Deer Park et des prairies de plus en plus vastes pour serpenter jusqu'à un endroit d'où l'on aperçoit les tours crénelées d'Oxford dans le lointain et Magdalen Bridge à droite. Sous le pont flottent des barques oblongues aux extrémités carrées et aux couleurs vives. C'est une promenade que Scott affectionnera tout particulièrement pendant son séjour à Oxford. Sous les arbres, en écoutant le murmure de l'eau, il s'imagine être de retour à Québec.

Le 24 septembre 1920, lorsque Frank et Elton Scott avaient quitté Québec pour Montréal, première étape de leur voyage vers l'Angleterre, Frank avait sorti de sa poche un carnet relié en toile et avait griffonné : « Avons fait nos bagages pour Oxford… C'est le début de la grande aventure. » En fait, l'aventure ne se trouve pas tant dans le programme universitaire d'Oxford que dans Magdalen College lui-même, spécialement dans l'âge vénérable de ses bâtiments et dans les traditions qu'il représente, ainsi que dans les vallons verdoyants de la campagne anglaise : « Exactement la sorte de beauté sereine dont je rêvais[1]. » Première grande découverte en sol anglais, l'aspect romantique du passé.

Scott commence par explorer avec délectation Magdalen College et Oxford, puis adopte la vie d'étudiant de premier cycle, consacrée à l'étude et de temps à autre à des cours pendant la matinée, au sport, à des discussions et au thé de quatre heures et quart, suivi du dîner au réfectoire. Puis, c'est le club ou l'étude jusqu'à onze heures ou minuit, dans la chambre qu'il partage cette année-là avec son frère.

Tous les soirs, Scott note les événements de la journée dans son journal. Journée typique parmi d'autres, le 26 février 1921, il rend compte des cours auxquels il a assisté, de son travail à la bibliothèque, d'une répétition pour un tableau vivant, d'un match de hockey, du thé entre amis, d'un cours sur la poésie moderne, d'une réunion en vue de la création d'une société de théâtre, de sa lecture de la soirée (cette fois-ci, *Evolution of Parliament*, de Pollard), et il termine par quelques mots sur le temps : « Belle journée fraîche. » Brusquement, presque à la toute fin, apparaît cette réflexion : « Je m'aperçois de plus en plus à quel point mon caractère est loin d'être formé. »

Deux échos nous parviennent des années de Scott à Oxford. Le premier, le plus clair et le plus précis, provient de son journal quotidien et constitue une sorte de calendrier des événements. Le second est plus intime : on le trouve habituellement après la description des activités de la journée, sorte d'inventaire spirituel. Anglican de la High Church, Scott a l'habitude de la confession ; pendant son séjour à Oxford, il confie ses préoccupations à son journal, y relatant les difficultés qu'il rencontre dans sa nouvelle vie.

Première difficulté à laquelle il doit faire face : la nécessité de satisfaire aux exigences du programme de l'École d'histoire moderne, qui, selon la description donnée à Oxford, comprend tout le Moyen Âge et embrasse l'histoire de l'Angleterre, depuis l'arrivée de Jules César jusqu'à la dernière moitié du XIXᵉ siècle. Comme l'enseignement de l'histoire et du droit relevait autrefois de la même faculté, l'étude de l'histoire à Oxford s'articule autour de l'étude du droit constitutionnel. Certains des plus grands historiens d'Oxford — Stubbs, Bryce, Anson et Dicey — ont notamment œuvré dans le domaine de l'histoire constitutionnelle et du droit. L'enseignement de l'histoire économique et sociale s'insère dans le cadre général de l'histoire du pays et de l'évolution des arts et des lettres, perspective qui aura plus tard une grande influence sur la façon dont Scott conçoit la fonction sociale du droit.

Le candidat au diplôme d'« histoire moderne » doit rédiger une dissertation portant sur l'évolution de la nature de la gouvernance et du droit anglais, le premier sujet que le candidat peut choisir couvre la période qui va des origines jusqu'en 1307, ce qui comprend les *Charters* de Stubbs. On lui demande aussi d'écrire une dissertation à partir d'une étude de *La Poétique* d'Aristote, du *Léviathan* de Hobbes et du *Contrat social* de Rousseau. Le 10 décembre 1920, Scott note dans son carnet qu'il lit Stubbs, sur l'histoire constitutionnelle, et qu'il travaille sur la *Politique* d'Aristote.

Un compatriote, Stephen Leacock, qui, au grand plaisir de Scott, se rend à Oxford au début de 1921 et s'entretient avec les étudiants de premier cycle, a exposé plus tard les différences entre l'enseignement universitaire d'Oxford et celui des universités nord-américaines. À Oxford, explique-t-il, les cours ne comptent pas, car ce qui importe, c'est le tuteur ; et encore, on a du mal à comprendre sa façon de travailler : « Nous nous rendons dans sa chambre, raconte un étudiant, et il ne fait qu'allumer sa pipe et discuter avec nous. » « Nous nous asseyons autour de lui, relate un autre, et il fume et repasse nos exercices. » À partir de ces remarques, Leacock conclut que la tâche d'un tuteur est de rassembler quelques étudiants et de fumer avec eux. « Les hommes devant qui on a fumé pendant quatre ans finissent par devenir des universitaires bien à point... un homme bien enfumé parle et écrit l'anglais avec un talent qu'il est impossible d'acquérir autrement[2]. »

Le 9 octobre 1920, Frank Scott se procure une série de livres et d'exposés que lui recommande son tuteur, et, le 12 octobre, il se rend à son premier cours, à Trinity College. Pendant sa première année, il suit treize cours par semaine. Pour ne pas prendre de retard, il doit fréquemment lire jusqu'à minuit. Une fois par semaine, il rencontre son tuteur pour parler du travail accompli et il lui présente souvent une dissertation. Il le voit habituellement en compagnie de deux ou trois autres jeunes hommes. Pour Scott, le système d'études britannique est difficile. Le diplômé de Bishop n'a pas reçu la préparation nécessaire pour briller à Oxford ; pourtant, il s'attend à exceller et on attend de lui qu'il le fasse. L'enseignement à Oxford exige qu'on lise, qu'on pense et qu'on écrive régulièrement — habitude qu'il a du mal à prendre. Il n'a pas l'écriture facile. Chaque phrase lui inflige mille souffrances : « Ai écrit plus de foutaises ce soir[3] », se plaint-il dans son journal, au début de 1921, à propos de son dernier travail. Son tuteur, Lewis Namier (qui deviendra plus tard sir Lewis, historien réputé spécialiste de la politique européenne), se montre parfois d'accord avec lui.

Namier qualifie de discours « oiseux » l'une des premières dissertations de Scott, qui porte sur la politique britannique au congrès de Vienne. Scott apprend à ne pas se fier à toute sommité, à décortiquer chaque opinion et à la mettre à l'épreuve. Namier, qui a participé aux discussions tenues à Versailles et qui a observé à quel point les politiques concrètes façonnent l'histoire, refuse de perdre son temps avec les beaux parleurs, même s'ils sont remplis de bonnes intentions. Sous sa férule, Scott aborde les idées qui ont cours en cette Europe d'après-guerre et commence à s'intéresser à la politique, particulièrement aux politiques du travail. Il observe la chute de Lloyd George et cherche à mieux comprendre la politique en Angleterre.

En 1921, il lit *Mirrors of Downing Street*, ouvrage qui s'attache à dénoncer le déclin des qualités morales chez les grands hommes d'Angleterre et fustige Asquith, par exemple, l'accusant d'avoir trahi la rigueur de sa jeunesse. « Il y a des hommes, que la nature a comblés de tous les talents, pour qui le plus doux commandement est "va jusqu'au bout[4]" ». Scott aime et le livre et la devise. Il écrit dans son journal qu'il aimerait vivre de manière telle qu'on ne puisse pas dire de lui (comme on le fait d'Asquith) que « la force de sa jeunesse était l'ambition et que toute son énergie était tendue vers le succès[5] ». Des années plus tard, en relisant son journal, Scott aura la réflexion suivante : « Comme je me prenais au sérieux[6] ! »

Toutes les années de Scott à Oxford se déroulent sous le thème de la vocation. La jeunesse, pour lui, est une période où il faut mettre toutes les chances de son côté : « Ce qui compte, médite-t-il après avoir lu *Memoir* et des poèmes de Rupert Brooke, c'est de savoir reconnaître les circonstances favorables avant qu'elles ne disparaissent… Et c'est quand on est jeune qu'il faut le faire, plus qu'en toute autre période de la vie. La jeunesse, c'est l'apprentissage de la vie, l'entraînement avant la course, le lit que l'on fait avant de s'y coucher[7]. »

En janvier 1922, il prend d'autres résolutions au sujet de sa « jeunesse » et essaie de tremper son caractère en s'aidant de cette injonction : « Rien ne sert de vivre si chaque jour nous amène simplement vingt-quatre heures plus près de la tombe. La seule chose qui puisse justifier l'existence, c'est d'être au service des autres, non pas d'être heureux. On ne vit pas pour être heureux ; on vit afin d'aider les autres à être heureux, ce qui est bien différent. » En 1919, au début de 1920, puis de nouveau en 1921, il lit et relit *Idylles du roi* de Tennyson, notamment « Elaine » et « Guenièvre » — il connaît déjà par cœur « Sir Lancelot » — et, en 1921, rendant visite à ses cousins, les Blake, à Castle Cary dans le Somerset, il tente de retrouver l'imposant Camelot ainsi que le panorama glorieux de la campagne qui l'environnait. « Voilà, se rappelle-t-il, le pays d'Arthur — exactement comme je l'imaginais, mais encore plus beau[8]. » Une autre fois, en 1923, chez les mêmes cousins Blake : « Dehors, le vent hurle dans les arbres tandis que j'écris — tout comme du temps où Arthur et ses chevaliers vivaient sur ces terres. » Mais il poursuit : « Étaient-ils vraiment plus intrépides et chevaleresques que nous ne le sommes aujourd'hui ? Lorsqu'un homme meurt, sa vie entre dans l'histoire[9]. » L'enseignement de Namier lui apprend qu'« on interprète trop souvent l'Histoire à la lumière des événements qui se produisent après coup[10] ». Les historiens ont-ils fait d'Arthur un mythe ?

Le concept de la chevalerie est encore vivace. En 1923, Scott accroche une reproduction d'un tableau de Raphaël, *Le Songe du chevalier,* dans sa chambre à Magdalen[11]. On peut interpréter le tableau comme étant la vision qu'a l'artiste du chevalier ou la vision qu'a le chevalier de lui-même, ou encore les deux. Admirant une reproduction de cette toile, des années plus tard, et observant le chevalier au repos à l'avant-plan, les yeux fermés et l'épée à portée de la main, veillé par deux Grâces, Scott remarque : « C'est la posture de Galaad. » La toile de Raphaël lui fait penser à « un preux chevalier mort au cours d'une juste bataille ». Il ajoute : « C'est une vision de la chevalerie et de tous ses devoirs. Il sait que de justes esprits le protègent[12]. » Même plus tard, Scott continuera d'associer le jeune chevalier à de nobles idéaux, à la défense de la veuve et de l'orphelin.

Non pas que le jeune Scott se considère lui-même comme un chevalier chrétien. Pour lui, comme pour bien d'autres hommes de sa génération, si l'imagerie du chevalier errant imprègne ses pensées, c'est qu'on a fortement associé le vocabulaire de la chevalerie à la Grande Guerre. Cette imagerie ressort aussi à d'autres occasions où il s'y attend le moins, comme lorsqu'il apprend que Margaret Cundhill, sa princesse de Cap-à-l'Aigle, s'est fiancée à un autre homme. « Cf. "Guenièvre" » de Tennyson, écrit-il dans son journal, en avril 1923, notant le passage qui commence ainsi : « Oh ! Mon Dieu ! Que n'ai-je donc pas fait[13]… ». Scott se voit comme Arthur ; en le rejetant, Guenièvre, entre deux hommes, a choisi le moins remarquable.

Bientôt, il se défait un peu de ce très grand sérieux. En mûrissant, Scott reconnaît que sa personnalité comporte certains aspects qui rappellent sir Lancelot ou Galaad et, petit à petit, il fait montre d'une plus grande courtoisie. Les amis qu'il rencontre à Oxford lui sont d'un grand secours. Il y a là bon nombre de Canadiens durant cette période, souvent de jeunes boursiers de la Fondation Rhodes, des fils de chapelains ou de pasteurs presbytériens, notamment King Gordon, Jack Farthing, Arnold Heeney, Terry MacDermot, Roland Michener, Graham Spry, Lester Pearson et Norman H. Rogers. Pour Scott, Gordon, Farthing et Spry, tout comme avant eux pour Frank Underhill, la carrière politique passe par la conversion à un socialisme fabien à Oxford, puis conduit à la détermination de faire du Canada un pays plutôt qu'une colonie. Pour d'autres à Oxford, dans les années 1920, particulièrement pour les étudiants anglais du premier cycle, le modèle à suivre est fortement esthétique : « Une vie de privilèges, de savoir et de frasques. » Evelyn Waugh, dont le séjour à Oxford a coïncidé quelque temps avec celui de Scott, évoque une telle vie dans *Retour à Brideshead,* tout comme le fait un diplomate canadien, Charles Ritchie, dans son journal d'Oxford publié sous le titre *An Appetite for Life.* Les deux courants de pensée — socialisme fabien très sérieux, d'un côté, et esthétisme apparemment frivole, de l'autre — s'offrent à Scott. Contrairement à la plupart de ses contemporains, les deux l'attirent. Il adhère à la Bach Choir et à l'association étudiante chrétienne d'Oxford (OSCU), et participe régulièrement aux exercices militaires au sein d'un corps de formation d'officiers. Il fréquente aussi la Société de musique, les mardis soir, et c'est là qu'il entend pour la première fois de la musique de chambre. Le dimanche, les frères Scott assistent à la première messe à Magdalen Chapel et, souvent, aux messes du matin et du soir dans les églises des environs.

Les proches amis de Scott à Oxford sont trois Britanniques, John Darlington, John Madden et Peter Girdlestone, et un Canadien, Raleigh Parkin. Darlington et Girdlestone sont tous deux fils de chanoines anglicans ; Madden se prépare à faire son service militaire en Égypte. Parkin, qui a fréquenté Winchester, est un homme doux et cultivé, un ancien combattant de la Grande Guerre et le fils de sir George Parkin, représentant et organisateur de la Fondation Rhodes. Scott et Parkin resteront des amis intimes toute leur vie. Darlington lit des ouvrages de théologie ; ancien combattant, il se sent loin de ce qu'il appelle la vie éphémère du Collège, mais le jour où il pénètre dans la chambre de Frank et d'Elton, il sait tout de suite qu'il « a trouvé de vrais AMIS[14] ». Scott se rend, en compagnie de Darlington, à des réunions du Parti travailliste, il fait de l'aviron avec Girdle-stone et c'est en compagnie de Parkin qu'il voit les amis de la famille. Il prend plaisir à écouter Raleigh, « le Maestro », dont les doigts, parcourant avec fougue les touches d'un piano méca-nique, libèrent des torrents de musique. À sa deuxième année, Scott gravit fréquemment l'escalier du cloître de Magdalen Col-lege pour jouer du piano chez un autre Canadien, Terry Sheard, de Toronto.

À cette époque, Frank Scott est un personnage actif, grand et mince, aux cheveux châtain clair tombant sur un front haut. Son visage osseux au nez aquilin est constamment en mouve-ment et s'éclaire dès qu'il s'anime. Il rit facilement. Pourtant, c'est un homme réservé ; sur les photographies des an-nées 1920, il a une expression rêveuse, son regard semble se perdre en lui-même. Il n'a pas le don de se projeter vers les autres.

Pendant sa deuxième année à Oxford, Scott évolue avec aisance dans le cercle de ses relations qui s'élargit. Dans sa pro-motion se trouvent Alfred Denning, Gerald Gardiner, et Gerald Thesiger, qui deviendront tous des juristes réputés. Denning deviendra président de la Cour d'appel d'Angleterre. Beaucoup plus tard, en 1959, Gardiner défendra D. H. Lawrence, auteur de *L'Amant de lady Chatterley,* accusé en Angleterre d'avoir écrit un roman obscène, tandis que Scott fera la même chose au Canada. Les autres condisciples de Scott cette année-là sont le peintre Adrian Stokes, qui deviendra bientôt critique d'art ; Eric Berthoud, qui entrera au Foreign Office et sera nommé ambas-sadeur en Pologne ; l'Australien Howard Florey, qui sera profes-seur de pathologie à Oxford et recevra le prix Nobel. Un com-pagnon d'aviron, A. K. Warren, deviendra archevêque en Nouvelle-Zélande.

Scott partage avec ses amis le même goût pour la poésie et les arts. Parkin, se souvient-il, a presque tué ses ambitions poétiques lorsqu'il lui a lu quelques-uns de ses premiers vers. Darlington aime Frank pour « la façon dont il [lui] a ouvert les yeux sur les trésors de l'art et de la beauté. Les bons tableaux l'intéressaient prodigieusement. L'intérêt qu'il leur portait était contagieux[15] ». Scott aime la beauté, qu'elle réside dans la campagne anglaise, dans un chœur de Bach ou dans l'art de Botticelli. Il se plaît aussi à faire de l'activité physique. Durant sa première année à Magdalen, il joue au hockey et se joint au club de tir. Il fait de l'aviron pendant ses deuxième et troisième années. Aux grandes vacances, il visite le continent en compagnie d'Elton et de quelques nouveaux amis : il escalade le Wetterhorn, vogue sur la Méditerranée, assiste à une corrida en Espagne et s'envole pour la France à bord d'un vieil avion de guerre allemand.

Moments forts de ces années-là, ses escapades dans des maisons de campagne : Wadham House dans le Somerset, Sorrento à Torquay et Stonely à Curry Rivel dans le Somerset. À Drokes dans le New Forest, patrie du colonel Dudley Mills, dont la femme est originaire de Lotbinière au Québec, vivent deux charmantes jeunes filles, Ottalie et Verity. La maison est remplie de jeunes gens décidés à s'amuser. Les deux frères Scott se joignent avec plaisir aux promenades en charrette à foin, aux danses et aux pique-niques au clair de lune près des bancs d'huîtres. Un soir, ils dorment à la belle étoile comme cela leur arrivait si souvent au Québec : « On a fait un petit feu, on s'est enfouis à grand-peine dans un trou plein de feuilles mortes et on s'est enveloppés. Avons très bien dormi. Pas froid du tout[16]. »

À Noël, à Drokes, les jeunes gens organisent des parties de cartes. Scott, qui à l'occasion se reproche ses amours de jeunesse (« Je portais un drôle de regard sur les filles »), remercie le ciel de la pureté de l'« Elaine » de Tennyson. Il remercie le ciel aussi, après un séjour à Paris et une visite aux Folies Bergères, que de telles « exhibitions » ne soient jamais autorisées en Angleterre[17]. Une autre fois, son ami John Madden quitte la salle en plein milieu du spectacle, et Scott pense comme lui qu'il faudrait l'interdire : « Je n'y retournerai jamais. Mon argent ne servira pas à payer des femmes qui se dénudent[18]. » Cette indignation cache, sans qu'il s'en rende compte, un instinct sexuel tout à fait normal. Quelques mois plus tard, amoureux de Cecily Carter, élégante jeune femme en visite à Drokes, il déplore : « J'ai eu l'air idiot, parfaitement idiot[19] ! »

En février 1921, il se sent tout aussi idiot, mais pour d'autres motifs. Les membres du corps de cadets d'Oxford à Magdalen College doivent former une haie d'honneur pour le prince de Galles à l'occasion de sa visite — celui-ci était déjà venu à Oxford avant la guerre. Scott, le plus grand du corps de cadets, est placé à l'extrême droite de la première rangée et le sergent-major donne ses instructions : « à mon commandement "Présentez vos baïonnettes", le premier de la file (Scott) s'avancera de trois pas et présentera sa baïonnette ». L'exercice se déroule dans l'une des plus charmantes cours d'Oxford, avec, un peu plus loin, au coin, l'École de grammaire qui date du xve siècle. Soudain, le commandement est lancé : « Présentez vos baïonnettes ! » Mais Scott, se délectant de la beauté des lieux, ne bouge pas. Le corps tout entier est immobilisé. Scott est rétrogradé. C'est un compagnon de petite taille, face à lui, médaillé de la Grande Guerre, qui prend sa place[20]. Cette nuit-là, « Scott laisse tomber sa dissertation » et va se promener au clair de lune en compagnie d'Elton. « Me suis montré incapable devant toute la compagnie, raconte-t-il, il ne faut pas oublier de vivre, malgré les efforts que nous faisons pour nous faire un nom[21]. »

À mesure que Scott s'efforce de concilier les tendances conflictuelles de sa personnalité en évolution, il en vient à une constatation claire : l'ordre social n'est pas juste et le devoir d'un chrétien est de changer la situation. Il en arrive à cette conclusion après avoir participé aux groupes d'étude de l'Association des étudiants chrétiens d'Oxford. À l'automne 1920 et tout au long de l'année qui suit, l'Association discute du cinquième rapport du Comité des archevêques anglicans sur le thème du christianisme et des problèmes liés à l'industrialisation. Ce rapport fait suite aux missions effectuées dans les quartiers insalubres de l'est de Londres (que J. S. Woodsworth et par la suite Scott ont tous deux visités). Le Comité comprenait Albert

Mansbridge, bien connu pour son travail en éducation des adultes, et des socialistes tels que R. H. Tawney et George Landsbridge. La bibliographie cite des documents de Beatrice et Sidney Webb, G. D. H. Cole, John Ruskin et Karl Marx. Dès le début de décembre 1920, Scott commence à discuter de Cole, de Follett, du syndicalisme et du socialisme associatif avec Elton. Puis, il déclare qu'il lit les *Essais fabiens*. Dès le début de février 1921, Jack Darlington et lui participent à des réunions de socialistes ; ils vont écouter Malcolm Sparkes, de la London Builders Guild, dans les locaux de l'association d'Oxford, Graham Duncan et Margaret Bondfield qui viennent discuter d'un regroupement pour une hausse des salaires, à l'hôtel de ville d'Oxford, et G. D. H. Cole qui traite des systèmes de rémunération au pavillon Lincoln. Après la première conférence, ils se rassemblent dans la chambre d'un copain de premier cycle, Cecil Campbell, étudiant à Hertford College. « Sparks [*sic*] était là. Ai appris plus sur le socialisme associatif. Je suis convaincu, écrit Scott dans son journal, qu'on en a réellement besoin. La démocratie industrielle n'est pas un slogan vide de sens[22]. »

Scott apprend beaucoup, dans ce groupe d'étude de 1921, sur les conditions de travail dans les villages et les fermes d'Angleterre que la révolution industrielle a imposées. Plus tard, il se fera l'écho de la question que pose le rapport sur le christianisme et les problèmes liés à l'industrialisation : comment « des hommes qui étaient fortement croyants… des plus patriotes et sans méchanceté… des hommes même de bon sens [pouvaient] prétendre qu'il est dans l'ordre naturel que des enfants de six ans travaillent en usine de 5 heures à 21 heures, que des fillettes de moins de huit ans rampent dans des galeries de mines de charbon de 45 cm de hauteur, que des garçons de quatre ans soient envoyés dans des conduits de cheminée de 18 cm de diamètre, dans un pays "reconnu pour son humanité ?" Les failles du système industriel sont l'expression de "déficiences profondément ancrées dans la nature de cet ordre lui-même[23]", où coexistent pauvreté et richesse ».

En 1922, les membres de l'Association lisent *The Acquisitive Society* de Tawney, et Tawney lui-même, un homme charmant qui a l'habitude attachante de fourrer sa pipe allumée dans la poche de sa veste, rend visite à Elton et à Frank dans leur chambre du Cloître pour répondre aux questions de ces membres. Tawney remonte très loin dans l'histoire anglaise. Là où la société s'ordonnait auparavant selon les fonctions, selon le rôle de l'homme dans la société, elle se fonde aujourd'hui sur les privilèges, sur la simple appropriation de biens matériels. Il s'attaque à l'appropriation ou à la cupidité en tant que principales causes de l'effondrement de la société anglaise d'après-guerre. Ce n'est pas bien, déclare-t-il, qu'un propriétaire absent retire les plus grands profits d'une industrie, alors qu'il n'a strictement rien fait de plus que fournir le capital. Les produits d'une industrie devraient être répartis entre tous ceux qui ont contribué à la croissance de l'entreprise par le travail autant que par le capital[24].

Tawney estime qu'une reconstruction sociale est impérative, qu'une planification sociale est nécessaire et que celle-ci devrait être guidée par des principes moraux : tout cela offre à Scott un terrain fertile à la méditation. Celui-ci lit attentivement *The Acquisitive Society,* souligne les phrases qui font mouche et commente dans la marge les points de l'argumentation. Le livre, conclut-il, « est certainement très bon ». Sur la page de garde, à la fin du livre qu'il a conservé dans sa bibliothèque, il a noté des passages marquants : « p. 32, définition de la société d'acquisition ; p. 117, comment en finir avec les capitalistes ».

L'Imitation de Jésus-Christ, écrit au début du XVe siècle[25] par un moine catholique romain, Thomas a Kempis, tient aussi une grande place dans la vie de Scott durant ces années. L'exemplaire de Scott, qui entre en sa possession au début de 1922, s'ouvre tout seul sur le chapitre traitant de l'amour du Christ. Il lit ce livre plusieurs fois durant ses deux dernières années en Angleterre ; de nombreux chapitres sont crayonnés de multiples dates, ce qui indique qu'il les a lus au moins trois fois ; lorsqu'il arrive que sa lecture coïncide avec une visite de quelque ville européenne, il le note parfois sur la page de garde. Pour Scott, ce livre est « une révélation ». La méfiance de l'auteur envers l'intellect et son rejet de la vanité intellectuelle s'harmonisent avec la pensée de Scott : « L'intellect ne tient pas une grande place auprès de Dieu. Ce que le monde veut, c'est du caractère — les hommes sont déjà assez futés[26]. » Le livre encourage le dialogue continu avec la conscience, dialogue que Scott aime, particulièrement avec un interlocuteur aussi vif d'esprit. Il est très réceptif à l'accent qui y est mis sur la vie spirituelle et le sacrifice qu'elle demande, et il y trouve un rempart contre le matérialisme.

Scott avait d'abord lu à Bishop les mémoires de Rupert Brooke écrits par Edward Marsh ; peu de temps après, il écrit dans son journal combien il regrette de n'être pas allé à la guerre, là où le poète anglais est mort. En 1921, à Oxford, reprenant les mémoires et les poèmes de Brooke, il écrit : « Je sais peu de choses et je ne peux pas faire grand-chose pour mon âge. Bien sûr, c'est le caractère et non pas la connaissance qui prime. J'ai peur de trop chercher à me démarquer[27]. » Lorsque, le 30 juillet 1921, Scott termine la lecture des mémoires, il conclut : « On ne peut atteindre à la grandeur qu'en apprenant à mettre le meilleur de soi-même dans les gestes quotidiens. » Scott apprend par cœur le sonnet de Brooke :

If I should die, think only this of me :
That there's some corner of a foreign field
That is forever England⋆[28].

Brooke, qui en mourant jeune a sacrifié sa vie et son art pour son pays, sert de catalyseur au besoin qu'éprouve Scott d'accomplir « quelque chose de grand ».

Scott se tourne aussi vers H. G. Wells, critique de l'ordre social, au début des années 1920. Entre 1920 et 1923, il lit plusieurs des nombreux livres de Wells : *Kipps*, *The Research Magnificent*, *L'Esquisse de l'histoire universelle*, *La Flamme immortelle*, *Men Like Gods*, *Dieu, l'invisible roi*, et *Le Nouveau Machiavel*. À l'été de 1922, le chanoine et Mᵐᵉ Scott viennent à Oxford ; Frank et Elton les suivent jusqu'en France, où ils se rendent sur

---

⋆ Si je devais mourir, pensez seulement ceci de moi : / Qu'il y a un coin sur une terre étrangère / Qui est pour toujours l'Angleterre.

les champs de bataille et les tombes des soldats. Frank emporte
avec lui le roman de la vie contemporaine de Wells, *La Flamme
immortelle*. L'idée du feu qui ne meurt jamais — l'esprit de Dieu
qui est en l'homme et qui l'incite à lutter encore et toujours —
est à ses yeux « excellente. Je crois que Wells essaie de faire avan-
cer les choses[29] ». Emporter sur les champs de bataille de France
ce livre, qui ressemble peu aux autres œuvres bien connues de
Wells, est une curieuse idée. Le héros principal, Job Huss, est un
Job moderne dont la foi est mise à l'épreuve, surtout après la
mort de son fils unique, porté disparu dans la bataille. Scott le lit
le 19 juillet 1922 : « [Wells] vous fait réfléchir — Une bonne
chose de gagnée », remarque-t-il[30].

Le lendemain, la famille Scott part pour Albert afin de se
recueillir au cimetière de Tara Hill. Elle dépose une couronne,
plante des géraniums sur la tombe de Harry et prie. Les trois
hommes continuent alors leur route vers le cimetière d'Adanac,
où se trouve la première croix qui avait été plantée sur la tombe
de Harry. Ils foulent le « sol resté tel quel depuis la fin de la
guerre, plein de trous d'obus, jonché de débris, de bombes et de
fusils » — à perte de vue. Chaque scène fait remonter des souve-
nirs précis dans la mémoire du père. « Tiens, c'est ici que… et
c'est là que… », se rappelle-t-il.

Lorsque Frank récapitule ce soir-là les activités de la jour-
née, il essaie de mettre de l'ordre dans ses idées. « Ai l'impres-
sion que la meilleure chose que je puisse offrir à Harry, c'est
de prendre la résolution de passer ma vie à combattre tout ce
qui rend la guerre possible. » S'inspirant du livre de Wells, il
observe : « Devons savoir pourquoi on se bat, et contre qui. »
Puis, il ajoute : « L'amour exige des sacrifices, ce qui ne va pas
sans douleur. "Vivre dans l'amour va de pair avec un certain
chagrin" : a Kempis (De Im. X [*L'Imitation de Jésus-Christ*]) ».

La forme et le contenu des notes de Scott montrent à quel
point la lecture de Thomas a Kempis lui apporte réconfort.
L'encre de son stylo vient à manquer au moment où il écrit les
dernières phrases au sujet de l'amour humain et divin. Il finit
d'écrire à l'encre noire puis repasse sur la partie plus pâle de ses
notes qui décrit la désolation et les décombres autour de la croix

de Harry, dans le cimetière d'Adanac : « Là se trouve la croix qui a été plantée sur la première tombe de Harry. En regardant vers Pys, je vois à peu près le lieu où il est mort. Retour par Courcellette et Contalmaison. Campagne encore dévastée — particulièrement les arbres. Albert est détruit à soixante-quinze pour cent. La route qui traverse Courcellette n'est qu'un amalgame de décombres. Amiens, de nouveau pour le dîner. » Il ajoute alors, à l'encre bleu foncé, une dernière phrase : « Le chant des alouettes est partout. » Les alouettes sont, en effet, des émissaires spirituels[31].

Les descriptions réalistes des batailles que fait Wells, mais surtout la vue de la tombe de Harry — la croix, les décombres, la désolation —, ont modifié sa vision romantique de la guerre. Cependant, il est impossible de savoir quelles seront les retombées de tout cela. L'imagination de Scott, influencée en ce sens par a Kempis, voit une main divine sur le champ de bataille. Curieusement, son journal ne fait aucune mention de son père, mais des années plus tard, l'image qu'il en conserve est celle d'un homme transfiguré par ses souvenirs de guerre, épuisant ses fils, grands et costauds, qui titubaient de fatigue derrière lui à la fin de la journée[32].

Cet été de 1922 est crucial dans la carrière de Scott à Oxford. Quelques semaines plus tôt, en mai 1922, il s'est présenté à l'examen final menant à la licence, vêtu d'un complet noir et d'une toge marron assortis d'une cravate blanche. Auparavant, en relisant la liste des livres requis pour les « modernes » et en tentant d'évaluer ses propres résultats, il avait lu attentivement les copies des examens antérieurs dans son domaine. « Peux pas espérer mieux qu'une deuxième place, décide-t-il. [Mais] mieux vaut une excellente deuxième place plutôt qu'une première place remportée à grand renfort de bourrage de crâne[33]. » Pendant les vacances de Pâques de 1922, après une soirée de lecture à Dalmaly, en Écosse, il écrit dans son journal qu'il en a marre de travailler. « Trop de professeurs ne remettent rien en question. Dans bien des cas, ce que nous devons étudier n'est que broutilles[34]. »

L'examen écrit terminé, on le convoque le 17 juillet pour l'oral. Il se rend au bâtiment de l'École à neuf heures trente, mais on lui demande de revenir à quatorze heures quarante-cinq, ce qui veut dire que son oral ne sera pas une simple formalité. Un oral prolongé signifie que les examinateurs sont indécis. En attendant qu'on l'appelle, Scott trompe sa nervosité en versicotant.

I am waiting my turn to be asked to relate
What I know of Hobbes, Hooker and Mill ;
And I ask myself now "Is it awful, my fate
Is it horribly bitter, my pill[35]" ?*

Son tuteur lui avait assuré qu'il avait le potentiel voulu pour atteindre l'excellence ; il obtiendrait sans aucun doute une deuxième place, « même si le ciel devait te tomber sur la tête[36] ». Néanmoins, sa prestation orale n'est pas bonne. On lui pose des questions tellement faciles qu'il y voit un piège à coup sûr. Que veulent-ils *vraiment* savoir ? Il s'efforce tellement de percer le piège qu'il ne lui vient même pas à l'esprit de donner la réponse évidente. Il sort de l'examen, en colère contre les examinateurs : « Alors, vous croyez que les massacres de septembre se sont passés sous le règne de la Terreur, n'est-ce pas ? Facile[37] ! »

Le jour de son anniversaire, le 1er août, au retour de son voyage en France avec ses parents, il va voir les résultats affichés à l'École. Troisième ! Ce soir-là, il s'épanche dans son journal : « Qu'est-ce que tout cela signifie ? Depuis que je suis tout petit, on m'a toujours dit que j'étais intelligent ; j'ai eu des prix à l'école et au collège, et une première place en histoire à Bishop, et voilà que maintenant, après deux ans d'études plutôt soutenues, je n'obtiens qu'une troisième place ! Troisième — la partie belle à Oxford ! » L'année précédente lui avait donné de l'espoir

---

* J'attends mon tour, afin de réciter / Ce que je sais de Hobbes, Hooker et Mill ; / Et je me demande maintenant : « mon destin est-il si terrible / Et la pilule, si amère ? »

et il croyait que les résultats seraient à la hauteur de ce qu'il attendait. « Alors, me suis-je dit, ayant déjà prouvé mes capacités — sans aucune équivoque — le reste sera du gâteau. » Mais — troisième ! « On dirait bien que toutes les idées que tu t'es faites sur toi-même s'écroulent, hein, Frank ? Dieu ! Comme c'est horrible — douter de ses propres capacités, voir sa confiance en soi ébranlée ! Ne plus y croire ! »

Pendant qu'il écrit, ses émotions, couchées là sur la page, perdent en intensité. Il commence à se raisonner : « Après tout, une troisième place en histoire signifie tout simplement que je ne connais pas l'histoire ou que je ne sais pas organiser mes connaissances par écrit. Ce n'est tout de même pas si grave, n'est-ce pas ? » Deux semaines plus tard, en voyage en Allemagne, il revient sur ce sujet. Ne devrait-il pas se trouver du travail et oublier l'idée d'entamer une troisième année à Oxford, année de la licence en littérature que sa mère accepte de financer ? Au moins, « j'aurai l'impression d'aider au lieu de simplement croquer [l'argent]… Devrais-je arrêter de m'en faire et prendre les choses comme elles viennent — être un homme ordinaire ? » La réponse de son journal, son alter ego, est sans aucune ambiguïté : « Non ! Essaie d'accomplir de grandes choses, afin que tu aies au moins la satisfaction d'avoir essayé[38]. »

En octobre 1922, le trimestre d'automne bien entamé, Scott apprivoise un peu plus son chagrin. Dans un sonnet, « Lamentations, après avoir lu les résultats de l'École », publié dans le *Isis* d'Oxford sous un pseudonyme, il exprime à la fois sa déception et la maîtrise qu'il en a — dans une parodie qui se termine par « Je suis un homme que mène l'ambition / j'ai pour but d'être le premier, mais n'ai pu être que le troisième[39] ».

Scott se nourrit toujours de grands objectifs (« Les grands hommes… comme moi ») mais, à la différence de ses contemporains anglais qui, connaissant bien le système, se consacrent rapidement à une spécialité et « bûchent », il affiche des intérêts bien plus larges. Il doit aussi absorber beaucoup plus — l'Europe tout entière. Vers la fin de sa période universitaire, il s'entretient de cela avec Alfred Denning. « Ai discuté de carrière et d'autres choses — et les deux sortes de vie possibles à Oxford sont : l'une toute consacrée à un centre d'intérêt particulier, l'autre tendue vers une connaissance générale et une vaste expérience plutôt que vers un seul et unique champ de compétence. Denning a suivi la première voie et a eu deux premières places ; moi, j'ai choisi l'autre voie et j'ai eu une troisième place — mais j'ai passé mes vacances à voyager[40]. »

Pendant ses vacances, Scott n'a pas lu les textes recommandés ; il a préféré voyager dans les grands centres d'art européens, « prenant un bain de culture ». À Oxford, il partage une bonne partie de ses loisirs entre la musique, la poésie et les livres d'art. L'aviron et un entraînement poussé remplissent ses après-midi et même ses soirées. Frank Scott tout comme Evelyn Waugh, qui arrive à Oxford en janvier 1922, ont eu une troisième place. Et pratiquement pour la même raison. Scott va à son propre rythme.

Magdalen College au début des années 1920 est le lieu par excellence des gentlemen, et son président, sir Herbert Warren, est un snob[41] qui s'est fait connaître en fermant la brasserie du collège (et par là même privant de bière bon marché les étudiants de premier cycle) afin d'y installer une salle de bains privée destinée à attirer le prince de Galles à titre de résident. Frank et Elton Scott, loin d'être des aristocrates, ont été admis à Magdalen en tant que boursiers de la Fondation Rhodes, en raison de la carrière distinguée de leur père. Lorsque *The Great War as I Saw It* est publié, Scott écrit à son père : « Quel noble exemple tu donnes à tes fils ! Le président m'a abordé dans la cour, aussi, pour me dire qu'il a lu ton livre et l'a trouvé très beau[42]. » Bon nombre des condisciples des Scott sont titrés et l'un d'entre eux, sir John Hanran, est baronnet. Lors du rituel mensuel du « Vin », quand les membres du collège se lèvent pour porter un toast aux « grands baronnets d'Angleterre », sir John reste assis. Scott, qui se lève comme les autres, est d'abord mal à l'aise au moment de prendre son verre, car il refuse de boire de l'alcool. Avant de quitter le Québec, il avait fait vœu de sobriété à son père.

Au cours de son premier trimestre à Oxford, Scott se soucie de connaître l'étiquette que doit respecter un gentilhomme membre du collège. Il se rappelle l'histoire de ce juriste américain, A. L. Goodheart, qui a raconté avoir consulté son tuteur à Cambridge afin de se faire expliquer les règles de bonne conduite du collège pour être sûr de les suivre. Son tuteur lui aurait répondu : « Goodheart, il n'existe pas de règles au collège, mais si vous les enfreignez, vous êtes renvoyé[43]. » Scott se trouve devant le même dilemme. Il y a des choses qui ne se font tout simplement pas. Mais lesquelles ? Il est de bon ton, par exemple, de porter un pantalon en flanelle légère avec une veste bleu marine, mais jamais une veste bleu clair avec un pantalon foncé. En tant que Nord-Américain, il n'a aucune idée de la complexité des interdits sociaux que la plupart des Anglais de l'époque ont eu le temps d'assimiler à l'école publique. Il ne sait pas, bien souvent, comment il doit se conduire et il se rend compte en même temps de la responsabilité qui lui incombe de bien faire les choses : « En tant que Canadien dans la mère patrie, je dois m'efforcer de me fondre dans un style plutôt que d'être un individu, car tout individualisme serait pris, à tort, pour des manières canadiennes, et je ne peux me permettre de mal représenter le Canada[44]. »

Son père disait souvent qu'on reconnaît un gentilhomme aux choses qu'il ne fera pas. Ce dicton s'accorde avec certains aspects du code de conduite qui a cours à Magdalen. Scott assimile assez facilement les petits détails de ce qu'il ne faut pas faire, aussi bien dans son comportement, ses manières ou son habillement. Très vite, il écrit à la maison pour demander qu'on le relève de son vœu d'abstinence ; par la suite, il boit du cidre, de la bière et du vin. Il commence à parler, puis à écrire, avec plus de facilité et d'aisance. Arrive un moment où il estime que « l'essence même du gentilhomme, c'est l'aisance qu'il manifeste en tout[45] ». Le gentilhomme suit un code de conduite dont l'intégrité, la vertu, la loyauté, le courage et la considération pour les faibles, toutes caractéristiques qu'il associait auparavant à la chevalerie, sont des composantes essentielles.

Scott se fond dans la masse de ses contemporains à Oxford et, dans une certaine mesure, se comporte comme eux. Il mesure un mètre quatre-vingt-dix, mais il n'est pas le plus grand de sa classe, comme c'était le cas à Bishop. À son retour de la guerre, son père a fait répéter chacun des enfants pour chasser de leur langue les voyelles plates et plébéiennes de l'accent canadien : « Frank, répète après moi : *"bath, calf, half*[46]*"*. » Il achète une veste de tweed avec un pantalon de flanelle grise, une longue écharpe de laine et des gants. On dédaigne les pardessus à cette époque. Après 1921, lorsqu'il arbore le pantalon de flanelle large et court — « les sacs d'Oxford » — il a tout l'air d'un étudiant anglais typique.

Cependant, il en va tout autrement lorsqu'il s'agit d'afficher la même assurance que celle dont fait preuve la haute société britannique dans sa façon d'agir et de penser. Certains aspects de la vie en Angleterre, en premier lieu la stratification sociale, sont complètement étrangers à Scott. La vie dans les maisons de campagne anglaises, comme il l'observe au cours de sa première expérience, est « le fin du fin d'une vie confortable. On la justifie en disant qu'elle forme des citoyens intelligents et cultivés, je crains cependant qu'elle ne favorise guère le rapprochement des classes[47] ». Un an plus tard, après avoir digéré Tawney, il visite le même domaine et écrit : « Les pelouses de East House étaient ouvertes aujourd'hui aux villageois de Pinner — ils nous ont regardés jouer au tennis. Nous ne leur avons pas dit un seul mot. Au dîner, nous avons discuté de *"ces drôles de gens"*[48]. »

À Magdalen, le rang social et le privilège sont sanctionnés par la tradition et se reflètent dans la configuration des bâtiments et la vie sociale du collège. À sa deuxième année, Scott obtient une suite (chambre et salon) au collège. Un scout est à sa disposition pour allumer le feu, s'occuper du petit déjeuner et du thé (que Scott prend souvent devant l'âtre, avec des amis), et Scott se sent « fondamentalement un gentilhomme ». Il participe à de nombreuses activités mondaines et maîtrise bien tous les petits rituels du dîner au réfectoire (où la punition pour avoir dit plus de trois mots latins consécutifs est de vider cul sec une très grosse chope de bière, et où on lance du pain aux professeurs lorsqu'ils sont trop en retard). Après les réunions ponctuelles, comme la cérémonie du « Vin » dans la salle de détente des étudiants de premier cycle, on boit du scotch et on chante de vieilles chansons à boire qu'entonnent les scouts choisis en raison de leur bonne voix de basse et qui, en fin de soirée, aident à mettre au lit les membres plus âgés du collège, imbibés d'alcool[49].

À Magdalen, dans les années 1920, on accordait moins d'importance qu'ailleurs aux résultats obtenus à l'École, à la participation aux débats ou à l'association étudiante, mais beaucoup à la vie sociale[50]. À Oxford, l'ambition de vouloir former une élite intellectuelle cohabite avec un « philistinisme », selon les mots de Scott, généralisé et de bon goût. Un homme « de poids » ou un homme bien considéré à Oxford, mis à part les pairs du royaume, est souvent celui qui se démarque dans les sports, et particulièrement en aviron. L'homme studieux, qui se classe deux fois premier comme Denning, a aussi sa place mais, en général, on n'aime pas trop les bûcheurs : un tel homme n'a pas l'esprit de corps nécessaire.

Un gentilhomme n'a aucun mal à être philistin plutôt qu'esthète. Les esthètes, face à la dérision dont ils font souvent l'objet, ripostent par une débauche de préciosité. John Strachey, condisciple de Scott qui écrira plus tard *The Coming Struggle for Power,* s'arrange pour aller aux bains au moment où l'équipe d'aviron sort du réfectoire après le petit déjeuner. Aux yeux de ces jeunes athlètes vigoureux, Strachey est affreusement décadent dans sa longue chemise de nuit violette qui ressemble à une toge, avec sa tignasse noire tombant sur un nez de rapace et son sac en éponge, qui laisse fuir ses onguents tandis qu'il traverse la cour d'une démarche chancelante. Les deux Canadiens, Terry Sheard et Scott, savourent cette scène en spectateurs, et quelque temps après, Scott remarque dans son journal qu'il y a « incompatibilité entre le gentilhomme et l'artiste — l'idéal de l'un étant la réticence et celui de l'autre étant l'expression de soi (d'où le bannissement de Shelley)[51] ».

Frank se rend déjà compte qu'il se trouve dans une position équivoque à Magdalen. En tant que membre de l'équipe d'aviron, il éprouve un immense plaisir à passer des après-midi entiers sur la rivière et il apprécie l'esprit de camaraderie qui règne dans l'équipe. Cependant, il n'est jamais aussi heureux que lorsqu'il s'enveloppe dans sa robe de chambre, assis devant le feu, écrivant ou lisant des vers. Pourtant, il se sent coupable d'avoir des centres d'intérêt si opposés — d'être intérieurement divisé entre sa vision d'esthète et celle du philistin.

C'est durant sa deuxième année qu'il se joint à l'équipe d'aviron. Son frère Willum, qui se rend en Angleterre pour affaires en 1920, est horrifié lorsqu'il découvre que son frère joue au hockey au collège. « Tu vas perdre l'autre œil. Tu es malade ! » L'aviron, pense-t-il, lui conviendrait mieux[52]. En automne de 1921, Scott se présente sagement à l'embarcadère pour « un essai ». Comme il montre un certain potentiel pour les courses en tandem, on le place dans une embarcation à quatre sans barreur. Là, il doit fournir beaucoup d'efforts. Il écrit à la maison : « On subit tous un entraînement très sévère ; on doit parcourir toute l'allée Addison à pied avant le petit déjeuner de huit heures quinze ; au lit à dix heures trente tous les soirs ; goûters légers et énormes petits déjeuners et dîners[53] ». En 1922, il passe sur un « togger », une lourde embarcation de huit hommes, aux bancs fixes.

La pratique de l'aviron à Oxford n'a rien à voir avec le sport que pratiquait Frank au Québec. Il n'y a qu'un homme par aviron ; différence fondamentale : ce ne sont pas les bras qui donnent l'élan, mais les jambes grâce à la poussée des pieds en appui sur une barre. Il faut tirer à l'unisson sur les avirons pour que le bateau se propulse en douceur et rapidement. Plus d'une fois, Scott rentre fatigué et découragé à la fin d'un après-midi passé à ramer, racontant : « [Je] sais bien que c'est à cause de moi que le bateau n'avance pas comme il faut[54]. » Néanmoins, il s'accroche. Il aime la camaraderie qui règne dans l'équipe. Il aime ces rares après-midi sur la rivière lorsque le soleil anglais se montre. Il se sent merveilleusement bien intégré.

Très vite, il rame dans le First Togger et, à la course de Torpidsor Toggers, qui se déroule la dernière semaine de février en cette année 1923, son équipe prend la tête, le premier jour. Chaque bateau doit avaler la distance le séparant du bateau qui le précède et le heurter. Lorsque les courses prennent fin, le 1er mars, le First Togger de Magdalen est toujours en tête. Au dîner de clôture de ces courses de bateaux tamponneurs, qui rend hommage aux vainqueurs, Scott prend place à la table d'honneur. Au fur et à mesure que la nuit avance, la soirée se fait joyeuse. Les serpentins volent dans la salle ; on signe des autographes sur le plastron des chemises blanches. On trinque à la santé de Scott, « petite gorgée dans la coupe de la victoire ». Les hommes continuent la soirée dans la chambre de l'un des rameurs où ils portent d'autres toasts, puis dans celle d'un autre. Ils finissent la soirée dehors où « nous avons enfourché des bicyclettes, tournant et virant dans les galeries qui ceinturent l'édifice, et avons enfermé des gens dans la bibliothèque. Complètement crevés[55]. »

La semaine des défis à huit, couronnement de l'année à Oxford, commence le 24 mai par un agréable matin de printemps. Scott se rend dans High Street afin d'acheter les lis de jardin que porte par tradition le barreur de Magdalen. À son retour, il trouve une foule immense sur le chemin de halage, arborant les couleurs de l'équipe. La barge de Magdalen est pleine d'admirateurs : de jeunes femmes aux robes à larges ceintures de couleurs vives et de jeunes hommes en costume de flanelle blanche et portant les couleurs de l'équipe. Le bateau de Scott, le Magdalen Second Eight, ne fait pas aussi bien que d'habitude. Le 30 mai, ils ne sont plus dans la course. « Nous sommes partis sur les chapeaux de roues mais, malgré nos efforts, Pembroke by the Ferry nous a dépassés. On n'a rien pu faire — nous a surclassés. » En revanche, le Magdalen First Eight reste en tête : « Leur équipe a été formidable — grâce au grand courage de ses membres. »

Par un coup de chance incroyable, à l'occasion d'un changement dans l'équipage du Magdalen First Eight, Scott est invité à participer aux régates de Henley. L'aube de ce jour « est nuageuse, mais il ne pleut pas ». L'équipage se change et se rend à l'endroit du départ au milieu de la matinée. Les huit avironneurs mouillent là et vont lézarder dans l'herbe, Scott lisant *Confessions* de George Moore, jusqu'à l'heure du départ. F. I. Pitman, président de l'association d'aviron, les prépare : « Je demanderai "prêts ?" une fois. Si vous ne répondez pas, je vous dirai alors "partez". Prêts ? Partez ! » Et ils partent. Très vite, le bateau file à la cadence effrénée des rameurs. Cet après-midi-là, cependant, ils perdent contre le First Eight de Jesus College. « Fini pour le Magdalen Eight — et pour moi, l'aviron[56]. »

Lorsque Scott emporte avec lui les *Confessions* de Moore aux régates de Henley, il introduit la bible de l'esthétisme dans le camp des philistins. Ici, tout comme lorsqu'il a emporté *La Flamme immortelle* de Wells sur la tombe de son frère Harry, il essaie peut-être de trouver l'équilibre. D'une remarquable lucidité, il expose les tendances qui coexistent en lui dans un poème intitulé « The Problem », qu'il signe d'un « De Profundis » satirique, et le publie dans *Isis,* le 8 novembre 1922.

No problem can be worse than mine,
My state is quite pathetic ;
One half my soul's a Philistine,
The other half's aesthetic★*.

La pluralité que Scott décrit dans ce poème de trente vers est très profonde. Que choisir ? La vie du philistin des sports, de la prose, de la bière et des filles ou la vie esthétique de l'art, de la religion et du bon vin vieilli en fût ?

La question, posée de manière facétieuse, fait la même distinction entre la vie active et la vie contemplative telle que l'a expérimentée le père de Scott dans les années 1880. En janvier 1922, réfléchissant au Canada et à l'avenir, Scott écrit dans son journal : « A-t-on raison de consacrer sa vie à la poésie quand bien même on n'est pas certain de savoir écrire ? Rate-t-on sa vie si, après de nombreuses années passées à écrire, on s'aperçoit qu'on est un poète de second ordre[57] ? » À son retour au Canada, il lit l'une de ses compositions à voix haute à son père. « Papa très impressionné : d'un ton tout empreint d'un enthousiasme paternel, il s'est écrié que, avant ma mort, il fallait que je devienne le plus grand écrivain canadien[58]. »

★ Rien n'est pire que mon problème, / Situation plutôt pathétique ; / Mon âme est à moitié philistine, / À moitié esthète.

L'« esthétisme » de Scott est apparu dans sa vie pendant les vacances de Pâques de 1921. Jusque-là, il notait brièvement les activités de chaque jour, en une sorte de calendrier des événements. Soudain, en avril 1921, ses notes dans son journal changent du tout au tout. Son monde s'élargit, comme il se le rappellera plus tard : « comme l'une de ces fleurs de Chine séchées qui, plongées dans l'eau, s'épanouissent soudainement[59] ». Les forces qui permettent cette éclosion sont multiples, mais elles proviennent fondamentalement de la culture européenne, à laquelle s'ajoute le modernisme. Grâce à ses lectures en histoire, il se forge un esprit sceptique que vient compléter la nouvelle science : Bergson, Eddington et Einstein. Il s'intéresse aux arguments du socialisme fabien et acquiert des notions de psychologie, qu'il puise notamment chez Hadfield dans sa psychologie des « complexes » issue de l'après-guerre. L'influence de l'Angleterre et du continent européen joue un rôle plus important encore sur une sensibilité jeune et impressionnable.

Scott réagit intensément à la beauté de l'Europe : Chartres et le Louvre l'éblouissent, de même que la chapelle Sixtine et les chefs-d'œuvre du musée des Offices. L'architecture et particulièrement l'art en Europe libèrent ses émotions. Au musée des Offices, *La Madone du Magnificat* et *La Calomnie* de Botticelli, *La Madone aux Harpies,* d'Andrea del Sarto, *La Vierge et Élisabeth* d'Albertinelli, *L'Assomption* et *La Descente de la Croix* du Pérugin, *L'Adoration de l'enfant* du Corrège, *La Madone* de Sassoferrato et le *Saint Jean* de Raphaël l'impressionnent particulièrement. « Vu les joyaux des Médicis et une superbe table incrustée de mosaïque. Suis allé à Saint-Marc dans l'après-midi. Vu le plus beau Fra Angelico — surtout aimé son *Jugement dernier.* Admiré les fresques dans de nombreuses cellules et suis allé dans les vieilles pièces qu'occupait Savonarole. Le portrait qu'en a fait Bartolommeo est splendide. On aurait dit que son esprit rôdait tout près[60] ». Au fur et à mesure que le stylo de Scott essaie de s'accorder au rythme de ses yeux et de son cœur, son écriture dans le journal se fait fine et se transforme en pattes de mouche, tandis que ses notes noircissent les pages et remplissent les marges.

Il rentre à Oxford inspiré, à la recherche de livres d'art et de critiques d'art. Il lit *La Renaissance* de Walter Pater en tenant sur ses genoux une reproduction de la société Medicis de *La Naissance de Vénus* de Botticelli. Il lit également les œuvres de Croce et de Tolstoï sur l'art, *Les Peintres italiens de la Renaissance* de Bernhard Berenson, notamment la partie qui porte sur les peintres florentins. Il passe des soirées entières avec ses amis à admirer et à classer les reproductions des grands musées. Il étudie *The Art of Looking at Pictures* de Carl Thurston. Le monde de la beauté, de l'imagination vient s'opposer à celui des « faits », de ses études d'histoire.

La sensibilité du jeune poète est fortement imprégnée d'idéalisme romantique. Une nuit, il note : « Si seulement on essayait, avant de se coucher, d'avoir une pensée méritante, le monde tournerait beaucoup mieux. » Et cela, écrit-il en terminant, sera la pensée du jour. Étendu à plat ventre sur son lit, deux chandelles, posées sur un recueil de poèmes, éclairant la pièce, il est trop fatigué pour continuer d'écrire[61].

L'atmosphère religieuse et chevaleresque qui se dégage de la poésie du jeune Scott n'a rien d'étonnant. Son premier long poème, en 1922, « Domine, Quo Vadis », porte sur le martyre. Le poème suit le processus psychologique qui amène saint Pierre, « le saint qui doute », à remettre en question le martyre :

Still knowing in his heart that he was swayed
By that same fear of death which made him seek
In three denials, safety from the Jews[*][62].

Sa lecture de Tennyson lui ouvre les portes d'Arnold et des georgiens, surtout Brooke, mais aussi d'Alfred Noyes et de James Elroy Flecker. Durant sa dernière année à Oxford, Frank achète les *Poèmes* de Matthew Arnold. De temps en temps, il

---

* Sachant au plus profond de lui-même qu'il subit l'influence / De cette même peur de la mort qui l'a fait rechercher, / En reniant trois fois, la protection contre les juifs. »

s'évade de cette mortelle corvée qu'est la rédaction de sa thèse et part se promener à pied ou à bicyclette dans la campagne d'Oxford, se qualifiant de bohème universitaire : « Ai traversé la rue Marston Ferry, bifurqué à gauche pour rejoindre la route et découvert le plus pittoresque des chemins herbeux. Les champs d'Angleterre autour, les arbres d'Angleterre bruissant au-dessus de moi et, dans le lointain, les collines d'Angleterre que la brume bleutée d'une journée d'août embellit. Ce panorama a rendu mon esprit pur. Wood-Eaton, Islip, Ellesfield, Oxford[63]. »

L'émerveillement que suscite ce vaste paysage devient partie intégrante de la poésie de Scott. Ce n'est pas un hasard si ses deux premières satires sont des parodies du sonnet romantique de Keats « Much Have I Travelled in the Realms of Gold », aux superbes expressions de surprise et de ravissement. La première parodie est issue d'une rencontre avec un livre ancien de la bibliothèque Bodléienne, aux pages encore non coupées : « Much Have I Rummaged in the Realms of Mould ». La seconde est le sonnet « Lament after Reading the Results from Schools », qui compare l'universitaire déçu à « Cortez le fort ». Ces premiers vers, terre à terre et égocentriques, affirment le modernisme de Scott, car le courant satirique, endémique durant les années de l'après-guerre, prend son essor, comme pour rétablir l'équilibre.

L'humour, et sa manifestation extrême qu'est la parodie, est avant tout un instrument de rééquilibrage, et seul celui qui possède un sens aigu de l'aspect romantique de l'histoire, « le passé défunt revenu à la vie[64] » (comme le remarque Scott après s'être plongé pour la première fois, avec délice, dans des documents historiques authentiques) sent le besoin d'y faire contrepoids par la satire.

Au cours de sa dernière année à Oxford, sa lecture de Pater et plus tard de George Moore l'amène à s'intéresser plus particulièrement à l'esthétisme et au concept de « l'art pour l'art ». De sa lecture des *Confessions* de Moore, il retient tout d'abord que le livre révèle « une grande acuité intuitive dans ses critiques, mais on en ressort fâché devant une vie mal dirigée — sans but. Nous donne envie de réclamer à cor et à cri de l'ordre et de la méthode ». Il conclut : « L'esthétique du livre m'attire et me repousse à la fois — ce livre attire par son appréciation de l'art vrai, rebute par son affirmation consciente de supériorité ; par son égoïsme. C'est la raison pour laquelle les étudiants de premier cycle à Oxford considèrent les esthètes d'un œil plutôt soupçonneux ; et à juste titre[65]. »

Le problème, c'est que l'esthétisme est incompatible avec le but premier que Scott s'est fixé. Il veut être « grand », mais à la manière chrétienne, en se mettant au service des autres. Parfois, lorsqu'il lit des esthètes et plus tard certains georgiens, il se sent coupable. Un soir, il s'assied devant le feu pour lire *Hassan*, de Flecker, au lieu de deviser avec un copain de l'équipe d'aviron, Podge Slade. Ai-je bien fait ? se demande Scott. Il donne la réponse dans une série de citations tirées de *Hassan* : « "Allah a donné les rêves à l'homme la nuit afin qu'il puisse rêver le jour" ; "J'ai corrompu mon âme pour pouvoir aligner dix mots comme des pierres précieuses", dit le poète ! "Ma ceinture est une chaîne d'amour qui se brise au toucher de mon amant"[66]. » Le problème, c'est que la poésie érotique est incompatible avec l'idée que Scott se fait de la pureté. Comme il le reconnaîtra plus tard, il est prisonnier d'une armure si solide que rien ne peut la traverser, jusqu'au jour où il lit D. H. Lawrence avec le plus grand sérieux, vers la fin des années 1920[67].

Peu à peu, il arrive à synthétiser sa pensée, ce qui lui permet de rester fidèle à lui-même et aux aspects conflictuels de son caractère. Au printemps de 1923, il va écouter les rossignols en compagnie de John Madden à Bagley Wood. Il en revient avec le sentiment qu'il n'a pas assez aiguisé son « sens de l'invisible ». La corvée quotidienne qu'est la rédaction de sa thèse est en train de l'abrutir. « Les faits, reconnaît-il, sont une nourriture insipide. » Mais il existe une vision encore plus large, une vue arnoldienne essentielle qu'il embrasse : « Si l'on arrive à préserver ce don de voir les choses comme un tout, de voir le monde par le grand bout de la lorgnette, on verra s'épanouir une partie de sa propre imagination[68]. »

Les régates de Henley en juin 1923 marquent la fin du trimestre. La question de la vocation refait alors surface. Scott caresse l'espoir d'enseigner à l'université. Ainsi, il travaillerait dans un domaine pour lequel il a été formé et aurait du même coup beaucoup de temps libre pendant les vacances pour écrire. « Le travail d'éducation, particulièrement dans un pays jeune comme le Canada, mérite qu'on s'y donne à fond — qu'on s'y donne tout entier[69]. » La diplomatie l'intéresse aussi. En mars 1923, il écrit à la maison dans ces termes : « Au ministère des Affaires étrangères à Ottawa — auquel j'aimerais beaucoup me joindre —, on me dit qu'on n'a besoin de personne[70]. » Le chanoine Scott n'a pas une très haute opinion de la fonction publique. « Tu as peut-être raison, répond Frank en avril 1923, mais je crois que ce ministère a beaucoup d'avenir. Si on entre dans une organisation quand elle en est encore à ses débuts, on a de très bonnes chances de gravir les échelons au fur et à mesure qu'elle grossit… Je me sens une forte attirance pour tout ce qui touche les relations internationales — probablement en raison de mes quatre années d'études de l'histoire[71]. » Il ajoute qu'il doit rencontrer G. M. Wrong, du département d'histoire de l'Université de Toronto, plus tard durant le trimestre, pour discuter d'une possibilité d'emploi à l'Université.

En juillet, Scott a un entretien à Londres avec le professeur Wrong, puis le lendemain avec C. S. Fosbery, du Lower Canada College, de Montréal, et avec le révérend G. Woodcombe, de Ashbury College, à Ottawa. Wrong « ne m'a pas encouragé, témoigne-t-il, ai pu voir que ma troisième place me rend suspect à ses yeux ». Wrong conseille à Scott « de publier » afin « de faire oublier » cette troisième place. Il a aussi ajouté « qu'il valait mieux éviter d'entrer dans une école » si son but est d'enseigner à l'université. « Si vous êtes étiqueté maître d'école, vous n'en sortirez pas facilement[72] », explique-t-il. Scott, cependant, n'a pas le choix. Le lendemain, il accepte l'offre d'enseigner au Lower Canada College que lui a faite C. S. Fosbery. Il est entendu que Scott ne commencera pas avant le début du mois de novembre. Il n'aura pas fini sa thèse avant le trimestre d'été et doit attendre l'automne à Magdalen pour passer l'oral. Heureusement, il reste à Oxford assez longtemps pour pouvoir participer à une dernière compétition d'aviron.

Il met les bouchées doubles pour finir sa thèse sur l'an-
nexion de la Savoie et de Nice par Napoléon III, en 1860. Scott
se penche plus particulièrement sur la rivalité entre l'Italie et la
France, qui se disputaient le territoire en question, et sur l'orga-
nisation d'un plébiscite pour régler le différend. Au moyen de
documents conservés à Paris, il analyse les raisons de l'interven-
tion des pays concernés, du clergé catholique, de Garibaldi et
aussi de Cavour, qui voulait voir cette région réunie à l'Italie.
Pour la première fois, permission est accordée à un territoire de
se prononcer sur son sort : la Savoie et Nice votent au cours
d'un référendum public, en 1860, dont le résultat favorise la
France. Bien plus tard, dans les années 1970, Scott discutera
d'une nouvelle façon de tenir un référendum avec un ministre
du gouvernement péquiste[73]. Peu de temps après, Québec
annoncera la tenue d'un référendum provincial sur la question
de la souveraineté-association. Scott croira que sa suggestion
aura germé dans un terreau fertile. Lorsqu'il écrit sa thèse,
cependant, il est convaincu qu'un tel référendum est une totale
ineptie, le décrivant comme le « produit déformé d'un esprit
désordonné[74] ». Pour son tuteur, ce travail est l'une des meil-
leures thèses qu'il ait jamais lue.

Alors que le moment de retourner au Canada approche,
l'humeur de Scott s'assombrit à la pensée de laisser Oxford der-
rière lui et de quitter ses bons amis. « Oh! Oxford! Oxford!
écrit-il dans une langue aux accents de Keats et de Pater. Que tu
es doux et cruel à la fois! Car tu accumules les bienfaits sur tes
fils et les combles de toutes les richesses, afin qu'ils viennent à
t'aimer plus qu'ils ne sauraient le dire ; puis, alors qu'ils sont
attachés à toi par des liens indéfectibles, tu les rejettes de ton
univers pour les envoyer dans un monde ingrat[75]. »

Deux jours après, il participe à une compétition d'aviron sur
le Magdalen First Eight. L'équipe gagne la course du matin
mais perd celle de l'après-midi. « On ne pouvait pas faire mieux,
conclut-il, c'est la défaite, mais pas la disgrâce. » Au dîner, il
découvre à sa place un cadeau, un livre d'art, que lui offre son
compagnon d'aviron, Peter Girdlestone. Plus tard, un autre
membre de l'équipe, E. C. (Goat) Garton, lui dédie une chan-

son, « Old man Sco », qu'il a écrite en l'honneur de Scott pour
son départ. Frank Scott découvre qu'il commence à se sentir
« triste à pleurer au fond de lui-même » ce jour-là et plus tard
lorsque tout le groupe entonne « Auld Lang Syne[76] ».

Le lendemain, le 3 novembre, il doit rentrer au Canada. Il
boucle ses bagages et s'assied au bout de la table où prennent
place les membres de l'équipe d'aviron, dans le réfectoire. Dès
que Goat le voit, il se lève et va s'asseoir à côté de lui. Le repas
terminé, Scott se rend au foyer des étudiants de premier cycle et
fait ses adieux au responsable. Puis il retourne dans sa chambre
chercher ses bagages qu'il empile dans un taxi, fixant le grand
aviron (trophée témoignant de sa réussite dans ce sport) au
pavillon du taxi, et repart à bicyclette pour le collège, suivi
du taxi. Là, il dit au revoir à une foule de compagnons d'aviron.
Il monte dans le taxi et part sous les timides acclamations
du groupe, scène que Scott n'oubliera jamais. Il emporte avec
lui cette image d'Oxford qu'il chérira bien plus que son diplôme
ou toute autre distinction universitaire. « C'étaient des types
bien et vrais ; en eux, ni vanité ni prétention : des hommes qui ne
parlaient pas des vertus ou de l'art ou de choses hautement
intellectuelles, pourtant des hommes qui avaient en eux la vertu
suprême et qui possédaient un art plus haut encore — celui
d'être des gentilshommes anglais[77]. »

CHAPITRE 5

Une nouvelle terre

Le 4 novembre 1923, Scott quitte l'Angleterre pour Mont-réal sur le *S. S. Canada*. « C'est une nouvelle ère qui commence, écrit-il dans son journal, la vie, en fait. Fini l'époque de l'apprentissage : voici venu le temps de l'expression, dans tous les bons sens du mot[1]. » Mais, après trois années passées à l'étranger, il est déçu de ce qu'il découvre. Il trouve que les passagers du train qui le conduit de Québec à Montréal ont « l'air de boutiquiers » et que « le pays est mal tenu et terne, comme vidé de sa substance[2] ».

Gavé de culture européenne, il s'aperçoit que la culture canadienne n'en est qu'aux balbutiements. Montréal, aux ruelles boueuses et aux trottoirs trop hauts, dont l'industrie est en plein essor, n'a rien à voir avec les grandes villes qu'il a traversées au cours de ses périples. Plus tard, il racontera :

C'est comme si je subissais une sorte de traitement de choc qui m'ouvrait les yeux. La plupart des choses qui m'entouraient heurtaient ma sensibilité. Montréal m'apparaissait sale et laide ; suant les fausses valeurs et les mentalités dépassées. Un jour, alors que je me promenais sur la montagne, mes pas m'ont conduit jusqu'à la croix érigée à l'endroit où s'est tenu un jour Jacques Cartier : elle était faite de poutres d'acier brut et sur un écriteau on pouvait lire : « L'électricité est une gracieuseté de la Montreal Light, Heat and Power Co. Ltd. » Voilà le genre de choses, parmi bien d'autres encore, qui m'ont ébranlé, me forçant à redéfinir mes critères[3].

Une bonne partie de l'année qui suit son retour, il tente de digérer « le choc des retrouvailles » — les inévitables contrastes entre le vieux continent et le Nouveau Monde, entre Oxford et le Lower Canada College, entre Londres et Montréal, entre le vernis de la politique britannique et la pagaille de la politique canadienne. La camaraderie intellectuelle et la beauté civilisée de l'Angleterre et de l'Europe lui manquent cruellement. Quitter la belle vie d'Oxford pour retourner vers les scènes familières d'autrefois et un avenir incertain n'a rien d'enthousiasmant, au contraire. Le provincialisme de Montréal l'étouffe. Ce n'est que lorsqu'il s'échappe vers les bois du nord du Québec, en compagnie d'Arthur et d'Elton, qu'il retrouve peu à peu, au cœur de cette ancienne formation géologique qu'est le Bouclier canadien, le sens d'un passé authentique dont il a un ardent besoin. Dans « Child of the North », il écrira :

Here is a new soil and a sharp sun.

Turn from the past,
Walk with me among these indigent firs,
Climb these rough crags★. (C. P., p. 37)

Scott s'abreuve à la beauté de ce paysage laurentien et y puise une identité canadienne.

L'Angleterre a fait de lui un anglophile et une sorte d'esthète, un être bien différent de ce jeune victorien mal dégrossi parti vivre la grande aventure. D'une nature hésitante, il forgeait

---

★ Voici une nouvelle terre sous un soleil franc. // Détourne-toi du passé, / Musarde avec moi parmi ces sapins rabougris / Escalade ces pitons rugueux.

encore ses opinions. Cependant, pour le milieu montréalais, il a tout du jeune homme accompli, au vernis indéniable. Les cercles de femmes l'invitent à des dîners ou à des thés, les jeunes filles recherchent sa compagnie pour danser, skier et aller en excursion. Le vernis est de bonne qualité. Scott maîtrise les règles du « bon goût » qui régissent la vie en société, le monde de l'art tout comme le savoir-vivre. À titre d'historien, il a vite fait d'évaluer la situation du Canada. Deux mois après son retour, il écrit : « On fait face à des problèmes dans ce pays qui, si on ne les résout pas ou du moins si on ne s'y attelle pas dès maintenant, deviendront insurmontables[4]. »

Montréal est alors la métropole du Canada. La rue Saint-Jacques, malgré la concurrence de Bay Street à Toronto, est toujours le centre de l'empire financier canadien ; l'Université McGill, malgré le prestige grandissant de l'Université de Toronto, est la plus connue des universités canadiennes en Europe et aux États-Unis. Le long de cette artère grouillante qu'est la rue Saint-Jacques, de nombreuses institutions financières canadiennes, parmi les plus grandes, ont pignon sur rue : l'imposant immeuble de la Banque de Montréal, la compagnie d'assurance Canada Life et les bureaux du *Star*, qui fait sa publicité en ces mots : « Le meilleur journal du Canada ». Le Canadien Pacifique, qui n'a pas besoin de s'afficher comme la plus riche société du Canada, a ses bureaux dans l'immense gare Windsor.

Pourtant, au fur et à mesure que son découragement s'atténue, Scott découvre un Montréal de l'après-guerre encore empêtré dans des pratiques d'avant-guerre : c'est un petit monde étriqué, mesquin et dominé par les affaires. Sir Frederick Williams-Taylor est alors président-directeur général de la Banque de Montréal, tandis que sir Arthur Currie dirige les destinées de l'Université McGill, dont il est le recteur. Toutefois, l'emprise du magnat financier Edward Beatty (qui deviendra sir Edward), à la tête du Canadien Pacifique, est beaucoup plus étendue. Elle va du CPR aux « institutions parentes comme la Banque de Montréal et McGill ». Scott considère que ces conflits d'intérêts entraînent des abus de pouvoir personnel. De tels abus l'enragent et, pour finir, le dépriment.

Tout ce que je peux observer, que ce soit en politique ou dans la vie de tous les jours, me met tout simplement hors de moi — McGill, le modèle américain que l'on suit aveuglément, une presse pourrie… une conduite des affaires municipales peu reluisante et des politiques plus que douteuses à Ottawa, des cadres du CPR qui siègent au Conseil de McGill, parce que savoir gagner de l'argent dans toutes sortes de domaines est un gage d'autorité en matière d'éducation, l'acceptation pleine et entière que faire des affaires est une fin en soi — toutes ces choses me pèsent comme s'il s'agissait de mes propres erreurs (en un sens, j'y suis pour quelque chose) et font que j'ai du mal à me réjouir[5].

Cette société où la richesse domine, cette ploutocratie est la réplique de la satire qu'en avait fait Leacock dix ans plus tôt dans *Arcadian Adventures with the Idle Rich*. Il y décrit une société qui respecte la formation pratique puisqu'elle permet de générer des profits, mais qui juge superflue la simple acquisition de connaissances. Dans cette satire, les tentatives sincères du bon vieux D[r] McTeague, pasteur presbytérien de St. Osaph, pour rapprocher du christianisme les pratiques de sa congrégation provoquent la dérision. Les hommes d'affaires de l'avenue Plutoria savent mieux que lui ce qui est bon.

Scott découvre très vite que ce type de situation leacockienne n'est pas rare. Carleton Stanley, professeur de grec à McGill, lui a raconté un jour l'histoire édifiante de Beck, immigrant suisse venu au Canada pour voir s'il était possible à d'autres immigrants de venir s'établir au pays : « Il a eu un entretien avec sir Frederick Williams-Taylor, qui s'est montré ouvert à ses idées, mais qui, lorsque Beck lui a demandé de donner officiellement son accord à ce projet d'immigration, a répondu qu'il devait consulter M. Beatty du CPR. Beck est ensuite allé voir le recteur Currie (à McGill) qui lui a réservé un bon accueil, mais lui a fait la même réponse : « Je dois d'abord consulter M. Beatty du CPR[6]. »

Contrairement à la presse britannique, les journaux de Montréal ne se gênent pas pour critiquer les droits des travailleurs. Le 21 mai 1924, *The Gazette* s'oppose à la proposition qui vise à instaurer la journée de travail de huit heures au Canada : « La Conférence internationale du travail a coûté assez cher au Canada ; il n'est pas bon de sacrifier des intérêts commerciaux sur ses ordres. *Le temps et les conditions économiques établiront les salaires et les heures de travail, généralement en faveur des travailleurs, sans qu'il soit nécessaire d'édicter une loi* » (italique de Scott). « Grands dieux ! conteste-t-il, à croire que nous vivons encore à l'époque malthusienne[7] ! »

Scott n'est pas le premier à faire ces observations. Dix ans auparavant, Harold Laski, à l'époque jeune chargé de cours en économie à McGill, avait publiquement soutenu le dirigeant syndical britannique Kier Hardie. Comme Laski est fustigé par un journal de Montréal, l'Université ne lui renouvelle pas son contrat d'enseignement. Le rédacteur en chef de ce journal siégeait au Conseil des gouverneurs de McGill. Des années plus tard, Scott subira les mêmes pressions.

Comparativement à l'Angleterre, les bons concerts, les conférences ou les pièces de théâtre ne sont pas légion au Canada. Les activités sociales se résument presque entièrement à des danses et à des thés. Les soirées dansantes obligent à y passer un temps fou et les thés ne sont pas particulièrement reconnus pour l'intérêt des conversations qui s'y tiennent. « Les discussions stimulantes font cruellement défaut », se plaint Scott. Les débutantes de Montréal, "produits superficiels d'une atmosphère sociale superficielle[8]", ne jurent que « par la danse, les films et les voitures ». La seule femme qu'il admire est celle, charmante et ravissante, d'un professeur de McGill. « Pourquoi n'y a-t-il pas de jeunes filles comme elle[9] ? » Au printemps de 1923, il livre le fruit de sa réflexion sur le genre de mariage qu'il aimerait faire :

> Il faut poser la bonne question : doit-on se lancer dans le mariage même si l'on n'éprouve envers sa partenaire qu'amitié et haute estime ? Est-il sage de se contenter de cela — ou vaut-il mieux attendre dans l'espoir de trouver quelqu'un dont les aspirations s'accordent mieux avec les siennes ? On peut mener une vie utile et heureuse en toute amitié et dans le

respect mutuel ; bien des gens ont moins que cela pour traver-
ser la vie. De bons citoyens naissent de telles unions. Mais
pour le bien-être de notre âme, pour cette personnalité que
nous nous évertuons à perfectionner et à construire tous les
jours — pour cela — il faut plus qu'une bonne volonté réci-
proque dans le mariage, si nous voulons atteindre des som-
mets et savourer le bonheur de la plénitude. Mieux vaut ne
jamais avoir aimé du tout que de s'engager rationnellement et
délibérément dans cet état qui ne peut rien apporter à l'un ni
à l'autre s'il n'y a pas d'amour. Juste quelqu'un pour s'occu-
per de vous… ! Que Dieu m'en préserve[10] !

En Angleterre, Scott a eu l'occasion de rencontrer beaucoup
de « candidates possibles », jolies et de commerce agréable, mais
pas aussi attachantes que les Canadiennes. Elles n'avaient pas
été élevées de manière aussi « saine ». De retour au Canada, ses
illusions se dissipent rapidement. « Grands dieux ! s'exclame-
t-il, préservez-moi de ces jeunes délurées de Montréal[11]. »
L'époque a changé : on écoute du jazz, on boit du gin, les filles
portent des jupes courtes et l'air est empreint d'une douce folie.
Il déteste le jazz — « la civilisation devra en répondre devant Dieu
le jour du Jugement dernier[12] » — et déteste encore plus avoir
l'impression d'être propulsé, sans pouvoir l'empêcher, par les
mêmes « forces primitives » qui font se trémousser les hordes de
danseurs à l'hôtel Mont-Royal. De jeunes femmes de son entou-
rage se passionnent pour un jeu qui consiste à casser les assiettes
dans les restaurants populaires comme Childs. « Au cri de "Par-
tez", précédé d'un lent compte à rebours, Mary et Meg ont cha-
cune fracassé une assiette, sous les yeux horrifiés, ou amusés, des
gens autour. » En écrivant dans son journal, tard ce soir-là, Scott
rumine — « ce genre de choses n'apporte rien de bon[13] » —, ne
se rendant pas compte qu'il y a peu de différence entre lancer
une assiette à Montréal et un quignon de pain à Oxford.

Dans l'année qui suit son retour, il se met à choisir ses amis
en fonction de leur aptitude à distinguer « le petit nombre
de gens convenables qui s'élèvent au-dessus de la masse des
requins de la finance assoiffés de plaisirs[14] ». Ses amis intimes

sont aussi d'anciens étudiants d'Oxford : Terry MacDermot, maître au Lower Canada College, et Raleigh Parkin, qui est entré à la compagnie d'assurance Sun Life. En leur compagnie, Scott assiste souvent au service du soir à l'église presbytérienne Knox, après quoi il va chez les Savage. Bientôt, il invite à l'occasion Annie Savage, une artiste « très vivante », à des soirées dansantes.

Le cercle de relations de Scott s'élargit progressivement pour inclure des universitaires de McGill. En plus de Carleton Stanley, il fait la rencontre de George Glazebrook et de Basil Williams. Au printemps de 1924, Scott, Parkin et MacDermot se rendent au mont Royal pour se joindre à la mère de Raleigh, lady Parkin, et prendre le thé avec les Stanley. Ils écoutent tous Carleton Stanley exposer, d'une voix tranquille et mesurée, sa vision du Canada. « Il est pessimiste, raconte Scott, comme le sont, je le suppose, tous les bons Canadiens. L'argent est devenu le dieu unique que le pays idolâtre. Jusqu'à présent, il ne semble pas y avoir de volonté de soutenir les sacrifices qu'entraîne le maintien d'une nationalité distincte et, par conséquent, jour après jour, nous finissons par ressembler un peu plus à nos voisins du sud[15]. »

L'esprit mercantile règne en maître à Montréal, et le Canada s'américanise très rapidement. Pourtant, la condamnation par Stanley de la société canadienne, de la religion et de l'éducation, comme il l'a souligné dans *The Hibbert Journal,* un an plus tôt, est perçue comme une opinion extrémiste[16]. Il s'attire un tollé de protestations à Montréal, et le journal reçoit deux longues répliques. Le Canada, estiment ses détracteurs, est un pays encore jeune, qui s'efforce d'établir des fondations solides sur lesquelles il deviendra possible de bâtir une nation. Par ailleurs, le matérialisme n'est pas uniquement le fait du Canada, c'est une caractéristique que l'on retrouve dans la plupart des pays dans l'après-guerre. L'éducation au Canada n'est pas aussi mauvaise que l'affirme Stanley. Et pour ce qui est de la littérature canadienne, que fait-on de Roberts et de Carman ?

Comme le résumera Scott six mois plus tard, il est extrêmement difficile de bâtir une nation quand les fondations sont pratiquement inexistantes — que ce soit en histoire du Canada, en politique ou en littérature. Faisant écho à la remarque de Henry James sur l'Amérique, Scott note dans son journal : « On devient un génie pour de bon lorsqu'on a fait ses preuves au moins dix fois. [...] En fait, la situation dans ce coin du monde me déprime beaucoup. Que diable ! Quelle sorte de nation peut-il sortir de nous[17] ? » Comme cette expression de « ce coin du monde » le révèle, Scott, à l'instar de beaucoup d'autres jeunes gens de sa génération, se voit lui aussi comme un Anglais en exil. Cette caractéristique, fruit de son éducation familiale et de ses études à Oxford, reflète bien le climat culturel à prédominance canadienne-anglaise qui règne jusqu'au début des années 1920.

Dans les premières années qui suivent son retour, il a tendance à se tourner vers l'Angleterre pour y puiser ses références, particulièrement en matière d'éducation. Le manque d'esprit critique l'irrite, tandis qu'il s'oppose à l'esprit mercantile : « le sacro-saint dollar » a pris la place vacante d'une vision nationale. « Tout ce à quoi j'accorde de la valeur chez un peuple est inexistant ici : le désintéressement, le civisme, l'intégrité politique, la conscience des devoirs internationaux des nations, l'amour du beau, la vie de famille, la dignité. Je ne verrai pas cela de mon vivant[18]. » Il désapprouve tout particulièrement l'attitude contradictoire du Canada, qui revendique son autonomie mais qui est incapable d'agir dans les questions de défense nationale : « Quand finirons-nous par comprendre ce que T. H. Green a de tout temps affirmé, soit que "droit va de pair avec obligation[19]" ? » Scott fonde tous ses espoirs pour le Canada dans ce qu'il appelle « l'âme », concept large qui englobe le spirituel, l'esthétique et le culturel. Ce concept lui trottait déjà dans la tête à Oxford, quelques années plus tôt, lorsqu'il écrivait : « Je suis résolu à travailler dans un domaine qui me semble bon pour *l'âme* canadienne ; tant que ma profession me satisfait sur ce point, quelle qu'elle soit, cela m'importe peu[20]. »

Au cours des trois derniers mois de 1923 et de la première moitié de 1924, Scott se trouve cloîtré à Lower Canada College, à Montréal, école préparatoire accueillant les garçons qui sortent de l'école secondaire, où son père avait enseigné quarante ans plus tôt. Le père Edmund Wood a fait venir au Canada le directeur de l'école, C. S. Fosbery, un Anglais nerveux de petite taille, en 1900, afin qu'il enseigne à l'école de l'église St. John the Evangelist. En 1909, sous son impulsion, l'école emménage dans de nouveaux locaux et prend le nom de Lower Canada College. Personnage très énergique, « connu de tous comme "le patron" », Fosbery exige des garçons qu'ils régurgitent leurs leçons, disent la vérité, aient de bonnes manières et soient vêtus correctement. C'est là que s'arrête sa conception de l'éducation. Groupés dans des classes comme autant de moutons, les garçons s'empressent de chahuter dès que l'occasion s'en présente.

Très vite Frank recourt à des métaphores tirées de l'*Enfer* de Milton, comme celles du chaos et de la tour de Babel, pour décrire le collège : « Je sonne une cloche dans le dortoir et chaque enfant doit faire sa prière ; quelques instants plus tard, je sonne de nouveau et le chahut reprend[21]. » Mme Scott, qui vient voir son fils à l'école, jette un regard autour d'elle et remarque succinctement : « Cela aurait pu facilement être… aurait pu mieux faire[22]… » Les classes sont mal tenues, les textes mal choisis et les murs de l'école si minces que la voix du directeur, explosant dans le couloir, domine les voix des maîtres, tout comme sa forte personnalité l'amène à faire fi de leurs suggestions. Scott compose très vite un sonnet satirique : « Une voix tonne dans le couloir[23] ».

Au cours de sa première semaine d'enseignement, Scott se fait deux alliés : ses collègues Terry MacDermot et Raleigh Parkin. Un après-midi, Parkin rend visite à Scott et à MacDermot au collège, avec un exemplaire de *L'Évolution créatrice* d'Henri Bergson. Les trois hommes, après un dîner froid pris dans la salle à manger, s'installent afin de discuter tranquillement de Bergson. La conception du « mouvement » de Bergson fascine Scott, de même que son affirmation selon laquelle toute matière, qu'elle soit humaine ou naturelle, est animée du même élan vital. Il prend plaisir à la conversation amicale et intellectuelle ainsi qu'aux fréquents traits d'esprit qui la ponctuent et qui lui rappellent l'ambiance de la vie à Oxford, que les trois hommes ont laissée derrière eux. Après le départ de Parkin,

Scott et MacDermot « récriminent » contre les méthodes de Fosbery et concluent : « Il faut retourner aux principes premiers de l'enseignement aux garçons : l'accouchement des connaissances plutôt que le bourrage de crâne[24]. »

Il y a à peine deux semaines que Scott est au collège et, déjà, il avoue : « Si je continue ainsi, je ne serai jamais rien de plus qu'un maître assistant. Je ne fais rien de plus que ce que je dois accomplir dans ma routine d'enseignement, rien de grand — aucun nouvel horizon ne s'ouvre à moi. Si je ne bouge pas, je n'arriverai à rien[25]. » À la fin du trimestre, découragé et malade, affligé de son habituelle amygdalite, il médite sur la question de la vocation. Son père et son frère William le poussent à faire des études de droit, et il prend alors la décision de quitter l'école. Bien qu'il aime l'enseignement, il a souvent l'impression d'être « divisé », de manquer de motivation. Son plus grand désir, c'est d'écrire des poèmes. Mais comment allier ce désir au besoin bien terre-à-terre de gagner sa vie ?

Il confie à son journal qu'il envisage de faire une carrière qui lui permettrait de donner libre cours à son besoin d'expression poétique. L'enseignement, ponctué de longues vacances d'été, lui offrirait toute la latitude nécessaire, mais sans véritable projet éducatif il risque de devenir un simple dilettante. Le droit, même s'il permet, comme Nathaniel Hawthorne l'a écrit, de gagner sa vie grâce aux querelles des uns et des autres, offre néanmoins l'avantage de faire carrière et la possibilité d'entrer dans la fonction publique. Il aurait ainsi en main d'excellents atouts pour se lancer un jour en politique. C'est d'ailleurs l'aspect politique de la fonction publique qui l'attire. « Le service à la nation recouvre une philosophie du travail[26]. » Cette résolution prise, il décide de devenir avocat et s'inscrit à la faculté de droit de McGill pour le trimestre d'automne 1924. Le 11 juin 1924, il note ses pensées sur « son dernier jour d'enseignement à Lower Canada College — peut-être pour toujours ».

C'est cette dernière pensée qui me cause du chagrin, bien plus que la précédente. Je ne peux imaginer une vie plus agréable, plus profitable que de travailler — si c'est fait avec cœur — dans une bonne école. Si j'avais les moyens d'arrondir mon salaire d'enseignant pour me marier et offrir une bonne éducation à mes enfants, je continuerais ce travail, mais probablement pas dans cette antichambre du chaos. Mais je veux pouvoir envoyer un fils à Magdalen...

Nostalgiques d'Oxford, Scott et MacDermot concoctent un « bon plan » pour retourner en Angleterre pendant les vacances d'été. Ils organisent un voyage pour faire connaître aux garçons de Lower Canada College les gloires de l'Angleterre et de l'Europe ; à titre de guides, ils voyagent gratuitement et reçoivent une petite allocation. Le 27 juin 1924, c'est le départ. Lorsque les deux maîtres et leurs quatre élèves débarquent à Southampton, un parent de l'un des garçons les accueille et envoie tout de suite ces derniers passer le week-end dans la propriété du premier ministre britannique. Les deux maîtres ne sont pas invités, mais cela ne les dérange pas le moins du monde. Terry MacDermot fait la cour à la sœur d'Anne Savage, Elizabeth (ou « Queenie »), qui enseigne en Angleterre ; Scott est extrêmement heureux de revoir son Oxford bien-aimé.

À Oxford, il fait la rencontre de Leonard Hodgson, chapelain à Magdalen, et ils discutent des idées qu'exprime Hodgson dans son récent livre, *Birth-Control and Christian Ethics*. Quelques années plus tôt, Scott avait écrit dans son journal qu'il croyait au mariage parce que tout assouplissement de la loi sur le divorce affaiblirait le tissu social. Par ailleurs, après des discussions avec des membres de l'Association des étudiants chrétiens d'Oxford, il en était arrivé à croire, comme Hodgson, que « le contrôle des naissances est une question de maîtrise de soi ». Il avait répété cette maxime à John Strachey, qui lui avait rétorqué : « Couche avec une femme et essaie pour voir[27]. » Hodgson manifeste un intérêt marqué pour les impressions de Scott sur le Canada, particulièrement pour son idée que le pays pourrait mettre sur pied un meilleur système d'éducation, une fois son élite instruite. Scott part aussi à la recherche de ses vieux compagnons de régates de Henley, tout joyeux à l'idée de les revoir. Mais il s'aperçoit que les choses ont bien changé et que les rameurs parlent « boutique, tout ce qu'il y a de plus boutique » au dîner[28].

Après un court séjour à Oxford, Scott, MacDermot et les garçons parcourent l'Angleterre et l'Europe. Ils consacrent la partie britannique de leur voyage à la visite de cathédrales. Sur le continent, ce sont d'abord les musées. Scott est tout spécialement ému devant les grandes cathédrales, et particulièrement celle de Salisbury, où, au cours de la messe, le célébrant lit le psaume 23 et prononce ces mots réconfortants : « Tu es notre guide bienveillant, tu nous aides afin que nous traversions le temporel sans perdre le sens de l'éternel. » Prenant ces mots à cœur, Scott se dit : « Me voilà bien armé pour affronter le monde juridique[29]. »

Ayant fait allégeance au monde spirituel, il est maintenant libre d'apprécier le monde naturel. La sensibilité du poète est comblée lorsque le groupe traverse le Devon. Il apprécie la campagne du Devon et le petit port de pêche de Clovelly — les maisons blanchies à la chaux, les pots de fleurs, les allées pittoresques et tortueuses — avec l'œil sensuel d'un poète lyrique :

> Et quand la pleine lune s'est levée sur la côte qui s'enfonçait dans la nuit, j'ai senti le besoin de me déshabiller et de me baigner. Les autres s'étaient retirés dans leurs chambres, aussi me suis-je éclipsé sans bruit, une petite serviette dans ma poche. J'ai longé les galets glissants, jusqu'à un gros rocher qui m'offrait un abri des regards des Clovelliens. Là, je me suis dévêtu. Comme je m'avançais dans l'eau, une vague plus grosse que les autres m'a accueilli avec la rudesse de la mer et m'a enveloppé de ses bras froids et collants. Alors je me suis mis à nager avec toute la légèreté spirituelle qui accompagne l'absence presque totale de gravité. Je pouvais voir les dernières lueurs du crépuscule à l'ouest et la claire fraîcheur de la lune qui se levait et se reflétait sur les falaises, qui me dominaient de toute leur hauteur. C'était magnifique, car j'étais nu au sein même de la nature.
>
> C'est notre secret, entre toi et moi, Clovelly. Personne d'autre ne doit le savoir[30].

Pendant ces quelques moments glorieux et totalement libres, les pressions du monde diurne se sont dissipées.

En septembre 1924, « encore sous le ravissement des salles lambrissées d'Oxford », Scott entre à la faculté de droit de McGill, située aux étages supérieurs de ce que l'on appelle alors l'aile ouest des bâtiments administratifs[31]. Les bureaux de l'administration sont d'anciens offices, cuisines ou celliers. Au-dessus, remarque Leacock, « loge la faculté de droit, encore plus biscornue[32] ». Il n'y a pas que cela de biscornu, selon Scott, puisque celui-ci est d'abord frappé par le manque d'harmonie : l'incongruité d'une institution de haut niveau équipée de pupitres vissés au sol et de crachoirs.

Les étudiants en droit disposent de pupitres d'écolier, sur lesquels d'anciens élèves ont gravé leurs noms.

Sur un bureau figure une carte détaillée du front ouest de la Première Guerre mondiale, tracée, selon la rumeur, par Erskine Buchanan, qui y a combattu. La plupart des conférenciers pratiquent le droit, ou encore ce sont des juges qui viennent exposer les récentes affaires qu'ils ont eu à régler ou qui ânonnent les mêmes sempiternelles notes. Tous les cours sont obligatoires et les présences relevées au début de chacun d'eux. La bibliothèque est quasi inexistante[33].

On attend des étudiants en droit qu'ils prennent en note textuellement ce que leur dictent les professeurs, s'indigne Scott, qui font parfois des erreurs. « Quelle sorte d'éducation est-ce là, quand un professeur de la faculté de droit peut solennellement informer sa classe que l'édit de Nantes a été révoqué en *1620,* et que cette date marque l'extermination du parti des protestants en France[34] ! »

Rétrospectivement, il se rend compte que des gens de valeur ont laissé leur empreinte à la faculté de droit de McGill : trois professeurs titulaires — Percy Corbett, H. A. Smith et Stuart LeMesurier — tous ardents réformateurs, en faveur de la création d'une école de droit universitaire où professeurs et étudiants enseigneraient et étudieraient à plein temps, au lieu de faire appel à des professeurs à temps partiel provenant du milieu juridique. À l'époque où Scott étudie, l'enseignement du droit à McGill traverse une phase de transition : aux cours magistraux se greffe une formation à mi-temps dans des cabinets juridiques. Scott fait un stage dans le cabinet montréalais Lafleur, MacDougall, Macfarlane et Barclay, où son frère William est un avocat prometteur. L'enseignement de certains de ses professeurs stimule Scott, plus particulièrement les cours de Smith qui le convainquent que la décision prise par le Conseil privé sur les questions relatives à la Constitution canadienne va à l'encontre des souhaits qu'avaient formulés les Pères de la Confédération[35]. À cette époque, cependant, et tout au long de 1925 à 1926, il a surtout conscience de pratiquer une « écriture automatique » à McGill et de mener « la vie d'un commis de bureau[36] » au cabinet juridique. Il commence aussi à reconnaître les difficultés inhérentes à sa position : « Qu'arrive-t-il à une personne dont l'esprit aspire à la philosophie et l'âme à la poésie lorsqu'elle s'engage dans la voie étroite de la pratique du droit[37] ? »

Malgré ses réserves sur les fraternités, il adhère à McGill à l'Alpha Delta Phi, association que Harry et William ont successivement présidée. Mais il a en horreur le conformisme qu'encouragent les membres, et son journal est ponctué en conséquence de « la charge vibrante des sept trompettes... » contre les sociétés secrètes[38]. À la même période, il commence à assister à des dîners de famille, le plus souvent chez William et sa femme Esther.

Grâce à un petit groupe d'amis, il réussit à oublier l'université, le cabinet juridique et les critiques de la société et de la famille : il y a MacDermot, Parkin, Jack Farthing, Ronnie McCall, Brooke Claxton, Arthur Terroux et V. C. Wansborough. Mis à part McCall, tous sont avocats et tous ont fréquenté Oxford, sauf Claxton et Terroux ; tous, à l'exception de Scott, ont fait la guerre. Scott, Raleigh Parkin et Ernest MacDermot, le frère de Terry, louent une « piaule » au 90 de la rue Saint-Mathieu. Un soir, Scott, Parkin et Jack Farthing discutent « du bien-fondé de former des groupes de jeunes gens qui réfléchiraient aux améliorations à apporter à la vie sociale et politique au Canada et s'emploieraient à les réaliser. Sommes d'accord qu'on peut réaliser de grandes choses en nous y attaquant posément et avec détermination ». Farthing parle avec enthousiasme de l'essor de ce type de groupes dont les objectifs sont similaires, partout au Canada. L'idée est captivante ; la « discussion sur la question et sur l'art se poursuit jusqu'à minuit[39] ». C'est ainsi que le Groupe prend naissance.

Le Groupe est l'une des nombreuses manifestations du nationalisme qui prévalait dans les années 1920. L'esprit qui règne après la guerre favorise l'éclosion d'un vif désir de posséder un art et une littérature authentiquement canadiens qui, selon l'idée la plus répandue, confirmeraient l'existence d'une nation canadienne. Ce nouveau nationalisme se reflète dans le regain d'intérêt que connaissent les cercles canadiens, dans la fondation du *Canadian Bookman* en 1919, du *Canadian Forum* en 1920 et dans la création de l'Association des auteurs canadiens en 1921. Il se manifeste aussi dans la première exposition officielle du Groupe des Sept en 1921. L'éditorial qui lance le *Canadian Forum* reflète l'atmosphère de l'époque lorsqu'il déclare que son but est « de découvrir et de mettre en valeur ces initiatives artistiques et littéraires qui sont distinctement canadiennes[40] ». Il souligne aussi un problème auquel font face les artistes et les poètes de l'époque, particulièrement les plus jeunes : qu'est-ce qu'un art distinctement canadien ?

Finalement, le Groupe se préoccupe de politique, d'art et de littérature contemporaine, tout en permettant à Scott de consolider son canadianisme — en art comme en politique. Scott se préoccupe toujours de la question d'une nouvelle nation, la résumant ainsi vers la fin de 1924 : « Je n'ai pas véritablement foi dans le Canada pour l'instant, pas instinctivement. » Il nuance rapidement cette affirmation : « Peut-être que j'ai été trop loin — je veux dire que je ne suis pas sûr que les transformations que connaît le Canada se font toutes dans le bon sens[41]. » Entre 1923 et 1924, il commence à lire des ouvrages portant sur l'histoire du Canada, en particulier *History of Canada* de

W. L. Grant, devançant d'une étape les garçons auxquels il enseigne. Sa première vision du passé canadien n'est pas très stimulante. « On n'y "donne" pas souvent dans cette histoire ; on y "gagne" surtout[42] », conclut-il après avoir lu des ouvrages traitant de l'exploitation successive de la fourrure, du poisson et du bois.

La première année, pendant les réunions du Groupe, les sujets de discussion se rapportent principalement à la politique : le développement de l'autonomie canadienne jusqu'à l'époque de lord Elgin, l'éventualité d'une politique étrangère indépendante pour le Canada, l'immigration, la question juive à Montréal, la position du Canada dans l'Empire. « Les opinions ne manquent pas[43] » au sujet de la colonisation du Canada. En mars 1925, chacun dans le Groupe lit des documents concernant la position du Canada dans l'Empire. « On adopte une attitude très ouverte : d'accord pour que l'on nous donne la possibilité de contrôler une partie de nos propres affaires étrangères. » Tous les membres du Groupe s'entendent sur la possibilité « qu'une partie de l'Empire puisse faire la guerre sans y entraîner les autres[44] », à l'exception de Scott, ce qui est plutôt ironique compte tenu des positions qu'il défendra ultérieurement.

Croce et sa synthèse de la philosophie, de la science et de l'art, le Groupe des Sept, D. H. Lawrence, la psychologie, l'analyse de l'histoire sous des angles neufs et les conditions qui règnent en Russie[45] sont autant de sujets que le Groupe examine et commente. À l'occasion, on évoque le socialisme, mais il est clair que les intérêts du Groupe sont en premier lieu de nature nationaliste et esthétique.

En juin 1925, plusieurs membres du Groupe, y compris F. R. S., comme il se désigne lui-même, prennent des dispositions pour ouvrir une imprimerie chez Burton, une librairie de Montréal, afin de diffuser des reproductions d'œuvres d'art, particulièrement de chefs-d'œuvre de l'art européen, produites par la société Medicis. Alors qu'il était encore à Oxford, Scott avait exprimé son désir de faire connaître l'art européen au Canada. Sa réaction après la première vente, une « tête de saint Philippe » d'Andrea del Sarto et une « tête du Christ » de Léonard de Vinci, montre clairement le but que veut atteindre la société Leonardo, comme s'appelle le « bureau de direction de l'imprimerie ». « Il est agréable de penser, jette-t-il sur le papier, que nos efforts concourent à libérer dans Montréal deux influences aussi civilisatrices[46]. »

Scott est souvent pessimiste quant à la direction que prend la vie politique canadienne, mais son canadianisme est solidement ancré en lui — il prend racine dans la terre elle-même. En décembre 1924, il commence à préparer un article pour le Groupe afin de déterminer dans quelle mesure la nature et le climat canadiens nuisent à l'expression artistique. Au réveillon de Noël, au presbytère de Québec, il jette quelques pensées dans son journal :

> Journée de neige, temps doux. C'est un superbe réveillon de Noël. Les nuages sont dispersés, l'air est frais et, de temps à autre, des rafales font voler la neige qui souligne les grosses branches des arbres et retombe en cascades argentées. Le halo scintillant des lampadaires dessine crûment les ombres sur la surface immaculée de la neige et l'atmosphère semble se revêtir ainsi de cet esprit de blancheur. Il y a tous les ingrédients de l'art, à condition d'ouvrir les yeux et de pouvoir le dire.

Le halo des lampadaires scintillant sur la neige lui rappelle combien il était sensible, dans son enfance, à l'intense beauté de la nature canadienne, sentiment qu'il a d'abord éprouvé dans le jardin du presbytère. Un an plus tard, alors en compagnie de Jack Farthing au Gruppe Platz, au lac Manitou (au chalet d'été que possède Ronnie McCall, lieu de rencontre du Groupe en fin de semaine), Scott évoquera sa conviction que l'art canadien « doit revenir à la nature », point culminant de son expérience de camping dans les Laurentides et de son appréciation grandissante de l'art du Groupe des Sept.

Si, au Canada, le lien entre l'art et l'identité nationale a toujours été très étroit, il n'a jamais été aussi fort qu'au milieu des années 1920. En automne 1924, le Groupe des Sept est un phénomène national ; l'énorme succès qu'il obtient à l'exposition de Wembley, cette année-là, a convaincu les visiteurs britanniques, et par la suite les Canadiens, de l'existence d'un art canadien bien distinct. Comme il faut s'y attendre, les membres du groupe de Scott ont de grandes affinités avec les artistes canadiens et les mécènes des arts. McCall est l'un des premiers à montrer son enthousiasme et possède déjà une collection des toiles du Groupe des Sept[47]. Terry MacDermot et Brooke Claxton, tous deux membres du groupe de Scott, ont épousé les sœurs de la peintre Annie Savage. Dans la maison de celle-ci, et plus tard chez les MacDermot et les Claxton, on organise des expositions des œuvres du Groupe des Sept.

Le 10 janvier 1925, Scott assiste à une soirée de patinage et de danse que donnent M. et Mme Miller aux jardins « Surrey », près du sommet du mont Royal. C'est là qu'il rencontre pour la première fois Marian Dale, jeune artiste montréalaise, fille de Robert John Dale, cadre supérieur dans une entreprise de la ville. Il l'invite à dîner, à se promener, parfois sur le mont Royal, ou encore à prendre le traversier pour l'île Sainte-Hélène. Les premières œuvres de Marian Dale montrent l'influence qu'a exercée sur elle le Groupe des Sept.

Marian a des cheveux châtain clair retenus en un souple catogan par un ruban. Elle parle avec intelligence de l'art et de la littérature et elle exprime ses opinions d'une voix très particulière, basse, forte, distinguée. De retour d'un périple en Europe, elle a visité l'Angleterre, la France et l'Italie. Mlle Dale et Scott échangent leurs impressions sur les galeries d'art européennes qu'ils ont visitées. Elle, tout comme Scott, préfère Florence. Il l'invite à danser et, en fin de soirée, la reconduit chez elle à pied ; tous deux se rappellent qu'une neige fine tombait tandis qu'ils devisaient et parcouraient le long trajet qui séparait le mont Royal de la résidence des Dale, au 451 de l'avenue des Pins[48].

Scott suscite la curiosité de la jeune fille. Mme Wigmore, une dame de Montréal chargée de chaperonner Marian pendant son voyage en Europe, a connu dans sa jeunesse le jeune et brillant Fred Scott. Marian ne se lassait pas d'écouter son chaperon évoquer ce prêtre-poète ténébreux, tout habillé de noir, écrivant des poèmes sur la mort. En outre, à peine une année auparavant, à La Malbaie, elle avait entendu le sermon du chanoine Scott et ressenti sa forte présence — grand, les joues roses, il irradiait d'énergie. Et voilà qu'à une soirée, elle rencontre Frank, grand, les joues rougies par sa partie de hockey, qui tient des propos captivants — il est juste en face d'elle dans la salle de réception des Miller. Quelqu'un dit : « C'est le fils de l'archidiacre Scott[49]. »

Les Dale, comme les Scott, sont bien établis à Montréal. Le père de Marian est né et a été élevé en Angleterre, il a étudié à Merton College, à Oxford, puis s'est porté volontaire à la guerre des Boers. La paix revenue, il ne s'est pas senti chez lui en Angleterre et a accueilli avec joie la possibilité d'aller au Canada pour y ouvrir une filiale de l'entreprise familiale, Dale Marine Insurance. Là, il tombe amoureux de la campagne canadienne et d'une jeune Montréalaise, Marian Barclay, fille du révérend James Barclay de l'église presbytérienne St. Andrew[50]. Leacock s'est inspiré de Barclay pour créer son personnage du bon et honnête McTeague de St. Osaph. Sa fille est une jolie femme intelligente qui a des aspirations littéraires. On rapporte que Leacock l'a décrite « comme la plus charmante des jeunes femmes que j'aie jamais rencontrées[51] ». Mme Dale a consacré sa considérable énergie créatrice à l'éducation de ses enfants ; plus tard, elle écrira un roman sous le pseudonyme de V. V. Vinton. Publié en Angleterre par Jonathan Cape, il recevra un bon accueil.

Les Dale ont eu trois enfants : Cluny, un fils, et deux filles, Marian et Anna. La génération de Marian est l'héritière directe de l'émancipation des femmes ; en elle vont s'unir les valeurs traditionnelles et les impulsions révolutionnaires. C'est une gouvernante française, Mlle Boucher, qui a fait son éducation. Un jour, faisant pivoter le globe terrestre, Marian remarque avec une certaine fierté que le soleil ne se couche jamais sur l'Empire britannique. Sa gouvernante, descendante de la révolutionnaire française Charlotte Corday, lui fait comprendre que ce sentiment n'est pas aussi admirable qu'elle le pense. Grâce à Mlle Boucher, Marian ne tombe pas dans le piège de l'impérialisme qui caractérise de nombreux Anglo-Québécois. Elle sympathise avec les paysans canadiens-français qui, durant la Première Guerre mondiale, se sont cachés dans les bois pendant l'hiver afin de se soustraire à la conscription, tandis que leurs femmes les ravitaillaient en eau et en vivres. Ils étaient si pauvres, la terre de leurs champs était si mince et si épuisée, comment arrivaient-ils à gagner leur vie ? Lorsque Marian a douze ans et Anna dix, on fait leur portrait ; Anna est en bleu et Marian en rose. Elle ne voulait pas poser pour ce portrait, mais a fini par accepter contre la permission de peindre sa poupée Christabel à la peinture à l'huile, si elle s'asseyait tranquillement pendant vingt minutes. Le nom de la poupée, fruit de l'ironie de sa mère, est en fait celui de la fille aînée de la fameuse famille de suffragettes Pankhurst[52].

Ses débuts dans la vie se placent sous le signe du romantisme. Jeune fille, en vacances en Angleterre avec sa famille, elle va lire Thomas a Kempis, le matin, dans les collines près de Folkestone Cliffs. L'importance que celui-ci accorde à la vie spirituelle l'attire, mais elle se rappelle avoir pensé qu'elle ne pourrait jamais pour autant accepter l'idée d'une vie en retrait du monde. Tout est si incroyablement beau, même la brume sur les collines et les grosses limaces que l'on trouve souvent sous nos pieds et qu'il faut prendre garde de ne pas écraser. Comment peut-on laisser tout cela[53] ! Bien qu'elle ait de nombreux points communs avec les femmes de la génération de sa mère, dont l'horizon se bornait à la maison et à la famille, Marian, comme les femmes de sa génération, remarque Dora Russell, « cherche à montrer ses capacités en tant qu'individu, pas simplement en tant qu'épouse, mère ou fille[54] ». Marian est résolue à poursuivre une carrière indépendante. Après ses premières leçons d'art avec ses gouvernantes, elle suit des cours à l'École des Beaux-Arts de Montréal (autrefois l'École de la Société des arts de Montréal), où elle se voit accorder une bourse d'études. Plus tard, elle travaille sous la direction d'un artiste de Montréal, William Brymner, et obtient une autre bourse. À dix-sept ans, elle visite l'Italie et la France, fait la tournée des maîtres européens, puis revient à Montréal pour terminer sa deuxième année à l'École des Beaux-Arts.

Lorsqu'elle rencontre Scott au printemps de 1925, Marian est de retour depuis six mois, se battant contre les conventions

— contre la vie traditionnelle qui est le lot des débutantes à Montréal et contre les techniques classiques d'enseignement en vigueur à l'École. Un jour sa mère insiste pour qu'elle peigne le pittoresque phare de Métis, mais Marian refuse et met de côté ses pinceaux pendant un certain temps. Elle sait que ses vrais sujets sont ailleurs. À l'extérieur de sa chambre de l'avenue des Pins, un lampadaire scintille à travers les feuilles. Cette lumière vacillante qui projette des ombres mouvantes sur le mur de sa chambre la fascine. « C'est cela que j'aimerais peindre », se rappelle-t-elle avoir pensé[55].

Frank Scott invite régulièrement Mlle Dale et, au fil du temps, il finit par lui montrer son album de reproductions d'œuvres d'art européennes. Il « aime la façon dont elle réagit ». Est-ce la jeune fille qu'il attendait ? Scott est prudent ; avant de s'engager, il veut être sûr. « M. D., confie-t-il à son journal, (presque) une précieuse découverte[56]. » Même s'il ne s'exprime plus en termes bibliques, il y revient dans les moments de grande émotion : son expression « une précieuse découverte » est le parallèle rhétorique de « perle de grand prix ». Le temps passe, il découvre que Marian et lui partagent le même idéal de vie créative. Déterminée à peindre, elle comprend son désir d'écrire de la poésie.

Un an après leur rencontre à la soirée de patinage des Miller, Marian écrit dans son journal combien sa vie est transformée. L'après-midi de ce même jour, Frank lui a rappelé que c'est l'anniversaire de leur première rencontre.

> Comme c'est drôle. Je me rappelle très bien la première fois où je l'ai vu, grand et les joues plutôt rouges d'avoir joué au hockey, parlant à un groupe de gens d'âge mûr. Je l'observais avec un certain intérêt mêlé d'une antipathie instinctive. Surtout lorsque j'entendais partout autour de moi vanter sa prétendue grande intelligence. Puis, plus tard, à l'étage, on nous a présentés… Et, lorsque nous dansions, j'ai dit quelque chose de bizarre et il m'a regardée et a souri de ce sourire bien à lui. J'ai su que je l'aimerais. Et j'ai commencé à dire de plus en plus de choses idiotes rien que pour revoir ce sourire. Nous

sommes rentrés à pied à la maison et nous avons découvert que nous aimions voyager tous les deux. Nous avons parlé de tous ces sites que nous avons rêvé de visiter et où nous voulons aller. Mais c'est surtout moi qui ai parlé. Et quand, enfin, je me suis retrouvée seule dans ma chambre, j'ai commencé à regretter d'avoir tant parlé et de manière si impulsive, car j'étais sûre qu'il avait dû me prendre pour une vraie pie. Comme tout cela semble loin, comme je me le rappelle avec précision et pourtant comme j'ai changé. Étrange de retourner en arrière ; débutante déjà fatiguée de la vie, mais essayant toujours de jouer son rôle. Pas heureuse, mais ne sachant pas exactement ce que j'étais ou ce que je voulais être. N'ai-je pas évolué depuis ? Je sais mieux ce que je suis et ce que je veux être en fonction des objectifs que je me suis fixés. Au lieu de dériver, j'essaie autant que possible d'être ce que je suis.

Frank, pense-t-elle, ne saura jamais combien cette relation avec lui a transformé sa vie. « Dès le début, j'ai senti que je n'avais qu'à être moi-même avec lui et que je pouvais aborder des sujets qui m'intéressaient au lieu de faire comme si les danses et les films étaient mes seuls domaines d'intérêt. Il m'a rendue ambitieuse, donné l'envie de grandir en tout[57]. »

CHAPITRE 6

La modernité contre l'ordre établi

Voilà, j'y suis, vingt-six ans et je n'ai même pas vraiment débuté dans ma vie professionnelle : même pas sûr de ce qui m'attend. Si j'étais Napoléon, il ne me resterait plus qu'une année avant de soumettre l'Italie ; si j'étais le jeune Pitt, je serais premier ministre d'Angleterre depuis deux ans déjà, ou encore Delane, je serais depuis trois ans éditeur du *Times*. Mais je ne suis que Frank Scott, et j'appartiens à la foule innombrable qui concrétise l'« élan vital » en un bref instant. Mais je crois que mon heure viendra.

Ainsi écrit Frank Scott le jour de ses vingt-six ans. Obnubilé par cette voie professionnelle qu'il ne s'est pas encore tracée, il se mesure de nouveau à l'impossible et cède à la crainte de n'être, somme toute, qu'une personne ordinaire.

Pourtant, sa vie commence à prendre un tour intéressant. Le Groupe joue le rôle de catalyseur dans ce changement. En octobre 1925, cela fait un an que ses membres se réunissent. Déjà, ils se sont pénétrés de l'art du Groupe des Sept et ont passé en revue toutes les grandes questions politiques du jour. Ils s'apprêtent maintenant à investir le champ de la culture au sens large du terme. Ils décident de se constituer en une société littéraire, très souple, consacrée à « l'expression ». Peu de temps auparavant, Scott a publié un récit et un sonnet, écrits à Oxford, dans le supplément littéraire du *McGill Daily*. En automne de 1925, il adresse une lettre de protestation au *Daily* dans laquelle il s'oppose à l'implantation d'une association américaine à McGill. Il est abordé le lendemain par deux étudiants, A. J. M. Smith et Allan Latham, ancien et actuel éditeurs en chef du *Supplément*, qui lui offrent de se joindre à leur équipe éditoriale. « Une invitation, écrit-il, que j'étais bien trop heureux d'accepter[1]. »

Quelques semaines plus tard, Smith publie des vers d'Aldous Huxley sur un sujet alors tabou, les spermatozoïdes. À l'instigation du secrétaire de l'Association des étudiants, qui appartient à l'administration de l'université, on leur retire les fonds alloués pour la publication du *Supplément*. Voilà les éditeurs dans l'embarras. Doivent-ils continuer seuls, trouver leurs propres fonds et créer leur propre feuille de chou ? « Il est grand temps, décide Scott, que quelqu'un tienne tête à la multitude à McGill[2]. » Le 21 novembre, ils lancent *The McGill Fortnightly Review*, magazine littéraire indépendant, que l'équipe éditoriale finance et dirige. L'équipe est composée de Smith, Scott, Latham et A. P. R. Coulborn ; Leon Edel en est le directeur et rédacteur en chef. Edel, le plus jeune, en est à sa troisième année d'études en littérature anglaise. Smith et Latham achèvent leurs études de premier cycle, le premier en chimie et le second en économie. Scott et Coulborn, celui-ci un Britannique qui étudie l'histoire, sont les plus âgés du groupe.

À l'instar du *Canadian Forum*, lancé en 1920, dont la mission était « d'assurer une discussion libre et éclairée des questions publiques[3] », la *Fortnightly* se présente comme un « journal d'opinion indépendant ». Le premier éditorial proclame qu'à compter de ce jour les étudiants feront montre d'un « esprit critique nouveau et acéré[4] ». Ce nouvel esprit se manifeste bientôt dans les éditoriaux qui dénoncent des pratiques courantes à McGill et dans une série d'articles et d'analyses qui défendent les innovations littéraires de Yeats, Joyce et T. S. Eliot, l'iconoclasme de H. L. Mencken et le nouveau théâtre d'Eugene

O'Neill. L'une des caractéristiques des années 1920 étant la « démystification », la vivacité d'esprit et le sens de la repartie de Mencken donnent le ton à la critique des radicaux canadiens. C'est ce même ton qui caractérise les prises de position de Frank Underhill dans sa chronique du *Canadian Forum* intitulée « Ô Canada », de même que celles de Douglas Bush dans ses articles littéraires. Smith et Scott dans la *Fortnightly,* ainsi que Leo Kennedy et S. I. Hayakawa dans la revue qui lui a succédé, *The Canadian Mercury,* en sont pénétrés à des degrés divers.

Le premier numéro de la *McGill Fortnightly Review* paraît à la mi-novembre. Eugene Forsey et Stephen Leacock, professeurs titulaires, y publient des articles. Smith ne signe pas son éditorial et félicite McGill d'avoir invité « un poète aussi distingué que Bliss Carman » sur le campus[5]. Leacock envoie à la revue ses réflexions sur le rôle des petits magazines et, mieux encore, lui offre un appui tangible sous la forme de « un dollar canadien », pour un abonnement d'un an. Forsey rédige « After the Ball Was Over », un texte fantaisiste qui résume le dilemme de Mackenzie King après l'élection désastreuse de 1925. Dans un autre article, un nationaliste en herbe, sous le pseudonyme de « Nordic », conclut que le nationalisme canadien est un mythe, que le Canada souffre d'un « complexe d'infériorité » national. Comme des étudiants ont trouvé séduisante l'association américaine Scarlet Key, ils l'ont adoptée sans songer à créer un équivalent canadien. Ils se dénationalisent, le regard tourné vers le sud plutôt que vers l'est et l'ouest. « Voici ce que je pense, écrit Nordic, on a fait comprendre aux étudiants de McGill qu'il ne sert à rien de s'opposer aux idées américaines, car nous sommes déjà organisés selon le modèle de l'Amérique. Et pourtant, nous parlons toujours de la tradition écossaise et de la possibilité d'élire notre recteur. Grâce à Dieu ! » Inutile de le dire, Nordic n'est nul autre que F. R. Scott[6].

C'est peut-être la petite allusion à la possibilité d'élire un recteur à McGill, apparue dans le premier numéro de la *Fortnightly,* la vision peu flatteuse de l'enseignement qui est donnée dans le deuxième numéro ou simplement la crainte que le pire soit à venir, quoi qu'il en soit, deux semaines après la parution du premier numéro, sir Arthur Currie, recteur de McGill, convoque Scott et Smith dans son bureau. Il leur demande de lui fournir d'excellentes raisons justifiant que le nom de l'Université soit associé à leur revue. Que se passerait-il si les éditeurs allaient trop loin, leur demande-t-il, en attaquant « l'esprit de corps de McGill », en diffusant de « dangereuses doctrines » ? Pis encore, qu'arriverait-il s'ils se convertissaient au « bolchevisme » ? Ils ont certainement besoin d'un comité consultatif afin de les conseiller, non ? Scott, porte-parole du groupe, rétorque qu'il n'en est pas question, car cela signifierait que Currie ne fait pas confiance à ses étudiants. Currie est déjoué. Il accepte d'en « prendre le risque » ; Frank jubile en rentrant chez lui et met en vers sa première bataille livrée pour défendre la liberté d'expression[7].

Après la lecture des deux premiers numéros de la revue, Currie sait très bien à quoi s'attendre. Une fois que les étudiants commencent à critiquer les institutions universitaires, il y a de bonnes raisons de croire que rien ne les empêchera d'aller plus loin et de s'attaquer à la société dont l'université reflète les valeurs. Les éditeurs de la *Fortnightly* eux aussi saisissent très bien ce principe. Dans un éditorial de février 1927, ils citent H. L. Mencken : « Dans tout le pays, écrit Mencken dans son récent *Préjugés* (volume cinq),… dans de nombreux grands collèges, les étudiants ont commencé à contester leurs professeurs, souvent sans prendre de gants. Ils pourraient bien un jour s'attaquer à plus haut que leurs professeurs. Pas tous, même pas la plupart d'entre eux. Mais nul n'est besoin d'une majorité pour faire éclater la rébellion ; quelques chefs possédant une grande détermination et une cause solide suffisent. »

La *Fortnightly* regroupe des chefs de file de l'avant-garde et ceux-ci n'ont pas à chercher longtemps les nombreuses bonnes causes à défendre. Les dissertations littéraires de Smith sur Yeats (le symbolisme dans la poésie), sur Eliot (Hamlet au goût du jour) et sur la poésie contemporaine sont des critiques implicites de l'importance que le département d'études anglaises accorde au XIXe siècle. Le département se divise entre les conservateurs, avec à leur tête le très autoritaire Cyrus MacMillan, directeur, et quelques libéraux. Tous, cependant, se font les interprètes d'une tradition qui va de Beowulf jusqu'au XXe siècle, quoiqu'ils ne fassent qu'effleurer ce dernier siècle[8]. Les rédacteurs de la *Fortnightly,* défenseurs de la littérature moderne et de la liberté d'opinion, font bientôt un pied de nez à un professeur qu'ils ne nomment pas, mais en qui on reconnaît MacMillan :

Professor Windbag, Ph. D.,
Astounds his Freshman class
With 1880 heresy
That shocks each lad and lass
Into a most profound respect
For his courageous intellect ★[9].

Lorsque MacMillan s'allie au doyen de la faculté des arts pour refuser l'accès à la salle du Moyse Hall à une nouvelle association d'étudiants en théâtre, Smith et Scott publient la lettre de refus et réfutent chaque argument l'un après l'autre. Le numéro suivant, qui met tout le campus en ébullition, annonce que la nouvelle association a reçu l'autorisation de se réunir au Moyse Hall[10].

Scott écrit plusieurs satires en prose, allant jusqu'à décrire une scène préorwellienne d'un monde universitaire informatisé, contrôlé par un Big Brother, dictateur militaire[11]. Les éditeurs se penchent sur les grandes questions de société et condamnent l'entrée du Ku Klux Klan au « Kanada » ; J. A. Taylor analyse *Ce que je crois* de Bertrand Russell ; Allan Latham enquête sur les syndicats au Canada ; et J. S. Woodsworth, député, envoie à la revue une brève mais émouvante étude du « Parti travailliste au Canada ». La critique « L'e$prit collégial », que signe Smith sous le pseudonyme de Vincent Starr, sur les relations de McGill avec ses dirigeants de Montréal, est lourde de sous-entendus. Les vers de ce poème reflètent directement l'entretien que les éditeurs de la *Fortnightly* ont eu avec sir Arthur Currie :

★ Le professeur Baudruche, docteur, / Stupéfie sa classe de première année / Avec l'hérésie de 1880 / Qui frappe chaque petit gars et petite fille / Du plus profond respect / Pour son courageux intellect.

Suffer the little children
To come unto me.
Said the Big Business Man
As he endowed a University…
Esprit de corps
Won the war,
Did it not ?…
And our students shall grow God-fearing,
That is, respectful of money,
And learn to distrust Scott Nearing,
And think Poets funny★[12]…

Plus tard, dans un éditorial non signé, Scott remarque avec justesse : « D'ores et déjà, les étudiants, dont l'opinion n'a jamais été rien d'autre que conformiste, se demandent si le refus des autorités de les laisser écouter Scott Nearing (le socialiste américain) ne cache pas la crainte de les voir se convertir, tant l'honnêteté et l'humanité de cet orateur sont incontestables, à des idées qui n'ont vraiment rien à voir avec celles de nos dirigeants[13]. »

Raleigh Parkin et Scott partagent maintenant un appartement près de l'université. Parkin, considéré comme une étoile montante de la classe dirigeante, est invité un soir à dîner avec sir Frederick Williams-Taylor, dîner auquel est aussi convié sir Arthur Currie. Là, le recteur déclare : « Il faut surveiller le mouvement des étudiants chrétiens. » Et, au cours de la soirée, Currie révèle que, lorsqu'un orateur est invité à McGill, il écrit au Service des renseignements à Ottawa afin de vérifier ses antécédents. Lorsque des « sauvages » comme Scott Nearing viennent sur le campus, les étudiants doivent savoir à qui ils ont affaire.

★ Souffrez que les petits-enfants / Viennent à moi / Dit le grand homme d'affaires / Au moment de faire une donation à une université… Esprit de corps, / Gagna la guerre, / N'est-ce pas ?… / Et nos étudiants grandiront dans la crainte de Dieu, / C'est-à-dire, dans le respect de l'argent, / Et apprendront à se méfier de Scott Nearing / Et à considérer les poètes comme des drôles…

Parkin et Scott sont consternés : « Cela n'est pas digne de l'université », conclut Scott cette nuit-là. « Les forces de l'ennemi sont concentrées et bien enracinées, comme le souligne Raleigh. Comment peut-on penser à instaurer un parti travailliste ici alors que nous sommes si loin du libéralisme[14] ? » Scott sait très bien que la libre opinion et la liberté d'expression ne vont pas sans le rejet de l'opinion bien pensante. Dans le passé, il a confié ses critiques uniquement à son journal et à un petit groupe d'intimes, mais maintenant, ayant pris de l'assurance et entouré d'amis des lettres, il se sent plus à l'aise pour exprimer publiquement ses idées.

Les jeunes éditeurs se relancent les uns les autres. Le premier hiver, ils se réunissent dans l'appartement de Coulborn, au sous-sol du 989, avenue Atwater. Scott et Smith ont des opinions divergentes sur les poèmes à insérer, mais ils ne se heurtent pas. Scott, cet homme « grand et d'une énergie inépuisable », qui irradie la confiance en soi dans sa veste de tweed et son pantalon d'Oxford, s'en remet pourtant au goût mieux formé de Smith en matière de poésie. Lorsqu'ils finissent par s'entendre sur les poèmes qui figureront dans la revue, Smith fait une pile avec le tas de manuscrits rejetés et dispose soigneusement, à côté, les rares poèmes qui sont acceptés[15].

Il y a peu de bons poèmes ou de bons articles écrits par des étudiants de premier cycle. « Ces étudiants, aux opinions conformes à celles de la majorité bien pensante, pontifie Scott, semblent incapables d'habiller leur pensée d'une écriture présentable[16]. » Les éditeurs comblent ce vide en sollicitant des articles de leurs professeurs et en signant uniquement leurs meilleurs écrits ; ils publient le reste sous des pseudonymes : Scott sous le nom de Nordic, Bernard March, Brian Tuke, T. T. ou XXX, Smith est Vincent Starr, Michael Gard ou Simeon Lamb, Coulborn est Vespassiano et Edel est Leonard Noble. Cette toute nouvelle occasion d'écrire qui lui est donnée amène Scott à remettre en question sa décision de devenir avocat. « La littérature est et a toujours été — si seulement je l'avais su ! — le seul amour avec lequel je peux contracter un mariage harmonieux : ne serait-il pas plus sain et plus juste d'abandonner tout combat autre que celui qui me nourrit, et de me consacrer à elle[17] ? » Comme son père avant lui, Scott sera toute sa vie déchiré entre sa poésie et sa profession.

Du groupe qui travaille pour la *Fortnightly*, A. J. M. Smith est celui qui influence le plus fortement l'esthétique poétique de Scott, bien que, en fin de compte, ils s'engageront dans des chemins différents. Pour Smith, la guerre a divisé le mouvement contemporain en deux périodes. La première est caractérisée par la tentative de poètes confirmés, comme Masefield et Yeats, de rejeter le style décadent d'un romantisme galvaudé ; la seconde est marquée par de jeunes poètes comme Edith Sitwell, T. S. Eliot et Wallace Stevens qui se tournent vers le XVIIe siècle et les raffinements des poètes métaphysiques. Parce que Smith est convaincu que l'image qui se prolonge dans le symbole (en fait, le symbole yeatsien) distingue la poésie nouvelle de l'ancienne, il illustre son propos par deux de ses propres poèmes composés à partir d'un pastiche de symboles et de concepts qu'il a empruntés à Eliot et à Yeats[18]. Enfin, la recherche du moderne qu'effectue Smith et sa conviction que le mouvement moderne est à la fois antiromantique et antinationaliste l'entraînent à rejeter les sujets canadiens.

Scott emprunte un chemin quelque peu différent. Dès le premier numéro de la *Fortnightly*, dans lequel Smith s'attaque à la question : « En quoi la poésie moderne est-elle moderne ? », Scott renchérit par une autre question : « Un art canadien est-il possible ? » Son interrogation reflète le débat nationaliste contemporain qui a cours dans le *Canadian Forum* sur l'absence d'un esprit national au Canada. Dans le deuxième numéro de la revue, au sujet d'une exposition de l'Académie royale du Canada, il se demande pourquoi, de tous les arts, seule la peinture aurait pris racine en sol canadien. Scott estime que la partie la plus marquante de l'exposition est un groupe de paysages d'hiver : « Toute la solitude et tout le silence oppressant des collines du Nord sont là[19]. » Dans le troisième numéro, écrivant de nouveau sous le pseudonyme de « Nordic », il se demande si le climat septentrional du Canada peut offrir ou non un environnement approprié à la littérature. Scott réfléchit à cette question depuis quelque temps déjà. Il y a répondu de manière tranchée un an plus tôt dans son journal, lors du réveillon de Noël, alors qu'il contemplait la neige : « Il y a là tous les ingrédients de l'art à condition d'ouvrir les yeux et de savoir le dire[20]. »

En janvier 1926, Smith ouvre une voie en publiant « The Lonely Land » dans la *Fortnightly*. Le poème pastiche les paysages stylisés du Groupe des Sept et rappelle les vers de la poète américaine H. D. (Hilda Doolittle) « Oread ». Il tire son titre de deux des toiles de J. E. H. MacDonald, *The Solemn Land* (1921) et *The Lonely North* (1913).

Blown spume and windrift
And thin, bitter spray
Snap
At the whirling sky;
And the pine trees
Lean one way★.

Ces images trouvent un écho en Scott. Il reconnaît ce paysage poétique et, sans attendre, entreprend d'écrire son propre poème canadien. Son sujet — le paysage nordique et l'hiver menaçant — reflète sa propre expérience, les paysages du Groupe des Sept et une version canadianisée du mythe de la fertilité de sir James Frazer, tout en s'inspirant d'Eliot et de Lawrence. Dans ces montagnes de granit, aux vallées recouvertes de glace et aux rivages rocheux, Scott écrit :

When the first ominous cold
Stills the sweet laughter of northern lakes,
… I cannot bring myself to your embrace.
For love is an impudent defiance
Flung into the teeth of time,
A brazen denial

★ Crachin d'écume, éclaircies du vent / Et poussière de gouttelettes drues / Claquent / Dans les tourbillons du ciel ; / Et les pins / Plient sous la poussée[21].

Of the omnipotence of death,
And here death whispers in the silences,
And a deep reverence is due to time[22].

Même lorsqu'il déclame le passage éphémère de l'homme dans la nature, Scott laisse entendre que la même force — *L'Élan vital* de Bergson — anime l'homme et la nature. Cette image du paysage nordique en évolution va offrir le point de départ de la nouvelle poésie canadienne. Peu après, il écrit deux autres poèmes sur des thèmes canadiens : « Below Quebec », un poème d'amour à Marian Dale, et « New Names », un manifeste en faveur de la nouvelle poésie canadienne.

Who would read old myths
By this lake
Where the wild duck paddle forth
At daybreak★★ ? (C. P., p. 40)

Smith a montré à Scott comment transposer l'imagerie canadienne dans un contexte moderne ; Scott éprouve envers ces images un attachement émotif assez profond pour qu'il continue à s'en inspirer.

Smith et Scott entrent dans le monde moderne grâce à l'effervescence qui règne dans les années 1920, où l'on questionne et expérimente. Ils remettent tout en question. Smith écrit des vers qui raillent la religion ; Scott se moque de la politique. Comme il l'explique dans une dissertation sur la poésie moderne, un nouveau monde exige une nouvelle forme de pen-

---

★ Quand la menace des premiers froids / Fige les rires cristallins des lacs du Nord, /… je ne peux me blottir dans vos bras. / Car l'amour est un défi impudent / Jeté à la face du temps, / Un refus d'airain / De la mort omnipotente, / Et ici la mort murmure dans les silences / Et on doit au temps une profonde déférence.

★★ Qui lirait de vieux mythes / Près de ce lac / Où nage le canard sauvage / Au point du jour ?

sée. Il n'y a pas de retour en arrière. La poésie n'a plus rien à voir avec Tennyson et les georgiens de *Poems of Today* (1924) ; elle a fait peau neuve avec l'anthologie de Munroe et Henderson, *The New Poetry* (1924), avec Lawrence, H. D., Wilfred Owen, e. e. cummings et T. S. Eliot. Les imagistes exercent une grande influence sur sa propre poésie ; il aime les descriptions minimalistes que les yeux de l'esprit peuvent nettement visualiser. Sous la tutelle de Smith, Scott commence à écrire une poésie imagiste en vers libres. L'une de ses premières tentatives, « Fantasy » s'inspire de e. e. cummings, où la trajectoire d'une flèche est décrite de manière typographique avec un « up » en arc de cercle : « *… whish ! | UP… Up… up… up…* » (C. P., p. 28).

Mais c'est Lawrence qui forme davantage sa sensibilité de jeune poète. Il a lu ses premiers romans, *L'Arc-en-ciel* et *Femmes amoureuses,* et les recueils de poèmes *Amores, New Poems, Oiseaux, bêtes et fleurs.* Ses vers légers commencent à refléter une nouvelle humanité fantaisiste et, surtout, une nouvelle liberté émotionnelle :

Is a tree kinder
Than a doormat
With frayed edges ?…
Trees have only birds, and insects, and crawly things.
There is no vulgarity in these,
Only poetry, and evolution, and innumerable legs.
But in doormats there is much
Vulgarity
Humanity
Futility
Dust, bootmarks, and sunlight [23].

---

* Un arbre est-il plus gentil / qu'un paillasson / à la bordure effilochée ?… Les arbres n'ont que les oiseaux, et les insectes et des choses grouillantes. / Il n'y a pas de vulgarité dans ceux-ci, / Seulement de la poésie, de l'évolution et d'innombrables pattes. / Mais dans les paillassons il y a beaucoup / De vulgarité / D'humanité / De futilité / De poussière, d'empreintes de bottes et de soleil.

Scott lit aussi *Pensées* (1929) où, dans un dernier poème, Lawrence résume quelques-uns des thèmes qui vont caractériser sa première poésie :

And man and woman are like the earth, that brings forth flowers
in summer, and love, but underneath is rock.
Older than flowers, older than ferns, older than foraminiferae
older than plasm altogether is the soul of a man underneath★[24].

Le sentiment de la fugacité de la vie humaine et végétale, contrastant avec les grandes périodes géologiques, est similaire à celui qui se dégage des vers de Scott.

Si Lawrence est celui qui a le plus influencé la sensibilité artistique de Scott, c'est Eliot qui a le plus marqué le développement de sa pensée. Après lecture de *La Terre vaine* (1922), Scott est profondément convaincu que les vieux idéaux n'ont plus leur place, car il voit dans ce poème le modèle du monde moderne : non linéaire, disjoint, désenchanté. Ce monde où tout est chaos est la première impression du moderne qu'il puise chez Eliot :

> La civilisation s'en va en morceaux et pourrit de l'intérieur... Il n'y a pas de noyau, pas de centre d'où se propulse chaque chose. C'est la confusion totale. Les gens sont perdus... Tout cela est la réaction à l'enthousiasme initial qu'a suscité la Première Guerre mondiale, au sens de l'effondrement, effondrement spirituel d'abord... Les idoles ne sont pas très importantes... Elles n'ont pas grand-chose à dire au regard du monde dans lequel on vit en ce moment... Et [alors vous] devez vous dire que presque tout est à refaire et à remplacer.

★ Et l'homme et la femme sont comme la terre, / qui fait naître les fleurs en été, et l'amour, mais en dessous il y a le roc. / Plus vieille que les fleurs, plus vieille que les fougères, plus vieille que les foraminifères / plus vieille même que le plasma, est l'âme de l'homme en dessous.

« On aurait dit, se rappellera-t-il dans les années 1970, [que] *La Terre vaine* vous avait tout donné — vous avait rendu conscient[25]. »

Scott et Smith sont prêts à puiser leur inspiration poétique partout où ils la trouvent ; dans les années 1920, c'est tout d'abord en Angleterre, mais aussi aux États-Unis. La littérature canadienne naissante fait figure de parent pauvre. Scott achète un livre sur la poésie canadienne contemporaine pour l'offrir en cadeau de mariage à un ami ; il y jette un rapide coup d'œil et consigne son dédain : « Ai ri tout au long du livre ridicule de Garvin sur les poètes canadiens[26]. » Au cours des trois derniers mois de l'existence de la *Fortnightly*, Scott et Smith produisent un éditorial qu'ils ne signent pas :

> La littérature canadienne, si une telle chose existe, est empêtrée dans des traditions désuètes et des formes archi-usées. Nous ne faisons que reproduire, plutôt mal, la littérature victorienne. Si une littérature nationale doit naître, il nous faut d'abord trouver notre âme propre, et pour ce faire il faut balayer tous ces vieux débris qui traînent sur le terrain. Nos contemporains anglais et américains ne sont-ils pas les mieux placés pour nous assister dans cette tâche[27] ?

Tous deux sont consternés par le victorianisme qui marque la poésie canadienne, qu'elle soit du passé ou du présent. Au milieu des années 1920, l'Association des auteurs canadiens s'est lancée à fond de train dans un programme d'« achat chez nous » afin de promouvoir les livres canadiens : de préférence des livres écrits au Canada par des auteurs canadiens sur des sujets canadiens. On invite sir Charles G. D. Roberts et Bliss Carman, qui ont passé de nombreuses années à l'étranger, entre 1890 et 1920, à venir donner des conférences et on les propulse à l'avant-scène avec enthousiasme comme étant « nos jeunes poètes canadiens ». Cela irrite la génération montante, spécialement Scott, qui a rencontré Carman à McGill en 1924 et a déjeuné avec lui dans son meublé en compagnie de Parkin. Scott n'avait pas été très impressionné. La conversation de Carman n'était pas très esthétique mais plutôt terre à terre ; pis, il

affectionnait un chapeau excentrique de style stetson et des jam-
bières de cow-boy brodées. Stuart LeMesurier, qui deviendra
plus tard doyen de la faculté de droit de McGill, était au club de
l'université lorsque Carman s'y est produit et il a remarqué que
celui-ci arborait une « petite chose en cuir avec une espèce de
médaille au bout » en guise de mouchoir. À la question : « Mais
qu'est-ce que Carman a dans sa poche ? » LeMesurier a rétor-
qué avec un heureux humour : « C'est sa licence poétique[28]. »

Comme on pouvait s'y attendre, Scott classe les vers de Car-
man dans la catégorie « médiocre ». Son jugement n'est pas juste
car il se fonde sur ses derniers vers. Comme de nombreux
Canadiens, Scott et Smith lisent la poésie anglaise et connaissent
peu de choses de leurs compatriotes. Scott a lu les vers de son
père, Smith les plus récents vers de Carman, ils connaissent tous
deux Roberts pour ses histoires d'animaux et ont peu lu Archi-
bald Lampman et Duncan Campbell Scott. Comme tous les
jeunes poètes, ils ont tendance à dénigrer les vieux poètes afin de
faire de la place à leur propre poésie.

Au début de 1927, Smith et Scott assistent à une réunion de
l'Association des auteurs canadiens au tout nouveau et élégant
hôtel Ritz-Carlton, rue Sherbrooke. Smith se rappelle être monté
sur l'estrade pour y recevoir le premier et le deuxième prix décer-
nés à deux sonnets (dont l'un avait été soumis sous le pseudo-
nyme de « Max » afin de tester subrepticement l'Association,
soupçonnée d'antisémitisme), tandis que Scott est assis au fond
de la salle, gribouillant ses impressions sur la haute société litté-
raire canadienne : « Les auteurs canadiens se rencontrent[29]. »

Expansive puppets percolate self-unction
Beneath a portrait of the Prince of Wales.
Miss Crotchet's muse has somehow failed to function,
Yet she's a poetess. Beaming, she sails

From group to chattering group, with such a dear
Victorian saintliness, as is her fashion
Greeting the other unknowns with a cheer —
Virgins of sixty who still write of passion.

The air is heavy with Canadian topics,
And Carman, Lampman, Roberts, Campbell, Scott,
Are measured for their faith and philanthropics,
Their zeal for God and King, their earnest thought.

The cakes are sweet, but sweeter is the feeling
That one is mixing with the literati ;
It warms the old, and melts the most congealing.
Really, it is a most delightful party★. (C. P., p. 248)

Ici, comme partout, le jeune poète moderne rejette les relents victoriens d'un romantisme fatigué. Dans le Canada des années 1920, la poésie d'antan (comme la politique d'antan) a encore une saveur impériale : les poétesses éructent les vers aussi mécaniquement que ce nouveau gadget si pratique, le percolateur, dans un cadre dominé par les symboles de l'Empire. Le défilé des poids lourds de la Confédération — « Carman, Lampman, Roberts, Campbell, Scott » (il s'agit probablement ici de D. C. Scott, mais cela n'exclut pas F. G. Scott, le père de Frank) — est traité sans ménagement. Rejetées aussi sont les normes non poétiques en fonction desquelles on juge habituellement la poésie au Canada. « Foi et philanthropie », « zèle envers Dieu », « pensée sincère » — ces expressions décrivent les attitudes sociales et religieuses de la société victorienne.

★ Des marionnettes prolixes, éructant comme des percolateurs, se congratulent / Sous le portrait du prince de Galles. / La muse de Mlle Crotchet est en panne, / Pourtant elle est poétesse. Rayonnante, elle glisse // D'un groupe à l'autre en conversant, toute drapée / De sainteté victorienne, comme à l'accoutumée, / Accueillant d'autres inconnus avec force effusions — / Vierges de soixante ans qui écrivent toujours sur la passion. // L'air est lourd de sujets canadiens, / Et Carman, Lampman, Roberts, Campbell, Scott, / Sont jugés en fonction de leur philanthropie et de leur foi, / Leur pensée sincère, leur zèle envers Dieu et le roi. // Les gâteaux sont délicieux, mais plus délicieuse s'avère / L'impression de frayer avec les gens de lettres ; / Elle réchauffe les vieux et dégèle les plus coincés / Vraiment, quelle fort agréable soirée.

Smith et Scott prennent leur art très au sérieux : pour eux, il a une valeur intrinsèque et point n'est besoin de le justifier par des normes politiques ou morales. Ils s'opposent au dilettantisme de l'Association des auteurs canadiens, pour laquelle la poésie n'est qu'une activité agréable dans le tourbillon des mondanités, que l'on pratique avant ou après le thé selon son bon plaisir. Ils rejettent avec force la croyance dominante que des vers marqués du sceau de la feuille d'érable sont canadiens et qu'ils méritent en conséquence la reconnaissance.

Shall we go round the mulberry bush, or shall
We gather at the river, or shall we
Appoint a Poet Laureate this fall,
Or shall we have another cup of tea ?

O Canada, O Canada, Oh can
A day go by without new authors springing
To paint the native maple, and to plan
More ways to set the selfsame welkin ringing★ ? (C. P., p. 248)

Scott, en se moquant des conventions poétiques et en parodiant le premier vers du « Ô Canada », met le doigt sur les faiblesses et le nationalisme sentimental qui empoisonnent la poésie canadienne contemporaine.

Le poème révèle également la double contrainte critique à laquelle Scott et Smith doivent inévitablement se soumettre, en raison de l'époque et du lieu. Ils condamnent le vieux romantisme, mais tous deux, comme la plupart des poètes modernes, ont une sensibilité essentiellement romantique. Tous les deux partagent la vision commune d'un modernisme international et

---

★ Devrions-nous faire le tour du buisson de mûriers, ou / Nous rassembler au bord de la rivière, ou / Nommer un poète lauréat cet automne, / Ou prendre une autre tasse de thé ? // Ô Canada, Ô Canada, / Un jour peut-il passer sans que fleurissent de nouveaux auteurs ? / Pour peindre la feuille d'érable et imaginer / De nouvelles façons de faire tinter les cloches célestes ?

antiromantique. Pourtant, de telles théories, qui ont pris naissance aux États-Unis et en Grande-Bretagne — où la littérature nationale est bien établie et où on a déjà traversé des périodes de nationalisme romantique —, ne signifient pas grand-chose au Canada à l'époque. En fait, dans une nation en pleine mutation comme le Canada des années 1920, où le nationalisme et le modernisme romantique coexistent, de telles théories sont contraignantes. Smith, qui rejette les sujets canadiens et romantiques en faveur du cosmopolisme, se coupe d'une grande partie de son public naturel. Scott, dont la conception du moderne n'exclut pas un paysage canadien quelque peu agrémenté à la sauce romantique, continue, avec E. J. Pratt, d'écrire le poème nordique (et romantique) qui trouve infailliblement écho dans le public.

Le printemps de 1927 marque la fin de la *McGill Fortnightly Review*. A. J. M. Smith, se remémore Scott, a été le catalyseur grâce auquel sa poésie — et sa vie — est passée du style victorien au modernisme. Des années plus tard, alors qu'ils sont tous deux âgés de soixante-dix ans environ, à la veille d'un symposium qui rend hommage aux réalisations de Smith, Scott écrit à Leon Edel, qui connaît une célébrité mondiale à titre de biographe d'Henry James :

> Je crois que vous et moi… avons tous deux perçu Arthur comme étant l'homme qui a le mieux compris les nouveaux mouvements en marche dans le monde littéraire qui nous entoure… Je ne saurais exagérer la valeur de ce que je pourrais appeler la grande expérience de la *Fortnightly*. Elle m'a aidé à sortir de mon carcan victorien, qu'Oxford avait peut-être fissuré, mais qui m'entravait encore beaucoup. Ce n'est pas seulement l'influence que nous avons eue les uns sur les autres qui a permis cette délivrance, mais tout un éventail de littératures modernes auxquelles je me frottais pour la première fois[30].

La création de la *Fortnightly,* journal d'opinion indépendant, est un phénomène nouveau pour McGill et Montréal. Elle

entraîne des réactions partagées : certains sont très enthou-
siastes, d'autres sont consternés. Les éditeurs prennent ces réac-
tions avec légèreté, en faisant remarquer que certains esprits ne
peuvent comprendre la nature de la critique : « On nous regarde
comme des êtres dangereux, fous de radicalisme, de socialisme,
de bolchevisme[31]. » Cependant, la sanction officielle, dès qu'elle
peut s'appliquer, est brutale et rapide. Il faut compter avec
Cyrus MacMillan, qui a la haute main sur la carrière du père de
Latham, qui est professeur au département d'anglais, et sur le
poste de fellow que détient Edel. Tous deux démissionnent offi-
ciellement du comité éditorial de la *Fortnightly* au milieu de la
deuxième année, mais ils continuent de s'acquitter, sous le man-
teau, de leurs obligations éditoriales[32]. MacMillan et probable-
ment Currie s'assurent que Smith, bien qu'excellent étudiant et
poète, n'obtiendra jamais de poste à McGill. Voilà qui a été
déterminant pour l'avenir universitaire de Smith ; il doit choisir
entre l'enseignement au secondaire à Montréal ou l'enseigne-
ment à l'Université d'État du Michigan[33]. Scott évite la sanction
grâce à Percy Corbett, doyen de la faculté de droit, qui admire sa
franchise pondérée. Néanmoins, dans un coin de la mémoire de
sir Arthur Currie, F. R. Scott est étiqueté comme un homme
qu'il faut tenir à l'œil. C'est ainsi qu'en 1932 l'aide de camp de
Currie, le colonel Bovey, entretient une correspondance avec les
autorités fédérales à Ottawa au sujet du dossier « Scott[34] ».

En 1925, le grand magasin Morgan organise une exposition
d'œuvres de peintres russes. C'est une superbe exposition, l'une
des meilleures que Scott ait jamais vues à Montréal. Cependant,
« Quand Raleigh et moi avons entendu de la bouche de l'organi-
sateur, McBride en personne, que le docteur Shepperd avait
refusé d'accrocher les tableaux au Musée des Beaux-Arts parce
que c'étaient des œuvres russes (comprendre bolcheviques !),
nous sommes restés sans voix, puis désorientés et enfin sommes
entrés dans une grande colère. "Ô Dieu ! Ô Montréal !", comme
dit le professeur Waugh, la voilà retournée vingt ans en arrière à
l'époque de Butler[35]. »

Des années auparavant, Samuel Butler avait écrit cette
strophe dans son poème satirique « Lament for Montreal » :

Stowed away in a Montreal lumber room
The Discobolus standeth and turneth his face to the wall;
Dusty, cobweb-covered, maimed, and set at naught,
Beauty crieth, in an attic and no man regardeth —
O God! O Montreal★[36]*!*

Le refrain procure à Scott un bon moyen d'exprimer sa consternation, comme lorsque les promoteurs du savon Palmolive, ayant utilisé l'image de la Vénus de Milo dans leur publicité, se sont vus obligés par les censeurs du Québec de masquer sa poitrine. Impossible même de faire confiance aux organismes de charité. La sœur cadette de Marian, Anna, qui a recueilli des fonds pour une fédération d'organismes caritatifs, confie à Scott que les organisateurs lui ont appris à cacher de son pouce le montant que les individus avaient donné l'année précédente. Lorsque ces derniers sont tentés de déclarer un montant plus élevé que celui qu'ils ont remis en réalité, elle doit retirer son pouce et mettre ainsi la personne dans l'embarras afin qu'elle donne plus.

À plus grande échelle, Scott voit son sens de la justice sociale fortement ébranlé par trois scandales interreliés. D'abord, la compagnie des eaux, la Westmount Water Company, achète une société municipale de services publics au prix du marché et, après fusion avec la Ville, vend ses actions à Montréal à un prix exorbitant. Puis, en janvier 1927, plus de soixante-quinze enfants meurent asphyxiés dans l'incendie d'un cinéma, coincés derrière des portes conçues pour s'ouvrir vers l'intérieur. Même si la municipalité a été négligente dans l'application des mesures de sécurité, elle réagit à la tragédie non pas en légiférant pour que les portes, dans les lieux publics, s'ouvrent vers l'extérieur, mais en interdisant aux enfants de moins de seize ans d'aller au

---

★ Remisé dans un débarras de Montréal / Le Discobole est debout face au mur; / Poussiéreuse, couverte de toiles d'araignée, mutilée et méprisée, / La Beauté rugit sous ces combles et aucun homme ne la voit — / Ô Dieu! Ô Montréal!

cinéma. Enfin, en mars et en avril, une épidémie de fièvre typhoïde fait rage à Montréal par suite de la contamination d'une certaine quantité de lait; le conseil municipal avait adopté un règlement sur la pasteurisation du lait mais ne l'a pas fait appliquer. Pis, le vaccin, breveté par une grande société pharmaceutique, est vendu au prix exorbitant de quinze dollars l'injection — pratiquement un mois de salaire pour un domestique[37].

Ces exemples de ce que R. H. Tawney aurait décrit comme la course au profit d'une société rapace, moissonnant là où elle n'avait pas semé, sont renforcés par l'expérience personnelle de Scott :

> J'étais dans une maison princière ce soir-là. Tout ce que la richesse peut acheter de beau, tableaux, toiles, tapis, meubles ou porcelaine, tout était là. Rien que le prix d'une chaise aurait suffi à nourrir une famille pauvre pendant un mois : rien qu'une toile aurait pu fournir un foyer à tous les clochards de la ville de Montréal.
>
> Dans la maison se trouvait une petite femme fatiguée, vêtue d'une magnifique robe et arborant un collier de grosses perles. Elle portait une croix en pendentif. Quelques rues plus loin, dans l'usine de matériel ferroviaire, des hommes travaillaient dur, torse nu autour de feux grondants et à côté de machines grinçantes pendant des heures chaque jour à… cents l'heure. À tout moment, le mari de la femme fatiguée avec la croix en pendentif peut dire à ces hommes qu'il n'y a plus de travail[38].

Scott commence à reconnaître que la critique ne suffit pas, que si l'on désire réellement améliorer la société, il faut agir, agir comme un authentique chrétien, militant de la croix.

Le 1er juillet 1927, jour du soixantième anniversaire de la Confédération, l'attention se tourne vers une sphère plus large de l'unité canadienne. Les Montréalais se rassemblent au parc Fletcher afin d'entendre le gouverneur général s'adresser à eux depuis Ottawa grâce à un tout nouveau média, la radio, relayé au moyen de haut-parleurs. Scott « écoute » la diffusion sans fil : « Ils n'ont dit que des évidences, conclut-il tristement, et malgré le fait que nous existons depuis soixante ans, nous n'avons pas appris comment former un homme d'État. Cela arrivera-t-il un jour ? Ou bien nous contenterons-nous d'être dans soixante ans un bon "dominion de deux milliards de dollars" au lieu d'un seul milliard ? La science, tout de même, permet désormais à un pays aussi vaste que le Canada de devenir une unité politique[39]. »

C'est vers H. G. Wells que se tourne Scott pour proposer une réforme de l'ordre social. Wells, comme il le remarquera plus tard, « a montré avec vigueur que la science pouvait être utilisée à de grandes fins, [il a montré] comment, grâce à une imagination débordante et à une planification à grande échelle, on peut effacer la misère et l'ignorance[40] ». Dans un article probablement présenté au public de la librairie Burton en 1925, Scott conclut que tout l'enseignement de Wells pourrait se résumer au même message : « Indiquer à l'homme les choses qu'il lui faut éviter et le chemin à suivre[41]. »

Le socialisme tel que Wells le conçoit, constate Scott, est une forme de christianisme des années 1920. Dans *The Research Magnificent,* il imagine la terre « bien ensemencée et bien moissonnée. Tout comme les chrétiens ont rêvé de la Nouvelle Jérusalem, le socialisme, de plus en plus modéré, patient, indulgent et résolu, se dévoile à l'humanité » (H. G. W., p. 20). Scott est attiré par la galerie d'intellectuels dépeints dans le livre, particulièrement par le portrait de Benham, qui affirme : « Chacun doit choisir, pour lui-même et pour la race, choisir le désordre de la vie ordinaire ou bien d'être soi-même désordonné… Que l'on fasse ce choix ou que l'on parvienne à s'accomplir importe peu au reste du monde, mais c'est d'une importance suprême pour chacun… » (H. G. W., p. 25-26). Scott considère *The Research Magnificent* comme « un appel au service individuel » (H. G. W., p. 26). Il reconnaît le dogmatisme de Wells mais croit encore « qu'en fin de compte, nous devrions [lui] être reconnaissants de son égotisme, car il ne craint pas de nous interpeller afin que nous pensions en lisant. Nous avons besoin de rebelles à l'occasion… car ils nous obligent à faire le point sur nous-mêmes » (H. G. W., p. 29).

CHAPITRE 7

À la recherche de la forme

Le 12 août 1927, Scott entame sa carrière chez Lafleur, MacDougall, Macfarlane et Barclay, le cabinet juridique où il était stagiaire. Son frère aîné, William, en fait toujours partie, et l'oncle de Marian Dale, Gregor Barclay, en est l'un des principaux associés. Plusieurs années auparavant, William avait fait entrer Harry dans le cabinet ; maintenant, la route du futur associé que devient Frank est toute tracée. Dès le premier jour, cependant, il s'aperçoit que le métier lui réserve un genre de vie sans intérêt et déconnecté de la réalité. Rester derrière un bureau jusqu'à dix-sept heures trente pour tenter de résoudre les « problèmes matériels » d'autres gens à qui, une fois l'affaire classée, on envoie une grosse facture n'est pas ce qu'il recherche. « J'aimerais bien mieux régler mes propres problèmes : comment arriver à comprendre, arriver à créer du beau. Comment faire lorsqu'il ne me reste plus que des soirées où je tombe de sommeil et des week-ends qui passent à la vitesse de l'éclair ? » Il se console en citant une phrase des *Journaux intimes,* de Baudelaire : « Être un grand homme et un saint *pour soi-même,* voilà l'unique chose importante[1]. »

Il perd très vite ses illusions sur la pratique privée du droit, lui qui croyait qu'elle pourrait mener à une évolution de la

société ou servir de tremplin vers un système de justice idéal :
« On se bat encore en duel ; seule la forme a changé, elle est
moins chevaleresque. C'est à qui frappera le plus fort[2]. » Une
affaire qu'il doit régler vient le conforter dans cette opinion. Un
jour, il doit écrire une lettre, au nom de son cabinet, à un homme
qui vient d'emménager à Montréal, lui enjoignant de rembour-
ser la dette de douze mille dollars qu'il a contractée auprès d'une
personne de Vancouver, à défaut de quoi une action « sera entre-
prise contre lui ». À la surprise générale, l'homme s'exécute. Les
supérieurs de Scott décident de facturer des frais de mille dol-
lars puisque, estiment-ils, leur client ne s'attendait pas à être
remboursé[3]. Le cynisme de cette équation, mille dollars pour
dix minutes de travail, laisse Scott pantois. Il se met à écrire
davantage sur la nécessité de protéger le monde de l'esprit, le
« jardin idéal » de sa poésie, de le tenir à l'abri de « l'artillerie
lourde de l'industrie[4] ».

A. J. M. Smith, qui a reçu une bourse pour étudier sous la
direction de sir Herbert Grierson, à Édimbourg, afin de rédiger
une thèse sur les poètes du XVIIe siècle, lui écrit au début de
décembre : « Quels poèmes as-tu écrits ? Quels traits d'ironie as-
tu décochés ? Maintenant que la *Fortnightly* n'est plus, quel
moyen d'expression as-tu trouvé pour canaliser ton énergie[5] ? »
C'est une excellente question. Tout l'été, Scott s'est interrogé sur
son avenir, se demandant si son « être trouverait jamais sa
voie[6] ». Faisant le point sur ses études durant la dernière décen-
nie, Scott estime « que le résultat est loin d'être brillant ».

> Une bonne éducation devrait enseigner à un homme ce qu'il
> veut faire dans la vie et comment y parvenir. Mes études ne
> m'ont rien appris en ce sens. Le Collège Bishop m'a engagé
> dans une voie sans issue : j'en suis sorti nanti de vagues
> connaissances générales, d'un peu plus de maturité, et rien
> d'autre. À Oxford, j'ai exploré les profondeurs, réveillant un
> désir d'expression artistique qui jusque-là dormait au tré-
> fonds de mon être, et j'ai eu un avant-goût de l'intense exalta-
> tion que procure la création littéraire. Cependant, Oxford ne
> m'a pas appris la technique, si bien que c'est un embryon

d'écrivain, un balbutiement littéraire qui s'est retrouvé lâché dans le monde. McGill m'a enseigné comment gagner ma vie dans une profession qui ne me plaît guère. Voilà tout ! Vingt-huit bonnes années se sont envolées, sans parler de ce que ces études ont coûté[7].

Dans la vie comme en art, la recherche de Scott était une quête esthétique. Pris entre les deux tendances conflictuelles de « l'esthète » et du « philistin » qui constituent son être, Scott est frustré d'avoir atteint l'âge de vingt-huit ans sans être bien établi professionnellement. Cette recherche s'applique à tous les domaines, non seulement aux formes de l'art nouveau et de la poésie, mais aussi à la nouvelle société qui doit remplacer l'ancienne. Toutefois, dans ces trois domaines (sa vie, sa poésie et sa vision sociale), son point de départ est le Canada, la terre canadienne.

Après son retour d'Angleterre, Arthur et lui, et parfois Elton, prennent l'habitude d'aller faire du camping. L'automne, avant la rentrée universitaire, ils partent une semaine dans la nature, la première année à Baie-Saint-Paul et à Saint-Urbain, la deuxième année jusqu'à la rivière Malbaie, ce qu'ils referont souvent.

Ils emportent avec eux une chemise kaki, d'épais pantalons, des bandes molletières, pour protéger leurs jambes des broussailles, et des bottes. Un havresac est accroché, à l'indienne, à un collier de portage — une large courroie de cuir passant sur le front. Ils transportent de la farine, du bacon, du thé, des flocons d'avoine, comptant sur la pêche à la truite pour compléter leurs repas. Ils partent généralement en voiture, comme en 1925, année où ils repèrent, environ treize kilomètres après Grand Lac, un terrain idéal pour camper au bord de la vieille route qui mène à la baie des Ha ! Ha !. Le temps est idéal pour faire de la randonnée, chaud, mais avec un ciel légèrement couvert[8]. Même en camping, Scott continue d'écrire son journal, notant, au moment d'aller se coucher, que les rameaux sur lesquels ils dorment embaument la tente d'une « merveilleuse odeur de résine que connaît si bien le Canadien de l'Est. Hérodote me tient compagnie en attendant que le sommeil vienne, j'ai tout ce qu'un citoyen raffiné de ce pays peut désirer[9] ».

Pendant trois jours, les Scott grimpent ; ils escaladent les mille cinquante mètres du mont Indian Head. La première journée, ils posent chacun leur tour devant l'appareil photo sur un énorme rocher en équilibre précaire au bord de la falaise abrupte, haute de six cents mètres, puis le font rouler vers l'abîme. Le lendemain, ils poursuivent leur route, mais sont déçus de voir qu'il n'y a pas de sommet de plus de mille mètres[10] ; Arthur a emporté avec lui un baromètre anéroïde et leur objectif est d'atteindre un sommet de mille deux cents mètres. Ils courent de gros risques en faisant du canoë le soir et manquent de s'écraser sur un gros rocher au cours de leur descente des rapides. Les nombreux portages qu'ils doivent effectuer ne leur facilitent pas la tâche. Au bout de sept heures, trempés et affamés, ils arrivent devant une cabane de garde forestier. À l'intérieur, ils découvrent un poêle, du bois et un gros tonneau de porc. Ils font sécher leurs vêtements. Frank retire du tonneau un énorme morceau de viande, « d'un âge incertain et d'un aspect très peu engageant », qu'ils font frire avec de la bannic et qu'ils dévorent avidement.

Plus tard dans la journée, ils atteignent le camp des Érables et téléphonent pour avoir une « voiture » — c'est-à-dire « un engin monté sur quatre roues maintenues ensemble par deux essieux et trois planches » — pour les véhiculer jusqu'à Grand Lac. Là, ils sont accueillis par une famille canadienne-française, les Maltais. Le repas, auquel assistent les douze enfants du couple, n'est pas agréable en raison de la présence d'un tuberculeux, qui se racle sans cesse la gorge et tousse sur la nourriture. Ces gens, se souvient Scott, « représentaient la famille canadienne-française moyenne ; ils vivaient dans une maison de bois, de toute évidence construite par le père lui-même ; aux murs, quelques gravures de scènes religieuses du plus mauvais goût ; une grande famille accueillante, prête à rire avec nous, et que passionnaient nos expériences dans la nature ; un simple repas, pas de manières à table (l'un des enfants se servait allègrement de l'assiette et de la fourchette d'un autre) et aucune conversation hormis quelques commentaires sur le travail de la journée dans les champs ». Plus tard, se reposant chez un ami dans le confort de la civilisation, il nuance son jugement en songeant : « Quel contraste matériel entre la famille Maltais et celle-ci — pourtant les premiers fondent une nation, tandis que ceux-là se contentent de l'usufruit[11]. »

La nature va laisser son empreinte sur lui et sur sa poésie. Pour leur première journée de plein air, les frères Scott remontent la rivière qui mène au lac des Eaux Mortes, au milieu d'une plaine, où le courant est pratiquement inexistant. Tout à coup, ils éprouvent le sentiment de se trouver au milieu du plus beau paysage qu'ils aient jamais vu dans les Laurentides. « Nous étions dans une vallée profondément encaissée, entre des falaises de granit à pic ou presque. Après chaque courbe, de nouvelles perspectives s'offraient à nous. Vraiment joli. De riches feuillages tapissent la vallée et le bas des pentes[12] ».

Les images de cette expérience et ses souvenirs d'enfance du clapotement de la rivière près de Sainte-Anne-de-Beaupré fusionnent dans le poème « Old Song », publié dans le *Canadian Mercury* en 1927.

far voices
and fretting leaves
this music the
hillside gives

but in the deep
Laurentian river
an elemental song
for ever

a quiet calling
of no mind
out of long aeons
when dust was blind
and ice hid sound

only a moving
with no note
granite lips
*a stone throat**. (C. P., p. 38)

Le caractère éphémère de la vie humaine et de la végétation contraste avec le chant éternel de la rivière. Dans cette vision, Scott associe la terre à un mouvement perpétuel. L'homme est évanescent, une étincelle. On retient de ce poème qu'une force agit derrière la réalité physique, un *élan vital* bergsonien, que renvoie l'image très évocatrice « des lèvres de granit / une gorge de pierre ». En fait, Scott donne vie à la nature : tout en restant fidèle à la scène, il en accentue l'impression d'étrangeté inanimée. Il exprime un nouveau romantisme postdarwinien : la nature n'a plus rien à voir avec l'homme ; à l'inverse, l'homme est fonction de la nature.

Pour Scott, le Canada n'a rien dans son histoire qui permette, au premier abord, de le comparer à l'Europe — rien, sinon les immenses étendues du bouclier précambrien. « Mais le pays laurentien est merveilleux, ouvert, vide, vaste ; ses montagnes, ses rivières et ses lacs parlent une sorte de langage éternel. Je sais que ce sont les montagnes les plus anciennes du monde. Dans la chaîne du temps géologique, les anciennes civilisations semblent dater d'hier[13]. » Pour lui, l'extrême vieillesse de la terre s'est transmuée pour tenir lieu de passé historique. Parallèlement, parce qu'elle sera associée ultérieurement au nouveau nationalisme, d'une part, et qu'elle est vaste, inexplorée et déserte, d'autre part, la terre est une page blanche ou une toile vierge en attente de la plume ou du pinceau[14]. La croyance qu'une nouvelle poésie canadienne prendra racine dans cette

---

* voix lointaines / et feuilles agitées / cette musique / vient des collines // mais dans la profonde / rivière des Laurentides / un chant élémentaire / éternel // un appel tranquille / du néant de l'esprit / sorti d'ères lointaines / quand la poussière était aveugle / et que la glace assourdissait les sons // un mouvement seulement / sans note / des lèvres de granit / une gorge de pierre.

vieille terre s'ancre très vite en Scott : Smith, le Groupe des Sept et les imagistes l'orientent vers une forme de poésie extérieure. Le nationalisme du Groupe et le profond amour que Scott voue à la terre donnent vie à sa poésie.

En 1926, les Scott passent leurs vacances d'été à Cacouna, lieu de villégiature sur la rive sud du Saint-Laurent. Le long du fleuve s'échelonnent les grandes maisons carrées aux vastes pelouses des estivants, dont celle des Dale. Ici, Scott retrouve les plaisirs de son enfance : les pique-niques, le canotage et la pêche. Une nuit, après un feu de camp et une longue discussion avec Marian Dale, sur le chemin du retour à la maison, il fait l'agréable découverte « qu'il est bon de côtoyer une femme intelligente[15] ».

Marian, qui partage les intérêts progressistes et esthétiques de Frank, a entrepris la lecture de Freud, de Roger Fry et de Clive Bell sur le rôle de l'artiste. Que Freud considère l'art comme une sublimation la perturbe. L'esprit créateur, estime-t-elle, est bien plus que cela. En revanche, elle adhère totalement au concept de la « forme signifiante » de Bell, l'unité organique d'un travail artistique. Scott et elle comparent leurs opinions sur Thomas a Kempis, qui les a profondément marqués, bien que d'une manière différente. Pour Frank, a Kempis évoque une retraite spirituelle hors du monde, tandis que pour Marian, il appelle plutôt à une retraite intérieure, sans quitter le monde[16].

Scott s'abonne à *Dial*, et ils le feuillettent ensemble, y découvrant les nouveautés en art et en poésie. Scott relit aussi *Dieu, l'invisible roi* de H. G. Wells, dont la perception de Dieu, esprit qui imprègne tout, résume les idées qu'il a d'abord trouvées dans *L'Évolution créatrice* de Bergson. En poésie, les décadents retiennent fortement son attention. Il lit à Marian des extraits de « Faustine », de Swinburne, et de « Non Sum Qualis Eram Bonae Sub Regno Cynarae », d'Ernest Dowson.

I have forgot much, Cynara! gone with the wind,
Flung roses, roses riotously with the throng,
Dancing, to put thy pale, lost lilies out of mind;
But I was desolate and sick of an old passion,
Yea, all the time, because the dance was long★[17]...

Lorsque Marian quitte Montréal, à la fin de l'été de 1926, pour aller étudier un an à la Slade School of Art à Londres, ils sont « tacitement » d'accord pour se fiancer à son retour. Marian, qui se sent une obligation morale envers sa mère, l'annonce à celle-ci, et bientôt c'est au tour de la famille Scott de l'apprendre. William n'est pas content. Il estime que Frank n'aurait jamais dû s'engager ainsi alors qu'il n'a pas encore fait sa place dans la société[18].

Cet automne-là, Scott se délecte des derniers romans de D. H. Lawrence qui portent sur l'intégrité de l'être. Le Lawrence de *Vois! Nous en sommes sortis!* et d'*Études sur la littérature américaine classique* exprime beaucoup de sentiments que Scott avait jusqu'ici vaguement éprouvés.

> Le seul péché est de ne pas être sincère envers soi-même : le péché impardonnable est celui que l'on commet contre le Saint-Esprit. L'amour est à la fois l'apothéose de l'individualité et l'accomplissement de l'unité : il n'y a jamais de fusion totale avec celle qu'on aime, pourtant c'est dans l'amour que l'on peut arriver à la réalisation totale de soi[19].

Il ne lit plus Thomas a Kempis tous les jours, n'écrit plus de sonnets religieux et ne se rend plus trois fois à l'église le dimanche. Il écrit plutôt des vers qui dépeignent la « fadeur » religieuse des églises et un sonnet néo-lawrencien où un personnage déambule, nu comme Pan, dans les rues de Montréal.

Why not bare arms and legs that gleam in the sun,
A fillet of leaves in my hair, flowers in masses
Of startling hues on my body, grass on my feet?

(*note de la page précédente*)

★ J'ai beaucoup oublié, Cynara! emportées par le vent, / Envolées les roses, roses tapageuses dansant / Avec la foule, à ces lis perdus faisant perdre la raison / Mais j'étais dévasté et malade d'une vieille passion, / Ouais, tout le temps, car la danse était longue…

By all the old gods of Christendom
I think this would be good for the upper classes
Whom one meets on Sunday morning on Sherbrooke Street★[20].

Pour Noël 1925, Scott avait envoyé à Marian une reproduction d'une madone de Botticelli portant un voile bleu diaphane — expression de son affection et de leur amour commun de l'art religieux italien[21]. Au Noël suivant, les modernes s'imposent d'eux-mêmes lorsqu'il fait connaître à Marian, alors en Angleterre, le cycle poétique de la vie de D. H. Lawrence avec Frieda, et qu'il lui envoie *Vois ! Nous en sommes sortis !* « Le tout, écrit Lawrence dans sa préface, dépeint l'expérience intrinsèque d'un homme qui traverse la crise de l'âge adulte, au moment de son mariage, pour finalement trouver sa voie[22]. » De ce livre, Scott retient une série de poèmes sur les roses et « Manifesto » de Lawrence. Il y a un certain degré d'ambivalence dans « Manifesto », tout comme dans le vaste cycle des poèmes, l'ambivalence de l'esprit libre à la fois attiré et repoussé par l'intimité que requiert le don de soi à une autre.

Marian Dale revient au Canada en avril 1927, et elle aussi exprime quelques réticences à l'égard du mariage ; elle craint particulièrement que le mariage rime avec la fin de sa carrière. « C'en est fini de l'art de Mainey », soupire son père lorsque Scott demande la main de Marian[23]. Toutefois, après avoir débarqué à Halifax, elle a tout le loisir, durant le long voyage en train vers Montréal, de lire *The Dance of Life* d'Havelock Ellis (1923) et de voir s'atténuer certaines appréhensions. À son arrivée à Montréal, elle apporte le livre à Scott. Ensemble ils le lisent et le relisent, soulignant les passages cruciaux. Ellis y lance un vibrant appel à une vie créative qui concilie la vie et l'art : les deux ne sont pas distincts, ils se rejoignent. Il propose aussi une

---

★ Pourquoi pas des bras et des jambes nus luisant au soleil / Un diadème de feuilles sur mes cheveux, une multitude de fleurs / De teintes étincelantes sur mon corps, de l'herbe sur mes pieds ? / Par tous les anciens dieux du royaume chrétien / Je pense que cela ferait du bien à la haute société / Que l'on rencontre le dimanche matin rue Sherbrooke.

nouvelle moralité : un heureux mélange de tradition et de modernisme. « L'impulsion créatrice, affirme Ellis, c'est-à-dire celle qui a le pouvoir lumineux de l'intelligence, est notre seule règle acceptable[24]. » Le livre prépare Scott à adopter une vision de la vie où l'impulsion « créatrice », la « danse », peut être perçue comme ce qui inspire les autres sphères de l'activité humaine : l'art, la philosophie, la religion, et même les lois, la politique et le comportement. Les vieilles structures victoriennes d'une moralité puritaine commencent à s'effriter.

La « danse » est une métaphore d'une pertinence remarquable pour les années 1920, puisque les formes de ballet, jusque-là rigides, commencent à s'assouplir sous la pression de l'esprit moderniste. Des années plus tard, célébrant leur vie commune, Scott écrit « Dancing », un poème dédié à Marian qu'il publie dans un recueil de poèmes plus récents.

... Now I dance
seeing her dance
away from me
                she
looks at me
dancing
           we
are closer
held in the movement of the dance

I no longer dance
with myself

we are two
not one

the dance
*is one**. (C. P., p. 166)

---

* ... Maintenant, je danse / la voyant danser / loin de moi / elle / me regarde / dansant / nous / sommes plus proches / serrés dans le mouvement de la danse // je ne danse plus / avec moi-même // nous sommes deux / pas un // la danse / est une.

Cet été-là, Marian rend visite aux Scott au presbytère de St. Matthew. L'archidiacre Scott tombe complètement sous son charme lorsqu'il la voit se précipiter dehors au petit matin, encore en chemise de nuit, afin de sauver un oiseau des griffes d'un chat en maraude. Willum, quant à lui, estime que le moment de cette visite est mal choisi. Comment Frank peut-il étudier en vue de son examen final du Barreau avec Marian à la maison ? Scott s'en accommode très bien. Il lit Byles sans se priver de canoter avec Marian et termine deuxième de sa promotion dans la province, ce qui est respectable[25]. Puis, le voilà à son tour sur la sellette. La famille de Marian le trouve pâle et souvent malade, séquelles de longues années d'amygdalites. Est-il bien sage pour Marian d'épouser un jeune homme aussi fragile ? Sans parler de l'imposante image du père ; la pauvre Mme Scott est d'une « bonasserie » incroyable, pense-t-on. Ne devrait-on pas prévenir Marian ? Un bas-bleu de Montréal très en vue, en visite chez les Dale, rend un jugement sévère après avoir rencontré Frank Scott. Elle affirme que c'est un « jeune homme intelligent mais très vieux jeu[26] ».

Scott peut au moins faire mentir ce dernier jugement. Lui et Marian Dale rejettent rapidement tout ce qui relève de la tradition et commencent leur exploration fascinante des univers d'Havelock Ellis et de Bertrand et Dora Russell. Le livre d'Ellis, *The New Spirit* (1890), souligne les dimensions possibles de l'époque moderne — les découvertes scientifiques, l'affirmation grandissante des femmes dans la société, une possible reconstruction socialiste de la démocratie. Scott commence à lire le livre iconoclaste de Russell, *Free Man's Worship* (1903), et le nouveau manifeste de Mme Russell, *The Right to Be Happy* (1927), intrigue fortement Scott et Marian. Dora Russell déplore le refus de la société de voir la sexualité et la condition de parent comme deux questions bien différentes. « Qu'est-ce qui nous empêche d'établir un système social dans lequel les jeunes hommes et les jeunes femmes qui sont sur le marché du travail pourraient avoir une liaison sexuelle ouverte et temporaire sans gêner leur travail ni les ambitions légitimes de l'un ou l'autre ?… Nous devons avoir la liberté et le courage d'apprendre si nous voulons nous enrichir en tant qu'êtres humains[27]. »

Marian et Scott, comme les Russell, commencent à parler « d'amour libre ». Pourquoi ne pas vivre ensemble, tout simplement ? Cette idée est plutôt mal accueillie chez les Dale. Mme Dale n'adresse plus la parole à Scott pendant une semaine, soit jusqu'à ce que le jeune couple lui offre une azalée blanche afin de rétablir la paix[28]. L'incident est clos, et plus jamais il ne sera question d'arrangements contraires aux bonnes mœurs. De l'aveu même de Scott, il est difficile de joindre le geste à la parole. Lorsque Marian est revenue d'Angleterre, Scott a regretté de ne pas avoir passé une nuit avec elle. « On n'arrête pas, tous autant que nous sommes, de parler d'émancipation et on est aussi peu libérés des conventions qu'une fourmi de son instinct[29]. »

Le 28 février 1928, Frank Scott et Marian se marient selon le rite anglican en l'église St. John the Evangelist, celle-là même où le père de Scott a posé son premier regard sur la croix de la procession qui allait modeler son anglo-catholicisme. Trois ministres officient : l'archidiacre Scott, le révérend Elton Scott et le docteur Davidson, doyen. Le jeune couple voulait se marier le 29 février de cette année bissextile, mais Mme Dale s'est opposée à l'idée de ne célébrer leur anniversaire de mariage que tous les quatre ans. Pourtant, Frank et Marian trouvent moyen de se singulariser : pendant la cérémonie, la future mariée n'est pas conduite à l'autel et l'organiste joue du Bach plutôt que des hymnes. Toutefois, comme il fallait s'y attendre, l'archidiacre Scott ne manque pas de ravir la vedette au couple. Arrivé tôt, il décide d'explorer la crypte sous l'église et s'égare. On organise des recherches, ce qui retarde la cérémonie[30].

Un mois avant le mariage, Scott reçoit une lettre de l'Université McGill. Avant même de l'ouvrir, il sait intuitivement qu'on lui offre de se joindre à la faculté de droit. Il sait que s'il accepte, il va soulever un tollé de protestations chez les Scott tout comme chez les Dale. William est indigné. Comment peut-il se montrer aussi stupide[31] ? Pourtant, l'offre est excellente : il recevrait un salaire de cinq mille dollars par année, plus du double des mille huit cents dollars que lui verse le cabinet. Les Dale ne sont pas contents, mais restent polis : ils pressent

Marian d'user de son influence pour dissuader Scott d'échanger une profession assurée dans un cabinet bien établi contre le statut douteux de professeur de droit à l'université. Marian n'en fait rien. Elle le pousse à suivre une voie qui lui permettrait d'exercer sa « créativité » dans tous les sens du mot[32].

William, cependant, continue d'exercer des pressions, si bien qu'une dispute éclate entre les deux frères. Au tout début de février, Scott écrit au « cher Willum » pour lui expliquer qu'il doit garder son libre arbitre dans le choix de son moyen d'existence :

> Mon choix m'est dicté… parce que je m'accomplirai beaucoup plus à McGill que je ne pourrai jamais le faire au bureau. Je suis fait comme cela. Si je pouvais consacrer tout mon temps à l'écriture, mon accomplissement serait encore plus grand — en fait un épanouissement total. C'est un fait troublant dont je ne me suis rendu compte qu'à McGill, et si tu ne me crois pas, tu ne me comprendras jamais. Rien d'autre n'a vraiment d'importance pour moi[33].

Malgré ces courageuses affirmations, Scott est déchiré. Il aimerait bien retourner à la vie universitaire, mais qu'arriverait-il si cela ne marchait pas ? La pratique du droit ne l'intéresse pas. Et qu'en est-il de sa poésie ? Il prend sa décision au bout d'un mois, après avoir consigné les avantages et les inconvénients dans son journal :

> Le choix se résume à « la stimulation » ou à « la stagnation », pour parler artistiquement.
> Puis
> Accepter ou ne pas accepter : être avocat, être professeur : faire ceci ou faire cela — tout cela semble bien trivial.
> Je n'ai pas l'ambition d'être avocat.
> Je n'ai pas l'ambition d'être professeur.
> Je veux écrire un mot et un autre, comme c'est curieux.

> J'ai une lettre dans ma poche dans laquelle j'accepte l'offre de McGill. Elle tombera dans la boîte aux lettres sans que j'aie besoin de l'y pousser…
>
> Elle tombe. C'est le silence. C'est McGann c. Auger, je suppose[34].

Scott est conscient de jouer les Hamlet, car la grande question demeure : être — ou ne pas être — artiste. Il n'a pas véritablement la vocation pour le droit ou l'enseignement et rêve d'être poète, pour « écrire un mot et un autre, comme c'est curieux ». Pourtant, ce désir n'est pas absolu : son choix se situe entre « la stimulation » et « la stagnation ». L'art, qui l'enthousiasme, ne l'a pas pour autant amené à embrasser la vie artistique ; en revanche, le droit, qu'il craint de voir le mener à la stagnation artistique, le pousse à l'action. Compte tenu du vif sens du devoir qui a modelé son caractère et du très petit nombre de Canadiens, dans les années 1920, pouvant espérer vivre de leur poésie sans autre moyen de subsistance, le choix d'un poste à l'université lui permettrait de concilier les deux facettes de sa personnalité, le poète et l'avocat. Le loisir que laisse la vie universitaire lui permettra d'écrire, et, comme il s'en expliquera plus tard, en se consacrant à l'enseignement du droit plutôt qu'à sa pratique, il pourra s'attaquer à la théorie qui sert de fondement au droit et découvrir les principes qui sont à la base d'un bon gouvernement et de l'ordre social.

Le problème est résolu, de manière providentielle peut-être, lorsque sa lettre d'acceptation, en équilibre sur l'ouverture de la boîte aux lettres, y tombe. Il y a un certain degré d'ironie dans cette perception : « Elle tombe. C'est le silence. C'est McGann c. Auger, je suppose. » Scott fait allusion à un précédent juridique ayant établi qu'une fois postée, une lettre n'appartient plus à l'envoyeur mais au destinataire. Même s'il désirait reprendre la lettre — dans un sens, il aurait aimé le faire —, il ne pourrait plus envisager cette éventualité, car il est lié à sa première décision. En écrivant sa lettre à McGill et en la déposant dans la boîte aux lettres, il s'est engagé pour l'avenir. Ces notes sont les dernières que Scott écrit dans son journal, puisqu'il a trouvé en Marian une nouvelle confidente. La question de la vocation s'était résolue d'elle-même. Dorénavant, il va s'exprimer par sa poésie, par sa correspondance et par ses écrits juridiques et politiques. Il garde un agenda comme aide-mémoire et à l'occasion seulement, en voyage, tient son journal.

Après leur mariage, les Scott s'installent brièvement rue Hutchison. Moins d'un an plus tard naît leur enfant unique, Peter. Ils n'avaient pas prévu devenir parents aussi vite, mais la planification familiale, malgré le travail pionnier de Marie Stopes dans le milieu intellectuel anglais, est encore une question taboue au Canada. La naissance de leur fils apporte la joie…

Little cell-colony
Puffed with vitality
You predominate.

Cry, and we tremble,
Laugh, we are hysterical,
Run a fever —
Rooms grow tomb★[35].

… et du changement. Marian doit mettre de côté son art. Ils sont forcés de remettre à plus tard les voyages qu'ils voulaient entreprendre ensemble. Et Frank, qui vient de prendre pour épouse la compagne si longtemps attendue, se plaint, à la façon d'un D. H. Lawrence, que la maternité la lui ait subtilisée.

I married a woman.
She could do the things I did
And go with me.

★ Petit ensemble de cellules / Gonflé de vitalité / Tu prédomines. // Tu pleures et nous tremblons / Tu ris, nous devenons hilares / Une poussée de fièvre — / La chambre devient cercueil. / (« Little Body of Baby »)

We climbed high rocks together
And in dark pools
Bathed
Swimming out into strong currents.

But suddenly she turned into a mother.

Life used our love as a tool
For its own selfish ends.
Life overreached us.

Now I have to take care of her.
She is not the woman I married.

I don't like this thing★[36].

Leur appartement étant devenu trop petit après l'arrivée du bébé, le couple déménage avenue Highland à Westmount, presque en haut du chemin de la Côte-des-Neiges, où ils louent l'étage supérieur d'une vieille maison de brique. De la fenêtre de leur salon, ils découvrent Montréal et la vallée du Saint-Laurent. L'absence du propriétaire de la maison leur laisse plus d'intimité pour suivre les conseils de Dora et Bertrand Russell, qui recommandent « l'exposition au soleil » des enfants. Les Scott, une fois parents, se veulent résolument progressistes. Leur fils grandit dans cette atmosphère. Pour Marian, toutes les occasions de peindre sont bonnes, et, lorsqu'elle promène bébé, elle place son carton à dessins sur la poignée du landau. En fin de compte, elle doit se plier à l'inévitable et, pendant plusieurs années, remiser ses pinceaux pour élever Peter.

★ J'ai épousé une femme. / Elle pouvait faire tout ce que je faisais / et m'accompagner. // Nous escaladions des rochers ensemble / Et dans les eaux noires / Nous nous baignions / Nageant dans les forts courants. // Mais soudain, elle est devenue mère. / La vie a fait de notre amour / L'outil de ses fins égoïstes. / La vie nous a rattrapés. // Maintenant je dois m'occuper d'elle. / Elle n'est pas la femme que j'ai épousée. // Je n'aime pas cela. / (« Métamorphoses »)

Vers la fin des années 1920, Scott peut se réjouir à double titre puisqu'il vit avec la femme qu'il a toujours désirée au moment où son idéal social trouve un débouché. Depuis son retour au Canada, il peut voir les efforts que son père déploie pour l'avènement d'une justice sociale chrétienne. Quelques années plus tôt, au cours d'un dîner de famille entre Noël et le jour de l'an 1924, il avait reconnu qu'il partageait les idées de son père et qu'il s'opposait complètement aux visions plus conservatrices de son frère aîné, William.

> Willum et Esther venus dîner. Avons eu un grand débat sur la religion, William prônant une doctrine archaïque selon laquelle la conduite prime tout et la croyance importe peu. Père défendait avec énergie la position chrétienne, je tempérais de mon mieux son point de vue afin de le rendre plus attrayant aux yeux de Willum, et Arthur, par ses traits d'esprit, évitait que les tempéraments ne s'échauffent trop. Nous y serions encore si le directeur du Château Louis n'avait pas sonné pour se plaindre des remarques de père au sujet du péché d'ivrognerie que commettent les fêtards au réveillon du nouvel an.
>
> Alors, père m'a confié les détails de la visite qu'il avait effectuée, en compagnie d'Elton, aux installations de Besco en Nouvelle-Écosse — les conditions de vie misérables, l'absence totale d'humanité chez les dirigeants, et plus encore. À la suite de ces révélations et de mon âpre discussion avec mon frère durant laquelle j'ai défendu le christianisme, j'ai senti monter au fond de moi un appel à me consacrer à une tâche plus grande que la recherche d'une bonne situation, à défaut de quoi je serais, de tous les hommes, celui qui mériterait le plus d'être damné. Puisse Dieu m'exaucer et me donner l'occasion de servir et la force de le faire[37].

Outre l'influence de son père, Scott doit aussi compter avec celle de J. S. Woodsworth. En 1927, Woodsworth a écrit un article dans la *McGill Fortnightly Review* sur le Parti travailliste au Canada. L'idée que le mouvement syndical jouisse d'une représentation politique indépendante gagne progressivement du terrain. « La tâche la plus difficile, écrit-il, a été de convaincre les travailleurs de la nécessité d'envoyer leurs propres représentants à la Chambre des communes et, ensuite, tâche presque tout aussi importante, de créer un sentiment d'intérêt commun permettant de développer une communauté d'esprit et une organisation efficace. » En Angleterre, poursuit-il, « un certain nombre de soi-disant intellectuels est venu renforcer le Parti travailliste. Pourquoi pas au Canada[38] ? »

Après tout, pourquoi pas au Canada ? Woodsworth, que son socialisme expose à bien des déboires, sait très bien pourquoi cela ne s'est pas produit. En 1919, lorsqu'il a pris en main le journal des grévistes de Winnipeg, on l'a accusé de diffamation séditieuse. Bien que l'affaire ne se soit jamais rendue devant les tribunaux, Woodsworth n'ignore cependant pas la puissance du conservatisme canadien. Il a pu observer la résistance au changement dans toutes les couches de la société. N'existe-t-il nulle part au Canada ces libertés fondamentales de conscience, d'expression et d'association, qui sont considérées comme allant de soi en Grande-Bretagne ?

L'élection de Woodsworth au Parlement à titre de député de Winnipeg-Nord en 1921, son franc-parler à la Chambre des communes lorsqu'il se prononce contre la folie des réparations réclamées à l'Allemagne et les arguments qu'il présente pour le retrait du projet de loi 98 confirment très vite sa réputation d'homme de principes[39]. Cependant, c'est un « socialiste » : en conséquence, la bonne société canadienne le boude, particulièrement à Montréal, qui en est le fief. Tout au long des années 1920, ses visites à Montréal se déroulent toujours dans la plus grande discrétion, et il s'offre parfois une rencontre avec le chanoine Scott. Le jeune Frank Scott était sensible à son charisme, mais n'avait pas encore saisi la force de cet homme, jusqu'à ce qu'il assiste à une réunion restreinte, en 1927, du Club travailliste de McGill, dont Woodsworth est le conférencier. Il se rappelle son apparence : « Il avait un visage plutôt harmonieux, empreint de noblesse, était très soigné et serein, avait l'air réservé et la voix douce. » Woodsworth, lorsqu'il parle, « n'est jamais passionné », mais il illustre très souvent son propos au moyen de graphiques, parfois peints sur des draps de lit et assortis de statistiques, se faisant comprendre clairement et simplement[40]. Cette fois-là, il parle de l'accumulation des richesses par les capitalistes au Canada et de l'absence de vis-à-vis syndicaux — autant de faits qui mettent en lumière les injustices de la société canadienne.

Peu de temps après cette réunion, Scott invite Woodsworth chez les Dale, avenue des Pins près du sommet du mont Royal. Là, Woodsworth discute avec Marian Dale. Comme ils sont tous deux devant la grande fenêtre du salon, admirant le panorama, Marian raconte qu'elle a essayé de peindre la ville à divers moments de la journée, dont une ou deux fois à l'aurore. Woodsworth lui apprend qu'il a déjà voulu devenir écrivain. Il évoque les sentiments qu'il a éprouvés, un jour qu'il était au mont des Oliviers, admirant Jérusalem à ses pieds. Avant de partir, il donne au jeune couple un exemplaire d'une brochure, *Following the Gleam* (1926), qui décrit cette expérience. Son titre, tiré d'un poème de Tennyson intitulé « Merlin et la lueur★ », fait allusion à la fois au divin et à l'esprit créatif — suivre la lumière, c'est suivre l'impulsion divine. Ce qui attire Marian, chez cet homme mince au visage taillé à la serpe et agrémenté d'une petite barbiche[41], c'est son esprit créatif, alors que Scott s'abreuve à sa vision sociale reposant sur les nouvelles « formes » de la société. Des années plus tard, Scott parlera de « la spiritualité de [Woodsworth], de son courage indomptable, tout autant moral que physique, et de son côté visionnaire, formant l'essence même de son caractère et trouvant leur expression naturelle dans le travail qu'il accomplit en faveur des hommes et du socialisme[42]. »

Woodsworth personnifie les idéaux chers au chanoine Scott, mais sous une forme nouvelle et moderne. Néanmoins, le militantisme social des deux hommes est singulièrement similaire. Nés au Canada, ces deux hommes d'Église ont fait leurs études en Angleterre ; tous deux ont été influencés par la

---

★ « Merlin and the Gleam ».

nouvelle théologie des années 1880 et 1890 et se sont opposés à la ligne de leur Église respective. Ils se sont donc tournés, en désespoir de cause, vers une forme d'évangélisme social, s'élevant contre l'injustice dès que l'occasion se présente. Leurs carrières ont fréquemment convergé. En 1919, ils prennent tous deux la parole devant les grévistes de Winnipeg[43]. En 1923, ils se portent à la défense des mineurs en grève de la British Empire Steel Corporation, en Nouvelle-Écosse[44]. Plus tard, lorsque Woodsworth se prononce à la Chambre des communes contre la vente de nickel (dont on sait pertinemment qu'il sera utilisé à des fins d'armement) à la Mandchourie, Frederick Scott critique publiquement l'attitude du gouvernement fédéral[45]. Son fils lui emboîte le pas. Quelques années plus tard, la mort de Harry encore fraîche dans les esprits, Frank Scott écrit dans « Lest We Forget » :

The British troops at the Dardanelles
Were blown to bits by British shells
*   Sold to the Turks by Vickers.*
And many a brave Canadian youth
Will shed his blood on foreign shores,
And die for Democracy, Freedom, Truth,
With his body full of Canadian ores,
Canadian nickel, lead, and scrap,
Sold to the German, sold to the Jap
*   With Capital watching the tickers*★. (C. P., p. 95)

J. S. Woodsworth et Frederick Scott accomplissent le même travail pour le royaume de Dieu sur terre, affichent une

---

★ Les troupes britanniques dans les Dardanelles / Sont réduites en miettes par les obus britanniques / Vendus aux Turcs par Vickers. / Et nombre de Canadiens, jeunes et braves / Éclabousseront de leur sang de nouveaux rivages, / Et mourront pour la Démocratie, la Liberté et la Vérité, / Le corps criblé de minerai canadien, / De fer, de plomb canadiens et autre ferraille, / Vendus aux Allemands, vendus aux Japonais, / Et le Capital a les yeux rivés aux téléscripteurs.

croyance semblable en la fraternité des hommes et insistent également sur la place prépondérante que tiennent les valeurs spirituelles. Les différences entre les deux hommes résultent de leur âge et de leur tempérament. Woodsworth, qui a quatorze ans de moins que Scott, n'a pas connu l'impérialisme victorien et la foi de l'époque. Il se méfie fortement des liens avec la Grande-Bretagne, particulièrement de ceux qui entraînent le Canada à participer aux guerres de l'Angleterre, et se montre sensible à l'exigence croissante du Canada pour son autonomie : ainsi, progressivement, sa vision sociale se tourne résolument vers l'avenir. Véritable enfant du XXe siècle, il quitte l'Église officielle lorsqu'il n'y a plus moyen de concilier son action sociale avec sa mission religieuse. L'archidiacre, quant à lui, fait coïncider sa mission sociale avec l'ordre fortement impérialiste de l'Église anglicane du Canada.

Grand et sûr de lui, l'archidiacre Scott est un orateur plein de verve dont la voix porte loin ; en sa présence, nul ne peut échapper à la force irrésistible de son charisme. Woodsworth n'a pas la même étoffe, son approche est plus hésitante, sa voix saccadée plus ténue, mais il s'appuie fermement sur son intelligence aiguë et sa foi profonde. Dans la conversation courante, Woodsworth ne déroge pas à la maïeutique de Socrate : « Vous croyez vraiment ? Est-ce possible ? Pourquoi ne pas inventer une sorte de code du travail au Canada ? Serait-il possible par la même occasion d'éplucher les contrats de nos promoteurs manipulateurs et financiers[46] ? » Comme Frank Scott en fera la remarque plus tard, s'il y a un mot que l'on n'associe pas à Woodsworth, c'est bien celui de « pouvoir[47] ». Pourtant, en fait, Woodsworth a du pouvoir, énormément de pouvoir, mais qui prend plutôt la forme d'une force collective. C'est la vision d'un « commonwealth » socialiste (« le pouvoir est mis en commun / et les laissés-pour-compte prennent part aux décisions ») qui transparaît fortement dans le poème « Dedication » que Scott écrit dans les années 1930 (C. P., p. 88).

En bref, l'archidiacre Scott et J. S. Woodsworth sont des chefs charismatiques qui attirent bien des gens prêts à se dévouer à leur cause ; toutefois, l'un est d'obédience victorienne et l'autre moderne ; l'un a atteint son apogée à la guerre et l'autre en temps de paix ; l'un est le père de Frank et l'autre ne l'est pas. Si, jeune adulte, il est fortement influencé par son père et même porté à vouloir l'imiter (« comme dit père... » est une formule des années 1920 qui déconcertait Marian Dale quelque peu), à son retour au Canada, Scott commence à voir son père d'un autre œil. Assistant à un mariage, Scott s'amuse de voir son père qui, tel un vieux renard, attrape les invités afin de leur lire ses vers. Seule sa loyauté familiale l'empêche de rejeter son père, ses idées ou ses vers. Néanmoins, Frank, à vingt-huit ans, se jette avec un immense enthousiasme dans la modernité, répudiant tout ce qui est victorien. Dans ce bouleversement, il s'éloigne de son père, un temps, pour occuper le devant de la scène. Pourtant, en mûrissant, il intègre le sens pressant du devoir qui était celui de son père — et de Woodsworth —, ainsi que la conviction qu'il faut toujours se dresser contre l'injustice chaque fois qu'elle se présente.

Le jeune Scott s'est déjà prononcé sur les poètes de la Confédération. Il se lance maintenant dans la nouvelle science qui l'entraîne à réévaluer la religion. Eddington, Einstein et Bergson le convainquent de la primauté de la matière et du mouvement dans l'univers. Il s'absorbe dans le nouveau livre d'Eddington, *La Nature du monde physique* (1928), tout spécialement dans ses propos sur l'anthropomorphisme de l'énergie de l'univers : « L'étoffe du monde, comme l'appelle Eddington, est, bien sûr, quelque chose de plus vaste que nos consciences individuelles ; mais il faut bien se dire que sa nature n'est pas tout à fait étrangère aux sentiments qui agitent notre conscience[48]. » Scott marque son désaccord sur un petit morceau de papier jaune qu'il insère dans le livre : « La science ne nous apprend rien à propos de la réalité absolue, écrit-il. Soit ! Mais alors quoi ? La recherche de l'absolu est stupide : seuls les prêtres et quelques scientifiques à l'esprit mystique l'ont tentée. » Son ancienne vision de l'éternité, du paradis perpétuel, se métamorphose rapidement en un autre infini : de vastes étendues d'espace illimité. Devant ce macrocosme, l'homme n'est qu'une particule insignifiante et, comme Bergson l'affirme :

« l'essence des choses nous échappe… l'absolu n'est pas de notre ressort, arrêtons-nous devant l'inconnaissable[49] ».

Scott modifie radicalement sa vision de la guerre, aidé en cela par *Le Nouveau Machiavel* de H. G. Wells. Il a lu le livre à Londres en 1923 et le relit en 1925, alors qu'il prépare un article sur Wells. Scott écrit :

> Je pars de deux idées contradictoires : l'une est la ferme croyance dans la valeur du nationalisme, la fierté de la race, le patriotisme. L'autre est la conviction que le christianisme est international. Nous sommes tous unis dans le Christ. Lorsqu'on voit le drapeau britannique flotter sur le Parlement à Whitehall et qu'on songe que ce même drapeau flotte également au-dessus du Parlement à Ottawa, au Cap, à Melbourne, on est saisi d'une émotion trop intense pour être de la fierté, trop fondamentale pour ne pas être chrétienne. Et pourtant, quand on voit encore ce même drapeau flottant sur les armées en guerre, sur les forteresses et les navires de guerre, il flotte tel le symbole des divisions raciales. Le bien-être de la nation passe avant les principes moraux les plus naturels. Le crime contre l'individu devient le devoir du citoyen ; impossible de ne pas voir le profond fossé qui sépare le christianisme de cette forme de nationalisme[50].

À l'occasion de la commémoration de l'armistice, en 1926, il reconnaît qu'il a « changé de bien des façons. Je n'écris plus ce journal aussi régulièrement qu'avant. Mes croyances sont sens dessus dessous aussi : christianisme ? moralité ? Pourtant, je m'indigne encore pour certaines choses, Dieu merci ».

> À onze heures, en mémoire de l'Armistice, les sirènes retentissent et je lis « Into Battle » de Grenfell, puis « Fulfillment » de Nichols : l'un chante la gloire de la guerre, l'autre son incroyable brutalité. Je prédis que chaque nouvelle guerre verra de plus en plus de Nichols et bien moins de Grenfell[51].

Scott a de bonnes raisons de s'appesantir sur la brutalité de la guerre. Non seulement le poème de Nichols dépeint le

cauchemar de ceux qui meurent au front — l'agonie, la suffoca-
tion, les corps froids et décomposés —, mais cette horreur
résonne d'un nouvel écho pour Scott. Il commence à en
apprendre plus sur les circonstances qui ont entouré la mort de
Harry. Les soldats qui sont revenus de la guerre ont raconté à
Frank que la veille de la bataille de la Somme, durant laquelle
Harry a été tué, celui-ci a craqué, frôlant la crise de nerfs. Harry
a confié à son père qu'il s'attendait à mourir le lendemain
matin[52]. Frank Scott, à ce moment-là, semblait avoir relégué aux
oubliettes son ancien désir de s'enrôler et oublié la lettre que son
père lui avait écrite du front, ainsi que sa propre réponse. Mais il
sait à présent, ne serait-ce qu'inconsciemment (il n'a pas
exprimé le fond de sa pensée), que son père en prêchant pour
Harry, au cours de ce dernier service, la veille de la bataille —
« je vous conjure de marcher à la bataille, dignes des idéaux qui
vous ont amenés jusqu'ici » — demandait à son fils d'affronter la
mort avec courage.

Il n'a pas évoqué ouvertement et directement ces craintes
devant son père. Scott a appris à éviter les affrontements avec
lui. Il comprend parfaitement que la foi chrétienne inébranlable
de son père a amoindri l'horreur et sanctionné la noblesse du
sacrifice de Harry. En lieu et place, Frank consacre maintenant
toute son énergie à tenter de comprendre les causes de la guerre
et la façon dont elle a été menée. Durant ces années, comme
beaucoup d'autres de sa génération, il se déclare viscéralement
contre la guerre. Il commence à exprimer son désaccord envers
le militarisme qui est légitime aux yeux de la communauté chré-
tienne, et se rapproche du pacifisme que défend J. S. Woods-
worth. Au cours de la décennie qui suit, Scott espacera ses ren-
contres avec son père et prendra davantage exemple sur
Woodsworth.

En 1929, la publication de *Adieu à tout cela* de Robert
Graves, de *À l'ouest rien de nouveau* d'Erich Maria Remarque et
du roman d'Henri Barbusse, *Le Feu*, confirme que la perception
de la guerre change d'une génération à l'autre. Scott, qui dévore
Graves et Remarque, a plaisir à entonner une chansonnette anti-
guerre qui court :

Gott mit uns, the Germans sing,
The British chant, God save the King,
God this, God that, the nations cry,
Good God, says God, whose God am I[*][53] ?

Il n'est pas surprenant, à cette époque, de le voir répudier son héros d'hier, Rupert Brooke. Dans un article qu'il prépare pour le Groupe, il remet en question la langue des sonnets du poète ainsi que les sentiments qui y sont exprimés, Brooke n'hésitant pas à associer Dieu et la Flandre. Brooke, dit-il, « personnifie le sacrifice volontaire de la jeunesse sur l'autel du patriotisme ».

Et pourtant, comment s'attendre à ce qu'une génération qui considère la guerre dans toute son atrocité, telle que la montre *À l'ouest rien de nouveau*, prenne au sérieux les sonnets de Brooke ?… La guerre a au moins enseigné au monde que le patriotisme, comme toutes les formes d'amour, est aveugle. Ces poètes-là qui ont survécu ont vu la vérité ; comparons aux vers très arthuriens de Brooke ceux de Siegfried Sassoon :

O martyred youth and manhood overthrown
The burden of your wrongs is on my head[**].

et ceux de Wilfrid Owen :

What passing-bells for those who die as cattle ?
Only the monstruous anger of the guns[***][54].

---

[*] « Dieu avec nous », chantent les Allemands, / Les Britanniques chantent « Dieu protège le roi », / Dieu ceci, Dieu cela, les nations pleurent, / Dieu du ciel, dit Dieu, de qui suis-je donc le Dieu ?

[**] Ô jeunesse martyre et hommes vaincus / Le fardeau de vos maux repose sur mes épaules.

[***] Quel glas sonne la perte de ceux qui sont morts comme du bétail / Sinon la colère monstrueuse des armes ?

Entre 1919 et 1929, Scott devient l'antithèse de ce qu'il était à l'époque où il a voulu s'enrôler cinq fois. Rejetant l'idéalisme chevaleresque de sa jeunesse, il s'oppose maintenant fortement à la guerre et ira même jusqu'à affirmer, plus tard, qu'il en a toujours été ainsi !

J. S. Woodsworth nourrit la même opposition à la guerre, mais depuis plus longtemps. À l'issue de sa visite effectuée en Angleterre au moment de la guerre des Boers, Woodsworth est convaincu de l'« horreur, de la futilité et de l'atrocité de la guerre ». Ce sont ces mêmes principes qui, en 1918, l'avaient poussé à présenter sa démission à la Conférence de l'Église méthodiste du Manitoba. Il n'adhérait plus à la théorie méthodiste de l'Eucharistie, comment aurait-il pu continuer à pratiquer ? « Une forme qui n'a pas de sens n'est que parodie[55]. »

Scott lit attentivement *Following the Gleam* de Woodsworth, soulignant les parties qui l'impressionnent le plus. L'une d'entre elles affirme que la religion se renouvelle avec chaque génération : « Nombreux sont ceux qui, aujourd'hui, vivent une renaissance sociale au retentissement aussi bouleversant et particulier que "la conversion des jours anciens"[56] ». Or l'enseignement de Jésus est axé sur l'établissement du royaume de Dieu sur la terre. Pour un nombre croissant d'individus qui ont tenté de relever le défi de la « christianisation de l'ordre social », écrit Woodsworth, individus que l'étude de l'histoire et de l'économie a menés à se forger une opinion socialiste, le Royaume idéal de Jésus s'assimile facilement au monde coopératif du socialisme.

J. S. Woodsworth a beaucoup à offrir à Frank Scott : une foi tout empreinte des temps modernes, une vision contemporaine de la guerre et l'avant-projet d'un nouvel ordre social. Fait révélateur, ce nouvel ordre repose sur les idéaux sociaux chrétiens que Scott a puisés chez son père, chez R. H. Tawney et chez les fabiens. En outre, Woodsworth est Canadien avant tout. Il croit qu'il est possible de créer un socialisme adapté à la spécificité canadienne et de le voir s'épanouir en sol canadien. Woodsworth, à la fin des années 1920, aide Scott à trouver une nouvelle foi, le socialisme, adaptée aux formes nouvelles du monde contemporain.

À la fin de la décennie, Scott résume son odyssée moderniste. Tous les domaines de recherche, remarque Scott, mènent à la même conclusion : « L'ordre établi avait tort. »

> Le vieil ordre politique n'est pas digne de notre attention ; la guerre que l'on vient de vivre est bien la preuve qu'il est désuet. Les anthropologues ont montré que l'ordre antique de la divinité mythique n'était pas bâti sur le roc, mais sur le sable de coutumes sociales primitives. Le socialisme et le communisme nous font considérablement douter des valeurs du vieil ordre économique. Les psychologues ont mis au jour des pans entiers du temple de l'esprit jusque-là profondément ensevelis… L'univers lui-même, après les travaux d'Einstein, a cessé d'être un mouvement paisible de corps célestes dans l'espace infini et est devenu un continuum fermé aussi sinueux que l'esprit de l'homme… La moralité s'est transformée en simple mode de conduite. Dans cet écroulement des systèmes, la poésie romantique survivra-t-elle[57] ?

Tout ce qui a trait à la société — la religion, la politique, la Grande Guerre, le socialisme, le marxisme, la science, la moralité, la poésie —, tout est remis en question. En politique, le vieil impérialisme a mené à la mort soixante mille jeunes Canadiens sur les champs de bataille de France, avec l'absolution de la chrétienté. Et sir James Frazer, dans *Le Rameau d'or,* n'a-t-il pas démontré que les mythes de l'Ancien Testament se fondent sur des rites primitifs de fertilité ? Les fabiens et Karl Marx ont prouvé que le système capitaliste a pour but de favoriser quelques privilégiés aux dépens du plus grand nombre. Freud, les Russell et Havelock Ellis ont tous avancé que les zones d'ombre de l'esprit ont une importance primordiale et touchent souvent à des questions d'ordre sexuel. Et comment voit-on l'univers depuis qu'Einstein a démontré, appuyé en cela par Eddington, que $E = mc^2$? La morale, comme Ellis et les Russell l'on fait ressortir, peut-elle n'être rien de plus qu'une simple question de préférence ? Dans un monde sens dessus dessous, la poésie ne doit-elle pas assurément refléter le changement ? La décennie a donné à Scott matière à réflexion sur toutes ces questions et il en conclut que les conventions surannées d'un monde passé ne s'appliquent plus. « Le poète moderniste, comme le socialiste, est parti des formes existantes pour les dépasser et atteindre un ordre nouveau, adapté au monde moderne. La destruction ne l'intéresse pas, car il préfère la création, et, à titre de créateur, il sème la terreur chez ceux qui sont vieux et décrépits, incapables de s'ajuster eux-mêmes à ce que sera l'avenir[58]. »

CHAPITRE 8

La politique — la voie du salut

16 février 1933

(Jour où l'on apprend que Roosevelt vient d'être la cible d'un attentat.)

J'écris ceci aujourd'hui afin de conserver la trace de ce que je ressens en cet instant. Je vis dans un pays où les ressources naturelles abondent. Et pourtant, en ce moment, un million deux cent mille personnes y vivent de la charité pure et simple et ne mangent pas à leur faim. La malnutrition affaiblit la constitution des enfants tandis que la pauvreté et l'insécurité façonnent leur personnalité de manière irréversible. Tant d'autres Canadiens possèdent bien plus qu'il n'en faut pour suffire à leur bien-être quotidien. Dix pour cent de nantis détiennent une richesse énorme, sous forme d'argent et de valeurs foncières. Le gouvernement refuse de remédier à cette injustice flagrante. Il laisse le droit de propriété de quelques-uns faire obstacle au bien-être général. Il laisse les enfants mourir de faim pour que des gens riches continuent de recevoir des dividendes et des intérêts.

Dans de telles circonstances, je vous prédis qu'on verra augmenter les assassinats. Je vous prédis que le désespoir poussera des hommes à bout et qu'ils s'enlèveront la vie dans un

geste de défi et de souffrance. S'il faut punir ceux qui se ren-
dent coupables d'actes antisociaux, alors ne faudrait-il pas
punir nos dirigeants, qui permettent que cette injustice se per-
pétue ? C'est le discours que tiendront les assassins, et on
verra alors s'instaurer une justice primitive. Il n'y a qu'une
seule façon d'empêcher cette dérive : que ceux qui détiennent
les rênes du pouvoir donnent une preuve irréfutable de com-
préhension et de justice envers toute la classe ouvrière —
qu'ils permettent la libre circulation de nos richesses natu-
relles afin de satisfaire les besoins de ceux qui ont faim, qu'ils
fassent passer le bien-être de l'homme avant le droit à la pro-
priété et qu'ils répartissent équitablement le fardeau de la
Dépression entre *toutes les classes* de la société.

L'auteur de cette lettre trace un énorme « Frank Scott » sur le
dernier tiers de la page et l'adresse à « mon futur moi[1] ».

En 1933, année critique, le monde s'écroule tout autour de
Scott et la crise va durer trois longues années. La tentative d'as-
sassinat du président Roosevelt, le seul dirigeant qui cherchait à
établir une justice sociale, entraîne chez Scott un déferlement
d'émotions. Au début de la décennie, tout comme nombre de
ses amis, il a bon espoir que la mobilisation chrétienne au sein
des Églises officielles contribuera à la réforme de la société, mais
leur enthousiasme retombe vite. En revanche, les bons résultats
du New Deal instauré par le président Roosevelt aux États-Unis
semblent prouver que l'État peut se révéler un ferment de jus-
tice sociale.

L'effondrement de la Bourse en février 1929, événement
déclencheur de la crise économique, n'arrive pas par hasard : il
se produit après un nombre incalculable de banqueroutes, un
raz de marée de mises à pied et une période de sécheresse dans
les Prairies. Les premiers ministres Mackenzie King et R. B.
Bennett qualifient ces événements de phénomènes qui se résor-
beront d'eux-mêmes « grâce aux lois du marché ». Toujours les
mêmes vieilles idées de la libre concurrence et de la liberté de
commerce qui persistent. Bennett claironne qu'il ouvrira des
marchés étrangers pour le Canada, tandis que les brillants

jeunes esprits qui gravitent autour de Scott, et qui pressentent l'émergence de la nouvelle économie keynésienne, s'opposent à une politique monétaire stricte durant une récession.

Non seulement le Canada n'a pas son « New Deal », mais l'insécurité économique qui caractérise la Dépression incite le gouvernement à intensifier la répression des droits civils. Les manifestations de chômeurs sont sévèrement réprimées à Montréal, Toronto et Vancouver, sous prétexte que ces réunions sont communistes ou séditieuses. Le Code criminel donne toute latitude aux autorités pour étouffer de telles manifestations, grâce aux amendements qui ont été votés au moment de la grève de Winnipeg, à une époque où l'on percevait la violence révolutionnaire « bolchevique » comme une menace. Quelques semaines après que Scott a écrit à son « futur moi » — lettre dans laquelle il reconnaît la justice primitive des révolutionnaires —, un policier de Montréal tue, d'une balle dans le dos, un ouvrier au chômage, Nick Zynchuck, devant une foule de collègues ouvriers et de sympathisants. Plusieurs jours après, lorsque le cortège funèbre descend lentement la rue Sherbrooke, une multitude d'hommes, pour la plupart des chômeurs, rejoint le corbillard. Au moment où la procession approche du Victoria Royal College, un coup de sifflet retentit et des policiers en civil, cachés derrière les bancs de neige, surgissent pour empoigner les gens du cortège et les matraquer à qui mieux mieux. Ce genre d'incident n'est pas rare ; Scott lui-même voit un jour un petit homme replet, coiffé d'un chapeau melon, se planter soudain devant un ouvrier qui se tenait sur le bord de la route et le terrasser d'un puissant direct à la mâchoire. Il éprouve un choc lorsqu'il s'aperçoit que l'homme au chapeau melon est un policier.

Soutenu par Warwick Chipman, collègue plus âgé et respecté de la faculté de droit de McGill, et Arnold Heeney, ancien étudiant et avocat, Scott forme rapidement un comité qui rencontre le maire afin d'exiger que les policiers portent l'uniforme lorsqu'ils sont en service. En agissant autrement, ils ne font qu'attiser le mépris envers l'autorité[2].

Comme bon nombre de nations occidentales, le Canada se retrouve plongé dans une profonde crise économique. Dans une démocratie qui n'a pas de législation sociale — pas de salaire minimum, pas d'assurance-chômage, pas d'assurance-maladie —, la charité est un luxe, pas un droit. Pas moins de cinq nouveaux partis politiques voient le jour au Canada à cette époque : la Fédération du Commonwealth coopératif (1932), le Parti de la reconstruction (1935), le Crédit social (1935), l'Union nationale (1936) et le Parti national social-chrétien. Le Parti communiste, créé dans les années 1920, bien que très actif, demeure largement clandestin. Tous ces groupes offrent des solutions radicales, sinon révolutionnaires, à la gangrène économique de la crise. Par la suite, les grands partis reprendront à leur compte, bien que de manière fragmentaire, certaines de ces solutions.

Sur le plan international, le Canada commence à se rebeller contre son statut de colonie au sein du Commonwealth. La déclaration Balfour (1926) établit que le Canada est membre des communautés autonomes au sein de l'Empire britannique, égales en statut, non subordonnées les unes aux autres dans aucun des aspects de leurs affaires internes ou externes[3]. Le Statut de Westminster, qui de toute évidence met fin à la souveraineté impériale, entre en vigueur en 1931. Cependant, Scott s'empresse de démontrer dans le *Canadian Forum* que tout ce que le pays gagne n'est qu'une forme de parole d'honneur en ce qui a trait à l'autonomie — d'un point de vue juridique, la couronne britannique demeure l'autorité suprême pour le Parlement canadien[4].

La route du Canada vers le statut de nation à part entière est semée d'embûches. Les gouvernements provinciaux et fédéral sont incapables de s'entendre sur les amendements à apporter à l'Acte de l'Amérique du Nord britannique ; en fait, cela devient même la cause d'une sérieuse mésentente dans les années 1930, dès lors que les mesures sociales nécessaires au soulagement des misères que cause la Dépression exigent une répartition claire des pouvoirs entre le gouvernement fédéral et les provinces. Alors que les provinces sont responsables de l'aide sociale, selon la Constitution, elles n'ont pas les fonds nécessaires à l'instauration d'une telle politique ; le gouvernement fédéral, qui, lui, dispose de ces fonds grâce à ses pouvoirs d'imposition, n'a aucune autorité en la matière. Et comme on peut s'y attendre, chaque ordre de gouvernement cherche à fuir ses responsabilités. La passion de Scott pour la justice sociale, son amour de la patrie et ses connaissances en droit constitutionnel correspondent aux préoccupations premières de la décennie, particulièrement à « l'obsession », comme la qualifie H. Blair Neatby, de l'identité nationale[5]. Jusque-là, celle-ci était définie dans les dispositions de l'Acte de l'Amérique du Nord britannique. À partir de cette époque, pour bien des individus, tous partis confondus, la réforme de l'Acte, qui aurait pour but de mieux répondre aux besoins du Canada en matière sociale et à ses responsabilités croissantes, devient l'unique grande question politique de la décennie.

Si, dans les années 1920, le jeune Scott s'interroge principalement sur sa vocation, sur l'art canadien et sur l'identité nationale, c'est surtout la grande question de la réforme de la société canadienne, par le biais de la politique et du droit, qui retient son attention dans les années 1930. La Constitution, croit-il, définit, au sens large, la forme d'un Canada indépendant, juste et responsable sur le plan social. Il affirmera plus tard avec une pointe d'ironie que « la politique est l'art de faire des constitutions[6] ». Il étudie attentivement le texte de la Constitution en prenant chaque mot au sens strict, ce qui l'amène à entreprendre une analyse critique des arrêts qui font jurisprudence en la matière, sans perdre de vue ce qui fait l'esprit du texte de loi, c'est-à-dire « la sorte de Canada que l'Acte de l'Amérique du Nord britannique a tenté de créer, et qui, je le pense encore aujourd'hui, valait mille fois la peine d'exister[7] ». En droit, en politique et en poésie, son être rationnel et universitaire vit en parfaite symbiose avec son être moral et créatif.

Il est clair, d'après un ensemble de vers qu'il publie dans le *Canadian Forum* de février 1932 et qui forme un recueil intitulé « An Anthology of Up-to-Date Canadian Poetry », que les préoccupations sociales et constitutionnelles de Scott s'expriment dans le cadre d'un nationalisme canadien bon teint. Son « Anthologie », catalogue d'injustices contemporaines, s'articule autour d'un extrait de l'hymne national : « We see thee rise, O Canada, / The true North, strong and free... »

Un poème récent clôt l'anthologie, « My Creed », qui se fonde sur une déclaration que H. H. Stevens, ministre conservateur du Commerce, a faite en décembre 1931 à l'intention des manufacturiers canadiens :

I believe in Canada.
I love her as my home.
I honour her institutions.
I rejoice in the abundance of her resources…

To her products I pledge my patronage,
And to the cause of her producers
I pledge my devotion★.

En réponse à cet acte de foi, les poèmes satiriques de Scott font ressortir l'écart qui existe entre la vision du Canada des Pères de la Confédération — une nation « libre » et « forte » — et ce « credo » des manufacturiers — un Canada faible et enchaîné. Scott affiche un grand mépris envers les conservateurs au pouvoir, défenseurs des manufacturiers canadiens (ceux-ci faisant des profits tout en congédiant leurs ouvriers). Dans un autre poème, « Ressources naturelles », il décrit une nation dépourvue de toute vision d'avenir :

Come and see the vast natural wealth of this mine.
In the short space of ten years
It has produced six American millionaires
And two thousand pauperized Canadian families★★. (C. P., p. 65)

★ Je crois au Canada. / Je l'aime comme mon foyer. / J'honore ses institutions. / Je jouis de l'abondance de ses ressources… // À ses produits j'offre ma préférence, / Et à la cause de ses producteurs / J'offre ma dévotion.

★★ Voyez la grande richesse naturelle de cette mine. / En dix brèves années / Elle a produit six millionnaires américains / Et appauvri deux mille foyers canadiens.

« British Traditions » décrit un Canada sans justice sociale où l'on peut recourir aux articles 86 et 98 du Code criminel pour priver les gens de leur droit à la liberté d'expression et d'assemblée.

Crack this man's head open with a police baton,
And send him to gaol for sedition.
He said the present economic system was rotten,
And actually told the workers they wouldn't get a square deal
Unless they organised and fought for their rights★.

Le souci de la rentabilité s'étend même à la religion (« Treasure in Heaven »), et les juges ne tiennent souvent aucun compte du droit et des conditions sociales (« Justice »). En fait, on voit même d'éminents politiciens mêlés à des affaires de corruption. Scott fait une allusion directe aux protagonistes principaux de l'affaire Beauharnois, les sénateurs Andrew Haydon et W. L. McDougald, dont il parodie les noms à la manière de Leacock :

Meet Senator Haymond D. Belgan McLocourt
Whom the Canadian people have chosen as lawmaker.
He was unsparing of his private means (or his shareholders')
In helping his party — sheer public spirit
Justly rewarded by the lease of a power site★★.

De tels vers, publiés dans le *Canadian Forum,* ne passent pas inaperçus. De nombreux collègues de Scott du monde de la

---

★ Qu'on fende le crâne de cet homme avec une matraque, / Et qu'on l'envoie en geôle pour sédition. / Il a dit que le système économique était pourri, / Et a même dit aux ouvriers qu'ils ne seraient pas traités équitablement / À moins qu'ils s'organisent et se battent pour leurs droits.

★★ Je vous présente le sénateur Haymond D. Belgan McLocourt / Législateur que s'est choisi le peuple canadien. / Il dépense sans compter son argent (ou celui de ses actionnaires) / Pour aider son parti — quel civisme / Et reçoit, en juste reconnaissance, une centrale électrique.

politique, de l'histoire et du droit sont ravis de voir que quelqu'un ose élever la voix. D'autres, surtout les membres vénérables de la haute société montréalaise, commencent à voir en Frank Scott un jeune radical dangereux.

J. S. Woodsworth fait partie de ceux qui admirent le courage de Scott. Il lui écrit : « Vous conviendrez sûrement que l'homme qui pille le public à coup de millions ou celui qui corrompt les gouvernements est bien plus dangereux qu'un malheureux bandit de grand chemin[8]. » Des sénateurs et des hommes d'affaires libéraux très en vue sortent apparemment indemnes du scandale, bien qu'il soit démontré qu'ils ont tiré profit du projet de centrale hydroélectrique de Beauharnois. Pis, personne ne parle de poursuites judiciaires lorsque des rumeurs font état que des membres du Conseil des gouverneurs de McGill auraient investi des fonds de l'université dans leurs propres entreprises, perdant, selon certains, plus d'un million de dollars dans l'opération. En fait, jusqu'à maintenant, un seul homme au Québec s'est dressé contre ces tricheries financières : un petit homme d'affaires du Québec (patron de l'entreprise qui imprimait la *McGill Fortnightly*) allègue que le Cabinet fédéral a conseillé à la société Sun Life de mettre en vente ses actions participatives à un taux supérieur à celui du marché, afin d'éviter la faillite. Scott résume la situation avec ironie : « Un Galaad solitaire — Harpell — s'attaque à la forteresse financière[9]... » Poursuivi en diffamation par la Sun Life, Harpell est condamné à un an de prison. À croire que rien ne peut atteindre les sénateurs et les grandes entreprises, au contraire des Galaad solitaires.

Pendant les années 1930, la révolte de Scott contre l'ordre établi gagne en profondeur, s'érigeant particulièrement contre les solutions conformistes qui sont mises en place pour faire face aux catastrophes économiques et sociales qu'entraîne la Dépression. Les familles crèvent de faim, et les chômeurs qui osent protester contre l'injustice sont réprimés à coups de matraque dans les rues de Montréal. Scott, qui, comme son père, croit que les chrétiens doivent s'opposer à l'injustice, et tente, dans l'étude du droit, de concilier les aspects contradictoires de sa personnalité, ne peut rester indifférent aux injustices sociales que chaque jour amène. L'année 1933 marque un tournant dans la vie de Scott, car l'universitaire, le poète, le jeune militant devient un ardent défenseur de la justice sociale — sir Galaad revêtu d'une armure socialiste.

La poésie de Scott est annonciatrice de la tournure que prendront ses activités dans la décennie à venir — ses tentatives de préparer l'avenir de la société grâce à la création d'organisations socialistes (un parti de la reconstruction sociale et la Co-operative Commonwealth Federation), son travail à titre de citoyen engagé et d'avocat spécialisé en droit constitutionnel, afin que tous les Canadiens puissent exercer leur droit à la liberté d'expression et d'assemblée ; ses activités en faveur de la constitution d'une association pénale canadienne. En dehors de ces préoccupations bien définies, Scott, le poète satirique, se lance à l'attaque de ceux qui se croient au-dessus des lois.

Jamais vers n'avaient été aussi faciles à écrire que ces « vers de mirliton lourds de sens », comme Scott les qualifie. Ils coulent de source, tout comme à l'époque où Smith et lui préparaient des articles pour la *McGill Fortnightly Review*. Mais en assemblant le recueil, Scott les voyait d'un tout autre œil. En les relisant, il est un peu choqué par des poèmes comme « The Hero[10] » :

Having stuck several Germans with a bayonet
For Canada, the Empire, and Civilization,
This unemployed ex-service man
Surveys the fruits of his endeavour★.

Les déclarations brutales, cette voix forte et rude, ces accusations — tout ressemble à une trahison de sa classe, de ses amis et même de sa famille. D'où vient cette voix ? Ses proches ne sont pas moins horrifiés. (La chevalerie est une profession

---

★ Ayant percé bien des Allemands de sa baïonnette / Pour le Canada, l'Empire et la Civilisation, / Cet ancien militaire au chômage / Passe en revue le fruit de ses efforts.

dangereuse.) Scott commence à subir la force du rejet social, d'abord à l'université, puis parmi ses relations en vue à Montréal. À l'occasion d'une soirée chez Brooke Claxton, une dame patronnesse prend à part un de ses condisciples d'Oxford, Terry Sheard : « Voyez-vous cet homme, lui chuchote-t-elle, pointant Scott du doigt, c'est un communiste[11]. »

Dans un Montréal que dominent, d'une part, les grands argentiers du Canada, tous anglophones, et, d'autre part, l'Église catholique romaine francophone, on met les socialistes, les bolcheviques, les rouges et les communistes dans le même panier. Dans un article du *Canadian Forum*, paru en mai 1931, Scott réfute cette vision, qu'il attribue à la haute société, selon laquelle un socialiste est « un homme dont le seul but est de poser des bombes, de faire couler le sang et de piller, ou encore de fomenter des émeutes, la rébellion et de violer les femmes ». La vérité, estime Scott avec une verve toute rhétorique, réside dans le fait que « le poète moderne, comme le socialiste, s'inspire des formes existantes pour créer un ordre nouveau adapté aux besoins de tous ». Un an plus tard, s'exprimant sur le procès de certains communistes de Toronto, il se fait moins virulent en concluant : « Malheur à qui fait des révolutions : heureux qui en hérite[12]. »

Même si Scott affirme courageusement dans les pages du *Canadian Forum* que « l'orthodoxie se trompe », lui et ses nombreux contemporains ne s'empêchent pas de recourir d'abord à des solutions plutôt orthodoxes aux problèmes de la Dépression. L'Église, tout particulièrement, pourrait à leurs yeux jouer un rôle mobilisateur dans la société. Le message dont Scott s'est imprégné à Oxford, qui s'inspire à la fois de Tawney et des fabiens anglais, a beaucoup en commun avec l'évangélisme social et même avec le christianisme victorien dans lequel il a grandi.

Bon nombre de ces brillants jeunes hommes du début des années 1930, notamment Graham Spry, King Gordon, Frank Underhill et Eugene Forsey, tous des anciens d'Oxford, sont des socialistes fabiens. King Gordon s'est converti au socialisme à Oxford et s'est laissé gagner par le socialisme chrétien de l'Union Theological Seminary, aux États-Unis. Reinhold Niebuhr et Harry Ward, qui prêchaient l'application de l'éthique chrétienne dans la société, l'ont fortement influencé. *Moral Man in an Immoral Society* de Niebuhr (1932) fait figure d'évangile. Pendant les premières années de la Dépression, on essaie de mettre en pratique l'évangélisme social : on ne le prêche plus seulement en chaire, mais on se met au service des gens de la rue. Jack Farthing, par exemple, organise des soupes populaires à la cathédrale anglicane pour les chômeurs protestants. Gordon et Forsey se lancent dans la rédaction d'un rapport décrivant les conditions sociales des chômeurs et le rôle que pourrait jouer l'Église à cet égard.

Pendant les années 1930, les Scott côtoient trois groupes d'amis. Ils les voient séparément ou se rencontrent tous à l'occasion. Il y a les vieux amis de la *Fortnightly* et du Groupe. Il y a les nouveaux amis, nourris de socialisme fabien, qui cherchent un exutoire dans l'action politique. Bon nombre d'entre eux commençant à assister à des assemblées de la Ligue des jeunes socialistes à McGill. Puis, il y a les amis de Marian, ceux de ses années d'études aux Beaux-Arts, des artistes comme Pegi Nicol et Edwin Holgate, auxquels s'ajoutent des francophones et des Européens. Tous se regroupent autour de l'artiste montréalais John Lyman, revenu de Paris en 1931, poussé par le sentiment que l'Europe pourrait bien être le théâtre d'une nouvelle flambée de violence.

En 1932, les Scott emménagent dans une nouvelle maison, avenue Oxenden, au nord-ouest de McGill. De là, il ne leur faut que cinq minutes de marche pour aller skier sur les pentes du mont Royal, n'ayant que l'avenue des Pins à traverser et le parc Fletcher à remonter. Ici, contrairement à leur ancien quartier, l'environnement est dynamique, joyeux, et ils s'y intègrent petit à petit. Lyman habite une maison quelques mètres plus bas. De nombreux artistes ont élu domicile dans ce coin — Holgate, André Bieler, Jean Palardy et sa femme sont à un pâté de maisons de chez les Scott. Gordon habite tout près, John Bird également, ce journaliste sud-africain qui vit alors au Canada avec sa femme, Florence, née aux États-Unis.

De l'époque de la *Fortnightly,* il y a A. J. M. Smith et Leon Edel, de retour d'Europe, leur doctorat en poche, et Leo Kennedy, tous désireux de lancer un nouveau magazine littéraire. En fin de compte, aucun d'entre eux n'arrive à trouver un emploi au Canada en raison de la Dépression, et ils émigrent aux États-Unis. Smith considère qu'il a de la chance de se voir offrir un poste permanent à l'Université d'État du Michigan, en 1936. Edel accepte un contrat avec un journal jusqu'en 1936, année où il reçoit une bourse de la Fondation Guggenheim pour travailler à Paris sur le théâtre de Henry James. Un an plus tard, il s'installe à New York, où il entre à l'agence de presse American Wire Service. Kennedy finit par accepter l'offre d'emploi d'une agence de publicité américaine. Les membres du Groupe, tous plus âgés de quelques années et ayant un bon réseau de relations, étaient déjà bien établis avant le début de la crise. Claxton est dans un cabinet juridique, tandis que MacDermot enseigne l'histoire à McGill.

Ils sont tous encore relativement très proches, se voient régulièrement pour discuter de littérature, d'art et de politique. Lors des soirées tenues avenue Oxenden, la poésie a droit de cité au même titre que le socialisme et le droit. Ils ne sont pas riches, mais cela ne les empêche pas de s'amuser. Ils organisent souvent des soirées sans prétention ; la bière est bon marché et coule à flot. D'autres fois, c'est plutôt rare, ils se font un bon punch avec quelques litres d'alcool de la « Commission des liqueurs » du Québec. Tout le long des murs du grand salon de l'avenue Oxenden, ornés de tableaux, court une bibliothèque basse, peinte en bleu. Un gramophone est prêt à jouer les nouveaux disques, on sort le punch ou la bière et on repousse les chaises pour une soirée de discussion et de danse — les deux confondues. À l'époque, il y a un grand engouement pour la musique populaire de l'heure, « Smoke Gets in Your Eyes » ou « Night and Day[13] ».

Tous ces gens que reçoivent les Scott sont jeunes et pleins d'énergie, ils professent de grands idéaux pour le Canada. Le révérend J. King Gordon pense que l'Église unie peut changer l'ordre social ; Graham Spry et Alan Plaunt veulent mettre sur pied un pendant canadien de la BBC britannique ; Brooke Claxton cherche à se frayer un chemin en politique chez les libéraux ; Florence Bird aspire à devenir romancière ; son mari, John, désire devenir l'un des plus importants éditeurs de journaux au Canada. Hazen Sise s'est donné pour objectif d'être un grand architecte ; le docteur Norman Bethune caresse l'idée de fonder une nouvelle société afin d'aider ses patients tuberculeux et dresse des plans pour créer une ville modèle. Et Frank Scott, comme Florence Bird se le rappelle, « va changer le monde par le biais de la League for Social Reconstruction[14] », une organisation en voie de création.

Scott passe le plus souvent ces soirées à discuter ou à plaisanter — ou les deux — dans un coin. Un soir, John Bird et lui se demandent comment soulager la misère des chômeurs. Bird, qui vient de terminer la rédaction d'une série d'articles sur le sort des chômeurs, juge beaucoup trop théorique le travail qu'effectue le nouveau groupe de recherche que Scott est en train de mettre sur pied à Montréal. Bird préfère le travail missionnaire que King Gordon accomplit au sein de l'Église, qui consiste, entre autres activités, à organiser des services d'aide alimentaire et à fournir des vêtements aux pauvres. Scott rétorque que les idées que le nouveau groupe propose favoriseront l'établissement des principes essentiels à la réforme de la société. Les deux hommes débattent vigoureusement de la question. Cette nuit-là, les Bird, en rentrant chez eux, se font demander par un ami qui les accompagne : « Pourquoi continuer à voir Frank Scott alors que vous le détestez tant ? » « Détester Frank Scott ? s'indigne Bird. C'est mon ami le plus cher[15] ! »

Tous ne sont pas forcément du même avis, mais ces soirées sont très stimulantes. Les nouvelles idées fusent, et les vieilles croyances sont mises au rancart : « Les vieux tabous quittent l'ombre et envahissent la place publique[16]. » Les spécialistes n'ayant pas vu arriver la Dépression n'ont pas de solutions à proposer. L'amateur peut s'en donner à cœur joie. Ces discussions permettent à toutes les opinions politiques de s'exprimer, de l'extrême gauche à l'extrême droite. J. M. Macdonnell, qui a épousé la sœur de Raleigh Parkin, est un conservateur bon teint ;

Claxton et McCall sont très actifs dans les cercles libéraux ;
Dorothy Livesay et Bethune gravitent autour du Parti commu-
niste. Bethune, petit et plutôt costaud, dont la large tête grise
présente une calvitie naissante, est un homme d'une grande
vitalité. Son énorme appétit de vivre et sa voix agréable, teintée
d'un accent écossais, lui donnent beaucoup de charme. Cepen-
dant, dans le souvenir de Scott, l'artiste Pegi Nicol incarne, dans
un poème élégiaque, la quintessence de l'esprit qui se dégageait
de ces réunions. Elle était, se souvient-il :

A Canadian of these difficult days
When greatness is in our thoughts
And our hands are numb…
Her alive is alive★. (C. P., p. 163)

Au cours de ces soirées chez les Scott, comme King Gordon
le dira plus tard avec humour, « l'homme moral dans une société
immorale côtoie lady Chatterley ». Les préoccupations éthiques
sont primordiales, mais s'insèrent dans un vaste contexte qui
englobe l'art et la littérature. Les membres du Groupe manifes-
tent toujours de l'intérêt pour Lawrence. Scott et McCall collec-
tionnent les éditions princeps de son œuvre. Pour Scott, les
images qui se dégagent de la poésie très fluide de Lawrence évo-
quent la sève qui parcourt les nervures d'une feuille frémissante.
En fait, « même s'il parle d'un arbre, on peut imaginer non seu-
lement l'écorce, mais aussi ce qui se passe en dedans[17] ». Ils
lisent *Le Fils d'une femme* de Middleton Murry dès sa parution et
aiment le récent *Letters of D. H. Lawrence,* dont la préface bien-
veillante est signée Aldous Huxley. Hemingway aussi fait grande
impression. Bertrand Russell continue d'aiguiser la curiosité de
Frank et de Marian. Ils découvrent *La Conquête du bonheur*
(1930) et aiment la réflexion de Russell sur le sentiment du mal-
heur qui proviendrait si souvent d'un sentiment irrationnel de

---

★ Une Canadienne issue de ces temps difficiles / Quand la grandeur est dans
nos pensées / Et que nos mains sont engourdies… / Sa vivacité est vivante.

péché sexuel. Scott en sait quelque chose : conditionné par les fessées de son père au point que pour lui sexualité signifie culpabilité, il trouve chez Russell un souffle libérateur[18]. On parle beaucoup d'une « nouvelle morale » et de la liberté de vivre une vie créatrice et spontanée.

Scott continue de lire de la poésie, particulièrement les revues *Dial* et *Poetry* (Chicago), et reçoit, à l'occasion, un exemplaire de *Transition*. Il est heureux d'y lire un jour un dicton qui lui rappelle Gertrude Stein : « Le poète ne communique pas ; il exprime. » Tout comme ses poètes favoris dans *Transition*, Scott commence à changer de style, il « saute les clôtures[19] ». Il fait aussi des incursions dans la poésie britannique et se plaît à lire Stephen Spender, Cecil Day-Lewis et l'Auden des *Poems* des années 1930, à la syntaxe complexe, qui fait montre d'une grande profondeur psychologique, Auden qui traduit, par-dessus tout, le sentiment que nous nous trouvons à l'aube d'une décennie de bouleversements.

Le Groupe approfondit sa lecture de l'iconoclaste H. L. Mencken et commence à s'imprégner de la critique sociale implicite des romans d'Aldous Huxley et de Wyndham Lewis. Et, alors que la Dépression s'aggrave, ils découvrent les nouveaux romanciers américains du réalisme social, Dos Passos, Thomas Wolfe et Steinbeck, avec *Les Raisins de la colère*. Scott s'abonne à un nouveau club de livres qui lui fait parvenir, presque chaque mois, les écrits socialistes récents. Il s'intéresse tout particulièrement aux commentaires des Russell et des Webb, qui se montrent optimistes quant à l'évolution de la situation en Russie, particulièrement dans le domaine de la planification sociale.

Scott se tourne rapidement vers l'engagement politique. En 1929, il assiste régulièrement à des rencontres avec un deuxième groupe de socialistes fabiens très actifs dans le cadre du nationalisme canadien. Ce sont les anciens fabiens d'Oxford, des amis comme Underhill, Forsey, Spry et Alan Plaunt, jeune homme d'affaires prospère d'Ottawa, d'origine française. Scott et Plaunt se tiennent mutuellement en très haute estime, et chaque fois qu'ils se voient, ils se saluent bruyamment — symbolisant les peuples français et anglais à l'intérieur d'un Canada uni[20]. Le nationalisme de Plaunt, jumelé à celui de Spry et de Brooke Claxton, prend différentes formes : l'établissement de la Canadian Radio League, un appui en faveur de la CCF en gestation, une tentative, en 1939, d'amener des Canadiens d'horizons politiques divers à réclamer le droit du Canada à la neutralité.

Forsey, après avoir reçu une bourse de la Fondation Rhodes pour étudier à Oxford en 1926, revient à McGill où, vers la fin de la décennie, il participe à des réunions du Groupe travailliste de McGill, au grand déplaisir de son mentor, Stephen Leacock. Là, Scott fait la connaissance d'un jeune ingénieur, Jacques Bieler, fils d'un professeur suisse de théologie et frère de l'artiste André Bieler. En 1929, chez Leo Kennedy, Scott fait aussi la connaissance de David Lewis, jeune étudiant sérieux du premier cycle, qui se décrira plus tard comme « le seul philistin » de ces réunions de poètes[21]. Il est le fils d'immigrants juifs et, bien que n'étant pas marxiste lui-même, il s'y connaît déjà très bien en socialisme marxiste européen. Lewis assiste aussi aux cours de droit que donne Scott à McGill.

Au début des années 1930, la gravité de la Dépression renforce les arguments de ceux qui pensent que le protectionnisme et le laisser-faire économique de R. B. Bennett ne sont pas une bonne réponse aux problèmes qu'affrontent l'agriculture et l'industrie canadiennes. Un nombre croissant de gens souscrivent à une vision socialiste, et plus précisément marxiste, de la société. Dans l'entourage de Scott, nombreux sont ceux qui y voient une solution à la crise. Ils partagent la croyance fabienne dans « une société qui repose sur l'égalité des chances et l'égalité des droits, société dans laquelle le processus économique est subordonné aux principes d'une production à des fins d'utilisation et non de profit[22] ». Ils croient en la réforme progressive des institutions, au moyen des processus démocratiques de discussion, d'éducation publique, de scrutin. Nombre d'entre eux ont des raisons personnelles qui motivent leur engagement envers le socialisme. Scott, Gordon et Bieler sont les enfants d'hommes d'Église et David Lewis a hérité le sens de la justice de son père, hautement moral, pétri de l'Ancien Testament. Tous ces jeunes hommes ont en commun « leur préoccupation pour la condition humaine, la tragédie humaine, elle-même fruit d'orthodoxies dépassées que le pouvoir a imposées[23] ».

Début 1931, Scott prononce un discours devant les membres de la Young People's Socialist League, dans une assemblée sur l'avenir du socialisme. Bien qu'il ne soit membre d'aucun parti politique, il leur explique que sa sympathie va à ceux qui veulent instaurer, au Canada, une société coopérative plutôt que concurrentielle. « Je ne crois pas qu'il existe d'autres issues menant vers une société civilisée que celle du long et difficile chemin de l'étude, de l'organisation et de l'action politique… À quoi bon planter un arbre socialiste si l'on n'a pas fertilisé le sol au préalable ? » Scott estime que, en apportant leurs nouvelles idées au sein de l'assemblée législative, les jeunes gens favoriseront la propagation des idéaux réformistes. En raison de « leur nombre grandissant et de la grande justice qu'expriment leurs idées, ils atteindront graduellement et sûrement la maîtrise des organes de l'État et sauront les utiliser à l'avantage des masses ». Que ce soit une ligue de *jeunes* plaît particulièrement à Scott. « Des hommes âgés nous gouvernent, et c'est désastreux, car on ne peut pas trouver de solutions aux problèmes modernes en faisant appel à de vieux esprits[24]. »

Dans son discours, Scott fait chaudement allusion à « mon ami » David Lewis, alors président et chef de la ligue, que Scott pousse à faire une demande de bourse auprès de la Fondation Rhodes. Par la suite, en 1932, Lewis part à Oxford où il se laisse gagner, à son tour, par le socialisme fabien et devient le premier « colonial » élu président de l'Association des étudiants d'Oxford. À ce poste, Lewis forge des liens avec des membres du Parti travailliste britannique, notamment sir Stafford Cripps et Malcolm MacDonald, fils du premier ministre Ramsay MacDonald. Il se tient au courant des événements qui se déroulent au Canada grâce à un échange épistolaire avec Scott. On a le sentiment que Lewis désire faire de Scott son confident : il lui raconte ses succès auprès du Parti travailliste à Oxford et écrit avec humour sur leurs amis communs. Mais, explique-t-il, c'est dur de se faire de vrais amis à Oxford, et de toute façon, il n'est même pas sûr d'en avoir envie.

Scott lui répond avec courtoisie. Il se charge de faire certaines démarches pour Lewis et s'occupe de son inscription au Barreau du Québec, mais semble ignorer ses ouvertures d'amitié[25]. « J'appréciais l'homme, se rappellera plus tard Lewis, il m'a montré la valeur de l'âme humaine et de l'esprit humain. Peu de gens possèdent en eux les éléments qui leur permettent de vous ouvrir à cela. Je l'ai toujours aimé, car il respirait la vie, il avait beaucoup de verve, un solide sens de l'humour et maniait l'absurde avec talent ; travailler avec lui était un vrai plaisir[26]. » Pourtant, dès le début, Lewis sent que le monde intérieur de l'homme lui est fermé : « Je ne peux pas dire que je le connaissais intimement. En ce sens, il était bel et bien un de ces protestants de race blanche et d'origine anglo-saxonne, avec toute la réserve qui les caractérise[27]. » Dès le retour au Canada en 1935, Lewis se lance dans la cause socialiste, et les deux hommes entament ce qui deviendra cinquante années d'une étroite et amicale collaboration.

Parmi le troisième groupe de gens que les Scott voient régulièrement, on compte les habitués des cercles artistiques de Montréal. Les Lyman tiennent salon tous les samedis soir et reçoivent sans distinction les francophones et les anglophones de l'avant-garde, dont les peintres Alfred Pellan, Jean Palardy, Jeannette et André Bieler. Lyman, qui revient tout juste de Paris, établit bientôt de nouvelles normes artistiques à Montréal. Il considère le Groupe des Sept comme un émule des impressionnistes et s'irrite de voir certains les imiter : « La mode veut que le sujet à lui seul fasse la toile, se plaint-il, il n'y a rien d'aussi galvaudé au Canada aujourd'hui que le "Nouveau Nord"... désormais, le public devra pousser sa recherche plus loin pour trouver le caractère canadien. » En 1931, il contribue à la création d'une école d'art, l'Atelier, par le biais du département d'éducation permanente de McGill. Marian s'y rend à l'occasion. Dans ses contacts personnels avec les autres artistes et au moyen de son enseignement, Lyman contribue à encourager les artistes de Montréal, dont les Scott, à passer d'un art nationaliste à un art international.

Les trois groupes que fréquente Scott ressentent davantage, chacun à leur manière, l'aggravation de la crise. Le Groupe tente d'écrire un livre soulignant les problèmes du Canada et les solutions possibles. Les socialistes éprouvent la nécessité d'entreprendre une action politique directe, tandis que, chez les poètes et les artistes, la Dépression appelle un nouvel art, celui du réalisme social.

La crise amène avec elle la répression des libertés civiles, obligeant les socialistes à admettre la nécessité d'élaborer d'autres options politiques. Le même mois, Frank Underhill, professeur d'histoire à l'Université de Toronto, et Frank Scott tirent, chacun de leur côté, la même leçon. Le Fellowship of Reconciliation, une toute nouvelle organisation pacifiste, annonce qu'elle tiendra un forum public en janvier 1931, dans une salle de cinéma de Toronto. Le propriétaire de la salle, nerveux et passible d'une amende de cinq mille dollars selon l'article 98 du Code criminel, annule son contrat avec l'organisation. Le 15 janvier, tous les journaux de Toronto publient une lettre qui s'élève contre cette violation des droits civils. Signée par soixante-huit personnes, dont beaucoup de professeurs de l'Université de Toronto[28], cette lettre, rédigée par Underhill, affirme que : « le droit à la liberté d'expression et d'assemblée risque de disparaître dans cette ville ». Une controverse s'élève immédiatement dans le public. On ne devrait pas, estime-t-on, autoriser les professeurs à exprimer leur opinion sur des questions politiques ; en fait, l'expression de telles opinions est la preuve directe que les universités deviennent de dangereux repaires pour les communistes.

Une semaine plus tard, à Montréal, la police arrête et accuse de sédition deux personnes qui ont pris la parole à la réunion d'une organisation communiste vouée à la défense des travailleurs. Le 3 février, Scott signe une lettre dans *The Gazette* protestant contre l'usage de la force afin d'empêcher la tenue de réunions de chômeurs. Pour la police de Montréal, il n'y a aucune différence entre une réunion de travailleurs au chômage et une réunion de communistes. De plus, les tribunaux n'ont pas défini avec exactitude ce qu'est la sédition. « Ordonner à une foule dans une salle de se disperser sous prétexte qu'elle a écouté un discours possiblement séditieux relève de l'arbitraire et est probablement illégal. Déchirer des banderoles et détruire des images, même si ce sont des images de Lénine, est carrément illégal et de toute évidence risque de provoquer une émeute. » En agissant ainsi, la police de Montréal s'arroge le droit de juger avant même d'avoir la preuve qu'il y a crime et elle viole le droit — et il s'agit bien d'un droit — à la liberté d'expression et d'assemblée. Pourquoi intervenir ? Les Britanniques ont pour principe de laisser les radicaux se défouler, sachant que les réprimer ne ferait qu'exacerber les passions. Il n'y avait que deux cent cinquante personnes à la première réunion, mais on en comptait mille cinq cents à la dernière : « Je serais curieux de savoir combien se sont convertis au communisme après une telle démonstration de force. »

Scott, qui a signé « professeur associé de droit constitutionnel et fédéral », se lance dans un débat public avec le chef de la police de Montréal, M. Langevin, qui s'indigne dans *The Gazette*, le 5 février. « Selon M. Scott, la méthode britannique est de laisser les radicaux se défouler, mais les ordres que j'ai reçus sont différents. À chaque réunion, plus des trois quarts de la foule est composée de communistes. Je ne peux pas autoriser ce genre de chose à Montréal. »

Une déclaration aussi autoritaire, remarque Eugene Forsey avec ironie en résumant les événements aux lecteurs du *Canadian Forum*, devrait calmer même les universitaires. Mais pas Scott. Il renchérit et accuse le chef de police d'agir en toute illégalité, car même les communistes ont parfaitement le droit de participer à toutes les assemblées qu'ils désirent, tant que le Parlement n'apporte pas d'amendement au Code criminel, à moins, bien sûr, qu'ils ne prêchent la sédition ou qu'ils n'incitent la foule à l'émeute. En fait, la déclaration de Langevin, à savoir qu'il « a l'intention d'interdire à une classe de sujets britanniques d'exercer un droit indéniable », semble en soi correspondre à une définition reconnue de la sédition : « Le simple fait d'exprimer l'intention de susciter des sentiments de rancune et d'hostilité entre les différentes classes de sujets de Sa Majesté[29]. » Scott est lui-même sur la sellette lorsque le recteur Currie lui annonce qu'il n'a pas le droit de mentionner dans un journal son lien avec l'Université McGill. Le fin mot de cette histoire, bien sûr, c'est que Currie craint de voir les Montréalais associer les communistes à un professeur de McGill.

Scott trouve un nouveau débouché à ses préoccupations sociales en août 1931, lorsque le doyen Percy Corbett l'invite à l'accompagner à titre de secrétaire à une conférence à Williams College, à Williamstown, dans le Massachusetts. Là, il fait la connaissance de Frank Underhill, récemment censuré pour avoir critiqué l'article 98 du Code criminel, et dont il a longtemps apprécié la chronique acerbe intitulée « Ô Canada » dans le *Canadian Forum*. Nord-Américain engagé, Underhill estime que tôt ou tard les Canadiens réclameront « que le gouvernement ait les coudées franches pour les questions de politique interne. Alors nous nous heurterons de nouveau aux clauses restrictives de l'Acte de l'Amérique du Nord britannique[30] ».

Frank Scott et Frank Underhill se découvrent de nombreux points communs. Un jour, la conférence faisant relâche, Underhill propose d'aller pique-niquer. Les trois Canadiens, Scott, Underhill et Percy Corbett, se rendent en voiture au pied du mont Greylock, dans le Berkshire. Tout en marchant, Underhill commence, au grand étonnement de Scott, à parler de ce que l'on appelle communément les « leçons » de l'histoire. Il est convaincu que la crise actuelle aura des conséquences similaires à celles de la dépression qui a suivi la Grande Guerre et que l'on assistera à l'émergence d'un nouveau parti progressiste. Mais un tout nouveau parti qui ne se dote pas de principes clairs pour s'orienter est sûr de tomber entre les griffes de Mackenzie King et des libéraux, comme ce fut le cas pour le Parti progressiste au milieu des années 1920. Il faut créer un groupe d'étude, en s'inspirant de la Société fabienne britannique, afin de doter ce parti d'un cadre socialiste théorique. À la fin de leur promenade, Underhill et Scott affichent leur détermination à mettre sur pied un groupe de ce type avec des structures à Toronto et à Montréal. Underhill écrira plus tard, dans le *Forum* d'avril 1932, qu'ils cherchaient à attirer ces « esprits critiques sans attaches qui ne trouvent leur bonheur dans aucun des deux partis politiques nationaux et que les circonstances n'autorisent pas à joindre les rangs des mouvements politiques des travailleurs ou des fermiers ».

Le socialisme fabien occupe toutes les pensées de Scott et d'Underhill, mais tous deux portent un intérêt marqué à la Russie soviétique, la Mecque de l'économie planifiée. Woodsworth s'y rend en 1931, Gordon et Forsey en 1932, puis Scott en 1935. Selon les mots de Lincoln Steffen, Gordon et Forsey « ont vu l'avenir, et ça marche ». Tous deux reviennent impatients de parler de la Russie et ne cessent de décrire leur voyage dans leurs nombreux discours. On raconte que Forsey, en prononçant une conférence à la Société littéraire St. James, aurait dit : « Je préfère les propositions réalistes et pratiques du socialisme[31]. » À moins qu'il n'ait été mal cité, cela signifie que, au commencement de la décennie, les socialistes eux-mêmes ne font pas de différence très claire entre le socialisme en général et sa version soviétique. Forsey est aussi d'avis — « Heureux les avares car ils hériteront de la terre » — que le capitalisme ne survivra pas. Une levée de boucliers chez les manufacturiers de Montréal illustre bientôt la force du capitalisme. Parmi ceux qui demandent au recteur Currie de « museler » ces jeunes imbéciles, il y a Arthur Purvis, le président et directeur général de Canadian Industries Ltd. Même le premier ministre Taschereau se plaint officiellement[32].

Scott, dans l'intervalle, jette de l'huile sur le feu, car il continue de se porter à la défense des communistes dans ses écrits. Il se lance dans une campagne en faveur de la liberté de parole, en août 1932, dans un numéro du *Queen's Quarterly,* en publiant un article sur le procès et l'emprisonnement de huit communistes torontois. La façon dont sont traités les accusés pousse de nombreux Canadiens à s'interroger sur « la signification, s'il en est une, de nos traditions britanniques de libre expression et de libre association ». De plus, argumente-t-il, le Parti communiste est légal dans toutes les démocraties, sauf au Canada, et on a toujours considéré que les lois relatives à la sédition, à la trahison et aux assemblées illicites permettaient de protéger adéquatement le public dans n'importe quelle situation ne relevant pas d'une insurrection imminente.

Pourtant le Canada, en 1919, greffe à son Code criminel un article spécial — le fameux article 98 — sans précédent dans l'histoire du Canada et de probablement tous les pays britanniques, puisqu'il décrète une restriction permanente des droits d'association, de la liberté d'expression, de presse et de diffusion de documents, sous peine d'un sévère châtiment.

Comme Scott le fait remarquer, le Parti communiste a toujours manœuvré au grand jour depuis 1924, et même si les autorités connaissaient bien son programme, elles n'ont jamais inquiété le Parti avant 1931, époque où s'aggrave la crise économique.

> Rien ne convaincra les radicaux canadiens que le procès n'est pas simplement un exemple de la lutte des classes, une tentative temporairement réussie de la part des classes bourgeoises du Canada de défendre leur position contre les attaques du prolétariat. Rien ne convaincra les conservateurs du Canada que le procès n'est pas l'application parfaitement raisonnable de la loi à un grand nombre de « rouges » étrangers qui l'ont clairement enfreinte. Il faut donc laisser mijoter la question. La décision finale dépendra de la classe qui sortira vainqueur[33].

Les ultraconservateurs que Scott décrit voient ses écrits d'un très mauvais œil. Tous ceux qui parlent de la lutte des classes avec autant de facilité doivent sûrement pencher en sa faveur, non ? Le bureau du recteur Currie est la cible de lettres d'éminents hommes d'affaires de Montréal, dont beaucoup siègent au Conseil des gouverneurs de McGill. Et Scott lui-même soupçonne que la GRC le surveille. B. K. Sandwell remarque une déchirure suspecte sur l'enveloppe d'une lettre que vient de lui envoyer Scott. « As-tu des raisons de croire que l'on ouvre ton courrier ? » lui demande-t-il[34].

En fait, la GRC a bel et bien lancé une enquête sur la présence de « communistes » à McGill. Le chancelier Beatty raconte au principal Currie que le directeur de la GRC, le major-général J. H. MacBrien, veut que l'université y mette un terme. Gordon, Forsey et Scott sont tous suspects. Difficile, cependant, de forcer la main à Currie. Le 26 octobre 1933, ce dernier prépare une note interne défendant la liberté de pensée à l'université.

> Nous risquons d'être appelés à nous engager dans une bataille ; pas pour défendre le socialisme, ainsi qu'on l'appelle dans les universités, mais pour défendre l'existence et le développement même des universités. Une institution qui essaie de distiller le respect de la vérité et de la sincérité, de l'honnêteté, de la justice et de la loyauté peut déplaire à des intérêts égoïstes[35].

Dans des lettres datées du 12 et du 17 décembre qu'il avait fait parvenir par l'intermédiaire du colonel Bovey, son aide de camp officieux, au directeur de la GRC, Currie décrit les trois jeunes professeurs comme étant non pas des communistes, mais « des socialistes de salon ». Gordon et Scott, explique-t-il, sont des « socialistes dans la lignée de Ramsay MacDonald » qui désapprouvent la situation économique actuelle, mais qui désirent un changement par le truchement d'une action parlementaire. Quant à Forsey, qu'il sous-estime complètement, il juge qu'il « ne connaît rien du monde et ne saurait avoir d'influence sur son entourage, encore moins sur les étudiants ». Ce que Bovey craignait, néanmoins, c'est que des membres du Parti communiste, actifs et intelligents, se servent des socialistes de salon pour arriver à leurs fins[36].

Face à la crise, les militants qui gravitent autour de Scott réclament une plus grande liberté de parole et d'assemblée, et les artistes se posent de nouvelles questions sur la nature et la fonction de l'art. Une question clé revient sans cesse sur le tapis durant les années 1930 chez les Scott, chez les Lyman, au restaurant Samovar, rue Peel : « l'art doit-il se contenter d'être de l'art ou doit-il se mettre au service de la société ? » Même si bien des gens considèrent que l'aspect social, en art, est important, on continue de débattre des contraintes qu'impose le réalisme socialiste face aux théories qui défendent l'indépendance de

l'art. Ce débat touche les deux Scott ; ni l'un ni l'autre ne croient
que l'art peut être subordonné entièrement à la position d'un
parti, mais Scott a pourtant le sentiment que l'on ne peut plus
apprécier l'art pour lui-même[37].

Une esthétique de « l'art pour l'art » très marquée a long-
temps subsisté au Canada, héritage tardif des décadents des
années 1890, et imprègne certains des poèmes que Scott et
Smith ont écrits pour la *Fortnightly* (la plupart sous pseudo-
nyme), qui se caractérisent par leur « beauté » languide et leur
euphonie. Cependant, au début des années 1930, les deux
poètes se lancent dans une forme de poésie à caractère social :
Smith fait ainsi un bilan amer de la décennie de la Dépression
dans « Son and Heir » ; en 1932, Scott publie « Anthology of Up-
to-date Poetry » et, en 1935, ses « Social Notes », tous deux dans
le *Canadian Forum*. Marian, influencée au début par le Groupe
des Sept, se tourne vers les cubistes. En 1935, elle enseigne à des
enfants de l'est de la ville, avec Fritz Bradner, dans des classes
pour les démunis mises sur pied par Bethune. Elle entreprend
une série de tableaux où domine le thème de l'escalier. Des
groupes d'individus, ébauchés par touches légères, apparaissent
debout sur des marches, des escaliers roulants, dans les rues de
la ville — aux visages vierges et inexpressifs[38]. Les nouveaux
« escaliers roulants » la fascinent particulièrement, car à ses yeux
ils incarnent la société des années 1930 — les individus ne déci-
dent pas où ils veulent aller, leur chemin est déjà tout tracé[39].

Les autres grands courants de la société influencent égale-
ment la poésie de Scott. En 1936, Smith et lui publient la pre-
mière anthologie de poésie canadienne moderne : *New Pro-
vinces : Poems of Several Authors*. Lorsque E. J. Pratt, l'un des plus
vieux poètes du Groupe, rejette, comme prévu, la préface de
Smith qui décrit la poésie canadienne comme étant dépassée,
Scott en écrit une autre au ton résolument socialiste. Il souligne
que ce livre vise à reconnaître « le besoin de restaurer l'ordre à
partir du chaos social, [et que] la dépression économique a
libéré l'énergie des individus en la canalisant de manière posi-
tive ». Des œuvres des six poètes qui sont réunies dans *New Pro-
vinces,* les poèmes d'A. M. Klein, de Pratt et de Scott sont ceux

qui affichent le plus souvent des marques évidentes d'une conscience sociale. Robert Finch, Leo Kennedy et Smith s'inté-ressent moins aux questions sociales et plus au concept de l'art pour l'art. Les vers de Scott, particulièrement « Summer Camp » et « Efficiency », contiennent un message social et didac-tique clair.

The efficiency of the capitalist system
Is rightly admired by important people.
Our huge steel mills
Operating at 25 per cent of capacity
Are the last word in organization.
The new grain elevators
Stored with superfluous wheat
Can unload a grain-boat in two hours.
Marvellous card-sorting machines
Make it easy to keep track of the unemployed.
There isn't one unnecessary employee
In these textile plants
That require 75 per cent tariff protection.
And when our closed shoe factories re-open
They will produce more footwear that we can possibly buy.
So don't let's start experimenting with socialism
Which everyone knows means inefficiency and waste★. (C. P., p. 71)

★ Des gens importants admirent avec raison / L'efficacité du système capita-liste. / Nos énormes aciéries / Qui fonctionnent à vingt-cinq pour cent de leur capacité / Sont le dernier cri de l'organisation. / Les nouveaux silos à grains, / Débordant d'un surplus de blé, / Peuvent, en deux heures, vider un charge-ment de grain. / Merveilleuses machines à trier / Qui permettent de suivre les chômeurs à la trace. / Pas un seul employé inutile / Dans ces usines de textile / Qui demandent une protection douanière de soixante-quinze pour cent. / Et quand nos usines de chaussures fermées réouvriront leurs portes / Elles pro-duiront plus de chaussures que nous ne pourrons en acheter. / Alors n'es-sayons pas de nous lancer dans le socialisme / Que tout le monde connaît pour son inefficacité et son gaspillage.

Dans la foulée, il prépare pour le *Queen's Quarterly* un article sur le socialisme qui vise à faire tomber les mythes sur son inefficacité[40].

Scott est débordé au début des années 1930. À une époque de changement constitutionnel et de création d'un nouveau mouvement politique, il travaille d'arrache-pied pour imposer des réformes, pour imposer ses idées et n'hésitant pas pour cela à se servir de sa poésie. Mais il arrive à se ménager des moments de répit. En hiver, pendant les fins de semaine, les Scott et leurs amis se rendent souvent en train dans les Laurentides pour skier à Saint-Sauveur, où ils descendent à la pension de Mme David. Ou bien, à l'occasion, ils séjournent dans le chalet d'hiver de Jacques Bieler. Son frère, André, qui a appris l'art de la fresque en Italie, a dessiné une vaste fresque de saint Christophe, le patron des voyageurs, sur un mur du chalet. Marian Scott a l'impression, lorsqu'elle voit partir les skieurs le matin, que chaque fois qu'ils passent devant la fresque, saint Christophe « les bénit ». Ils skient toute la journée et reviennent le soir s'asseoir à la table familiale des villageois ; il y a toujours au milieu de la table un grand plat de betteraves marinées, donnant une touche éclatante de couleur[41].

La vie dans les Laurentides s'écoule agréablement, tout empreinte de beauté naturelle. Pourtant, dès que Scott est de retour en ville, il ne peut résister à l'appel à l'action. Les hommes déambulent dans les rues vêtus de pardessus élimés, et trop souvent des policiers vont les refouler à coups de matraque ; de longues files de chômeurs se forment devant les soupes populaires des églises, auxquelles Jack Farthing et King Gordon ont prêté main-forte. Le socialisme de Gordon a signé la fin de sa carrière universitaire ; le conseil d'administration du United Theological College l'a informé que l'établissement n'avait plus besoin de ses services. Un professeur d'éthique chrétienne, comme ironise si bien le *Saturday Night,* semble bien être la dernière des choses dont a besoin un collège de théologie[42]. Un soir, après une journée de ski dans le parc de Westmount, Scott et Gordon rentrent chez eux en plaisantant. Scott lance avec humour : « Si quelqu'un vient te demander, pour le *Who's Who* par exemple, ce que tu fais pendant tes loisirs, réponds-lui que tu fais du ski et que tu refais l'ordre social[43]. »

CHAPITRE 9

Les missionnaires de la politique

Peut-être est-ce parce que je suis issu de plusieurs générations de Canadiens et que j'ai hérité de l'individualisme commun à tous ceux qui sont nés sur le continent américain, avec cependant des idéaux politiques et sociaux profondément influencés par des traditions britanniques et par une forme d'idéalisme chrétien… Je suis convaincu que nous pouvons créer au Canada une forme différente de socialisme. Je me refuse à suivre servilement le modèle britannique ou le modèle russe. Nous, au Canada, résoudrons nos problèmes selon nos propres critères.

J. S. WOODSWORTH, 1933

J. S. Woodsworth, comme David Lewis se le remémore, était à la fois un prêcheur, un professeur et un missionnaire pour de nombreux chefs de la Co-operative Commonwealth Federation (CCF) qui, comme Scott, sont venus au socialisme par le biais de l'évangélisme social[1]. Il fait montre en tout d'une intégrité sans faille : Woodsworth est véritablement « la conscience de la nation ». Depuis l'entrée en vigueur de l'article 98, Woodsworth ne cesse de contester cette loi, et dès son élection au Parlement en 1921, il en réclame le retrait et proteste contre la violation des libertés civiles. Il exhorte aussi les nations occidentales à ne pas faire davantage pression sur l'Allemagne pour qu'elle verse des réparations de guerre, car il craint qu'en s'obstinant dans cette voie elles déclenchent un autre conflit mondial. Woodsworth plaide aussi avec conviction en faveur d'amendements à apporter à l'Acte de l'Amérique du Nord britannique, qui autoriseraient le gouvernement fédéral à protéger les libertés civiles, à assurer une couverture sociale minimale aux travailleurs et à soulager « les problèmes économiques urgents[2] ». Il parle sans arrêt, au Parlement et ailleurs, de la nécessité de construire une nouvelle société au Canada, un commonwealth coopératif. Au milieu des années 1920, on ne se gêne pas pour balayer du revers de la main ce genre d'idée : une caricature de l'époque sous-titrée « Bzzzz » montre Woodsworth sous les traits d'un moustique s'attaquant à un énorme pilier dénommé « la pierre angulaire » — l'Acte de l'Amérique du Nord britannique[3]. Mais, après le krach de 1929 et le chaos social qu'engendre la Dépression, ses préoccupations deviennent soudainement d'actualité.

C'est à Woodsworth qu'Underhill et Scott font d'abord appel au début des années 1930. Accepterait-il la fonction de président d'honneur de leur nouveau groupe d'étude ? Ils ont su transmettre à d'autres l'enthousiasme de Williamstown, au cours de plusieurs réunions tenues à Toronto et à Montréal. Forsey, Gordon, Bieler, Lewis et un nouveau membre, Leonard Marsh, professeur d'économie à McGill, se retrouvent avenue Oxenden et, à l'occasion, les jeudis après-midi, au joyeux bar du Ritz-Carlton, en sous-sol, avec ses tables recouvertes de nappes à carreaux rouges. Ils se lancent dans la rédaction d'un manifeste instituant les principes qui serviront de cadre à la nouvelle organisation.

Les deux sections montréalaise et torontoise du nouveau groupe vont être calquées sur le modèle de la Société fabienne, à l'origine du Parti travailliste britannique, et sur certains aspects de l'American League for Industrial Democracy. Le débat qui entoure le choix du nom de l'organisation en devenir reflète l'influence des deux sociétés. Underhill a une préférence pour « League for Social Reconstruction » (LSR). Scott écrit à

Underhill qu'il penche pour « League for Economic Demo-
cracy » : « d'une part, parce qu'elle exclut les communistes en
suggérant la seule action démocratique. De plus, cela confine
nos activités à la sphère économique : le nom de « League for
Social Reconstruction » pourrait faire croire que nous allons
aussi reconstruire des choses bizarres comme l'Église catholique
romaine[4] ». Le groupe d'Underhill et des Torontois est le plus
rapide — tout simplement en tenant un meeting leur permettant
d'adopter le nom avant le groupe de Montréal.

Dans l'intervalle, Scott et les membres de Montréal rédigent
un manifeste socialiste et l'envoient au groupe de Toronto, qui
l'accepte après y avoir apporté quelques modifications. On y
décrit l'association comme « travaillant à l'établissement d'un
ordre social au Canada dans lequel les moyens de production, la
distribution et les services seraient régis par le principe du bien
public et non par le profit de l'entreprise privée ». Le manifeste
rejette « le système capitaliste actuel, injuste et inhumain, source
d'un grand gaspillage économique et menace à la paix et au
gouvernement démocratique ». La LSR « appuiera tout parti
politique dont le programme fera la promotion des principes
[sociaux] » définis dans le manifeste. Cependant, le groupe s'in-
téresse surtout à la recherche : il désire se doter d'un organe
d'information traitant de questions comme la propriété pu-
blique, la planification économique et les services sociaux[5].

Le premier meeting de la ligue se tient au pavillon Wymil-
wood de Victoria College, à Toronto, le 23 février 1932. La plu-
part des soixante-quinze hommes et femmes qui assistent à la
réunion prennent leur carte de membre au tarif de deux dollars
par année et approuvent le manifeste et l'acte constitutif tels que
rédigés par le groupe fondateur. Gordon, Havelock, Parkinson
et Scott forment un comité national provisoire. Underhill est élu
président et Isobel Thomas, professeur de Toronto, devient
secrétaire-trésorier. J. S. Woodsworth accepte la présidence
d'honneur. Une autre réunion suit à Montréal, le 11 mars 1932.
De nouveau, soixante-quinze personnes environ[6] y assistent,
notamment un membre du Conseil municipal de Montréal,
Joseph Schubert. King Gordon est élu président de la section de

Montréal, tandis que Scott, Forsey, Lewis et l'avocat J. K. Mergler forment le comité de coordination. B. Fernihoff, étudiante à McGill qui deviendra plus tard membre du Parti communiste, offre ses services comme secrétaire[7].

Pour Woodsworth, que Scott et Underhill soutiennent, la première chose à faire, c'est d'informer le public sur les principes et les objectifs du socialisme, au moyen de conférences et de brochures. Peut-être un brin naïf, Woodsworth est convaincu que, si l'on pouvait ouvrir les yeux des gens, ils verraient la même chose que lui et adhéreraient sans aucun doute au socialisme. La ligue organise donc un programme dynamique de débats publics animés par des membres de la direction ainsi que par des orateurs plus illustres. Le 1er mai 1932, Agnes Macphail, députée, est invitée à parler de la création d'un parti d'agriculteurs. On fait ensuive venir des conférenciers de l'American League for Industrial Democracy, notamment Norman Thomas, chef du Parti socialiste des États-Unis, qui prend la parole en mai. En 1933, à la demande de King Gordon, Reinhold Niebuhr accepte de parler devant la ligue, à Montréal, des enjeux de la reconstruction. Il rappelle à l'auditoire la nécessité de fonder son action sur des principes moraux malgré l'inévitable opprobre public. Niebuhr est conscient qu'il y a toujours de l'égoïsme derrière le désir de défendre une cause : « Le dévouement de l'homme à sa communauté est toujours l'expression de son égoïsme autant que celle de son altruisme[8]. »

En 1933, Scott prend la parole en vingt occasions, sur tout un éventail de sujets : l'article 98 et ses conséquences, la place du gouvernement dans la société moderne, la nécessité d'une reconstruction sociale et économique, les théories modernes sur le traitement des prisonniers, la CCF et la Constitution, la situation du Canada dans le monde. Il s'adresse à des groupes aussi divers que le Cercle féminin de l'Université d'Ottawa, l'organisation des chômeurs de Verdun, la LSR de Montréal et la CCF de Toronto[9]. Et, en 1934, il prononce un discours dans le cadre d'une seconde série de conférences radiophoniques lancée par la LSR. En parallèle, à Toronto, Underhill donne une série de conférences, commanditée par la LSR, sur le Canada et la crise mondiale[10].

Au cours de l'hiver 1933-1934, John Strachey, condisciple de Scott à Magdalen qui venait de publier *The Coming Struggle for Power,* rend visite à la ligue à Montréal et séjourne chez les Scott. D'entrée de jeu, il provoque la consternation des membres du Men's Canadian Club de Montréal (qui s'attendaient à retrouver le Strachey de *Victoriens éminents*) lorsqu'il fait allusion à un communiste bien connu en remarquant malicieusement : « J'ai cru comprendre que vous avez mis mon collègue Tim Buck dans l'un de vos pénitenciers[11]. » En avril 1934, sir Stafford Cripps, avocat de la couronne, député et ministre du gouvernement de coalition de Ramsay MacDonald en Angleterre, vient à Montréal sous le parrainage de la LSR et s'y arrête longuement.

Toutes ces conférences apportent une publicité qui donne les résultats attendus. En janvier 1933, la Ligue a essaimé dans dix-sept villes du Canada, mais les sections sont plutôt de petite taille sauf à Toronto et à Montréal, qui comptent environ cent cinquante membres chacune[12]. En réponse à M. Allen, d'Oxbow en Saskatchewan, qui s'efforce de créer une section de la ligue, Scott écrit qu'il lui faut choisir les membres en fonction de leur compréhension du manifeste : « Nous voulons bâtir une nouvelle forme de société au Canada, pas simplement dépoussiérer l'ancienne. Le nouvel ordre doit se fonder sur l'égalité économique et l'élimination d'une classe privilégiée, qui accapare les bénéfices, en étendant la propriété publique à toutes les sources de la richesse. Nos ressources naturelles doivent devenir des ressources nationales. » Le danger réside dans la possibilité de voir la LSR envahie par des individus bien intentionnés « qui pensent que nous pouvons instaurer la justice sociale en promulguant tout bonnement des lois plus strictes à l'endroit des entreprises et en imposant des règles plus sévères afin de mieux contrôler l'industrie privée ». Scott termine sur une note très ferme : « Nous n'avons pas foi en ces demi-mesures[13]. »

Woodsworth non plus. Au printemps 1932, il participe activement à la création d'un nouveau parti politique. L'après-midi du 26 mai 1932, le bureau de William Irvine, député et membre du « groupe de radicaux » au Parlement dont fait partie

Woodsworth, sert de lieu de rencontre à un certain nombre de personnes convaincues que le moment est venu de former un parti politique national aux assises socialistes. Woodsworth et Robert Gardiner, chef des Fermiers unis de l'Alberta, forment un comité « afin de déterminer les moyens de répondre aux attentes du groupe exprimées pendant la rencontre du 26 mai, c'est-à-dire de jeter les bases de notre action future[14] », soit la tenue du congrès de fondation du nouveau parti, prévue en juillet 1932 à Calgary.

Le 14 juin, Scott reçoit une lettre de M. J. McPhail, de Montréal, sollicitant un entretien pour discuter de la fondation d'un nouveau parti socialiste. Scott ne peut accepter, car il est sur le point de partir pour l'Angleterre. De toute façon, il n'est pas sûr que le moment soit bien choisi pour créer un nouveau parti socialiste au Canada : « Mieux vaut travailler avec le Parti travailliste existant, même s'il est inefficace, que de repartir de rien[15]. »

En fait, aucun des membres du bureau de la LSR, bien que tous invités, n'assiste au congrès de fondation du nouveau parti. « À la suite d'une réunion où mille trois cents personnes se sont entassées dans le Legion Hall à Calgary, la nuit du 31 juillet 1932, les représentants des principales organisations d'agriculteurs et de travailleurs des quatre provinces de l'Ouest se rencontrent au Labour Temple le 1er août et décident de fonder la CCF[16]. »

La nouvelle formation, une fédération d'organisations d'agriculteurs, de travailleurs et de socialistes, va se doter d'un conseil national composé de représentants des différentes organisations, d'un président et d'un secrétaire qui seront élus au congrès annuel. Woodsworth est élu président et Norman Priestley, des Fermiers unis de l'Alberta, devient secrétaire[17]. Les participants de la conférence de Calgary entérinent un programme provisoire en attendant de voter le programme définitif du parti à la conférence de Regina, un an plus tard. Le numéro d'août de la *U.F.A.*, publication officielle des Fermiers unis de l'Alberta, rend très bien compte de l'effervescence engendrée par la conférence. Il cite Woodsworth : « Le lancement de ce nouveau mouvement aura des conséquences bien plus grandes sur l'avenir du Canada que la conférence économique impériale qui se déroule en ce moment à Ottawa ; car pendant que la conférence d'Ottawa cherche à restaurer la prospérité en tentant de recoller les morceaux d'un système capitaliste en désintégration, l'objet de la fédération est une reconstruction sociale de fond en comble[18]. »

À son retour d'Angleterre, Scott écrit à Underhill, le 7 septembre 1932, soulignant que le nouveau parti a le goût d'un « rêve longtemps caressé », que le parti progressiste qu'ils ont appelé de leurs vœux est devenu réalité. Il est d'accord pour que la LSR aide la CCF, ajoutant cependant qu'il ne voit pas la nécessité d'établir quelques relations officielles que ce soit. Il préfère, à ce moment-là, que la LSR poursuive son travail de sensibilisation[19].

À la suite d'une visite de Woodsworth à Montréal, en octobre, Scott écrit de nouveau à Underhill. Woodsworth a pris le pouls du groupe de Montréal au sujet de la préparation d'un manifeste pour le nouveau parti. « Woodsworth nous a pratiquement invités à mettre sur pied le programme qui convient au parti, et c'est le genre de choses que nous pouvons certainement faire sans engager la Ligue dans sa totalité[20]. » On pense que Woodsworth s'est d'abord adressé à Scott et à la section de Montréal, plutôt qu'à Underhill, parce que c'est le groupe de Montréal qui a rédigé l'excellent manifeste de la LSR.

Deux mois plus tard, le 1er décembre 1932, Underhill annonce à Scott la tenue du premier meeting de la CCF :

> La nuit dernière, le lancement de la CCF a fait beaucoup de bruit à Toronto. Une réunion publique s'est tenue au Hygeia Hall (une ancienne église) et il y avait tellement de monde que la police a dû intervenir pour dégager les allées et pour diriger les gens en surnombre vers une autre salle, et on a quand même dû refuser du monde. Woodsworth, Irvine, Gardiner, Mlle Macphail et le docteur Salem Bland se sont adressés à la foule dans les deux salles… Ceux qui ont entendu la retransmission radiophonique de la dernière heure des procédures

(c'est tout ce que les stations de radio ont diffusé) racontent qu'ils avaient l'impression d'entendre un match de football, tellement les applaudissements crépitaient.

Il ajoute que Woodsworth désire avoir l'ébauche du manifeste de la CCF d'ici la fin de l'année afin de le soumettre au Conseil national en janvier : « Je pourrais entreprendre de rédiger quelque chose moi-même, à moins que vous n'ayez déjà avancé de votre côté. Je pourrais vous soumettre l'ébauche, ainsi qu'à notre petit groupe ici[21]. » Cela semble indiquer que le groupe de Montréal fait traîner les choses et qu'Underhill, pour des raisons qui lui sont propres, a décidé de prendre les choses en main. Il a accès aux résolutions de la CCF votées à la conférence de Calgary et au manifeste de la LSR, qu'il reprend en grande partie dans son ébauche. Underhill racontera plus tard à Michiel Horn que, outre lui-même, Harry Cassidy, Escott Reid, politologue actif au sein de l'Institut canadien des affaires internationales, et peut-être Joe Parkinson, ont revu l'ébauche. Parkinson soumet le travail d'Underhill à une conférence politique du YMCA qui se tient au lac des Bois, où King Gordon, Eugene Forsey, qui participent tous à la conférence, et lui-même révisent le document[22].

Un mois plus tard, le premier congrès annuel de la CCF se tient à Regina. Les délégués viennent à pied ou en autobus ; ils prennent le train ; ils attellent des chevaux à leurs automobiles en panne sèche et conduisent ces « voitures Bennett » jusqu'à la ville. Scott traverse le pays à bord de sa précieuse Franklin refroidie à l'air. Accompagné de Forsey, de Gordon et de Parkinson, il arrive trois jours à l'avance, le 16 juillet, afin de rencontrer les membres du Conseil national de la CCF et de terminer la rédaction du manifeste qui doit être présenté au congrès. Tout le monde est venu à Regina, se souvient T. C. Douglas, « les poches trouées, mais avec une vision de l'avenir[23] ».

Leur vision est celle d'un « commonwealth coopératif », expression tirée de l'avant-projet utopique et marxiste de Laurence Gronlund sur une société nouvelle[24], à laquelle Woodsworth insuffle un contenu canadien et chrétien. À ce propos, Frank écrira à King Gordon, quatre ans plus tard :

L'ascendant du vieux J. S. au Canada provient de sa vision, et aucune astuce ou aucune tactique politique ne peut s'y substituer. Il nous faut clarifier et définir simplement, au profit de cette génération en déroute, ce qu'est l'objectif d'une bonne société, car en fin de compte, c'est cela le socialisme… Il nous faut, à mon avis, exprimer par le truchement de la CCF l'idée que notre peuple est venu en Amérique du Nord afin de bâtir une cité juste, en quelque sorte, et que nous avons, de toute évidence, lamentablement échoué. Cette détermination, j'en suis sûr, engendrera une force de cohésion bien plus grande que tout programme détaillé. On la sent à l'état latent dans le manifeste de Regina, mais elle disparaît sous la masse des avant-projets[25].

La vision de Woodsworth d'une cité juste, la nouvelle Jérusalem, se fonde sur le concept biblique de la fraternité humaine, le commonwealth socialiste. Dans un dessin conçu pour le congrès de Regina, on voit un homme et une femme avec leurs trois enfants qui marchent dans un paysage sombre vers le soleil levant ; ce dessin s'intitule « La CCF ». Sur les rayons du soleil on peut lire les promesses de « prospérité, justice, démocratie, unité, égalité, liberté, sécurité[26] ».

Au fur et à mesure que les invités se rassemblent dans le vieil hôtel de ville, il est clair qu'on est à l'aube d'un temps nouveau. Le vieil ordre capitaliste s'effondre autour d'eux. Le deuxième jour de la conférence, le jeudi 20 juillet, *The Leader-Post* de Regina titre : « Le blé perd dix-sept cents en deux jours. » Le lendemain, le *Evening Times* de Moose Jaw rapporte qu'on a frôlé la panique à la fermeture des marchés boursiers, la veille, à Chicago et à Kansas City. Le premier ministre Bennett déclare : « Si le président Roosevelt veut sauver le monde, il doit fermer la Bourse de New York. » Le marché des matières premières s'est effondré à l'American Stock Exchange, marché dont dépendent toutes les régions des Prairies, et par conséquent la prospérité du Canada.

Le Conseil national de la CCF planifie une réunion publique le jeudi, au cours de laquelle Woodsworth sera l'orateur principal ; Scott aussi fera une intervention. Les délégués s'attellent alors à la tâche d'établir les principes régissant cette société nouvelle. Le premier jour du congrès, Norman Priestley, le secrétaire, préside la séance et lit le manifeste jusqu'à la douzième clause. Des années plus tard, Scott écrira : « Je n'oublierai jamais Priestley, debout à la tribune, nous lisant, d'une voix tonitruante, les paragraphes qui dénoncent l'un après l'autre les maux capitalistes et qui promettent un monde meilleur et socialiste, non plus que la manière dont la foule du congrès s'est levée comme un seul homme pour manifester son enthousiasme à la fin de son discours[27]. » Le congrès entérine cinq des quatorze clauses élaborées par les membres de la LSR, bien que le Conseil national (qui les a revues avant le début du congrès) ait modifié d'autres clauses, particulièrement celle qui porte sur l'agriculture[28]. En réponse à diverses questions et objections soulevées par les délégués, les universitaires et les membres du bureau revoient le document clause par clause.

La pierre d'achoppement du débat qui s'ensuit réside dans la question des compensations à verser aux industries nationalisées. Quelques vieux socialistes purs et durs de la Colombie-Britannique « tiennent mordicus à ce que les magnats de l'industrie ne reçoivent aucune compensation, puisque la société ne fait que reprendre ce qui lui appartient de droit. Les délégués des Fermiers unis de l'Alberta et de l'Ontario estiment que c'est exagéré. Afin de résoudre le conflit, on forme un comité, à l'heure du déjeuner, pour trouver une formule permettant de concilier les deux points de vue ». Scott se rappelle que King Gordon, Eugene Forsey, une autre personne et lui-même en étaient les quatre membres ; ils se sont assis dans une section isolée d'un restaurant de Regina pour rédiger un court texte sur les compensations, qu'ils griffonnent sur un paquet de cigarettes. « Plus tard, au moment de mettre à jour le manifeste à la lumière des conditions qui prévalent après la Seconde Guerre mondiale, alors que les anciens purs et durs de la CCF crient au sacrilège en arguant que le manifeste ne doit pas être changé d'un iota, la scène du restaurant m'est revenue à l'esprit, sorte de rappel que l'on n'avait pas pris la peine de trop réfléchir en jetant certains mots sur le papier. Mais on peut dire la même chose de toutes les bibles[29]. »

À la fin du troisième jour, le manifeste se compose d'un préambule et de quatorze points. Le plan d'action a une portée nationale et sera utile le jour où un gouvernement CCF sera élu à Ottawa. Ce manifeste pose comme fondement que le système capitaliste est inhumain et conduit à des injustices flagrantes. Le but de la CCF est « d'instaurer au Canada un commonwealth coopératif dont le principe directeur en matière de production, de distribution et d'échanges serait de satisfaire les besoins des individus et non pas d'engendrer des profits ».

Le préambule souligne qu'il est possible d'appliquer le programme de la CCF grâce à des élections démocratiques et à l'appui d'une majorité de gens. On n'y trouve aucun encouragement à recourir à la violence pour parvenir au changement, cependant le ton du manifeste est sans aucun doute radical, voire révolutionnaire. Le meilleur moyen de remédier aux inégalités causées par le capitalisme consiste à instituer une économie planifiée « dans laquelle le peuple possède, contrôle et gère nos ressources naturelles, de même que les principaux moyens de production et de distribution ». Le but est de créer une « organisation collective adéquate de nos ressources économiques, de sorte que chaque citoyen puisse avoir davantage de loisirs et une vie beaucoup plus enrichissante[30] ».

Tout comme le manifeste s'ouvre sur une profession de foi en son programme, de même il se clôt sur une déclaration également claire et succincte : « Aucun gouvernement CCF ne connaîtra de repos tant qu'il n'aura pas éradiqué le capitalisme et mis en place le programme complet de planification socialiste qui mènera à l'établissement, au Canada, d'un commonwealth coopératif[31]. » Ce dernier paragraphe, comme le fera remarquer Coldwell[32], va s'avérer un sacré boulet pour le nouveau parti, car il reflète le conflit idéologique entre les intellectuels de l'Est et les socialistes de l'Ouest. De nombreux socialistes de la Colombie-Britannique en particulier ont fait leurs armes dans les conflits de Clydeside ; ils étaient aguerris et très militants. La pression de ces radicaux conduit à l'affirmation que la CCF n'est pas simplement un mouvement réformiste, mais plutôt un mouvement révolutionnaire qui a pour but l'abolition du capitalisme.

Le deuxième jour, le 20 juillet, un meeting a lieu pour discuter des principes de la toute nouvelle fédération, toujours dans l'auditorium du vieil hôtel de ville. Le député Robert Gardiner préside, et Frank Scott, M. J. Coldwell et J. S. Woodsworth prennent la parole. Le parterre est rempli d'auditeurs attentifs, de même que le long balcon en U qui le surplombe. Scott fait grande impression sur un observateur assis au balcon, le jeune avocat George Curtis[33]. Svelte, sérieux et s'exprimant avec clarté, Scott balaie les craintes de ceux qui ne croient pas à la création d'un commonwealth coopératif sans violence. Il estime que les aspects constitutionnels du programme de la CCF peuvent s'inscrire dans l'Acte de l'Amérique du Nord britannique et déclare que la CCF n'entre pas en conflit avec les droits des minorités, garantis par la Constitution. Cependant, elle encouragera l'apprentissage du français et, ajoute Scott, « rien ne nous empêche de favoriser un certain bilinguisme[34] ». Pas étonnant que, dans son éditorial, un journaliste du *Canada* accueille avec enthousiasme ses propos, source de grande satisfaction pour les Canadiens de langue française, car ils sont, à l'évidence, exempts de toute tactique électoraliste. La conviction du journaliste vient du fait que l'auditoire de Scott à Regina n'est composée que d'anglophones[35].

Michiel Horn est d'avis que les universitaires de la LSR, qui ont formulé les politiques du nouveau parti, ont joué un rôle primordial. Éloquents, cultivés et efficaces, ils ont posé les principes théoriques qui guident la CCF et ont soutenu le manifeste de Regina tout au long du congrès. Scott, en particulier, a énormément contribué à établir sans équivoque la légalité du programme proposé. George V. Ferguson, dans le *Winnipeg Free Press* du 19 juillet, repère très rapidement un « groupe de conseillers » parmi les jeunes professeurs qui s'inspirent beaucoup de l'équipe expérimentée sur laquelle Roosevelt s'est appuyé pour lancer son New Deal. Scott sait que les universitaires ont frappé un grand coup. Jugement que d'autres viennent confirmer. Cassidy écrit à l'économiste Kenneth Taylor : « Frank Scott m'a téléphoné ce matin, de retour du congrès de la CCF… Il m'a dit que la LSR a remporté un brillant succès au congrès, car les membres de notre groupe qui étaient sur place ont su, en général, faire passer avec brio leurs idées sur le programme. » Graham Spry, qui était lui aussi à la conférence, écrit à Cassidy : « On s'en remettait presque toujours aux opinions de Scott, Parkinson, Forsey et Gordon[36]. »

Le soir où le manifeste de Regina est adopté, Mackenzie King, alors chef de l'opposition, amorce une tournée dans l'Ouest. Plutôt que de dénoncer les membres de la CCF, il reconnaît bien volontiers qu'« une bonne part de leur programme peut récolter les suffrages de tout le monde ». Cependant, il est en désaccord avec la collectivisation des entreprises. « La confiscation de la propriété engendrerait la révolution », rappelle-t-il à ses partisans libéraux au cours d'un pique-nique[37]. Le premier ministre Bennett lance bientôt une attaque similaire mais un peu plus vigoureuse à l'encontre du nouveau parti. Dans un discours prononcé en novembre 1932, au congrès annuel du Parti conservateur de l'Ontario, à l'hôtel Royal York, il dénonce sans détour le socialisme et le communisme et déclare que « ce genre de discours appelle une "contre-destruction". Il n'y a que le rouleau compresseur de la destruction pour venir à bout de ce type de propagande[38] ». *The Ottawa Journal* rapporte ses propos sous le titre : « BENNETT EXHORTE À UNE GUERRE SANS MERCI CONTRE LE SOCIALISME ; le premier ministre voit le communisme pousser comme de la mauvaise herbe… avec à sa tête la CCF[39] ».

Trois jours plus tard, Scott contre-attaque au People's Forum à Ottawa. « Puisque le premier ministre ne sait pas faire la différence entre le socialisme et le communisme, déclare Scott, il faudrait peut-être lui envoyer un étudiant pour la lui expliquer. Voilà que le premier ministre de ce pays incite les gens à la violence, c'est le bouquet[40] ! » Tandis que ce discours soulève tout un brouhaha à Ottawa, le jeune professeur retourne à ses cours de droit constitutionnel à McGill. À son entrée dans la salle où il doit donner son premier cours du matin, la classe se lève d'un bloc et l'applaudit[41]. Scott prêche par l'exemple : la liberté de parole et d'expression. C'est une expérience enivrante, qui inspirera son action au cours des trois décennies à venir.

The Ottawa Journal réagit immédiatement à ce discours et publie une réponse indignée dans son numéro du 15 novembre : « M. Bennett n'a rien dit de semblable », affirme l'éditorial, le « rouleau compresseur » de la violence était dirigé contre la propagande étrangère qui vise la destruction des institutions canadiennes. « Le professeur de droit constitutionnel de McGill va-t-il jusqu'à affirmer que M. Bennett a dépassé les bornes ? » Le professeur de droit constitutionnel de McGill l'affirme. Il répond sur-le-champ, déclarant qu'il avait raison d'affirmer que Bennett confond socialisme et communisme :

> Permettez-moi de vous renvoyer à votre propre compte rendu du discours de M. Bennett, reproduit dans votre numéro du 10 novembre. Le titre est : « BENNETT EXHORTE À UNE GUERRE SANS MERCI CONTRE LE SOCIALISME », et le sous-titre, « Le premier ministre voit les communistes pousser comme de la mauvaise herbe ». Il est clair que, si ce n'est pas M. Bennett qui confond les deux courants, c'est votre journaliste et, dans ce cas, c'est votre journal qu'il faut accuser de « pensée imprécise » et non pas moi. Dans tous les autres comptes rendus que j'ai lus dans la presse, le socialisme et le communisme sont aussi traités sans discernement.

Dans tous les cas, il met en évidence qu'il n'y a rien d'illégal à ce que des étrangers veuillent modifier ou même abolir des institutions canadiennes, tant et aussi longtemps qu'ils utilisent des moyens légaux. Le premier ministre, rappelle Scott, n'a pas plus de liberté que les autres. Imaginons qu'un agitateur professionnel pousse une assemblée de chômeurs à s'en prendre violemment à la classe capitaliste, on s'empresserait aussitôt de le jeter en prison pour sédition. « Eh bien, je pense qu'il est normal de s'attendre à ce que le premier ministre, interlocuteur de poids et lui-même avocat, interprète mieux les traditions britanniques que ne le ferait un agitateur professionnel, et qu'il s'y conforme[42]. »

Tandis que Scott et le premier ministre se renvoient la balle, Scott et d'autres membres de la LSR décident de préparer des publications destinées à sensibiliser le public. Ils forment un comité de travail sous la présidence de Harry Cassidy, qui déclare au Congrès national de la LSR, en janvier 1933, que le comité propose de « préparer un livre d'une portée comparable à celle du "livre jaune" des libéraux britanniques qui serait constitué d'une présentation détaillée du programme de la LSR ». Il ajoute que le comité espère que le livre « mettra en valeur le manifeste de la LSR, qu'il sera accepté par la CCF comme une déclaration de politique officieuse et qu'il sera prêt l'été prochain[43] ».

En 1933 commence la rédaction de *Social Planning for Canada*. Cassidy en est le rédacteur en chef et Graham Spry, le rédacteur adjoint. Eugene Forsey, Irene Biss, jeune économiste de l'Université de Toronto, et Joseph Parkinson doivent rédiger le chapitre sur l'économie, Underhill est responsable du chapitre sur la politique, Scott de celui concernant la Constitution et Escott Reid de celui qui traite des affaires étrangères[44]. Ils font appel à d'autres personnes pour apporter de l'eau au moulin ou pour améliorer les passages traitant de sujets dont elles ont une connaissance approfondie. En fin de compte, le projet déborde largement le cadre prévu, et le livre n'est pas publié avant septembre 1935. Les mille cinq cents premiers exemplaires se vendent bien et, en 1936, il faut en réimprimer mille cinq cents[45].

J. S. Woodsworth signe l'avant-propos. Scott, Marsh, Spry, Gordon, Forsey, Parkinson et Underhill signent conjointement la préface qui définit les objectifs du groupe. En analysant les ressources dont le Canada dispose, le livre tente de démontrer au public les failles du système actuel. Les idéaux socialistes, « le désir de moderniser l'idée d'un gouvernement *par le peuple* et *pour le peuple* », sont à la source de leurs propositions. Les rédacteurs en appellent aussi à la raison pour contrecarrer les accusations non fondées qui mettent le communisme sur un pied d'égalité avec le socialisme[46].

Social Planning for Canada déclenche une levée de boucliers en pleine campagne électorale de 1935, aussi bien à droite qu'à gauche. Tim Buck, le leader communiste, considère que le livre est intéressant, mais insuffisant et naïf. Cependant, ce sont les attaques provenant de la droite qui sont les plus virulentes. Un agent de relations publiques du Canadien Pacifique, P. C. Armstrong, écrit et distribue, sous le couvert de l'anonymat, une brochure de quarante pages qu'il intitule *Criticism of the Book* (critique du livre)[47]. « Comme si *Social Planning* était une bible », remarquera Scott plus tard[48]. Pour Armstrong, le livre « est un document qui tire son inspiration du marxisme et dans lequel désinformation et logique déficiente ont pour but d'inciter à la haine entre les classes[49] ». Ces critiques rendent Underhill furieux. Mais Scott estime que cet incident est une bonne chose. À son avis, « le style virulent du document, le mépris qu'il affiche envers notre argumentation, son incapacité totale à présenter une argumentation réfutant la thèse principale de notre livre, font preuve d'une grande faiblesse… En fin de compte, cela devrait augmenter considérablement notre prestige — et nos ventes[50]. » Scott surestime lourdement le discernement politique des électeurs canadiens, et c'est justement cette sorte de critique qui va miner le socialisme canadien. Strachey, qui écrit en Angleterre en 1933, est à la fois cynique et lucide : que les socialistes ne s'attendent pas à ce que les capitalistes restent de marbre devant ce qui menace leurs privilèges[51].

Alors même que la première impression de *Social Planning for Canada* sort des presses, l'éditeur se rend compte qu'il faut en faire une version abrégée. Forsey, Marsh et Scott s'y attellent aussitôt et, en février 1938, ils font paraître *Democracy Needs Socialism*. Il ne s'agit pas, à proprement parler, d'un abrégé. L'ouvrage comprend un long chapitre sur les droits des femmes et précise les questions liées à la reprise économique, puis s'intéresse au défi que pose le fascisme pour la démocratie et les institutions parlementaires et enfin à la dérive vers une nouvelle guerre[52]. Cependant, de tous les documents qu'a produits la LSR, *Social Planning for Canada* est « celui qui, selon des analystes canadiens et étrangers, représente une importante prise de position socialiste, un constat qui, malgré les années, n'a rien perdu de sa pertinence[53] ».

Tout au long de l'année 1933, le premier ministre s'absente fréquemment et confie alors la direction du pays à son ministre du Commerce, Harry H. Stevens, de Vancouver. Celui-ci a donc l'occasion de prendre connaissance de documents révélant les difficultés croissantes de l'économie. Il reçoit des rapports sur la conduite douteuse de certaines industries, dont plusieurs font état, sans aucune équivoque, des conditions misérables des travailleurs de l'industrie du vêtement et des pratiques déloyales des acheteurs représentant les grandes chaînes et les magasins à rayons. Ces pratiques acculent les petits manufacturiers à la faillite. Frank Scott et Harry Cassidy jouent un rôle de premier plan en dénonçant bon nombre de ces cas au gouvernement, qui poursuit au grand jour les coupables.

En 1932, Joseph Schubert, conseiller municipal de Montréal et membre de la LSR, approche Scott afin d'amorcer une étude sur les salaires versés dans l'industrie du vêtement pour hommes au Québec et en Ontario. Bien que la demande provienne de Schubert, ce sont l'Association des manufacturiers de vêtements du Canada et les Travailleurs unis du vêtement et du textile de l'Amérique qui commanditent ce rapport. Scott mène l'étude indépendamment de la LSR, mais il invite Cassidy à se joindre à lui. Il estime qu'il n'a pas l'expérience nécessaire pour concevoir et conduire une étude de ce genre, alors que Cassidy, économiste à l'Université de Toronto et secrétaire à la recherche pour la LSR, a toute l'expérience voulue[54]. Dans leur rapport, *Labour Conditions in the Men's Clothing Industry,* qu'ils terminent en décembre 1933, Scott et Cassidy décrivent une industrie plongée dans le chaos :

> Les manufacturiers de vêtements et les ouvriers de ce secteur ont tous énormément souffert dans les dernières années, les premiers d'une concurrence sauvage, d'un marketing désorganisé et d'une instabilité industrielle généralisée, et les seconds, du chômage, du sous-emploi et de la réouverture des ateliers clandestins sous leur forme la plus abjecte[55].

Ils concluent que les lois du travail en vigueur ne sont pas suffisantes et font plusieurs recommandations : de justes salaires, des journées de travail plus courtes, l'interdiction des pratiques commerciales déloyales, l'amélioration de la gestion des entreprises et le souci du consommateur. Ils demandent que ces recommandations soient mises en œuvre au moyen de l'élargissement et de l'application plus rigoureuse des lois du travail, et qu'un conseil de surveillance, composé d'employeurs, de travailleurs et de consommateurs, soit mis sur pied en tant qu'organe autonome au sein de l'industrie.

Le rédacteur en chef du *Saturday Night,* dans un article intitulé : « People Who Do Things », ne tarit pas d'éloges sur ces deux jeunes réformateurs, louant leur zèle et leur sincérité :

> Frank Scott est dynamique, sincère, sérieux et ne peut rester insensible aux problèmes humains, ce qui l'amène à consacrer son temps à des questions d'une importance primordiale. Par exemple, la réforme du Code criminel ; en outre, il est membre du bureau de la nouvelle Association pénale du Canada et, à ce titre, il est un interlocuteur que nous nous devons d'écouter. De plus, lui et H. M. Cassidy ont rédigé une étude pour l'Institute for Pacific Relations (l'éditeur du rapport) mettant en lumière les conditions de travail dans les ateliers clandestins… dans l'industrie du vêtement au Québec et en Ontario, étude qui s'est révélée si fouillée qu'on l'a soumise par la suite au comité Stevens en guise de preuve[56].

Stevens se sert du rapport de Scott et Cassidy afin de monter son dossier d'accusation sur les pratiques monopolistiques dans le commerce et l'industrie. Au début de 1934, il forme et préside une commission d'enquête sur les bénéfices commerciaux. Cette commission travaille quatre mois et, en raison de la prorogation du Parlement, est convertie en commission royale en octobre 1934. Parmi les témoins comparaissant devant cette commission, on compte Harry Cassidy, qui présente le rapport sur les salaires et les conditions de travail dans l'industrie du vêtement pour hommes. Cette information, couplée à d'autres témoignages, est incorporée au discours que Stevens donne devant le cercle d'études conservateur, en juin 1934. Il y accuse les entreprises Canada Packers et Robert Simpson de pratiques commerciales déloyales. À la suite de la publication du discours dans la presse, Simpson menace d'intenter des poursuites, tandis que Stevens subit des pressions lui enjoignant de s'excuser. La menace de Simpson inquiète le Cabinet, qui refuse de soutenir Stevens. Alors que la rumeur veut qu'il ait accepté de s'excuser, Stevens, furieux, claque la porte[57].

La controverse autour de Stevens de même que la publication de *Social Planning for Canada* et du rapport sur les conditions de travail dans l'industrie du vêtement pour hommes mettent fortement en évidence les difficultés engendrées par le mauvais fonctionnement du système économique. Autre problème, selon Scott, le Canada a besoin de l'approbation du Parlement britannique pour amender l'Acte de l'Amérique du Nord britannique et être ainsi en mesure d'amorcer des changements sociaux, aussi minimes soient-ils. En 1934, il se penche sur la question dans un document sur la reconstruction sociale et l'Acte de l'Amérique du Nord britannique, l'un des quatre documents que publie la LSR. Un article de l'Acte, soit la disposition relative aux compétences non attribuées du Dominion, désigne des secteurs dans lesquels le gouvernement fédéral pourrait promulguer des lois. Cette disposition existe pour les cas d'urgence, et Scott considère que les effets considérables de la Dépression créent précisément une situation d'urgence. On peut aussi faire appel à cette disposition dans le cas de lois qui « rendent exécutoires les conventions et traités signés par le Canada ». Scott avance que les jugements rendus par le Conseil privé dans des cas touchant la radiodiffusion et l'aéronautique établissent un important précédent pour le gouvernement canadien et qu'ils « ouvrent la voie à l'exercice de son pouvoir par le Dominion dans tous les domaines de la politique intérieure du Canada, pour peu que la question soit couverte par un accord international dont le Canada est partie ». Il estime « qu'un gouvernement progressiste à Ottawa doit pouvoir s'appuyer sur la Constitution dans sa tentative d'harmoniser la vie industrielle et économique avec un programme mondial, dont tout le monde aurait convenu au cours d'une conférence internationale ». Il ne voit pas pourquoi la législation sur la production de blé ou sur les heures de travail, par exemple, ne pourrait pas relever des mêmes compétences que la radio. On pourrait considérer les questions d'ordre social, croit-il, selon les termes définis par le Bureau international du travail[58]. Bennett, qui a emprunté le document de Scott à la bibliothèque des Affaires étrangères, ne le rend pas et reprend les arguments de celui-ci dans un texte qu'il écrit sur son New Deal[59].

Ces événements et ces idées, et par-dessus tout les élections générales qui approchent, poussent Bennett à présenter sa propre version d'un New Deal au Canada. En janvier 1935, dans une série de six émissions de radio, il défend sa réforme qui se fonde sur un éventail de mesures économiques reprenant les arguments de Scott. Il mentionne une assurance-chômage, un salaire minimum et la réduction des taux hypothécaires. Ces idées ne sont pas neuves en 1935, mais une fois concrétisées, elles constitueraient une réforme. La nouveauté réside dans la promesse d'agir que formule le gouvernement. Il semble avoir l'intention d'utiliser le Parlement comme instrument de justice sociale. Cependant, pour les membres de la LSR, ces propositions ne visent qu'à préserver et même à revitaliser un système capitaliste responsable des injustices actuelles. Comme le dit Bennett : « Quand le capitalisme se libérera enfin de ces imperfections, lorsque le gouvernement mettra en place des mesures de régulation du capital, le capitalisme servira les intérêts de la société plutôt que de les dicter[60]. »

La LSR ne montre aucun enthousiasme devant les « demi-mesures » de Bennett, des réformes qui plairont principalement aux capitalistes, comme le constate amèrement Underhill. La législation sur le marketing offre la sécurité aux producteurs et aux industries de transformation, mais aux dépens du consommateur. Les éditeurs du *Canadian Forum* (probablement Underhill) sentent que Bennett renverse la vapeur au nom d'« un groupe de petits manufacturiers et de détaillants qui veulent la peau des magasins Eaton et Simpson et des grandes chaînes[61] ». Scott affiche un optimisme modéré : il n'est pas convaincu que la « conversion de dernière minute » du premier ministre aux principes socialistes est sincère. De plus, il ne considère pas que ces mesures vont assez loin. Pourtant, c'est la première fois qu'un gouvernement fédéral tente d'affirmer le pouvoir du Canada dans la conduite de ses affaires constitutionnelles. Si ces mesures entrent en vigueur, ce sera le signal que le Canada commence à prendre l'initiative dans la planification sociale. Cet espoir fera long feu.

Au milieu de l'été 1935, Bennett est victime d'une crise cardiaque et, peu de temps après, déclenche des élections prévues en octobre. La campagne électorale est dynamique. En plus des deux partis traditionnels, cinq autres partis font campagne, notamment la CCF et le Reconstruction Party, fondé par Harry Stevens après sa rupture avec le gouvernement Bennett. Le grand nombre de partis en lice amène une division du vote de protestation. Mackenzie King évalue bien la situation et vogue vers la victoire grâce au slogan « King ou le chaos ». La nouvelle CCF ne décolle pas : seuls sept candidats sont élus.

Après la défaite des conservateurs en 1935 et l'impasse dans laquelle se trouve la Cour suprême au sujet de la constitutionnalité des mesures adoptées par Bennett, le nouveau premier ministre, Mackenzie King, les soumet au Comité judiciaire du Conseil privé à Londres. En janvier 1937, celui-ci déclare *ultra vires* une grande partie de la législation soumise, c'est-à-dire la *Loi du repos hebdomadaire*, la *Loi sur le salaire minimum*, la *Loi sur la limitation des heures de travail*, la *Loi sur l'organisation du marché des produits naturels* et la *Loi sur le placement et les assurances sociales*. Le Conseil privé rejette les lois sur le travail qui s'appuyaient sur les conventions de l'Organisation internationale du travail[62], sous prétexte que de telles conventions ne sont pas le résultat de traités de l'Empire et empiètent sur les pouvoirs des provinces. Pas plus viable n'est l'argument du gouvernement selon lequel la législation tombe sous compétence fédérale en matière de commerce et d'échanges ou relève des compétences non attribuées du gouvernement fédéral dans le domaine de « la paix, du bon ordre et du bon gouvernement », car ceci entre aussi en conflit avec la compétence provinciale en matière de « droits de propriété et de droits civils ».

Cette décision n'a rien d'étonnant, puisque King fait tout, en quelque sorte, pour présenter les questions sous leur aspect le plus anodin, comme s'il s'agissait d'un objet de réflexion et non pas d'une législation promulguée. En fait, selon Scott, rien ne l'oblige à soumettre ces questions au Conseil privé. Scott racontera, des années plus tard, que « quelque chose s'était effondré en lui » quand il a pris connaissance de la décision du Conseil privé dans les journaux du matin[63]. La possibilité d'une interprétation plus large du fédéralisme venait de s'envoler en fumée. Il lance alors une attaque en règle contre le Conseil privé dans *La Revue du Barreau canadien*. Il l'accuse d'avoir détruit le Canada en tant qu'entité fédérale et internationale et d'avoir fait en sorte que le pays a cessé d'être « une nation comme les autres dans la conduite de ses relations internationales », puisque le gouvernement fédéral ne peut mettre en vigueur les traités autres que ceux de l'Empire, s'ils entrent en conflit avec les « droits de propriété et les droits civils ». Le plus offensant, c'est que les décisions du Conseil privé semblent nier le statut de nation que le Canada a acquis récemment par la signature du Statut de Westminster.

Il conclut que « le Conseil privé britannique est et restera une cour d'appel qui ne pourra jamais répondre adéquatement aux besoins du Canada en matière constitutionnelle ; ses membres sont trop loin, ils ont une connaissance minimale de nos lois, sont choisis en dépit du bon sens et n'occupent pas assez longtemps cette fonction[64] ». L'opinion de Scott reflète l'idée dominante dans les années 1930 : la misère engendrée par la Dépression appelle un gouvernement fédéral fort plutôt qu'une balkanisation des provinces, opinion que vient renforcer la sympathie de Scott pour la planification économique et sociale. Plus tard, des études sur le rôle du Conseil privé présenteront un point de vue oppposé, mais l'interprétation de Scott est caractéristique des années 1930 et 1940[65].

Non seulement Scott poursuit son travail de juriste et ses tâches avec la LSR et la CCF, mais il s'engage à fond dans une réforme pénale. Le doyen Corbett lui a demandé, au début de la décennie, de devenir membre d'une association d'aide aux prisonniers, organisation charitable de Montréal. Scott commence alors à se rendre compte à la fois des problèmes complexes que pose l'administration de la justice et de la nécessité d'une réforme pénale. Les 13 et 14 juin 1935, l'association devient l'Association pénale du Canada. Scott est l'orateur invité de la conférence de lancement. Dans son discours, il remarque que la crise économique a permis de mieux cerner la logique des problèmes sociaux : « L'aide sociale à l'enfance, par exemple, va de pair avec la démolition des taudis, la délinquance juvénile est liée au chômage, les soins médicaux et dentaires relèvent de l'éducation, et tout le problème de la sécurité sociale est inévitablement lié au fonctionnement de la machine économique. » Scott définit clairement son attitude devant la profession : « Le droit, dit-il, c'est de la "sociologie appliquée", et, à l'avenir, l'élaboration des lois sera plus productive si l'on considère le droit comme une science sociale expérimentale plutôt que comme une série de dogmes hérités, intouchables et mystérieux[66]. »

Ce discours reflète à la fois l'engagement de Scott envers la LSR et la CCF, ainsi que sa préoccupation quant à son rôle de formateur auprès des futurs avocats et juges. Le ton témoigne certainement de son idéalisme socialiste : on y retrouve certaines de ses recommandations dans le manifeste de Regina. De plus, en pleine réflexion sur une réforme pénale, il commence à discerner les questions qu'il pourrait soulever dans l'esprit des futurs législateurs auxquels il enseigne : « La criminologie est une science, une des nouvelles sciences sociales. Ce n'est pas de la philanthropie… En tant que science, elle doit être aussi indépendante de la politique qu'il est humainement possible qu'elle le soit dans une démocratie. » Comme J. A. Edmison le dira plus tard, les commentaires de Scott non seulement annonçaient une évolution de la pensée à l'égard de la réhabilitation du contrevenant, mais ils soulevaient aussi la question délicate du rôle des considérations politiques dans le processus judiciaire[67].

En 1937, au moment de la création d'une commission placée sous la présidence du juge Archambault pour examiner le système pénal, Scott est appelé à témoigner. Il se souviendra que lorsqu'il apparaît devant le juge, celui-ci lui dit : « Vous savez,

M. Scott, avant d'occuper ce poste, je ne savais pas ce qu'était la criminologie[68]. » Scott a dû croire que la vie imitait l'art. Au début de 1932, il avait écrit des vers satiriques intitulés « Justice » :

This judge is busy sentencing criminals
Of whose upbringing and environment he is totally ignorant.
His qualifications, however, are the highest...
Who should know better than he
Just how many years in prison
Are needed to reform a slum-product★...? (C. P., p. 66)

En plus de son travail sur la réforme pénale, Scott prépare un rapport pour la commission Rowel-Sirois. La commission n'a pas pour but d'analyser le rôle du gouvernement, mais de réaffecter les dépenses et les revenus actuels des gouvernements provinciaux et fédéral. Cependant, lorsqu'il examinera le rapport quelques années plus tard, Donald Smiley avancera que, « dans son analyse des relations fédérales-provinciales, la commission a eu curieusement peu d'influence sur l'orientation qu'ont prise la théorie et la pratique du fédéralisme canadien depuis 1945[69] ». Scott, cependant, soupçonne la commission royale de n'être que le fruit d'une tactique de diversion de la part de Mackenzie King et il estime qu'elle n'a pas de portée suffisante. En 1938, il souligne des problèmes cruciaux dans les relations fédérales-provinciales qui dépassent le mandat de la commission. Il s'inquiète de voir que le budget du gouvernement n'est pas équilibré, que la dette continue d'augmenter, que le pouvoir économique de monopoles continue de s'étendre et que l'économie canadienne est encore sujette à des cycles d'expansion et de ralentissement qui l'affaiblissent. Qui plus est, écrit-il, « dans certaines régions du pays, on s'aperçoit que de

---

★ Ce juge est très occupé à juger les criminels / Dont il ignore tout du milieu et de l'environnement / Mais il est hautement qualifié pour cela... / Qui mieux que lui peut savoir / Exactement combien d'années de prison / Il faut pour réformer un produit de la misère... ?

hautes autorités religieuses ou politiques défient ouvertement le principe même de la démocratie et ferment les yeux sur les violations des libertés civiles[70] ».

En dépit de ses réserves, la LSR présente à la commission un mémoire intitulé *Canada — One or Nine? The Purpose of Confederation,* que Scott rédige en grande partie et qu'il présente conjointement avec Leonard Marsh. Puisque le Conseil privé a forcé le fédéralisme canadien à se conformer à un modèle anglais, plus laxiste et inefficace, expliquent-ils, il encourage la défense des intérêts sectoriels et permet à « un gouvernement parallèle » voué au capitalisme et aux monopoles d'émerger, dégradant ainsi la qualité de la démocratie canadienne. Que des groupes ou des intérêts régionaux puissent avoir encouragé le Conseil privé à rendre cette décision ne semble pas avoir frappé Scott. Il explique à la commission que le Canada ne doit pas perdre de vue les objectifs essentiels des Pères de la Confédération et qu'il faut tout mettre en œuvre pour rendre la Constitution conforme aux grands principes de la Confédération. Plus encore, le fédéral devrait avoir autorité pour assurer une sécurité sociale minimale à chaque citoyen, non seulement parce que seul le gouvernement fédéral possède les fonds nécessaires, mais parce que la sécurité sociale est un problème d'envergure nationale. Le second grand objectif des autorités fédérales doit être d'entreprendre une planification à long terme pour favoriser le maintien de la stabilité économique et permettre le développement approprié des ressources naturelles.

Le mémoire recommande aussi d'amender l'Acte de l'Amérique du Nord britannique dans le but de donner au fédéral le pouvoir nécessaire pour promulguer des lois sociales et de permettre à Ottawa de signer des traités. Plus précisément, Scott recommande la création d'un programme national d'assistance sociale et d'un ministère du Bien-être social. L'État devrait calculer les impôts en fonction de la richesse et non de la consommation, et utiliser les revenus de manière plus créative, comme instrument de politique économique et sociale. Il suggère de lever un impôt sur les bénéfices afin de réduire la dette du gouvernement et de nationaliser les industries rentables[71].

Lorsque la commission présente son rapport en 1940, la LSR accorde au document son « approbation modérée ». Mais à la conférence du lac Couchiching, à l'été 1940, Scott réitère son opinion que la commission Rowell-Sirois « n'a pas réussi à faire le travail qu'elle aurait pu accomplir si elle avait considéré la totalité de la structure économique du pays en vue de proposer des modifications fondamentales menant à un ordre politique et économique meilleur[72] ».

Quelques années plus tôt, Scott a pu observer l'État socialiste en action et ce qu'il en a vu n'est pas très encourageant. En août 1935, il se rend en Russie. Il avait pris des dispositions auprès d'un agent de voyages de Montréal pour emmener un groupe de touristes en Russie en échange d'une réduction sur le prix de son billet. À la fin des années 1920 et au début des années 1930, l'expérience russe attire les intellectuels socialistes du monde entier. La planification économique, comme les rapports sur les plans quinquennaux semblent le suggérer, fonctionne. Des socialistes anglais bien connus, les Russell, les Webb, les poètes W. H. Auden, Cecil Day-Lewis et Stephen Spender manifestent une curiosité insatiable envers la Russie, au point d'aller constater de visu les conditions qui règnent là-bas. Scott et d'autres comme lui aiment connaître les impressions de ces visiteurs, dont ils lisent les récits de voyage dans *The New Statesman and Nation* ou par l'intermédiaire de leur club de livres progressistes.

Woodsworth, Gordon et Forsey ont tous visité la Russie avant Scott. Ce dernier ne déborde pas d'enthousiasme comme Forsey ou Gordon, mais il n'affiche pas non plus envers le régime soviétique les mêmes réserves que Woodsworth ou Edmund Wilson, critique social et littéraire américain, dont la visite en Russie croise celle de Scott. En vérité, Scott éprouve des sentiments partagés. Le poète en lui aime une certaine « vision » de la Russie, tandis que l'intellectuel regimbe devant la réalité du totalitarisme russe. À son retour, Scott raconte son ambivalence dans le *Canadian Forum* : « L'U.R.S.S. est une bible où chacun y trouve son compte. Les conservateurs… y décèlent les reculs et les difficultés qu'ils s'attendaient à y voir, le communiste enthousiaste pénètre quant à lui dans un monde exaltant. Où donc est la vérité ? Elle est, je pense, dans la signification des choses[73]. »

L'objectif de Scott au mois d'août, lorsqu'il quitte le Canada pour la Russie, est de cerner le sens de la Révolution russe. Il part en compagnie de deux Canadiennes, Mme W. B. Somerset et Mlle Aileen Ross, fille de l'un des membres du Conseil des gouverneurs de McGill, ainsi que d'un couple d'Américains, adventistes du septième jour. Ils se retrouvent tous les cinq à Londres où ils embarquent sur un navire russe, le *Co-operation*, à bord duquel ils traversent la mer Baltique, puis ils débarquent à Helsinki. De là, ils prennent le train pour Moscou et continuent jusqu'à Kharkov, Kiev et Yalta. Au cours de la première partie de leur voyage à Moscou, ils rencontrent M. Charpentier, premier secrétaire de l'ambassade de France. Charpentier parle russe et possède une ample quantité de roubles, alors difficiles à trouver. Homme charmant, il se joint bientôt au groupe.

Scott trouve la Russie et les Russes extrêmement énigmatiques. « Ces athées, confie-t-il à son journal, qui sont néanmoins des chrétiens pratiquants, aux mœurs brutales, pour qui la liberté passe par une dictature impitoyable, offrent certainement un étonnant paradoxe[74]. » Il est content de voir que la planification économique porte des fruits, mais pas autant que le monde occidental semblait le penser. Il est clair, aussi, que la dictature de l'État soviétique coûte des millions de vies et fait appel à des pratiques qui « entravent fortement » la marche vers le socialisme. Néanmoins, il croit que le communisme russe atteindra son objectif global. Il trouve particulièrement contagieuse la confiance des jeunes. « La vision, c'est la vie ; pas de vision, pas de vie. L'Union soviétique a sa vision, celle du meilleur des mondes possibles, sans guerre, sans pauvreté, sans insécurité, dans lequel les hommes et les femmes libres mènent une existence active et cultivée[75]. »

Dans un compte rendu publié dans le *Canadian Forum*, Scott donne en substance ses impressions de la Russie, mais pas leurs significations esthétiques. Celles-là, il les réserve aux pages de son journal. Tout d'abord, sa vision de la nouvelle Russie s'incarne dans la rencontre d'un sculpteur voûté, misérablement vêtu, et de son art. Le sculpteur conduit le groupe de Scott, par les rues sombres de Leningrad, à son studio dans un sous-sol obscur.

> Au milieu du studio, posée sur une table, trônait la plus belle des statues que j'aie jamais vue. Peut-être était-ce en raison de l'aspect inattendu de cette découverte, ou du contraste entre l'artiste et sa création, mais on avait l'impression que la beauté qu'elle dégageait était amplifiée ; je n'avais jamais été aussi conscient de cette soudaine exaltation que seul l'art peut offrir. La statue d'argile représentait un personnage féminin, grandeur nature, debout, un ski sur l'épaule. Plantée solidement sur le sol, elle dégageait la saine assurance d'une paysanne, mais son visage avait cet air conquérant qui reflétait la certitude que l'art révolutionnaire avait évolué pour symboliser la féminité nouvelle. Je me suis retourné vers le sculpteur et j'ai alors eu la révélation du communisme. Reflet de la réalité du moment, le sculpteur est une âme créatrice enfermée dans un cadre miteux ; la femme d'argile représente le nouvel ordre social qui verra certainement le jour.

Dans la pièce se tient une fille à l'air malade et fatigué. Qui est-elle ? La femme du sculpteur, son modèle. Il lui a fallu bien sûr la modifier un peu, leur explique-t-il, pour créer son personnage d'argile, car elle semble plutôt frêle[76]. La réalité de la vie quotidienne en Russie soviétique est tout autre que ce qu'il imaginait. Scott s'en rend compte, aussi, parce que les Russes suent la peur. « Je ne parlerais pas comme cela à votre place », conseille un avocat russe à un touriste américain qui s'exprime sans contrainte. Plus tard, un autre avocat remarque : « C'est facile pour vous de parler d'une révolution. Vous ne savez pas ce que c'est[77]. » Pour Scott, l'élimination délibérée des koulaks, paysans prospères, incarne les aspects négatifs de la révolution. Il en avait déjà discuté avec de nombreux communistes, mais n'avait jamais entendu parler d'une planification aussi impitoyable.

« L'inhumanité de ce plan directeur », comme il l'appelle, doit avoir coûté des millions de vies à la Russie. « Grattez un communiste, raille-t-il, et vous trouverez le Tartare en dessous[78]. »

Le groupe décide de se rendre à Yalta, sur les rives de la mer Noire. Charpentier loue une voiture et emmène Scott et Aileen Ross au sommet d'une falaise haute de mille mètres, qui surplombe Yalta, à un endroit appelé Bakchiserai. Là, Scott regarde vers le nord-est et se rend compte qu'on pourrait marcher dix ou onze mille kilomètres à travers la Russie jusqu'en Sibérie, une immense étendue. Puis il se tourne vers le nord-ouest en direction de Moscou, près de deux mille kilomètres plus loin, et s'aperçoit qu'il y a, assis là-bas, environ vingt-cinq hommes qui ont le pouvoir de dire : « Nous allons tout faire pour que le pays se conforme à notre conception de l'État et de l'homme dans l'État[79]. »

Scott trouve une métaphore pour décrire cette dichotomie du communisme russe lorsque le groupe se rend voir la fontaine de Bakchiserai. Construite au XVe siècle par un khan local, après la mort d'une favorite, elle est constituée d'un mur de pierres auquel on a intégré des rangées de coupes, semblables à de petits seins. À partir du haut, la pierre est taillée en forme de demi-lunes d'où l'eau cascade dans les coupes en dessous. Ici, à Bakchiserai, la fontaine pleure en permanence ; au loin, il y a Moscou. Comment les Russes peuvent-ils se préoccuper de l'individu quand il faut s'occuper de cent cinquante millions de gens en même temps[80] ? Pour Scott, la fontaine symbolise l'importance de l'individu — et de l'amour humain — par rapport à la tyrannie de la collectivité. C'est un trait de sa personnalité, même lorsqu'il pense à la politique, d'user d'une formule imagée — le chemin du poète qui mène à la vérité — pour cristalliser ses pensées.

En quittant la Russie, Scott se rend directement en Suède, à Stockholm, porteur d'une lettre de recommandation adressée à un haut responsable du gouvernement. Lorsqu'il apprend que l'homme est absent, il se rend dans les bureaux du plus important journal socialiste, le *Social Demokraten*. Se présentant au premier pupitre, il dit : « Je suis un social-démocrate du

Canada. » À sa grande surprise, Scott est reçu comme un véritable ambassadeur. Cet après-midi-là, il parle à un ministre du gouvernement suédois. Plus tard, on l'emmène faire la tournée des industries collectivisées et des coopératives. Il retourne au Canada enthousiasmé par le mouvement coopératif. Qui plus est, il est sûr, pour l'avoir constaté lui-même, que le socialisme tel qu'instauré en Suède peut servir de fondement à une économie juste et prospère[81].

CHAPITRE 10

Le Canada, une nation

Que la nomination de Scott à McGill coïncide avec le début de la Dépression influence fortement sa carrière d'enseignant et de juriste. À l'exemple du pince-sans-rire Leacock, qui avait fait remarquer que la bonne vieille reine Victoria était morte juste un an après son entrée à McGill, Scott plaisante en constatant qu'il s'est joint au corps professoral de la faculté de droit de McGill en 1928 et que, en 1929, tout le système économique s'effondre autour de lui[1].

En affichant sa conviction que le capitalisme est responsable de cet effondrement, Scott défie ouvertement le Conseil des gouverneurs de McGill. En outre, il se met à dos la haute société anglophone de Montréal, car il professe des opinions clairement nationalistes et socialistes. Il se préoccupe ainsi de la nécessité d'une planification économique à l'échelle nationale, s'oppose à la répression des droits civils et s'intéresse aux problèmes constitutionnels que présentent les relations entre les provinces et le gouvernement fédéral ainsi que les relations qu'entretient le Canada avec la Grande-Bretagne, le Commonwealth et la Société des Nations[2].

Depuis le début des années 1920, le nationalisme de Scott coexiste avec son internationalisme. Déjà, à Oxford, il écrivait qu'il devait avant tout se consacrer : « 1) au Canada, 2) à l'Empire, 3) aux peuples anglophones et 4) à la Société des Nations[2] ». De retour au Canada, Scott affermit son nationalisme sous l'influence de H. A. Smith et du Groupe. Le Groupe n'est pas un phénomène cantonné à Montréal (comme Scott le croyait), mais s'inscrit plutôt dans un mouvement engendré par le nationalisme canadien des années 1920. Le Groupe, qui a examiné sous un nouvel angle les liens historiques qui unissent le Canada et la Grande-Bretagne, estime que le Canada devrait être une nation autonome au sein de la communauté mondiale. Une fois ce principe admis, les membres du Groupe ont acquis une nouvelle vision du nationalisme canadien-français, prenant conscience que, pour les Canadiens français, la participation du Canada aux guerres européennes est liée à ses obligations envers la Grande-Bretagne[3]. Ces jeunes hommes, malgré leur service outre-mer (Claxton et Farthing ont servi dans le bataillon McGill) et en raison du sentiment favorable à la Grande-Bretagne qui est très répandu dans la communauté anglophone, n'avaient pas jusque-là une idée juste de l'intransigeance des Québécois francophones envers la Grande-Bretagne. Cela vaut aussi, sinon plus, pour Scott, protégé dans le passé par la forte croyance de son père en l'existence d'une communauté catholique œcuménique — dont l'anglo-catholicisme faisait partie — et par la position privilégiée et reconnue de ce dernier dans le petit monde de la ville de Québec. Ce n'est pas avant la fin des années 1930, quand le clergé québécois menacera constamment la CCF de ses foudres et que le parti fasciste d'Adrien Arcand fera son apparition, que l'on commencera à entrevoir les conséquences du nationalisme canadien-français.

En remettant en cause la politique intérieure du Canada, Claxton et Scott s'engagent aussi dans un mouvement de réforme des affaires extérieures du pays. La déclaration Balfour, qui proclame, en 1926, le Canada « membre autonome » du Commonwealth, soulève des questions qui mènent à la création, en 1928, de l'Institut canadien des affaires internationales (ICAI). Cet institut, fruit du travail de sir Robert Borden, ouvre rapidement des bureaux dans les grandes villes du Canada et absorbe, sans autre forme de procès, presque tous les membres de la vieille Canada League. Tout naturellement, plusieurs membres du Groupe de Montréal, Claxton et Scott compris, adhère à l'ICAI. Le doyen, Percy Corbett, emmène Scott à une réunion chez sir Arthur Currie, recteur de McGill. C'est le commencement d'une longue collaboration avec l'ICAI. Les premières années, les discussions portent principalement sur l'étalon-or et sur les relations du Canada avec la Grande-Bretagne et les États-Unis[4].

En 1929, plusieurs membres du Groupe, dont Scott, Claxton et MacDermot, ainsi que d'anciens membres de la Canada League de Toronto, manifestent le désir de collaborer à la rédaction d'un livre sur les problèmes politiques, économiques et sociaux du Canada. Empreint d'un fort nationalisme, ce livre viserait « à donner une description générale du caractère distinct du Canada afin de combler une grande lacune » et à élaborer une théorie politique nationale cohérente qui ne serait « ni antibritannique ni anti-américaine ». Le chapitre prévu au sujet de la Constitution, qui traiterait des aspirations des Pères de la Confédération et du rejet de celles-ci par le Conseil privé, laisse présager la direction que prendront les recherches juridiques de Scott dans les années 1930. Le livre propose aussi d'accroître la responsabilité du Canada, en le dotant de pouvoirs constitutionnels qui lui permettraient de conclure des traités lui permettant de contrôler et d'exploiter les ressources et le commerce et de promulguer des lois sociales. La procédure d'appel au Conseil privé britannique serait abolie, et le Canada romprait tous ses liens juridiques avec la Grande-Bretagne, sauf celui du trône[5].

Bien que les trois hommes aient contacté un certain nombre de personnes, notamment John Bird, Percy Corbett, J. W. Dafoe, George Ferguson, Hugh Keenleyside, J. M. Macdonnell, Chester Martin, Norman Rogers, Graham Spry et E. J. Tarr, afin qu'elles collaborent à la rédaction de certains chapitres, le livre n'est jamais paru. Probablement parce que, comme le suppose Terry MacDermot dans sa lettre adressée à Frank Underhill le 10 septembre 1931, toutes les questions que l'on devait traiter dans ce livre ont été reprises dans une série de brochures de la Ligue pour la reconstruction sociale[6].

Grâce à son statut de secrétaire de Percy Corbett, spécialiste des relations canado-américaines dans les forums de discussion à la conférence de Williamstown, en 1931, Scott peut élargir sa connaissance des affaires internationales. En vue de s'acquitter de ses tâches, il écrit à Lester Pearson au ministère des Affaires étrangères afin d'obtenir des éclaircissements sur « les rouages de la coopération » entre les membres de l'Empire britannique[7]. « La situation est loin d'être claire, lui répond Pearson. L'opacité des relations au sein de l'Empire s'exprime dans l'imprécision de nos méthodes de communication[8]. » Fonctionnaire méticuleux, Pearson donne quelques exemples, et Scott s'empresse de consigner les remarques de celui-ci dans son rapport à Williamstown sur les facteurs déterminants de la politique étrangère canadienne*. Par la suite, il développe son discours de Williamstown dans un article intitulé « The Permanent Bases of Canadian Foreign Policy » et le soumet naïvement à la prestigieuse revue américaine *Foreign Affairs,* sans savoir que de tels articles sont toujours rédigés sur demande. La rédaction accepte cependant son texte, qu'elle publie en juillet 1932.

Dans cet article, Scott exprime son pessimisme quant à la possibilité de voir s'établir une réciprocité commerciale avec la Grande-Bretagne, question qui sera débattue à la Conférence économique impériale qui se tiendra en juillet à Ottawa. Passant en revue la politique étrangère du Canada en fonction de sa situation géographique en Amérique du Nord, de son statut de membre de la Société des Nations et du Commonwealth, ainsi que de sa dépendance économique envers le commerce américain, Scott est d'avis que « l'association du Canada avec les autres membres du Commonwealth n'est qu'un des aspects de ses relations internationales et en aucun cas une préoccupation de premier plan pour le Canadien, qui doit faire face aux problèmes de son pays et du monde[9] ».

Son article lui rapporte cent dix-huit dollars, aubaine qu'il n'attendait pas, et Scott en profite pour s'offrir, en 1932, un

---

* « The Determinants of Canadian Foreign Policy ».

voyage en Angleterre à bord de l'*Empress of Britain*. Il veut avant tout assister à des réunions du Royal Institute of International Affairs. Il essaie également, mais sans succès, de faire publier quelques-uns de ses premiers poèmes chez l'éditeur de Mme Dale, Jonathan Cape. Au cours d'une réunion du Royal Institute tenue à Chatham House, à Londres, Scott est seul à défendre une vision très nationaliste de la question des préférences tarifaires et de la défense de l'Empire. En ce qui concerne les devises, observe-t-il, on ne parle pas uniquement de « toute la question du paiement des dettes au sein de l'Empire », mais aussi d'une question d'un régime de faveur. « Comment savoir sur quelle base une préférence peut être établie tant qu'on ne s'est pas mis d'accord sur une forme de stabilisation des monnaies ? Les Canadiens considèrent, poursuit Scott, que, si demain leur pays devenait une nation indépendante, la Grande-Bretagne consacrerait sans aucun doute les mêmes sommes qu'avant à l'achat d'armement ; et ils ne voient donc pas la nécessité de continuer à y contribuer[10]. » Le président du Royal Institute, sir John Power, qui espère que les autres coloniaux ne partagent pas cette opinion, reproche ouvertement à Scott sa position[11]. Peu de temps après, cependant, à une conférence sur le commerce impérial au Canada, le premier ministre, R. B. Bennett, se montre intransigeant sur la question de la préférence impériale.

Après la promulgation du Statut de Westminster en 1931, des membres de l'Institut canadien des affaires internationales estiment qu'il est peut-être temps de tenir une conférence des différents pays du Commonwealth pour débattre des répercussions qu'entraînent le Statut de Westminster et la déclaration Balfour. Cette conférence, organisée par le Royal Institute of International Affairs, se tient à Hart House, à Toronto, du 11 au 21 septembre 1933. Quarante-six délégués y assistent, parmi lesquels l'honorable N. W. Rowell, avocat de la couronne, président ; John W. Dafoe, vice-président ; Brooke Claxton, le doyen P. W. Corbett, l'honorable Vincent Massey, E. J. Tarr et J. S. Woodsworth, député. Scott figure parmi les trente-cinq secrétaires, pour la plupart professeurs d'université. La délégation

britannique comprend le président, le vicomte Cecil of Chel-
wood ; un représentant travailliste, Philip J. Noel-Baker, et deux
éminents universitaires, Arnold J. Toynbee et H. V. Hodson, à
l'époque éditeur adjoint de *Round Table*. La délégation austra-
lienne a pour président Archibald Hamilton Charteris, profes-
seur de droit international à Sydney, et les Néo-Zélandais ont
comme chef de file l'honorable W. Dowine-Stewart.

Les opinions sur la déclaration Balfour, sur le Statut de
Westminster et sur la nature et le rôle du Commonwealth sont
très divisées. On retrouve, d'une part, ceux qui, comme Char-
teris, font du Commonwealth une entité vis-à-vis de laquelle les
corps constituants ont des obligations juridiques et morales. Il y
a ceux, d'autre part, qui considèrent que, « puisque chaque
nation au sein du Commonwealth n'est pas "maître de son des-
tin", la coopération entre les membres du Commonwealth est…
volontaire ». La distribution n'a rien de théorique. Dans le pre-
mier cas, cela signifie que si un pays du Commonwealth entre
en guerre, les autres doivent suivre. Bien des délégués canadiens
se reconnaissent dans le résumé pragmatique des délibérations
de la conférence que présente Claxton : « Bien que nous atta-
chions beaucoup de prix à notre loyauté à la Couronne et que
nous ayons beaucoup d'estime pour les institutions et les tradi-
tions britanniques…, ces considérations auront peu de poids
quand viendra le moment de trancher les questions de paix ou
de guerre. Ce sont, en fin de compte, les intérêts propres à
chaque pays qui détermineront la politique du Dominion, tout
comme celle du Royaume-Uni[12]. »

À cette conférence, J. W. Dafoe voit émerger une vision
canadienne distincte, la vision que le Canada est une nation
nord-américaine, autrement dit, un pays dont l'histoire s'appuie
sur des institutions démocratiques, situé sur le continent nord-
américain, et qui tient une place unique au sein du Common-
wealth des nations britanniques. Cette vision d'un Canada indé-
pendant heurte de plein fouet celle des délégués britanniques
qui le considèrent comme une colonie. Dafoe, qui est invité à
donner trois conférences à l'Université Columbia pendant l'an-
née 1933-1934, en publie le texte l'année suivante sous le titre

Canada : An American Nation. Il y réitère sa position : le Canada et les États-Unis sont tous deux isolés géographiquement de l'Europe et, de tout temps, leurs institutions démocratiques ont suivi la même évolution.

Scott semble s'être imprégné du point de vue de Dafoe, que celui-ci a exprimé à la conférence du Commonwealth et par le truchement de l'ICAI, poussant même la réflexion plus loin. Il participe avec ferveur au débat entourant la politique étrangère canadienne par le biais de l'ICAI et d'un organisme américain parallèle, l'American Institute of Pacific Relations (AIPR), fondé par le Council on Foreign Relations, qui publie la revue *Foreign Affairs*. Avant 1929, année de la création de l'ICAI, les Canadiens ne participaient pas aux débats de l'AIPR, mais en 1935, Scott devient membre du bureau national de l'ICAI. Raleigh Parkin et lui figurent parmi les délégués qui participent à la Conférence de Yosemite, 1936, que parraine l'AIPR.

L'amitié des Scott et des Parkin ne se dément pas. Ils partagent maintenant un chalet d'été à Lachute, une grande maison tout ce qu'il y a de plus rudimentaire. La cuisine est équipée d'une pompe et Scott est émerveillé de voir les gros blocs de glace destinés à la glacière, que l'on découpe sur la rivière en hiver et que l'on conserve dans le vieux hangar, recouverts de sciure de bois. Pour découper de la glace à même des blocs de près de deux cents kilos, il faut se glisser dans la remise au plafond bas et creuser dans la sciure[13]. Scott décrit à King Gordon les séjours au chalet et observe :

> La vie à Lachute s'écoule comme d'habitude. Marian passe le plus clair de son temps dans la chambre de l'étage, à peindre des intérieurs de tramway. Cela peut paraître bizarre de peindre des tramways dans une ferme, mais tu connais Marian ! Parfois, elle s'interrompt pour peindre une fleur, mais seulement si celle-ci a une forme tarabiscotée. Tout le monde va bien et notre confort s'améliore constamment. Nous avons maintenant deux puisards au lieu d'un. La maison des enfants est presque terminée et elle est si étanche qu'on y étouffe pendant la journée. Peter et Elizabeth (la fille

de Parkin) planifient une grande cérémonie de mariage, à laquelle Raleigh sera l'archevêque et moi le garçon d'honneur et l'organiste, jouant la marche nuptiale sur un ocarina. Marian sera la bouquetière « car elle en connaît un rayon sur les fleurs ». Ce sera véritablement une orgie de sacrilèges, d'après ce que je peux voir[14].

Au bout de plusieurs semaines de cette existence campagnarde, au milieu de l'été de 1936, les deux hommes laissent leur femme se débrouiller avec la nature et partent pour la conférence de l'AIPR.

Scott et Parkin voyagent en train jusqu'à Yosemite, mais s'arrêtent au Grand Canyon que Scott découvre avec émerveillement.

C'est le trou le plus grand du monde, c'est tout bonnement fantastique. Quand on s'approche de l'horizon, on voit les collines aux alentours et soudain c'est le vide, la falaise abrupte. Il faut avoir le cœur bien accroché pour regarder en bas. Presque deux kilomètres de vide. Il y a des montagnes en dessous, hautes de mille mètres, qui n'atteignent même pas la crête de la falaise. Un tout petit filet de la rivière Colorado coule au fond du Canyon. On peut voir toutes les strates des différentes périodes sur la paroi, petits « s » de pierre inscrits dans cette immense bibliothèque… [les couleurs sont] spectaculaires, toutes sortes de couleurs, les jaune soufre, les rouges[15]…

Yosemite est également une très belle vallée aux montagnes rondes et bien profilées, très différentes des Laurentides. Pendant deux semaines, la vallée appartient pratiquement aux seuls délégués ; ils dorment sous la tente et prennent tous leurs repas en commun. L'impression d'être entouré de « grands promontoires de granit arrondis par la glace » et « d'une superbe eau verte coulant de ces roches lisses » ne quitte jamais Scott, tandis que les délégués discutent de politique internationale dans le Pacifique[16].

Des cent cinquante délégués provenant de onze pays, dix-huit sont Canadiens, menés par l'honorable Newton W. Rowell, récemment nommé juge en chef de l'Ontario. Parmi les autres délégués figurent R. C. Wallace, recteur de l'Université Queen, et Dafoe, du *Winnipeg Free Press*. Est aussi présent pour la première fois un délégué de l'Union soviétique ; il y a également lord Snell, leader travailliste à la Chambre des lords, et sir Kenneth Wigram, ancien chef de l'Indian General Staff, représentent la Grande-Bretagne, M. Albert Sarraut, premier ministre français avant la formation du cabinet de Léon Blum, Hu Shih, éminent philosophe et intellectuel chinois, M. Yoshizawa, ancien ministre japonais aux Affaires chinoises et plus tard ambassadeur du Japon en France, et M. Newton D. Baker, ministre de la Guerre du président Wilson.

Officiellement, la guerre n'a rien d'inéluctable. On débat de sujets comme le commerce, la défense, les politiques nationales et les zones de conflit. Le thème de la conférence porte sur l'équilibre des pouvoirs dans le Pacifique et les possibilités de redresser la situation sans effusion de sang. Les délégués se penchent d'abord sur la structure interne, économique et sociale, des quatre grands pays du Pacifique que sont les États-Unis, le Japon, la Chine et l'Union soviétique ; ils s'intéressent à certains aspects comme les effets de l'*American National Recovery Act*, le mouvement de reconstruction en Chine, le développement économique de l'Union soviétique, particulièrement en Extrême-Orient, de même que la croissance démographique et l'expansion du commerce au Japon. Scott estime que la conférence est sur la bonne piste quand elle souligne ainsi que la politique étrangère découle en grande partie de la politique intérieure. Plus tard, au cours d'une entrevue radiodiffusée au sujet de la conférence, Scott déclare : « Ce n'est pas un hasard si les trois pays qui suivent une même politique étrangère agressive — le Japon, l'Allemagne et l'Italie — sont aussi ceux qui s'opposent aux idées démocratiques sur leur territoire, que ce soit en politique ou en économie. »

Le Japon a envahi la Chine en 1933, à la barbe d'une Société des Nations impuissante. Par ailleurs, l'Union soviétique et le

Japon s'engagent clairement sur la voie d'un conflit, mais la majorité des délégués à Yosemite s'accordent à dire que l'Union soviétique poursuit une politique de paix. « La Russie consacre ses efforts à améliorer son niveau de vie national[17]. » Le Japon est perçu comme un point chaud en raison de ses besoins internes et de son agressivité. Pourtant, Scott sous-estime énormément l'étendue de ses préparatifs militaires, peut-être en raison de l'impression de léthargie que dégage le Japon par rapport aux autres nations. Mussolini a envahi l'Éthiopie en octobre 1935, la guerre civile espagnole fait maintenant rage, et Hitler, qui appuie le général Franco, étend son ombre menaçante sur le monde.

En 1937, Escott Reid, secrétaire de l'ICAI, écrit à Percy Corbett en lui révélant qu'un « membre éminent » de l'Institut a laissé entendre que le plus grand service à rendre à la recherche aujourd'hui serait de rédiger un livre sur le droit à la neutralité du Canada, dans l'éventualité où la Grande-Bretagne entrait en guerre. Reid suggère aussi à Corbett de faire lire la lettre à Frank Scott et d'en discuter. Cette proposition mène à la rédaction de *Le Canada d'aujourd'hui,* qui exprime la position de l'ICAI en vue de la conférence de l'Institut des affaires internationales à Sydney. On sollicite Scott pour la rédaction du volume à partir des rapports d'experts des différents bureaux de l'institut dans le pays. Scott déclare dans la préface qu'il vise à identifier « les différentes écoles de pensée dans le pays et à exposer les relations qui existent entre les forces intérieures et la politique extérieure[18] ».

La vision du Canada que s'est forgée Scott est celle d'une nation nord-américaine. Il s'inspire considérablement en cela de la conception de Dafoe. *Le Canada d'aujourd'hui* cherche à démontrer que le Canada a le droit de rester neutre pour bien des raisons : son isolement géographique par rapport aux zones de conflit européennes, le fossé qui sépare les anglophones et les francophones quant à une éventuelle participation à un conflit européen, sa tradition démocratique et son statut de membre autonome du Commonwealth des nations britanniques. Ce document prend l'allure, à la fin de la décennie, d'un important énoncé de politique. Il reconnaît le risque que représente, à l'époque, la division dans l'idéologie politique et la menace du nationalisme canadien-français, tout en offrant une vision bien claire de l'autonomie du Canada. L'avenir du Canada dépend de la solution qu'on apportera à cette division.

Le Canada d'aujourd'hui est publié en août 1938. Le mois suivant, Scott et d'autres délégués canadiens de l'ICAI quittent Vancouver pour assister à la conférence de Sydney. Les délégués voyagent sur un vieux rafiot, un bateau à vapeur de la Première Guerre, le *Mauganui*. Ils passent par Honolulu, Fidji, la Nouvelle-Zélande et arrivent enfin à Sydney. E. J. Tarr dirige la délégation et demande à Frederick Soward, le secrétaire, d'essayer de placer les tables à bord de manière à ce que les délégués puissent se rencontrer sans cérémonie. Les Britanniques, qui goûtent peu ces manières, ne s'y conforment pas toujours. Cela n'empêche pas les délégués de faire connaissance grâce à diverses activités sociales. À l'aller, ils organisent une soirée costumée. Les cinq plus grands Canadiens, qui mesurent tous environ 1,80 m, se déguisent en jumelles Dionne : chacun d'eux porte une couche, un ruban et le nom d'une des jumelles inscrit dans le dos au rouge à lèvres. Scott est Émilie, « le spectacle le plus répugnant que j'aie vu de ma vie », se souviendra-t-il plus tard[19]. Mais aux yeux de son collègue Soward, Scott a tout à fait l'air d'une personne libre et gaie durant ces années, « quelque chose d'un fringant intellectuel[20] ».

À Lapstone, l'hôtel où se déroule la conférence, la crise tchèque est le sujet de l'heure. Lorsque la délégation de chaque pays est appelée à répondre aux questions des autres, les Canadiens font l'objet d'une attention soutenue, particulièrement sur la question de leur isolationnisme et de leur pro-américanisme. Lorsque vient le tour des délégués britanniques, ils ont intégré à leur groupe un Terre-Neuvien dont les connaissances en politique internationale sont très limitées. Ils espèrent, de toute évidence, que les autres délégations poseront des questions sur Terre-Neuve, afin de ne pas avoir à discuter du rôle de la Grande-Bretagne dans la crise mondiale imminente. Edgar Tarr se tourne vers la délégation canadienne et déclare : « Pour l'amour du ciel, que quelqu'un pose une question et crève l'abcès ou nous n'arriverons à rien. » Obligeant, Percy Corbett répond d'une voix pénétrante : « Monsieur le Président, je me demande combien de temps encore va durer la politique de compromission que mène le gouvernement britannique ? » Sa question permet au débat de s'élever et provoque la plus intéressante discussion de la conférence. La moitié de la délégation britannique désapprouve la position de la Grande-Bretagne et n'apprécie pas certains leaders, comme Bevin et sir Alfred Zimmern. En fait, la conférence entraîne un changement d'opinion chez Philip Kerr, marquis de Lothian, qui était, jusqu'à ce jour, plutôt en faveur de l'apaisement[21]. Les Néo-Zélandais et de nombreux Australiens éprouvent, comme les Canadiens, le sentiment que les Britanniques se leurrent s'ils croient qu'ils auront la paix. Et, dira Scott plus tard, ils méprisent tous Chamberlain.

Tous les membres de la délégation canadienne ne partagent pas cette opinion. Le sénateur William A. Griesbach, qu'un membre du groupe décrit comme un conservateur « pur et dur », demande un jour à chacun de ses collègues de donner son avis sur les relations du Canada avec la Grande-Bretagne. Ils sont unanimes : il faut se détacher de la Grande-Bretagne ; le Canada doit inévitablement affermir sa propre position. Griesbach est horrifié. Quel est ce nid de vipères qui est censé représenter le Canada ? À son retour au pays, il transgresse la coutume du huis clos de l'ICAI et informe le *Montreal Star* de la position des délégués canadiens sur la non-participation du Canada en cas d'entrée en guerre de la Grande-Bretagne. Selon lui, même s'il le voulait, le Canada ne peut rester neutre. Le *Star* souligne que de tels sentiments de la part de « nos "professeurs roses" ne sont pas surprenants : ces prophètes de malheur sont comme les orateurs de Hyde Park, déversant leur trop-plein professoral à l'eau de rose ». Les éditeurs appuient tacitement l'opinion de Griesbach, pour qui la conférence ne valait pas un « clou[22] ».

La réplique de Tarr ne se fait pas attendre[23]. Puis, c'est au tour de Scott et de Corbett de récuser les affirmations de Griesbach. Mais le mal est fait. Un visiteur britannique, sir Maurice

Hankey, fait parvenir des notes au Royaume-Uni où il s'inter-roge « si le Canada viendra ou non au secours de l'Angleterre en cas d'une autre guerre », cruelle question à laquelle il donne une réponse qui le satisfait en minimisant l'influence des « "pédants de la haute", des isolationnistes, des Canadiens français, des Irlandais déloyaux et autres intellectuels[24] ». Cet incident convainc également un certain nombre de Montréalais influents que Frank Scott est un homme qui dénigre l'attachement à la Grande-Bretagne, un homme qui ne fait pas honneur au nom de Scott. Il y a une part de vérité. Scott veut vraiment couper le cordon ombilical avec l'impérialisme britannique que son père a défendu avec tant de vigueur. Il ne veut pas, toutefois, compro-mettre ses relations personnelles avec son père, son frère aîné, William, et ces Montréalais qu'il a côtoyés pendant de nom-breuses années. Les événements à venir vont malmener ces rela-tions, qu'il aura du mal à conserver.

Tout au long des années 1930, pendant que Scott mène son combat en faveur d'un renouveau de la nation canadienne fondé sur une parité politique avec la Grande-Bretagne, on assiste à l'émergence, parmi les francophones du Québec, d'un nationa-lisme parallèle. La crise économique aidant, ce nationalisme s'étend et exige également l'égalité politique — mais avec le Canada anglais. Certains Québécois poussent leur raisonne-ment plus loin et réclament la souveraineté nationale : « la créa-tion d'une république française et catholique indépendante sur les rives du Saint-Laurent[25] ». À l'origine de ce mouvement patriotique se trouvent les théories raciales et historiques de l'abbé Lionel Groulx. Ce mouvement a pris son essor durant la Première Guerre mondiale, particulièrement parmi ceux qui avaient été conscrits pour aller se battre à la « guerre des Anglais », mais s'était estompé dans les années 1920 avec le retour de la prospérité.

La crise redonne de la vigueur au nationalisme québécois. Ses effets sont très graves au Québec, en raison, pour une bonne part, de l'étendue de l'industrialisation dans la province. En outre, les francophones tiennent les industriels anglais responsables de la

Dépression. Le nouveau nationalisme des années 1930 prend de l'ampleur avec l'apparition d'un parti réformiste, l'Action libérale nationale. Mais d'autres groupes nationalistes émergent, comme les Jeunesses patriotes, dont l'organe officiel, *L'Indépendance*, exprime sans détour le caractère du mouvement. En mars 1936, ce journal appelle à l'indépendance avec éclat : « Le peuple canadien-français n'aura pas le statut de nation tant et aussi longtemps qu'il ne se sera pas libéré du joug étranger. »

Scott avait déjà pris le pouls de la province tout au début de la décennie : « Le gouvernement libéral du Québec est aussi libéral que le gouvernement national-socialiste en Allemagne est socialiste — autrement dit, il ne l'est pas. » Ainsi commence un article sur « La province fasciste » qui paraît dans le *Canadian Forum*, sous la griffe de J. E. Keith, en avril 1934. Keith est un nom de guerre de Scott, qui s'est vu intimer, par l'administration de McGill, l'ordre de cesser d'associer le nom de l'université à des questions controversées. Il écrit avec amertume sur les relations harmonieuses qu'entretiennent les trois entités qu'il appelle « la trinité provinciale » : le Parti libéral, les industriels et les banquiers de la rue Saint-Jacques et l'Église catholique. Pas une ne s'est risquée à prendre des mesures progressistes durant la Dépression.

Le premier ministre Taschereau, écrit Scott, soutient la privatisation de l'industrie du pétrole et des services publics. Il refuse, de surcroît, d'amener la province à adopter le régime de pensions de vieillesse du fédéral. Il ne fait pas appliquer correctement la législation du travail québécoise, par ailleurs insuffisante, comme l'ont démontré les témoignages devant le comité Stevens, et les politiques du gouvernement font le jeu des industriels québécois dont le pouvoir s'est renforcé durant la Dépression. La compagnie d'électricité Montreal Light, Heat and Power a acquis une vingtaine de réseaux municipaux ; le projet de centrale hydroélectrique à Beauharnois, après la prétendue enquête de 1930, est passé sans bruit aux mains des intérêts de la Holt. Aucun des grands scandales financiers du Québec n'a été rendu public. Si, un jour, quelqu'un demande des comptes aux gestionnaires de la rue Saint-Jacques, poursuit Scott, ce sera quelqu'un de l'extérieur du Québec (et certainement haut placé) : « Ceux qui connaissent leurs agissements préfèrent se taire. » Les perspectives d'avenir sont plutôt sombres, pense Scott, même s'il reconnaît que « des choses bougent, des voix dissidentes s'expriment, mais il faut du temps pour qu'ils atteignent leur cible ».

En même temps, il s'inquiète de constater que l'Église catholique, qui voit en la Dépression un châtiment de Dieu causé par la cupidité des hommes, semble téléguider certains de ces organes, notamment les groupes de jeunes nationalistes du Québec. Certains de ces groupes, dont la ressemblance avec la CCF est trompeuse, sont potentiellement, sinon réellement, fascistes. Scott s'attend à ce que le pouvoir en place réponde à une montée éventuelle du mécontentement populaire en le déviant vers ces réseaux fascistes, prêts à s'en prendre à des boucs émissaires. La preuve en est qu'on assiste à l'émergence du parti d'Adrien Arcand, de l'antisémitisme et d'une nouvelle tendance à associer les pratiques malhonnêtes à la « race » anglaise.

L'Église catholique dénonce d'autres organes de critique, comme la CCF et certains groupes radicaux, avec une vigueur qui dépasse en intensité sa dénonciation des injustices sociales ayant suscité la création de ces groupes. Mais il n'y a aucun leader socialiste francophone, écrit Scott, pour

> démontrer que la propriété publique est le meilleur moyen pour les Canadiens français de reprendre le contrôle de leurs ressources naturelles que leur ont volées les capitalistes américains et anglais… On fait croire au peuple que tout ira bien mieux si on remplace les capitalistes anglais par des francophones, ou si ce sont des francophones qui les dirigent, si on remplace les grandes chaînes et les grands magasins par de petits détaillants indépendants et si on envoie tous les chômeurs travailler dans les fermes abandonnées[26].

Scott illustre bien l'impasse dans laquelle se trouvent les esprits libéraux dans le Québec des années 1930. Il se montre critique face à la domination et à la position extrémiste de l'Église catholique, qui porte atteinte aux droits civils, mais il croit sans aucun doute en la liberté de religion. Par ailleurs, si la critique de Scott envers l'Église est virulente, son jugement est tout aussi sévère à l'endroit du capitalisme. Il ne faut rien de moins que le démantèlement du système actuel. Il ne faut pas oublier que Scott se place en dehors des deux structures de pouvoir dominantes au Québec : les protestants de langue anglaise, qui forment la classe des affaires et emploient la classe ouvrière de langue française, l'Église catholique romaine et le gouvernement, auxquels s'identifient les travailleurs canadiens-français. Il ne se rend pas compte que les Québécois voient d'un mauvais œil les propositions des socialistes canadiens-anglais, qui visent pourtant à régler les problèmes. À l'époque, Scott est perçu comme une menace par les deux groupes. Certains anglophones estiment qu'il renie sa propre classe et ses racines ; certains catholiques le croient à la tête d'un mouvement socialiste tourné vers la Russie et les idéaux postrévolutionnaires de la France.

Ce que Scott a prévu, soit l'émergence d'un leader au Québec, va bientôt se produire — mais proviendra du camp nationaliste. Paul Gouin a formé l'Action libérale nationale (ALN), sorte d'alliance de réformistes libéraux avec un groupe de nationalistes de la ville de Québec. Cependant, en 1935, dix-huit jours avant des élections provinciales, l'ALN fusionne avec le Parti conservateur de Maurice Duplessis afin de former l'Union nationale. Les élections qui suivent réduisent la majorité de Taschereau à six sièges. Duplessis se sert alors du Comité des comptes publics pour exposer avec brio et sans relâche la corruption du gouvernement. Taschereau démissionne en juin 1936 ; son successeur, Adélard Godbout, déclenche aussitôt des élections que l'Union nationale gagne par une large majorité : soixante-seize sièges sur quatre-vingt-dix. Le nouveau parti rassemble la plupart des forces ultra-conservatrices du Québec, majoritairement catholiques, à prédominance francophone, et reçoit l'appui des industriels et du monde rural. Le nouveau premier ministre du Québec est Maurice Duplessis.

Depuis que le Parlement du Dominion a abrogé l'article 98 du Code criminel en 1936, la loi-cadre qui permettait aux autorités de Montréal « d'interdire les réunions communistes » n'existe plus. Par conséquent, en mars 1937, le gouvernement du Québec adopte la *Loi protégeant la province contre la propagande communiste*, dite Loi du cadenas, qui autorise le procureur général à cadenasser tout bâtiment soupçonné de servir à « la propagation du communisme ou du bolchevisme ». Ces termes restent plutôt vagues. Les propriétaires des bâtiments incriminés doivent se présenter devant la cour et prouver leur innocence afin de pouvoir retirer le cadenas ; la décision d'un juge seul est sans appel.

« L'attaque contre les libertés civiles » prend de multiples formes. On interdit à une mission baptiste de distribuer des bibles, et « les membres de la secte connue sous le nom de Témoins de Jéhovah sont souvent persécutés sous l'accusation de "sédition" ». L'interdiction de toute réunion publique des prétendus « rouges » est, toutefois, le geste qui retient le plus l'attention[27]. Les efforts pour faire invalider la Loi du cadenas échouent, parce qu'elle relève de la compétence provinciale sur les droits de propriété et les droits civils.

Sous l'initiale « S », Scott écrit dans *Foreign Affairs,* en avril 1938, un article sur les germes du fascisme au Québec⋆. Il souligne que, même si les groupes politiques fascistes trouvent chez les jeunes Canadiens français un terrain très favorable et même si le Parti national chrétien, sous la houlette d'Adrien Arcand, est pratiquement une copie conforme du fascisme européen, ayant notamment adopté la croix gammée, les chemises bleues et l'antisémitisme violent, il est peut-être exagéré de parler de « fascisme ». En effet, le parti d'Arcand n'a pas une grande influence dans la province en général : le gouvernement est composé de catholiques dévots et ne compte aucun fasciste, et les gros industriels n'appuient pas le fascisme. Comme les grandes entreprises du Québec sont en majorité entre les mains de Canadiens anglais et d'Américains, il est fréquent qu'elles soient la cible de la jeunesse canadienne-française. Judicieusement, Scott

---

⋆ « Embryo Fascism in Quebec ».

pense que cette forme de nationalisme est, en grande partie, une réaction à l'urbanisation effrénée du Québec. Il pose aussi une importante question. S'il n'y a au Québec, comme il en est persuadé, qu'un tout petit noyau communiste contre lequel un gouvernement frileux éprouve le besoin de passer des lois antidémocratiques, tandis qu'on n'y voit pas d'industriels apeurés prêts à financer un führer local, alors pourquoi observe-t-on au Québec, à ce moment précis, une tendance aussi marquée à se tourner vers le fascisme ? Il croit que les symptômes d'une agitation plus grande au Canada français n'y sont pas étrangers. L'arrivée au pouvoir de l'Union nationale de Maurice Duplessis, jointe à une renaissance du nationalisme canadien-français, laisse croire qu'un nouvel esprit libéral souffle sur la province et menace le contrôle « totalitaire » qu'exerce le clergé catholique. L'Église est sensible à ces menaces et se montre déterminée à ne pas lâcher prise. Selon Scott, « les efforts qu'a déployés l'Église pour freiner l'expansion de l'anticléricalisme et d'une doctrine anticatholique ont été, au Québec, les éléments déclencheurs de nombreuses manifestations dites "fascistes"[28] ».

Scott ne faisait que théoriser dans *Foreign Affairs* sur le pouvoir de l'Église catholique, mais, six mois après la parution de son article, la visite d'une délégation de la république d'Espagne lui fournit l'occasion de voir à l'œuvre certains corollaires de sa théorie. La délégation, composée de Marcelino Domingo, alors ministre de l'Éducation du gouvernement espagnol, Isabella de Palencia, ancienne déléguée espagnole à la Société des Nations et, plus tard, ambassadrice en Suède, et du père Luis y Sarasola, prêtre franciscain, se rend à Toronto, Hamilton, Ottawa et Montréal afin de plaider en faveur de la démocratie en Espagne et de réunir des fonds pour la république assiégée. Diverses organisations de gauche parrainent la visite de la délégation au Canada — particulièrement le Comité d'aide médicale à l'Espagne, à Montréal, que préside Frank Scott.

Les journaux anglophones de Montréal titrent que les délégués nient faire partie du Front populaire ou du Parti communiste. Pourtant, le *Daily News* de New York publie une photographie qui montre un groupe de cinq Espagnols — deux femmes, souriantes et élégantes, une jeune fille coiffée d'un béret de même que deux hommes en stricts manteaux noirs et chapeaux mous — dont quatre se tiennent le bras en l'air, le poing fermé, faisant le salut du Parti communiste. Seul le père Sarasola s'abstient.

Le 23 octobre, la délégation arrive à Montréal, où couve un fort ressentiment contre les républicains espagnols. On est convaincu que la coalition gouvernementale en Espagne est révolutionnaire, anticléricale, coupable de meurtres de prêtres, qu'elle démantèle l'Église espagnole et nationalise la propriété privée. On nourrit une profonde admiration envers le général Franco, qui cherche à restaurer la loi et l'ordre pour contrer le communisme athée. Pour un petit groupe de libéraux, de socialistes et de communistes du Québec, dont Scott, en majorité de langue anglaise, la guerre civile espagnole est assurément le combat de la démocratie contre le fascisme. Scott est convaincu que la guerre représente le combat entre un gouvernement démocratiquement élu et les forces des privilégiés et de la répression.

Les catholiques du Québec se sentent toutefois très menacés par la visite des délégués espagnols. Non seulement ils voient les républicains espagnols comme des communistes, mais cette délégation a en son sein un franciscain, ce qui vient contredire les affirmations de l'Église que les catholiques d'Espagne se dressent contre le gouvernement républicain. L'archevêque Gauthier de Montréal laisse rapidement entendre aux catholiques de la ville que Sarasola est un prêtre défroqué. Les autorités municipales, à leur tour, reprennent très vite cette accusation. La visite des délégués espagnols coïncide avec la tenue d'un grand rassemblement catholique contre le communisme, prévu le même week-end, le dimanche 25 octobre, qui marque la fête du Christ-roi. Les autorités municipales se trouvent prises entre deux feux lorsqu'elles découvrent que des fascistes du coin, des étudiants canadiens-français et des membres d'organisations patriotiques ont qualifié le rassemblement prévu à l'aréna Mont-Royal de « communiste » et qu'ils projettent d'étouffer la réunion dans l'œuf. S'ils joignent le geste à la parole, alors il faudra s'attendre à des représailles de la part des sympathisants du Front populaire, à l'occasion du rassemblement catholique du dimanche suivant.

L'un des organisateurs du rassemblement est le conseiller municipal J. M. Savignac, également président du Comité exécutif de la ville. L'avocat-conseil du comité l'avertit que rien ne l'autorise légalement à interdire la réunion à l'aréna Mont-Royal. En fait, le directeur de la police, Fernand Dufresne, à qui on a donné carte blanche, affirme dans un journal que deux des quatre délégués étant des représentants officiels du gouvernement espagnol, « la police de Montréal leur accordera son entière protection[29] ». Le 22 octobre, Scott, qui anticipe des troubles, appelle toutefois le directeur de la police pour lui exprimer son inquiétude. À sa grande consternation, ce dernier lui répond avec agressivité que Montréal est une ville catholique : Scott se rend-il compte de ce qu'il déclenche et que cette réunion est une véritable bombe[30] ?

Le lendemain matin, alors que les Espagnols doivent prendre la parole plus tard dans la journée, une foule en colère d'environ trois cents étudiants de l'Université de Montréal envahit l'hôtel de ville. Ils occupent les couloirs et les bureaux en réclamant l'interdiction de la réunion. Le conseiller municipal Savignac, que soutient le maire par intérim, proclame que Dufresne a reçu l'ordre d'annuler la réunion. Savignac ajoute que « nous ne laisserons pas le communisme prendre racine ici[31] ». À l'annonce de cette nouvelle, Scott essaie de réserver une salle pour le soir même au Victoria Hall, à Westmount.

L'après-midi du 23, Scott accompagne les deux délégués (le père Sarasola a préféré se retirer du groupe plutôt que de causer de nouveaux tracas) à l'auditorium du vieux pavillon de l'association étudiante à McGill, rue Sherbrooke. C'est une vaste salle pouvant contenir de quatre à cinq cents personnes. Là, Scott est témoin de la scène la plus émouvante de sa vie. Le señor Domingo et la señora de Palencia sont seuls sur l'estrade. Domingo prononce lentement une ou deux phrases, puis de Palencia traduit. Domingo parle en termes poétiques : « Hier se bat contre demain. Le passé tente de faire avorter l'avenir. Ils assassinent l'âme d'un peuple[32]. » Silence total dans la grande salle, professeurs et étudiants de McGill sont suspendus à ses lèvres. Scott se souvient de l'essence de leur discours : « Pas de grandes phrases, non, rien de tel — sinon l'incroyable histoire de la destruction par la force d'un gouvernement légitimement élu, de l'invasion de Franco, suivie des avions et de l'arsenal nazis[33]. » C'est la simple histoire de cet anéantissement et de l'inertie des nations démocratiques occidentales, l'Angleterre et la France, qui ne sont pas intervenues. « L'Espagne, dit la señora de Palencia, ne se bat pas seulement pour défendre la démocratie chez elle, mais aussi dans le monde[34]. » Des mots prophétiques. La guerre civile espagnole sert de terrain d'essai à la Luftwaffe d'Hitler, un exercice avant un conflit mondial d'une ampleur inimaginable.

Ce discours à McGill est le seul que les autorités de Montréal autoriseront. On informe le comité de Scott que le Victoria Hall est déjà réservé, et il doit annuler la grande réunion prévue pour le soir du 23. À la dernière minute, environ cent cinquante personnes — surtout des représentants des professions libérales avec quelques universitaires et le comité organisateur — se rencontrent discrètement dans un des salons de l'hôtel Mount Royal. À cette réunion, le docteur Norman Bethune, sur le point de partir pour l'Espagne, affirme que les autorités de Montréal viennent de sacrifier la vie d'au moins un millier de femmes et d'enfants innocents. « Cette réunion avait pour but de rassembler des fonds afin d'envoyer à Madrid des vaccins et du sérum… Je n'aurais jamais cru qu'on en arriverait à empêcher une réunion de cette sorte à Montréal… On nous retire le droit de parole — dans un pays libre[35]. » Difficile de croire que Bethune, ou Scott, ne savait pas à quoi s'attendre de la part de la Ville, mais il est fort probable que la municipalité et les autorités provinciales ont exercé un contrôle d'une rigueur qu'aucun d'entre eux n'avait connue jusque-là.

Pendant le discours de Bethune, un imposant groupe d'étudiants manifeste devant l'aréna Mont-Royal, où devait se tenir la réunion des républicains. Refoulés par la police de Montréal, ils paradent dans les artères de la ville en chantant à tue-tête : « À bas, à bas, à bas les communistes ! », « À bas les juifs ! » La rumeur voulant que la réunion se tienne au Victoria Hall, ils envahissent Westmount ; parmi eux se trouve un élève du secondaire, Pierre Elliott Trudeau, attiré par les rugissements de la foule. À neuf heures et quart, quelques minutes après le début du discours de la señora de Palencia, la direction de l'hôtel informe les participants que l'approche des manifestants l'oblige à arrêter la réunion. Malgré les protestations indignées, ils éteignent les lumières et l'assemblée se disperse, en grommelant mais sans heurts, à la demande du président.

Le lendemain, Scott fait une déclaration au nom du comité, clamant que des citoyens de Montréal avaient parrainé une assemblée avec des représentants du gouvernement espagnol, qui voyagent avec des passeports diplomatiques, afin de donner la chance aux républicains de se faire entendre. De telles réunions ont eu lieu à Toronto, Ottawa et Hamilton.

> Ils ne sont pas venus en tant que porte-parole d'une théorie politique, mais simplement à titre de démocrates afin de plaider la cause de leur gouvernement démocratiquement élu. S'il est vrai qu'une telle réunion ne pouvait se tenir à Montréal sans entraîner une émeute, alors la police de Montréal a eu raison de l'interdire. La démocratie canadienne est bien chancelante si elle cède devant les menaces de violence que profèrent des éléments irresponsables dans le but d'empêcher un discours raisonnable et réfléchi en faveur d'un gouvernement légitime[36].

La déclaration de Scott est plutôt ambivalente. Il s'insurge contre la répression des libertés civiles. Pourtant, étant avocat, il reconnaît que, devant le moindre risque d'émeute, les autorités municipales avaient le droit d'intervenir.

Le lendemain, cent mille catholiques se rassemblent à Montréal : la photo que publie un journal montre une marée humaine à perte de vue. L'archevêque Gauthier prend d'abord la parole, suivi du conseiller municipal Savignac, première des personnalités laïques. Ils condamnent le communisme et appellent les catholiques à se joindre à la croisade pour l'extirper du pays. Au cours de ce rassemblement, on dénonce aussi l'appui du Canada aux républicains espagnols : « Un groupe de nouveaux barbares qui transforment l'Espagne en une terre désolée et ensanglantée[37]. » À Québec, le cardinal Villeneuve et le premier ministre Duplessis s'adressent à une foule de vingt mille personnes sur le même sujet. Affirmant qu'il ne peut y avoir de compromis « entre le communisme et nous », le premier ministre poursuit ainsi : « Les grandes théories de la liberté, de l'égalité et de la fraternité ne valent rien. Ce qui compte vraiment, ce sont les trois vertus théologales : la foi, qui illumine l'intelligence, la charité, qui enrichit les cœurs, et l'espérance, qui réconforte[38]. » Duplessis exprime une fois de plus la vieille opposition du clergé québécois aux principes de la Révolution française qui ont infiltré l'Église de France. Ainsi, pour le Québec, la France postrévolutionnaire est la « France athée ». Dans cette perspective, rien n'empêche de considérer la fraternité de l'homme que défendent les socialistes canadiens comme un préliminaire à l'athéisme.

La guerre civile espagnole devient une épreuve décisive, qui divise conservateurs et radicaux, des deux côtés de l'Atlantique. Bon nombre de jeunes progressistes y perdent leur idéalisme chevaleresque, bien plus qu'à la Seconde Guerre mondiale, puisque cette guerre semble démontrer qu'une bonne cause — en l'occurrence la démocratie en Espagne — ne triomphe pas forcément. W. H. Auden, Stephen Spender, Robert Graves, Beatrice et Sydney Webb se rendent tous en Espagne. Certains, particulièrement Auden, Spender et Graves, découvrent une réalité espagnole bien plus complexe que ne le laissait présager le concept théorique de la démocratie en lutte contre le fascisme. On assiste à des scènes sanglantes sans merci des deux côtés. Les républicains commettent des atrocités, tout particulièrement à l'encontre du clergé, ce qui vient alimenter les accusations d'anticléricalisme qui s'élèvent dans le clergé du Québec. Pourtant, Franco et ses alliés tuent un nombre démesuré de personnes. Des observateurs étrangers réagissent avec horreur à ce carnage. Comme Auden le fera remarquer plus tard, « Découvrir la guerre civile, c'est recevoir un terrible choc. Rien de bon ne peut en sortir… À se demander si on tient vraiment à la gagner[39] ? »

Scott ne sait rien de tout cela. Ses principales sources d'information sur la guerre civile espagnole lui proviennent de Bethune, maintenant communiste avoué, et d'une petite brochure publiée par son club de livres sous le nom de plume de « Vigilantes ». Il lit aussi des comptes rendus généralement positifs des Webb et d'Auden dans le *New Statesman and Nation*[40]. Auden, qui ne tient pas à ce que Franco sorte vainqueur de la guerre, préfère taire ses sérieuses réserves. Parti pour l'Espagne pour y être brancardier, croyait-il, il découvre, une fois sur place, qu'on attend de lui qu'il fasse de la propagande. En conséquence, il rentre en Angleterre en éprouvant des sentiments partagés, que son rapport dans le *New Statesman* tente de camoufler. Peu de temps après, cependant, le pessimisme d'Auden ressort dans « Spain 1937 » (1937), où l'histoire s'entrechoque et où il reconnaît que la guerre civile espagnole n'est pas tant le combat du socialisme contre le fascisme que celui de l'humanité contre elle-même — contre sa peur et contre sa cupidité. Auden semble aussi penser que la guerre est devenue la rencontre de forces aveugles. Si la lutte échoue, l'histoire ne pourra pas faire grand-chose pour y remédier, car « l'histoire n'est que la somme des actions des hommes[41] ».

Scott s'élève contre cette vision. Au début des années 1940, il écrit son propre « Spain 1937 », dans lequel il réfute celui d'Auden et affirme qu'il croit en la pérennité des idéaux des républicains espagnols.

For these we too are bleeding : the homes burning,
The schools broken and ended, the vision thwarted,
The youths, their backs to the wall, awaiting the volley,
The child staring at a huddled form.

And Guernica, more real than our daily bread…

Behind the gilded cross, the swastika,
Behind neutrality, the will to kill★. (C. P., p. 96)

Au revers de la croix se trouve sa perversion — la croix gammée : l'union du clergé espagnol avec Franco, que vient renforcer la puissance des bombes nazies. Le Pacte de non-intervention que l'Angleterre, l'Espagne, l'Italie et l'Allemagne ont signé n'est qu'une neutralité de façade, qui sert à masquer la volonté de détruire les démocrates de l'Espagne. Cette guerre civile espagnole est d'autant plus tragique pour les libéraux occidentaux que la démocratie se situe du côté du communisme. Le spectre du communisme rend virtuellement impossible à bon nombre de libéraux modérés de reconnaître que la démocratie est aussi en danger. Pourtant, pour Scott, le poète Lorca, martyr de la cause républicaine, devient le symbole de l'espoir et de la liberté.

And Lorca, rising godlike from fascist guns.
In the spring of ideas they were, the rare spring
That breaks historic winters. Street and field
Stirring with hope and green with new endeavour,
The cracking husks copious with sprouting seed.
Here was destruction before flowering,
Here freedom was cut in its first tendrils.

This issue is not ended with defeat**. (C. P., p. 96)

(note de la page précédente)

* Pour eux, nous aussi versons notre sang : les maisons brûlent, / Les écoles sont brisées et fermées, la vision est mise en échec, / Les jeunes, le dos au mur, attendent la salve, / L'enfant regarde la forme pelotonnée. // Et Guernica, plus présente que notre pain quotidien… / Derrière la croix dorée, la croix gammée, / Derrière la neutralité, la volonté de tuer.

** Et Lorca, ressuscitant tel un dieu devant les armes fascistes. // Ils étaient au printemps des idées, le rare printemps / Qui interrompt les hivers historiques. La rue et le champ / Mélange d'espoir et de vert, de nouveaux projets, / Les épis de blé éclatant en germes abondants. / Ici, la destruction avant la floraison, / Ici, on a fauché la liberté naissante. // La défaite n'est pas la fin.

Les répercussions de la visite des républicains espagnols à Montréal sont multiples. L'autoritarisme des autorités municipales et la menace d'une émeute poussent certains Québécois de langue anglaise à vouloir mettre sur pied, sans plus tarder, une association de défense des libertés civiles afin de mieux faire face à ce type d'incident. La menace d'une émeute contre les délégués espagnols rappelle à Scott la violence des émeutes de 1917, à l'époque de la conscription. Ce nouvel exemple de la nature instable des Québécois francophones conditionnera son attitude au moment de la Seconde Guerre mondiale. L'inertie des puissances occidentales devant le désastre qui frappe l'Espagne, nation démocratique, suscite chez Scott la fureur et le dégoût. Il durcit son attitude envers l'Angleterre et s'oppose catégoriquement à la participation du Canada à toute autre guerre impérialiste.

La visite des représentants espagnols à McGill est également un facteur qui motive le congédiement d'Eustace Morgan, le nouveau recteur. Alors que le premier ministre Duplessis affirme à Québec que la liberté, l'égalité et la fraternité ne valent rien, Morgan déclare à un journal de Montréal que l'université a droit à la liberté de parole. « Tant et aussi longtemps que je serai le recteur de l'Université McGill, j'appuierai et aiderai les étudiants de toutes mes forces afin qu'ils conservent ce droit à la recherche de la vérité[42]. » Six mois après l'événement, le 5 mai, le *MontrealWitness* exprime son étonnement d'apprendre que la carrière de Morgan au Canada vient de prendre abruptement fin. Selon le rédacteur en chef, deux raisons sont à l'origine de sa démission. Le recteur n'a pas bronché pour museler les voix radicales qui s'élevaient chez ses jeunes professeurs et, contrairement à son prédécesseur, Currie, il croyait sérieusement à la mission de l'université et a tenté de rehausser les normes et de se débarrasser des branches mortes. Il a commis ainsi, suppose le rédacteur en chef, une offense impardonnable à l'encontre des hommes d'affaires qui tiennent les rênes de McGill.

Lewis W. Douglas succède brièvement à Morgan et accepte, peu de temps après, un poste aux États-Unis. Le recteur suivant, Cyril James, est un Anglais de bonne prestance aux cheveux foncés. Vif d'esprit et conservateur, James prend bien les choses en main en exigeant que toutes les affaires universitaires passent par lui. Il ne fait jamais de déclaration publique avant de consulter le chancelier et le Conseil des gouverneurs, et il bénéficie rapidement de la totale confiance de la communauté des affaires de Montréal[43]. Scott, qui le voit venir, s'aperçoit très vite que la liberté politique dont ses collègues et lui jouissaient jusque-là à McGill rétrécit comme peau de chagrin.

La crise européenne, dont la guerre civile espagnole marque le début, atteint son apogée en 1938 avec les accords de Munich : « La dernière victoire, comme lance l'historien britannique H. R. Trevor-Roper, de ceux qui, par peur de la guerre, croyaient inconditionnellement en un "apaisement"[44]. » Pour Scott, la situation se résume à choisir entre un « impérialisme vieux jeu et un canadianisme moderne[45] ». Depuis le début des années 1930, il a entrepris une vigoureuse croisade contre la guerre. En 1934, il déclare à la conférence de Couchiching que le Canada ne doit pas se laisser entraîner dans un autre conflit européen sous prétexte d'un attachement politique, commentaire qui entraîne une vive réaction éditoriale dans *The Montreal Gazette* : les discussions sur le désarmement ont échoué, les défenses de l'Empire sont affaiblies, est-ce bien le moment pour des gens comme le professeur Scott de dire aux Canadiens qu'ils n'ont aucune obligation envers la Grande-Bretagne[46] ? »

Mais la guerre civile espagnole convainc Scott que la situation européenne est avant tout le fruit des politiques impériales. La Grande-Bretagne, pense-t-il, ne s'intéresse plus à la préservation de la démocratie en Europe. Qui plus est, il croit que la majorité des Canadiens sont d'accord avec lui. Au cours d'un dîner à la Chambre de commerce de Montréal, Scott explique : « Si on organisait un référendum sur la question de la participation du Canada à la guerre aux côtés de la Grande-Bretagne, je suis persuadé que la grande majorité des Canadiens répondrait non[47] ». O. D. Skelton, sous-secrétaire d'État aux Affaires étrangères, abonde dans le même sens. Il écrit au premier ministre King quelques années plus tard : « Je doute que la majorité des

Canadiens auraient voté pour la guerre si on avait tenu un référendum sur la question. » Skelton analyse judicieusement la situation en observant que le sentiment contre la guerre « n'a pas eu un écho extraordinaire en raison de l'absence de leadership, les organes d'opinion étant aux mains des vieux et des conservateurs, et, dernier point mais non le moindre, en raison de la stratégie qu'a menée, tambour battant, le premier ministre[48] ».

La CCF est le chef de file dans la lutte contre la guerre. Les personnalités les plus éminentes parmi celles qui se sont engagées dans la lutte pour le droit du Canada à la neutralité sont Woodsworth, Scott et Underhill. Le 3 mars 1937, Scott traite, à Strathcona Hall, de la position du Canada en cas d'entrée en guerre de la Grande-Bretagne et explique sa position personnelle. Le Statut de Westminster a-t-il donné au Canada le droit à la neutralité ? Non, conclut-il. Le Statut confère aux dominions des pouvoirs supplémentaires pour promulguer des lois sur les questions qui les intéressent, mais tant que chacun n'aura pas utilisé cette autonomie supplémentaire, la situation reste inchangée. L'entrée en guerre de la Grande-Bretagne signifie automatiquement que le Canada doit lui emboîter le pas. Scott remarque que M. King et M. Lapointe ont récemment déclaré à la Chambre des communes que c'est le « Parlement qui statuera », mais ils ont omis de préciser sur quoi statuera le Canada. La neutralité, rappelle-t-il à l'auditoire, n'est pas synonyme de sécession par rapport au Commonwealth[49]. Le sujet lui tient à cœur. Il écrit à Woodsworth qu'il considère que l'attitude du premier ministre, aussi ministre de la Défense, n'est pas loin d'être « criminelle », parce qu'il laisse délibérément dans le flou une question d'une importance fondamentale[50], question que Scott présente partout comme l'enjeu constitutionnel majeur pour sa génération.

La réponse de King, bien que certainement trompeuse, n'est pas criminelle. Comme le premier ministre l'a remarqué en 1932, même si le Canada est tenu, sur le plan constitutionnel, de suivre tout autre membre du Commonwealth qui entre en guerre, il ne sera pas reconnu comme un belligérant actif tant que le Parlement n'aura pas statué[51]. Scott le sait bien. Ce qui le rend furieux, c'est de voir King délibérément tromper les Canadiens. Le premier ministre veut faire croire aux Canadiens que la guerre n'est pas pour demain, alors que, en fait, le Cabinet et l'industrie canadienne s'y préparent.

Deux questions sont en jeu ici. La première est de savoir si le Canada doit rester en dehors du conflit européen ou engager des dépenses militaires en vue d'une guerre inévitable. La seconde concerne le droit du Canada, du point de vue constitutionnel, de décider d'entrer ou non en guerre. Le premier ministre a clairement décidé qu'il est trop tard maintenant pour régler la question constitutionnelle. Un manque total de préparation risque de déplaire à bien des Canadiens anglais, tout comme une préparation minutieuse pourrait provoquer une forte hostilité au Québec. En outre, comme les événements en Angleterre vont bientôt le démontrer, l'absence de préparation risquerait d'entraîner un désastre. Dans un tel cas, la seule issue possible serait de rester en dehors du conflit. Mais l'isolationnisme, voire la neutralité, ne veut pas dire qu'on en est quitte avec les questions morales que soulèverait la domination de l'Europe par Hitler. Jusqu'à cette période, de nombreux libéraux, notamment Lester Pearson, Jack Pickersgill, Hugh Keenleyside et particulièrement O. D. Skelton, étaient du même avis que Scott quant au désir du Canada de rester neutre. Mais les accords de Munich les font changer d'avis. Et Scott, qui voit très bien que Mackenzie King est déterminé à rester aux commandes, n'accorde aucun crédit au désir de ce dernier de préserver l'unité du Canada. Dans le poème « W. L. M. K. », écrit à la mort de King en 1950, il dit :

We had no shape
Because he never took sides,
And no sides
Because he never allowed them to take shape.

He skilfully avoided what was wrong
Without saying what was right,
And never let his on the one hand
Know what his on the other hand was doing.

The height of his ambition
Was to pile a Parliamentary Committee on a Royal Commission,
To have « conscription if necessary
But not necessarily conscription, »
To let Parliament decide —
Later.

Postpone, postpone, abstain★. (C. P., p. 78)

En tant que Québécois, que constitutionnaliste, que socia-
liste et que nationaliste, Scott s'oppose farouchement aux
manœuvres de King. Il est clair que la guerre aura lieu et qu'un
Canada encore colonisé, encore sujet, fournira la chair à canon.
Au cœur du débat, l'injustice de la guerre à venir. Mais peut-on
parler de guerre juste ? Comme Woodsworth, Scott est forte-
ment enclin au pacifisme, en contradiction totale avec son mili-
tarisme de la première heure. Cette haine de la guerre, alimentée
par les rapports de guerre des révisionnistes dont il s'est impré-
gné dans les années 1920, pourrait bien cacher une colère sub-
consciente : la colère de s'être fait flouer en 1916, de s'aperce-
voir que la « noble cause » à laquelle Harry a donné sa vie n'était
que cette bataille de la Somme complètement insensée. Colère
aussi en découvrant que certains font des profits de guerre, par-
ticulièrement grâce à la vente du nickel canadien, indispensable
à la fabrication des armements, à des belligérants comme le
Japon, à la fin des années 1920 et au début des années 1930, et
au Japon et à l'Allemagne même, jusqu'en 1939. Cette colère est
à l'origine de « Lest We Forget », poème satirique dans lequel

---

★ Nous n'avions pas de forme / Car il n'a jamais pris parti, / Et pas de parti /
Parce qu'il ne l'a jamais autorisé à prendre forme. // Il a évité avec art ce qui
était mal / Sans dire ce qui était bien, / Et n'a jamais fait le lien / Entre « d'une
part » et « d'autre part ». // La hauteur de son ambition était / D'accumuler
comité parlementaire par-dessus commission royale, / Ordonner « la conscrip-
tion si nécessaire / Mais pas nécessairement la conscription », / De laisser le
Parlement décider — / Plus tard. // Ajourner, ajourner, s'abstenir.

Scott entrevoit nombre « de braves jeunes Canadiens » qui meurent le corps plein de minerai canadien vendu aux Allemands et aux Japonais. À la fin des années 1920, au début des années 1930 et même jusqu'au début de la session parlementaire du printemps 1939, seul J. S. Woodsworth fait entendre la voix de la conscience de la nation. « Cela va-t-il continuer encore longtemps ? demande-t-il. Va-t-on continuer à faire des profits avec des cargaisons destinées à d'éventuels ennemis ? Qu'attend-on pour tout arrêter ? Je suis absolument incapable de comprendre pourquoi on autorise un quelconque fabricant à faire des profits grâce à des munitions de guerre[52]. »

En tant que Québécois, Scott se souvient avec précision des émeutes de la conscription de 1917, de l'explosion de violence qui s'est répétée au moment de la visite de la délégation du gouvernement espagnol. Une autre guerre signifierait une autre conscription et une autre crise qui diviseraient certainement le pays selon des frontières ethniques. Et pour en arriver à quoi ? La Grande-Bretagne n'a pas réussi à soutenir la Société des Nations et a sacrifié la démocratie en Espagne et en Tchécoslovaquie. Pourquoi le Canada, en position de relatif isolement en Amérique du Nord, mettrait-il en péril sa propre unité nationale naissante pour aller faire une guerre en Europe qui ne le touche pas directement et qui, en fait, n'aurait pas dû se produire ? Finalement, de par sa formation en droit constitutionnel, Scott s'irrite de voir le Canada entraîné dans une guerre qu'il n'a pas voulue, alors qu'une politique de neutralité aurait pu lui éviter cela.

En fait, King et Scott partagent une même priorité — éviter l'entrée en guerre du Canada afin de préserver l'unité du pays. Leurs opinions divergent sur la façon d'atteindre cet objectif. King endosse la position d'apaisement de Chamberlain afin d'éviter la guerre ; Scott milite en faveur du droit à la neutralité du Canada. La politique de King (pour peu que Scott ait raison), qui n'a « jamais fait le lien / Entre "d'une part" et "d'autre part" », constitue en gros, comme Frank Underhill le soulignera plus tard, sa stratégie pour garder les anglophones et les francophones au sein du Canada, côte à côte sans aucun conflit déclaré. Une politique inacceptable, aux yeux de Scott.

Il s'agit d'une question de style — peut-être, en fin de compte, s'agit-il de la différence entre la théorie politique et son application dans un contexte canadien. King choisit une voie intermédiaire, où tous les moyens sont bons, les faux-fuyants, le persiflage et les négociations en coulisse, où l'on fait des concessions en échange d'accords restreints. Scott préfère les forums publics, les discussions ouvertes, où l'on reconnaît qu'il y a des différences, ce qui n'empêche pas d'arriver à une même conclusion et à une action conjointe. Que le choix de Mackenzie King en faveur de la voie intermédiaire arrange les deux extrêmes sans provoquer trop de remous chez l'un ou chez l'autre, que sa propre conception d'un forum public exige un électorat relativement bien informé, que la reconnaissance des différences est un capital instable dans les mains d'opposants politiques — ce constat n'effleure pas Scott. King, cependant, a bien enregistré les faiblesses de Laurier. Sa stratégie politique combine l'opportunisme et la sauvegarde de l'unité du Canada[53].

Réagissant avec vigueur à ce qui semble être la politique de King — beaucoup d'ambiguïté, peu d'idées —, Scott s'engage bientôt dans un débat public sur les dépenses militaires devant une assistance en majorité impérialiste, au Young Men's Canadian Club de Montréal. Son adversaire, R. L. Calder, avocat de la couronne, éminent juriste de Montréal et membre de la CCF, mais partisan de la solidarité envers l'Empire, voit dans les dépenses militaires une protection ; il craint que l'isolationnisme ne mette le Canada à la merci des États-Unis. Scott s'oppose à ces dépenses tout en appuyant l'isolationnisme. Il estime que le danger d'une invasion par le Pacifique ou l'Europe est minime. De plus, la doctrine Monroe garantit que la puissance des États-Unis protégerait le Canada.

Le débat sur le droit du Canada de rester neutre fait rage toute l'année 1937. En juin, Scott reprend ses arguments dans un article intitulé « Canada and the Outbreak of War », dans le *Canadian Forum*. Le 10 octobre, au cours d'un dîner au Ritz-Carlton à Montréal qui célèbre les réussites de l'ICAI au cours des dix dernières années, le gouverneur général, lord Tweedsmuir, entre en lice en acceptant de faire un vrai discours, quelque chose d'un peu plus consistant que les habituelles « gouverneur-généralités », comme il a coutume de les appeler. Il s'attire une réaction immédiate et indignée lorsqu'il a la témérité de dire que le Canada est une nation souveraine et qu'il ne devrait pas s'aligner docilement sur la conduite de la Grande-Bretagne ou des États-Unis dans le domaine international : « Le Canadien se doit d'être loyal avant tout au Canada et au roi du Canada, non pas au Commonwealth des nations britanniques, et ceux qui lui refusent cela rendent, à mon avis, un très mauvais service au Commonwealth[54]. »

La possibilité de voir les francophones et les anglophones du Canada s'entendre sur une politique commune ne tient plus qu'à un fil. Pendant que le sénateur Griesbach rappelle aux Canadiens anglais leurs devoirs et leur loyauté envers la Grande-Bretagne dans l'éventualité d'une guerre, Maurice Duplessis, lui, rappelle aux Canadiens français leur héritage historique et la nécessité de rester en dehors des futures guerres impérialistes. Tandis que Scott est en Australie, essayant de percer les intentions de Chamberlain par le truchement de la délégation britannique à la conférence du Commonwealth, ce dernier négocie les accords de Munich. Après Munich, le 30 septembre, le premier ministre King écrit à Chamberlain, « le grand conciliateur », le remerciant d'apporter la paix : « Alors que le chaos s'annonçait, que les passions s'enflammaient et que les armées se mettaient en marche, la voix de la raison a réussi à se faire entendre, évitant un conflit dont personne ne veut, mais que personne ne savait comment empêcher[55]. »

Scott pense tout le contraire. « Que faisons-nous maintenant ? » demande-t-il dans un article envoyé au *Winnipeg Tribune*. Avant Munich, on pouvait encore dire que le gouvernement Chamberlain tentait d'assurer la sécurité du peuple et qu'il appuyait la démocratie en Europe. Maintenant, aucun de ces arguments ne tient. « Le sacrifice de la démocratie en Europe est le prix que M. Chamberlain devra payer pour avoir la paix », déclare Scott. En conséquence, tous les Canadiens qui désirent se battre pour des raisons autres que raciales doivent décider s'ils veulent maintenant appuyer l'Angleterre pour des motifs

impérialistes. Si ce n'est pas le cas, alors ils doivent choisir l'iso-
lationnisme. « La politique étrangère du Canada s'est beaucoup
simplifiée depuis Munich. Le choix est maintenant clair entre
l'impérialisme vieux jeu et le canadianisme moderne, fondé sur
les intérêts canadiens en tant que nation d'Amérique. »

Bien que, en paroles, le premier ministre laisse croire à un
« non-engagement », celui-ci mène en réalité une politique
contraire, une politique impérialiste désuète. Il n'a pas obtenu
pour le Canada le droit à la neutralité ; il abandonne les bases
navales d'Halifax et d'Esquimalt à l'amirauté britannique et
poursuit les préparatifs de guerre. En quoi un patriotisme irré-
fléchi à l'égard de la Grande-Bretagne serait-il plus loyal que la
loyauté au Canada ? Dans tout le pays, particulièrement à
l'Ouest, on voit poindre un nouveau sentiment très profond
d'identité canadienne. « Après Munich, le Canada anglais va
devenir plus canadien. Peut-être alors se rapprochera-t-il du
Canada français et aurons-nous un vrai pays[56]. »

En janvier 1939, dans un article traitant de la politique de
neutralité du Canada publié dans *Foreign Affairs,* Scott évoque la
révolution diplomatique des années 1930, qui a engendré chez
les Canadiens un désir croissant de ne plus participer aux
guerres européennes. Les Canadiens qui « ont une plus grande
loyauté à la Grande-Bretagne qu'à la démocratie, soutient-il, ont
aidé à vaincre les Boers en 1899 ; à partir de là, ils ont accepté
sans broncher leur engagement, imposé et automatique, dans le
conflit de 1914. Même l'élargissement des "Statuts du Domi-
nion" dans les années 1920 ne les a pas amenés à reconsidérer
leurs engagements européens, car la Société des Nations exis-
tait. » Lorsque, toutefois, la Société des Nations s'est montrée
peu désireuse ou incapable d'enrayer les méthodes qu'em-
ploient les vieux régimes pour régler leurs disputes, il n'est resté
rien d'autre que des sentiments de race ou d'intérêt. Le Canada,
qui au moins avait une voix à la Société des Nations, n'en a
aucune en politique britannique. Les impérialistes contempo-
rains font donc face, au Canada, à deux sortes d'opposition :
« Celle de tous ceux qui refusent d'être engagés plus longtemps
en Europe et celle des nationalistes canadiens, drapés dans leur

dignité, qui veulent que le Canada soit maître chez lui pour les questions cruciales de guerre et de paix, quelle que soit la voie que le pays choisira à l'avenir[57]. »

Ce désir de se démarquer de la Grande-Bretagne, clame Scott, trouve sa source non seulement dans le patriotisme canadien, mais aussi dans le fait qu'au moins la moitié de la population canadienne n'a pas de liens de sang avec la Grande-Bretagne, ce qui rend bien difficile au Canada le maintien de l'unité nationale :

> S'il est une société assez bonne pour cimenter d'une même loyauté toutes les races du Canada et leur permettre de surmonter leurs différences au point où ils pourront instaurer une union politique stable, alors c'est dans la conception même du Canada comme nation qu'elle se trouve. L'édification d'une société juste et ordonnée au sein de ce vaste territoire, l'élimination de la pauvreté et de l'insécurité grâce à l'utilisation sage des ressources naturelles, le développement des arts et des sciences, la liberté politique et spirituelle — tout cela en maintenant un équilibre entre les revendications des minorités raciales et religieuses —, c'est une tâche… qu'on aura du mal à accomplir, sauf si l'on relègue aux oubliettes la politique étrangère impérialiste et désuète[58].

L'idée d'une « société juste » lui est venue au printemps de 1939, en même temps qu'ont commencé ses rencontres avec un groupe de gauchistes et de nationalistes canadiens-français pour discuter de politique étrangère. Tous sont opposés à la guerre imminente. Le groupe comprend François-Albert Angers, professeur à l'École des hautes études commerciales et directeur de la Société Saint-Jean-Baptiste, André Laurendeau, éditeur de *L'Action nationale*, Gérard Filion, de l'Union des cultivateurs catholiques, Georges E. Cartier, qui deviendra le pilier du Bloc populaire, Madeleine Parent, étudiante à McGill et ancienne secrétaire de la LSR, qui deviendra bientôt une militante syndicale marxiste, Neil Morrison et Alec Grant, du Mouvement des étudiants chrétiens, et George Laxton, de la

Fellowship for a Christian Order. Ce groupe tient six réunions pour essayer de trouver un terrain d'entente. Ils travaillent à un document intitulé : « Toward a Canadian Foreign Policy in the Event of War / Pour une politique canadienne en cas de guerre prochaine », qu'ils entendent soumettre au gouvernement fédéral pour en faire « la seule politique acceptable pour tous ceux qui ont à cœur la paix et la prospérité du pays[59] ». La version française est terminée le 2 juin 1939, et Scott doit la traduire. Comme Michael Oliver le remarquera plus tard, un préambule qui fait du Canada un pays constitué de deux groupes fondateurs est une réussite en soi[60]. Le document se termine sur une déclaration rejetant la conscription et la levée de contingents pour les envoyer se battre hors du Canada, mais reconnaît, aux Canadiens qui désirent le faire, le droit de s'enrôler dans l'armée britannique. Il suggère aussi d'imposer un embargo sur les exportations vers les nations qui attaquent la Grande-Bretagne, mais soutient que le Canada ne devra offrir aucun appui financier à celle-ci[61]. Ce document ne sera jamais envoyé au gouvernement ni rendu public. Le groupe publie une déclaration en automne 1939, mais se fait déborder par les événements qui se déroulent sur la scène internationale.

En été 1939, Scott, comme bien d'autres Canadiens, a le sentiment que le chaos est imminent. Chamberlain poursuit ses tentatives d'apaisement au printemps de cette année-là, mais en mars, lorsque Hitler envahit la Tchécoslovaquie, la Grande-Bretagne et la France sont mises devant le fait accompli : rien ne peut arrêter la progression nazie. Durant les mois qui suivent, la Grande-Bretagne commence à se militariser, et le Canada accepte de l'aider. La Grande-Bretagne garantit aussi son soutien à la Pologne, à la Roumanie et à la Grèce dans l'éventualité d'une agression allemande. Au cours de l'été, pendant que les puissances occidentales négocient avec la Russie pour obtenir son appui, Staline entreprend des négociations secrètes avec Hitler et, en août 1939, la Russie et l'Allemagne signent un pacte de non-agression. C'est la stupeur chez tous les gauchistes du monde qui idéalisaient l'expérience russe. Ce sinistre été couronne une longue décennie, marquée par la cupidité, les accords rompus et le double jeu. Le 1er septembre 1939, l'Allemagne envahit la Pologne et déclenche ainsi la Seconde Guerre mondiale.

Le week-end du 2 septembre 1939, Alan Plaunt et Scott convoquent en hâte une réunion avec, entre autres, les membres du groupe canadien-français, afin de discuter de la politique de guerre. La réunion a lieu chez Scott, à Summit Circle, et rassemble George Ferguson, David Lewis, Arthur Lower, R. O. MacFarlane, Georges Pelletier (rédacteur en chef adjoint du *Devoir*), Alan Plaunt, Ken Taylor et Frank Underhill. Comme se le rappelle Lower, ils étaient assis dans le salon de Scott, le dimanche matin, et se demandaient comment se rendre utiles dans cette situation d'urgence — une oreille littéralement collée à la radio et l'autre tendue vers la discussion. Scott a laissé tomber une remarque sur l'art moderne : « "Un tableau représentant un âne mort sur un piano, ou quelque chose comme cela, a-t-il dit, voilà qui symbolise la confusion, le chaos, la déraison de notre vie." Au même moment, la radio fait entendre la voix d'un prêcheur populaire qui dépeignait le Christ en uniforme, arpentant les rues aux côtés des hommes qui s'enrôlaient. Quelqu'un a éteint la radio dans un geste de dégoût ». Dans la discussion qui suit, plusieurs expriment la crainte que cette nouvelle guerre divise le Canada : d'un côté les Anglais, de l'autre les Français. La discussion bat son plein lorsqu'un appel d'Ottawa pour Taylor l'interrompt. On lui demande de devenir sous-ministre des Finances[62]. Il revient et l'annonce à ceux qui sont présents, incertain de ce qu'il doit décider. On le presse d'accepter. Si la guerre est inévitable, « il vaudrait mieux que quelques personnes sensées » occupent des positions clés[63]. Paradoxalement, la guerre a rendu possible ce que Scott et ses compagnons socialistes ont longtemps désiré, soit un plus grand droit de regard du gouvernement fédéral sur l'économie. La Commission des prix et du commerce en temps de guerre, qu'administre le ministère des Finances, va devenir l'un des plus amples instruments de planification jamais établis par le gouvernement.

Pendant la semaine qui suit, Scott se rend à Ottawa pour assister à des réunions, à la demande du Conseil national de la

CCF, en vue d'élaborer coûte que coûte la politique officielle du parti sur la guerre et de la présenter au cours d'une session extraordinaire du Parlement, que le premier ministre a convoquée pour le 8 septembre. Scott assiste aux réunions en pacifiste et en isolationniste convaincu. La première réunion se tient le 6 septembre à la cafétéria de l'édifice Centre du Parlement, sous la présidence de M. J. Coldwell. Woodsworth est assis à sa droite et David Lewis, secrétaire national, à sa gauche. En tout, vingt-huit personnes sont présentes, y compris Underhill, Forsey et Angus MacInnis. Il y a aussi des députés et des membres du parti venus de tout le Canada, des présidents provinciaux tels que George Williams, de la Saskatchewan, et des visiteurs comme Mme Woodsworth, Agnes Macphail et Geoffrey Andrew, alors professeur à Upper Canada College.

Le premier jour, on discute de la nature de la guerre. Cette guerre sauvera-t-elle la démocratie ou bien est-ce une guerre impérialiste ? Où se situent les véritables intérêts du Canada par rapport à sa situation politique et quelle position officielle la CCF devrait-elle adopter ? Woodsworth entame la discussion en affirmant qu'il s'est déjà opposé à la guerre et à la conscription en 1914 et qu'il s'oppose également à cette nouvelle guerre. En tant que socialiste, il estime que la guerre est l'inévitable conséquence du capitalisme ; en tant que chrétien, il pense que l'on doit s'y opposer. Il est essentiel que les Canadiens bâtissent leur culture distincte au Canada. Il ajoute qu'il en est tellement convaincu que, si l'opinion de la CCF diffère de la sienne, il cessera alors d'en être le porte-parole à la Chambre des communes.

Au milieu de la matinée, Scott présente sa vision. À bien des égards, elle ressemble à celle de Woodsworth. Il laisse parler son cœur et, sans notes, déclare que cette guerre est impérialiste. Il parle aussi en tant que Québécois, arguant avec force que la guerre menace l'unité canadienne et la place de la CCF au Québec. Le discours de Scott semble avoir été crucial, car plusieurs des orateurs suivants, dont Underhill, Andrew et J. C. Arrowsmith, abondent dans le même sens. Cependant, la majorité est en faveur d'une participation totale ou partielle à la guerre. Williams déclare, appuyé en cela par Abraham Heaps, que l'échec des Alliés et la victoire de l'Allemagne et de l'Italie, appuyées par la Russie, détruiraient la démocratie au Canada. D'autres, comme Andrew et MacInnis, qui ont eux-mêmes subi directement le nazisme, font valoir les dangers que représente la politique raciale d'Hitler. C'est donc bien une guerre pour la démocratie. Un schisme menace la CCF.

Angus MacInnis explique très clairement le dilemme auquel fait face la CCF. Les questions de démocratie internationale devraient prévaloir sur les considérations partisanes. Trois voies s'ouvrent au parti. La première est l'opposition farouche à la guerre, mais cela signifierait que la CCF ne s'en relèverait pas une fois la paix rétablie. La deuxième serait de coopérer totalement, mais MacInnis s'y oppose aussi. Puis, il y a la troisième voie. Étant donné que le Canada se trouve automatiquement dans la guerre, la CCF pourrait tenter d'élaborer une position intermédiaire. Avant de se rasseoir, MacInnis termine en disant : « La position de Scott est contradictoire : il veut que les Alliés gagnent et pourtant il n'ira pas leur porter assistance. » Scott a recopié cette déclaration de sa main. Il a pris en note toutes les opinions exprimées par les délégués sans omettre le jugement sévère de MacInnis à son égard[64].

Pourtant, une fois la réunion terminée, Angus MacInnis dit à Scott : « Frank, c'est grâce à vous si le parti est resté soudé. Vous avez évité une division[65] » ; opinion que confirme David Lewis[66]. Ce que MacInnis semble vouloir dire, c'est que Scott, membre du comité chargé d'ébaucher la politique officielle de la CCF, a accepté certains des arguments avancés par les défenseurs de la guerre et a usé de son influence pour les imposer. Il a infléchi sa position durant la discussion. Acceptant le fait que le Canada est obligé d'aller en guerre, il se décide contre une position isolationniste. Le comité en question comprend aussi MacInnis, Lewis, Williams, Bert Gargrave et Ingi Borgford, ces deux derniers étant respectivement secrétaires provinciaux de la Colombie-Britannique et de la Nouvelle-Écosse. La déclaration de compromis à laquelle ils travaillent comprend une analyse des événements qui ont mené à la guerre et une « condamnation du fait que le Canada se soit vu imposer une politique de guerre avant même que le parlement ne se réunisse ». Elle reconnaît que la guerre est un « combat qui peut mettre en jeu la survie de nos institutions démocratiques » et exprime la conviction que « la politique du Canada devrait avant tout se fonder sur les intérêts des Canadiens, chez eux tout comme en ce qui a trait à la guerre ». Essentiellement, elle affirme que « le Canada doit se tenir prêt à défendre ses côtes, mais que son appui outre-Atlantique devrait se borner à une aide économique et ne pas inclure la conscription des hommes ou l'envoi d'une force expéditionnaire ». La déclaration est présentée à la réunion et adoptée par quinze voix contre sept[67].

Après le vote, Kenneth McNaught raconte que Woodsworth s'est levé et a dit : « Vous savez tous, comme moi-même, ce que cela signifie… », puis il a démissionné de son poste et quitté le parti devant l'assemblée[68]. Comme aucun des délégués n'accepte sa démission, il se laisse convaincre de réfléchir à la question jusqu'au lendemain matin. Scott défend le droit de Woodsworth de parler en son nom propre — « Le parti n'est-il pas assez grand pour se permettre d'avoir en son sein un véritable pacifiste, n'est-ce pas le seul point de discorde avec Woodsworth ? » —, argument qui oriente aussi le parti vers un compromis plus humain[69]. On se met d'accord pour que Woodsworth soit le premier orateur de la CCF au Parlement et qu'il présente sa position ; Coldwell suivra et présentera la position officielle du parti. Pour Woodsworth, ces quelques jours marquent la fin de sa carrière de chef du parti qu'il avait mis sur pied.

Scott continue de s'opposer haut et fort à la guerre et à la façon dont elle est menée. Le 5 janvier 1940, après l'envoi du premier corps expéditionnaire canadien en Angleterre, il écrit une lettre au premier ministre, une lettre qui, comme J. L. Granatstein l'observe, doit avoir causé « un malaise » à Ottawa[70]. Dans cette lettre, il souligne que les actes du gouvernement libéral jusqu'à maintenant dans cette guerre sont plutôt en désaccord avec la politique annoncée. King avait déclaré en 1937 que seul le Parlement déciderait dans quelle mesure le Canada participerait à la guerre. Or, le cabinet King adopte tellement de mesures qui placent le Canada en état de belligérance active avant que le Parlement ne se réunisse le 7 septembre 1939, qu'il a énormément restreint la liberté d'action de celui-ci. Scott écrit :

> Votre gouvernement a déjà établi deux très dangereux précédents dans cette guerre, qui démolissent la notion d'autonomie du Dominion, alors qu'il a fallu vingt ans pour la mûrir. Premièrement, dès l'entrée en guerre de la Grande-Bretagne, le Canada s'est placé en position de belligérant bien avant la réunion du Parlement. Deuxièmement, le cabinet a toute compétence pour décider, sans débat au Parlement, si des soldats canadiens doivent aller mourir en Europe. Ces deux précédents laissent croire que le Canada n'est toujours rien de plus qu'une colonie…
>
> Le second point que je vous presse de considérer est celui-ci : il faut sévèrement restreindre la participation du Canada à cette guerre si nous devons émerger à titre de nation. Les deux conditions nécessaires à notre survie sont de ne pas trop nous engager militairement, au point de rendre la conscription nécessaire afin de maintenir des forces outre-Atlantique, et de ne pas nous endetter au point de mettre en danger notre autonomie en rendant le pays insolvable. La défaite militaire ne risque pas de nous détruire, car aucun ennemi ne pourra traverser l'Atlantique pour nous attaquer ; en revanche, les tensions et les pressions internes peuvent nous détruire. Notre plus grand ennemi n'est donc pas Hitler, aussi détestable que soit son régime, mais la participation « jusqu'à notre dernier homme et à notre dernier dollar[71] ».

J. W. Pickersgill prépare une réponse justifiant l'action du premier ministre, mais la lettre n'est jamais envoyée. King doute de la sagesse d'entreprendre une correspondance sur « un sujet qui est soulevé dans le but de créer la controverse et qui certainement nous y mènera ». Il ne peut pas imaginer que M. Chamberlain réponde en détail aux lettres qui critiquent de la politique de son gouvernement. Peut-être M. Pickersgill montrerait-il la lettre au Dr Skelton pour avoir son opinion[72] ? Skelton approuve King. Il estime cependant que les arguments de M. Scott « ne sont pas faciles à réfuter[73] ».

CHAPITRE 11

Qui entend le bruit des armes ?

En février et au début du mois de mars 1940, Scott délaisse momentanément la vie politique pour régler un différend entre la société Dominion Coal de la Nouvelle-Écosse et ses employés, membres de la section 26 de la United Mine Workers of America. Les mineurs eux-mêmes ont réclamé la présence de Scott, dont le nom circule beaucoup à l'époque au sein de la CCF et dans le milieu syndical. Les autres membres de la commission sont R. R. Stewart, H. J. Kelley, vice-président de Dosco et directeur de la mine, le juge C. F. McTague, P. Belle, Arthur Cross, D. W. Morrison, A. McKay et Silby Barrett. Scott a encore à l'esprit les paroles de son père, parti soutenir des mineurs de Nouvelle-Écosse en grève, au milieu des années 1920, qui avait déclaré que la Dominion n° 2 était la pire de toutes les mines. En apprenant cela, tous les autres commissaires exigent de descendre dans cette mine.

La mine s'enfonce à plus d'un kilomètre et demi sous terre. Pour y descendre, les commissaires portent des casques et prennent l'ascenseur. Une fois au fond, on leur dit de s'allonger sur un wagon plat qui parcourt bruyamment cinq kilomètres dans des tunnels. Ils ont l'impression d'approcher du centre de la terre. La température atteint 30 degrés et des essaims de mouches entourent les poneys qui tirent les wagons. L'eau sourd de la voûte et éclabousse les rails. Scott, qui marche courbé dans les tunnels, se rappelle que, de temps à autre, un mineur, le visage noir et couvert de sueur, vient à leur rencontre et leur fait signe de la main en disant : « Par ici, Professeur[1] ! »

La commission recommande quelques aménagements destinés à soulager les mineurs, mais cette expérience rejaillit bien davantage sur la poésie de Scott que sur son activité politique. Il revient profondément bouleversé de cette descente dans la mine. Il est particulièrement intrigué par la notion du « front de taille ». Il apprend que la « roche, lorsqu'elle subit une énorme pression, se plie ; elle ne casse pas d'un seul coup, elle plie tout doucement ». Lorsque les mineurs s'attaquent à un nouveau filon, ils doivent continuellement étayer les parois de la mine. Scott garde l'image des hommes travaillant dans une sorte de galerie en forme de V dont ils extraient le charbon. Une fois le filon épuisé, la terre broie les étais.

Scott utilise la technique utilisée pour creuser les galeries comme métaphore pour décrire le rôle que joue l'avant-garde dans la vie et dans les arts. « Il ne faut pas cesser de creuser, dira-t-il, autrement on se fait broyer et transformer en pierre — on devient fossile[2] ! » C'est une image qui convient bien aux années 1940. Durant toute cette décennie, Scott, à maintes reprises, se voit forcé de plier sous la pression. Chaque fois, il apprend à creuser dans le neuf, faisant confiance à l'impulsion qui guide l'homme, souvent sans qu'il s'en rende compte pleinement, vers le « front de taille ». Beaucoup plus tard, il résumera cette décennie turbulente dans un poème qui rend hommage « À l'Ange Avant-Gardien ».

We must leave the hand rails and the Ariadne-threads,
The psychiatrists and all the apron strings
And take a whole new country for our own.

Of course we are neurotic ; we are everything.
Guilt is the backstage of our innocent play.
To us normal and abnormal are two sides of a road.

We shall not fare too well on this journey.
Our food and shelter are not easy to find
In the salons des refusés, *the little mags of our friends.*

But it is you, rebellious angel, you we trust.
Astride the cultures, feet planted in heaven and hell,
You guard the making, never what's made and paid★. (C. P., p. 132)

En avril 1940, la « drôle de guerre » devient soudain une vraie guerre. Les Allemands envahissent la Norvège au début du printemps ; en été, l'Europe entière est menacée. Scott, qui prévoyait quitter le Canada pour Harvard nanti d'une bourse Guggenheim, hésite à partir lorsque, la première semaine de juillet, Hitler commence à bombarder l'Angleterre. Le 15 juillet, il écrit à O. D. Skelton, sous-secrétaire d'État aux Affaires étrangères, lui expliquant qu'il serait heureux de rester au Canada s'il y avait du travail pour lui dans son ministère. Sa lettre reste sans réponse. J. W. Pickersgill, alors aux Affaires étrangères, suppute que King est, à l'époque, débordé de candidatures non sollicitées et que l'offre de Scott est passée inaperçue[3]. Quand on connaît l'accueil réservé à la lettre qu'il a écrite auparavant aux Affaires étrangères sur la façon dont on menait la guerre, il est fort probable que Mackenzie King a feint d'ignorer sa demande. Scott se rappelle avec humour : « De réponse… il n'y eut pas,… parce qu'il les avait mangées toutes[4]. » Comme le morse et le charpentier dans les vers de mirliton de Lewis Carroll, le

---

★ Nous devons lâcher la rampe et le fil d'Ariane, / Les psychiatres et les jupes de notre mère / Et nous approprier un tout nouveau pays rien qu'à nous. // Bien sûr, nous sommes névrosés ; nous sommes tout. / La culpabilité est à l'origine de notre œuvre innocente. / Pour nous le normal et l'anormal sont les deux côtés d'un même chemin. // Ce voyage sera semé d'embûches. / Difficile de trouver vivres et abri / Dans les salons des refusés, les petites revues de nos amis. // Mais c'est en vous, ange rebelle, que nous croyons. / À califourchon sur les cultures, un pied planté en enfer et l'autre au paradis, / Vous gardez la création, jamais ce qui est fait et payé.

premier ministre a déjà englouti une grande partie de l'opposition. Pourquoi amener à Ottawa un autre de ces universitaires fauteurs de troubles, qui serait bien placé alors pour lui mettre des bâtons dans les roues ?

À la fin d'août, les Scott se préparent à quitter Montréal pour Harvard, mais Scott manque d'enthousiasme. Il se remémore l'opprobre qu'a dû subir Mackenzie King lorsqu'il a quitté le pays au moment de la Première Guerre mondiale afin d'aller travailler pour les Rockefeller. Il a l'impression de faire pareil, avec la bourse Guggenheim, sauf que la recherche qu'il se propose d'entreprendre, en vue de la rédaction d'un livre sur l'Acte de l'Amérique du Nord britannique, est d'un grand intérêt pour le Canada. En dépit de ses réserves, la famille s'installe à Cambridge, au début de septembre, déterminée à profiter le plus possible de son séjour aux États-Unis. Scott entend faire la synthèse d'une série de documents portant sur la Constitution qu'il a rassemblés pour ses articles dans les années 1930. Marian est impatiente de visiter les galeries d'art de Boston et des environs, et Peter, âgé maintenant de onze ans, entre dans une école privée avant-gardiste.

Ses collègues américains accueillent Scott très chaleureusement. On lui donne un bureau à la bibliothèque de la faculté de droit où il peut laisser ses notes et ses livres ; il est élu membre du foyer des professeurs à Eliot House. En conséquence, il a un statut très différent de celui d'un visiteur ordinaire et est libre d'aller et venir dans la faculté. Harvard est le château fort de Wendell Wilkie, qui se présente alors contre Roosevelt à la présidence des États-Unis. Cependant, Scott observe que ses collègues ont la « tranquille certitude » que Roosevelt sera élu. Il est heureux de constater que les professeurs de Harvard s'engagent beaucoup plus ouvertement que ceux de McGill ou de Toronto[5]. Bien qu'une majorité de professeurs de la faculté de droit de Harvard approuve la politique d'isolationnisme de leur pays, il existe aussi un fort lobbying en faveur de l'interventionnisme. William Yandell Elliott, professeur d'administration publique et conseiller officieux du comité d'aide à l'Angleterre qu'ont formé des étudiants en droit, compte parmi les interventionnistes les plus importants. Elliott et Scott ont des affinités littéraires. Elliott a été membre du groupe de poètes sudistes « Fugitives » et, boursier de la Fondation Rhodes à Oxford, il faisait aussi partie du même cercle qu'Edmund Blunden, Robert Graves et Richard Hughes. Toutefois, à titre de politologue et de conseiller du gouvernement, il est fortement convaincu que l'Amérique doit intervenir. Pendant un dîner chez Elliott, Scott met son hôte en colère en lui déclarant de but en blanc qu'à son avis les États-Unis devraient maintenir leur isolationnisme[6].

Malgré cette fougue à défendre l'isolationnisme américain, Scott doute sérieusement que l'Amérique du Nord puisse rester en dehors du conflit. Celui-ci s'est considérablement aggravé en Europe durant l'été ; la ligne Maginot tombe à l'automne, et en septembre, les bombardements sur la Grande-Bretagne s'intensifient.

Scott a tout d'abord autre chose que la guerre à l'esprit tant il rencontre une foule de gens nouveaux et tant il est occupé par son installation à Harvard. Le 20 septembre 1940, il commence son travail sur l'Acte de l'Amérique du Nord britannique en griffonnant quelques notes dans son cahier :

> Les dates cruciales de l'histoire du Canada sont 1663, 1763, 1774, 1791, 1840, 1867, 1931. À chacun de ces moments correspond un changement dans la structure gouvernementale, qui permet de mettre en route quelques nouveaux plans ou objectifs concernant le peuple canadien. Les changements juridiques sont, comme toujours, le moyen d'y arriver.
> Quels sont les buts qui sous-tendent chaque nouvelle forme constitutionnelle ? Qui définit les objectifs — qui les choisit ? Répandre le catholicisme et la culture française, étendre la puissance et le commerce anglo-saxons ne sont pas des concepts canadiens. L'amalgame canadien est-il un objectif en soi ? Surtout, a-t-il un objectif démocratique[7] ?

Dès que l'on se penche sur la Constitution du Canada, du moins lui semble-t-il, surgit aussitôt la question de l'objectif démocratique. Il est clair qu'il lui faudra définir plus précisément le sens du mot « démocratie ».

Assistant à un thé donné à la faculté, à l'automne 1940, Scott s'interroge sur les différences entre les formes de gouvernement démocratique qui distinguent les anciennes colonies américaines, le Boston de la célèbre insurrection de 1774 et le Cambridge de 1940. Alors qu'il parcourt la pièce du regard, il capte chaque détail du « thé des pontes de Harvard » servi dans le confort « d'amples formes féminines » :

While D.A.R.'s and Ph.D's
And "How-d'ye-do's" and "Is-that-so's"
Are wafted on a scented breeze
That piles the orchid on the rose.

The English butler scarce is heard
Purveying the historic drink.
His servile mien, without a word,
Provides the true historic link

With colony and ruling class,
Commons by royalty dissolved,
Declared dependence of the mass
And revolution unrevolved.

O serve me, Butler, mild and meek,
Your gentle tea so piping hot.
No rebel here shall dare to speak,
And round this world, who hears a shot ★ *?* (C. P., p. 98)

★ Pendant que des docteurs ès / Et des « Comment-allez-vous ? » et des « Vraiment ! » / Ondoient dans la brise parfumée / Où se mêlent l'orchidée et la rose. // Le majordome anglais sans bruit / Sert les boissons historiques. / Sa contenance servile, sans mot dire, / Indique le vrai lien historique // Avec la colonie et la classe dirigeante, / Les Communes dissoutes par la royauté, / La dépendance déclarée de la masse / Et la révolution inachevée. // Ô sers-moi, majordome, docilement, / Ton thé agréable et brûlant. / Aucun rebelle ici n'osera parler, / Et qui, dans ce monde, entend le bruit des armes ?

Le dernier vers du « Boston Tea Party 1940 » de Scott fait écho au « Concord Hymn » d'Emerson, avec sa référence à la Révolution américaine et aux « fermiers américains dont le bruit des armes a résonné dans le monde entier[8] ». Mais le poème de Scott est une satire ambiguë. Il se délecte du revirement de la situation historique qui a conduit les majordomes britanniques à servir la nouvelle aristocratie américaine. Les États-Unis, au contraire du Canada, ont réussi leur révolution. Le statut de colonie dépendante des caprices de la mère patrie est du domaine du passé, aujourd'hui ce pays est la puissance dominante. Les mots clés dans le poème sont *dépendance* et *révolution inachevée*. Le lecteur s'attend à l'opposé de ces deux termes, et pourtant Scott affirme que la roue n'a pas fait un tour complet pour les « masses » américaines (pas plus, on s'en doute bien, qu'elle n'a fait un tour complet au Canada ; on retrouve à McGill les mêmes thés qu'à Harvard). En fait, à ses yeux, les artères de la révolution américaine se sclérosent comme ce fut le cas en Angleterre. « Aucun rebelle ici n'osera parler, / et qui, dans ce monde, entend le bruit des armes ? »

Scott s'illusionne peut-être sur le pouvoir des individus. Il est vrai que, en automne 1940, on entend partout le bruit des armes. Chaque jour, les journaux, la radio et les actualités rendent compte du bombardement de la Grande-Bretagne par la Luftwaffe. Le 7 septembre, jour du premier bombardement sur Londres, la ville est complètement paralysée : le secteur des docks est détruit par les bombes et par le feu. Les mots du maréchal Goering résonnent dans tout l'Occident lorsqu'il s'adresse à la nation allemande. « C'est une date historique, car pour la première fois notre force aérienne a pu porter ses coups jusqu'au cœur de l'ennemi[9]. » Lorsque la bataille d'Angleterre commence, la drôle de guerre fait place à un combat pour la survie. Pas seulement la survie de l'Angleterre, mais celle de la démocratie en Occident.

Toutes les nuits, jusqu'au 3 novembre, Londres est la cible des bombardements. Chaque jour apporte son lot de mauvaises nouvelles, accentuant le trouble de Scott. Le conflit extérieur dégénère en un conflit interne, qui se reflète dans le poème « Conflict » :

When I see the falling bombs
Then I see defended homes.
Men above and men below
Die to save the good they know.

Through the wrong the bullets prove
Shows the bravery of love.
Pro and con have single stem
Half a truth dividing them★. (C. P., p. 97)

Le rythme des vers, calqué sur la strophe de l'hymne traditionnel, laisse deviner la formation première de Scott. La question morale qu'a posée la Première Guerre mondiale — « Peut-on être chrétien et considérer qu'une guerre est juste ? » — refait surface, assortie de la vieille angoisse. Tout ce que cette guerre prouvera jamais, comme l'expérience le lui a appris, c'est « le courage de l'amour » et le sacrifice de jeunes hommes comme son frère Harry.

Parallèlement aux sentiments qu'il nourrit contre la guerre resurgit son attachement émotif à la Grande-Bretagne. Les bombardements lui font craindre la chute de l'Angleterre. Les bombes meurtrières des nazis ont ravagé l'Espagne et détruit la démocratie dans ce pays. L'Angleterre pourra-t-elle tenir ? Il est assailli de cauchemars et « d'étranges crises » récurrentes dans la journée, « dans lesquelles le rêve de la nuit précédente [lui] revient soudain à l'esprit, accompagné d'une émotion intense[10] ». Il manifeste peu de signes visibles de cette agitation. Pour le jeune Douglas Le Pan, ancien d'Oxford lui aussi et, à l'époque, instructeur à Harvard, Scott est vif et intelligent, un compagnon stimulant dans les discussions sur la poésie et les beaux-arts[11]. Sur le plan social et dans le contexte universitaire,

---

★ Tandis que les bombes tombent / Ils défendent leurs foyers. / Des hommes en haut et en bas / Meurent pour le bien qu'ils connaissent. // À travers le mal des balles / Le courage de l'amour. / Le pour, le contre ont un seul tronc / Une demi-vérité les divise.

il est très pris par ses études constitutionnelles ; pourtant, Scott a bien peur d'être au bord de la dépression nerveuse[12].

Rien ne va plus entre la raison et le cœur. D'un point de vue intellectuel, il a combattu l'impérialisme britannique pendant toutes les années 1930. La Grande-Bretagne, pensait-il, avait laissé tomber le monde. Elle était presque une alliée des fascistes en Espagne. Elle avait sabordé la Société des Nations et avait conclu des accords avec Hitler, signant du même coup l'arrêt de mort de la démocratie en Tchécoslovaquie. Pourtant, malgré toutes les objections de Scott envers la politique internationale de la Grande-Bretagne, son amour profond pour le pays, qu'il a forgé dans les années 1920, persiste. C'était précisément en raison de son idéalisation des traditions britanniques et de son sens politique qu'il avait jugé que la tactique d'apaisement de Chamberlain relevait de la lâcheté. Scott est un être entier, pour qui tout est noir ou blanc. C'est sa raison qui lui a dicté sa position sur le droit du Canada à la neutralité — et par conséquent sur son droit à ne pas entrer en guerre —, voulant ignorer toute composante émotionnelle. Mais maintenant les bombes d'Hitler détruisent l'Angleterre qu'il aime tant. Elles tombent sur la cathédrale Saint-Paul, elles menacent de tomber sur l'abbaye de Westminster. *Son* Angleterre, la terre verdoyante et agréable — « exactement comme je l'imaginais » — de ce temps idyllique passé à Oxford.

Pis encore, il se reconnaît coupable d'arrogance intellectuelle : « Mon isolationnisme presque total se fondait sur la fausse hypothèse que c'était une autre guerre semblable à celle qu'avait menée le Kaiser[13] » : une querelle entre nations européennes. Sauf qu'il se rend compte que, cette fois-ci, le conflit a une portée beaucoup plus large, menaçant la démocratie et le monde civilisé. Que l'Angleterre tombe, et le monde entier risque de se retrouver à la merci d'un État totalitaire. La chute de la ligne Maginot et l'inexorable avance des panzers d'Hitler dans toute l'Europe font peser la menace d'un nouvel « Armageddon » :

Suddenly the last boundary broke
And every land was used by somebody else.
The closed world swarmed with a throng of roads

Where caterpillars span a thread of our blood
And sewed our flags into the history-quilt ★. (C. P., p. 102)

Scott est à Harvard pour y écrire un livre sur l'Acte de l'Amérique du Nord britannique, mais après les premiers bombardements, il se rappelle s'être dit : « Au diable cet Acte ! Qu'est-ce que j'attends, qu'est-ce que je fiche encore ici[14] ? »

Il ressent un soulagement le 3 novembre, veille des élections américaines et aussi — peut-être n'est-ce pas une coïncidence — première nuit depuis le 7 septembre que Londres n'est pas bombardée. Ce jour-là, son anxiété laisse place à la sérénité. Installé au grand piano de la maison qu'ils louent, Marian et lui, il joue une sonate de Mozart mieux, estime-t-il, qu'il ne l'avait jamais fait auparavant. Il lit les *Élégies de Duino* (1930-1939), de Rilke, dans la traduction anglaise de J. B. Leishman et Stephen Spender. La préface décrit l'angoisse de Rilke durant la terrible guerre de 1914-1918 et sa découverte de la grâce par le biais de la poésie : « Qui, si je pleure, m'entendra parmi les ordres angéliques[15] ? » Les anges noirs de Rilke n'ont pas grand-chose à voir avec le christianisme, pourtant ils évoquent la voix intérieure que Scott attendait. Et ils pourraient bien avoir réveillé des souvenirs d'enfance. « Frank, tu as un ange gardien qui veille sur toi[16] », avait l'habitude de dire son père, parfois en riant, quand la famille traversait le petit village de L'Ange-Gardien, en route vers leur chalet d'été à Cap-à-l'Aigle.

Cette nuit-là, Scott écoute une émission de radio qui soutient ouvertement le président Roosevelt. Défenseur de la démocratie et des droits de la personne, ce dernier recueille l'appui éloquent de nombreuses vedettes de la scène et du grand écran. Scott se sent inspiré. L'idéal démocratique, qui a toujours été une partie intégrante de sa pensée, devient sacré. Il convient que « l'on pourrait aller jusqu'à donner sa vie pour le

---

★ Soudain les frontières cèdent / Et chaque terre est foulée par quelqu'un d'autre. / Le monde clos grouille de routes / Où des chars répandent notre sang / Et cousent nos drapeaux sur la courtepointe de l'histoire.

défendre[17] ». Il entame la rédaction d'un manuscrit dans le but de définir sa vision de la démocratie.

Deux nuits après l'émission consacrée à Roosevelt, les bombardements sur l'Angleterre reprennent. Mais Scott maîtrise mieux ses sentiments. Il est en bonne voie de guérison. Dans le *New Statesman and Nation*, au début de novembre, il lit un article de John Strachey intitulé « Digging for Mrs. Miller », qui relate la recherche des survivants après un bombardement sur Londres. Strachey y dépeint les efforts d'une unité de secours qui fouille les ruines et y trouve deux formes humaines — un homme et une femme — écrasés sous les débris de plusieurs maisons, « prisonniers d'une étreinte non voulue[18] ». Un disque de métal au poignet de la femme l'identifie comme étant Mme Miller.

Scott s'inspire du texte de Strachey pour mettre en scène sa propre chute et sa guérison. Dans un poème intitulé : « Recovery », il transforme la recherche de survivants dans un Londres déchiré par la guerre en un symbole de la situation difficile que vivent les intellectuels durant la Seconde Guerre mondiale. Scott décrit en fait sa propre traversée du désert, au moment où il a dû faire face au bombardement sur la Grande-Bretagne.

Now thought seeks shelter, lest the heart melt
In the iron rain, the brain bend
Under the bombs of news.
Fearfully the mind's hands dig
In the débris of thought, for the lovely body of faith.
Is she alive after this shock, does she yet breathe ?

O say that she lives, she is ours, imperishable,
Say that the crypt stood★. (C. P., p. 105)

★ Maintenant la pensée cherche un abri, de crainte que le cœur ne fonde / Dans la pluie de fer, le cerveau chancelle / Sous le bombardement des nouvelles. / Craintivement, la main de l'esprit creuse / Dans les débris de la pensée, à la recherche du beau corps de la foi. / Est-elle vivante après ce choc, respire-t-elle encore ? // Ô, dites-moi qu'elle vit, qu'elle est nôtre, impérissable, / dites-moi que la crypte a tenu bon.

Le corps de Mme Miller devient le « beau corps de la foi », et le poème récapitule les événements politiques des années 1930. Sa génération, dit le narrateur, « a joué dans les jardins suspendus ». Il fait allusion à la trahison de la démocratie en Espagne, en Tchécoslovaquie et à Munich, en évoquant une génération qui tourbillonne dans les plaisirs, préférant la « façade » aux « fondations ». Maintenant que l'édifice s'est effondré, que peut-on construire par-dessus ? Dans le poème de Scott, comme dans l'article de Strachey, la recherche n'est pas vaine. Mais, pour le poète, la recherche doit conduire à une foi enracinée. Ensuite, il peut aller encore plus loin. « Les bombes ouvrent plus de routes qu'elles n'en ferment / Et la vérité est là, nue, sous la charge des éclairs » (C. P., p. 105).

La description de la recherche du corps de Mme Miller touche certainement une corde sensible chez Scott ; et, comme la recherche du chanoine pour retrouver le corps de Harry dans la tranchée de Regina, elle devient une quête aux accents transfigurants. La mort, par le biais de métaphores poétiques (tout comme son père avant lui par le biais des symboles de la messe), se métamorphose en la vie. L'élément religieux est encore présent mais moins apparent. Mme Miller incarnant la « foi », la référence explicite à « l'espoir » et la référence implicite à « l'amour » renvoient toutes à la trinité de la foi, de l'espoir et de la charité, que l'on trouve dans les épîtres aux Corinthiens I-13. La charité, ou l'amour, « excuse tout, elle croit tout, elle espère tout, elle supporte tout ». Au début des années 1940, Scott sent qu'il a perdu la foi et son sens de la vérité. Maintenant, il a acquis la conviction inébranlable, qu'il va assimiler de plus en plus à l'idéal démocratique. La poésie est toujours importante à ses yeux comme moyen d'ouvrir la voie vers la vérité — une vérité symbolique qui s'exprime par la métaphore.

En janvier 1941, le poète anglais George Barker donne une lecture à Harvard. Sa visite et le projet d'un numéro de la revue de Chicago, *Poetry*, dirigée par E. K. Brown et consacrée entièrement à la poésie canadienne, incitent Scott à écrire de nouveau. Barker et lui s'entendent à merveille. Ils parlent poésie, boivent de la bière et se demandent si l'Angleterre tiendra le coup contre les nazis. Scott est à la fois horrifié et ravi lorsque Barker s'exclame : « Si l'Angleterre tombe, songez aux superbes élégies que les poètes pourront écrire[19] ! » La phrase de Barker lui ouvre, en quelque sorte, une nouvelle perspective sur les bombardements de Londres et le soulage, lui permettant d'atteindre une forme de détachement esthétique. La nuit passe ainsi agréablement, puis les deux poètes montent en titubant dans leur chambre. Ils croisent dans l'escalier la bonne canadienne-française des Scott. Elle porte sur un plateau un verre de jus d'orange destiné au petit déjeuner de son employeur, mais Barker étend le bras, prend le verre et boit le jus d'un trait. Pour la jeune femme, qui ne parle que le français, seule dans ce milieu étranger de Cambridge, au Massachusetts, le geste de Barker est la goutte qui fait déborder le vase. On la retrouve plus tard, presque dans un état catatonique, les bras en croix. C'est elle qui fait une dépression nerveuse, au lieu de Scott, qui pourtant croyait bien en prendre le chemin.

Scott met à profit son année à Harvard, prolongée d'un été, puis l'automne 1941, à McGill, pour recueillir diverses définitions de la démocratie, clarifiant ses idées au fur et à mesure. Il intitule son étude : « The Democratic Manifesto ». Dans ce manifeste, il révèle que sa conception de la démocratie, tout comme sa première vision du socialisme, découle d'un système de valeurs religieuses. Il examine les relations du démocrate avec l'État et avec la tyrannie internationale, dans le contexte de la guerre, et consacre un long chapitre aux liens qui unissent la politique intérieure et la politique extérieure des États. Il semble vouloir déterminer dans quelles circonstances un chrétien et un démocrate peuvent appuyer la guerre.

La « foi » et la « vision », écrit-il, caractérisent la démocratie. Il s'agit de bien plus qu'une vie intérieure : c'est une foi qui s'exprime dans l'action sociale. Scott arrive à certaines conclusions sur les « droits » individuels du démocrate et, à l'extrême, sur son « devoir » de désobéissance civile. Mais la démocratie existe « autant par ses interdits que par sa tolérance ». Elle ne peut tolérer qu'une majorité soit libre de persécuter une minorité, que le capital soit libre d'exploiter les travailleurs ou que les individus soient libres de détruire le bien public, de calomnier des races ou d'assouvir un désir de vengeance. La démocratie nie ces libertés pour mieux assurer la liberté au sens large[20].

La véritable attitude démocratique, à l'égard d'un conflit, réside « dans la doctrine chrétienne qui prêche l'amour de nos ennemis et enseigne à rendre le bien pour le mal ». Pour ces raisons, nombre de démocrates doutent que la violence soit jamais un moyen légitime d'atteindre la démocratie. D'autre part, la plupart des démocrates, même s'ils admettent que la violence est mauvaise,

> font une distinction entre la coercition dans un but démocratique et la coercition dans un but autoritaire. Au lieu de refuser toute participation à la violence, ils cherchent à la canaliser et à en faire un bon usage… On utilise la force dans un État pour étouffer la violence individuelle, et il en sera ainsi dans la société mondiale. La guerre comme instrument de conquête nationale est mauvaise, mais la guerre comme ultime moyen de défense internationale contre ceux qui enfreignent la loi est justifiée. Une telle guerre est préférable à une victoire des forces non démocratiques, qui détruirait tout espoir immédiat d'un internationalisme démocratique[21].

La tyrannie d'Hitler force Scott à reconsidérer la démocratie et le conduit à remettre en question sa position antérieure contre la guerre. Il conclut que la guerre contre la tyrannie est une guerre juste.

Scott croit que la démocratie trouve sa plus parfaite expression dans l'État socialiste. En outre, sa vision de la démocratie situe le plan national dans le contexte d'une vision mondiale : « Cette démocratie s'oppose à tout patriotisme étriqué qui empêche les hommes de s'ouvrir sur le monde. Elle reconnaît que l'on doit loyauté à l'État, mais place celle-ci en dessous de la loyauté bien plus grande que l'on doit au concept de la démocratie internationale. » Il conclut en disant : « Seule une autorité supranaturelle peut satisfaire les aspirations politiques des hommes, donner aux hommes la sécurité et libérer l'énergie créatrice qui leur permet d'accomplir des choses spectacu-laires[22]. »

Pendant les années 1930, la lutte pour le bien de la société a pris le pas sur l'esthétisme de Scott. Toutefois, il reprend les vieilles notions du bien, du vrai et du beau pour les examiner dans une perspective humaniste et internationale. Tout ce travail de réflexion sur le concept de démocratie lui fait entrevoir le lien qui unit la démocratie et la beauté. Pour Scott, l'artiste a droit à une place importante parmi les chefs de file de la démocratie. La démocratie « aura faim de beauté qu'elle sait en attente d'être créée. Les principaux ressorts de la démocratie sont la vérité, le beau, l'ordre, la création, la maîtrise et le savoir-faire. Ce sont aussi les ressorts de l'art. L'homme créant la vie, l'homme vivant la vie, l'homme comprenant la vie — tous se rejoignent dans ces deux projets[23] ».

Le 24 novembre 1941, Scott note dans son carnet plusieurs phrases qui rappellent la remarque de Thomas Paine : « Mon pays est le monde et ma religion consiste à faire le bien[24]. » Ainsi, il écrit : « La démocratie est mon gouvernement ; le monde est mon pays ; l'esprit de l'homme est mon dieu ; l'avenir de l'homme est mon paradis[25]. » Sa reformulation montre qu'une foi renouvelée dans la démocratie, dans l'esprit de l'homme, l'éloigne de ce qu'il voit maintenant comme un natio-nalisme étroit et le rapproche d'un internationalisme sans fron-tières. Ce rationalisme l'avait poussé à prendre une position intransigeante sur la guerre en Europe. Désormais, il va se mon-trer plus rigoureux dans son jugement ; en conséquence, il en arrive à déprécier la profondeur et la signification de ses convic-tions nationalistes des années 1930 et 1940. Tout comme, à la fin des années 1920, il avait revu sa position sur la Grande Guerre et oublié l'immense désir du jeune homme qu'il était de servir le roi et la patrie, aujourd'hui, alors qu'il épouse un internationa-lisme profond, il en arrive à penser qu'il a toujours prôné ces valeurs. Il codifiera cette nouvelle croyance dans les années 1950 dans le poème « Credo » :

The world is my country
The human race is my race
The spirit of man is my God
The future of man is my heaven★ (C. P., p. 89)

Scott substitue le moderniste « esprit de l'homme » à l'an-
tique « esprit de Dieu », mais il est clair que, depuis longtemps,
les deux se recoupent dans sa pensée. En 1921, il a lu *The Spirit
of Man,* de Robert Bridges, anthologie de poésie et de prose qui
a été publiée d'abord en 1915 et destinée à ragaillardir une
Angleterre en guerre. La préface laisse entendre que l'esprit de
l'homme est fait pour « conquérir les aspects naturels du monde
afin de les assujettir à l'esprit » —, ainsi l'esprit de l'homme fait
écho au divin. En outre, la description de l'immanence du divin
que fait H. G. Wells dans *Dieu, l'invisible roi* semble avoir fourni
à Scott, alors jeune anglican orthodoxe et idéaliste, une méta-
phore dans laquelle l'esprit humain — politique, artistique ou
scientifique — peut être perçu comme étant nourri par le divin.

Pendant qu'il rassemble ses idées sur la démocratie, Scott ne
peut s'empêcher de comparer implicitement celle-ci avec ce qui
lui paraît être la forme opposée de gouvernement — le commu-
nisme. Lorsqu'il intitule son document *The Democratic Manifesto,*
il fait un parallèle avec le *Manifeste du parti communiste.* Il soumet
le manuscrit à un éditeur de New York, qui le refuse. Quelques
mois plus tard, un autre livre sur la démocratie, de l'auteur amé-
ricain Emery Reves, paraît sous le titre : *A Democratic Manifesto.*

Scott avait consacré les premières années de la décen-
nie 1930 à jeter les bases du nouveau parti socialiste. Au début
des années 1940, la CCF voit sa popularité augmenter et fait
une percée aux différents scrutins tant provinciaux et fédéraux.
Bien que sa politique de guerre s'oppose à l'opinion publique, le
parti se maintient aux élections fédérales de 1940. Puis, au bout

---

★ Le monde est mon pays / La race humaine est ma race / L'esprit de l'homme
est mon dieu / L'avenir de l'homme est mon paradis

d'une année de guerre, de nombreux militants de la CCF s'accordent à dire qu'il faut aider la Grande-Bretagne si l'on veut sauver la démocratie en Occident. En conséquence, le Parti adopte une politique plus modérée. Au congrès national de 1942, le Parti appuie un plébiscite sur la conscription, en dépit du fait qu'il élit comme président l'un des chefs de file de l'opposition à la conscription — Frank Scott.

Après l'élection de Scott, E. B. Jolliffe, leader ontarien de la CCF, lui dit : « Frank, vous êtes tout ce qu'un président national ne devrait pas être. Vous êtes mince au lieu d'être gros. Distant au lieu d'être abordable... » Scott l'interrompt : « Oui, et je suis impopulaire au lieu d'être populaire[26]. » Le rôle du Canada dans la guerre et son appui à la Grande-Bretagne sont des questions très controversées au sein de la CCF. Pendant les années 1940-1941, Frank Underhill est venu bien près d'être renvoyé du département d'histoire de l'Université de Toronto pour avoir émis des critiques, à l'occasion d'une conférence au lac Couchiching, sur les relations du Canada avec la Grande-Bretagne. Cet incident n'était, toutefois, que la pointe de l'iceberg, car il a constitué l'aboutissement de plus de dix années de tracasseries imposées par certains membres du conseil d'administration de l'Université de Toronto. Scott, qui s'était démené à Harvard pour obtenir l'appui des universitaires américains dans ce qu'il aimait appeler « l'affaire Underhill », se trouve maintenant à son tour dans le pétrin.

En automne de 1942, Bartlett Brebner, l'historien canadien qui enseigne à Columbia qui a aidé Scott à rallier l'appui des professeurs américains à la cause d'Underhill, écrit à Scott pour lui raconter que leur compatriote, qui a pu obtenir une bourse Guggenheim, a trouvé un poste à Columbia. Il ajoute : « On dirait bien que vous avez hérité de son rôle de bouc émissaire[27]. » Et, en vérité, « l'affaire Scott » prend de l'ampleur. Le *Saturday Night* le qualifie de sympathisant nazi ; les membres du Conseil des gouverneurs de McGill s'arrachent les cheveux, outrés de sa position au sujet de la conscription, et son frère William, pilier de la haute société montréalaise, ne lui adresse plus la parole.

Tout commence par un article paru dans le *Canadian Forum* en juin 1942. Scott donne l'impression d'y excuser, voire d'expliquer, l'attitude des Canadiens français face à la guerre. La *Loi de 1940 sur la mobilisation des ressources nationales* donne au gouvernement tout pouvoir de mobilisation en temps de guerre. Au cours du débat sur cette loi au Parlement, la CCF réclame la conscription des richesses avant la conscription de la main-d'œuvre pour le service militaire, défendant l'idée que toute conscription des hommes devrait se faire avant tout pour défendre le Canada lui-même. Pourtant, après le plébiscite national d'avril 1942, qui libère le gouvernement de la promesse faite avant les élections de 1940 de ne pas permettre de conscription pour le service outre-mer, le gouvernement présente le projet de loi 80, qui vise à imposer par décret le service outre-mer aux conscrits, sans passer par le Parlement. Dans la foulée, le premier ministre déclare qu'il n'y aura « pas nécessairement conscription, mais conscription si nécessaire[28] ». La CCF s'est montrée en faveur d'un plébiscite national, croyant qu'un « oui » signifierait un appui à la conscription des ressources nationales. Mais elle s'oppose au projet de loi 80, qui donnerait un « chèque en blanc », comme le dit Coldwell, au gouvernement[29].

Les résultats du référendum rendent Scott perplexe, car toutes les provinces votent « oui », avec des majorités de soixante-neuf à quatre-vingt-deux pour cent, sauf le Québec, où soixante-treize pour cent des Québécois ont voté « non[30] ». Les Canadiens anglais, pense-t-il, n'ont pas bien compris l'enjeu du référendum et n'ont pas saisi la signification du raz-de-marée du « non » chez les Québécois de langue française. Il suit l'évolution de l'opinion québécoise et, juste avant d'écrire l'article sur la conscription, il avait discuté de la question avec un groupe d'anglophones et de francophones chez Thérèse Casgrain, éminente avocate canadienne-française spécialisée dans le droit des femmes. Parmi les gens présents, André Laurendeau, nationaliste qui écrit alors dans *L'Action nationale*, Edmond Turcotte, éditeur du quotidien *Le Canada*, et Leslie Roberts, journaliste de Montréal. Scott raconte à J. M. Coldwell que le groupe s'entendait sur trois points : d'abord, en votant « non », les Québécois ont voulu avant tout envoyer un signal de protestation contre « le colonialisme persistant qui détermine les relations entre le Canada et la Grande-Bretagne » ; ensuite, « l'ampleur... de ce vote négatif surprend jusqu'aux Canadiens français eux-mêmes et les fait se sentir forts et unis » ; enfin, « les Québécois s'opposeront beaucoup plus à cette conscription qu'à celle de la Première Guerre mondiale[31] ».

Dans son article, Scott déclare que le vote pour le « oui » est ambigu, tandis que les Canadiens anglais comprennent mal le vote en faveur du « non » (en grande partie celui des Canadiens français du Québec). On considère généralement que le petit nombre de « non », dans toutes les provinces sauf au Québec démontre que la majorité donne son appui à la politique de guerre de Mackenzie King, alors qu'en fait, pour les Québécois, c'est une protestation contre l'impérialisme. Dans l'esprit des Québécois, aucune autre question politique ne symbolise autant l'impérialisme que la conscription pour le service outre-mer. Ils ont connu la guerre des Boers, qui a propulsé sur le devant de la scène Henri Bourassa, fondateur du *Devoir*, ils ont subi la conscription obligatoire de la Grande Guerre, et cela a influencé leurs sentiments.

Scott fait preuve d'ouverture et tente d'expliquer la position des Canadiens français. Les nouveaux facteurs qui sont apparus pendant le conflit, particulièrement le bombardement de Pearl Harbor par les Japonais, l'entrée en guerre des États-Unis, les victoires initiales du Japon et même la défaite de la France, n'ont en rien changé la conviction du Québec qu'il s'agit d'une guerre impérialiste. « Sur les deux rives du Saint-Laurent, on a toujours l'impression que la conscription est imposée par les impérialistes[32]... » Le Québec a voté non pas sur la question de savoir si le gouvernement devrait pouvoir appliquer la conscription, mais plutôt sur l'enrôlement obligatoire des Canadiens pour défendre l'Empire britannique. Le Canada, qui n'a pas réussi à offrir aux Canadiens l'image d'une nation (les affiches et la propagande de guerre ne cessent de suggérer que c'est le lionceau qui vient combattre à côté du lion), doit décider, une fois pour toutes, s'il va combattre à titre de colonie britannique ou de nation alliée. Les Canadiens français, conclut-il, feront tout ce qu'il faut pour défendre le Canada, mais leur « non » signifie que le Québec « ne veut pas que ses enfants meurent pour un pays autre que le leur[33] ».

La logique de Scott est sujette à caution. À Harvard, ses convictions ont été ébranlées et il a conclu que la guerre était juste et « visait à préserver la démocratie ». En mai 1940, la France tombe et l'Angleterre semble en mauvaise posture. Dans ce contexte, les arguments de Scott quant à l'impérialisme ressemblent fort à un faux-fuyant, car les événements de Pearl Harbor montrent que nous ne sommes plus du tout devant une guerre impériale. Même si on se fonde sur le principe que Scott a défendu si ardemment et qui veut que le Canada soit une nation nord-américaine, le fait que la guerre se soit étendue à Hawaii implique qu'elle est devenue une question de survie — pour les Canadiens français comme pour les Canadiens anglais. Aussi, en supposant que les Canadiens français ne se battraient que pour défendre « leur terre », il sous-entend qu'ils refuseraient de se battre pour défendre la « liberté » ou la « démocratie ». Scott semble avoir atteint une position pragmatique fondée sur sa compréhension des opinions d'un grand nombre d'intellectuels québécois. En tant qu'anglophone du Québec, il favorise le maintien de la paix au Québec — paix dont dépend, à son avis, l'avenir du Canada. Dans une certaine mesure, c'est une position à laquelle il s'accroche farouchement lorsqu'on met sa parole en doute, parce qu'il ne se rend pas compte à quel point il rationalise.

Les Québécois francophones trouvent qu'il résume très bien la position du Québec et sont contents de voir que des Canadiens anglais les comprennent. Georges Pelletier, du *Devoir*, réagit immédiatement en réimprimant l'article de Scott dans sa totalité et le remercie, dans une lettre, d'avoir si bien analysé la situation « dans les circonstances actuelles[34] ». Louis Morisset, un Québécois qui s'est senti obligé de voter « oui », écrit à Scott pour le remercier : « À mon humble avis, vous avez exprimé la question avec une très grande clarté et laissez-moi vous dire que votre attitude force mon admiration[35]. » Émile Vaillancourt, trait d'union des plus importants entre les francophones et les anglophones de Montréal, juge l'article tellement bon qu'il arrive à obtenir des fonds du gouvernement du Québec pour le reproduire à des milliers d'exemplaires et le distribuer aux personnalités influentes et aux ambassades du monde entier[36]. Parmi les Anglo-Québécois, il s'en trouve quelques-uns pour approuver l'article de Scott. Louis Dudek, jeune poète montréalais, est de ceux-là et il écrit à Scott pour le remercier : « Dans le monde d'aujourd'hui, où tout s'achète et se vend, il y a peu de place sur le marché pour la vérité[37]. »

Cependant, de nombreux Canadiens anglais éminents affichent un fort mécontentement à la lecture de cet article, particulièrement deux influentes personnalités, J. W. Dafoe, du *Winnipeg Free Press,* et B. K. Sandwell, du *Saturday Night.* Aux yeux de ces deux chroniqueurs, Scott est un traître à la cause, tout comme il l'est pour J. M. Macdonnell, directeur général du National Trust et conservateur notoire de Toronto. Macdonnell est consterné. Il clame que Scott, sous prétexte d'expliquer le vote des Québécois, a en fait écrit « une philippique soutenant à fond les Canadiens français[38] ». Peut-être, laisse-t-il entendre, qu'en écrivant un article en faveur des extrémistes francophones, Scott cherche à élargir l'audience de la CCF chez les Québécois ?

Le *Winnipeg Free Press* du 2 juillet 1942 fait paraître un éditorial en manchette sous le titre « Those Who Render Disservice » (Ceux qui nous desservent), proclamant que l'unité du Canada est « menacée » et que, parmi ceux qui en sont responsables, Frank Scott, professeur de droit civil à McGill, fait preuve de malveillance. « L'article a visiblement pour but d'expliquer objectivement et en termes bienveillants les raisons qui ont motivé le vote pour le "non" au Québec ; mais en fait, il plaide, subtilement et avec brio, pour une contribution restreinte à la guerre. » Parallèlement, le socialiste Eugene Forsey, Terre-Neuvien et par conséquent impérialiste bon teint, s'en prend également à la position de Scott dans le *Canadian Forum*[39].

Saturday Night lance une série d'articles qui critiquent la position de la CCF sur la conscription et celle de Scott en particulier. Renchérissant sur les objections du *Winnipeg Free Press,* un éditorialiste estime que la tentative de Scott d'expliquer la révolte du Québec contre la tyrannie britannique n'a aucune utilité, en plus d'être inexacte d'un point de vue historique[40]. Un mois plus tard, dans le même journal, on associe le nom de Scott à celui de Theodore Dreiser, romancier américain devenu communiste, dont la conférence à Toronto a été annulée après qu'il a confié aux journalistes son admiration pour la Russie et son espoir de voir les nazis soumettre l'Angleterre. « Au moins, un homme comme M. Dreiser, dit l'éditeur de *Saturday Night,* exprime sans détour ce qu'il pense, alors que des gens comme M. Scott tiennent les mêmes propos mais avec beaucoup de subtilité, ce qui les rend plus dangereux et complique la tâche des commissaires de police de Toronto et du ministère de la Justice[41]. » Dans le numéro suivant, Sandwell se rétracte en partie : « Loin de nous l'idée de sous-entendre que M. Scott se soit rendu coupable d'une trop grande adulation de la Russie ou encore de prêcher pour l'ouverture d'un deuxième front. » L'éditorialiste est plutôt choqué par le refus apparent de Scott de reconnaître que l'on assiste à un « combat sans merci entre la démocratie et la tyrannie », ainsi que par son incapacité à admettre que l'Angleterre « est depuis presque deux ans le dernier rempart entre nous et la puissance allemande ». Pour Sandwell, une telle attitude est incompréhensible, et c'est pourquoi il n'hésite pas à comparer l'attitude de Scott au pro-nazisme de Dreiser[42].

La réponse de Scott est prompte et mordante. Elle paraît le 17 octobre 1942. Il déclare que la comparaison avec Dreiser est injuste et diffamatoire, d'autant plus qu'il n'exprimait pas une opinion personnelle, mais plutôt ce que pensaient les Québécois. Par ailleurs, selon lui, la guerre pour la démocratie a commencé bien avant le 3 septembre 1939 — ce dont Sandwell, en déduit-il, ne semble pas convaincu. Le nationalisme de Scott se manifeste totalement dans la péroraison. « Il vous est peut-être difficile, en tant que citoyen anglophone du Canada, de comprendre pourquoi certains Canadiens revendiquent pour le Canada le droit de décider lui-même ce qu'il faut mettre en œuvre pour sauver l'humanité. » Scott s'objecte au colonialisme, à la soumission qui marque habituellement la politique étrangère canadienne. « Je veux éliminer, tout comme les meilleurs éléments en Angleterre veulent le faire, les dernières reliques de l'exploitation économique et de la domination anglo-saxonne de l'Empire britannique. »

Sandwell a la prérogative de l'éditeur, c'est-à-dire le dernier mot. Il est arrivé au Canada à l'âge de douze ans. M. J. Coldwell, le leader de la CCF, est arrivé à un âge beaucoup plus avancé et n'y a donc pas vécu aussi longtemps. Ceux contre qui Scott en aurait, ce ne sont pas les Anglais en bloc, mais les Anglais d'une certaine obédience politique. Seuls « les meilleurs éléments », ainsi qu'il les définit, auraient le droit de s'exprimer. Si lui, Sandwell, ne peut parler de politique canadienne, alors pourquoi Scott serait-il mieux placé pour parler de la manière dont l'Angleterre traite l'Inde, en dépeignant la Grande-Bretagne « sous un jour tyrannique, exploitant le pays et faisant obstacle à une éventuelle démocratie véritable[43] ». En vérité, si, pour Scott, Sandwell est un Anglais, alors il faudrait tout aussi bien dire que sir John A. Macdonald était un Écossais qui vivait au Canada.

L'émotion est à son paroxysme des deux côtés. Scott ne manque pas de défenseurs. Arthur Lower répond rapidement aux « attaques injustes » de Dafoe[44]. Harold Innis, professeur d'économie politique à l'Université de Toronto qui, dans les années 1930, a sévèrement critiqué Scott pour s'être prononcé sur des questions politiques, fait volte-face aujourd'hui. Il n'aime pas voir la haute société fondre sur Scott. « Ne démordez pas et foncez », conseille-t-il[45]. Brooke Claxton approuve : « C'est l'un des meilleurs textes jamais écrits sur les affaires canadiennes. Votre frère Willum en est malade[46]. »

En tant que fils du chanoine Scott et que frère de William Scott, pilier de la classe dirigeante anglophone du Québec, Scott se trouve projeté à l'avant-scène. *Saturday Night* fait preuve d'une certaine méchanceté à son égard lorsqu'il imprime l'un des poèmes du chanoine Scott à côté de l'éditorial condamnant son fils. Et lorsque son frère William entre au club de l'Université, il voit partout en évidence l'article contre la guerre qu'a signé Frank dans le *Canadian Forum* ; il est humilié et furieux[47].

Ils échangent une kyrielle de lettres de colère, chacun tentant en vain de persuader l'autre de la logique de sa position. N'arrivant à rien, tous les deux finissent par dénoncer la position de l'autre. Pour finir, William et Frank cessent de se parler et cette brouille durera presque vingt ans.

Même leur frère, Elton, se trouve entraîné dans la controverse. Il écrit du collège Bishop, où il est professeur de théologie, pour dire à Frank qu'il se trompe en pensant que seuls les impérialistes croient que la guerre est nécessaire. Elton affirme qu'il serait très difficile de trouver un Canadien qui corresponde à l'idée que la plupart des francophones se font d'un anglophone. Ce n'est pas l'impérialisme qui motive les Canadiens anglais qui sont partisans d'une guerre totale, conscription comprise ; ils ont simplement le sentiment que les Canadiens doivent faire tout ce qu'il faut pour gagner cette guerre. À son avis, ce qui menace le plus l'unité canadienne, c'est « la machine nationaliste potentiellement totalitaire dans cette province ; la religion, la langue, l'éducation, les associations de jeunes, la presse et la radio sont toutes entre les mains d'un ensemble de personnes très solidaires, d'une même race. Le reste du Canada n'a pas une telle unité ou de tels mécanismes. Les non-francophones, quoi qu'on fasse, auront toujours du mal à comprendre le point de vue des francophones, et ceux-ci à se préoccuper de ce que pense le reste du Canada[48] ».

Un autre scandale a précédé la prise de position de Scott sur la conscription et sa position minoritaire au sein du conseil exécutif de la CCF. Plusieurs femmes, membres de la section montréalaise de l'Ordre impérial des filles de l'Empire, ont écrit à *The Gazette* pour exprimer « leur profond désaccord avec les sentiments qu'a affichés Thérèse Casgrain, quelques jours plus tôt, au sujet de la participation du Canada à la guerre en cours[49] ». Mme Casgrain, femme de Pierre Casgrain, député libéral, qui se présente comme candidate libérale indépendante dans la circonscription de Charlevoix-Saguenay, a déclaré au cours de la campagne électorale qu'elle s'opposait à la conscription, bien qu'elle ait poussé les électeurs de sa circonscription à s'enrôler. Dans une lettre à *The Gazette,* Scott lui apporte son appui :

Tout ce bruit autour de la position de Mme Casgrain sont cer-
tainement agaçants et futiles. Tout le monde connaît son enga-
gement au service du public. Qu'a-t-elle fait de si horrible
pour susciter cette flambée d'indignation anglo-saxonne ? Elle
s'oppose à la conscription outre-mer, c'est vrai. Mais c'est le
cas de quatre millions de Canadiens, sans compter le gouver-
nement canadien, l'Australie et l'Afrique du Sud... On peut
être en désaccord, mais de là à se poser en gardiens de la
morale, c'est faire montre de peu d'intelligence... Mme Cas-
grain a le droit d'avoir cette opinion, et ses amis courroucés
devraient prendre le temps de réfléchir à la question[50].

Thérèse Casgrain lui est extrêmement reconnaissante.
Frank Scott, « un grand Canadien », est venu à sa rescousse à
une époque où de nombreux Canadiens anglais la censurent et
où peu de Canadiens français parlent en son nom[51].

Peu de temps après tout ce tapage autour de la conscription,
l'archidiacre Scott vient se plaindre, mi-figue mi-raisin, à son
fils. « Regardez-vous, Frank : Thérèse Casgrain et toi, main dans
la main, en route vers le paradis[52]. » Non pas que l'archidiacre
n'admire pas son fils. Un soir, au milieu des années 1930, après
une réunion de la LSR, comme il rentrait chez lui en compa-
gnie de Jacques Bieler, il a donné libre cours à son amour et
à son admiration pour Frank, car il en était fier[53]. Et ce n'est
pas qu'il désapprouve les principes socialistes de son fils. En fait,
il est même plutôt d'accord. Après la grève générale de Winni-
peg, il avait fait savoir que désormais il « consacrerait le reste de
sa vie à appuyer les luttes des travailleurs[54] ». Mais le socialisme
de l'archidiacre, manifestation sociale de sa foi religieuse, est
inextricablement lié à ses « gars », comme il les appelle, les
anciens combattants de la guerre qui ont mené les grèves
de Winnipeg et de la Besco. Cela n'entrait pas en conflit avec son
impérialisme ou sa vie sociale, qui gravitait autour des acti-
vités de la Légion canadienne. Le 1er septembre 1939, lorsque
l'Allemagne envahit la Pologne, le « père bien aimé » officie déjà
aux cérémonies d'inauguration d'un nouveau monument aux
morts canadien.

Le socialisme de Scott est sans aucun doute différent. Ses dénonciations virulentes du capitalisme, son anti-impérialisme, ses discours sur la nécessité d'accorder la liberté de parole aux communistes et même ses vers paraissaient incompréhensibles à son père. « Frank, est-ce de la poésie ? » lui demande-t-il, essayant de comprendre « Teleological », version des années 1930 de la conception, publiée d'abord dans *New Provinces* (1936) :

Note, please, the embryo.
  Unseeing
It swims into being.
Elan vital,
Thyroid, gonads et al★… (C. P., p. 250)

Il aurait aussi bien pu demander : « Frank, est-ce de la théologie ? », car le poème de son fils, en donnant une explication scientifique à la création, rejette implicitement la croyance de son père en la Genèse. Tant d'idées et d'activités chez Scott sont maintenant à l'opposé de celles de son père et de ses vieux amis de la haute société de Montréal. L'archidiacre, héros de guerre, est fréquemment invité à dîner et à présider des rassemblements officiels. Lorsque le premier ministre Churchill rencontre le président Roosevelt et le premier ministre King à Québec, le 23 août 1943, Mackenzie King présente sans façon l'archidiacre à la soirée du 24 août[55]. Il sera étonné lorsque son fils lui avouera qu'il est rarement invité à de tels galas. « Oh ! Quel dommage ! » lui répond-il[56].

L'archidiacre aime plaisanter et ne déteste pas taquiner son fils sur le fait qu'il le dépasse en popularité et en importance. À la fin des années 1930, lorsque Scott exprime à fond son virulent anti-impérialisme, il écrit à son père pour lui expliquer que si l'archidiacre devait mourir et avoir des funérailles militaires, lui, son fils, ne pourrait en toute conscience y assister. « C'est comme

---

★ Voyez, je vous prie, l'embryon. / Aveugle / Il nage vers le devenir. / Élan vital, / Thyroïde, gonades, etc.

tu veux, Frank, répond son père. Mais, pour peu que j'y sois, c'est sûr qu'elles seront réussies[57]. » Plus tard, lorsque l'archidiacre se prépare à partir pour l'une de ses tournées périodiques au cours desquelles il visite les salles de la Légion canadienne, son fils l'accompagne à la gare Windsor de Montréal. Là, ils passent devant trois wagons et chaque fois les porteurs saluent l'archidiacre avec affection, l'appelant par son nom, et n'accordent aucune attention à son fils. « Tu vois, Frank, dit-il, tu peux bien travailler pour *eux*, mais c'est *moi* qu'ils connaissent[58]. » Scott ne dit rien mais, plus tard, il se rappelle cet incident comme « l'une des grandes "rebuffades" qu'il ait essuyées de son père ».

Dès qu'il apprend le déclenchement de la guerre, l'archidiacre se précipite à Ottawa. Dans un couloir des édifices du Parlement, il croise Brooke Claxton, l'un de ses « gars ». Claxton comprend tout de suite que l'archidiacre est venu participer à l'effort de guerre. Et lorsque Claxton, alors aux Affaires étrangères, lui dit que son fils Frank est aussi à Ottawa, mais pour prendre part à une conférence de la CCF contre la guerre, le vieux soldat soupire : « Oh[59] ! »

En 1939 et en 1940, le patriarche des Scott semble indestructible. Grand, droit comme un I et plein d'esprit, « un valeureux gentilhomme chrétien[60] », il s'arrange encore pour galvaniser l'assistance grâce à son sens du devoir, à son humour et à sa poésie. Il dirige toujours sa maisonnée au doigt et à l'œil, bien qu'il n'y ait maintenant plus que lui et Amy dans un appartement de l'édifice Château Louis, dans la Grande Allée. Quand l'idée lui vient de composer des vers au petit matin, il tonitrue : « Amy, Amy, viens ici ». Et il a toujours la manie d'inviter des étrangers à la maison. Lorsque Mme Scott proteste encore une fois d'avoir à nourrir des invités inattendus, le vieil homme, que rien n'arrête, sort et rapporte plusieurs caisses de haricots et de soupe en conserve. « Voilà, dit-il, tu ne peux plus dire qu'il n'y a rien à manger[61]. »

En juin 1943, Mme Scott tombe malade et meurt soudainement. C'est à ce moment-là que Frederick Scott reconnaît, comme les siens, que sa mère avait été le cœur de tout, qu'elle avait uni et cimenté la famille. Dans « Bedside », l'élégie de Scott sur la mort de sa mère, l'image centrale est celle d'un arbre déraciné : la racine principale disparue, toutes les radicelles dépérissent dans un sol peu profond. Après sa mort, comme le dit un des vers du poème « … les cinq, que plus rien n'unit, s'en vont » (C. P., p. 170). Le lien maternel commun ne les retenant plus, William, Elton, Mary, Frank et Arthur s'éparpillent.

L'archidiacre ressent sa perte de manière plus aiguë que les autres. Moins d'un an après la mort de son « Amy bien aimée », en janvier 1944, il tombe gravement malade et est admis à l'hôpital Royal Victoria, souffrant d'une pneumonie. Frank retrouve son père sous une tente à oxygène. Il l'examine à travers la fenêtre de mica percée dans la tente. Le vieil homme semble mort, il a le visage blême, les paupières closes. Soudain, il ouvre les yeux. En une fraction de seconde, la vie et la conscience affluent. « Frank, dit-il, est-ce la révolution[62] ? » Il plaisante, même sur son lit de mort, il confond avec humour l'espoir de son fils dans l'âge d'or du socialisme et sa propre croyance en une vie après la mort.

La mort imminente de son père rappelle à Frank le vieux conflit des années 1930 entre la science et la religion. À l'origine de l'un de ses plus beaux poèmes, « Last Rites », se trouve le souvenir de sa présence au chevet de son père mourant.

Within his tent of pain and oxygen
This man is dying ; grave, he utters prayers,
Stares at the bedside altar through the screens,
Lies still for invocation and for hands.
Priest takes his symbols from a leather bag.
Surplice and stole, the pyx and marks of faith,
And makes a chancel in the ether air.
Nurse too is minister…
But nurse will stare
This evil in the face, will not accept,
Will come with stranger and more cunning tools
To other bedsides, adding skill to skill,
Till death is driven slowly farther back.
How far ? She does not ask.

Priest does not fight.
He lives through death and death is proof of him.
In the perpetual, unanswerable why
Are born the symbol and the sacrifice…
And I who watch this rightness and these rites,
I see my father in the dying man,
I am his son who dwells upon the earth,
There is a holy spirit in this room,
And straight toward me from both sides of time
Endless the known and unknown roadways run★. (C. P., p. 168-169)

Dans le poème, la science et la religion sont des vérités tout aussi valables. Dans le vers « Je suis son fils qui vit sur la terre », Scott reconnaît le lien de parenté qui unit les deux philosophies de la vie, mais il a choisi la « science », prônant le « paradis sur terre » et repoussant le domaine de la mort. Scott, qui dit ensuite qu'un « esprit saint » était présent dans la chambre du mourant, réaffirme non seulement la trinité chère à la High Church, mais aussi l'éternelle continuité de l'esprit humain. En fait, le poème exprime la quête incessante que mène l'homme pour trouver la vérité. En arrivant à la conclusion qu'il y a deux

---

★ Sous sa tente de douleur et d'oxygène / Cet homme agonise ; grave, il murmure des prières, / Il regarde l'autel à son chevet, / Il attend tranquille l'invocation et l'imposition des mains. / Le prêtre retire ses symboles d'un sac de cuir. / Le surplis et l'étole, le ciboire et les marques de la foi, / Et il prépare le chœur dans l'odeur d'éther. / L'infirmière aussi est un ministre du culte… / Mais l'infirmière regardera / Le mal en pleine face, n'acceptera pas, / Viendra avec des instruments étranges et coupants / Près d'autres chevets, prodiguant ses talents / Jusqu'à ce que la mort lentement recule. / Jusqu'à quand ? Elle ne le demande pas. // Le prêtre ne se bat pas. / Il vit à travers la mort et la mort est la preuve qu'il existe. / Dans le pourquoi perpétuel et qui n'a pas de réponse / Sont nés le symbole et le sacrifice… / Et moi qui regarde cette droiture et ces rites, / Je vois mon père dans l'homme qui agonise, / Je suis son fils qui vit sur la terre, / Il y a un esprit saint dans cette pièce, / Et droit devant moi des deux côtés du temps / Courent les routes sans fin, connues et inconnues.

vérités, rationnelle et intuitive, le jeune Scott réconcilie sa propre croyance dans la science avec la foi de son père. Il écrit en septembre 1944 : « La foi autant que l'émotion nous font vivre pleinement[63]. »

Peu de temps après avoir plaisanté avec son fils, l'archidiacre sombre dans le coma. Il meurt quelques jours plus tard, le 19 janvier 1944. Le service funèbre militaire pour le « père bien aimé » se tient le 21 janvier 1944 à Québec et le 22 janvier à Montréal. Les funérailles montréalaises constituent un grand événement mondain qui voit affluer maints dignitaires de l'Église et de l'État. William, Frank, Elton et Arthur, en habit de cérémonie et haut-de-forme, prennent place dans la procession qui traverse les artères de Montréal, suivis des « gars du chanoine », les anciens combattants de la Légion canadienne. Ils sont des milliers : ses vieux camarades de la base de Valcartier, de Salisbury Plain, du 2e régiment d'Ypres, de Kitchener's Wood, de Festubert, de Givenchy, de Pozier's Ridge, de la tranchée Regina, de Courcellette, de Vimy, d'Arleux, de Fresnoy, de Hill 70, de Passchendaele et du canal du Nord. La procession remonte les rues en pente jusqu'au cimetière protestant, près du sommet du mont Royal[64].

Le service funéraire à la cathédrale Christ Church de Montréal est simple et digne. On y lit le psaume 23, et sur la couverture de « l'Ordre du service » est imprimé le poème de Frederick Scott, « Knighthood » :

> Pour l'honneur, chevaleresque ;
> En devoir, valeureux ;
> En toutes choses, noble ;
> Au plus profond de son cœur, pur[65].

Au sommet du mont Royal, l'appel aux morts s'élève, clair, suivi d'une salve en guise de salut de ses amis. Frederick George Scott repose désormais en paix[66].

CHAPITRE 12

Le groupe et *Preview*

Quelques jours après les funérailles de son père, Scott reçoit une lettre de condoléances de Leon Edel, alors dans l'armée américaine. Scott lui répond aussitôt pour le remercier et le presser de revenir vivre à Montréal « a) parce que le Canada progresse à grands pas sur le plan idéologique, ce qui n'est pas le cas des États-Unis (et encore, je suis indulgent) ; b) parce que nous avons un groupe de poètes qui n'a jamais aussi bien écrit depuis les jours glorieux de la *Fortnightly* et c) parce que nous aimerions vous voir revenir[1] ». Le groupe dont il parle s'appelle *Preview* et il s'est formé peu de temps après que Scott fut revenu de Harvard.

Preview, comme son nom l'indique*, ne cherche pas à présenter une poésie achevée, mais veut plutôt permettre aux poètes d'offrir leurs vers à une première lecture. Le groupe est dynamique, plutôt à gauche et ouvert sur le monde. Il s'intéresse aux découvertes de la psychanalyse et dévore les grands poètes de l'heure que sont George Barker, Dylan Thomas et Karl Shapiro. Sur le plan politique, *Preview* incarne un mouvement qui

---

* *Avant-première* (N. D. T.).

va de l'isolationnisme individuel à l'effort de guerre commun. Dans le premier numéro, les directeurs remarquent que « nous avons tous vécu assez longtemps à Montréal pour nous rendre compte des effets frustrants et inhibiteurs de l'isolationnisme. Tous anti-fascistes, nous considérons que cette guerre entre une culture démocratique et les forces paralysantes de la dictature ne fait que renforcer l'obligation de travailler qu'à l'écrivain[2]. »

Au printemps de 1942, Scott rencontre un jeune Anglais, Patrick Anderson, à l'occasion d'un thé chez la poétesse mont-réalaise Margaret Day, qui épousera l'artiste Philip Surrey. Ancien étudiant d'Oxford, Anderson est blond et très prolixe. C'est un homme à la conversation stimulante qui prend tou-jours plaisir (comme Scott) aux joutes verbales. Il a été actif dans l'association étudiante d'Oxford et, en 1938, il a reçu une bourse du Commonwealth, sorte d'équivalent de la bourse Rhodes, pour aller étudier deux ans à l'Université Columbia, à New York. Une fois ses études terminées aux États-Unis, Ander-son, qui craint la guerre, décide d'émigrer au Canada avec sa femme, Peggy, artiste américaine, pour éviter l'enrôlement dans les forces armées britanniques[3]. Suivant en cela l'exemple de son mentor, W. H. Auden, il préfère contribuer à la guerre au moyen de la littérature. À Columbia, sa femme et lui ont mis sur pied un magazine de poésie ronéotypé qu'ils ont appelé *The Andersons* et qu'ils montrent à Scott. Peu de temps après, au cours d'une discussion avec Anderson et Margaret Day, Scott déclare : « J'ai une idée. Lançons un magazine de poésie[4]. »

Le « petit magazine », *Preview,* devient le refuge et le stimulus dont Scott parlait dans « À l'Ange Avant-Gardien ». Scott se rend compte, depuis quelque temps, qu'il n'est pas resté fidèle à la poésie. « Je me réveillais le matin et une voix me murmurait : "tu dois écrire, tu dois écrire", et je savais qu'il le fallait. Et toute l'ac-tivité frénétique que je déployais en n'écrivant pas, ou en écrivant autre chose que de la poésie, n'était qu'une excuse pour ne pas écrire la poésie à laquelle je me mettrais une fois tous mes autres travaux terminés… et je continuais de travailler afin de finir quelque chose qui semblait m'empêcher de m'y mettre[5]. » Main-tenant, la présence d'Anderson le stimule et il se remet à l'œuvre.

Lorsque le premier numéro paraît, en mars 1942, Scott, Anderson, Day, Neufville Shaw et Bruce Ruddick en sont les directeurs. P. K. Page se joint à eux pour le deuxième numéro, suivie, quelques mois plus tard, par A. M. Klein. Anderson, poète engagé, est le catalyseur reconnu du groupe. « Très maigre, l'air maladif, il ressemblait à l'un de ces Anglais qui aurait grandi sans jamais voir le soleil. Les joues blêmes… le teint blafard. On aurait dit qu'il ne buvait rien d'autre que du thé[6]. » En fait, bien souvent, les réunions de *Preview* ont lieu dans sa cuisine autour d'un gros poêle à charbon, pendant que la bouilloire chantonne et qu'Anderson crie : « Peggy, du thé ! »

Aux yeux des Montréalais, Anderson ressemble exactement à l'idée qu'ils se font d'un poète. Il connaît les nouveaux poètes ; il parle avec éloquence de leurs préoccupations et de leur technique. Il a une plume remarquable. À son avis, les autres membres de *Preview* devraient tous se donner des airs de poète et se conduire comme tel. Ils devraient porter une cape et se laisser pousser les cheveux, lire le *Manifeste du parti communiste* et réclamer l'ouverture d'un second front pour « la sainte mère Russie ». Il prodigue tous ces conseils avec une adorable gentillesse. Pour P. K. Page, il a tout d'une sorte de coucou géant, gavant de force ses oisillons de poésie et de communisme[7].

Bien que nombre de ses conseils tombent à plat, le sens messianique qu'il attribue au rôle du poète est contagieux. Il touche tous les membres du groupe. Mais il n'est jamais question de l'engagement politique des poètes de *Preview*. Anderson, sa femme, Peggy, et Margaret Day sont marxistes ; Scott et Klein sont de loyaux membres de la CCF, tandis que Klein est en plus un sioniste fervent. Page et Ruddick penchent aussi à gauche. Les poèmes et les articles de la revue sont en grande partie consacrés à la controverse entourant la guerre : il y a des articles sur le rôle des usines, des bureaux, des universités dans la guerre, et on y harangue les membres des forces armées. Anderson s'arrange même pour dédicacer un numéro à l'Armée rouge, « dont l'héroïsme a tant fait, partout, pour la cause de la liberté des hommes et de la culture[8] ».

Plusieurs mois après la sortie du premier numéro de *Preview* paraît une autre revue de poésie montréalaise, *First Statement*. Des années plus tard, le rédacteur en chef, John Sutherland, écrira l'histoire d'un jeune homme qui a été rejeté par un groupe de poètes et qui très vite crée une publication rivale. L'histoire est en grande partie autobiographique[9]. *First Statement* est né en réponse à *Preview*. Le groupe est bientôt constitué de Sutherland, Louis Dudek, Irving Layton et Audrey Aikman. Comme se le rappelle Dudek, leur statut de nouvelle génération de poètes stimule chez eux un esprit de rivalité.

> Le premier soir de notre rencontre, je suis allé chez Layton et nous avons tous deux feuilleté *New Provinces* [anthologie des années 1930 de la nouvelle poésie canadienne]. On ne trouvait pas cela terrible en fait de modernisme. Certains procédés expérimentaux nous ont fait rire ; il y avait des mots qui descendaient sur la page — des formes superficielles et idiotes de poésie moderne. Nous étions à la recherche de quelque chose de plus dynamique, de plus viscéral. À partir de là, et déjà avant probablement, une rivalité considérable s'est installée entre nous, du fait que nous étions la jeune génération de poètes[10].

Un fait cependant va bientôt transformer ce sentiment de rivalité chez Dudek — Scott est socialiste. En 1941, Dudek se rend au Musée des beaux-arts de Montréal pour écouter Scott parler du programme de relance pour les artistes de Roosevelt (WPA) aux États-Unis. Bien avant la création du Conseil des arts du Canada, le socialiste Scott a donné un aperçu de ce qu'il était possible de faire quand un gouvernement s'intéressait aux arts et désirait les encourager. Dudek se rappelle ce qu'il a ressenti à l'époque. « Tiens, voilà un homme qui parle franc, de manière intelligente, et qui dit exactement ce qu'il faut dire. Il est le seul à ce moment-là… la société nous conditionne et, quand le travail ne court pas les rues, la machine déraille. Quelque chose ne va pas. Nous avons les machines, nous avons les terres, nous avons la capacité de produire. Nous devrions pouvoir mieux nous organiser[11]. »

Les membres de *First Statement* éprouvent, à la fois, une admiration naissante pour *Preview* et un sentiment de rivalité — rivalité provenant du fait que ce groupe a rejeté plusieurs membres fondateurs de *First Statement*. Ils lisent *Preview* et l'attaquent souvent dans leur éditorial. Ils l'accusent de faire montre d'élitisme, d'internationalisme et d'un manque de réalisme sur le plan politique, tandis qu'ils se targuent de mener un travail artistique prolétaire, nationaliste et engagé. L'histoire littéraire a retenu cette vision, mais les apparences sont trompeuses.

Le groupe de *Preview* lit les poètes anglais et s'en inspire, notamment Auden, Day-Lewis, Spender et Dylan Thomas. Mais les rédacteurs de *First Statement* lisent les poètes américains, Pound et W. C. Williams. Pour le groupe de *First Statement*, lire les poètes américains, c'est être Nord-Américain et non pas Britannique ou « colonisé[12] ». Être Américain (c'est-à-dire Nord-Américain) n'est pas une nécessité pour le groupe de *Preview*. Ces derniers en veulent encore à l'Amérique de n'être entrée en guerre qu'après Pearl Harbor et manifestent, en contrepartie, le désir de soutenir l'Angleterre. Anderson est Anglais, et Scott n'éprouve plus de sentiments anticoloniaux aussi virulents à l'égard de l'Angleterre dans le domaine politique. Le reste du groupe est prêt à se nourrir de poésie, d'où qu'elle provienne.

Les différences de générations et de classes sociales, que ressentent tout particulièrement les gens de *First Statement* qui viennent de l'Est de Montréal, jouent sans aucun doute un rôle important, mais il existe des disparités tout aussi importantes en matière de théorie esthétique. Les jeunes poètes sont convaincus que Scott, Smith et la première vague des modernistes canadiens ne sont pas allés assez loin. Dudek remarque :

> Layton et moi-même avons toujours, et encore aujourd'hui, estimé que les autres poètes étaient trop raffinés… En fait, je crois sincèrement que toute trace de civilisation ou de raffinement signifie qu'il faut oublier certains aspects de l'existence, c'est cela le raffinement… séparer le rocher du minerai, ne

garder que le métal pur. La civilisation suit un procédé simi-
laire, l'homme se raffine et dit « Ne rote pas ; ne pète pas. » Il
élimine certaines impuretés, si bien que, petit à petit, ce qui
reste est très beau mais très ténu[13].

Pourtant, la différence essentielle entre les deux groupes de
poètes est d'ordre politique. Les marxistes de *First Statement*
sont en grande partie stalinistes et croient en un communisme
national. Les marxistes de *Preview* sont davantage léninistes et
préconisent un communisme international. Un soir, les
membres de *Preview* louent une salle du Ritz-Carlton pour dis-
cuter avec les membres de *First Statement* des vertus comparées
du nationalisme et de l'internationalisme, question de toute pre-
mière importance à l'époque[14]. Des années plus tard, ces que-
relles à saveur marxiste auront disparu depuis longtemps, tandis
que le fossé poétique se sera creusé.

En fait, on s'intéresse fortement au poème canadien à *Pre-
view*. Les principaux poèmes nationalistes des années 1940 —
« Poem on Canada » d'Anderson, « Laurentian Shield » « Lake-
shore » de Scott et « Montreal » de Klein — sont tous inspirés
par l'expérience de *Preview*. Scott s'est longuement intéressé au
poème « canadien », et Anderson lui ouvre une nouvelle pers-
pective. En tant qu'Anglais, il remet en question sans arrêt
l'identité nationale. Son « Poem on Canada » présente le pays
sous un jour nouveau, comme un « froid pays, le grenier de
l'Amérique, une pièce vide[15] ». Les membres de *Preview* discu-
tent bientôt de contenu canadien et de la naissance d'une voix
canadienne. Un soir, ils ont une longue discussion au cours de
laquelle ils tentent de décrire ce que devrait être le poème cana-
dien. Un poème « n'est pas canadien parce qu'il parle des ori-
gnaux, ou de la glace, ou de la neige, ou de la montagne »,
concluent-ils, toutefois « un poète décrit un milieu géographique
et un milieu social, le Canada, et il en sortira donc quelque chose
qui traite de l'endroit où se trouve le poète[16] ». C'est-à-dire que
ce qui rend canadien un poème, c'est l'évocation de certaines
qualités nationales essentielles — ce qu'ils appellent « l'origina-
lité de l'orignal ».

Grâce à *Preview,* Scott revient vers la poésie du paysage canadien. Il découvre aussi la « nouvelle » poésie. Sa propre poésie s'en ressent de manière significative. Ses arides satires sur la société des années 1930 font place à une poésie qui acquiert de la profondeur grâce à une conscience psychologique plus aiguë, à une ouverture émotive nouvelle et à l'exubérance de la langue. Anderson en est en partie responsable, de même que la nouvelle psychologie que Scott découvre grâce au docteur Prados, réfugié de la guerre civile espagnole. La poésie de Scott reflète aussi un peu celle des poètes britanniques des années 1940, particulièrement George Barker et Dylan Thomas, ses lectures de chevet. De passage à Montréal,. J. M. Smith se joint aux poètes de *Preview* le temps d'une soirée. Debout dans sa chambre d'hôtel, légèrement ivre, il lit des extraits de *Deaths and Entrances,* en vacillant sur ses jambes. C'est la première rencontre de Scott avec la poésie de Dylan Thomas[17].

Pour Scott, *Preview* n'a pas la même charge émotive que l'expérience de la *McGill Fortnightly* — il ne s'agit pas cette fois d'un monde nouveau qui s'ouvre à lui. Mais il a maintenant quarante ans, ses vingt ans sont loin, et il puise dans le groupe une camaraderie chaleureuse aussi bien qu'une direction littéraire. *Preview* lui rappelle qu'il est toujours un poète. Cinq poèmes écrits durant la période *Preview* (dont « Resurrection » et « Villanelle for Our Time ») sont acceptés par la revue américaine *Poetry,* la plus prestigieuse revue de l'époque. Ils sont publiés en mars 1944 et récompensés par le Guarantors Prize, qui avait été attribué à Stephen Spender en 1939 et à Kenneth Fearing en 1940. La même année, un autre membre du groupe, P. K. Page, gagne le prix Oscar Blumenthal pour la poésie[18]. Le prix qu'obtient Scott et la présence de ses poèmes dans l'anthologie de Ralph Gustafson, *Penguin Book of Canadian Verse* (1941), et dans le livre d'A. J. M. Smith, *Book of Canadian Poetry* (1943), l'encouragent à constituer son premier recueil, qu'il intitule *Overture.*

Dans « Overture », le poème éponyme écrit au tout début des années 1930, le narrateur écoute une sonate de Mozart dans une pièce sombre « … sous un faisceau de lumière » et entend

« Les notes lumineuses / et claires s'envoler comme des étincelles / Et tracer là une volute musicale. »

But how shall I hear old music ? This is an hour,
Of new beginnings, concepts warring for power,
Decay of systems — the issue of art is torn
With overtures of an era being born★*. (C. P., p. 87)

Le recueil débute par « Dedication », appel à la fraternité universelle, et finit par « Villanelle for Our Time ». « Conflict » reflète une conscience à la façon d'Auden de la dualité des aspirations humaines — « Bouche cruelle de la persécution / montre un amour tordu de la vérité » (C. P., p. 97). Une nouvelle reconnaissance de l'individu autant que d'un moi collectif émane d'« Armageddon » : « Cet ennemi que nous combattons est la moitié de nous-mêmes » (C. P., p. 103). Les poèmes des années 1940 éclatent dans une profusion soudaine de métaphores :

Suddenly the last boundary broke
And every land was used by somebody else.
The closed world swarmed with a throng of roads
Where caterpillars span a thread of our blood
And sewed our flags into the history-quilt★★*. (C. P., p. 102)

On pourrait penser que, dans ce poème, Scott ne fait que rapporter la situation politique et militaire qui règne en 1940,

---

★ Mais comment écouter de la vieille musique. C'est l'heure / De nouveaux départs, les concepts se querellent pour le pouvoir, / Désintégration des systèmes — le tissu de l'art est déchiré / Avec des ouvertures d'une ère à naître.

★★ Soudain les frontières cèdent / Et chaque terre est foulée par quelqu'un d'autre. / Le monde clos grouille de routes / Où des chars répandent notre sang / Et cousent nos drapeaux sur la courtepointe de l'histoire.

mais la métaphore d'ouverture d'« Armageddon », qui évoque un paysage inconnu et pourtant sinistrement familier, de même que l'imagerie empruntée à la cartographie et le recours à la personnification font réellement penser à Auden. La première strophe de « Flux » est nette, épigrammatique et lucide, rappelant à la fois Eliot et Auden dans la distinction qui y est faite entre la catastrophe présente et les vieilles habitudes bien réglées. Mais le reste du poème laisse entendre que Scott commence à trouver sa propre voie, par son refus que le cataclysme de la Seconde Guerre mondiale fasse de nous « des réfugiés de l'esprit ». Scott préconise l'humanité et la fraternité, et son programme d'action politique repose sur ce que lui dicte sa conscience : « … Le tonnerre de la petite voix… le moi suprême, l'esprit intérieur » (C. P., p. 99). La direction que prend le poème reflète les nouvelles et vastes préoccupations des années 1940, mais le sous-entendu religieux lui appartient en propre.

En 1945, *Preview* commence à s'essouffler, alors que *First Statement,* qui possède maintenant son imprimerie, semble très dynamique. Sous l'impulsion de Scott, les membres des publications rivales décident de les fusionner pour former une nouvelle revue, *Northern Review.* Sutherland est nommé rédacteur en chef. Cette fusion ne tient pas longtemps. Les problèmes surgissent immédiatement, au cours d'une première réunion des deux groupes chez Scott : les membres de *First Statement* se sentent en position d'infériorité, car leur hôte, désireux de leur offrir boisson et nourriture, les a poussés dans la cuisine, alors que les membres de *Preview* occupent le salon. Au cours de cette soirée, Earle Birney, qui ne boit plus depuis six mois en raison d'une réaction allergique à l'alcool, prend sa première gorgée de scotch. Il a une réaction violente. Irving Layton clame alors que Birney (qui, on peut le supposer, a commis l'impardonnable péché de gagner deux fois le prix du Gouverneur général en poésie) est un alcoolique[19]. Voilà qui augure mal, mais le pire est à venir. Sutherland fait tout ce qu'il faut pour qu'un maximum de ses amis et étudiants siègent au conseil éditorial afin de prendre le contrôle des opérations. En 1946, il lance une attaque cruelle contre les poèmes de Robert Finch, qui vient de recevoir le prix du Gouverneur général. Les directeurs de *Preview* se retirent alors, consternés, et Scott retourne à la politique et au droit, sa sensibilité poétique exacerbée.

Les préoccupations politiques des années 1940, la nouvelle poésie et surtout une nouvelle conscience psychologique ont humanisé la poésie de Scott. Il s'est aperçu que les planificateurs socialistes n'ont pas pris en compte, dans leur beau programme, les pulsions et les motivations irrationnelles de la nature humaine. La question ne se limite plus au combat classique entre le capitalisme et le socialisme. Elle englobe « le nouvel ordre qui sortira des ruines de l'ancien monde ». En faisant la critique de l'ouvrage *Le Yogi et le Commissaire* d'Arthur Koestler, dans le premier numéro de la *Northern Review* (décembre-janvier 1947), Scott définit ainsi le problème : « La démocratie et l'humanisme peuvent-ils non seulement survivre à la révolution mais, en fait, en être la cause active et l'esprit prééminent ? » Scott loue Koestler pour sa synthèse, qu'il appelle « l'humanisme révolutionnaire » et qui rejette les extrêmes du saint yogi d'une part et celles du commissaire communiste d'autre part.

Dans le même numéro, Scott fait paraître « Laurentian Shield », un poème sur la politique et la poésie que son travail à la CCF lui a inspiré. Scott y fournit la réponse à certains des problèmes que soulève Koestler, en particulier une vision canadienne de la nature du nouvel ordre. Mais contrairement aux vers du début des années 1930, où la poésie est en grande partie subordonnée à la politique, Scott, dans « Laurentian Shield », laisse l'imagerie et le rythme du poème incarner ses pensées et ses sentiments. *Preview* a libéré le poète des contraintes du militantisme politique.

CHAPITRE 13

Un Canada nouveau

En 1942, l'appui des Canadiens à la CCF s'accroît rapidement — sauf au Québec. Là, les libéraux, choix traditionnel des Québécois, bénéficient de l'appui solide du milieu des affaires et de la presse. En revanche, le grand public perçoit la CCF comme une organisation à la fois communiste et athée. Constamment en butte aux attaques de l'Église et des mouvements nationalistes, elle manque, en outre, d'appuis financiers. À titre de président national et de premier lieutenant québécois du Parti, Scott travaille d'arrache-pied pour élaborer une politique de sécurité sociale qui ralliera un large éventail de Canadiens, spécialement ceux du Québec et de l'Ontario. S'inspirant énormément du rapport Beveridge publié au Royaume-Uni, il participe à l'élaboration de la politique du parti qui préconise l'instauration, par le gouvernement fédéral, d'une couverture sociale indépendante de tout intérêt privé, sous la forme concrète, par exemple, de prestations de santé, d'une éducation accessible à tous et de logements salubres[1].

Mais une majorité de Québécois et de Canadiens a beaucoup de mal à admettre que la voie du socialisme puisse conduire à l'amélioration de leur situation personnelle, surtout lorsque les libéraux s'approprient les politiques de la CCF en

matière de santé et de sécurité sociale. Au début des an-
nées 1940, Scott, David Lewis et un organisateur de la CCF
récemment élu, Jacques Casgrain, avocat catholique, se démè-
nent afin de présenter au mieux la politique de la CCF au Qué-
bec. Scott, à titre de fils du chanoine Scott, de spécialiste en droit
constitutionnel et d'orateur bilingue, est un gage de crédibilité
pour la CCF. En dépit de la tiédeur de l'accueil, il travaille inlas-
sablement et, malgré des tâches routinières dont il se lasse par-
fois, il se révèle un organisateur efficace. David Lewis se souvient
qu'il exigeait des autres membres du bureau la même discipline
de fer que celle qu'il s'imposait. « Strict, il attendait de tous une
rigueur, une discipline, une méthode en parole comme en
action, mais le manifestait avec rigueur, discipline et en choisis-
sant ses mots… sans élever la voix. Même si Scott n'a jamais été
directement en contact avec l'électorat — il n'a jamais été candi-
dat à une élection —, il faisait preuve d'un réalisme politique qui
laisse place aux considérations électorales. » En particulier,
affirme Lewis, Scott sait très bien que la CCF a été créée par le
manifeste de Regina en tant que « parti politique qui vise à
prendre le pouvoir en suivant la voie électorale parlementaire[2] ».

Petit à petit, l'influence de Scott et son travail acharné com-
mencent à porter leurs fruits. Sa position sur la conscription,
notamment, commence à attirer de jeunes intellectuels franco-
phones. Durant les années 1942-1943, alors que cette question
revient sous les feux de l'actualité, de jeunes Québécois, dont
Roger Lemelin, se présentent à des réunions de la CCF. Leme-
lin, en réponse au manifeste de Regina, écrit à Lewis qu'il aime-
rait bien contribuer à la mise sur pied de la section de la CCF à
Québec. Il se rappelle qu'il « est bientôt imité par le trotskiste
Jean-Marie Bédard, qui devient un responsable syndical impor-
tant, et Jean-Philippe Vaillancourt, qui fait la même chose ».
Jacques Casgrain, futur organisateur de la CCF dans l'Ouest, se
joint aussi à eux à la même période[3].

Bien qu'au Québec le Bloc populaire commence à soutenir
la CCF, celle-ci attire surtout, et pendant longtemps, les
membres des syndicats. Scott a rencontré nombre d'organisa-
teurs francophones au moment de son enquête sur les condi-

tions de travail dans l'industrie du vêtement à Montréal, dans les années 1940 ; son travail avec les syndicats lui donne une relative notoriété. Nombreux sont ceux, tels Omer Chartrand, Roger Bédard, Roger Prévost et Claude Jodoin, des Travailleurs unis du vêtement pour dames, A. L. Hepworth, de la Fraternité canadienne des employés des chemins de fer, et Paul Marquette, des Montreal Tram Workers — tous des adversaires de Duplessis —, qui s'appuient sur les politiques socialistes de la CCF. Une fois Jacques Casgrain devenu membre actif et Thérèse Casgrain et Guy Desaulniers nommés organisateurs pour la province, les membres de la CCF commencent à sentir que les portes du Québec s'entrouvrent[4]. Mais Jacques Casgrain s'avère peu fiable, et Thérèse, bien que représentative de l'élite québécoise, n'est, comme elle le reconnaît avec tristesse, « qu'une femme », et par conséquent n'a aucune crédibilité politique dans le Québec des années 1940[5]. Les femmes du Québec, après tout, n'ont obtenu le droit de vote que le 25 avril 1940.

Sur le plan national, tout au long de la décennie, la CCF entame ses préparatifs en vue des élections qui vont inévitablement suivre la fin de la guerre. En conséquence, durant l'été 1943, Scott et David Lewis rédigent un document sur l'histoire et sur la politique de la CCF : *Un Canada nouveau*. Destiné à présenter la CCF sous son meilleur jour, il est néanmoins empreint de l'esprit et de l'inspiration de J. S. Woodsworth, décédé le 21 mars 1942. Dans l'avant-propos, M. J. Coldwell reprend les mots de Woodsworth : « Tout socialiste devrait avoir une raison motivant la foi qui le porte. » Le livre comprend aussi, en couverture, une photographie de Woodsworth par Karsh, qui exprime l'attitude « détachée des biens de ce monde » de son sujet. Par la suite, Scott accrochera cette photo, l'une de ses préférées, dans son bureau. Parlant de la mort de Woodsworth dans *Un Canada nouveau*, Scott et Lewis soulignent sa dévotion au peuple canadien, son « grand courage moral et sa foi dans l'avenir du pays, qui lui valent une place au premier rang des bâtisseurs du Canada[6] ».

Dans leur livre, Scott et Lewis demandent : « À qui appartient le Canada[7] ? » On l'a forcé, affirment-ils, à se conformer au capitalisme ; il faut maintenant que les Canadiens inversent le processus afin de rendre l'économie conforme aux idéaux démocratiques. Un chapitre du livre présente un plan directeur visant à mettre en place ce nouveau Canada. M. J. Coldwell, représenté comme un premier ministre qui prononce son discours inaugural, lance un avertissement : « Nous bloquerons rapidement et avec force, par des moyens légaux et conformes aux principes démocratiques de la justice canadienne, tout complot des grands capitalistes ayant pour but de saboter le programme du peuple[8]. » En conclusion, le livre énonce sa profession de foi. Notre force doit être « la foi dans un idéal social, que notre conduite personnelle et nos politiques nationales puissent exprimer. L'absence d'idéal signifie la mort[9] ».

La réaction des « grands capitalistes » ne se fait pas attendre. Le *London Post* du 30 décembre 1943 sort un article qu'illustre une caricature intitulée : « How to Make this *Their* Canada » (le Canada des socialistes). Un grand benêt, Scott sans aucun doute, est dessiné debout devant la porte d'un bureau marquée « Brevets ». Il porte une petite invention baptisée « Comment diriger le monde », accompagnée de l'inscription « Mouvement perpétuel ». Après les gains de la CCF et la publication du livre, il fallait s'attendre à de telles réactions. Les magnats de l'industrie s'aperçoivent que la CCF représente véritablement une menace. Et le pire est à venir.

Aux yeux d'autres membres de la CCF, comme Harold Winch, encore plus à gauche, la vision de Scott et de Lewis, déjà fortement sociale-démocrate, ne va pas assez loin. Sur le plan national, le parti subit un recul en novembre 1943, à la suite d'une intervention de Winch, député provincial de la Colombie-Britannique, qui n'a pas pu s'empêcher de dire que, sous un gouvernement CCF, « le pouvoir n'hésiterait pas à faire appel à la police et à l'armée afin de forcer les opposants [au programme du parti] à respecter la loi ». Revenant là-dessus plus tard, il ajoutera : « Nous considérerons tous ceux qui auront défié la volonté du gouvernement comme des criminels… Si le capitalisme refuse de plier, notre réponse est déjà toute prête — comme celle de la Russie en son temps. Un gouvernement de la

CCF, poursuit-il, jetterait l'Acte de l'Amérique du Nord britannique à la poubelle et donnerait au Canada sa propre Constitution[10]. » Certaines des remarques de Winch sont citées hors contexte et déformées. Mais on n'a pas trahi sa pensée. Le totalitarisme qu'elles comportent et l'évocation d'une modification de l'Acte de l'Amérique de Nord britannique, sujet particulièrement délicat au Québec, entraînent des critiques contre la CCF dans tout le pays. « Qui a peur du grand méchant Winch ? C'est pas nous, c'est pas nous ! » est la conclusion ironique d'A. M. Klein[11].

La CCF avait déjà connu un autre recul, un peu auparavant, en août 1943, à la suite de la défaite de David Lewis dans une élection partielle tenue dans la circonscription de Cartier à Montréal, secteur ouvrier où vit une importante minorité juive. Lewis, enfant du quartier, était un choix tout naturel pour la CCF, mais il avait refusé d'y être candidat auparavant en raison de la corruption politique qui gangrenait le quartier. Encouragé par les percées de la CCF ailleurs au Canada, il accepte, en 1943, de se présenter. Les autres candidats sont Lazarus Phillips, du Parti libéral, Paul Massé, du Bloc populaire, et Fred Rose, qui représente le Parti travailliste progressiste, soit les communistes.

Lewis éprouve des difficultés dès le début. À l'investiture des candidats, il refuse d'endosser une déclaration d'un groupe de travailleurs sionistes, si bien qu'il perd un appui majeur. Il explique qu'il représente tous les travailleurs de la circonscription. La CCF, qui s'aperçoit, à la parution des premières listes électorales, que celles-ci sont falsifiées, obtient un nouveau recensement électoral, mais cela n'y change pas grand-chose[12]. Rose remporte l'élection en faisant appel à la sympathie des immigrants pour l'effort de guerre russe contre l'Allemagne. Massé, qui exprime l'opposition des Canadiens français à la guerre et à la conscription, le suit de près avec cent cinquante voix de moins. Lewis arrive bon dernier. La CCF a fait une campagne d'une honnêteté scrupuleuse mais qui ne répond pas vraiment aux intérêts de la conscription et qui ne peut concurrencer la grosse machine électorale de ses rivaux.

En revanche, le Parti remporte une grande victoire en Saskatchewan, où, en juin 1944, on porte au pouvoir un gouvernement CCF. T. C. Douglas, le nouveau premier ministre de la province, fait immédiatement appel à Scott pour occuper les fonctions de conseiller du gouvernement en matière constitutionnelle. Lorsqu'il arrive à Regina, Scott se rend à l'Assemblée législative en compagnie de Douglas et il est frappé par l'inquiétude des fonctionnaires. Ils s'attendent tous à être renvoyés par les révolutionnaires de la CCF[13]. La presse populaire ne facilite pas les choses. *Saturday Night,* par exemple, affirme que c'est le début de la révolution totalitaire[14]. Scott essaie de dissiper ces craintes[15].

Au milieu de l'été 1944, tous les partis se préparent aux élections fédérales. Après son succès en Saskatchewan, la CCF est devenue un sérieux adversaire. Les libéraux, en particulier, ouvrent les hostilités en lançant contre elle une campagne virulente dans les journaux, notamment dans le *Winnipeg Free Press.* George Ferguson, qui a écrit de tels éditoriaux pour le *Free Press,* est muté au *Montreal Star,* où il continue de fustiger la CCF. Dans un éditorial, il allègue que la CCF n'a pas répondu à un éditorial paru quelques jours plus tôt. Scott rétorque par écrit que la CCF a bien répondu, mais que le journal n'a pas cru bon de publier sa lettre. Bien entendu, le *Star* ne publie pas la seconde lettre non plus. La querelle qui s'ensuit entre Scott et l'éditeur du *Star,* J. W. McConnell, ne change en rien la situation. McConnell se contente de souligner que les principes de la CCF sont farcis de notions imbéciles et de mensonges, et il refuse d'écouter les arguments contraires, même s'ils sont présentés avec la grande éloquence de Scott[16].

Très rapidement, Scott décide de rédiger un document pour réfuter les éditoriaux du *Star.* Il le fait imprimer à ses frais et l'envoie à des Montréalais en vue, adressant personnellement un exemplaire à chaque membre du Conseil des gouverneurs de McGill. « C'est une excellente lettre que vous avez écrite, Frank », aurait dit le recteur Cyril James. Plusieurs membres du Conseil des gouverneurs commencent à tarabuster McConnell[17]. Le socialisme a beau être mal considéré, ils apprécient encore moins le journalisme de bas étage. Le tout-puissant McConnell n'a pas l'habitude de se voir contrecarrer. Il réplique en interdisant la mention du nom de Scott dans les pages du *Star.*

L'autre grand quotidien de langue anglaise à Montréal, *The Gazette,* se montre tout aussi conservateur. Le romancier Brian Moore, alors jeune journaliste, le confirmera plus tard. Les responsables du journal, « que les propos politiques de Scott n'intéressent pas le moins du monde », corrigent son compte rendu d'un excellent discours au point de le rendre inintelligible[18]. Racontant l'incident à Scott, Moore fera remarquer : « Vous n'aurez jamais votre nom dans *The Gazette* à moins de violer une fille au coin des rues Peel et Sainte-Catherine[19]. »

Heureusement, de temps à autre, des succès ponctuels viennent compenser l'antisocialisme virulent qui se manifeste au Canada. Peu avant le début de la guerre, David Lewis et M. J. Coldwell ont correspondu avec d'autres partis travaillistes du Commonwealth et réclamé la tenue d'une réunion internationale des socialistes, afin d'y échanger des idées sur des objectifs communs. Le Parti travailliste forme le gouvernement en Nouvelle-Zélande depuis 1935, et en Australie depuis 1941. En Grande-Bretagne, le Parti travailliste fait partie du gouvernement Churchill. Au nom des dirigeants de la CCF, Lewis presse le Parti travailliste britannique de tenir une conférence pour deux raisons : « d'abord pour élaborer des politiques communes touchant les négociations de paix et l'ordre international qui suivront la défaite nazie en Europe », et ensuite afin d'établir un précédent en vue d'autres conférences de ce type[20]. Le parti britannique accepte l'idée, et la conférence se tient à Londres, en septembre 1944.

Scott, Coldwell, Lewis, Claire Gillis, représentante syndicale, et Percy Wright, fermier et député de la Saskatchewan, s'y rendent à titre de délégués du Canada. La participation de la délégation du Canada est importante, car elle contribue à bien asseoir la position de la CCF dans la communauté sociale-démocrate du Commonwealth. L'un des points mis à l'ordre du jour par le Canada porte sur l'accession de l'Inde à l'indépendance après la guerre. Mais la tâche majeure des Canadiens consiste surtout à décrire l'histoire de la CCF et à en tracer les perspectives d'avenir. D'autres délégués à la conférence sont surpris du nombre de fermiers que compte le parti et de leur poids. La présentation de Scott traite de « l'assemblée mondiale » qu'il faudra mettre sur pied après la guerre. Il donne quelques détails sur ce que devrait être sa structure et ses objectifs. « Le futur Commonwealth sera un commonwealth de nations totalement indépendantes, dont le cadre ne sera pas issu d'un lien constitutionnel, mais d'une association libre et volontaire, ainsi que se définit normalement notre relation[21]. »

De nombreux dirigeants travaillistes britanniques déçoivent Scott. Mis à part Morrison, ils lui donnent l'impression d'être vieux jeu et sans idées. Il apprécie les commentaires d'Harold Laski en réponse à James Walker, député travailliste qui fulmine comme un conservateur. Laski murmure à Scott : « Vous voyez avec quoi je dois travailler. J'aurais préféré mourir en 1913 plutôt que d'assister à la désintégration de ce grand mouvement[22]. »

Pendant son séjour à Londres, le groupe visite la ville ravagée par les bombardements. C'est une expérience qui leur donne froid dans le dos. Le 12 septembre, Scott ouvre les yeux à six heures quinze, au moment « où un énorme boum [l]e réveille et où [il] comprend avec un haut-le-cœur qu'il s'agit d'une bombe ». Plus tard, il voit « un homme mort au coin d'une rue », provoquant chez lui une sensation de « vide intense ». Après plusieurs jours à Londres, il commence à avoir des crises comme celles qui l'ont affligé à Harvard[23].

Il connaît cependant des moments agréables. À la suite d'une visite à la Maison du Canada pour voir Vincent Massey, alors Haut Commissaire, Scott note dans son journal : « Il faudra abolir ces laquais en uniforme quand on sera au pouvoir[24]. » Rencontrant un officier canadien avec un œil de verre qui avait récemment combattu aux côtés de Tito en Yougoslavie, il se dit : « Il se peut, après tout, que j'aie vu un combattant en service. » Puis, à un déjeuner offert par Massey, il se retrouve assis à côté de sir Benjamin Jowett, « qui discute de points de droit constitutionnel relatifs 1) aux droits d'Édouard VIII sur les châteaux de Sandringham, de Balmoral et sur les meubles du palais de

Buckingham, une fois qu'il aura renoncé au trône ; 2) au fait que les hauts commissaires n'aient pas préséance et 3) à ce qui serait arrivé si la reine avait eu un fils sept mois après la mort du roi et après l'accession au trône de la princesse[25] ».

Lorsque Scott rentre au Canada, les préparatifs pour les élections fédérales atteignent leur point culminant. Au printemps de 1944, la CCF désigne Coldwell, Lewis et Scott pour qu'ils mettent sur pied un programme en vue du congrès national de la CCF prévu à Montréal, en novembre 1945. À cette occasion, on attend des délégués qu'ils définissent une plateforme électorale. Avant de partir pour Londres, ils s'étaient retrouvés dans les Maritimes afin de préparer une ébauche pour le conseil national. À leur retour, Lewis et Scott peaufinent leur texte et en envoient des copies aux secrétaires provinciaux. Malgré cette tentative de consultation démocratique au sein de la CCF, une fraction, peu nombreuse mais très déterminée, des deux cent trois délégués qui assistent au congrès s'oppose vigoureusement au programme.

L'un des principaux débats porte sur la nationalisation des banques. Lewis et Scott sont en faveur d'une politique moins radicale. On n'en est, après tout, qu'à la première étape du programme ; on aurait bien le temps d'introduire des mesures plus vigoureuses par la suite. Harold Winch et Colin Campbell, deux des radicaux les plus tonitruants de la Colombie-Britannique, se montrent inflexibles. Les vieilles tensions entre les puristes et les pragmatiques, soucieux d'attirer de nouveaux votes, se manifestent encore une fois[26]. En fin de compte, Scott et Lewis l'emportent, mais certains membres du Parti repartent avec un arrière-goût amer, et chez les plus militants des orateurs, spécialement chez ceux de Winch, on commence à jouer le jeu des opposants au parti.

Malgré les fortes pressions qui s'exercent sur lui, le premier ministre King repousse les élections jusqu'en juin 1945. Il espère que, s'il attend assez longtemps, la guerre sera finie et qu'il pourra éviter de répondre devant les électeurs de la question de la conscription. Au début de 1945, l'optimisme règne parmi les membres de la CCF. Ils comptent plusieurs réussites à leur actif, comme la formation de l'opposition officielle en Ontario, en 1943, la formation du gouvernement en Saskatchewan en 1944, la victoire à trois élections fédérales partielles en 1942, la multiplication par deux du vote en Alberta, une augmentation des adhésions dans les Maritimes et l'élection d'un député à l'Assemblée législative du Québec. Le parti détient cent neuf sièges dans les assemblées provinciales. Scott, pendant une visite à Regina en juillet 1944, à l'occasion du congrès provincial de la CCF, prédit devant une salle pleine à craquer de délégués : « La CCF va gagner les prochaines élections fédérales. Nous pouvons les gagner — et nous les gagnerons[27]. » Pourtant, en janvier 1945, la CCF se hisse péniblement en troisième place dans une élection partielle cruciale en Ontario.

King continue de repousser la date du scrutin, essayant de consolider la position du Parti libéral au Québec, où un mouvement libéral indépendant se fait jour. Il annonce, en avril, la tenue d'élections le 12 juin, alors que l'Ontario a prévu une élection provinciale le 4 du même mois ; les campagnes vont se chevaucher. Le Parti libéral remonte : la guerre en Europe a pris fin le 8 mai, et le mouvement libéral contestataire au Québec s'est éteint. Le parti bâtit sa campagne sur les réussites et sur l'expérience de King. Il se concentre sur la reconstruction d'après-guerre et est favorisé par l'inscription des familles au programme d'allocations familiales, qui voit le jour au même moment, ce qui gardait au premier plan les programmes sociaux inspirés par la CCF. Les conservateurs, sous-estimant la portée de leur décision, continuent de soutenir la conscription. Ils s'attaquent aussi, en début de campagne, au programme d'allocations familiales en le qualifiant de « politique illicite visant à s'attirer des votes », mais finissent par se rétracter.

Malgré les sondages Gallup qui placent, en 1944, la CCF dans une excellente position par rapport aux autres partis, la tendance se renverse en 1945. King arrive à convaincre l'électorat que le libéralisme est la seule voie acceptable, puisqu'il n'a pas la rigidité des conservateurs ou le radicalisme de la CCF. De plus, les libéraux ont l'immense avantage d'avoir repris à leur compte les programmes de sécurité sociale prônés par la CCF.

Avec la fin de la guerre et le retour à la normale, une bonne partie de l'électorat revient à ses convictions politiques traditionnelles. En outre, les récentes campagnes anti-CCF atteignent leur objectif. Tous ces facteurs contribuent aux résultats désastreux, sur les plans provincial et fédéral, qu'obtient la CCF. Elle n'est plus l'opposition officielle en Ontario et a perdu, au fédéral, tous ses appuis venant de cette province. Les vingt-huit sièges qu'elle remporte se situent dans l'Ouest, à l'exception d'un seul, dans les Maritimes[28].

En dépit de cette amère déception, l'élection d'un gouvernement CCF en Saskatchewan est quand même perçue comme un signe avant-coureur de l'instauration d'un nouvel ordre social. T. C. Douglas, suivant les préceptes de la planification sociale promulgués dans *Un Canada nouveau,* prend de nouvelles mesures sociales destinées à redonner la Saskatchewan à ses citoyens, recrutant des experts afin de conseiller le nouveau gouvernement, dont le spécialiste anglais George Cadbury, qu'il nomme directeur du Conseil de l'économie et de la planification.

En tant que conseiller juridique auprès du nouveau gouvernement CCF, Scott doit fréquemment prendre le train pour la Saskatchewan. C'est au cours d'un de ces voyages qu'il lit, en 1946, un article de Stephen Spender publié dans *The Partisan Review* sur « La création d'un poème ». Le poème décrit un autre voyage en train dans le « Pays noir » d'Angleterre. Observant le paysage de houillères béantes et de crassiers, Spender se sent aussi dévasté que cette terre. Alors, une phrase poétique lui vient à l'esprit, « une langue de chair et de roses ». Analysant les associations qui lui ont inspiré ces mots, Spender conclut que le monde que crée l'homme est un langage symbolique à travers lequel s'expriment sa pensée et ses désirs intérieurs. Le Pays noir, paysage industriel qui tient en esclavage employeurs et travailleurs, est une expression de la volonté humaine. Mais à quel langage l'homme aspire-t-il réellement ? Il aspire à « une langue de chair et de roses », c'est-à-dire une langue dont la beauté participe autant de l'éthique que de l'esthétique et incarne un monde social humain et harmonieux[29].

Alors qu'il lit l'essai de Spender, son propre train file vers le nord de l'Ontario, traversant les immenses étendues du Bouclier laurentien. Un paysage commence à prendre forme dans son esprit, façonnant le poème. Une image qui rappelle la voie médiane de Koestler et la synthèse que Scott a admirée dans *Le Yogi et le Commissaire*. Il commence à créer un langage poétique qui fusionne les idées sociales et le paysage.

Hidden in wonder and snow, or sudden with summer,
This land stares at the sun in a huge silence
Endlessly repeating something we cannot hear.
Inarticulate, arctic,

Not written on by history, empty as paper,
It leans away from the world with songs in its lakes
Older than love, and lost in the miles★. (C. P., p. 58)

Scott, qui aime les calembours, apprécie le jeu entre « arctique » et « inarticulé » — la voix de la terre que l'on ne peut entendre. Parce que la terre est « arctique » ou inculte, elle n'a pas d'histoire ou de langue ; pour l'homme, elle est une « table rase ». Pourtant, dans les profondeurs de ses lacs, elle recèle des « chansons » qui lui sont propres. Ces chansons, comme l'antique bouclier de roche, sont issues des ères géologiques qui ont précédé la naissance de l'humanité. Elles sont « plus vieilles que l'amour », que le premier homme ou que la première femme, « perdues dans le lointain » du temps et de la géographie. Le Canada, lieu nouveau qui « se détourne du monde », doit aussi trouver ses propres voies.

★ Cachée dans l'éblouissement et la neige ou surprise par l'été, / Cette terre fixe le soleil dans un silence infini / Répétant sans fin une parole que l'on ne peut entendre. / Inarticulée, arctique, // Non inscrite dans l'histoire, vide comme le papier, / Elle se détourne du monde, avec des chansons dans ses lacs / Plus vieilles que l'amour et perdues dans le lointain.

Ce qu'expriment les vieilles chansons qui parlent de la terre, tout comme les caractéristiques de leur développement physique, dépend de la « technique » humaine.

This waiting is wanting.
It will choose its language
When it has chosen its technic,
A tongue to shape the vowels of its productivity.

A language of flesh and roses*. (C. P., p. 58)

En route vers la Saskatchewan, plongé dans une réflexion sur l'expérience socialiste nouvelle qui se prépare et sur le rôle qui l'attend, Scott songe à l'association de technocrates et de politiques que tout cela représente. Son jeu de mots avec « technique » fusionne les concepts du développement technologique et de la technique artistique. La technique, comme l'a dit Arthur Lismer à la radio en 1933, est « un mot à double tranchant. Elle décrit *comment* on fabrique une chose — style, manière, directives, processus. Elle désigne également le matériau employé — une technique pour la peinture à l'huile, une autre pour l'aquarelle[30] ». Ce concept de « technique » mène à la « langue de chair et de roses » de Spender. Ce que l'homme désire, c'est une technologie que conditionnent les considérations esthétiques et matérielles : une technique qui mènera vers la culture florissante de la terre, vers un langage d'amour et de poésie. Comme Spender, Scott utilise des mots pour exprimer la culture dans son sens le plus noble.

Scott transpose aussi la vision qu'a Spender de la relation de l'homme avec la terre dans un contexte canadien. Auparavant, en 1943, il a écrit au sujet de cette terre du nord au moment où la société Shipshaw Power Development menaçait d'exploiter le

---

* Cette attente est désir, / Elle choisira son propre langage / Quand elle aura choisi sa technique, / Une langue pour façonner les voyelles de sa productivité. // Une langue de chair et de roses.

Nord canadien. C'est, dans les mots du poème, « la longue ordonnance de son exploitation. /… la domination éhontée des monopoles, forts de leurs machines, / Sculptant leurs royaumes à même la richesse publique » (C. P., p. 58). Le développement proposé a de « très graves répercussions », a dit Scott à l'époque, « non seulement pour l'avenir de la démocratie en Amérique du Nord, mais pour les relations canado-américaines… En quels termes ce développement se produira-t-il[31] ? » se demande-t-il. Maintenant, l'expérience de la Saskatchewan, cette utopie socialiste totalement nouvelle, nous donne l'occasion d'utiliser le meilleur du savoir technique et politique de l'homme.

Le poème met en scène l'histoire du développement du Canada, que sa géographie détermine et que des formes diverses d'exploitation caractérisent. La terre recèle une musique sur laquelle l'homme met des mots, « … des sons / de courtes syllabes / Des noms de lieux », mais la langue évolue dangereusement au moyen d'une « syntaxe d'acier » vers « la longue ordonnance de son exploitation ». Il craint qu'une technologie de l'exploitation et du viol ne remplace l'idéal d'amour et de dévouement. Ainsi, le développement de la terre s'exprime par une langue qui évolue. Mais, tant que la terre n'a pas façonné son « histoire » — en étroite communion avec l'humain —, les « phrases » ne peuvent se lier entre elles.

Le « premier cri » de la terre fut celui du chasseur et du chercheur d'or ; puis est venue « … la domination éhontée des monopoles, forts de leurs machines, / Sculptant leurs royaumes à même la richesse publique ». Maintenant, « … le vrombissement de l'avion… lie notre avenir par-dessus les pôles disparus » (C. P., p. 58). L'avion, au contraire du chemin de fer, est perçu comme une force amicale, il réduit les distances du Nord et « remplit entièrement le vide par son voisinage », créant le village global.

Tous ces aspects du poème sont implicitement reliés à l'expérience de la Saskatchewan, où le développement social et économique du nord occupe une place importante dans le programme de la CCF. George Cadbury remarquera plus tard : « La société Saskatchewan Government Airways se rend tous les

mois à tous les lacs et dans tous les camps, et le centre des com-
munications au lac La Ronge maintient la liaison radio. Ces acti-
vités mènent à une concurrence directe avec la Compagnie de la
Baie d'Hudson, qui jusque-là en possédait le monopole après un
accord avec les gens de la Compagnie du Nord-Ouest[32]. »

La conclusion de « Laurentian Shield » affirme que c'est
dans un tel « voisinage », dans la proximité humaine et la coopé-
ration sociale, que l'on trouvera l'espoir.

But a deeper note is sounding, heard in the mines,
The scattered camps and the mills, a language of life,
And what will be written in the full culture of occupation
Will come, presently, tomorrow,
From millions whose hands can turn this rock
Into children*. (C. P., p. 58)

Le poème de Scott affirme le potentiel du Nord canadien,
univers que l'on peut aider à mettre en valeur grâce à la coopé-
ration sociale. Pour beaucoup de socialistes des années 1940, le
nouveau gouvernement de la CCF en Saskatchewan incarne la
vision que Scott exprime dans le poème. Le poème lui-même
incarne les forces qui gouvernent son propre processus créateur.

« Laurentian Shield » marque le commencement d'une nou-
velle étape dans la vie de Scott. Il semble alors avoir trouvé un
équilibre entre la poésie et la politique. Il commence petit à petit
à s'écarter de la politique pour aborder la période où il créera
ses meilleurs poèmes. Tout comme Koestler lui a montré les
faiblesses d'un programme socialiste qui néglige la dimen-
sion irrationnelle de l'homme, de même Spender lui fournit
le raisonnement lui permettant de dire que la poésie (plutôt
que la politique) suscite les plus belles vocations. Comme Scott,

---

* Mais une note plus profonde résonne, qu'on entend dans les mines, / Les
camps épars et les usines, un langage de vie, / Et ce qui s'écrira dans la culture
d'occupation / Proviendra, maintenant, demain, / Des millions de gens dont les
mains peuvent transformer ce rocher / en enfants.

Spender a connu des désillusions politiques dans les années 1930 et se tourne avec un regain d'énergie vers la poésie.
Quatre ans plus tard, en 1950, Scott démissionnera de son poste
de président national de la CCF.

Au congrès national d'août 1946, les délégués de la CCF
méditent sur leur défaite aux élections de 1945 et sur le déclin
du parti qui a suivi. La nature dualiste du parti est au cœur des
nombreux débats extrêmement importants qui se déroulent : la
CCF est un mouvement socialiste voué aux principes du manifeste de Regina, mais dans leur désir de gagner les élections, tout
particulièrement les élections fédérales de 1945, des membres
du parti ont fait de la CCF un parti plus modéré. Ils estiment
maintenant que la CCF doit adopter une approche plus pragmatique pour gagner des votes. Au congrès de 1946, Scott
remarque : « C'est comme si nous avions perdu notre foi en
nous-mêmes ; l'enthousiasme n'est plus, parce qu'au fond
d'eux-mêmes les membres de la CCF doutent de sa raison
d'être et du rôle qu'ils doivent jouer[33]. » Il croit, cependant, en
son for intérieur, que le parti fait une bonne analyse de la
société. Ce dernier devra revoir sa position, mais cela ne diminue en rien l'importance ou la nécessité du programme de la
CCF pour bâtir le Canada. Coldwell, aussi, abandonne sa rhétorique électoraliste et revient à certains principes de base du
parti. Au milieu des années 1940, la modération de la CCF se
fait sentir, particulièrement dans sa vision du rôle du monde des
affaires dans un Canada social-démocrate.

Bien qu'en 1946 la CCF ne connaisse pas la même popularité qu'au début des années 1940, elle arrive à se maintenir dans
l'ensemble du pays. Elle redouble d'efforts pour resserrer ses
liens avec les syndicats et lance une campagne de sensibilisation intensive, diffusant un grand nombre de publications.
Mais la situation au Québec stagne. Scott constate avec tristesse
en 1947 : « Ai déjeuné avec notre groupe français aujourd'hui
— tous les cinq… disent que nous n'avons aucune chance au
Québec en dehors de Montréal —, l'étiquette de communistes,
de centralisateurs, d'Anglo-Saxons et d'impérialistes nous colle
à la peau[34]. »

En 1949, une petite organisation, l'Équipe de recherches sociales, reçoit un appui financier du Congrès du travail du Canada dans l'espoir de stimuler l'action politique. Scott, Forsey, Gérard Pelletier, du *Devoir,* Jean Marchand, secrétaire de la Confédération des travailleurs catholiques du Canada, et Pierre Elliott Trudeau, avocat de Montréal proche de la CCF, assistent à la réunion. Lewis se rappelle qu'il ne se passe pas grand-chose et que Trudeau, « qui avait un certain nombre de projets en cours, s'en va plutôt travailler au Bureau du Conseil privé ». Toutes ces associations ne font pas vraiment avancer la cause de la CCF[35].

Frederick George Scott, vers 1884.
(Fonds famille Scott)

F. G. Scott et ses fils : William, Harry, Elton, Charlie, Frank et Arthur. Cap-
à-l'Aigle. (Fonds famille Scott)

Le presbytère de St. Matthew. (Fonds famille Scott)

Amy Brooks, vers 1887. (Fonds famille Scott)

Arthur et Frank, vers 1910. (Fonds famille Scott)

La tombe de Harry, tué à la bataille de la Somme, en octobre 1916. (Fonds famille Scott)

Frank, sur les rives de la rivière Montmorency. (Rosemary Cartwright)

Le jeune esthète, 1923. (Fonds famille Scott)

Collation des grades au collège Bishop. Scott est à l'extrême gauche. (Fonds famille Scott)

Tourisme sur le Continent. John Darlington et Frank Scott, 1921. (Fonds famille Scott)

Matin de mai à Oxford, 1923. (Fonds famille Scott)

Elton et Frank fourbissent leur équipement. (Fonds famille Scott)

La rivière Malbaie en 1925. (Fonds famille Scott)

À la découverte des grands espaces : Frank, Elton et Arthur Scott. (Fonds famille Scott)

Marian Scott   Frank Scott

Les funérailles de l'archidiacre Scott, en 1944. (ANC)

La bande de *Preview*, vers 1942. À l'arrière-plan : Kit Shaw, Neufville Shaw, Bruce Ruddick, F. R. Scott. Assises : Peggy Anderson et Patricia Kathleen Page. Au premier plan : Patrick Anderson. (ANC)

En campagne électorale à Winnipeg, en 1948. (ONF)

Frank Scott, 1955. (ANC)

Irving Layton. (ANC)

Eli Mandel. (ANC)

Louis Dudek. (ANC)

Frank Scott, en compagnie du premier ministre Louis Saint-Laurent et de sa fille, Mme O'Driscoll, à la garden-party du gouverneur général. (Capital News Service)

Les écrivains se rassemblent à Kingston, en 1955. Frank Scott, à droite. John Marshall, au centre. À l'arrière-plan, Phyllis Webb. (ANC)

North Hatley, vers 1969. Frank Scott, Marian Scott, Raleigh Parkin, Louise Parkin. (Lois Lord)

Iconics, de Marian Scott. Collection privée, Montréal. (Brian Merrett)

Frank Scott en compagnie d'Anne Hébert, à l'Université McGill, vers 1950. (ANC PA-149288)

Frank et Marian. Visite à l'Acropole, berceau de la démocratie, en 1961.

Leon Edel, F. R. Scott et A. J. M. Smith se rappellent l'aventure de la *McGill Fortnightly Review.* 1963.

Au colloque F. R. Scott, en 1981. David Lewis et F. R. Scott. (Sarah H. Tobe)

Pierre Trudeau et F. R. Scott. (Sarah H. Tobe)

Marian et Frank Scott. (Sarah H. Tobe)

En 1949, une petite organisation, l'Équipe de recherches sociales, reçoit un appui financier du Congrès du travail du Canada dans l'espoir de stimuler l'action politique. Scott, Forsey, Gérard Pelletier, du *Devoir,* Jean Marchand, secrétaire de la Confédération des travailleurs catholiques du Canada, et Pierre Elliott Trudeau, avocat de Montréal proche de la CCF, assistent à la réunion. Lewis se rappelle qu'il ne se passe pas grand-chose et que Trudeau, « qui avait un certain nombre de projets en cours, s'en va plutôt travailler au Bureau du Conseil privé ». Toutes ces associations ne font pas vraiment avancer la cause de la CCF[35].

CHAPITRE 14

Le professeur de droit

En 1945 et en 1946, Scott enseigne le droit constitutionnel à des étudiants d'un nouveau genre : des anciens combattants. Il parle de la nature du Canada et de ce que signifie le fait d'être Canadien, autant de thèmes d'un intérêt considérable pour des hommes sérieux et studieux, que leur expérience de la guerre a fait profondément réfléchir à ce que serait l'après-guerre[1]. La faculté de droit occupe maintenant les locaux du vieux manoir situé à l'angle de l'avenue des Pins et de la rue Peel, rebaptisé pavillon Purvis. Les cours, qui sont donnés dans la salle à manger, les chambres et les halls d'entrée, sont bondés. En 1948, la bibliothèque de droit, qui s'est pourtant nettement modernisée depuis la fin des années 1920, ne suffit toujours pas. Scott, surtout depuis son séjour à Harvard, est plutôt déçu. Que McGill injecte des fonds dans sa faculté de médecine, qui bénéficie déjà d'une renommée internationale, alors qu'elle rationne la faculté de droit le contrarie. En dépit de ces conditions, les anciens combattants apprécient au plus haut point l'enseignement de Scott. La faculté de droit de McGill emploie maintenant trois professeurs à plein temps et, à la fin de 1947, ils sont six à y enseigner en permanence.

Scott enseigne avec facilité et spontanéité. Moins conservateur que ses collègues, il s'habille fréquemment d'un veston sport en tweed, d'un pantalon de flanelle grise et d'une cravate tissée à la main, au lieu du complet bleu marine classique. Cependant, lorsque la situation l'exige, il se présente en classe vêtu comme il se doit. Scott ne cherche pas à s'exprimer par l'excentricité de sa tenue vestimentaire, mais plutôt par la modernité de ses cours. « Stylos, à vos marques ! Méninges, au travail ! » est l'une de ses expressions favorites, une exhortation à faire preuve de créativité plutôt que d'apprendre par cœur : c'est « l'accouchement des connaissances » que Terry MacDermot et lui-même, longtemps auparavant, au Lower Canada College, préconisaient comme fonction première de l'enseignant[2]. Souvent, un article de journal attire l'attention de Scott, qui l'apporte alors en classe, le situe dans un contexte historique ou politique élargi et en dégage les liens avec les principes de droit dont il est question pendant le cours. Il enseigne à la manière britannique, mais avec lui, un exposé qui aurait pu être ennuyeux devient aussitôt un dialogue socratique.

Il désire que ses cours reflètent les façons de faire actuelles. Pour son cours de droit administratif, il écrit à un ancien étudiant, Arnold Heeney, greffier du Conseil privé et secrétaire du Cabinet, lui expliquant qu'il aimerait enseigner davantage que la simple analyse des poursuites judiciaires intentées contre les agents administratifs, ce qui forme la composante habituelle de ses cours.

> Je voudrais aussi donner aux étudiants un aperçu des ministères fédéraux et des rapports qu'ils entretiennent entre eux. J'ai vu quelques organigrammes des divers comités de guerre du gouvernement et je me demande s'il existe un organigramme regroupant les ministères et comités du gouvernement. Un tel document illustrerait encore mieux qu'une simple description orale tous les enjeux qui sous-tendent la conduite des affaires dans un État moderne comme le Canada[3].

Y a-t-il un tel organigramme du Conseil privé et de ses différents comités ?

Dans ses cours de droit administratif, Scott se dit préoccupé par la trop grande intrusion de l'appareil judiciaire en politique législative. En 1948, il écrit : « Les juges ne doivent pas substituer leurs propres notions d'objectifs sociaux à celles de l'assemblée législative ; en fait, leur tâche consiste à s'assurer que les politiques adoptées par le Parlement sont mises à exécution, et non altérées ou amputées[4]. » Quoi qu'il en soit, il croit que les tribunaux sont là pour maintenir la primauté du droit et protéger les libertés civiles. Il est convaincu que l'État doit être tenu responsable des dommages qu'entraînent ses actes fautifs et insiste sur la nécessité d'abolir l'immunité du gouvernement[5].

Suivant l'exemple de son professeur H. A. Smith, Scott montre à ses étudiants de quelle façon les décisions du Comité judiciaire du Conseil privé britannique ont changé la nature de la Constitution, telle que les Pères de la Confédération l'avaient rédigée. De tels changements, leur enseigne-t-il, affaiblissent le gouvernement central et son pouvoir de régler les problèmes de la nation. Il met aussi en évidence que, en se montrant incapable de légiférer en vue de définir sa sphère d'influence, un gouvernement démocratique court le risque de voir les grandes entreprises et leurs dirigeants s'empresser de combler ce vide, thèse que John Galbraith exposera en détail dans *Le Nouvel État industriel* (1967)[6].

Dans ses cours de droit constitutionnel, il examine en filigrane le développement de l'indépendance canadienne, l'effort visant à faire du Canada un partenaire à part égale dans une vaste communauté de nations. Il évoque aussi les relations constitutionnelles au sein des nations du Commonwealth et discute souvent de ce qui sera connu plus tard sous le nom de « rapatriement de la Constitution canadienne ». Scott aime à dire que le Canada a « rendez-vous avec l'Acte de l'Amérique du Nord britannique ». Un de ses étudiants de l'époque, Gérald Le Dain, qui plus tard siégera à la Cour suprême du Canada, se rappelle que Scott « enseignait le droit constitutionnel comme s'il voulait préparer ses étudiants à ce rendez-vous, peu importe la date[7] ».

En droit constitutionnel, Scott évoque aussi le problème de l'unité canadienne, s'attardant particulièrement sur la position du Canada français dans la Confédération en regard de l'Acte de l'Amérique du Nord britannique. Étudiant canadien-français au début des années 1940, Marc Lapointe, qui deviendra plus tard président du Conseil canadien des relations de travail, se rappelle qu'il entre en conflit avec Scott dès le troisième jour de cours. Scott explique, dans son entrée en matière, que la Constitution canadienne n'est pas le fruit d'un accord entre les deux nations fondatrices, comme on l'a toujours enseigné à Lapointe pendant ses études classiques à Québec, mais qu'elle doit le jour au Statut de Westminster, la loi anglaise. Au préalable, Scott avait dit aux étudiants que, s'ils avaient des questions sérieuses à poser pendant son cours, ils pouvaient l'interrompre. Lapointe bondit immédiatement. « Monsieur, ce que vous dites est terrible. Ce n'est pas vrai, c'est même le contraire de tout ce que l'on m'a enseigné jusqu'à maintenant. » Lapointe se souvient que Scott l'a écouté patiemment et lui a répondu : « "J'ai dit que j'acceptais d'être interrompu. L'objection que vous soulevez est une question absolument fondamentale, me permettez-vous alors d'attendre après le cours pour y répondre ?" Je me suis alors rassis en bouillant intérieurement. »

À la fin du cours, Scott entraîne le jeune étudiant dans son bureau. « Avant de répondre à votre question, M. Lapointe, et avant que vous ne la souleviez de nouveau, puis-je vous suggérer de trouver le temps, une semaine à peu près, pour lire une série de documents et d'ouvrages que je vais vous recommander ? Pour être juste envers vous, j'aimerais que vous les lisiez avant que l'on ne revienne à la question. » Lapointe passe alors « une semaine ardue mais enrichissante » à la bibliothèque, consultant les livres et documents que Scott lui a demandé de lire, ainsi qu'un document manuscrit sur la Constitution. « Je me suis aperçu que je m'étais trompé. La manière qu'il a eue de traiter le problème m'a fortement impressionné. » Scott sort grandi de ce type d'affrontements, somme toute fructueux, auprès des étudiants francophones.

Il encouragera Lapointe, plus tard, à écrire une thèse sur les syndicats ouvriers du Québec, sujet peu documenté à l'époque et difficile à traiter, car il faut distinguer les éléments du droit du travail du Québec qui proviennent de la législation française et ceux qui sont empruntés à la législation américaine. À la fin de sa première année d'études, Lapointe a épuisé toutes les références que Scott lui a données. Pourtant, il est loin d'avoir couvert le sujet. Il va voir Scott à son bureau et lui annonce : « J'ai lu tout ce que vous m'avez suggéré, Frank, et j'ai encore énormément d'interrogations. »

« Excellent ! répond-il, car, tenez-vous bien, il n'y a rien d'autre à lire, c'est à vous maintenant de trouver les réponses à vos interrogations. Je ne peux plus vous aider. À partir de maintenant, c'est vous qui allez m'en apprendre. » Finalement, Lapointe présente la première thèse sur le droit du travail au Québec et, encouragé par Scott, il l'a écrite en français. Son sujet est si spécialisé qu'on ne peut former un comité pour la soutenance. On lui accorde son diplôme sur le seul examen de son travail écrit.

En conseillant Lapointe pour sa thèse et son orientation professionnelle, Scott lui fait d'abord valoir que le droit du travail est un domaine complètement nouveau et très important, « notamment si on travaille du côté des syndicats. Ils n'ont pratiquement personne pour les conseiller. » Lapointe apprécie la franchise de Scott : « Il s'est montré honnête avec moi, car il m'a dit, bien sûr, que si je préférais me tourner du côté du patronat, je gagnerais bien mieux ma vie. Il me faudra travailler beaucoup plus dur dans un syndicat pour arriver au même salaire — si j'y arrive — que du côté patronal, mais a-t-il ajouté, c'est plus *humain*. » C'est grâce à Scott, reconnaît Lapointe, qu'il a pu entamer une belle carrière en droit du travail[8].

En tant que Québécois, Scott est ouvert au désir du Canada français d'avoir accès à une plus grande égalité et à plus d'autonomie et, sur le plan personnel, il exerce un ascendant stimulant sur les jeunes francophones qui étudient à McGill. Cependant, son interprétation de la Constitution, selon laquelle l'Acte de l'Amérique du Nord britannique est un une loi anglaise, et sa conviction que les immenses pouvoirs du fédéral enchâssés dans la Constitution sont nécessaires à la préservation du pays entrent en conflit avec son statut de Québécois. Scott résout la question en distinguant les droits des minorités de ceux

des provinces. Toute son expérience au Québec, particulière-
ment les abus dans le domaine des droits civils, l'a conduit inévi-
tablement à la conclusion que seule l'action fédérale peut garan-
tir les droits des minorités.

Dans ses cours et dans ses conférences, Scott affirme qu'il
faut inscrire une charte des droits dans la Constitution cana-
dienne. Dans une conférence qu'il donne à l'Association du
jeune Barreau de Québec, aux environs de 1942-1943, il précise
sa pensée. « Une constitution, insiste-t-il, n'est pas une fin en soi,
mais seulement un moyen d'atteindre un objectif. Si les Cana-
diens pouvaient se mettre d'accord sur les grands principes
durables qui doivent constituer les fondements de leur société,
ils pourraient s'entendre sur les grandes lignes qu'ils doivent
inclure dans la Constitution pour atteindre ce but. » Il souligne la
nécessité d'avoir une vision nationale de ce que le Canada
devrait être, une vue qui engloberait le concept de « société
juste » que Scott défend depuis longtemps.

Aux provinces qui affichent des craintes à l'égard de la cen-
tralisation du pouvoir au fédéral en raison de la guerre, Scott
rétorque que beaucoup de ces pouvoirs sont, en fait, un atout
pour le Canada. « Si pour être plus heureux, en meilleure santé
et plus fort, il faut faire appel à tous les organes du gouverne-
ment, et non pas uniquement à nos gouvernements locaux, alors
allons-y, mais en pensant toujours à préserver un juste équi-
libre. » Scott avait déjà prévu que, à la fin de la guerre, le Parle-
ment serait appelé à exercer de nouvelles responsabilités dans
certains domaines. Loin d'entrer en conflit avec les droits des
provinces, ces changements apporteraient une sécurité écono-
mique qui permettraient aux provinces et aux gouvernements
locaux de fonctionner sans accroc et de manière efficace. « Il ne
faut pas abolir le système fédéral ; il ne faut pas rejeter l'Acte de
l'Amérique du Nord britannique. Il faut simplement l'adapter
aux conditions qui prévalent aujourd'hui. » Le droit constitu-
tionnel de l'avenir doit avant tout rechercher à protéger non seu-
lement la santé et le bien-être social des Canadiens, « mais aussi
les valeurs spirituelles et culturelles que la dualité de notre civili-
sation présuppose ».

Trois possibilités s'offrent, selon lui, aux Canadiens en ce qui concerne l'Acte de l'Amérique du Nord britannique. La première est de maintenir le *statu quo* ; la deuxième consiste à analyser les problèmes auxquels le Canada doit faire face, puis à diviser et à répartir les responsabilités entre les provinces et le fédéral ; la troisième consiste à reconnaître que le moment est venu pour le Canada, « une nation à deux cultures qui possède enfin une liberté politique totale, d'adopter une nouvelle Constitution nationale ». À la suite d'une assemblée constituante représentant tous les partis du pays et des provinces, les Canadiens pourraient ébaucher un nouveau cadre constitutionnel. Pour mettre la nouvelle Constitution à l'abri des poursuites devant les tribunaux, il faudrait que toutes les assemblées législatives de même que le Parlement impérial la ratifient. Les Canadiens auraient alors « atteint ce statut de nation pleine et entière, que procure un acte constitutif solennel sanctionné par le processus démocratique ». C'est une étape difficile, « pourtant, les Canadiens devront faire face, un jour ou l'autre, aux responsabilités inhérentes au statut de nation, et un jour ou l'autre, à moins de cesser d'exister en tant que nation, nous en arriverons à ma troisième possibilité ». Le problème de la Constitution, rappelle Scott à son auditoire et plus tard à ses étudiants, constitue la grande question que leur génération devra régler. « Il faut bien comprendre que c'est à nous, les juristes, qu'il incombe de réfléchir calmement et froidement à notre Constitution et d'ouvrir la voie en ce sens[9]... »

En tant que professeur de droit, Scott place la barre très haut. Dans ses cours, dans ses discours et dans ses écrits, il prépare ses étudiants à examiner sérieusement les problèmes qui se posent au gouvernement d'un pays comme le Canada. Il n'hésite pas à faire, très souvent, une critique bien étayée du système capitaliste et des doctrines et institutions juridiques qui en assurent le maintien[10]. L'enseignement de Scott, imprégné de sa conception philosophique, n'est pas neutre. Comme il n'exprime pas clairement qu'il est un membre actif de la CCF, il se plaît à dire qu'il ne cherche pas à se servir de sa classe comme d'une tribune. « Je ne permets pas que mon activité politique influence mes cours. Je n'ai jamais annulé un cours pour ce motif. Nos réunions (de la CCF) ont toujours lieu à Ottawa, les fins de semaine, je fais tout ce qu'il faut pour que personne ne m'accuse de négliger mes devoirs universitaires. » Comme il le rappelle aussi : « Les étudiants connaissent parfaitement mes positions, mais je n'essaie pas de les leur enfoncer dans la tête[11]. » Nul besoin d'afficher ses accointances socialistes ; les étudiants les connaissent, elles sont implicites dans ses jugements, dans ce qui est primordial à ses yeux, dans ce à quoi il trouve à redire ou matière à rire. En fait, sa compétence reconnue en la matière lui permet d'exprimer sa philosophie sociale. Fils de leaders conservateurs de la bonne société de Montréal, nombre d'étudiants trouvent provocateur le radicalisme de Scott. Le soir, ils racontent à leurs pères indignés : « Savez-vous ce que le professeur Scott nous a dit aujourd'hui ? » Un de ses anciens étudiants suppute que l'un des plaisirs que leur procurait Scott, en dénonçant la bonne société sur un ton des plus prophétiques, relevait d'une expression sublimée de la révolte contre le père[12]. Bien que la plupart de ses étudiants n'adhèrent pas à ses opinions socialistes, ils sont nombreux à dire qu'il a élargi leur compréhension du droit.

Scott emprunte sa manière d'enseigner à ses anciens professeurs d'Oxford, c'est-à-dire qu'il considère que l'acquisition d'un savoir n'est pas le simple apprentissage d'une série de faits précis dans une discipline définie, mais se fonde sur un large éventail de connaissances. Ses cours en droit public peuvent intéresser autant les étudiants en art que les étudiants en droit, car il tire parti de son propre intérêt envers l'histoire et la politique pour rendre ces cours intéressants. Cela ne signifie pas que ses cours manquent de rigueur. Ses étudiants reçoivent un solide enseignement de base et ses cours sont complets. Scott, qui se spécialise en droit public, possède aussi une bonne connaissance du droit privé et montre ainsi une grande ouverture d'esprit sur le plan juridique. Il ne s'intéresse pas à l'abstraction pour l'abstraction, mais aux principes, à leur concrétisation et à leurs effets dans des cas juridiques précis[13].

Pour Scott, le droit a une qualité esthétique. Lui-même s'exprime et écrit avec élégance, clarté et conviction. Il sait rendre ses cours vivants grâce à son humour, à son goût pour l'épigramme et l'aphorisme, à son ironie et à son sens aigu du ridicule[14]. Lorsqu'il décrit, dans *Canadian Forum*, le harcèlement que le premier ministre du Québec fait subir à la secte des Témoins de Jéhovah, il intitule son propos : « Jéhovah contre Duplessis », rappelant avec humour à son public que la question ne concerne pas simplement une secte trouble-fête dans un contexte provincial, mais qu'il s'agit d'une cause plus importante, celle de la liberté de culte.

En 1946, en plus de ses cours réguliers, il donne des cours privés à un jeune francophone qui désire recevoir une solide formation de base en droit constitutionnel. Charles Lussier, plus tard directeur du Conseil des Arts du Canada et greffier du Sénat, diplômé en droit de l'Université de Montréal en 1945, ne peut entrer à Harvard en raison de l'afflux des anciens combattants américains. Peut-il assister aux cours de droit constitutionnel que donne Scott[15] ?

La suprématie de Scott dans ce domaine est maintenant bien établie chez les Québécois francophones. En outre, après la publication, en 1942, de sa brochure *Québec et le vote du plébiscite*, Scott a la réputation d'être ouvert aux intérêts du Québec. Lorsqu'il s'adresse aux étudiants de l'Université de Montréal, au début de 1943, Lussier et Trudeau sont tous deux dans l'auditoire. Sa conférence porte sur le Statut de Westminster, retraçant l'évolution du Canada, de l'Empire jusqu'au Commonwealth. Lussier est impressionné par la plaidoirie de Scott pour « une plus grande centralisation, afin de donner à Ottawa davantage de souplesse dans les dossiers du commerce et de la finance, en période de crises de toutes sortes, ainsi que dans le domaine de l'emploi. La péréquation est au centre de sa pensée. Socialiste, il veut que l'on répartisse le plus possible les richesses ». Plus encore, Scott reconnaît les aspirations du Canada français. Lussier se souvient : « Depuis que je le connais, Frank Scott a toujours dit que l'Acte de l'Amérique du Nord britannique devrait être revu afin de donner plus de place à la dualité canadienne. Comme il l'a lui-même écrit, la Constitution est importante également parce qu'"elle détermine largement les relations des particuliers et des groupes culturels les uns avec les autres et envers l'État[16]". »

Lussier, qui a pour les Québécois les mêmes espoirs que Scott, trouve en lui une grande source d'inspiration. On avait prévenu le jeune diplômé en droit qu'il perdrait son temps en assistant à ses cours. Scott donne à Lussier une liste de textes et lui propose de le rencontrer toutes les deux semaines pour en discuter. En fait, Scott met sur pied un cours tutoral sur le modèle d'Oxford. C'est la probité intellectuelle de l'homme, son ouverture et sa recherche de la vérité qui attirent en tout premier lieu les étudiants. Ils continuent d'ailleurs de venir le voir à son bureau même une fois diplômés, car il s'intéresse sincèrement à leur avenir. Lussier reste en contact avec Scott et, grâce à lui, ainsi qu'à Jean Marchand, dont il fait la connaissance dans le cadre de son travail à la CCF et avec les syndicats du Québec, Scott commence à fréquenter le monde des jeunes intellectuels québécois dont font partie Trudeau et Gérard Pelletier. Aux réunions syndicales, aux rassemblements sociaux, Scott et Trudeau commencent à se voir plus souvent, d'autant qu'ils partagent certains intérêts ; à la fin des années 1950, comme se le rappelle R. I. Cheffins, qui poursuit alors des études supérieures à McGill, Trudeau devient un visiteur assidu au bureau de Scott[17].

Durant ces années, Scott enseigne à nombre de jeunes hommes dont il influencera, dans une certaine mesure, la carrière. Dans les années 1920 et au début des années 1930, il a pour étudiants Carl Goldenberg, qui deviendra sénateur, John Humphrey, qui deviendra professeur de droit, fonctionnaire aux Nations unies et finalement un de ses collègues à McGill, et David Lewis de la CCF-NPD. Au milieu des années 1930, il enseigne à Abraham Feiner et à Albert Marcus, avec lesquels il collaborera dans l'affaire de la Loi du cadenas. Dans les années 1940, parmi ses étudiants figurent Émile Colas, associé principal dans un réputé cabinet juridique de Montréal, le futur juge Gérald Le Dain et Charles Lussier. Dans les années 1950, il a pour étudiants, entre autres, Leonard Cohen, qui délaissera le droit pour la poésie, le futur ministre de la Justice Donald

Johnston, Donald MacSween, futur directeur général du Centre national des Arts, Michael Pitfield, futur greffier du Conseil privé et sénateur, Timothy Porteous, futur directeur du Conseil des Arts du Canada, et Lionel Tiger, spécialiste en anthropologie sociale aujourd'hui à Rutgers.

Ce qui impressionne surtout les étudiants, c'est de voir que Scott met en pratique les idéaux qu'il enseigne. En même temps qu'il apprend à ses étudiants que les droits civiques des minorités sont garantis dans l'Acte de l'Amérique du Nord britannique, il écrit aussi aux journaux de tout le pays afin de protester contre l'illégalité constitutionnelle que constitue la déportation des Canadiens d'origine japonaise. Pendant qu'il affirme qu'en droit administratif un administrateur doit être tenu responsable de ses actes, il prend en main le cas d'un restaurateur, Frank Roncarelli, ruiné en raison des mesures administratives instaurées par le premier ministre du Québec.

Scott est l'un des rares individus au Canada qui s'élèvent publiquement, dès la fin de la Seconde Guerre mondiale, contre la déportation des Canadiens d'origine japonaise. Le 4 janvier 1946, il envoie une lettre ouverte à cinquante-cinq journaux canadiens, dans laquelle il compare ces déportations à l'expulsion des Acadiens en 1755, « qui elle avait au moins une justification militaire, ce qui n'est pas le cas de la présente déportation, que rien ne justifie ». Scott condamne l'hypocrisie de l'argument de « déloyauté » avancé à l'encontre des Japonais, relevant que l'on n'avait pas enfermé les Canadiens d'origine allemande ou italienne dans des camps de concentration. Il dévoile aussi la tromperie dont auraient été victimes les Canadiens d'origine japonaise, que l'on aurait manipulés pour qu'ils « choisissent » le rapatriement. Les déportations, fait valoir Scott, font du projet de loi sur la citoyenneté une vaste fumisterie et reflètent une idéologie raciste :

> Le Canada fait face à un vrai problème, celui de l'intolérance raciale. La déportation des Japonais ne fait qu'aggraver ce problème, elle est la preuve que l'intolérance et l'hypocrisie triomphent. Nous devrions nous montrer ouverts envers cette

minorité sans défense que nous avons accueillie chez nous et
lui appliquer sans restriction le principe selon lequel la race, la
religion et la couleur ne sont pas des obstacles à une citoyen-
neté pleine et entière dans notre démocratie.

Ses objections à la déportation des Canadiens d'origine
japonaise ne reçoivent pas un bon accueil, mais Scott, dans sa
lettre, affirme qu'il s'agit d'un exemple flagrant de violation des
droits des minorités. Seuls sept des cinquante-cinq journaux
publient la lettre de Scott. Par leur silence, la majorité des Cana-
diens ont tacitement appuyé la déportation.

Aux yeux des étudiants en droit de 1946, en majorité des
anciens combattants, la lettre de Scott est à la hauteur de ses
principes et de sa volonté de s'exprimer, même sur des ques-
tions controversées. Scott, l'universitaire, représente un impor-
tant maillon de la communauté juridique, car seul l'universitaire,
qui en a le temps et la capacité, peut approfondir les problèmes
et en faire une analyse critique. La magistrature, en particulier,
dépend de ces interprétations fouillées du droit. Parce qu'il est
enclin à le faire et en a les aptitudes, Scott n'hésite pas à s'oc-
troyer ce rôle[18].

Il irrite toujours autant les autorités de McGill, car il a l'ha-
bitude d'examiner les questions sous toutes leurs coutures et,
une fois qu'il en a dégagé la vérité, de s'exprimer publiquement
en faveur des causes impopulaires. En 1942, lorsque Scott est
nommé pour la première fois président de la CCF, le recteur
Cyril James écrit au doyen de la faculté de droit, C. S. LeMesu-
rier, pour lui intimer de bien préciser à Scott que celui-ci ne peut
utiliser aucun des locaux de McGill à des fins politiques. Il se
demande même « si l'on devrait autoriser un professeur à plein
temps, censé consacrer une grande part de son énergie au travail
universitaire, à accepter ce surcroît de travail[19] ».

Selon le doyen, les professeurs ne devraient pas prendre une
part active à la vie politique. Cette question a été à l'origine de l'af-
faire Underhill, à Toronto, l'année précédente. En réalité, cette
théorie de l'impartialité de l'universitaire n'est qu'un prétexte
pour s'en prendre aux activités politiques qui n'ont pas l'heur de

plaire aux autorités. En fait, plusieurs membres de la direction de McGill, dont le recteur Currie, Cyrus MacMillan, directeur du département d'anglais, et Brooke Claxton, professeur à mi-temps, ont sollicité un mandat politique. Seulement voilà, ce sont tous des libéraux ou des conservateurs, qui bénéficient de l'appui total du Conseil des gouverneurs de McGill. Non seulement Scott ne s'est pas engagé dans les bonnes activités politiques, mais il s'est sérieusement mis à dos l'un des gouverneurs les plus influents, J. W. McConnell, qui à titre de rédacteur en chef du *Montreal Star* en a banni tout article signé de Scott. Tout le monde à Montréal, dans les années 1940 et 1950, sait aussi très bien que, tant et aussi longtemps que McConnell siégera au Conseil des gouverneurs, Scott ne sera jamais doyen de la faculté de droit.

En janvier 1947, la question prend une acuité particulière, lorsque Scott présente le résumé de ses activités politiques de l'année au recteur James. Scott est arrivé à un moment de sa carrière où il peut prétendre à la fonction de doyen de sa faculté — poste qu'il occuperait jusqu'à la retraite. Mais le recteur répond à Scott que le Conseil des gouverneurs désapprouve ses activités politiques et qu'il a peu de chance d'obtenir le poste de doyen qui va se libérer bientôt. Scott, que l'on ne peut prendre en faute dans son enseignement, est vulnérable sur le plan politique. Peu après, le Conseil des gouverneurs de McGill adopte une résolution décrétant qu'aucun professeur de McGill ne peut assumer un rôle important dans un parti politique. Harold Laski réplique en écrivant de la London School of Economics qu'il est absolument nécessaire que les professeurs participent au processus politique[20]. Toutefois, le Conseil des gouverneurs a poussé le bouchon un peu trop loin. De toute évidence, cette résolution vise spécifiquement Scott, si bien que même les journaux et les quotidiens les plus virulents, comme le *Winnipeg Free Press* et *Saturday Night,* s'élèvent contre cette résolution au nom de la liberté de pensée. Le cas de Scott est en bonne voie de devenir une cause célèbre dans le monde universitaire. Pliant sous la pression et embarrassé de découvrir que cette mesure s'appliquerait aussi à un autre professeur de McGill, le Conseil des gouverneurs retire très vite sa résolution.

Néanmoins, le Conseil maintient sa décision quant au poste de doyen, et Scott n'est pas nommé. Il fait un pari avec un confrère, Cecil Wright (plus connu sous le nom de « Caesar ») du pavillon Osgoode, qui, tout comme Scott, peut espérer devenir doyen de sa faculté. Ils conviennent que le premier des deux qui sera nommé doyen invitera l'autre à dîner. Puis, en février, le Conseil des gouverneurs informe officiellement Scott qu'il n'a aucune intention de le nommer doyen. En 1949, Gérald Fauteux remplace C. S. LeMesurier, doyen de la faculté de droit de 1936 à 1948. A. S. Bruneau prend la relève en 1950. Au cours d'une conversation avec Charles Lussier à ce sujet, Scott remarque avec amertume l'ironie de la situation : McGill, institution anglaise, lui a préféré deux avocats francophones[21] ! En 1950, le Conseil des gouverneurs offre le poste à W. C. J. Meredith, avocat montréalais en pratique privée. Une correspondance peu agréable s'ensuit entre les deux hommes. Meredith sent bien que Scott est plus apte que lui à occuper ce poste, mais, puisque le Conseil des gouverneurs n'a pas nommé ce dernier, il estime qu'il peut avoir la conscience tranquille.

Par contre, Wright, lui, est nommé doyen de la faculté de droit au pavillon Osgoode, en 1947. Scott lui écrit, avouant avec tristesse qu'on ne l'a pas choisi, et il ajoute : « Cette lettre sert en même temps d'avis juridique vous rappelant que vous êtes tenu, selon notre contrat, de m'inviter à dîner un de ces jours. Peut-être qu'avant ma mort j'y serai tenu moi aussi, mais il est peu probable que cela se réalise dans un avenir proche[22]. » Wright, qui est vraiment déçu de la résolution du Conseil, écrit à Scott. Il est clair que les prétendues libertés universitaires « dont les présidents d'établissement d'enseignement supérieur farcissent leurs discours de remise de diplômes n'ont aujourd'hui rien à voir avec la réalité des universités canadiennes. Les gouverneurs ont dû se creuser les méninges pour pondre cette résolution sur l'occupation d'un poste cadre dans un parti politique et arriver à en déduire que, même si la personne abandonne son poste cadre, cela ne changera rien à rien ; c'est à n'y rien comprendre[23] ».

En 1947, la première fois que Cyril James réprimande Scott pour ses activités politiques, celui-ci lui répond par une note assez sèche. Comme il n'a pas de poste assuré pour l'année à McGill, il répond : « Je ne peux me permettre de laisser filer le temps sans tenter quelque chose qui m'aidera à traverser cette période difficile, il me faut par conséquent trouver immédiatement un travail rémunérateur. On m'a approché pour écrire des articles, que je n'ai pas encore eu le temps de rédiger, et j'ai, aussi, l'occasion d'agir à titre de conseiller dans l'affaire Roncarelli[24]. » L'affaire Roncarelli et l'affaire de la Loi du cadenas, qui remettent en question toutes deux les décisions autocratiques du premier ministre Maurice Duplessis, seront les deux plus importantes causes de l'après-guerre en matière de droits civils au Canada. Ironiquement, le fait qu'il n'ait pas obtenu une promotion à McGill amène Scott à affronter Duplessis dans des joutes qui, en fin de compte, justifient sa position en tant que professeur de droit fédéral et constitutionnel. Fidèle à ses principes, il montrera, au bout du compte, qu'il avait raison.

À la fin de l'été 1941, lorsqu'ils reviennent de Harvard en voiture, les Scott sont invités par un ami, Blair Fraser, journaliste et grand amateur de plein air, à s'arrêter à North Hatley dans les Cantons de l'Est. Cette petite communauté blottie autour du lac Massawippi est, en été, un endroit de prédilection pour les estivants de Boston, de l'Université Harvard et de Montréal depuis la fin du XIXe siècle. Scott connaît depuis longtemps cette communauté — Leacock a immortalisé le Massawippi endormi dans « Maritime Excursions of the Knights of Pythias » —, mais il s'y rend pour la première fois. Les Scott sont agréablement surpris par les collines qui descendent en pente douce, la campagne verdoyante et le lac lui-même, s'étirant au loin, jusqu'à l'horizon. Quel superbe lac pour faire du canoë ! Les Scott décident d'y revenir l'année suivante pour les vacances — Peter, 13 ans, pourra trouver des compagnons de jeu, et les parents goûteront à la vie sociale. Pendant plusieurs années, ils loueront une maison à North Hatley. Ensuite, ils achètent un chalet d'été avec les Fraser. Les Scott, qui préfèrent la chaleur, choisissent de s'y installer en juillet, jusqu'au 1er août, date de l'anniversaire de Frank. Pour les Fraser, qui quitteront bientôt Montréal pour s'installer à Ottawa, le chalet est moins facile d'accès, et ils revendront leur part aux Scott, quelques années plus tard.

Les étés à North Hatley deviennent partie intégrante de la vie de Frank Scott. Il retrouve l'atmosphère des étés de son enfance dans les Laurentides et y éprouve le même vif attachement à la nature : au milieu des années 1940, il écrit à North Hatley l'un de ses plus beaux poèmes, « Lakeshore ».

... And I am a tall frond that waves
Its head below its rooted feet
Seeking the light that draws it down
To forest floors beyond its reach
Vivid with gloom and eerie dreams.

The water's deepest colonnades
Contract the blood, and to this home
That stirs the dark amphibian
With me the naked swimmers come
Drawn to their prehistoric womb...

This is our talent, to have grown
Upright in posture, false-erect,
A landed gentry, circumspect,
Tied to a horizontal soil
The floor and ceiling of the soul;
Striving, with cold and fishy care
To make an ocean of the air.

Sometimes, upon a crowded street,
I feel the sudden rain come down
And in the old, magnetic sound
I hear the opening of a gate
That loosens all the seven seas.
Watching the whole creation drown
I muse, alone, on Ararat★. (C. P., p. 50-51)

★ ... Et je suis une grande frondaison dont la cime / ondule sous ses racines solidement plantées / Cherchant la lumière qui l'attire vers le bas / Vers le sol de

Le voyage sur la rivière à North Hatley devient un retour dans le temps jusqu'aux « entrailles préhistoriques », et, comme son plongeon antérieur à Clovelly, c'est aussi un retour vers l'euphorie d'un moi sensuel plus innocent. Scott a toujours aimé l'eau ; il est heureux sous la pluie, quand il nage ou fait de la plongée sous-marine. Trop tôt, écrit-il dans « Lakeshore », le besoin d'air force l'homme à revenir vers la terre ferme — la terre qui n'est ni son premier foyer ni son premier amour. Là, comme Scott le fait remarquer avec humour, il doit se glisser dans un nouveau moule, celui d'une « aristocratie terrienne, circonspecte ».

À North Hatley, Scott est libre de prendre ses aises ; il a du temps pour le repos et la réflexion. Ici, particulièrement dans ses dernières années, il trouve la paix qui le fuit en ville. En même temps, lorsqu'il ressent le besoin d'un peu de compagnie, il peut s'intégrer à la vie sociale qui est très dynamique. Les Scott sont rejoints bientôt par leurs amis, les Parkin, qui se trouvent une maison juste un peu plus haut sur la colline, par Hugh MacLennan, qui achète une propriété tout près, et, bien plus tard, par de jeunes poètes et écrivains comme Louis Dudek, Ralph Gustafson, Ronald Sutherland et Douglas Jones. Depuis le milieu des années 1930, époque où il a commencé à enseigner à l'Université d'État du Michigan, Arthur Smith revient chaque année, avec sa femme Jeannie, dans leur chalet d'été près de Magog. Un autre de leurs amis, John Glassco, possède une ferme dans

---

la forêt hors de portée, / Riche de rêves sinistres et mélancoliques. // Les colonnades d'eau profondes / Contractent le sang, et vers ce foyer / Qui réveille les sombres amphibiens / Avec moi les nageurs nus viennent / Attirés vers leurs entrailles préhistoriques… // Notre talent est d'avoir grandi / Debout, faussement debout, / Aristocratie terrienne, circonspecte, / Attachée à un sol horizontal / Plancher et plafond de l'âme ; / Luttant avec un soin froid et visqueux / Pour faire de l'air un océan. // Parfois, dans une rue bondée, / Je sens tomber la pluie soudaine / Et dans le son magnétique du passé / J'entends une porte s'ouvrir / Qui libère toutes les sept mers. / Regardant la création noyée tout entière, / Je songe, seul, sur le mont Ararat.

les environs de Foster. Au fil des ans, l'anniversaire de Scott devient l'occasion d'une soirée de poésie.

La décennie 1940-1950 est une période difficile pour Scott. Non seulement il subit beaucoup de bouleversements d'ordre affectif, mais plusieurs de ses proches meurent : d'abord Woodsworth, puis sa mère et son père. À la mort de ses deux mentors, Woodsworth et l'archidiacre, Scott assume à son tour le rôle paternel. Marian Scott perçoit un changement décisif chez son mari. La maturité et un certain succès lui réussissent. L'homme de grande taille, un peu dégingandé, qui, dans la vingtaine et la trentaine, avait tendance à marcher la tête légèrement baissée, commence à faire siennes plusieurs des qualités que l'on associait à l'archidiacre Scott : le dos droit, l'allure presque militaire, l'habitude de se placer au centre d'un cercle d'admirateurs, entretenant la conversation par des traits d'esprits et des observations percutantes. Comme Woodsworth, Scott a acquis une réputation d'homme intègre, sur qui on peut compter pour dénoncer publiquement l'injustice. Son fils, Peter, arrive pratiquement à l'âge adulte, et Scott devient une sorte de père adoptif pour un groupe de jeunes hommes, surtout des étudiants en droit, qui attendent de lui qu'il les oriente sur la bonne voie.

De grands chambardements émotionnels, personnels autant que politiques, ponctuent cette décennie. Il doit maintenant revoir ses convictions au sujet de la nature du Canada et de l'État socialiste démocratique. Ces principes, exprimés dans le poème « Laurentian Shield » ainsi que dans le manifeste socialiste *Un Canada nouveau*, révèlent un fort nationalisme fondé sur un amour profond pour le pays. Les années 1940 ont montré à Scott la faiblesse d'un nationalisme étroit. Il commence à prôner les vertus d'une ouverture sur le monde, oubliant la part importante qu'un vif attachement au Canada a jouée dans la formation de son propre caractère et dans son action. Il est particulièrement heureux du rôle croissant que joue le Canada aux Nations unies et écrit à Escott Reid, alors aux Affaires étrangères, pour louanger Lester Pearson : « J'ai l'impression que nous y devenons le plus important médiateur[25]. »

En 1950, Mackenzie King meurt. Scott s'attarde peu sur le mode élégiaque ; il règle ses comptes à la plume avec sa vieille bête noire.

How shall we speak of Canada,
Mackenzie King dead ?
The Mother's boy in the lonely room
With his dog, his medium and his ruins ?

He blunted us.

We had no shape
Because he never took sides,
And no sides
Because he never allowed them to take shape.

He skilfully avoided what was wrong
Without saying what was right,
And never let his on the one hand
Know what his on the other hand was doing.

The height of his ambition
Was to pile a Parliamentary Committee on a Royal Commission,
To have "conscription if necessary
But not necessarily conscription,"
To let Parliament decide —
Later.

Postpone, postpone, abstain.

Only one thread was certain :
After World War I
Business as usual,
After World War II,

Orderly decontrol.
Always he led us back to where we were before.

He seemed to be in the centre
Because we had no centre,
No vision
To pierce the smoke-screen of his politics.

Truly he will be remembered
Wherever men honour ingenuity,
Ambiguity, inactivity, and political longevity.

Let us raise up a temple
To the cult of mediocrity,
Do nothing by halves
Which can be done by quarters*. (C. P., p. 78-79)

La mort de Mackenzie King symbolise la fin d'une époque. Le mode satirique sur lequel Scott résume les années 1914-1950 est empreint de la furie d'un idéaliste, d'un homme qui croit qu'on ne doit jamais faire les choses « à moitié ».

----

* Comment parlerons-nous du Canada, / maintenant que Mackenzie King est mort ? / Le fils à sa maman dans la chambre fermée / Avec son chien, son médium et ses ruines ? // Il nous a affaiblis. // Nous n'avions pas de forme / Parce qu'il n'a jamais pris parti, / Et pas de parti / Parce qu'il ne l'a jamais autorisé à prendre forme. // Il a évité ce qui était mauvais avec art / Sans dire ce qui était bien, / Et n'a jamais fait le lien / Entre « d'une part » et « d'autre part ». // La hauteur de son ambition était / D'accumuler comité parlementaire par-dessus commission royale / Ordonner « la conscription si nécessaire / Mais pas nécessairement la conscription », / Laisser le Parlement décider — / Plus tard. // Ajourner, ajourner, s'abstenir. // Le même refrain, toujours : / Après la Première Guerre mondiale / Les affaires comme d'habitude, / Après la Seconde Guerre mondiale, / La déréglementation ordonnée. / Toujours, il nous ramène à notre point de départ. // Il semblait être au centre / Parce que nous n'avions pas de centre, / Pas de vision / Pour traverser le rideau de fumée de ses politiques. // Vraiment, on s'en souviendra / Chaque fois que les hommes honoreront l'ingéniosité, / L'ambiguïté, l'inactivité et la longévité politique. // Érigeons un temple / Au culte de la médiocrité / Ne rien faire à moitié / Qui peut être fait au quart.

CHAPITRE 15

Un grain de riz

Les années 1950 représentent une période de transition pour la famille Scott et pour le pays. Le Canada, après une nouvelle ère de prospérité, intensifie ses échanges avec l'étranger, et, tout comme après la Première Guerre mondiale, on assiste à la résurgence d'un sentiment nationaliste. À cinquante ans, Scott se pose certaines questions fondamentales. Dans les années 1940, l'internationalisme — « Je suis un citoyen du monde » — l'a emporté sur son nationalisme de la première heure. Maintenant, ses propos et ses écrits portent sur la fraternité humaine. Ses conceptions religieuses et socialistes, toujours interreliées, commencent à se fondre dans un contexte humaniste et international beaucoup plus vaste. Dans les années 1950, Frank est à l'apogée de sa carrière juridique, et Marian, de sa carrière artistique. Frank gagne des procès majeurs, noue des liens solides avec les francophones du Québec et publie quelques-uns de ses meilleurs poèmes.

Le 26 juillet 1950, Scott prononce un discours au congrès national de la CCF, à Vancouver, pour la dernière fois à titre de président. Il démissionne et, dans son allocution, il fait l'éloge du manifeste de Regina, saluant « la profondeur de son analyse du capitalisme, ses dénonciations vigoureuses des injustices qui ont cours dans la société canadienne et la distinction claire qu'il établit entre le socialisme démocratique et les théories économiques libérales des vieux partis ». Il croit que, grâce à ce manifeste, la CCF a su « garder le cap ». Cependant, lance-t-il en guise d'avertissement : « Il ne faut pas que les socialistes se méprennent sur les tendances du monde et qu'ils s'imaginent pouvoir, mieux que quiconque, déjouer le piège de la désuétude. »

Ainsi commence ce qui sera un congrès marqué par le tumulte et l'amertume. La direction nationale de la CCF estime qu'il faut présenter une nouvelle déclaration de principes du parti. Même s'ils sont nombreux à éprouver un profond attachement au texte du manifeste, bien des membres pensent que certains articles ne sont plus à jour. L'appel à l'abolition du capitalisme est préjudiciable, car les opposants à la CCF l'ont souvent mal compris. Les conditions économiques s'améliorant, beaucoup sont persuadés qu'il y a place pour des formes de propriété privée et que l'isolationnisme est un concept datant d'avant la Société des Nations qui a, en fait, été abandonné pendant la guerre. Le parti social-démocrate du Canada n'est pas le seul parti socialiste à revoir sa position : de tels débats font aussi rage au sein du Parti travailliste britannique et au sein des partis sociaux-démocrates d'Europe de l'Ouest.

Le discours de Scott tient compte des préceptes socialistes fondamentaux et des conditions nouvelles auxquelles fait face la CCF. Scott croit toujours aux objectifs premiers énoncés à Regina, mais « les moyens pour y donner suite doivent correspondre aux nouveaux besoins de la société et aux perspectives qu'elle offre ». Parmi ces nouvelles conditions, il faut tenir compte des mesures sociales édictées par le gouvernement libéral, notamment de meilleures prestations de chômage. Cependant, Scott fait valoir que le socialisme ne se préoccupe pas uniquement de la quantité des richesses produites, mais aussi de la qualité de nos relations sociales.

> Il est clair que cette chose que nous appelons l'esprit, cette lumière de la foi, de la conscience et du savoir-vivre dont dépend la civilisation, ne repose pas avant tout sur la propriété

de biens; il est toutefois essentiel de soumettre toutes les formes de propriété à des contrôles sociaux… Le socialisme s'intéresse avant toute chose à l'esprit humain, à sa liberté, à sa croissance, à son émancipation, et il s'intéresse à la propriété [de biens] seulement dans la mesure où certaines de ses formes sont des obstacles à cette liberté, tout comme d'autres formes lui sont essentielles. Le socialisme exprime au plus haut degré les grandes traditions de la démocratie[1].

Au congrès de 1950, la CCF met aussi de l'avant sa politique controversée « des deux nations », à l'intention du Canada français, qui reconnaît la revendication du Québec selon laquelle il aurait existé, au moment de la Confédération, une entente entre les deux groupes nationaux. À titre de président du congrès, Scott n'affiche pas publiquement son désaccord sur la question, mais, à titre d'avocat constitutionnaliste, il ne peut en accepter les prémisses. Eugene Forsey en veut à la fois au parti et à Scott. Convaincu que la CCF a adopté une politique fallacieuse uniquement pour attirer les votes du Québec, Forsey quitte le congrès et démissionne du parti[2].

Bien que Scott n'ait jamais retiré son appui à la CCF (et plus tard au NPD), ce congrès marque la fin de son grand engagement et de son rôle public au sein du parti. Il ne s'efface cependant pas complètement; plus tard, il siégera à des comités de la CCF dont le rôle sera d'étudier, et par la suite de faciliter, la formation de ce qui deviendra le Nouveau Parti démocratique. Toutefois, peu de temps après sa démission, Scott tourne son attention et ses intérêts vers le vaste monde de l'internationalisme.

En octobre 1951, Scott écrit à son vieil ami Terry MacDermot, maintenant haut commissaire pour le Canada en Afrique du Sud, pour lui donner des nouvelles de la famille. « Je ne bouge pas d'ici, Marian continue de peindre. Peter poursuit à Oxford. J'ai refusé une offre des Nations unies qui m'aurait envoyé un an en Birmanie, mais j'ai l'impression que je finirai par y aller. » La famille s'éparpille. Peter est maintenant à

Oxford où il prépare un baccalauréat en sciences politiques, l'art de Marian est florissant à Montréal, et Frank, comme il s'y attendait, s'apprête à partir pour la Birmanie.

Après avoir obtenu son diplôme d'études secondaires, Peter est entré à McGill. Un an plus tard, à l'été 1946, il s'est rendu en voiture jusqu'en Saskatchewan, en compagnie d'autres membres de la CCF, pour assister à une conférence de la Fédération. De là, il écrivait à sa cousine Rosemary Kelley, « derrière nous, deux mille miles de routes poussiéreuses... Les routes ici sont affreuses, les villes n'en ont que le nom, toute la province sue la pauvreté, et je suis sûr que la CCF n'aura pas le temps de s'ennuyer[4] ». Il a obtenu son diplôme de McGill en 1949 et a passé tout l'été dans un camp de bûcherons à Baie-Comeau, à tenter de mettre sur pied un collège en région éloignée. Ni livres, ni magazines, ni journaux, il n'avait qu'un bâton et une balle de base-ball pour attirer les bûcherons au collège[5]. Ces soucis, inhérents à ce type de travail, ne l'ont pas empêché d'aimer, comme son père, la nature : « Les billes de bois dansent sans fin sur l'eau en descendant la rivière ; le soleil se couche lentement ; les étoiles (nos étoiles) font tranquillement leur ronde, et finalement le soleil se lève autour de quatre heures du matin. Ici, on est tellement au nord que le ciel rougeoie faiblement toute la nuit, et on est toujours sûr de pouvoir admirer de superbes aurores boréales. »

Le séjour à Baie-Comeau est suivi, en 1950, d'un stage de six mois à l'Institut d'études politiques de Paris. Les deux années suivantes, il étudie au University College d'Oxford. Contrairement à son père avant lui, Peter ne trouve pas que les études à Oxford sont difficiles même s'il travaille d'arrache-pied. En octobre 1950, Burton Keirstead, professeur d'économie à McGill en congé à Oxford, écrit aux Scott, à Montréal, pour leur donner des nouvelles de Peter et de son propre fils, qui étudie lui aussi en Angleterre.

Nos enfants, les pauvres, travaillent vraiment sous pression. Ils sont plongés dans leurs études à un point qu'ils n'auraient jamais imaginé même dans leurs pires cauchemars... Ces jeunes gens pleins de vitalité ne font pas assez d'exercice.

Mais ils apprennent à s'appliquer et à se concentrer sans faiblir, ce que, j'en ai bien peur, ils n'auraient jamais pu apprendre dans nos écoles[6].

Cependant, comme son père, Peter s'intéresse à la poésie et à la politique. Il entre, à Oxford, dans le cercle de poésie *Isis*, et dans la Société d'art oratoire. Ayant des opinions très tranchées, il se heurte souvent à son tuteur sur des questions philosophiques, et lorsqu'il apprend qu'il n'obtient pas son diplôme, le semi-échec de Frank — une troisième place — ne peut lui apporter de réconfort, car il ne connaît pas cet épisode de la vie de son père.

Peter rentre au Canada en 1952 et enseigne un an à l'école Sedbergh, une école privée à Montebello. Il s'inscrit ensuite au doctorat à McGill, obtient son diplôme en 1955 et occupe, l'année suivante, les fonctions de chargé de cours. Durant ses études à McGill, Peter visite Cambridge, au Massachusetts, où il fait la connaissance de Maylie Marshall, fille de John Marshall, qui est codirecteur de la Fondation Rockefeller et ami de Frank[7]. Peter et Maylie se marient en juin 1956. Cette même année, il passe les examens d'entrée dans la fonction publique, à Ottawa, où son père avait autrefois voulu se présenter après Oxford. Ses résultats sont excellents et lui ouvrent, en 1957, les portes des Affaires étrangères. Commence alors pour lui une carrière qui le mène aux Nations unies à New York, à une conférence à Genève et, en 1959, à l'ambassade du Canada à Varsovie, où il est nommé troisième secrétaire[8].

Au début des années 1950, Marian est une artiste de renom. Lorsque la famille revient au Canada, après l'épisode d'Harvard, en 1941, Marian avait encore l'esprit imprégné des murales exécutées dans le cadre du programme WPA de Roosevelt. Peu de temps après leur retour, Hans Selye, alors au département d'histologie de McGill, l'a invitée à peindre une murale dans la salle de conférence. Elle s'est préparée à ce projet en faisant de la recherche dans tout le département. Intitulée « Endocrinologie », son œuvre a nécessité un an et demi de travail et occupe un pan de mur complet de la faculté de médecine.

Marian Scott est maintenant à mi-carrière, en pleine

transition entre figuration et abstraction, intérêt qu'elle ne cessera de cultiver. Durant cette période, elle continue d'enseigner et d'exposer seule ou avec d'autres. Dès 1939, elle participait à l'Exposition internationale de New York et, en 1941, exposait à la galerie Grace Horne de Boston, au Massachusetts. Pendant les années 1940, ses peintures ont figuré dans plusieurs expositions à Toronto, à Kingston et à Ottawa et dans des expositions itinérantes du Musée des beaux-arts du Canada. Deux fois, au cours des années 1950, la biennale de São Paulo au Brésil présente ses œuvres. Pendant les trois décennies suivantes, elle continuera d'exposer presque chaque année au Canada et à l'étranger. Dans les années 1960, elle reçoit le prix du Canadian Group of Painters (1966), la médaille du Centenaire (1967) et la Bourse Baxter (1969) de la Société des peintres de l'Ontario. En 1972, elle devient membre associé et, en 1975, membre à part entière de l'Académie royale des arts du Canada[9].

Au début des années 1950, tandis que l'enseignement et la peinture occupent Marian, Frank se prépare à quitter le Canada pour la Birmanie. John Humphrey, ancien étudiant et collègue de la faculté de droit de McGill maintenant au service des Nations unies, a au départ proposé le nom de Scott comme conseiller technique auprès des Nations unies en Birmanie. En 1952, Scott se voit offrir à nouveau le poste. Cette fois-ci, il accepte. Il est possible qu'à cette époque il veuille non seulement entrer au service des Nations unies, mais aussi quitter Montréal pendant un certain temps. Comme toute personne créative ayant passé le cap de la quarantaine, Scott a l'impression que sa vie s'enfuit, il est en pleine crise. Il tombe éperdument amoureux d'une amie artiste, mais admet qu'il ne peut pas quitter Marian. « Le rythme serein de l'amour », l'écheveau de leur vie est trop bien tissé. Dans le poème « Message » (1950), il écrit :

Some wood-paths lead beside a lake
Lonely with sun and shored by hills
Where, tenants of one room, we take
A sky of love, immense, that fills
Heart to the brim, too brief to break,

And some lead outward from the wood
Dropping to roads and planted fields
Where houses stand whose quiet mood
Of love is seasoned. He would lose
In choosing, what he did not choose★. (C. P., p. 141)

Cet incident leur cause à tous deux une douleur considérable et marque une rupture dans leur vie. Pendant un certain temps, comme dans son dernier poème « Dancing », ils s'éloignent un petit peu plus l'un de l'autre.

À titre de membre de la CCF, Scott s'intéresse particulièrement à la Birmanie. L'ancien territoire de Mandalay est devenu un État indépendant du Commonwealth, en janvier 1948, lorsque le premier ministre U Nu a instauré un régime parlementaire socialiste. Et maintenant, ayant satisfait aux trois premiers objectifs qu'il s'était définis dans son journal d'Oxford : « La voie que je veux me tracer doit être 1) le Canada, 2) l'Empire, 3) les peuples de langue anglaise », Scott se trouve devant l'équivalent contemporain du quatrième, « la Société des Nations[10] ». La Birmanie est pour lui l'occasion de travailler sur le plan international et, en janvier 1952, les Nations unies l'envoient là-bas à titre de représentant. Le voyage renforce son internationalisme, conséquence de ses convictions socialistes selon lesquelles l'objectif suprême d'une société juste est de partager sa richesse avec les autres.

Le 14 janvier 1952, Scott entre officiellement en fonction à New York comme représentant pour l'assistance technique en Birmanie. Il passe un mois à New York et à Washington, se

---

★ Des sentiers forestiers mènent près d'un lac / Désert sous le soleil et bordé de collines / Où, locataires d'une chambre, nous nous abritons / Sous un ciel d'amour, immense, qui remplit / Le cœur à ras bord, trop bref pour casser, // Et d'autres qui mènent à la sortie du bois / Rejoignant des routes et des champs cultivés / Où des maisons à l'humeur tranquille / Connaissent bien l'amour. Il perdrait, / En choisissant, ce qu'il n'a pas choisi.

familiarisant avec ses fonctions qui consistent à aider le gouver-
nement birman à coordonner divers services techniques admi-
nistrés par l'Organisation mondiale de la santé (OMS), l'Orga-
nisation des Nations unies pour l'alimentation et l'agriculture
(FAO), l'Organisation internationale du travail et l'Unesco[11]. Le
20 février, il quitte New York. Il passe un peu moins d'une
semaine à Londres, puis s'envole pour Rangoon où il arrive le
17 mars[12], après des escales à Paris, Genève, Rome, Karachi et
Delhi. L'Orient le fascine, tout comme les paysages de rizières et
les bambous verts et ondulants, et les Birmans eux-mêmes.

Scott est venu en Birmanie avec l'idée d'y demeurer un an et
il a cherché à se documenter sur le bouddhisme et l'histoire de
l'Asie du Sud-Est. Son frère, Elton, professeur de théologie, lui a
recommandé le livre de Slater, *Perdora and Nirvanna*. Cette ren-
contre avec le bouddhisme élargit sa conception de la religion.
Il aime répéter qu'il n'a « jamais emprunté le chemin de
Damas[13] », c'est-à-dire qu'il n'a jamais eu l'éblouissement de la
conversion ni perdu subitement la foi. Enfant, son père lui a
inculqué son anglo-catholicisme sans que jamais il le remette en
question. Pendant les années 1920, ses lectures d'Eddington, de
Bergson et d'Einstein lui ont ouvert l'esprit au point que la reli-
gion est devenue pour lui partie intégrante de la science. Cepen-
dant, au début des années 1940, à l'époque où il écrit « Last
Rites », Scott se représente la science et la religion comme deux
routes tout aussi valables l'une que l'autre pour atteindre la
vérité. Néanmoins, l'histoire du christianisme reste pour lui
l'histoire du fanatisme des croisades et de l'Inquisition. Il associe
la croix (particulièrement le crucifix janséniste du Québec) aux
images du *Livre des martyrs* de Foxe. Face au Bouddha calme et
souriant de l'Orient, Scott ressent avec plus d'intensité encore la
cruauté propre à cet aspect du christianisme qu'est la fascina-
tion pour le martyre et la mortification. Son voyage en Birmanie
lui inspire plusieurs poèmes dans lesquels il exprime la paix
inhérente à la philosophie orientale, qui exacerbe son sentiment,
intime et occidental, d'être un laissé-pour-compte de l'amour.
D'autres poèmes, particulièrement « Finis the Cenci », s'élèvent
contre la cruauté des prêtres de la Renaissance italienne. Plus

encore, dans sa poésie des années 1950, il laisse percer son sentiment selon lequel la place de l'homme est en contradiction avec les vastes mouvements de la nature.

Non seulement sa vision de la religion s'élargit, mais il redéfinit son socialisme dans un contexte international et humaniste. En politique tout comme en religion, semble-t-il, il n'y a rien de commun entre le tempérament de l'Orient et celui de l'Occident. Même leur socialisme est unique. Le 1er mai, que l'on marque par des festivités grandioses, retient particulièrement l'attention de Scott. Les cérémonies à Rangoon se tiennent dans les locaux de l'Association d'athlétisme de Birmanie et commencent, à sept heures, par une procession de dix mille syndicalistes. Les ministres du cabinet y assistent, et Scott consigne dans son rapport aux Nations unies que les symboles de la faucille et du marteau sont omniprésents. Cependant, comme il l'explique dans un rapport, bien que le socialisme birman se fonde sur le marxisme, il n'est pas de nature violente ; d'ailleurs, le ministre de la Défense birman a publié une brochure dans laquelle il tente de démontrer que le marxisme et le bouddhisme sont loin d'être incompatibles[14].

En Birmanie, toutes les croyances sont admises. Pendant son séjour dans une petite ville à l'extérieur de Rangoon, le notable U Ba Tu déclare à Scott : « J'aimerais que les Américains et les Russes entrent en guerre et qu'on en finisse, ainsi on saurait où on va. » Scott est abasourdi que l'homme n'ait pas de préférence entre la démocratie et le communisme. C'est un sentiment, admet-il, très répandu en Birmanie : « Quelle importance ? Pour la plupart des gens, il y a autant d'arguments favorables que d'arguments défavorables, des deux côtés. Pour eux, c'est le combat des grandes puissances, pas le leur. Pourtant, l'idéal de vie que la Birmanie tente d'instaurer — tolérant, religieux, démocratique et socialiste — n'est concevable que dans la mesure où l'on endigue le communisme. U Ba Tu serait le premier à voir la différence[15]. »

Scott est vite entraîné dans un tourbillon de rencontres avec les fonctionnaires du gouvernement et d'activités de coordination avec le personnel technique. À l'occasion d'une visite à

Lashio, ville de douze mille habitants située dans une campagne vallonnée, il est sensible à ce qu'il appellera plus tard « le travail du monde ». La ville est délabrée, toute de tôle ondulée, mais le poète en lui réagit à ce paysage. « Toute la végétation est florissante et nous sommes environnés d'arbres en fleurs. L'air résonne du chant des oiseaux et il est doux et agréable à respirer[16]. » Surtout, Lashio est fraîche, 26 °C à midi, alors qu'à Rangoon le mercure atteint 38 °C ou plus tous les jours.

Avant son départ de Montréal, Scott a reçu une lettre de Gordon O. Rothney, professeur à Sir George Williams College, qui plaisantait en disant espérer que Scott « allait assumer, sur la route de Mandalay, le fardeau de l'homme blanc, d'une manière toutefois en accord avec [sa] propre philosophie plutôt qu'avec les traditions de Kipling[17] ». Rothney a en partie raison d'exprimer cet espoir. Dans les années 1920, Scott aimait les ballades de Kipling et se projeter comme l'acteur principal du drame. La Birmanie, on peut le penser, rappelle à Scott le « Mandalay » de Kipling — particulièrement avec sa « femme birmane », tirant sur « son colossal cigare blanc », et cette description, d'un humour plutôt douteux, que fait Kipling de la jeune femme : « Les baisers perdus d'un chrétien sur le pied d'une idole païenne / Ce qu'ils appellent ce bon vieux Bouddha[18] ».

En Birmanie, Scott s'adapte très vite aux mœurs locales. Dans une soirée donnée chez Sao Hkun Mong, ingénieur de noble famille, il est ravi de découvrir son hôtesse « assise dans un coin en train d'allumer un gros cigare ». On lui sert un whisky siamois, qui a le goût du Southern Comfort, et les invités grignotent des grenouilles déshydratées : Scott en mange quatre, ce qui montre « sa grande volonté de coopérer[19] ». Le lendemain matin, il achète un paquet de cigares « pour bien m'adapter à ce pays[20] » — et, certainement, pour faire comme dans la ballade de Kipling. Il est loin d'imaginer ce qui va s'ensuivre. Scott a l'habitude de lire au lit. Coincé sous une moustiquaire qu'il doit soulever pour éteindre la lampe, il s'endort souvent, pendant sa lecture, pour se réveiller vers quatre heures du matin, la lumière toujours allumée et le livre ouvert. Une nuit, il s'aperçoit que son cigare « a fait un trou dans le matelas de coton », heureusement, il n'était qu'assoupi[21].

Scott est tout d'abord un voyageur prudent ; il fait bien attention à ce qu'il mange et à ce qu'il boit, mais il finit par abandonner toute précaution. Il est fasciné par la vie birmane et surtout par une jolie « fille birmane ». C'est la princesse June Rose, fille de la nièce du dernier roi de Birmanie. Son nom birman est Yanada Nat Mai, ou Déesse des Neuf Joyaux, mais sa mère l'appelle « Babs ». Scott trouve que c'est « la plus jolie des déesses de vingt ans avec qui j'aie jamais joué à la canasta[22] », toute une soirée, en compagnie de ses parents. Le lendemain matin, June Rose vient le chercher pour le piloter dans la ville de Maymyo. Elle l'emmène d'abord au jardin botanique où se met en place un projet des Nations unies, puis au marché. Celui-ci grouille de vie : « La foule, décrit Scott, des chiens, des enfants, des mères qui allaitent et des mouches. » De temps en temps, des balayeurs nettoient les ruelles étroites entre les étals, soulevant des nuages de poussière qui retombent sur la nourriture.

June Rose, que tout le monde connaît et accueille à bras ouverts, « sans arrêt, saisit les fruits les plus bizarres et des aliments secs peu engageants et [lui] dit "essayez cela" ». Scott s'applique à faire semblant de manger, mais laisse tomber les morceaux derrière lui tout en marchant. Pourtant, il ne peut s'empêcher d'en avaler quelques-uns. Comme la journée est étouffante, ils se rendent à la piscine. Scott jette un regard dégoûté à l'eau glauque. Mais il n'a pas d'autre choix que d'y entrer, d'autant plus qu'il a apporté son maillot de bain. « Alors j'y suis allé, gardant les yeux et les oreilles hors de l'eau. June Rose avait plus que jamais l'air d'une déesse. Au diable les amibes. » Ayant glissé dans la piscine, il décide de plonger, justifiant sa conduite jusqu'au bout !

J'ai eu un déjeuner solitaire dans ma chambre, que j'ai terminé par des fraises et de la crème épaisse. À ce moment-là, cela m'était égal, tant j'étais insouciant. Les fraises de Maymyo ont toute une réputation, et c'était la fin de saison, ma dernière chance d'y goûter. Il est impossible d'observer continuellement des règles d'hygiène strictes si l'on veut voyager dans ce pays. En tout cas, si on suit ces règles à la lettre, on se coupe du pays, on devient spectateur, ce qui est le cas des étrangers à Rangoon, qui sont comme l'écume à la surface d'un cours d'eau.

Au demeurant, il se console : « Une maladie occasionnelle — ou le risque d'en attraper une — est le prix à payer pour comprendre[23]. »

Scott va chèrement payer cette incursion mal planifiée dans la compréhension internationale. Deux semaines plus tard, le 4 juin, on diagnostique chez lui une amibiase intestinale. Cette infection va miner sa santé pour le reste de ses jours. Il a toujours été plus ou moins fragile, mais trois semaines de maladie le laissent littéralement émacié. Il ne peut poursuivre sa mission en Birmanie. Le 17 juin, les Nations unies autorisent son retour à New York[24]. Il y termine son contrat en travaillant avec David Owen à l'administration du programme d'assistance technique[25].

S'il est vrai que Scott se donne des raisons lorsqu'il écrit : « une maladie occasionnelle… est le prix à payer pour comprendre[26] », qui peut dire qu'il a tort ? C'est en grande partie sa grave maladie contractée en Birmanie qui lui inspire ses poèmes les plus humanistes des années 1950. Parmi eux, « Creed », « A Grain of Rice » et « Water ». Il a pu se rendre compte des besoins fondamentaux des peuples non privilégiés de l'Orient — manger et boire de l'eau pure —, si souvent tenus pour acquis en Occident.

Dans « Water », il compare les trois sortes d'eau qu'il a connues — l'eau froide et claire d'une enfance nordique, l'eau filtrée du robinet du monde occidental et « l'eau douteuse » de l'Orient.

… the sister water, warm and green,
Reeking with life and fetid from the swamp
Whose scum flows slowly under a hum of flies.
Bring me this rare, this livid water,
Tribal water, controlling water,
Charged full of politics and power and race★. (C. P., p. 123)

★ … l'eau sœur, chaude et verte, / Empestant la vie et l'odeur fétide des marais / Où l'écume flotte lentement sous un essaim de mouches. / Apportez-moi

Pendant son séjour à Rangoon, Scott a l'occasion d'admirer une collection privée de papillons. Il arrive au moment où un papillon de nuit s'extirpe de sa chrysalide et déploie ses ailes toutes neuves. Cette image éveille en lui plusieurs sentiments qu'il éprouvait déjà envers l'Asie, des sentiments, pense-t-il, qui remontent à une époque bien antérieure à son départ pour l'Orient — à l'époque des rythmes majestueux de la nature de sa jeunesse dans les Laurentides[27]. Scott se perçoit lui-même, et l'homme en général, comme un microcosme se profilant sur la toile de fond que forment les grands mouvements de l'univers, sa poésie est donc souvent structurée de manière similaire, et l'homme, le microcosme, s'y découpe sur le macrocosme de l'univers.

C'est cette expérience à Rangoon qui plus tard sera à l'origine du poème « A Grain of Rice ». Ici l'image du papillon d'Asie se découpe sur les grands rythmes de l'univers.

Such majestic rhythms, such tiny disturbances.
The rain of the monsoon falls, an inescapable treasure,
Hundreds of millions live
Only because of the certainty of this season,

The turn of the wind.

The frame of our human house rests on the motion
Of earth and of moon, the rise of continents,
Invasion of deserts, erosion of hills,

The capping of ice.

Today, while Europe tilted, drying the Baltic,
I read of a battle between brothers in anguish.
A flag moved a mile.

---

cette eau rare et livide, / Eau tribale, eau déterminante, / Débordante de politique, de pouvoir et de races.

And today, from a curled leaf cocoon, in the course of its rhythm,
I saw the break of a shell, the creation
Of a great Asian moth, radiant, fragile,
Incapable of not being born, and trembling
To live its brief moment.

Religions build walls round our love, and science
Is equal of truth and of error. Yet always we find
Such ordered purpose in cell and in galaxy,
So great a glory in life-thrust and mind-range,
Such widening frontiers to draw out our longings,
We grow to one world
Through enlargement of wonder★. (C. P., p. 126)

La strophe finale résume la structure profonde de la poésie de Scott, avec sa réflexion sur la religion, l'amour et la science, sa foi dans l'ordre de l'univers par opposition à l'ordre humain, et la tentative d'atteindre les frontières de la vie et de la connaissance. « Nous devenons un seul monde / Par la multiplication des merveilles. »

★ Des rythmes si majestueux, de si légères perturbations. / La pluie de la mousson tombe, trésor inévitable, / Des centaines de millions de gens vivent / Uniquement sur la certitude de cette saison, / Le vent qui vire. // Tout l'édifice humain repose sur le mouvement / De la terre et de la lune, de l'élévation des continents, / De l'invasion des déserts, de l'érosion des collines, / De la glaciation. // Aujourd'hui, pendant que l'Europe bascule, asséchant la Baltique, / J'ai lu à propos d'une bataille entre des frères tourmentés. / Un drapeau a bougé d'un kilomètre. // Et aujourd'hui, d'un cocon bien rond, à son rythme, / J'ai vu une coquille se briser, la naissance / Un grand papillon asiatique, rayonnant, fragile, / Incapable de ne pas naître, et tremblant / De vivre son bref instant. // Les religions dressent des murs autour de notre amour, et la science / Se trompe autant qu'elle dit vrai. Pourtant, nous trouvons toujours / Un ordre intentionnel dans les cellules et les galaxies, / Une telle gloire dans la poussée de la vie et dans la portée de l'esprit, / Des frontières si vastes pour en extraire nos attentes, / Nous devenons un seul monde / Par la multiplication des merveilles.

Scott compose si souvent ses poèmes à la suite d'une rencontre ou d'un événement de sa vie, qu'ils forment, énonce-t-il, « une mini-biographie[28] ». Son deuxième recueil de poésie, *Events and Signals* (1954), qui est son meilleur, tire son titre de l'épigraphe d'un article paru dans l'*Observer* de Londres[29]. Il y expose sa vision de la genèse de sa poésie : « Il faut qu'un courant s'établisse entre l'événement et l'observateur — un signe, une impulsion ou peut-être un rayon de lumière[30]. » À ses yeux, certains événements de la vie recèlent un sens profond qui ne demande qu'à être exprimé par le poète. Souvent, c'est une image tirée de la nature — comme le papillon asiatique ou le Bouclier laurentien —, mais cela peut aussi émaner de la nature humaine. Des événements comme la mort de son père, celle de Gandhi, de Bryan Priestman (collègue de McGill qui s'est noyé en tentant de sauver un enfant) et de l'artiste au tempérament enjoué qu'était Pegi Nicol. Tous envoient des signaux qui donnent naissance à des poèmes. De Pegi Nicol, Scott dit :

Her writing wove through its grammar
Like a stem through stones,
As when she wrote on her death-bed
"There is an excitement in our kind of affairs
That cannot be compared."

She was a Canadian of these difficult days
When greatness is in our thoughts
And our hands are numb.
Only part of her died.
Her alive is alive★. (C. P., p. 163)

★ Son écriture se faufilait dans sa grammaire // Comme une tige à travers les pierres, / Comme lorsqu'elle écrivit sur son lit de mort / « Il y a une exaltation dans ces sortes de choses que nous faisons / qui est incomparable. » // C'était une Canadienne issue de ces temps difficiles / Quand la grandeur est dans nos pensées / Et que nos mains sont engourdies. / Une partie d'elle seulement est morte. / Sa vivacité est vivante.

Cette vue sacramentelle de la poésie (l'« Esprit saint » de « Last Rites », la référence dans le poème dédié à Pegi Nicol à « Sa vivacité est vivante ») se veut la transmutation du vieil esprit religieux ou de l'âme en de nouveaux termes humanistes, très semblables à ce que l'on trouve dans *l'Évolution créatrice* de Bergson.

En fait, le beau poème d'amour « Departure » montre que Scott fait évoluer la métaphore des années 1920 et sa propre perception de la croissance évolutive et du développement, aux allures spirituelles, vers la poésie des années 1950.

Always I shall remember you, as my car moved
Away from the station and left you alone by the gate
Utterly and forever frozen in time and solitude
Like a tree on the north shore of Lake Superior.
It was a moment only, and you were gone,
And I was gone, and we and it were gone,
And the two parts of the enormous whole we had known
Melted and swirled away in their separate streams
Down the smooth granite slope of our watershed.

We shall find, each, the deep sea in the end,
A stillness, and a movement only of tides
That wash a world, whole continents between,
Flooding the estuaries of alien lands.
And we shall know, after the flow and ebb,
Things central, absolute and whole.
Brought clear of silt, into the open roads,
Events shall pass like waves, and we shall stay★. (C. P., p. 142)

★ Je me souviendrai toujours de vous, alors que ma voiture / S'éloigne de la gare et vous laisse seule à la barrière / Complètement et pour toujours figée dans le temps et dans la solitude / Comme un arbre au nord du lac Supérieur. / En l'espace d'un instant, vous n'étiez plus là, / Et je n'étais plus là, et nous n'étions plus là, / Et les deux parties de l'immense tout que nous avions connu / Se sont évanouies en deux tourbillons s'éloignant l'un de l'autre / Sur la pente

La jeune femme, personnifiée par un arbre dans un tableau du Groupe des Sept, est absorbée par le vaste monde naturel d'une ligne de crête partagée. On y accepte la mort et la perte, car « À la fin, nous atteindrons, chacun, la mer profonde… » C'est encore une fois une expression évolutive du vieux concept religieux de l'éternité.

Les métaphores caractéristiques de Scott partent de l'exploration des relations de l'homme avec la nature et la société : elles évoquent le temps et l'infini, le monde et l'univers, substituts humanistes du XXe siècle au vocabulaire chrétien. Un poème typique de Scott naît d'une image précise ou d'un paysage naturel ou social, pour ensuite s'attarder à la signification de cette image sur la toile de fond de la vie humaine. Et le périple de l'homme devient alors un moment dans le temps, il fait partie du vaste flux cosmique dans lequel la matière, luttant pour se réaliser elle-même, est jetée brièvement par vagues — sortes de clapotis sur le cours du temps qui passe. Le mouvement — croissance, flux et réintégration — représente l'aspect essentiel de ce qu'est, fondamentalement, la vision évolutive[31].

L'expression de l'amour humain dans « Departure » et l'affirmation de la fraternité humaine dans « A Grain of Rice » transcendent les préoccupations nationales et politiques étroites qui avaient marqué la poésie des années 1930 et 1940. « Creed », un poème dont la genèse remonte à Harvard, mais qui n'a pas trouvé sa forme définitive avant les années 1950, résume très brièvement cette vaste perspective.

---

de doux granit de notre ligne de crête. // À la fin, nous atteindrons, chacun, la mer profonde, / Le calme, et le seul mouvement des marées, / Qui lavent un monde, des continents entiers au milieu, / Inondant les estuaires de terres étrangères, / Et nous saurons, après le flux et le reflux, / Des choses essentielles, absolues et entières. / Revenus lavés de toute boue, sur les chemins sans fin, / Les événements passeront comme des vagues, et nous demeurerons.

The world is my country
The human race is my race
The spirit of man is my God
The future of man is my heaven*. (C. P., p. 89)

La vision morale de Scott, sa politique et sa poésie sont si intimement liées que l'on peut voir dans « Creed » une confirmation de ses convictions, un manifeste politique ou un credo esthétique. En termes religieux, « l'esprit de l'homme » permet cette fusion du christianisme et de l'évolution, qui découle de ses lectures des années 1920. Scott accepte la vision bergsonnienne de la vie en tant que vague évolutive, processus continu en devenir, animé d'un élan vital analogue au vieil esprit de Dieu. En termes politiques, « Creed » reflète les mêmes valeurs que celles qui animent son manuscrit non publié des années 1940, *The Democratic Manifesto*, et réfute implicitement les valeurs qui ont causé tant de misère durant la grande crise.

Que Scott ait choisi de rendre explicite son éthique signifie qu'il voit la poésie et la politique, pratiquées sous leur forme la plus élevée, comme des activités morales dont la fonction est d'améliorer la condition humaine et de libérer l'esprit. Cette vision de la poésie exprime non seulement le désir moderne de saisir l'expérience humaine par l'intermédiaire de l'image clairement décrite, mais aussi par celui de la vision plus classique d'Arnold, et même d'Eliot, selon laquelle l'une des fonctions de la poésie est de nous aider à comprendre nos vies, à extraire de l'image fragmentaire sa signification durable.

Dans « A Function for Poetry », allocution prononcée en 1946 sous l'égide de la Fédération des artistes canadiens, il émet l'idée que le poète « nous rend conscients de la vie et de la place que nous y tenons… en mettant au jour et en exprimant les relations importantes que l'homme entretient avec son époque ». Il ne s'agit pas simplement d'accumuler des connaissances, mais plutôt « de clarifier la signification et les valeurs des choses que nous expéri-

---

* Le monde est mon pays / La race humaine est ma race / L'esprit de l'homme est mon dieu / L'avenir de l'homme est mon paradis.

mentons[32] ». Il complète cette définition en 1958 en affirmant que, pour lui, l'écriture poétique « ouvre de nouvelles voies vers la vérité, offre une nouvelle perception et une nouvelle compréhension de l'homme, de la société et des dieux ». Il conclut :

> Ma définition (de la poésie) ne serait pas différente de ma conception de la vie. Créer quelque chose de nouveau et de vrai. Toute vie est création : la poésie est une création au moyen du langage. L'exploration des limites du monde intérieur de l'homme et du monde qui l'entoure. Une sorte de contemplation ombilicale, à partir de l'intérieur du poème, vers sa propre structure dynamique et centrale[33].

Quelle est, alors, la relation entre sa théorie poétique et sa pensée politique ? En termes simples, cela tient au fonctionnement de l'esprit créateur.

> Tandis que les événements et les expériences viennent sans cesse à notre rencontre, nous nous trouvons devant un nombre infini de choix et de possibilités. La vie créatrice est la faculté d'extraire de l'ensemble du flux les éléments spatiaux qui ont un sens. Le poète, comme n'importe quel artiste, choisit ces éléments, les fixe, les exprime et donne de l'aplomb à nos pas hésitants[34].

Les remarques de Scott, au sujet de l'art indiquent qu'il n'a pas oublié le point de vue d'Havelock Ellis, exprimé dans *The Dance of Life,* selon lequel toute activité humaine peut être créatrice : « Je n'ai jamais senti la moindre contradiction entre… la politique et la poésie, car la politique que j'ai professée était pour moi une vision créatrice de la société… Vous pouvez penser l'État comme une œuvre d'art[35]. » En conséquence, il déclare, en 1963, que « la politique est l'art de faire des artistes », et il justifie ce paradoxe en affirmant que la politique est « l'art de planifier et d'élaborer les ressources matérielles de la société au bénéfice de tous ». Le premier objectif de l'action politique devrait donc être l'individu et son développement, afin que « le potentiel inhérent à chaque personne dotée d'un tempérament artistique ou créatif soit pleinement susceptible d'être mis en valeur[36] ».

CHAPITRE 16

McGill : le droit dans la société

Pendant les années 1940 et 1950, Scott se rend souvent au cercle des professeurs de McGill ; ceux-ci se regroupent autour d'une grande table à café ronde, devant un énorme foyer de pierre, d'où le nom de ce lieu de rencontre, « le cercle » ou « la table ronde ». La table est assez grande pour qu'une quinzaine d'hommes puissent y déposer leur verre. Contrairement à d'autres cercles de professeurs au Canada, celui de McGill sert à cette époque des boissons alcoolisées, ce qui crée une atmosphère conviviale. Comme dans les cercles anglais dont il s'inspire, il est ouvert uniquement aux hommes. Pas aussi radicale que l'Athenaeum Club de Londres, où les femmes doivent entrer dans l'édifice par une porte séparée, McGill autorise celles-ci à passer par l'entrée principale. Néanmoins, comme Joyce Hemlow, du département d'études anglaises, se le rappelle, on s'attendait à ce qu'elles prennent l'ascenseur pour se rendre rapidement à l'étage, sans s'éterniser dans le vaste escalier d'où elles pouvaient entendre les éclats de rire s'échappant du cercle de professeurs[1].

La table ronde peut réunir quotidiennement jusqu'à une vingtaine d'hommes, qui vont et viennent pour y converser entre leurs cours. Le catalyseur du groupe est le biochimiste

David Thomson, doyen de la faculté des études supérieures. Grand et mince, l'air fragile, les doigts fuselés, il incarne l'essence même de la sophistication[2]. Pour Scott, Thomson a tout l'air de l'intellectuel écossais typique ; tout le monde dans le groupe aime son sens de la repartie et sa sensibilité artistique. Arthur Lismer, avec ses longs cheveux ternes, ses yeux malicieux et perçants, se montre un observateur assidu. Il esquisse souvent, sur un ticket de caisse ou une serviette en papier, un visage qui a attiré son attention et, à l'occasion, il lance dans la conversation un trait d'humour[3].

Parmi les autres habitués, il y a Pat Baird, directeur de l'Institut arctique ; John Bland, professeur d'architecture ; l'exubérant urbaniste Harold Spence-Sales, que l'on a fait venir d'Angleterre ; Max Cohen, grande figure d'autorité, comme Scott, professeur à temps plein à la faculté de droit ; George Duthie et Hugh MacLennan, du département d'études anglaises ; Kenneth Hare, du département de géographie ; Nick Walsh, du département de théologie et R. D. MacLennan, du département de philosophie. Du département d'économie et des sciences politiques, alors réunis, viennent Keith Callard, Ben Higgins, Burton Keirstead, anciennement de l'Université du Nouveau-Brunswick, petit homme au visage plutôt austère que dément son aimable personnalité, Eric Kierans, futur politicien éminent, l'ancien élève de Keirstead, J. R. Mallory et Fred Watkins. Parmi les scientifiques, on retrouve Hank MacIntosh et Ferdie Terroux, du département de physique ; Lloyd Stevenson, du département de médecine ; Max Dunbar de zoologie. Wilder Penfield et Hans Selye, aussi membres de la faculté de médecine, et Donald Hebb, spécialiste en psychologie animale, qui deviendra plus tard chancelier de McGill, ne font pas partie du groupe[4], mais viennent y faire un tour à l'occasion. Grâce au cercle, Scott entre en relation avec un groupe d'hommes dont les intérêts sont aussi illimités que les siens.

« Avec son long nez, sa haute taille, sa voix rude et ses commentaires parfois ravageur, Scott était très présent à la table. Pas au point, cependant, de se montrer dominateur. L'assemblée aurait vite fait comprendre à toute personne trop dominatrice qu'elle n'était pas la bienvenue. On se parlait d'égal à égal et on avait le genre de conversation qu'on s'attend à avoir dans les universités et qu'on ne retrouvait certainement pas à Queen's », se rappelle Arnold Edinborough, qui était alors un jeune chargé de cours tout frais émoulu de Cambridge, mais coincé à Queen's[5]. Comparativement à Vancouver, Kingston ou même Toronto, Montréal est à l'époque une ville cosmopolite et raffinée, et le cercle des professeurs de McGill en est le reflet. Edinborough ressent fortement, lorsqu'il s'assoit à la table ronde, la présence spirituelle de Stephen Leacock, tant ils prennent tous plaisir à se régaler d'histoires à dormir debout, de satires et de jeux de mots.

On parle peu « boutique » au cercle : on cherche plutôt à converser sur des sujets généraux, à grand renfort de reparties vives. Les bons mots ont la préséance. Scott aime à rappeler la brillante remarque d'Arthur Lismer face à l'inévitable plat du vendredi : « La viande de l'un est le pois(s)on de l'autre[6]. » À la fin d'un dîner offert par la société Imperial Oil à quelques habitués du cercle, dîner accompagné d'abondants rafraîchissements et de beaucoup de publicité, Thomson adresse la réflexion suivante aux convives : « Nous voilà tous Impérialement graissés[7] ! »

Malgré des différences de tempérament, ou en raison de ces différences, Scott et Thomson sont des amis intimes. Ils ont en commun le même amour des poètes imagistes, ils parlent peinture et lisent à haute voix des extraits du livre d'A. J. M. Smith, *News of the Phoenix and Other Poems* (1943). Thomson a peut-être aussi un peu perdu de sa sophistication. Au tout début des années 1940, il avait appris à Scott, jusque-là buveur de bière, à apprécier le martini. À partir de cette époque, le rituel de la préparation — le tintement de la glace, le gin, pas n'importe lequel (le Beefeater), qu'il ne faut pas trop remuer afin de ne pas en abîmer le goût, un simple martini sur glace, offert avec bonhomie — colle à la personnalité de Scott au même titre que les conversations animées sur la politique et la poésie, la claque chaleureuse sur le genou et le rire tonitruant. Après la mort soudaine de Thomson au début des années 1960, sa veuve, en reconnaissance de la grande amitié qui liait les deux hommes, invite Scott à choisir les recueils qu'il préfère parmi la superbe collection de son mari[8]. Nombre de ses œuvres de poètes imagistes rejoignent la collection de Scott, à laquelle il tient comme à la prunelle de ses yeux.

Le cercle des professeurs est un formidable creuset d'idées. Pendant les années 1940 et jusque dans les années 1950, les Scott voient régulièrement Hugh MacLennan, qui écrit d'abord *Deux Solitudes* (1945), puis, dans les années 1950, *Le Matin d'une longue nuit*. Il semble que MacLennan se soit inspiré de ses liens d'amitié avec les Scott pour certains passages de ses romans ; la scène qui dépeint la rencontre d'une trentaine de radicaux avec un Norman Bethune à peine déguisé, se déroule, comme l'a avoué MacLennan à un groupe de Saskatoon, dans le salon des Scott, avenue Oxenden[9].

Un jour, au cours d'une rencontre au cercle, Scott est vivement impressionné par la description que fait Wilder Penfield d'une opération au cerveau pratiquée sur une jeune fille qui, soudain, revient à elle : sur sa figure, le chirurgien a vu la preuve de l'existence de quelque chose qu'il n'a pas su appeler autrement que « l'âme ». Une autre fois, il se rappelle Hank MacIntosh racontant, après la guerre le premier essai américain de la bombe atomique[10]. Ben Higgins, économiste qui a contribué au New Deal de Roosevelt, parle abondamment de logements sociaux. C'est au cours de ces rencontres que Scott commence à griffonner sur une pochette d'allumettes les vers de « A Grain of Rice ». Lorsque Kenneth Hare explique la théorie des plaques tectoniques, Scott est ravi, car il peut ainsi donner à ses vers une assise scientifique. « Aujourd'hui, pendant que l'Europe bascule, asséchant la Baltique, / J'ai lu au sujet d'une bataille entre des frères tourmentés. / Un drapeau a bougé d'un kilomètre » (C. P., p. 126). En règle générale, les discussions autour de la table portent sur des événements récents, surtout en présence de Max Cohen (plus tard chroniqueur des affaires internationales à *Saturday Night*), ou sur des questions culturelles — l'état de la poésie, l'isolement que créent les distances au Canada. Néanmoins, selon Edinborough, « Personne à l'époque, et ce malgré la mise sur pied de la commission Massey, ne se rendait vraiment compte que [le Canada] était au bord de l'énorme explosion culturelle qui a eu lieu dans les dix années suivantes[11]. »

Scott a une meilleure idée que la plupart des Canadiens de ce que réserve la décennie, car il travaille énormément à planifier le changement. Dans les années 1950, cet homme éloquent, d'une énergie débordante, œuvre dans les trois disciplines du droit, de la littérature et de la politique. C'est aussi l'époque où il entame sa réflexion sur l'avenir des relations entre le droit et l'État, et où il évoque publiquement la culture canadienne en des termes qui laissent entrevoir une planification socialiste.

Il connaît sûrement les propositions qui sont présentées devant la commission Massey, connue officiellement sous le nom de Commission royale d'enquête sur l'avancement des arts, des lettres et des sciences au Canada. Scott devient membre du Comité des écrivains canadiens, regroupement qui s'est formé afin de présenter à la commission le point de vue des écrivains professionnels au Canada, qui se dissocient alors de l'Association des auteurs canadiens. Joyce Marshall ébauche un mémoire, Scott contribuant de manière substantielle aux diverses étapes de sa planification. Les membres du comité national de planification[12] le parachèvent et, par la suite, Claude Bissell, professeur associé d'anglais à l'Université de Toronto, et Len Peterson, écrivain torontois, le présentent, à Toronto, en novembre 1949. Ce mémoire met l'accent sur le besoin « de développer une littérature nationale », essentielle au progrès continu du Canada et de son peuple. Il critique l'influence américaine, omniprésente, et les valeurs étrangères qu'on impose aux Canadiens, puisque ceux-ci n'ont pas voix au chapitre. « Pour préserver son entité nationale, [le Canada] a besoin tout autant des artistes que des diplomates, des militaires, des inventeurs, des techniciens, des ouvriers et des fermiers. Il lui faut adapter son économie, afin de permettre aux artistes de gagner leur vie grâce à leur travail — à leur contribution au pays —, au même titre que les autres professions déjà mentionnées. » Le mémoire appuie sans réserve le rôle que joue la Société Radio-Canada et critique la radio privée. Puisqu'il est très difficile pour les écrivains de gagner leur vie grâce à leur talent, le groupe recommande « la constitution d'un organisme, formé d'universitaires canadiens, comparable au Conseil canadien des recherches sur les humanités, destiné à fournir deux formes d'aide financière aux écrivains canadiens : des bourses pour élaborer des projets et des prix pour récompenser le travail accompli[13] ».

Dans le rapport que publie la commission Massey en 1951, un long chapitre, « L'artiste et l'écrivain », s'inspire du mémoire du Comité des écrivains canadiens et confirme que l'influence américaine sur les lettres canadiennes constitue une menace pour la survie de la culture. La commission, après avoir passé en revue les problèmes auxquels font face les écrivains, estime qu'il leur manque une reconnaissance nationale, ce qui les isole et les empêche de contribuer pleinement à la culture. La commission croit que « le travail que l'on nous a confié ne touche rien de moins que les fondations spirituelles de notre vie nationale[14] ».

Avec le recul, il semble que la première recommandation de la commission Massey, soit la création d'un conseil des arts comme organisme intermédiaire qui canaliserait, sans mainmise de l'État, l'aide gouvernementale vers les sciences humaines et sociales, est implicitement présente dans le mémoire du Comité des écrivains canadiens. D'autres recommandations, comme la création d'une bibliothèque et d'un théâtre nationaux, se sont concrétisées depuis. Le profond nationalisme de Scott et d'autres membres du Comité des écrivains canadiens, nationalisme que partagent les commissaires de la commission Massey, n'est pas au goût de certains membres influents de la communauté des universitaires et des politiciens. Des personnes comme Frank Underhill, Nord-Américain engagé qui écrit dans *The Canadian Forum*, et J. B. Brebner, historien canadien enseignant à Columbia, ont rédigé une critique du rapport dans *The Saturday Review of Literature*, où ils condamnent ce qu'ils prennent pour de l'esprit de clocher[15]. On est tenté de penser que cette réaction contre le canadianisme qui ressort du rapport Massey a eu quelque incidence sur l'ampleur du soutien que reçoit ce qu'on perçoit comme une littérature nationale. Entre la publication du rapport et la création du Conseil des Arts en 1957, le mandat du conseil change : l'objectif nationaliste, qui visait à favoriser le développement d'une littérature canadienne, s'élargit pour devenir plus internationaliste en encourageant le développement des lettres au Canada.

Parallèlement à la publication du rapport Massey, Scott contribue à la création d'une association de professeurs de droit (1950). En 1948, lorsqu'il est à Vancouver pour la CCF, Scott rend visite à George Curtis, doyen de la faculté de droit de l'Université de la Colombie-Britannique. Les deux hommes s'assoient dans le bureau de Curtis et discutent boutique. Ils passent une heure agréable et stimulante, puis au moment où Scott prend congé, ils disent presque d'une seule voix : « On devrait faire quelque chose. Pourquoi ne pas se rassembler ? Qu'est-ce qui nous en empêche[16] ? » Ils se mettent rapidement d'accord pour que Scott écrive à chaque faculté de droit de l'Est, et Curtis à celles de l'Ouest. Ils envisagent une rencontre au cours du rassemblement prochain de l'Association du Barreau canadien, qui se tiendra à Ottawa cette année-là. Les participants à cette rencontre sont d'accord pour se réunir de nouveau à l'occasion de l'assemblée de la Société royale, qui se tiendra à McGill, au printemps 1950. Les professeurs de droit venus de tout le Canada se groupent devant le foyer du bar de la faculté de droit de McGill, à Duggan House. Ils se mettent d'accord pour créer un organisme permanent qui portera le nom d'Association des professeurs de droit, dont Scott sera le président. Le but de l'organisme est d'aider à « renforcer le sentiment d'une identité et d'une action commune chez les professeurs de droit… [et de pouvoir profiter] d'occasions d'entrer en contact annuellement et de discuter des questions d'intérêt mutuel[17] ». Il favorise la consolidation de l'enseignement du droit au sein du système universitaire, de même que la normalisation de l'enseignement et du matériel pédagogique.

La profession ressent aussi fortement le besoin d'apporter des améliorations à la formation des avocats, ce qui permettrait de faire évoluer la recherche juridique au Canada. En 1954, Scott est nommé président du Comité sur la recherche juridique

que l'Association du Barreau canadien met sur pied. La réforme de l'éducation et la formation des avocats deviennent la priorité du Comité ; celui-ci recommande, dans son rapport, la création d'un nouveau statut pour les facultés de droit, qui mènera par la suite à l'instauration de facultés de droit universitaires indépendantes en Ontario et au Manitoba.

À partir de 1951, Scott se joint à l'Association canadienne des professeurs d'université et est élu président de l'Association des professeurs d'université de McGill pour l'année 1953-1954, association qu'il avait contribué à fonder. Son engagement à la fois dans l'Association des professeurs de droit et dans l'enseignement universitaire découle en fait de la controverse qu'a entouré le refus de l'Université McGill de le nommer doyen, sous prétexte de son activité politique. Il s'était alors rendu compte que les professeurs d'université devaient avoir leur propre association, s'ils tenaient à avoir une influence sur les politiques de l'université.

Toutefois, ce que l'on retient de cette période, c'est l'immense contribution que Scott a apporté à l'avenir du Canada par le biais de son travail en droit constitutionnel. Par exemple, J. R. Mallory se rappelle que Scott a joué un rôle de premier plan dans les modifications apportées à l'Acte de l'Amérique du Nord britannique en 1949.

> Il m'a dit une fois qu'Angus McInnis l'avait appelé d'Ottawa [pour lui dire] que la résolution d'amendement venait d'être déposée et que la CCF désirait l'appuyer. Lorsque Frank a vu le texte, il a été horrifié, car il donnait au gouvernement toute latitude pour légiférer en tout temps et pour proroger le Parlement au-delà des cinq ans définis dans la Constitution. Sur les instances de Frank, ils se sont remis au travail, et le gouvernement a donné son accord pour ajouter à la fin de l'article 91 (1) la phrase suivante : « Le parlement du Canada peut prolonger la durée d'une chambre des communes en temps de guerre, d'invasion ou d'insurrection, réelles ou appréhendées, si cette prolongation n'est pas l'objet d'une opposition exprimée par les votes de plus du tiers des membres de ladite chambre. »

Cette disposition apparaît maintenant dans l'article 4 (2) de la *Loi constitutionnelle de 1982*[18].

L'année suivante, le 10 janvier 1950, le gouvernement libéral de Louis Saint-Laurent tient une conférence fédérale-provinciale afin de discuter « de la mise au point d'une méthode permettant d'apporter des amendements aux dispositions de la Constitution qui concernent à la fois le gouvernement fédéral et les autorités provinciales[19] ». Scott aide le gouvernement de la Saskatchewan à formuler et à présenter sa position. La conférence se termine par un accord stipulant que les gouvernements se rencontreront de nouveau à la fin de 1950, date à laquelle chacun présentera ses idées « au sujet de la codification de chaque article de l'Acte de l'Amérique du Nord britannique et d'autres documents constitutionnels[20] ». Scott, toujours conseiller du gouvernement de la Saskatchewan, collabore avec Frederick Cronkite, doyen de la faculté de droit de la Saskatchewan, à la préparation d'un document préliminaire pour la commission d'étude et pour le gouvernement de la province. L'adoption d'une déclaration ou d'un projet de loi énonçant les droits fondamentaux est un souci constant, au cours de toutes ces conférences, du gouvernement de la Saskatchewan. Cette province est la seule au Canada à s'être dotée dès 1947 d'une déclaration des droits fondamentaux.

L'adoption d'une déclaration des droits au Canada est inextricablement liée à la question des compétences provinciales et fédérales. L'Acte de l'Amérique du Nord britannique, tel qu'il est libellé, ne contient aucune disposition au sujet des libertés et des droits fondamentaux, bien que Scott ait longtemps défendu l'idée qu'ils y étaient implicites. L'acte garantit certains domaines de compétence à chaque ordre de gouvernement, mais dans les domaines de compétence partagée, le fédéral a le dernier mot. Cette souveraineté du fédéral peut porter atteinte aux libertés et aux droits fondamentaux, et cela s'est déjà vu. La question consiste à déterminer la meilleure façon d'intégrer, dans l'Acte de l'Amérique du Nord britannique, une série de déclarations sur les droits et libertés qui limiterait la souveraineté du Parlement et des dix autres gouvernements. Il devient nécessaire d'enchâsser ces droits et libertés afin qu'il ne soit pas facile de les modifier, et, le cas échéant, seulement en cas de nécessité absolue. La question se complique encore, car les gouvernements provinciaux n'arrivent pas à s'entendre sur la façon d'amender l'acte afin d'y intégrer de telles garanties. Pourtant, l'objectif visé est de lier les provinces au respect de ces droits et libertés, puisque c'est dans leur champ de compétence que les plus grands abus se produisent.

Son statut de conseiller juridique auprès du gouvernement de la Saskatchewan donne l'occasion à Scott non seulement de se pencher sur le contenu de l'acte, mais aussi d'influencer, par ses suggestions, la marche à suivre. Pendant près d'une trentaine d'années, son enseignement a porté sur l'Acte de l'Amérique du Nord britannique. Quelle voie devrait prendre la Constitution canadienne ? Le travail qu'il a accompli antérieurement au sein de la CCF, ses opinions sur la politique sociale ainsi que sa formation en droit constitutionnel, particulièrement sa conviction qu'il est nécessaire d'enchâsser une déclaration des droits, lui sont d'une aide précieuse. En février 1950, il écrit à T. C. Douglas pour lui annoncer que le doyen Cronkite et lui ont terminé une partie du travail de codification de l'acte.

Dans cette lettre, Scott souligne un point important qui demeurera une question litigieuse dans les conséquences constitutionnelles des années à venir. Il croit profondément « qu'on ne devrait pas tenter d'enlever au gouvernement fédéral son droit de révoquer une loi provinciale. Celui-ci fait partie intégrante du concept original de la Confédération et distingue la Constitution canadienne de presque toutes les autres constitutions fédérales… Le texte des débats préparatoires à la Confédération stipule clairement que le recours au droit de veto a pour but d'assurer que toute injustice commise par un gouvernement local pourra faire l'objet d'un appel auprès d'une autorité supérieure ». Scott est convaincu que l'une des principales fonctions du gouvernement fédéral est de protéger les droits des minorités. Il poursuit :

> Si une déclaration des droits est inscrite dans la Constitution
> pour protéger les citoyens des provinces contre la perte de

leurs libertés, alors le droit de veto serait peut-être superflu, quoique je ne sois pas d'accord ; tel qu'il existe, et si l'on considère les aléas de la politique, le droit de veto est un principe salutaire de gouvernement. Je n'aimerais pas qu'un gouvernement CCF appuie une proposition visant à affaiblir l'autorité du gouvernement canadien.

Peu de gens perçoivent, à ce moment-là, le lien entre l'enchâssement des droits et libertés et la possible abolition du droit de révocation. Scott est le principal proposeur et il défend cette idée à la conférence fédérale-provinciale de 1950, à laquelle assiste Pierre Elliott Trudeau, qui travaille alors pour le Conseil privé à un mémoire sur les relations fédérales-provinciales. Les opinions de Scott (« le penseur ») à cette conférence suscitent l'admiration de Trudeau et, au cours des années 1960 et 1970, ce dernier, alors premier ministre du Canada, adoptera le principe selon lequel l'enchâssement d'une charte des droits est une condition essentielle à l'abandon, par le fédéral, du droit de révocation.

Douglas, bien que satisfait des efforts de son conseiller juridique, a des opinions passablement opposées à celles de Scott en matière de droits des provinces et du pouvoir de révocation. Discutant avec Scott de la position de la Saskatchewan, J. W. W. Graham, chef de cabinet de Douglas, remarque : « Notre opinion, c'est que la Constitution doit fixer des limites aux compétences des provinces et que, à l'intérieur de ces limites, il soit possible d'exercer démocratiquement les pouvoirs, sans que le cabinet fédéral ait un droit de révocation. » En cas de litige, la Saskatchewan estime que les tribunaux ont la compétence nécessaire pour régler la question. Le fait que le pouvoir de révocation actuel ne nécessite pas de débat à la Chambre des communes gêne également la province. Le gouvernement fédéral a souvent abusé d'un tel pouvoir. Finalement, le gouvernement de la Saskatchewan allègue que l'enchâssement d'une déclaration des droits dans la Constitution protégerait des libertés fondamentales qu'un gouvernement provincial ne pourrait violer[21].

Au début des années 1950, Scott en vient à penser qu'il faut une nouvelle constitution. « Le présent ensemble de statuts disparates, écrit-il à Douglas, est très difficile à comprendre et à appliquer. Impossible pour un citoyen de le comprendre s'il n'a pas de formation juridique. » Il conclut que l'application de procédures d'amendement à ce « fatras juridique équivaut (pardonnez-moi l'analogie) à mettre un moteur d'avion dans ma Chevrolet 1938[22] ».

Scott exprime aussi ses préoccupations à Eugene Forsey, à l'époque directeur de recherche pour le Congrès du travail du Canada : « Je commence à m'inquiéter de la façon dont évolue la conférence constitutionnelle. Nous nous engageons réellement dans la réécriture de l'acte, et je crains que l'on fasse aux provinces des concessions qui changeront des concepts fondamentaux de la loi actuelle. Par exemple, chaque province exige l'abolition du pouvoir de révocation, et Ottawa semble réceptive à cette idée[23] ». Aux yeux de Scott, le gouvernement fédéral a « bousillé » cette question, parce qu'il s'est montré incapable de mesurer ses réelles conséquences.

Depuis la fin des années 1940, Scott s'occupe aussi beaucoup de la question des libertés civiles qui semblent nécessiter une déclaration canadienne des droits. Il est membre de l'Association montréalaise des libertés civiles et d'autres organismes affiliés. En décembre 1946, il assiste à une conférence qui réunit les membres des associations des droits civils de Toronto, de Montréal et d'Ottawa et du mouvement pour la défense des droits civils. L'assemblée se penche sur des questions reliées aux droits de l'homme et aux libertés fondamentales, évoquant notamment la situation critique des Canadiens d'origine japonaise, la censure, les droits des syndicats et la rédaction d'une déclaration des droits. À cette rencontre, Scott déclare que la Constitution canadienne contient les rudiments d'une déclaration des droits qui limite la souveraineté du Parlement. Il y a, par exemple, certaines dispositions obligatoires concernant l'usage du français et de l'anglais au Parlement, ainsi que des dispositions au sujet des écoles séparées. Il exprime l'opinion que « tout projet de déclaration des droits devrait prendre la forme d'un amendement à l'Acte de l'Amérique du Nord britannique plutôt que celle d'un statut[24] ».

Les conférences tenues en 1950 ne permettent pas, malgré tout, de trouver un moyen de rapatrier la Constitution ou d'y incorporer une déclaration des droits de la personne. En 1960, le gouvernement de Diefenbaker, par le truchement du ministre de la Justice, E. Davie Fulton, décide qu'une déclaration fédérale des droits serait au moins une première étape, puisque les accords provinciaux sur l'enchâssement n'aboutissent pas. Scott l'appelle la « déclaration des droits fallacieuse » de Diefenbaker — fallacieuse parce que, si cette déclaration n'est pas enchâssée, il est facile d'ignorer de tels droits, et ceux-ci ne peuvent s'appliquer, dans le meilleur des cas, qu'en ce qui concerne les lois fédérales.

Les années 1950 marquent l'époque où Scott commence à affiner ses idées sur le rôle du droit dans la société. Après la guerre, on admet que l'humaniste et le spécialiste en sciences sociales doivent collaborer à la planification de l'après-guerre — l'idée de l'État-providence est alors un concept tout nouveau et exaltant. En fait, lorsque le recteur Cyril James prend la tête d'un comité sur la planification d'après-guerre formé par le gouvernement fédéral, il invite Harold Spence-Sales, architecte anglais, au Canada pour établir un comité d'aménagement qui fait appel à des architectes, à des géographes, à des avocats et à des spécialistes en sciences sociales. Spence-Sales a des manières exubérantes et la repartie vive. Une caricature de Lismer le montre, la tête sortant d'un nid d'autruche, avec une bulle qui titre « œufphorie ». Il réunit exactement ce mélange d'esprit et de vicacité que Scott apprécie tant. Les deux hommes partent parfois en expédition dans la campagne de North Hatley, à la recherche de murailles effondrées et de vieux boulets de canon, parlant tout le temps, chacun surpassant l'absurdité de l'autre dans un déploiement de fantaisie, tout en élaborant dans la foulée des idées sérieuses sur la planification d'après-guerre.

Spence-Sales organise, à l'école d'architecture de McGill, une série de conférences sur la planification et y invite des gens comme David Thomson, Kenneth Hare, Carl Dawson et Frank

Scott à s'y produire. Le colonel Wilfrid Bowey, directeur du département de l'éducation permanente, en répand la nouvelle, et la série de conférences attire un grand nombre d'éminents Montréalais. La conférence de Scott, qui a pour titre « l'État, une œuvre d'art », illustre à quel point le nationaliste, l'artiste et le juriste se rejoignent dans son imagination. Dans une certaine mesure, Scott y démontre l'unité de ses préoccupations.

Dans son discours, Scott affiche une opinion idéalisée du fédéralisme canadien — une société juste telle que conçue par un roi philosophe et juriste. « La société est en fait un amalgame d'institutions, une toile de relations. Partout, autour et au-dessus, il y a le droit et l'État, liant le tout et imposant un degré d'uniformité qu'aucun autre facteur de cet ensemble ne possède en lui-même. » Y a-t-il une esthétique de la société ? Ou bien donnons-nous un sens large à l'expression « le beau » en l'appliquant à une institution tout comme à un art ? Scott répond par la négative et se reporte à l'utilisation qu'en fait Jacob Burckhardt et à son étude du xixe siècle sur les cités-États d'Italie, dans *La Civilisation de la Renaissance en Italie*. Burckhardt y parle de « l'État comme le résultat de la réflexion et du calcul, l'État comme une œuvre d'art ». Les États italiens, en raison de l'ordre et de la planification qui les caractérisent, sont des œuvres d'art. Scott est fasciné par l'idée « d'un bel ordre social… La loi ne peut-elle organiser les différents éléments de la société, qu'il s'agisse d'individus ou de groupes, en un ensemble de relations tel que chacun y aurait sa place et sa récompense méritée, en fonction du style que l'on a voulu donner à cet ensemble ? » Une telle vision de la société, comme l'admet Scott, est en fin de compte aussi utopiste que la *République* de Platon ou que la société sans classes de Marx. Ce sont des sociétés idéales, qui correspondent au système juridique idéal — « la justice parfaite pour tous » —, dans lequel croient certains avocats. Comme le juriste américain Roscoe Pound l'a fait remarquer, le droit est « un moteur social » parce qu'il « oriente les forces dynamiques de la société vers des voies socialement désirables ».

Qui sera le créateur du bel État du Canada et comment ce maître artiste choisira-t-il le style de son œuvre ? Pensant aux dangers qui ont guetté l'État soviétique, Scott revoit la statue de cette jeune paysanne enthousiaste et le contraste avec la réalité de la femme du sculpteur, triste et tuberculeuse. L'idéalisation est une puissante force de changement social, mais l'expression de la foi de l'artiste ne rend pas la société plus belle. Y a-t-il une autre technique ? « Peut-on choisir la forme de notre société et évoluer progressivement vers cette forme, sans éliminer tous ceux qui sont en travers de son chemin ? » Sûrement, n'est-ce pas pour cela qu'existe la démocratie ? « La politique, affirme-t-il, est l'art de créer des artistes. C'est l'art d'élaborer, dans la société, les lois et les institutions qui donneront le mieux l'impulsion nécessaire au jaillissement de l'esprit créateur enfoui, à des degrés divers, en chacun de nous. La bonne politique a pour but le développement maximal de chaque individu. Libérez l'artiste en nous, et la beauté de la société adviendra d'elle-même[25]. » De ce point de vue, la politique peut façonner l'imagination.

Cette vision de la société, tournée, en priorité, vers la culture de l'individu, et de « la primauté du droit », comme étant nécessaire à la protection de l'individu et de la société, aura une grande portée au Canada dans les années 1970. Une bonne société est, pour Scott, avant tout, une « société juste », socialiste. Et sa vision de la constitution idéale pour créer cette société — un Acte de l'Amérique du Nord britannique rapatrié, adapté aux besoins du Canada — est un sujet dont il aime débattre lorsqu'il rencontre de jeunes avocats, comme Trudeau, et de brillants étudiants, comme Michael Pitfield, Donald MacSween et Timothy Porteous. Tous vont aider à façonner la fonction publique et la vie culturelle du Canada dans les années qui vont suivre.

Pitfield voit dans les conférences de Scott un commentaire social. Ce qui le préoccupe, ce sont les « buts du droit, l'idéal du droit. Il élargit la vision de la Constitution pour la rendre vivante et dynamique ». Ce qui importe davantage, cependant, c'est qu'il « a élaboré consciencieusement une thèse sur le pouvoir central, thèse qui, en son temps, fut révolutionnaire et que l'on considère encore aujourd'hui, dans de nombreux cercles juridiques, comme avant-gardiste ». Pour les étudiants, toutefois, cette thèse est « si claire et si bien étayée que les générations qui ont suivi en sont, j'imagine, devenues les apôtres, au point qu'elle a été généralement acceptée sur le plan du droit canadien[26] ». Cette génération des années 1950, peut-être sans le comprendre, arrive à la fin d'un mouvement historique qui a pris son élan pendant « les terribles années 1930 », qui revendiquait un pouvoir fédéral fort. Le balancier oscille maintenant de l'autre côté, vers les droits des provinces. Les étudiants de Scott, dont beaucoup sont mêlés de près à diverses questions de politique générale, ont défendu et même élargi ce que l'on pourrait appeler « la thèse Scott », qui s'est affirmée de manière spectaculaire avec le rapatriement de la Constitution en 1982 et sa Charte des droits.

CHAPITRE 17

Un nouveau souffle poétique

Si le voyage en Birmanie marque pour Scott un retour à la poésie, d'autres événements favorisent ce regain d'intérêt. En août 1950, il assiste à une conférence sur la poésie, organisée par son vieil ami Bill Elliott, pendant les cours d'été à Harvard. Les organisateurs désirent que la poésie canadienne soit représentée, et Scott offre ses services, ainsi que ceux d'Arthur Smith et d'A. M. Klein[1]. Northrop Frye, alors à Harvard, « se pointe » sans avoir été convié[2]. Deux poètes invités dominent la conférence, Stephen Spender, d'Angleterre, et Pierre Emmanuel, de France. Spender, se remémore Scott, s'était glissé dans le rôle d'un « visiteur éclairé venant de l'espace » et « tenait à cette image ». Il voit d'un meilleur œil le poète français, qui cherchait à « faire de son mieux[3] ». Emmanuel, pseudonyme de Noël Matthieu, s'est fait connaître comme poète et essayiste de la Résistance. Révolutionnaire chrétien à tendance gauchisante, il traduit, dans des livres comme *Tombeau d'Orphée* (1941) et *Qui est cet homme ?* (1947), le profond malaise de sa génération. Scott et Emmanuel deviennent des amis intimes et, par la suite, ce dernier séjournera souvent chez les Scott à Montréal, à l'occasion de rencontres avec des poètes, des romanciers ou des animateurs de radio francophones. Leur art et leur intérêt commun pour la poésie québécoise les rapprochent, de même que leurs préoccupations philosophiques. Emmanuel évoque ce lien dans une lettre qu'il adresse à Scott, lui avouant qu'il est l'une des rares personnes avec qui son esprit chemine constamment dans cette quête de la vérité, qui leur est commune[4].

À Harvard, l'auditoire connaît bien Scott, non seulement parce qu'il y a étudié, dix ans plus tôt, mais aussi parce que l'université lui a décerné un prix de poésie, le Guarantors Prize de *Poetry* (Chicago), en 1944. Néanmoins, après la parution de *Collected Poems*, de E. J. Pratt, en 1944, dans une édition américaine, Pratt devient le grand poète canadien. Au cours de la conférence, les hôtes américains diffusent un enregistrement de Pratt lisant des extraits de *Brébeuf*. « Il lisait très mal, raconte Frye, et on ne pouvait pas en tirer grand-chose. C'était très gênant, et j'aurais préféré qu'ils arrêtent cela ou qu'ils aient quelque chose de mieux à présenter[5]. » Cet incident, en sus de quelques bousculades pour la première place parmi les poètes canadiens, conduit Scott à composer un petit couplet rageur à propos du poème de Pratt, intitulé « Towards the Last Spike » (1952) :

Where are the coolies in your poem, Ned ?
Where are the thousands from China who swung their picks with
     bare hands at forty below ?

Between the first and the million other spikes they drove…

Is all Canada has to say to them written in the Chinese Immigration
     Act★ ? (C. P., p. 194)

Scott a de bonnes raisons de s'indigner, mais il néglige complètement l'image d'une nation en construction qu'évoque le

---

★ Où sont les coolies dans ton poème, Ned ? / Où sont ces milliers de Chinois qui ont planté leurs pioches les mains nues par moins quarante ? // Entre le premier et les millions d'autres coups de pioches… // Tout ce que le Canada a à leur dire est-il écrit dans la Loi de l'immigration chinoise ?

poème de Pratt — omission plutôt ironique de la part de Scott, quand on connaît son profond canadianisme. Au fond, peut-être que Pratt, un homme que Scott et Smith considèrent comme un poète de l'arrière-garde, occupe depuis trop long-temps la place que les modernes estiment leur revenir de droit en poésie canadienne.

Et, précisément, la reconnaissance qu'ils recherchent tant n'est pas loin. Scott, en apportant un vent de changement ainsi qu'en contribuant à la lutte pour la reconnaissance de la poésie canadienne, dans les années 1950 et 1960, en est le catalyseur. Dès son retour de Birmanie, il entre en contact avec ses vieux amis des cercles littéraires, puis, inspiré en cela par la conférence de Harvard, il essaie de mettre sur pied une conférence sur la poésie à McGill, en 1952. Dans un avant-projet qu'il envoie à la Fondation Rockefeller, il explique que le Canada a grand besoin de réunir sa petite communauté de poètes[6]. Cependant, le conseil de la Fondation refuse de lui octroyer une bourse, esti-mant que son projet est trop restreint. Il le range donc dans un tiroir pour un temps.

Un an plus tard, toutefois, Scott applaudit en apprenant que le poète Louis Dudek, tout juste embauché par le département d'études anglaises de McGill, organise une petite conférence sur la poésie, le week-end de l'Action de grâces. Cette conférence doit se tenir à Keewaydin, où Doug et Kim Jones, récents diplô-més du département d'études anglaises de McGill, ont une mai-son de villégiature. Scott, Smith, Irving Layton et quelques jeunes poètes, dont Robert Currie et John Harney, sont invités[7]. Le chalet des Jones se situe au lac Paudash, au nord de North Bay, en Ontario. Doug Jones, poète, étudie alors la littérature anglaise sous la supervision de George Whalley, à l'Université Queen.

Lorsque Scott et Smith arrivent à Keewaydin, il est déjà tard, et une vaste étendue d'eau les sépare du chalet ; toutes les embarcations sont de l'autre côté. Ils jettent un coup d'œil dans l'abri à bateaux, y trouvent une vieille barque et la mettent à l'eau. Elle est trouée comme une passoire. Sans plus s'inquiéter, ils y placent leurs bagages (notamment un litre de scotch) et commencent à ramer rapidement, essayant de battre de vitesse l'eau qui monte dans la barque.

Kim Jones est sur le quai avec ses cockers lorsqu'elle aperçoit quelque chose au loin. Au premier abord, elle croit qu'il s'agit d'un tronc d'arbre. Au fur et à mesure que cela se rapproche, elle distingue la barque, immergée jusqu'au plat-bord, avec deux hommes à son bord, dont l'un rame avec une planche et l'autre avec un aviron cassé. Elle ne reconnaît pas l'homme à l'avant, mais elle a vu des photos de Scott. « Dès que j'ai vu son profil, j'ai su que c'était lui… » Ils accostent, Scott attrape le whisky et les deux hommes sautent sur le quai. La barque, pleine d'eau, sombre dans un gros gargouillis. Pendant ce temps, le mari de Kim les a rejoints. Le couple croit que l'homme à l'avant est un jeune poète américain : vêtu d'un T-shirt et très bronzé, « et avec son espèce d'accent, tu vois, pour moi il ne pouvait être qu'un jeune ami américain de Scott », raconte Doug Jones. Ils découvrent bien vite qu'il s'agit en fait de A. J. M. Smith, en personne[8].

Smith relate cet incident dans « Astrea Redux : Keewaydin Poetry Conference », mais dans une perspective bien différente.

Coming over the water
paddling an old boat
with a broken board
and a bottle in a paper bag

Leaning into the wind
making out an old wharf
in a new land
and a doubtful call

A boy or a female figure
seen in the distance

Nearer, a coughing motor
then a spate of spaniel

leaping and frisking
with Stuart curls
and long sad faces

coming to land
coming home
to the good people
known anew

My people   lordly ones
the Duke of Dudek   His Grace of Layton
and with me Scott
diaconal, archbishopric
twisted benevolent
with needle eye★9

Smith, en traçant un fort parallèle entre son retour d'exil aux États-Unis et les cockers s'agitant autour du couple sur le quai (Charles II adorait les cockers), se présente lui-même comme le roi exilé revenant en Angleterre pour s'asseoir sur le trône ; autour de lui, ses courtisans, Layton, Dudek et Scott. Scott projetait d'écrire un livre satirique intitulé *The Eye of the Needle* (Le chas de l'aiguille) — d'où l'allusion dans le poème. Le titre de Smith, qui fait référence à Astrée, déesse de la justice, se passe d'explication. Il avait été contraint d'aller aux États-Unis pour

---

★ Ramant sur l'eau / Dans une vieille barque / Avec une planche cassée / Et une bouteille dans un sac en papier // Luttant contre le vent / Nous distinguons un vieux quai / Sur une nouvelle terre / Et croyons entendre un appel // Une silhouette de garçon ou de femme / Aperçue au loin // Plus près, un moteur qui tousse / Puis des cockers se ruent / Bondissant et folâtrant / Avec leurs boucles à la Stuart / Et leur longue mine triste // Arrivés sur la terre ferme / Nous rentrons à la maison / Pour y retrouver de bons amis / Avec qui refaire connaissance // Mes amis, mes nobles amis / Le duc de Dudek, Son Excellence Layton / Et avec moi, Scott, / Aux airs de diacre et d'archevêque / Le bienveillant farfelu / À l'œil en chas d'aiguille.

trouver un emploi dans une université pendant la Dépression, mais justice lui est finalement rendue. Il revient au Canada pour occuper la place qui lui revient au panthéon des poètes.

À cette époque, l'influence de Smith est à son apogée. Les deux éditions et les nombreuses réimpressions de son anthologie *The Book of Canadian Poetry* (1943), sont des lectures obligées dans l'étude de la poésie canadienne. On le respecte, comme poète et anthologiste, tant aux États-Unis qu'au Canada. En fait, il a toujours fait figure de mentor pour Scott et Edel, la personnalité marquante du groupe de la *McGill Fortnightly*. C'est à lui qu'ils doivent leur modernité. Scott raconte avec humour : « Smith était mon cadet de trois ans quand je me suis assis à ses pieds[10] ». Le jeune Smith a joué, en quelque sorte, le rôle de parrain pour Scott et pour Edel. « Fous-moi ça à la poubelle ! » a-t-il dit à Scott à propos de ses vers romantiques de jeunesse (il n'avait pas tort), et « Que vont en penser les critiques américains[11] ? » (il avait un peu moins raison). Il condamne sévèrement la trop grande clarté de la poésie de Scott. Péché mortel, car le jeune Smith estime que la qualité d'un poème se mesure à son hermétisme. T. S. Eliot n'a-t-il pas dit que le poète moderne doit être hermétique, qu'il doit tordre le langage pour en exprimer le sens, afin de refléter adéquatement la condition moderne ?

Personne n'imagine alors que le vent va tourner, et pourtant... Un an plus tard, Edel publie le premier volume de sa célèbre biographie de Henry James, remettant en question la primauté de Smith dans le groupe. L'année suivante, Scott publie *Events and Signals,* qui, bien que moins accompli sur le plan technique que les poèmes de Smith dans *News of the Phoenix* (1943), se révèle, en fin de compte, plus marquant pour la poésie canadienne. Enfin, un an plus tard, en 1959, à la conférence de Kingston sur la poésie, Irving Layton tient la dragée haute à Smith, dans les débats autour de l'orientation qu'il faut donner à la poésie canadienne.

Que Kim et Doug Jones n'aient pas reconnu Smith au premier abord et qu'ils n'aient vu de Scott que les photos parues dans les journaux montre, en quelque sorte, l'absence de communication entre les poètes canadiens au début des années 1950. Tout le monde connaît les œuvres de chacun, mais rien de la personnalité des uns et des autres, parce que le pays est immense et que les poètes sont tellement éloignés les uns des autres.

La première nuit à Keewaydin, cette soirée de poésie passée à la lueur des bougies, efface les distances qui séparent Montréal, Toronto et Kingston. Scott et Smith font impression sur le groupe, surtout « parce qu'ils lisent leurs meilleures œuvres et le font avec assurance ». Pour Dudek, « c'était si merveilleux d'avoir nos deux plus grands poètes — nos deux aînés[12]... ». Il règne une atmosphère bon enfant dans la pièce, chacun sent qu'il fait partie d'un cercle qui respecte l'art d'écrire de la poésie. Tout le monde souhaite répéter l'expérience. Tard ce soir-là, se rappelant la conférence sur les artistes canadiens qui a remporté un vif succès à l'Université Queen, en 1941, Scott propose d'organiser une conférence des écrivains qui se tiendrait elle aussi à Queen. Sa tentative de 1951 l'amène à penser qu'il pourrait obtenir des fonds de la Fondation Rockefeller[13]. C'est ainsi que le week-end à Keewaydin donnera naissance à la conférence de Kingston, le plus grand rassemblement d'écrivains canadiens des années 1950.

Vers trois heures du matin, au plus fort d'un débat animé sur l'organisation d'une telle conférence, Scott et Smith se retirent dans la maisonnette adjacente à la maison principale. Tard cette même nuit, Kim Jones se réveille et découvre Smith en sous-vêtements, à son chevet. Il la presse de le suivre, car Scott et lui ont un problème[14]. Le cocker de Kim, Missy, a mis bas dans leur chambre. Kim et Smith passent le reste de la nuit à jouer les sages-femmes auprès de la chienne, Smith associant pour toujours les cockers à la conférence de Keewaydin.

Dès son retour, Scott se plonge dans l'organisation de la conférence. À la fin du mois de novembre 1954, il écrit à Robert Weaver, de la CBC, à Toronto, pour l'inviter à déjeuner afin de discuter de la question. Northrop Frye a réservé une salle pour l'occasion. Claude Bissell, Joyce Marshall et quelques autres seront présents[15]. Au début de l'année, Scott prend contact avec quelques vieux amis de Queen, notamment J. A. Corry, le vice-recteur, et Malcolm Ross, du département d'études anglaises.

Échaudé par sa précédente tentative auprès de la Fondation Rockefeller, Scott sait que toute proposition de conférence sollicitant l'appui de la Fondation ne doit pas se restreindre à la poésie. « Alors nous est venue l'idée de présenter le projet comme le rassemblement de tous ceux qui travaillent sur la chaîne de montage de la littérature, depuis les producteurs — poètes, romanciers et autres, situés au début de la chaîne —, jusqu'aux manuscrits qui atterrissent ensuite chez les éditeurs ou dans ces petits magazines… Puis, la publication et, à l'autre bout de la chaîne, les bibliothèques et les librairies… Tous ces gens seraient représentés à la conférence[16]. »

Pendant ses réunions à la faculté de Queen's, le groupe met sur pied un comité organisateur et adopte le thème de la conférence : l'écrivain, les médias et le public. Henry Alexander, directeur du département d'études anglaises, accepte la présidence du comité ; Malcolm Ross, George Whalley et Kathleen Healey en sont les membres[17]. La conférence se donne pour objectif de favoriser une compréhension mutuelle entre les auteurs, les éditeurs, les critiques et les lecteurs. Le comité détermine les questions qu'il désire voir aborder : « La scène canadienne offre-t-elle un milieu stimulant aux écrivains ? Comment les éditeurs choisissent-ils les ouvrages destinés au grand public ? Les auteurs devraient-ils restreindre leur travail au "marché" actuel ? Les considérations matérielles sont-elles une menace à l'intégrité de l'écrivain ? Comment se vendent les livres ? Qui les lit[18] ? » Le programme de quatre jours se divise en soirées-causeries et en matinées de débat, les après-midi restant libres afin que les écrivains puissent se ménager des rencontres.

Scott, dont l'expérience dans ce domaine est considérable, accepte de s'occuper du financement de la conférence. Il se joint à Raleigh Parkin, à Montréal, pour rencontrer John Marshall, directeur adjoint de la Fondation Rockefeller. Les relations entre les trois hommes sont particulièrement cordiales. Non seulement Parkin et Marshall ont travaillé ensemble pour un certain nombre de fondations américaines pendant une dizaine d'années[19], mais le fils de Scott, Peter, courtise la fille de Marshall, Maylie.

Lui-même boursier de la Fondation Guggenheim en 1940, Scott avait été à même de recommander A. J. M. Smith, Bartlett Brebner, Anne Hébert et de nombreux autres auprès de cette fondation[20]. À la fin des années 1940, avant la commission Massey et la création du Conseil des Arts du Canada, grâce à l'aide de Parkin et de Marshall, Scott réussit à obtenir de la Fondation Rockefeller une somme de cinquante mille dollars destinée aux écrivains canadiens. L'administration de cette somme a été confiée conjointement à un comité et à la Fondation du Canada. De nombreux poètes réputés, comme Irving Layton et Margaret Avison, ainsi que de jeunes auteurs prometteurs, dont Jay Macpherson, Joyce Marshall, Al Purdy et Phyllis Webb, en ont bénéficié[21].

En 1954, le projet de conférence des écrivains canadiens satisfait aux critères de la Fondation Rockefeller, qui lui accorde son appui financier. Cependant, tout ne se déroule pas aussi bien. Henry Alexander, le président organisateur de Queen, se retire juste avant l'événement. Scott est déçu, mais une lettre encourageante de Malcolm Ross lui rappelle que la présence de J. A. Corry au comité a permis une bonne planification. « Je pense que certaines personnes travaillent encore mieux lorsqu'elles relèvent directement d'un supérieur exigeant. » Ross propose à Scott de remplacer Alexander au lancement de la conférence et estime que Roy Daniells ferait un bon président pour la séance de clôture, surtout si Scott termine par un résumé des propositions émises au cours de la conférence quant aux orientations à donner à l'écriture au Canada. « Je suis intimement convaincu, poursuit Ross, que nous maîtrisons la situation, que nous sommes prêts à faire face aux urgences et que l'événement remportera un franc succès[22]. »

D'autres en sont moins sûrs. Louis Dudek rappelle à Scott, dans une lettre, sa promesse d'inviter de jeunes poètes. A-t-il sollicité son fils, Peter, qui commence à écrire et à publier de la poésie, Leonard Cohen, Doug Jones, Daryl Hine, Jay Macpherson et A. W. Purdy[23] ? Quand il reçoit la liste des invitations officielles, Dudek laisse exploser sa colère. Les valeurs montantes de la nouvelle poésie, clame-t-il, publient dans *CIV/n* et *Contact*, mais parmi les soixante-cinq invités, aucun ne provient de ce groupe, sauf lui-même, Layton et Souster. Et ils ne sont pas de nouveaux écrivains. Dans ces circonstances, il est peu probable que Souster assiste à la conférence. En outre, Dudek n'a pas très envie « de conduire à Kingston une pleine voiture de participants… qui paieront tous le voyage de leur poche, tandis que des dizaines de gens peu engagés dans le milieu de la littérature recevront reconnaissance officielle et hospitalité[24] ». Irrité, Scott riposte à Dudek qu'il ne devrait pas espérer qu'une « conférence financée par la Fondation serve de tremplin à de jeunes avant-gardistes ; par définition, cela ne se peut pas ». Il conclut avec résignation : « Enfin, vous n'êtes pas la première personne à croire que je suis Dieu le père dans cette histoire. À mon avis, emmener des gens dans sa voiture est une bonne idée, mais s'il s'ensuit rage et jalousie, alors il vaut mieux oublier cela[25]. »

Comble de malheur, Scott tombe malade juste avant le début de la conférence ; il décide à contrecœur de ne pas y assister et en avise Anne Wilkinson. Elle ne veut même pas en entendre parler. « On *ne peut pas se passer* de vous. C'est votre projet et personne d'autre que vous ne peut en apaiser les turbulences. Sans votre autorité pour tout orchestrer, la conférence ne décollera pas. » Elle le sermonne fermement : « Venez ! Plâtré et en ambulance s'il le faut[26] ! »

Malgré toutes ces déconvenues, une fois la conférence sur les rails, une formidable atmosphère de camaraderie finit par régner. Les poètes et les romanciers, qui lisent depuis longtemps les travaux les uns des autres — vieilles connaissances sur le papier —, peuvent maintenant mettre des noms sur les visages. Robert Weaver décrit ce sentiment :

L'impression remarquable que je garde de la conférence — l'une des rares conférences dont je garde encore un beau souvenir —, c'est qu'à cette époque d'avant le Conseil des Arts, où les écrivains voyageaient rarement faute de moyens…

ceux-ci ont pris un immense plaisir à ce face à face ; et je me souviens que des gens comme Ralph Allen, de *Maclean's*, John Gray, de Macmillan, Jack McClelland et moi-même (que nos professions amenaient à voyager) avons passé beaucoup de temps à présenter les écrivains à leurs confrères et à les regarder se délecter de ces premières rencontres. C'était génial, Frank a fait du beau travail[27] !

A. J. M. Smith est là, vif, l'élocution plutôt saccadée ; Layton, « de petite taille, sombre et massif, donne l'impression de vouloir foncer, tête baissée, l'air combatif ; il se lance dans de longues envolées et a un humour sardonique[28] ». Scott lui-même, grand, sûr de lui, circule de groupe en groupe, saluant tout le monde avec enthousiasme.

De prime abord, ces rencontres se déroulent dans l'euphorie. Roy Daniells, alors directeur du département d'études anglaises à l'Université de la Colombie-Britannique, se rappelle :

> Callaghan, je l'avais déjà rencontré une fois, à Winnipeg ; je n'avais jamais côtoyé Child, Reany, Joyce Marshall, Dudek, Layton, Mme Salverson et quelques-uns du jeune groupe de Montréal ; j'avais vu Sutherland une fois et connu Miriam Waddington lorsqu'elle était étudiante. Les voir en action et les écouter exprimer leurs préoccupations s'est révélé une expérience exaltante (dans le meilleur sens du mot) qui a dépassé toutes mes attentes. Aucune autre circonstance n'aurait pu être plus propice à un tel resserrement des liens[29].

La liste des participants à la conférence de Kingston est en quelque sorte le *Who's Who* de tous les écrivains et éditeurs de l'époque et des années à venir. Parmi les journalistes, on compte Ralph Allen, James Bannerman, W. A. Deacon, Kildare Dobbs, James Gray, John Gray, S. P. Kite, Jack McClelland, Hilton Smith et Robert Weaver ; le groupe des écrivains comprend Morley Callaghan, Philip Child, Hugh Garner, Laura Goodman-Salverson, Ronald Hambleton, Charles Israel, William McConnell, John Marlyn, Joyce Marshall, Malcolm Ross,

Mason Wade et Adele Wiseman. Parmi les poètes figurent Earle Birney, Elizabeth Brewster, Fred Cogswell, Leonard Cohen, Roy Daniells, Ralph Gustafson, Irving Layton, Dorothy Livesay, Jay Macpherson, Eli Mandel, James Reaney, W. W. E. Ross, A. J. M. Smith, Miriam Waddington, Anne Wilkinson et Phillys Webb[30]. Pour Mandel, la conférence de Kingston est « l'un des tout premiers rassemblements du clan des poètes canadiens. Je dirais que c'était un moment crucial, car si ces écrivains n'avaient auparavant aucune idée de la communauté qu'ils formaient, ils l'ont appris à ce moment-là[31] ».

Le premier soir, le 28 juillet, A. J. M. Smith, Morley Callaghan et Douglas Grant, alors éditeur du *University of Toronto Quarterly*, donnent une conférence sur l'écrivain. Le lendemain matin, une centaine de délégués se divisent en trois groupes de discussion. Le soir, ils assistent à une série de causeries. John Gray, de Macmillan, Ralph Allen, de *Maclean's*, et S. P. Kite, de Penguin Books, abordent la question des médias et des écrivains. Le samedi matin, les groupes de discussion se réunissent à nouveau pour parler des médias ; le soir, les causeries portent sur l'écrivain et le public. Les orateurs sont Robert Weaver, de la CBC, et Hilton Smith, de la Bibliothèque municipale de Toronto[32]. Le dimanche matin, dernier jour de l'événement, une discussion porte sur l'accueil que le public réserve à l'écriture au Canada. À ce moment-là, Layton propose que la conférence adopte un certain nombre de propositions officielles, afin qu'elles servent de base à de futures revendications.

Wilkinson avait bien raison de prédire que cette conférence serait marquée par des turbulences. Une fois l'euphorie retombée, les divers membres de la chaîne de montage littéraire canadienne font remarquer que, même s'ils affrontent des difficultés semblables, tous ne partagent pas les mêmes intérêts. Certains poètes affichent leur dédain à l'égard des écrivains populaires, qui publient pour gagner de l'argent ; de nombreux écrivains ont l'impression que la poésie prend trop de place et, par conséquent, que la conférence est partiale. Certains poètes, obligés d'occuper un emploi pour gagner leur vie, lancent des remarques acerbes sur d'autres poètes, des universitaires, qui profitent de leur sinécure. Même Scott pâlit sous l'insulte et déclare à mi-voix : « Vous qualifiez mon poste de sinécure[33] ? » Les poètes et les écrivains blâment unanimement les médias. Comme on pouvait s'y attendre, des altercations éclatent au fur et à mesure que chaque groupe défend sa position. James Reany résume avec justesse quelques-uns des points d'achoppement dans une note postérieure à la conférence : « Les écrivains, particulièrement les poètes, déclarent que les médias n'en font pas assez pour eux, qu'ils manquent d'audace ; les gens des médias jurent qu'ils font de leur mieux pour satisfaire les écrivains et observent que les poètes pourraient essayer de rendre leurs écrits un peu plus compréhensibles[34]. »

En fait, rien de tel ne serait arrivé si on avait gardé l'idée originale de Scott axée sur une conférence de poètes, au lieu de satisfaire aux critères de la Fondation Rockefeller et d'ouvrir la conférence à tout ce qui touche à « l'écriture au Canada ». Les romanciers, les dramaturges et les journalistes n'avaient pas vraiment la place qui aurait dû leur revenir dans le programme, en partie, pense-t-on, parce que Scott n'a pas envisagé les choses de cette manière. Une des images de la conférence est restée dans la mémoire de Doug Jones, c'est l'arrivée, dans une ville aussi collet monté que Kingston, d'Irving Layton « dans une voiture remplie de femmes. Je suppose qu'il s'agissait de Leonard Cohen et de plusieurs de ses amies, mais on aurait dit que le sultan arrivait avec son harem[35] ». Évoquant les événements, Scott explique « qu'un groupe de poètes est arrivé de Montréal, Dudek et Leonard Cohen avec sa guitare, et ils ont commencé à dominer l'assemblée. Ils étaient plus forts en gueule que les romanciers et les rares dramaturges. Et c'est Layton qui a voulu transformer toute l'affaire en un forum de revendications et présenter des résolutions, ce que nous n'aurions jamais imaginé faire[36] ».

Avec le recul, on s'aperçoit qu'il aurait mieux valu que Smith n'ouvre pas les débats par un exposé sur le poète. Dans sa présentation, il cite Roy Daniells afin de mettre en évidence le peu de considération que récolte le poète dans la société canadienne, il affirme l'excellence de la poésie canadienne malgré

« l'immense indifférence du public, implacable bien qu'inexprimée ». Il rappelle à l'auditoire « Portrait of the Poet as Landscape » (à l'origine « Portrait of the Poet as Nobody »), d'A. M. Klein. Comment explique-t-il cette image du poète en exil, inconnu de tous ? Non par la prétendue obscurité de la poésie, mais plutôt par le fait que le poète est trop critique par rapport à la société. « Il est... celui qui dit des vérités peu agréables à entendre, la conscience secrète de la société, celui qui révèle la culpabilité inconsciente. »

La poésie, poursuit Smith, n'est pas une activité mercantile, mais si le poète se contente d'utiliser une langue simple, d'évoquer des images classiques et d'« aborder des généralités ou, aussi souvent que possible, des épisodes héroïques de l'histoire canadienne », alors il peut s'attendre à devenir populaire, célèbre même, grâce au « public nombreux auquel s'adressent *Maclean's...*, *Saturday Night,* l'Association des auteurs canadiens et la CBC[37] ». Difficile de savoir si Smith est réellement en faveur d'objectifs plus nobles ou s'il s'agit simplement de sa part d'un retour au ton provocateur du Mencken des années 1920 et 1930. Quoi qu'il en soit, ses remarques ne sont pas vraiment faites pour plaire aux individus qui représentent les magazines, l'Association des auteurs et la CBC. Pas plus qu'elles ne plaisent à E. J. Pratt, qui a, à ses débuts, écrit sur « ces généralités » que Smith cloue au pilori. On peut aussi supposer que ces propos ne font pas plaisir à Scott. Le voici de nouveau dans la position difficile qu'il avait dû occuper à l'époque où il tentait de publier *New Provinces,* dans les années 1930, essayant d'atteler à la même charrette une paire de chevaux rétifs, Smith d'un côté, Pratt et les écrivains plus conformistes de l'autre.

Une atmosphère belliqueuse empoisonne les débats, et les choses ne vont pas en s'améliorant. Smith s'obstine à justifier l'hermétisme du poète, soutenant que le poète est le gardien d'un culte selon lequel il écrit avant tout pour *d'autres* poètes[38]. Ce portrait du poète, sorte de grand prêtre officiant pour un groupe d'initiés, entraîne des dissensions considérables. Ceux qui approuvent Smith sont forcés de défendre leur position, tandis que ceux qui ne l'approuvent pas, notamment Layton, montent aux barricades. Macpherson écrira plus tard à Scott : « Je me suis trouvé encore et encore acculé au mur avec Reaney et Mandel, à défendre âprement le mythe contre tout et n'importe quoi[39]. »

Le principal élément de discorde de la conférence est le désaccord entre Smith et Layton au sujet du rôle du poète au Canada, du moins selon les poètes. D'un côté, Smith affirme que les poètes écrivent pour les autres poètes, et de l'autre, Layton déclare que le poète s'adresse à un vaste public, expression peut-être de sa tendance romantique, faisant écho à celle de Shelley, qui voit dans le poète « le législateur méconnu de l'humanité ». Layton, semble-t-il, endosse à la fois des visions prolétariennes et élitistes de l'art[40]. D'une part, il a ses convictions socialistes matérialistes, selon lesquelles le poète fait partie du prolétariat ; d'autre part, il fait corps avec l'idée de Nietzsche selon laquelle le poète est un être supérieur, bien au-dessus de la masse, dont la mission est de la guider. Layton ne croit plus que la poésie soit au service de la révolution, mais il reste convaincu qu'elle n'est pas enfermée dans une tour d'ivoire, ainsi que Smith le laisse entendre.

Smith, en revanche, fait de la surenchère. L'idée de la « poésie pure », défend-il, s'imposait afin de contrer les idées qui avaient dominé les années 1940, où la poésie n'était qu'un quelconque véhicule politique sans rapport avec l'art. Le réel enjeu de cette bataille, qui reflète les tendances contemporaines en poésie, est l'avenir de la poésie canadienne elle-même. Doit-elle pencher vers le réalisme prolétarien sublimé de Layton ? Ou doit-elle tendre vers plus de métaphysique et se tourner vers le mythe, comme le voudrait Smith ?

L'influence de Smith, en tant que critique, culmine à l'époque, mais ce débat marque le début de son déclin. D'autres voix commencent à s'élever, notamment celles de Frye, Dudek et Layton. Mandel se rappelle que cette époque marque un virage dans la sensibilité poétique au Canada : « Passer de cette période moderne, quoi que veuille dire ce mot — Smith, Scott, Klein, Pratt, Finch et Kennedy — à Layton, Dudek, Souster d'une part, et à Reaney, Mandel, Macpherson… d'autre part[41]. » À la conférence de Kingston, Scott et Smith sont enfin reconnus comme des figures importantes dans la première vague du modernisme canadien. Toutefois, dans la foulée, l'attention se tourne maintenant vers les jeunes poètes.

La présidence de Scott n'est pas impartiale. Plusieurs personnes tentent de s'exprimer et d'attirer l'attention pendant les débats, mais Scott revient toujours aux poètes et les autorise alors à parler pendant un temps interminable[42]. Layton, se souvient Dudek, avait tout du « grand prédicateur. Il parlait beaucoup et fulminait contre les journalistes[43] ». Un autre participant abonde dans le même sens : « Je revois Irving tout le temps en train de vociférer et... en grande conversation, dans une salle comble, postillonnant et raisonnant pour savoir si la poésie, l'art et la littérature devaient s'adresser au grand public ou à quelques privilégiés[44]. » Les poètes prolétariens, selon Layton, doivent s'opposer au capitalisme. La société a pour devoir de soutenir l'artiste. Les fondations privées devraient se sentir honorées d'aider « les Grands Poètes ». Il faudrait reconduire chaque année la conférence de Kingston[45]. Il faut reconnaître que Layton a beaucoup travaillé avec Scott pour préparer la conférence. Gauchiste avoué et père fondateur de cette conférence, pour ainsi dire, il se croit en droit de lui imprimer une direction. Il est intéressant de se demander ce que Marshall, assis tranquillement dans l'auditoire à titre de représentant de la Fondation Rockefeller, pense de tout cela.

Edinborough observe, avec un grand intérêt, Scott qui essaie de présider les séances. « Ce qui frappait, c'est qu'il était très grand, il avait une paupière tombante et une curieuse façon de... je ne peux que dire "fondre sur vous". Quand il se levait ou faisait un commentaire, c'était une lame acérée qui s'abattait comme un grand... je pense à un grand cimeterre. Et puis, cette figure plutôt sinistre. On avait l'impression, vous savez, que la "tache noire★" du pirate nous attendait au tournant. Ce type n'a

---

★ Dans *L'Île au trésor,* de Robert Stevenson, le pirate John Silver reçoit une tache noire (« *black spot* ») en guise d'arrêt de mort (N. D. T.).

qu'un œil… faites attention. » Il irradie d'une intelligence aiguë, « particulièrement dans ses gestes et dans la façon dont il démolit les gens. On savait que le coup allait venir parce que la posture de son corps et de sa tête vous le faisait savoir. Sa vivacité d'esprit frappait comme l'éclair. Ses remarques cinglantes aussi[46] ».

Mais si Scott frappe comme l'éclair, il peut tout aussi bien se montrer apaisant. À la séance de clôture, il tente de calmer la tempête en rappelant à l'assemblée que, même si Smith peut se plaindre de l'isolement et Layton affirmer que le poète est indispensable à la société, la situation véritable de l'écrivain au Canada n'a pratiquement pas changé depuis une soixantaine d'années. Pour preuve, il leur lit la lettre d'Archibald Lampman écrite à Frederick Scott, son père, dans les années 1890. « Le chanoine Scott pouvait bien se plaindre de l'isolement au Québec, mais dans la gaie et riche capitale nationale, Ottawa, il n'y avait qu'une seule autre personne avec qui Archibald Lampman pouvait parler de littérature[47]. » La morale est claire : le sentiment d'isolement de l'écrivain est tout à fait relatif. Dans l'absolu, l'écrivain est toujours isolé.

Le rôle de médiateur que joue Scott ressort dans la correspondance qui suit la conférence. Les délégués ne sont pas aussitôt repartis qu'il reçoit une lettre indignée de Layton. « Inviter les types des médias à la conférence n'était pas une bonne idée… Moi, par exemple, je me suis retrouvé à discuter avec ces singes qui font du commerce et qui n'ont pas plus leur place dans une assemblée honnête d'écrivains que vous et moi dans un bordel. » Et il est fâché que Scott n'ait pas fait de déclaration socialiste précisant « que la loi du profit est un obstacle à la vie de l'esprit… Dans tous les cas, les grands écrivains de notre temps et même les écrivains mineurs — comme vous le savez vous-même — ont tous été anticapitalistes et antibourgeois, Shaw, Yeats, Pound, Auden, Eliot — mais à quoi bon continuer ? Merde, ne lisez-vous pas vos propres poèmes[48] ? »

Scott répond gentiment. Il ne croit pas que « la conférence a raté son objectif » parce que les délégués n'ont pas rendu publique une liste de résolutions. « Il faut plutôt nous occuper de la publication des documents, des résumés des discussions et des résolutions sous forme de livres à mettre sur le marché. C'est cela qui influencera les autorités. Bien sûr, tous les gens concernés recevront les résolutions[49]. » Des lettres sont rapidement envoyées à des membres du gouvernement, comme le premier ministre, Louis Saint-Laurent, Lester B. Pearson, secrétaire d'État aux Affaires étrangères, Jack Pickersgill, ministre de la Citoyenneté et de l'Immigration, et Ray Williston, ministre de l'Éducation de la Colombie-Britannique[50].

Malgré l'assurance qui se dégage de sa réponse à Layton, Scott n'est pas convaincu du succès de la conférence. Ce même jour, il écrit avec amertume à William Arthur Deacon, critique au *Globe and Mail* de Toronto, lui exprimant son regret que les problèmes de l'écriture au Canada n'aient pas été portés à l'attention du grand public. « À peu près aucun journal n'en a parlé, et bien que j'en aie informé le *Star* et *The Gazette* à Montréal, ils n'ont rien fait. Le *Star* bien sûr n'acceptera jamais que mon nom soit mentionné de manière favorable dans ses pages[51]… » Le vieil homme est sensible à la note de colère qui perce dans sa lettre et replace, avec tact, la perspective de Scott dans un contexte positif :

En littérature, nous sommes dans l'impondérable. Ce que vous avez accompli d'extraordinaire pour tous ces gens n'est pas de leur avoir procuré d'agréables moments, mais de leur avoir offert une occasion de rapprochement et d'inspiration inimaginable… Ce n'est pas qu'ils soient d'accord ou pas, volubiles ou non, qui importe. Pendant un certain temps, ils ont pu vaincre la géographie et s'apercevoir, du moins dans leur inconscient, que d'autres, tout aussi sincères, font face aux mêmes problèmes, connaissent les mêmes découragements et frustrations. Ils en ont tous retiré un encouragement[52].

Deacon a raison. Pour quelques participants, cette conférence n'aura été, selon les mots de Jones, qu'« une série de contradictions, de confrontations, de collisions, sans qu'aucune direction ou harmonie n'en ressorte[53] ». Mais, à long terme, elle aura permis à l'ensemble de la littérature canadienne de se donner une orientation et de créer un nouveau sentiment d'unité chez les poètes. Pour la plupart des jeunes poètes des années 1950, et pour bien d'autres plus âgés, la Conférence de Kingston marque un tournant décisif dans leur travail.

Plus encore, les recommandations avancées à Kingston en 1955 jettent les bases d'une étude de la littérature canadienne. Les trois premières résolutions demandent aux provinces d'accorder une place plus grande à la littérature canadienne dans les programmes et les manuels scolaires, les écoles et les universités, et d'apporter un soutien aux bibliothèques. Après 1956, un certain nombre d'universités, notamment l'Université de la Colombie-Britannique, intègrent la littérature canadienne à leur programme. La quatrième résolution stipule que « dans le but d'instaurer une tradition littéraire qui se perpétuera au Canada, il faut conserver les travaux marquants des Canadiens sous forme imprimée et, si nécessaire, sortir des éditions bon marché pour les étudiants et le lecteur moyen ». La série New Canadian Library, de McClelland and Stewart, lancée à la suite de discussions qui se sont déroulées entre McClelland et Ross à la Conférence de Kingston, en découle directement. La résolution suggère par ailleurs que le Conseil des Arts du Canada, alors en création, subventionne les livres, à l'instar du Conseil des Arts australien, et qu'il offre un soutien aux écrivains au moyen de bourses et de récompenses littéraires. La conférence recommande aussi que le Prix du Gouverneur général soit assorti d'une bourse importante et, finalement, que le gouvernement augmente sa part d'achats de livres d'auteurs canadiens, afin de les distribuer dans les ambassades du monde entier[54].

Aucune résolution spécifique ne concerne l'établissement d'une revue consacrée à l'étude de la littérature canadienne, mais le rapport de Scott sur la Conférence, publié dans le *University of Toronto Quarterly*, en octobre 1955, souligne qu'il « n'existe pas au Canada de magazine littéraire du même type que *Partisan Review, Hudson Review* ou *Sewanee Review*, où une coterie d'écrivains et de critiques seraient à l'affût de nouveaux talents et soumettraient les écrivains, les jeunes comme les anciens, à une critique bien fondée. En fait,… la critique de la littérature canadienne n'en est qu'à ses balbutiements[55] ». Plusieurs personnes qui ont assisté à la Conférence de Kingston partagent le point de vue de Scott sur l'importance des périodiques. Les expériences les plus importantes de la décennie en ce sens, particulièrement *Canadian Literature* (lancé à la suite d'une conférence sur l'écriture, tenue en Colombie-Britannique et convoquée par trois participants à la Conférence de Kingston, soit Daniells, W. C. McConnell et Dorothy Livesay), *Prism* et la série des McGill Poets, sont directement reliées au rassemblement de Kingston.

Scott n'a probablement pas fait le lien entre la Conférence de Kingston et *Canadian Literature* ou la série New Canadian Library. Il s'attribue rarement le mérite de quoi que ce soit, car il pense toujours en fonction de la communauté. Par contre, il se rend compte qu'il a certainement une influence sur le financement des lectures publiques de poésie. En juin 1959, il écrit au secrétaire du Conseil des Arts pour lui demander de considérer d'un œil favorable une demande de subvention de Kenneth McRobbie, afin de mettre sur pied un programme de lecture de poésie à Toronto en 1960 :

> La lecture de poésie est une tradition bien établie dans de nombreux centres aux États-Unis et contribue, sans aucun doute, à élargir l'audience des poètes et à augmenter la vente de leurs recueils. À mon avis, le terrain est mûr au Canada pour que de tels événements aient les mêmes résultats bénéfiques. La grande difficulté, bien sûr, demeure toujours la même, soit la distance[56].

Scott a toujours été porté à réunir autour de lui de nouvelles personnes afin de mettre en route un projet qui l'enthousiasme. Il aime cette vie trépidante. « Frank a la témérité de faire bouger les choses, un peu comme un bulldozer, et les choses bougent… Il croit fermement que "cela en vaut la peine", même lorsque la plupart des gens en doutent fortement[57]. » Cette joie de vivre le rend indispensable à bien des jeunes poètes des années 1940, 1950 et 1960. Il est toujours prêt à deviser avec eux, à les recevoir chez lui, au 451 de l'avenue Clarke, pour prendre un verre ou passer la soirée, et à les recommander pour des bourses et des récompenses. Pour les plus jeunes poètes, il représente, comme l'explique Doug Jones, « une sorte de figure paternelle ».

> Lorsque l'on va chez Frank, on a vraiment l'impression de faire partie de la poésie canadienne. Frank est très doué pour faire sentir à chacun qu'il est génial, que sa présence est importante… Il a un sens aigu de la tradition ; sa propre tradition, tout d'abord, puis la tradition tout entière de la poésie canadienne et de la poésie tout court. Le besoin impérieux de faire des choses de manière positive et de provoquer les événements le talonne… Pour lui, la société, l'organisation et le droit sont des choses positives[58].

Chez Scott, Jones connaît surtout le poète.

> Chaque fois que Frank est au milieu de poètes, il s'exclame : « C'est là que je veux être. Dieu merci, je ne suis pas en ce moment un politicien ou autre chose. » Toutefois, rien ne permet de croire qu'il ne disait pas la même chose dans ses cours de droit, et je présume qu'il devait retirer autant d'agrément de ses… brèves apparitions au tribunal, lorsqu'il prouvait qu'il était aussi un bon avocat. C'est bien la seule personne qui m'a presque convaincu que le droit est une bonne chose. Et que c'est le fondement de tout le Canada et de tout l'Empire britannique… Frank voit le droit comme un poème en action,… comme de la poésie pratique… La plupart du temps, lorsqu'il est avec de bons amis, toute son attitude signifie : « Je me sens bien et c'est le meilleur moment de ma vie[59]. »

Depuis les années 1920, les Scott ont toujours été entourés de poètes, tels Smith, Kennedy et Klein, auxquels se joignent, dans les années 1940, Anderson, Page, Layton, Dudek, Souster et Sutherland et, dans les années 1950, Ralph Gustafson, Phyllis Webb, Al Purdy, Jones, Cohen et Daryl Hine. Durant les années 1960, des poètes en herbe comme George Bowering, John Newlove et Patrick Lane lui écrivent ou lui rendent visite. Marian est en tout temps présente, accueillant les poètes avec chaleur, les mettant à l'aise et préparant le dîner pour des invités impromptus. Avec elle, la conversation acquiert une autre dimension. « La poésie est importante », semble indiquer l'attitude de Scott. « La peinture est importante », semble indiquer l'attitude de Marian. Et tous se sentent engagés dans une cause commune.

Tout au long des années 1950, le cercle de poésie de Scott s'élargit considérablement. Dudek et Webb enseignent à McGill, et Layton à l'Université Sir George William. À la fin des années 1950, un certain nombre de poètes se réunissent, habituellement chez Layton, à Côte-Saint-Luc, parfois chez les Scott, pour parler de poésie. Il y a les habitués : Cohen, Aileen Collins, Robert Currie, Dudek, Yaffa Lerner, Morton Rosengarten, Scott et Webb. Eli Mandel, qui a longtemps enseigné au Collège militaire de Saint-Jean, près de Montréal, fait de fréquentes apparitions. À l'occasion, on invite Dorothy Livesay, Anne Wilkinson, Page et Smith. Le groupe accueille aussi Dylan Thomas après son passage à McGill pour une conférence, au début des années 1950.

Dans ces rencontres, des poètes lisent leurs œuvres récentes que le groupe commente ensuite « spontanément[60] ». Cohen se rappelle que les gens ne mâchaient pas leurs mots, que l'analyse était parfois « sournoise », ce qui constituait un bon entraînement pour lui, puisqu'il lui fallait défendre chaque mot d'un poème. Un jour, Scott se retrouve sur la sellette. « Frank a lu un poème que les autres ont vertement critiqué. Il s'est alors lamenté en disant : "Je fais trop de choses à la fois. Je voulais être poète et je me suis éparpillé[61]. »

Quelques jours plus tard, Scott reçoit une lettre d'un étudiant de l'Université Bishop lui demandant si la poésie est sa préoccupation première dans la vie. Il essaie de peser ses mots dans sa réponse : « Cela dépend, bien sûr, de la valeur que vous accordez au mot "préoccupation". Ce n'est certainement pas l'activité qui occupe le plus clair de mon temps. En fait, j'ai peu de temps à y consacrer. C'est, cependant, ma grande préoccupation dans le sens où, pour moi, c'est l'activité qui exprime le mieux mes sentiments, ma pensée et mes désirs[62]. »

C'est probablement avec les poètes que Scott noue ses plus profondes relations d'amitié — à l'exception de quelques vieux compagnons d'armes comme Raleigh Parkin et King Gordon, avec qui il a tissé des liens immuables. C'est un être secret, cependant, dont il est difficile de percer la carapace. Dans la partie de sa vie qu'il voue au droit et à la politique, il n'y a pas de place pour des rapports plus personnels. En revanche, entouré de poètes et de poésie, il laisse toujours percer ses sentiments. En fait, la poésie est une expression subjective des sentiments ; même la satire, genre que Scott manie souvent, est, comme il l'écrira plus tard, « l'affirmation d'une conviction[63] ». Mieux, la poésie a des vertus vivifiantes. Comme les Laurentides, elle lui permet d'effectuer un retour dans ses jardins secrets, où il puise l'énergie nécessaire à ses incursions dans le monde extérieur.

Scott donne son amitié sans compter à ceux qui le connaissent bien — Avison, Cohen, Dudek, Jones, Layton, Page, Purdy, Webb. Dudek observera plus tard : « J'en suis venu à aimer l'homme[64]. » Purdy, considérant le chemin parcouru, se rappelle que Scott « était unique parmi tous les gens que j'ai connus ; unique car il combinait de nombreuses qualités et habiletés ; sa propension à aimer… J'éprouve pour la personne de Scott une très grande amitié : je lui suis redevable pour de nombreuses raisons. Il m'a aidé de bien des manières : il a essayé de me trouver un emploi alors que je n'avais pas grand-chose à offrir à un employeur ; il a écrit des lettres pour m'appuyer ; il croyait en moi — c'était plus fort que lui, et c'était un ami ».

Ce n'est pas la seule personnalité de Scott qui attire les gens, mais aussi l'étendue de ses intérêts, particulièrement, comme s'en souvient Purdy, ses grandes préoccupations : « Il était unique au Canada et ailleurs. Le connaître, savoir qu'il existait me fortifiait, c'était une raison de me réjouir[65]. » Le travail des jeunes poètes comme Purdy, Atwood, Newlove et Lane reflète non pas un nationalisme conscient, mais plutôt ce sens de la terre que l'on trouve dans les poèmes de Scott, particulièrement dans les poèmes narratifs comme « Lakeshore » et « Laurentian Shield ». Scott contribue à façonner la nouvelle poésie canadienne des années 1950 et 1960 parce que, à l'instar de E. J. Pratt, il montre aux jeunes écrivains que l'on peut évoquer, par des métaphores de l'évolution, l'élément canadien fondamental, le paysage nordique.

Il exerce aussi une influence surprenante sur de jeunes poètes, dont le travail est très différent du sien. Leonard Cohen, par exemple, entre à la faculté de droit de McGill parce que Scott y enseigne. Il se dit que si Scott « a pu survivre et s'enrichir » là, peut-être que lui aussi pourra apporter sa contribution au monde de cette façon. Il raconte qu'il aimait écouter Scott discuter de droit ; un jour, celui-ci compare le droit à un récif de corail, quelque chose qui grandit, évolue et prend des formes superbes[66]. Néanmoins, lorsque Scott se rend compte que la poésie, et non le droit, est le point fort de Cohen, il l'encourage à écrire et le recommande au Conseil des Arts pour qu'on lui accorde une bourse[67].

Selon Cohen, on est accueilli avenue Clarke « chaleureusement et merveilleusement, dans une atmosphère de légèreté et de grande ouverture d'esprit ; on s'amusait beaucoup ; on buvait ; on parlait de politique et de poésie ». Marian et Frank commencent à sortir dans les boîtes du centre-ville où Leonard chante en s'accompagnant à la guitare. Les Scott invitent Cohen, à son tour, à séjourner à North Hatley. Un jour, un Cohen tourmenté fait irruption chez les Scott et voit Frank assis sur la véranda, dans un fauteuil en rotin. La maison, construite sur le versant d'une colline, est entourée d'arbres. Scott, qui sent l'agitation intérieure du jeune homme, a un geste en direction des feuilles en habit d'automne et dit : « Regarde, cela t'apaisera[68]. »

La personnalité déchirée de Scott trouve la paix à North Hatley, ce que reflète « Autumn Lake ».

the calm of water   becalmed
flowed into me   covered me
easing
what was hurting
far down

at mid-lake
a cone of shadow
from the hill behind
touched a cone of colour
mirrored on the water
from the far shore

and I was drawn
to that point
where shadow and reflection
(two fingers)
touched
one and one formed one
and conflict ended

so calmed
I glided downward
melting
into the wholeness
into the still
centre★ (C. P., p. 61)

★ le calme de l'eau / apaisée / s'insinue en moi / me recouvre / soulageant / ce qui me faisait mal / au fond de moi // au milieu du lac / une ombre conique / la colline derrière / rejoint un cône de couleur / le reflet dans l'eau / de la rive éloignée // et je suis attiré / au point / où l'ombre et le reflet / (deux doigts) / se touchent / un et un formant un / le conflit s'arrête // ainsi calmé / je glisse / me fondant / dans le tout / dans le centre / paisible

Il essaie de communiquer son sentiment de paix à Cohen. Il aide le jeune homme à écrire en l'incitant à s'installer dans le chalet de son frère, Elton, plus loin au bord du lac, construction au toit en appentis qui avait servi à Scott au cours de ses retraites d'été quelques années plus tôt. Là, en 1957, Cohen commence à écrire *The Spice-Box of Earth*, et en 1958 il y séjourne plus longuement et travaille à *The Favourite Game*. Son poème « Summer Haiku : For Frank and Marian Scott » reflète cette paix qu'il a pu trouver à North Hatley :

Silence
and a deeper silence
when the crickets
hesitate★[69].

Au fil des ans, Cohen met aussi à profit ces nombreux séjours à North Hatley pour graver ce haïku sur une pierre. Il l'offre aux Scott, qui l'utilisent comme arrêt de porte dans leur chalet d'été.

Grâce à Cohen, Scott, toujours extraordinairement ouvert à de nouvelles rencontres ou à de nouvelles expériences, s'aventure dans la poésie pop de la fin des années 1950 et des années 1960 — le Bob Dylan de *Blonde on Blonde* et *Bringing It All Back Home*. Tout commence en 1966, dans une soirée de poésie chez les Scott. Frank concocte une invitation « The EDGE of the PRISM », qui joue avec les noms de petits magazines que certains des invités ont lancés.

The point is
I firmly believe
CIVn is not a one man job

★ Silence / et un silence encore plus profond / quand les grillons / hésitent.

Hence CONTACT
Is important
So please answer
YES
As your FIRST STATEMENT
To 451 Clarke Avenue
Saturday January 8
Where the Scotts will provide
Lunch
And
Supper
Liquid and solid
Come at Noon
And be carried out
After Midnight ★[70]…

Layton, Dudek, Purdy, Gustafson et bien d'autres s'y rendent, notamment Cohen. Dudek et Scott se souviennent que Cohen a joué de la guitare en déclamant :

« *What are these poets doing, all writing poetry the way they used to ? Do you know who the greatest poet in America is ?* »
« *Who ?* »
« *Bob Dylan !* »
« *Who's he ?* »
« *Don't you know ? He's already made a million dollars.* »
« *Then he can't be the greatest poet in the world.* »

★ Le fait est / Que je crois fermement / Que la CIV/n n'est pas le travail d'un seul homme / De là l'importance / Du CONTACT / Alors s'il vous plaît répondez / OUI / Au 451 de l'avenue Clarke / Samedi 8 janvier / Où les Scott fourniront / Le déjeuner / Et / Le dîner / Liquide et solide / Venez à midi / Et repartez / Après minuit…

« *Don't you know his records ? »*
« *Where can you get them ? »*
« *National Music Store★. »*

Scott s'esquive rapidement avec le titre des quatre disques, constate qu'ils coûtent six dollars quatre-vingt-quinze et en achète deux. De retour avenue Clarke, il interrompt la conversation pour faire jouer l'un des disques de cet homme qui, selon Cohen, compose « une très bonne musique, une très bonne poésie. La plus grande poésie du siècle ». Alors, d'après Scott, « la pièce a résonné d'une mélodie que l'on n'avait encore jamais entendue entre ces murs auparavant ».

Al Purdy « bondit hors de la pièce comme mû par un ressort en déclarant que c'est d'un ennui mortel. C'est insupportable, je préfère m'en aller ». Il va dans la cuisine, probablement pour y prendre une bière. Dylan, malgré l'éloge qu'en a fait Cohen, « est loin de soulever l'enthousiasme », car, comme le dit Dudek, « personne n'a trouvé qu'il était un bon poète ». Cohen annonce alors aux poètes réunis ce soir-là qu'un public l'attend, qu'il sera le nouveau Bob Dylan, affirmation qu'ils ne prennent pas au sérieux[71].

Scott a prévu de passer la journée à « boire, déjeuner, s'asseoir et se détendre, à boire encore puis à regarder deux films de l'Office national du film ». Ils assistent à la projection d'un film sur Klein, « A. M. Klein : le poète comme paysage », suivi de *Ladies and Gentlemen, ... Mr. Leonard Cohen*, film que le principal intéressé refuse de voir. Ils sont de retour après dix-sept heures, se reposent, prennent l'apéritif, puis dînent. Vers vingt-deux heures, la conversation commence à languir. Scott

---

★ Que font ces poètes, écrivent-ils tous de la poésie comme ils l'ont toujours fait ? Savez-vous qui est le plus grand poète d'Amérique ? / Qui ? / Bob Dylan ! / Qui est-ce ? / Vous ne le savez pas ? Il a déjà empoché un million de dollars. / Alors, il ne peut pas être le plus grand poète du monde. / Vous n'avez jamais entendu ses disques ? / Où peut-on se les procurer ? / Chez tous les bons disquaires.

demande « Aimeriez-vous réécouter ce disque de Bob Dylan ? »
Cette fois-ci, tout le monde se lève et se met à danser — « les
nouveaux rythmes et la bière font effet[72] ». Une autre expérience
que Scott peut ajouter à son actif.

Signe d'une maturité culturelle croissante au Canada à la fin
des années 1950, les écrivains se découvrent l'envie d'écrire des
satires sur tout ce qui est canadien et sont suivis par un public
qui a envie de rire avec les satiristes. Scott, l'un des versificateurs
satiriques les plus incisifs de l'époque, explique : « Je ne sais pas
vraiment pourquoi j'écris si souvent des vers satiriques ; peut-
être est-ce parce que mon père avait l'habitude, quand nous
étions enfants, de nous lire Stephen Leacock. » Il ajoute : « Il faut
bien comprendre que la satire, sous ses allures destructrices, est
au fond une profession de foi dans le contraire de ce qui en fait
l'objet[73] ».

En 1957, Scott publie deux ouvrages satiriques, *The Eye of
the Needle* et *The Blasted Pine* (jusque-là, il n'avait fait que des
incursions dans le genre). Le premier est un recueil de ses
propres poèmes satiriques, alors que le second, comme l'atteste
son sous-titre, *An Anthology of Satire, Invective and Disrespectful
Verse Chiefly By Canadian Writers* (une anthologie de vers sati-
riques, injurieux et irrespectueux, principalement d'écrivains
canadiens), est une anthologie que Scott et son vieil ami Arthur
Smith ont préparée pendant l'été de 1957.

Les poèmes de *The Eye of the Needle* égratignent les Cana-
diens. L'épigraphe du livre « Le flot puissant se rue / mais où, oh
où est Charbonneau ? » fait allusion à la disparition de l'ancien
archevêque de Montréal, réformiste bien connu pour avoir sou-
tenu les grévistes d'Asbestos, qui s'est vu soudain chasser de ses
fonctions par les conservateurs de l'Église catholique romaine.
Dans une lettre qu'il écrit à Scott le 17 février 1957, Dudek qua-
lifie le livre de « hilarant », mais il perçoit aussi « la note tragique
de votre drame personnel — c'est-à-dire la défaite de l'intelli-
gence dans ce pays qui est le nôtre ». Il ajoute avec sincérité :
« Vous êtes l'interprète d'une telle bonne volonté, d'un tel sens
civique, d'une telle sagesse, que l'apathie et la stupidité incu-
rables du monde que vous décrivez défilent comme une tragédie

sous nos yeux. On le voit particulièrement dans "To Certain Friends" et dans le poème sur Mackenzie King. »

À titre de satiriste, Scott aime débusquer l'absurde dans les sujets que les autres jugent plutôt sérieux : la Constitution, le rôle du gouverneur général et les prétentions d'une culture orientée vers la consommation[74].

« Culture in Canada is booming »
Says Toronto Saturday Night,
And Saturday Night *is always right.*
Quite★[75] !

Il n'hésite pas non plus à taquiner de son aiguillon satirique les aspects du Canada qui lui tiennent à cœur, tel le biculturalisme, comme dans « Bonne entente » :

The advantages of living with two cultures
Strike one at every turn,
Especially when one finds a notice in an office building :
« This elevator will not run on Ascension Day » ;
Or reads in the Montreal Star *:*
« Tomorrow being the Feast of the Immaculate Conception,
There will be no collection of garbage in the city »
Or sees on the restaurant menu the bilingual dish :

> *DEEP APPLE PIE*
> *TARTE AUX POMMES PROFONDES*★★ (C. P., p. 256)

★ « La culture au Canada explose » / Dit *Saturday Night* de Toronto, / Et *Saturday Night* a toujours raison. / Vous ne saurez mieux dire !

★★ Les avantages de vivre dans deux cultures / Nous frappent à chaque tournant, / Spécialement lorsqu'on trouve une note dans un immeuble à bureaux / « Cet ascenseur ne fonctionnera pas le jour de l'Ascension » ; / Ou qu'on lit dans le *Montreal Star* / « Demain, jour de la fête de l'Immaculée Conception, / Il n'y aura pas de cueillette des ordures ménagères » / Ou qu'on lit sur le menu bilingue d'un restaurant : / Deep Apple Pie / Tarte aux pommes profondes

Pour justifier la critique de la société formulée dans *The Blasted Pine*, Scott et Smith expliquent dans l'introduction que, en période de changements sociaux, le satiriste est celui qui « crie dans le désert, et son intelligence critique et son indignation vertueuse brillent comme des phares dans un monde obscur ». Les Canadiens qui émigrent vers un autre pays, qui affirment leur individualité contre les traditions du passé, sont peut-être eux-mêmes des satiristes, des révolutionnaires rejetant l'ordre établi. « Les poètes et les versificateurs que nous avons rassemblés sont des hommes qui sont allés derrière le miroir des conventions et… ont refusé de jouer le jeu. » L'anticonformisme s'est toujours manifesté au Canada, et « il y aura toujours une voix subversive et intelligente pour s'élever contre la vie banalisée… Saura-t-on l'écouter[76] ? » Beaucoup l'ont entendue. *The Blasted Pine* reçoit un accueil enthousiaste et est resté un des grands succès de librairie de Scott.

Lorsque Scott et Smith entament leur recherche de vers satiriques pour les inclure dans leur recueil, nombreux sont leurs amis qui considèrent inhospitalier le climat canadien. Pourquoi ? Un ami de Scott, David Thomson, de l'Université McGill, écrit dans la préface du livre que la plupart des Canadiens sont très satisfaits d'eux-mêmes et de ce qu'ils choisissent de voir. « Les partis politiques sont en compétition plutôt qu'en opposition ; l'antenne de télévision orne la cabane de papier goudronné » ; et, continue-t-il, pince-sans-rire, « dans les salles des professeurs de nos écoles et de nos universités, hors de la vue du public ; les gens avides et corrompus ont raffiné leurs exactions à un tel degré qu'ils sucent notre sang avec tant de facilité que nous aimons mieux faire semblant qu'ils ne nous touchent même pas[77] ».

The Blasted Pine est une sorte d'inventaire satirique de la société canadienne. Comme le recueil de Scott, « An Up-to-Date Anthology of Canadian Poetry », paru d'abord dans *The Canadian Forum* en 1932, il reprend la structure du « Ô Canada », c'est-à-dire qu'il souligne l'éternel contraste entre le Canada idéal de l'hymne national et la façon dont l'histoire se répète. L'anthologie révèle que, dès leur apparition, les premiers poètes canadiens ont émis une note discordante. Le Canada, dit-il, est « une terre scolaire / figée à l'adolescence ».

Parents unmarried and living abroad,
relatives keen to bag the estate,
schizophrenia not excluded,
will he learn to grow up before it's too late★[78] ?

Il y a même de la place dans le recueil pour un anglais comme Samuel Butler, dont les récriminations au sujet de l'esprit mercantile du Canada — « Ô Dieu ! Ô Montréal ! » — ont été à l'origine de la satire de Scott dans les années 1920.

À la fin des années 1950, Scott inspire l'une des meilleures satires canadiennes. En 1957, deux de ses étudiants en droit, Donald MacSween et Timothy Porteous, suivant son exemple, écrivent les textes de la revue annuelle « Red and White » de McGill. Le producteur, Jim Domville, pianiste de répétition et auteur de nombreux sketches de music-hall, les invite à se joindre à lui pour cet exercice. Domville demande à Erik Wang, qui avec MacSween et Porteous a fondé un magazine d'humour à l'Université, *The Fig Leaf,* de se joindre à eux. Domville compose la musique ; MacSween, Porteous et Wang écrivent les textes ; par la suite, Brian Macdonald se joint à la production à titre de chorégraphe[79].

MacSween et Porteous ne montrent guère d'enthousiasme pour les sketches des années précédentes de McGill, car ils puisaient en grande partie dans un creuset américain, s'inspiraient de l'humour américain et même les références étaient américaines[80]. D'un autre côté, l'humour de Gilbert et Sullivan ou de Flanders et Swann est essentiellement britannique, et non canadien. Mais qu'est-ce qui est canadien, à part Leacock ? Dans les années 1950, une sensibilité canadienne voit le jour, suscitée en grande partie par la programmation de la CBC, qui met en

---

★ Parents non mariés vivant à l'étranger, / Les proches âpres à mettre la main sur la propriété / La schizophrénie n'est pas exclue, / Apprendra-t-il à grandir avant qu'il ne soit trop tard ?

ondes le mercredi soir des pièces de théâtre sur la vie de sir John A. Macdonald ou les contes de W. O. Mitchell. *Rawhide*, de Max Ferguson, se moque gentiment du Canada anglais, et, au Québec, le *Tit-Coq* de Gratien Gélinas (1948) reflète la société francophone. Mais surtout, MacSween et Porteous ont, sous leurs yeux en classe de droit, Scott qui discute de Mackenzie King, qui n'a « … jamais fait le lien / Entre "d'une part" et "d'autre part" ».

Les deux jeunes étudiants en droit consacrent pratiquement une année à trouver des thèmes canadiens. Il doit y avoir un policier à cheval ; ils veulent parler du Parlement, de la Constitution et du débat entourant le drapeau. Ils créent une trame s'inspirant d'un fait d'actualité : l'histoire d'amour de Grace Kelly et du prince Rainier de Monaco. Si Rainier ne se marie pas et n'a pas d'enfant, Monaco reviendra à la France. Les auteurs inventent une principauté inuite, Mukluko, avec une princesse qui doit se marier si elle ne veut pas que son royaume revienne au Canada. La princesse Aurore part à la recherche d'un mari au Canada, elle fait la connaissance d'un journaliste, d'un policier à cheval et d'un représentant anglophobe du nouveau Conseil des Arts, mais elle finit dans les bras du gouverneur général, peu enclin à se contenter de simples « gouverneur-généralités[81] ». Les écrivains parodient le titre d'un grand succès londonien, et c'est la naissance de *My Fur Lady*, qui ravit Ottawa et emballe tout le Canada. Finalement, *My Fur Lady* atteint quatre cents représentations dans quatre-vingt-deux villes du Canada[82]. Pour la première fois, les Canadiens de tout le pays ont plaisir à se voir mis en scène de manière satirique dans une comédie musicale.

Tourner le Canada, ses institutions et ses personnalités publiques en dérision est plaisant, mais être soi-même l'objet de la satire peut l'être moins. Le 21 novembre 1957, Scott donne une conférence à la galerie d'art Greenwich de l'avenue Isaac, à Toronto. John Robert Colombo y assiste et pond un article pour le journal étudiant de l'université, *The Varsity*, sous le titre « Un poète-avocat parle de politique ». Colombo décrit Scott comme ayant des « yeux gris acier et portant un costume gris acier ». Sous la lumière vive et entouré par de « grandes taches » de peinture impressionniste, « l'auteur de trois livres d'authentique poésie canadienne, personnage dégingandé de cinquante-neuf ans, a l'aplomb d'un agent d'assurances de la Nouvelle-Angleterre ». Scott assiste à la première lecture de poésie de Contact Press, où il lit un certain nombre de ses propres poèmes, de même que ses traductions d'Anne Hébert, de Pierre Trottier et de Roland Giguère. Les poèmes de Scott, pense Colombo, sont d'emblée intelligibles, « et on a tous passé un bon moment ».

À la réception qui suit la lecture, « le poète de Montréal a montré qu'il était éminemment sociable. Il fume la pipe et sait boire. Puisqu'il préfère discuter de politique et non de poésie, l'assistance s'est divisée en petits groupes autour de poètes à la sensibilité sociale moins aiguisée. On peut entendre Scott dire le fond de sa pensée, d'un groupe à l'autre, sur l'incompétence du ministère des Affaires indiennes, sur le nationalisme en Birmanie et "l'état de siège" des écrivains canadiens-français ». Scott parle de Jay Macpherson et du mythe ; il n'a pas fini de lire *Anatomie de la critique* de Northrop Frye. « Je ne lis pas beaucoup sur la poésie. C'est seulement l'un de mes champs d'intérêt parmi d'autres. » L'hôtesse, qui est traductrice, se joint à Scott, et Colombo rapporte leur conversation qui porte sur la traduction et plusieurs poètes du Québec. « À deux heures du matin, tout le monde décide qu'il est temps de rentrer. »

Le groupe bruyant se sépare dans le hall d'entrée de l'immeuble de l'hôtesse, qui leur demande de faire moins de bruit. « La voix de Ray Souster domine toutes les autres : "Chut ! Tout le monde est couché le vendredi soir à Toronto !" » En montant dans l'ascenseur, Colombo se rappelle les vers que Scott a écrits après une soirée similaire tenue trente et un ans auparavant :

O Canada, O Canada, Oh can
A day go by without new authors springing
To plant [paint] the native maple, and to plan
More ways to set the selfsame welkin ringing⋆[83] ?

⋆ Ô Canada, Ô Canada, / Un jour peut-il passer sans que fleurisse un autre auteur / Pour planter [peindre] l'érable du pays et imaginer / D'autres façons de faire tinter les cloches célestes ?

Trois jours plus tard, Colombo reçoit une lettre de Scott, « toutes griffes dehors me menaçant de poursuites pour avoir rapporté des conversations privées[84] ». Scott écrit : « Quel type de journaliste vous voulez devenir, cela vous regarde, mais ma vie privée n'appartient qu'à moi. Vous devez à notre hôtesse, Mme Brazeau, et à moi-même, des excuses pour avoir osé abuser ainsi d'une invitation privée[85]. » S'empressant de répondre qu'il a écrit ces lignes en toute innocence, Colombo fait aussi valoir qu'aujourd'hui les esprits sont plus ouverts envers la pratique journalistique. Scott se radoucit. Il croit toujours que Colombo a dépassé une frontière qu'il n'aurait pas dû franchir. « Cependant, j'espère que vous ne laisserez pas ma réaction quelque peu vive élever une barrière entre nous. J'étais et je suis encore touché de l'intérêt que vous manifestez envers la poésie, et nous sommes si peu nombreux dans ce cas que nous ne pouvons pas nous payer le luxe de nous aliéner les uns les autres. Considérons que l'incident est clos — et envoyez-moi votre prochain article[86]. » Dans les années qui suivent, Scott se montre aimable, prêtant une oreille attentive aux entreprises de Colombo. En 1978, il accepte que le jeune homme lui dédie son livre *Colombo's Book of Canada,* où il gratifie Scott du titre de « Canadien accompli[87] ».

En 1959, Irving Layton publie une nouvelle édition de *Laughter in the Mind* et un recueil de poèmes, *A Red Carpet for the Sun.* Grand seigneur, Scott célèbre la réussite de Layton. « Dans leur ensemble, les poèmes atteignent une amplitude supérieure à celle de l'un ou l'autre pris isolément… Mais surtout c'est votre rage poétique qui est magnifique, une rage qui n'est pas négative mais affirmative, fondée sur une foi en la grandeur de la vie et finalement, je crois, en l'amour de l'homme, malgré ses péchés pour lesquels vous le blâmez si rondement. » Par son originalité et par la droiture de sa satire, Layton a « libéré le langage » de la poésie canadienne. Pour Scott, qui a entendu réciter de nombreux poèmes au moment de leur création, le livre est aussi une récapitulation de ses souvenirs des années 1950.

Je pense au nombre de fois où nous nous sommes réunis dans votre maison ou la mienne pour lire de la poésie et en parler. Il y a une forme de nostalgie à regarder en arrière, un sentiment de fin, plus pour moi que pour vous, parce que je suis plus vieux. Les poèmes ne finissent pas, mais la vie qui les entourait et qu'ils distillaient s'en va. Et ceux qui y participaient se font plus rares. Ainsi, nous participons tous au mouvement d'ensemble. Mais vous avez su en préserver bien plus que n'importe lequel d'entre nous[88].

CHAPITRE 18

Chevalier de Jéhovah

Tout au long des années 1950, deux affaires judiciaires inter-
minables, l'affaire de la Loi du cadenas et l'affaire Roncarelli, vont
conforter Scott dans sa vision du droit constitutionnel au Canada
et dans sa conviction qu'il est nécessaire d'enchâsser une déclara-
tion des droits dans la Constitution. À la fin de 1946, le premier
ministre Duplessis annule le permis d'alcool de Frank Roncarelli,
car ce dernier ne cesse de verser la caution pour les membres des
Témoins de Jéhovah qui sont arrêtés pour prosélytisme. On fait
appel à Scott, membre de l'Association des droits civils, qui a par-
rainé un rassemblement contre la décision de Duplessis, afin qu'il
défende l'affaire. Il s'occupe déjà de l'affaire Switzman contre
Elbling, requête en dommages et intérêts qui lui donne l'occasion
de contester la validité de la fameuse Loi du cadenas du Québec.
Dans l'affaire Roncarelli, c'est la liberté de culte qui est en cause ;
dans l'affaire de la Loi du cadenas, comme Scott fera valoir plus
tard, il est plutôt question d'une législation qui vise « à contrôler la
pensée ». Il constate que l'opinion très répandue au Québec, selon
laquelle on peut impunément condamner un homme sans pro-
cès, est à la source de ces deux affaires[1]. La bataille juridique qui
s'ensuit, dans les deux cas, commence au milieu des années 1940
pour se terminer à la fin des années 1950.

En 1937, le premier ministre Duplessis a instauré la Loi du cadenas afin de combler le vide juridique laissé par l'abrogation de l'article 98 du Code criminel canadien (autorisant les poursuites contre les communistes). Depuis, Scott a toujours enseigné dans ses cours de droit constitutionnel que la Loi du cadenas est invalide et qu'elle outrepasse les pouvoirs de la province, puisqu'elle empiète sur les pouvoirs du fédéral en matière de droit criminel. Pendant les années 1940, divers groupes de défense des droits civils tentent de remettre en question sa validité, mais en vain. En 1949, l'occasion se présente de nouveau. John Switzman fait appel à deux anciens étudiants de Scott, Abraham Feiner et Albert Marcus, pour le défendre contre sa propriétaire, Mme Freda Elbling. L'appartement de Switzman est mis sous scellés parce qu'on le soupçonne d'activités communistes. Sa propriétaire le poursuit afin de récupérer le manque à gagner à cause du loyer non payé et de la détérioration de sa propriété pendant un an.

En Cour supérieure du Québec, en mars 1949, les avocats de Switzman expliquent qu'ils ne contestent pas les faits, mais plutôt la Loi du cadenas, qu'ils considèrent anticonstitutionnelle. À l'appui de leur thèse, ils plaident que la province ne pouvait promulguer cette loi, car elle outrepasse ses pouvoirs : cette loi relève du droit criminel ; elle confisque une propriété sans aucune assise juridique ; elle viole les droits constitutionnels, interdit les conversations publiques libres et ne définit en aucun cas les mots « communisme » et « bolchevisme[2] ». L'avocat de Mme Elbling, Louis Orenstein, réplique qu'il n'est pas là pour discuter de la constitutionnalité de la loi. Il fonde son argumentation sur le fait que sa cliente est privée de sa maison. Il demande que Switzman soit expulsé et condamné à verser deux mille cent soixante-dix dollars de dommages et intérêts à sa propriétaire.

Le juge Collins de la Cour supérieure du Québec statue que la loi entre bien dans le champ des compétences de la province. Comme il n'y a pas de preuves indubitables que des dommages ont été causés, il n'accorde aucune réparation, mais annule le bail de Switzman avec dépens. Pour qu'un appel puisse être entendu devant la Cour suprême du Canada, il faut que les dommages et intérêts accordés soient supérieurs à deux mille dollars. Cette voie leur étant fermée, Feiner et Marcus décident en 1954 de porter l'affaire devant la Cour d'appel du Québec. Le jugement, par une majorité de quatre voix contre une, déclare constitutionnelle la Loi du cadenas, malgré la ferme opinion discordante du juge Barclay.

Grâce à ce jugement, les avocats peuvent se pourvoir en appel devant la Cour suprême. Toutefois, avant d'entamer toute procédure, ces derniers passent en revue les jugements de la Cour afin de déterminer les chances de réussite ou les risques d'échec. Si les neuf juges siègent, il est très probable qu'ils gagneront leur cause. Si seuls siègent cinq juges, et que ceux-ci sont conservateurs, alors leurs espoirs sont très minces[3].

Frank est une autorité en matière de droit constitutionnel au Québec. Même si Feiner et Marcus connaissent ses sentiments fortement anticommunistes, ils n'hésitent pas à l'approcher[4]. Pour le seconder, ils sollicitent aussi les services d'un avocat francophone, Jacques Perrault. Scott hésite. Le scandale entourant ses activités au sein de la CCF bat son plein à McGill et un éditorial du *Montreal Star* affirme qu'on ne devrait pas autoriser des militants politiques comme Frank Scott à enseigner à McGill[5]. Il se sait une épine dans le pied de la communauté universitaire, et cette situation le met mal à l'aise. Doit-il s'en prendre à des gens qui lui ont fourni l'occasion de gagner sa vie de manière agréable ? Il n'aime pas particulièrement jouer les rebelles, car cela nuit aux bonnes relations. « Au bout d'un certain temps, on en a assez d'être toujours contre l'autorité[6]. »

Toutefois, la Loi du cadenas est à ses yeux une législation perverse qui doit certainement être abrogée. C'est, de surcroît, une affaire dans laquelle on peut invoquer les droits de l'homme, quoique de manière indirecte, en faisant valoir que la loi provinciale contrevient au code pénal. « C'est le genre d'affaire qui me convient. J'enseigne le droit, je connais le droit constitutionnel sur le bout des doigts. » L'idée d'aller en cour le rend nerveux, bien qu'il ait plaidé l'affaire Roncarelli. Les honoraires sont modestes, mais il peut compter sur son salaire de McGill. Il décide finalement « qu'il ne peut pas laisser passer cela ». Par-dessus tout, il

sent peser sur lui le sens des responsabilités et du « devoir » : « Je
ne pouvais pas laisser faire… Aurais-je passé dix-huit ans de ma
vie à offrir un enseignement vide de sens[7] ? »

La première étape consiste à faire un résumé de l'argumen-
tation juridique. Scott ébauche un mémoire auquel contribuent
Feiner et Marcus. Ils doivent présenter leur argumentation à la
Cour suprême en novembre 1956. Le jour J, Feiner se précipite
dans la salle du tribunal à 9 heures 45 et rapporte la formidable
nouvelle, « neuf petites ampoules — toutes allumées ! Tous les
juges vont siéger[8] ! »

Le juge en chef Kerwin, comme le craignait Feiner,
demande d'emblée : « Écoutez, maître Scott, y a-t-il vraiment
matière à litige dans cette affaire ? Après tout, le bail a été annulé
il y a plusieurs années déjà, et on n'a accordé aucuns dommages
et intérêts… Vous savez que nous n'entendons aucun pourvoi
pour une simple question de coûts. Quelle est donc la question
dont nous sommes saisis[9] ? » Feiner se souvient qu'il n'avait pas
voulu embêter Scott avec ce problème, puisqu'il avait retenu ses
services en raison de son expertise constitutionnelle. Scott bre-
douille, tandis que Feiner murmure *fortissimo* : « Mais il y a
matière à litige, Votre Honneur.

— Il y a un litige, Votre Honneur.

— Le premier article de la *Loi sur les mesures de guerre*, Votre
Honneur.

— Il se rapporte à la *Loi sur les mesures de guerre*, Votre Hon-
neur.

— En 1939, on a proclamé la *Loi sur les mesures de guerre*. En
vertu de cette loi, on a procédé à certaines proclamations recon-
naissant aux locataires des droits acquis sur leur logement. Le
décret en conseil…

— En 1939, en vertu de la *Loi sur les mesures de guerre*… »

Feiner continue de jouer les souffleurs. Scott renchérit. Ils
soulèvent deux points et, à ce moment-là, le juge en chef les
interrompt pour déclarer : « Cela suffit, Maître Scott. Je vois que
nous avons bien un litige. » Abraham Feiner s'assoit, soulagé[10].

Les avocats se divisent l'argumentation. Feiner plaide que le
tribunal de première instance a commis une erreur fondamen-

tale de jugement. Les juges de la Cour supérieure et ceux de la Cour d'appel ont émis un jugement moral sur le bien-fondé de la Loi du cadenas. Cependant, un tribunal doit se prononcer sur « l'essence » de la législation. Il aurait dû examiner s'il relevait de la compétence de la province d'édicter une telle loi. Scott déclenche les rires étouffés du tribunal en faisant remarquer que l'article 3 de la Loi du cadenas, qui définit une maison, est tellement large qu'on puisse un jour apposer un cadenas à la porte de la société Radio-Canada, à cause d'une de ses émissions à caractère politique. Il l'appelle « l'une des plus grandes petites questions depuis la Confédération[11] ». Pour Scott, cette interprétation de la Loi du cadenas est inconciliable avec la vision des juges de première instance, pour qui la loi est strictement provinciale et de nature privée, et a pour but de combattre ce qui a été qualifié de menace aux fondements mêmes du Québec.

Le lendemain, Scott plaide que la Loi du cadenas vise à « contrôler la pensée » et empiète sur la compétence du gouvernement fédéral en matière de droit criminel. « Si on confirme la validité de la loi… "le communisme, le libéralisme, le socialisme — tous les mots en isme — risquent d'être bannis des discussions, même chez soi". » Cette loi interdit l'utilisation d'une « maison », définie de manière à inclure tout type de bâtiment possible, dans le but de propager le communisme. En cas d'infraction, on pose un cadenas sur la porte, pour une durée d'un an. Scott plaide qu'un candidat communiste aux élections fédérales ne pourrait même pas tenir de réunion pour discuter de son programme électoral, ni dans sa maison ni dans celle de ses partisans. Il fait remarquer qu'il ne peut y avoir deux types de candidat aux élections. « Aucune province n'a le droit de faire obstacle à un type de candidat à la Chambre des communes et de favoriser un type de candidat par rapport à un autre. »

Il soutient aussi que la Loi du cadenas limite considérablement le droit des Québécois à la liberté d'expression, de presse et d'assemblée. Le but fondamental de cette loi est de « protéger l'État contre un mouvement subversif très sérieux. "Cela, à mon avis, est du ressort du Code criminel" ». En fait, la province a amendé une disposition qui relève de la compétence fédérale, ce qui est, par conséquent, anticonstitutionnel[12]. Au troisième jour de comparution, il conclut sa plaidoirie par une ingénieuse métaphore laissant entendre que la Loi du cadenas est une forme inversée de la lettre de cachet. Autrefois, les rois de France utilisaient la lettre de cachet pour enfermer un homme, déclare Scott, tandis que la Loi du cadenas le jette à la rue. Comme c'est la première fois que la loi est remise en cause devant la Cour suprême, « Votre jugement, Messieurs les juges, fera en grande partie jurisprudence sur deux questions constitutionnelles », estime Scott.

> D'abord, déterminer si nos libertés d'expression, d'assemblée et de presse dépendent du bon vouloir des gouvernements des dix provinces et si une simple majorité de voix peut prétendre à leur suppression. Deuxièmement, déterminer si les législateurs en poste peuvent exercer un tel contrôle sur la liberté — s'ils peuvent aussi priver un homme de son droit à un procès selon les règles reconnues[13] ?

Scott, en disant trembler à l'idée de ce qui arriverait dans les trente prochaines années si la loi était maintenue, se serait vu répondre par le juge en chef Patrick Kerwin, avec un sourire : « Vous et moi ne serons plus là, monsieur Scott. » « C'est bien possible, Votre Honneur, aurait répliqué Scott, mais je risquerais bien alors de me retourner dans ma tombe[14]. »

Scott se présente devant la Cour suprême en novembre 1956, mais le jugement est repoussé jusqu'en mars 1957. Les mois qui s'écoulent entre-temps sont pour lui aussi éprouvants que l'année qu'il a passée à Harvard entre 1940 et 1941, et ce, pour les mêmes raisons. Guidé par ses idéaux, il a constamment dépassé ses limites et a épuisé son énergie émotive. De plus, les événements dans la province de Québec se font particulièrement oppressants. L'influence du premier ministre Duplessis s'infiltre, d'après Scott, dans les différentes sphères de l'administration de McGill. Finalement, rien ne garantit que la Cour suprême du Canada reconnaîtra les idéaux pour lesquels Scott s'est battu si longtemps.

En partie à l'instigation d'A. J. M. Smith, l'Université d'État du Michigan renouvelle une invitation que Scott avait déjà refusée. Celui-ci accueille avec soulagement cette occasion d'oublier ses problèmes pendant deux mois. Les liens de Scott avec cette université remontent à 1955, quand il a été invité à donner un séminaire interdisciplinaire. Mais en septembre de la même année, sollicité pour occuper le poste de doyen par intérim à McGill, il avait dû refuser l'invitation, précisant tout de même au recteur James que si cette université l'approchait de nouveau, il accepterait de s'y rendre. Lorsque l'offre se représente, McGill refuse de verser une somme de six cents dollars à Bora Laskin, le remplaçant de Scott à McGill. Scott est furieux. L'Université McGill a déboursé deux mille trois cents dollars pour aider le doyen Meredith à obtenir un congé temporaire, et le jour où Scott, qui a tenu le fort pendant l'absence de Meredith, demande le même privilège, McConnell et le Conseil des gouverneurs chipotent sur une somme ridicule[15]. La question finit par se régler en faveur de Scott, qui part pour le Michigan, sur fond d'amertume, en février 1957.

En 1957, Scott inaugure une série de cours donnés par des professeurs invités. Il habite un appartement de fonction et donne des séminaires à la faculté d'histoire sur le droit constitutionnel canadien. Il donne aussi quelques cours aux départements d'anglais, de sciences politiques et de français, fait au moins une lecture publique de ses poèmes et conseille les étudiants dans des cours de rédaction.

Pendant son séjour à l'Université d'État du Michigan, il assiste à une conférence sur les relations culturelles canado-américaines. Le président de l'université, M. Hannah, s'intéresse au Canada (il a siégé au Conseil mixte de la défense avec le général McNaughton), et tant McNaughton que John Diefenbaker recevront plus tard un doctorat honorifique de l'Université d'État du Michigan[16]. Marshall McLuhan, de l'Université de Toronto, et Malcolm Ross, maintenant à l'Université Dalhousie, sont aussi invités. On demande à chacun de faire, avec Scott, une brève déclaration pour lancer la discussion. Ross et Scott lisent leurs déclarations, mais McLuhan, mettant en pratique sa théorie sur les communications, « commença à improviser sur [la cause du] déclenchement de la crise de Suez, qui est, selon lui, l'introduction de la radio en Égypte ». Malcolm Ross se rappelle « qu'il a ensuite traité de la "première guerre du chemin de fer" — la guerre civile américaine. L'assemblée semble perplexe et Arthur Smith est pris d'un rire nerveux. Pauvre Arthur, oubliant les bonnes manières, il étouffe son fou rire dans son mouchoir et se cache derrière un grand bureau[17] ». La « logique » de McLuhan, combinée au fait que Smith et Scott préparent leur anthologie satirique, *The Blasted Pine*, s'avère irrésistible. Smith produit bientôt un couplet :

McLuhan put his telescope to his ear
What a wonderful smell, he said, we have here★ !

Ross reste, après la conférence, en compagnie de Scott et de Smith, qui évoquent leurs souvenirs du bon vieux temps et lisent chacun leur tour à haute voix les poèmes qu'ils ont écrits pour leur anthologie. Il rit d'entendre Scott parler de Lionel Tiger, jeune et prometteur étudiant du premier cycle à McGill. Celui-ci a envoyé à Scott quelques poèmes afin d'obtenir son avis. Scott, emballé par ce qu'il a lu, décide alors de téléphoner à Tiger pour lui exprimer son enthousiasme. « J'ai eu un mal fou à trouver son numéro, raconte Scott à Ross. Sais-tu combien de Tiger vivent à Montréal ? Des pages entières[18] ! »

À East Lansing, comme à Montréal, Scott se crée bien vite un cercle d'amis et de relations, mais, comme toujours, lorsqu'il est loin de ses racines québécoises, il commence à se sentir tendu. C'est alors que le doyen Erwin N. Griswold lui offre d'enseigner à titre de professeur invité à l'École de droit de Harvard, de 1958 à 1959[19]. Scott hésite et fait part de ses doutes à un ancien élève, Gerry Le Dain, devenu un ami et un collègue.

★ McLuhan colla son télescope à son oreille / Quelle merveilleuse odeur, dit-il, avons-nous ici !

Scott ne se sent pas au meilleur de sa forme. Son amibiase se manifeste de nouveau et, sur le plan sentimental, il est, pour la seconde fois, en proie au tourment amoureux. Pis encore, il voit encore une fois le poste de doyen lui échapper. Il se demande aussi si le recteur James lui accordera un autre congé dès son retour du Michigan. Finalement, il s'inquiète de l'avenir de la faculté de droit de McGill.

Le Dain le pousse à accepter l'offre de Harvard. L'invitation est après tout la plus grande distinction que Scott puisse recevoir, « l'ordre de la jarretière de l'université ». Toutefois, d'autres éléments, qu'il expose dans sa réponse, amènent Scott à décliner l'offre. « Bon — au sujet de Harvard. Vous avez raison, c'est l'ordre de la jarretière. Mais c'est aussi toute une année en moins dans ma vie qui défile à toute vitesse. Si cette voie me menait rapidement là où je veux aller, alors je la suivrais sans aucune hésitation. Cependant, j'ai d'autres chats à fouetter que de faire le tour des universités pour recevoir des hommages. » Les dix semaines au Michigan, explique-t-il à Le Dain, ont constitué un intermède. Il a fini un rapport de recherches, travaillé à l'affaire de la Loi du cadenas, publié *The Eye of the Needle* et codirigé *The Blasted Pine,* « petite addition, mais ô combien distinguée, à l'édifice littéraire dont j'ai été en quelque sorte l'apprenti maçon ». Il n'a pas arrêté ses recherches en droit constitutionnel et se demande « qu'est-ce que j'enseignerai à Harvard ? Voilà la question. Si je pouvais enseigner le droit constitutionnel canadien, auquel s'ajouteraient quelques matières connexes, ce serait idéal. Je ne crois pas que cela se passera ainsi ». La nomination à Harvard, pense-t-il, le forcerait à s'écarter de sa spécialité. Il lui faudrait acquérir de nouvelles connaissances au lieu d'approfondir celles qu'il possède déjà.

> Je ne me crois pas capable d'écrire à Harvard le livre que je devrais, selon vous, écrire sur la Constitution canadienne. Et, dans l'intervalle, toutes les autres vrilles de ma vigne qui puisent leur nourriture au Canada s'étioleraient loin de leur sol natal. Switzman et Roncarelli auront justice — de cela j'en suis sûr[20].

Le 7 mars, la Cour suprême du Canada rend son jugement dans l'affaire Switzman. Le même jour, Scott reçoit un télégramme du Président de la Société de droit des étudiants du premier cycle de McGill, « Il n'y a plus de cadenas sur votre maison — revenez ! » Les félicitations affluent de partout. « Trois bravos et un Lionel Tiger », écrit Malcolm Ross. « Belle réussite[21] ! ». J. R. Mallory, collègue de Scott à McGill, écrit que peu d'avocats peuvent espérer avoir « un tel impact sur le droit grâce à une seule cause ». En outre, il remarque que le juge Abbott a découvert dans la plaidoirie de Scott un argument décisif en faveur de l'intégration d'une déclaration des droits à la Constitution[22].

Parti de McGill *persona non grata,* Scott revient en triomphe, louangé dans tous les journaux d'un bout à l'autre du pays, à titre de champion des droits civils. *The Montreal Star* reproduit les arguments de Scott devant la Cour suprême presque mot pour mot, rapportant sa prédiction qu'en cas de maintien de la Loi du cadenas il faudrait s'attendre à ce que des sujets comme le communisme, le libéralisme et le socialisme soient bannis des conversations. C'est une question d'importance, celle-là même à laquelle Scott a consacré une chronique dans *The Gazette,* en février 1931, en signant « professeur adjoint de droit constitutionnel et fédéral », ce qui avait soulevé l'ire de l'administration de McGill.

Ses convictions n'ont pas bougé d'un iota, ce sont celles des autres qui ont changé. La position de Scott, que le Québec jugeait sévèrement au début des années 1930, est maintenant bien vue dans le climat plus libéral de la fin des années 1950. Par ailleurs, cette décision vient confirmer la justesse de son engagement envers le réformisme socialiste. Finalement, en remportant cette cause, Scott n'obtient pas seulement une victoire en matière de droits civils au Canada, mais il se rachète aux yeux de la haute société de Montréal. On admet qu'un professeur de droit constitutionnel puisse se prononcer sur la légalité de statuts constitutionnels. Scott est invité de tous côtés à donner des conférences, à présider des banquets, et il retire un immense plaisir à être sollicité ainsi plutôt que d'être censuré. Mais il n'a pas vraiment le temps de profiter de ce bain de chaleur humaine, car la Cour suprême va commencer à entendre l'affaire Roncarelli le 16 mai 1958.

Toute cette affaire commence le 4 décembre 1946, au très luxueux restaurant de Frank Roncarelli, prospère diplômé de McGill, qui a hérité du commerce que ses parents ont ouvert trente-cinq ans plus tôt. À une heure de l'après-midi, heure de grand achalandage, plusieurs voitures remplies de policiers, armés et en uniforme, s'arrêtent devant le restaurant de la rue Crescent. La salle à manger est bondée d'hommes d'affaires qui prennent un repas bien arrosé ou de mères de famille, qui s'octroient une pause bien méritée au milieu des courses de Noël. En entrant, les policiers interrompent le repas des clients et confisquent les bouteilles de vin posées sur les tables. Ils exigent de voir le permis d'alcool du restaurant et informent le propriétaire, abasourdi, qu'on le lui confisque ainsi que sa réserve d'alcool. Pendant ce temps, des clients embarrassés se faufilent vers la sortie. Après une perquisition chaotique qui dure cinq heures, les policiers repartent bredouilles, n'ayant pas mis la main sur les documents des Témoins de Jéhovah qu'ils espéraient trouver[23].

Roncarelli téléphone à la presse. Est-ce dans les habitudes de la police de faire irruption dans les restaurants et de leur confisquer leur permis ? Plusieurs journaux contactent le premier ministre Duplessis, qui se pose en champion de la loi et de l'ordre — et, indirectement, du Québec catholique. « Un certain M. Roncarelli a payé les cautions de centaines de Témoins de Jéhovah. La sympathie que cet homme a manifestée à plusieurs reprises envers ces Témoins de Jéhovah, sans se cacher et avec audace, est une provocation envers l'ordre public, envers l'administration de la justice, et est carrément contraire aux buts que poursuit la justice. » Duplessis s'oppose tout particulièrement au fait que Roncarelli ait agi comme « grand payeur de cautions[24] ».

Duplessis mise sur l'impopularité des Témoins de Jéhovah au Québec, doublée du peu d'estime de la population envers ceux qui fréquentent les débits de boisson, s'imaginant sans doute que l'affaire en restera là. Il se trompe. Un véritable tollé s'élève de toutes parts. *The Montreal Star,The Gazette,The Canadian Register* et les journaux anglophones catholiques sont unanimes à dénoncer ce qu'ils estiment être une ingérence arbitraire dans les libertés religieuses et politiques. Les magazines à leur tour font état de la question. *Saturday Night* parodie Byron en publiant : « La destruction de Roncarelli ».

Duplessis came down like a wolf on the fold,
And his edicts were gleaming in purple and gold ;
And the sheen of his padlocks was hid by the pall
Of the laws that hang heavy o'er French Montreal ★[25].

La toute récente Association des droits civils de Montréal, dont Scott est un membre éminent, convoque une assemblée publique le 12 décembre. Elle organise un grand rassemblement devant le Monument national, habituellement le centre d'activités nationalistes francophones, et bon nombre de Montréalais francophones et anglophones influents sont présents. Tous critiquent l'action du gouvernement.

En fait, le gouvernement fédéral est celui par qui la persécution des Témoins de Jéhovah a commencé. Dans la foulée du climat de tension qui règne au Canada après le déclenchement de la Seconde Guerre mondiale, Ernest Lapointe, ministre de la Justice et lieutenant de Mackenzie King pour le Québec, a émis un décret en conseil en 1940 déclarant illégale l'organisation des Témoins de Jéhovah. Deux députés, John Diefenbaker, de la Saskatchewan, et Angus MacInnis, de la Colombie-Britannique, se sont élevés en vain contre ce décret. L'interdiction de l'organisation ne sera pas levée avant le 14 octobre 1943[26]. Mais avec ou sans la sanction fédérale, la province de Québec déclare littéralement hors-la-loi les Témoins de Jéhovah, qui ont lancé une vigoureuse campagne de conversion au début de 1933 à Québec.

★ Duplessis est arrivé comme un loup dans la bergerie / Et ses décrets brillaient en pourpre et en or ; / Et le reflet de ses cadenas était caché par le drap mortuaire / Des lois qui pesaient si lourdement sur le Montréal français.

L'organisation tire son nom du chapitre XLIII du Livre d'Isaïe : « Vous êtes mes témoins, dit le Seigneur. » Chaque membre se considère ministre du verbe divin et s'oppose à la religion institutionnelle sous prétexte qu'elle s'interpose entre l'homme et son Dieu. Depuis 1933, année où les catholiques allemands ont coopéré avec Hitler pour supprimer les Témoins de Jéhovah, ces derniers se sont particulièrement opposés à l'Église catholique, qu'ils décrivent comme la « putain de Babylone ». À la suite du congrès des Témoins de Jéhovah tenu à Québec en automne 1933, des adhérents répartis dans quarante voitures commencent à distribuer des exemplaires de la *Tour de Garde*. Ils créent un véritable tumulte, particulièrement lorsqu'on sait que quarante évêques et archevêques de partout au Canada sont réunis à Québec pour assister à un congrès épiscopal. La campagne éclair des Témoins, que la population ressent comme une invasion d'hérétiques, incite la mairie de Québec à promulguer le règlement 184, qui rend illégale toute distribution de matériel imprimé sans la permission de la police[27].

Néanmoins, rien n'empêche les adhérents, au cours de la décennie qui suit, de distribuer au coin des rues de Québec leur brochure *Réveillez-Vous !* Les autorités municipales de Montréal procèdent à des arrestations : d'abord en vertu du règlement municipal, pour avoir distribué des documents sans autorisation, puis en vertu des dispositions de la Loi du cadenas, pour propagande illégale, et enfin en les accusant de sédition, sur la foi d'un livre écrit par un prêtre, Damien Jasmin. La persécution des Témoins au Québec atteint de telles proportions que Leslie Roberts, journaliste, dit de cette période : « Dans les autres provinces, le Québec a la réputation d'être devenu le foyer d'une persécution religieuse qui rappelle dangereusement l'Inquisition[28]. »

C'est alors qu'entre en scène Roncarelli. Les arrestations des Témoins ont souvent lieu le vendredi, et, incapables de payer leur caution, ceux-ci doivent passer le week-end en prison. Roncarelli, Témoin de Jéhovah relativement prospère, paie les cautions, comme il en a le droit selon le processus démocratique. Au moment où Duplessis annule son permis d'alcool, en 1946, Roncarelli a payé trois cent quatre-vingt-trois cautions. Il peut se permettre d'agir ainsi grâce aux dispositions qu'il a prises avec des avocats de la ville et grâce à « ses biens immobiliers valides et substantiels. La caution promptement payée, la procédure de relaxation des parties arrêtées en est simplifiée[29] ».

L'affrontement entre les Québécois et les Témoins de Jého-vah prend de l'ampleur à l'automne 1945. Les Témoins déci-dent d'investir les paisibles villages autour de Montréal, frappant aux portes, poussant les gens à se repentir et distribuant des bro-chures critiquant l'Église catholique. Les résidants, qu'un tel zèle offusque, se rassemblent pour s'opposer à eux. À Château-guay, le 9 septembre 1945, une foule de mille Québécois catho-liques affronte les Témoins, avec un camion rempli de tomates, de pommes de terre et de pierres. Une semaine plus tard, des Témoins, dont Frank Roncarelli, sont battus et bombardés de projectiles au cours d'un face-à-face similaire. Entre-temps, à Lachine, une foule prend d'assaut la boutique et la maison de Joseph Letellier, membre de la secte, forçant ses occupants à se barricader à l'intérieur de la boutique afin de se protéger de la grêle de pierres[30].

En novembre 1946, les Témoins publient une brochure, *Quebec's Burning Hate For God and Christ and Freedom Is the Shame of all Canada* (La haine du Québec envers Dieu, le Christ et la liberté fait la honte du Canada), s'attaquant à la fois au Québec et au clergé catholique. Pour Duplessis, qui agit aussi à titre de procureur général, ils dépassent les bornes. Il émet deux avertissements. Comme les Témoins n'en tiennent pas compte, il en conclut qu'un cerveau dirigeant planifie leurs activités. Il déclare ouverte la chasse au « grand distributeur » de bro-chures[31]. Duplessis pense bien avoir trouvé son coupable et le remède lorsqu'il apprend qu'un certain Frank Roncarelli a payé la caution de Témoins de Jéhovah dans plus de trois cents cas et que ce même Roncarelli détient aussi un permis d'alcool. Duplessis ordonne alors au directeur de la Commission des liqueurs, Édouard Archambault, d'annuler le permis d'alcool de Roncarelli et d'en informer la presse.

Contre toute attente, Roncarelli décide de se défendre. Il demande à A. L. Stein, avocat montréalais, de le représenter.

Stein a déjà agi comme conseiller des Témoins de Jéhovah dans le passé ; il a même réussi à obtenir l'exemption du service militaire pour un Témoin qui se proclamait ministre de Dieu. Stein s'est rendu à la Salle du Royaume où ce ministre officiait. Il a jugé le service « sérieux, religieux et de bonne foi », et ce qu'il a vu l'incite à croire que « Frank Roncarelli a toujours agi de bonne foi et par conséquent a droit à la protection entière de la loi[32] ».

Roncarelli demande aussi à Stein d'approcher Scott, dont la réputation de défenseur des droits civils n'est plus à faire. Celui-ci se sent pris dans un dilemme. Il comprend parfaitement bien les principes théoriques en cause, mais Scott n'a jamais encore vraiment plaidé devant les tribunaux et n'est pas au fait des procédures (l'affaire Roncarelli débute avant l'affaire de la Loi du cadenas). Il n'est même pas sûr d'être en règle auprès de l'Association du Barreau du Québec. Mais son sens de la justice est fortement ébranlé. « En ce moment, écrit-il dans *Canadian Forum* de janvier 1947, on se permet de persécuter et, même, de martyriser une petite secte religieuse en maints endroits du Québec, en s'abritant derrière un simulacre de justice et dans l'affaire de M. Roncarelli, sans même un tel simulacre ». Les agissements de Duplessis témoignent d'un profond mépris envers un concept cher au cœur de Scott — « la primauté du droit ». Le permis d'alcool de Roncarelli lui a été retiré non pas parce qu'il n'en a pas respecté les clauses, mais parce que ses croyances religieuses heurtent le catholicisme au Québec.

Quelques années plus tard, Scott dira qu'il a accepté de plaider la cause en partie parce qu'il jouissait d'une relative sécurité à McGill. L'université est financièrement indépendante, donc elle échappe à la vengeance du premier ministre[33]. Cependant, d'autres raisons personnelles ont pu prévaloir à cette époque. La faculté de droit va se doter d'un nouveau doyen, et Scott sait qu'il n'aura ni la promotion ni l'augmentation de salaire qu'il mérite. Le 14 février 1947, il écrit au recteur James pour lui expliquer qu'il accepte de prendre en main l'affaire Roncarelli pour des raisons financières. Outre les raisons de justice qui motivent cette décision, il y a peut-être aussi son désir de tirer vengeance d'une haute société qui s'est montrée injuste à son égard. Duplessis est « cul et chemise » avec l'Église et les gens d'affaires du Québec ; en fait, l'un de ses plus grands alliés au sein de la haute société anglophone est l'ennemi juré de Scott, J. W. McConnell, propriétaire du *Montreal Star*.

Pour minimiser les aspects émotionnels et raciaux de l'affaire et pour faire mieux ressortir son importance juridique, Scott et Stein font appel à un membre montréalais éminent de la profession, Lionel Forsyth, avocat de la couronne, qui appartient à un cabinet juridique de Montréal très en vue, communément désigné par le vocable « The Factory ». Forsyth aide Scott et Stein dans leur première tentative de poursuivre celui qui dirigeait à l'époque la Commission des liqueurs du Québec, Édouard Archambault. Selon les dispositions de la *Loi sur les boissons alcooliques du Québec*, il est possible de le poursuivre à condition que le juge en chef du Québec l'autorise. Or, ce dernier n'est, à ce moment-là, nul autre que ce même Archambault[34]. Les trois avocats présentent une requête, le 31 janvier 1947, qui expose les motifs de la plainte et réclame l'autorisation d'engager des poursuites. Le 5 février, le juge Archambault rejette la requête qui le concerne. On laisse entendre aux trois hommes que, s'ils avaient présenté l'affaire plus clairement, ils auraient peut-être eu l'autorisation de le poursuivre[35]. En conséquence, ils présentent une seconde demande au juge Archambault, le 16 avril. Deux semaines plus tard, cette demande subit le même sort que la première.

Dans l'intervalle, ils en arrivent à la conclusion que non seulement le directeur mais aussi la Commission des liqueurs, en tant qu'organisme ayant une existence juridique, peuvent faire l'objet de poursuites. Ils écrivent au procureur général, Duplessis, demandant la permission de poursuivre en justice l'institution, étant donné que l'homme qui a commis la faute, si faute il y a, est aussi en position de juger son propre cas. Duplessis ne répond pas. Après un certain temps, les journaux rapportent que le premier ministre n'a aucune intention d'agréer leur demande. Scott et Stein sont dans une impasse. Il ne semble pas y avoir de solution, puisque les deux voies possibles pour aller en appel, telles que décrites dans la *Loi sur les boissons alcooliques,* sont fermées à Roncarelli. Y a-t-il une troisième voie ?

Au cours des discussions, il leur vient l'idée que la *Common Law* anglaise leur donne la possibilité d'intenter une action en justice contre la personne de Duplessis, puisqu'elle permet à chaque citoyen de poursuivre tout agent officiel du gouvernement, quelle que soit son poste, si celui-ci lui a causé un tort quelconque sans aucune justification. Les études de Scott à Oxford lui sont grandement utiles. Il a en tête une déclaration bien connue de Dicey selon laquelle « chez nous, chaque individu, du premier ministre jusqu'au simple citoyen, est redevable de ses mauvaises actions devant les cours de justice ordinaires ». Ce principe pourrait bien s'appliquer à Duplessis, si l'on considérait qu'il a causé un préjudice à Roncarelli en ordonnant l'annulation du permis d'alcool de celui-ci. Bien sûr, au Québec, c'est le Code civil qui détermine le degré des préjudices subis, mais cela n'empêche pas que l'on puisse appliquer le droit constitutionnel anglais. Il y aurait donc bel et bien une cause judiciaire.

Scott et Stein sont placés devant un choix fondamental : poursuivre Duplessis personnellement ou accepter la défaite de Roncarelli. Cela soulève un nouveau problème juridique. En vertu des lois du Québec, on ne peut poursuivre aucun membre du gouvernement à moins que l'action soit entreprise au plus tard six mois après l'événement et avec un avis d'un mois. Ils ont perdu un temps précieux dans des requêtes qui n'ont pas porté fruit. Et Duplessis a gagné du temps. Il est maintenant trop tard pour intenter une action contre lui, à un mois d'avis. De plus, il leur semble difficile, d'un point de vue psychologique, d'engager des poursuites en dommages et intérêts « au nom d'une secte très impopulaire contre un premier ministre, qui, tout semble l'indiquer, a la faveur totale de la grande majorité de la population du Québec et qui n'a rien fait de mal en la défendant contre des éléments subversifs ».

Scott n'oubliera jamais ce jour où, installés dans le bureau de Stein, ils s'efforcent de prendre une décision. On peut dire de Scott qu'il est prêt à continuer à défendre Roncarelli de cette nouvelle manière, mais c'est une décision plus difficile à prendre pour Stein. « Il avait des clients qui n'avaient pas du tout envie de le voir devenir *persona non grata* au gouvernement. » S'il accepte de poursuivre Duplessis, il court le même risque que son client, qui, moins de trois mois après la descente de police sur ordre du premier ministre, s'est vu obligé de fermer son restaurant par manque de clientèle. Néanmoins, après que les deux hommes ont examiné la situation sous toutes ses coutures, Stein déclare : « Je suis prêt à aller de l'avant si vous êtes avec moi. » Les deux hommes se préparent alors à la phase finale des procédures judiciaires.

Comme Forsyth ne peut continuer à défendre cette cause, ils tentent de trouver un autre avocat de haut calibre, francophone de préférence. Les deux hommes s'adressent à un certain nombre de distingués représentants du Barreau. Tous refusent : certains avec sympathie, d'autres sèchement. Aucun, semble-t-il, ne se sent assez libre pour s'engager dans une affaire aussi risquée.

Plus tôt, dans les années 1940, Scott a commencé à écrire un poème satirique « To Certain Friends », qu'il classe maintenant avec les documents de l'affaire Roncarelli :

I see my friends now standing about me, bemused,
Eyeing me dubiously as I pursue my course,
Clutching their little less that is worlds away.

Full of good will, they greet me with offers of help,
Now and then with the five-dollar bill of evasion
Sincere in their insincerity ; believing in their unbelief ★.

★ Je vois mes amis maintenant devant moi, stupéfaits, / Me regardant d'un air sceptique alors que je poursuis ma route, / S'accrochant au peu qu'ils possèdent, bien loin à des années-lumière. // Pleins de bonne volonté, ils m'accueillent, me proposent leur aide, / De temps à autre, un billet de cinq dollars pour se libérer de moi, / Sincères dans leur insincérité ; croyant en leur incrédulité.

De tels individus, conclut-il, ont peur avant tout « de la formation positive d'une opinion, / Du choix essentiel qui sert de boussole mentale, / De la perception claire du chemin menant à l'horizon toujours plus loin… ».

Till one day, after the world has tired of waiting,
While they are busy arguing about the obvious,
A half-witted demagogue will walk away with their children★. (C. P., p. 77)

Le sentiment d'œuvrer pour une juste cause, de même qu'un certain degré d'arrogance, forme l'essentiel de la satire de Scott, car il explore les motifs en jeu — les siens comme ceux des autres. La recherche d'un collègue avocat est particulièrement décourageante, car Scott n'aime pas l'idée d'être mis à l'écart de ses amis du Barreau du Québec. Et il éprouve des sentiments partagés à devoir porter seul ce fardeau.

Dans l'intervalle, les deux hommes préparent la défense du demandeur. Ils intentent la poursuite en juin 1947, mais l'affaire ne sera pas entendue avant mai 1950. Le juge McKinnon préside le tribunal. Le 10 mai, jour des audiences, Scott descend à l'hôtel Ritz-Carlton à huit heures du matin pour soigner son apparence avant d'aller au tribunal. Là, chez le barbier, il croise Duplessis, qui se fait lui aussi couper les cheveux. Scott s'assied, attendant son tour, puis s'installe dans le fauteuil encore « chaud » de Duplessis. L'esprit vif de Scott a aussitôt l'impression « d'être sur le grill ». Il demande au barbier « Est-ce que c'était le premier ministre ? » Le barbier lui répond : « Oui, il passe en cour cette semaine. »

À son arrivée au tribunal, Scott découvre que Duplessis a accompli l'extraordinaire tour de force d'interdire la salle au public. Le tribunal est plein d'agents de la police provinciale, « le pistolet à la ceinture, arpentant l'endroit comme si on était en

---

★ Jusqu'au jour où, une fois le monde fatigué d'attendre, / Tandis qu'ils sont occupés à discuter l'évidence, / Un démagogue simple d'esprit s'en ira avec leurs enfants.

état de siège ». Un peu plus tard, on informe Scott que Duples-
sis a envoyé quelqu'un vérifier s'il est bien membre en règle du
Barreau ; il nourrit peut-être l'espoir que Scott a oublié de payer
sa cotisation. Quelques rares auditeurs sont admis, dont Marian,
qui fait des croquis de la salle, mais le grand public n'est pas
autorisé à entrer.

La petite salle mansardée, où s'entassent une trentaine de
personnes, est dominée par un immense crucifix. En 1947,
Duplessis a fait installer des crucifix dans toutes les salles de tri-
bunal du Québec, rappel symbolique, sans doute, que la sépara-
tion coutumière de l'Église et de l'État ne s'applique pas ici.
Scott regarde autour de lui et reconnaît Damien Jasmin, le
prêtre qui a écrit *Les Témoins de Jéhovah,* livre dans lequel il
cherche à prouver que les idées et les pratiques religieuses des
Témoins sont mauvaises, séditieuses et comparables à l'hérésie
des Albigeois du XIIIe siècle. Scott connaît l'histoire des Albigeois
et sait qu'ils ont été massacrés et brûlés par Jean de Gand. Il se
rappelle encore les deux longs chapitres d'introduction du *Livre
des martyrs,* de Foxe, et de la description de leurs souffrances.
Tout en regardant cet homme, il se demande si celui-ci ne sera
pas appelé à témoigner contre le demandeur. Avec sa vive ima-
gination, Scott « peut presque sentir l'odeur de la chair brûlée ».

Ce que Scott craint et redoute par-dessus tout, c'est le pou-
voir de l'Église médiévale sur le corps humain — le pouvoir de
brûler, de supplicier ou de crucifier. Il y voit l'image du contrôle
totalitaire, que symbolisent aujourd'hui la présence de Jasmin et
le Christ agonisant sur le mur. Pour Scott, comme pour le juge
d'un autre procès qui a eu lieu peu de temps auparavant, la per-
sécution des Témoins est une forme atténuée de l'Inquisition.
Ces images sont toutes fraîches dans l'esprit de Scott. Il a en
effet aidé Glen How, avocat dans l'affaire Boucher, autre procès
des Témoins, à réfuter les accusations d'hérésie que portait Jas-
min, en fournissant à How l'histoire détaillée des Albigeois et du
procès de John Wycliffe. Ce dernier, condamné en son temps
pour hérésie par le pape et le clergé, a été vengé par la postérité.
Le parallèle historique avec les actions des Témoins de Jéhovah
est évident.

En entrant dans la salle d'audience, Scott est étreint d'un étrange sentiment. Il n'a jamais porté la bavette et la toge, et n'en a d'ailleurs jamais possédé. Il a emprunté une toge à Charles Lussier et acheté un gilet et une bavette. Il dira plus tard qu'il « s'est plus inquiété de sa tenue vestimentaire que de l'argumentation juridique qu'il allait présenter ». Pendant trois jours d'affilée, il va présenter son argumentation. « Le premier jour, j'ai donné la totalité du cours que je donne aux étudiants de première année, le deuxième jour, la totalité du cours de deuxième année et le troisième jour, le cours de droit administratif de troisième année, qui se donnait alors à la faculté de droit[36]. » S'inspirant de Dicey, il déclare qu'un premier ministre doit être tenu responsable s'il outrepasse les prérogatives de ses fonctions, Scott fait ressortir que la Commission des liqueurs a été constituée en corps indépendant et que Duplessis, en donnant des consignes à Archambault — si cela est vrai —, a commis une « faute » et qu'il est par conséquent responsable des dommages causés à la victime, Roncarelli.

Le premier jour du procès, Roncarelli témoigne, déclarant qu'il est membre des Témoins de Jéhovah et qu'il a payé des cautions avec le consentement de la cour, mais il nie être un meneur du groupe ou un distributeur de brochures. M. Emery Beaulieu, avocat de Duplessis et doyen de la faculté de droit de l'Université de Montréal, demande à Roncarelli si ce que révèle un document préparé par un inspecteur de la Commission des liqueurs, désigné uniquement par « Y-3 », est véridique. Ce document allègue que, pendant les années de rationnement, Roncarelli se servait des Témoins de Jéhovah pour acheter son alcool et que des « femmes de petite vertu » fréquentaient son restaurant. Roncarelli rétorque avec dignité « qu'il n'y avait dans son restaurant ni "femmes de petite vertu ni femmes de grande vertu, simplement de grandes dames"[37] ».

Lorsque le premier ministre témoigne à son tour, il est en grande forme. Il prend son temps pour répondre aux questions, faisant même un peu de propagande électorale — tant et si bien que le président du tribunal, le juge McKinnon, le rappelle à l'ordre, à l'occasion, lui demandant d'être bref. Duplessis prétend que les Témoins de Jéhovah constituent une secte dangereuse et qu'il est de son devoir, en tant que premier ministre, de confisquer le permis de Roncarelli, au nom des Québécois, qui lui ont donné un mandat très clair à la dernière élection. « À mon avis, un homme comme Roncarelli ne mérite pas que la province lui accorde un tel privilège[38]. »

Stein procède à un contre-interrogatoire prudent et tenace. Il ne cesse de demander au premier ministre si les journaux l'ont correctement cité en rapportant qu'il a déclaré, à Québec, avoir personnellement, à titre de procureur général, donné l'ordre de confisquer le permis d'alcool de Roncarelli. Duplessis s'agite à la barre. Il déclare avoir approuvé la confiscation après que le directeur général de la Commission des liqueurs l'a avisé de son intention d'agir en ce sens. Mais, Stein ne démord pas et Duplessis finit par dire sèchement que « lorsqu'un supérieur donne un ordre à un subalterne, ce dernier se doit d'obéir ». C'est l'orgueil, pensera Scott plus tard, « l'orgueil pur » qui a mené Duplessis à sa perte[39].

À ce moment-là, Scott a le sentiment qu'ils ont gagné. Stein a poussé Duplessis dans ses retranchements, lui faisant admettre qu'il est, en fait, le responsable de cette décision. Le juge conclura plus tard qu'il s'agit alors d'un fait établi. Stein souligne aussi un point important lorsqu'il démontre que Duplessis n'a fait aucun effort pour permettre à Roncarelli de lui expliquer sa position. « C'est ridicule, s'exclame Duplessis. Le premier ministre de la province de Québec, avec une population[40]... » Scott fait valoir aussi que le permis de Roncarelli a été confisqué « pour toujours » — illustrant ainsi que ce geste est motivé en partie par un désir de vengeance personnelle.

Le jugement de la Cour supérieure du Québec tombe en 1951. Roncarelli a réclamé des dommages et intérêts de cent dix-huit mille sept cent quarante et un dollars pour la perte de sa clientèle et les manques à gagner. Le juge McKinnon estime dans son jugement que le permis d'alcool a été retiré sans raison valable, par la volonté de Duplessis. Cependant, il n'accorde que huit mille cent vingt-trois dollars de dommages et intérêts, arguant qu'il ne peut prendre en compte la perte de profits découlant du retrait d'un permis d'alcool, car « aucun détenteur de permis n'a un droit inhérent à détenir un tel permis[41] ».

Roncarelli est au bord de la faillite. Son restaurant n'a pas résisté et sa banque lui a retiré tout crédit. Il ordonne aux avocats de faire appel. Duplessis également se pourvoit en appel. Les deux parties préparent des mémoires pour la Cour du Banc de la Reine, la Cour d'appel du Québec. En raison du grand nombre de causes en attente de jugement, l'affaire Roncarelli n'est pas entendue avant le 2 juin 1956. Bien que les deux adversaires présentent leurs arguments originaux, la Cour d'appel en arrive à des conclusions totalement différentes, acceptant l'appel de Duplessis et retenant que le premier ministre n'est pas tenu de verser des dommages et intérêts. Le juge en chef soutient que Duplessis n'a donné aucun ordre, interprétation que tous les juges, sauf un, approuvent. En agissant ainsi, la Cour d'appel rejette ce que le juge McKinnon de la Cour supérieure du Québec considérait comme un fait, c'est-à-dire que Duplessis aurait ordonné au directeur de la Commission des liqueurs du Québec de confisquer le permis de Roncarelli[42].

Que faire maintenant ? Stein, Scott et Roncarelli ont l'impression d'être des Don Quichotte se battant contre des moulins à vent. Roncarelli est sur la paille. Depuis que Duplessis l'a « bâillonné », ainsi qu'il le déclare aux journalistes, personne ne veut l'employer. Il en est rendu à essayer de trouver du travail sur les chantiers de construction pour nourrir sa famille[43]. Depuis que les deux avocats ont perdu leur cause devant la Cour d'appel, l'Association de la Tour de Garde des Témoins de Jéhovah a décidé de leur retirer son appui financier. Si l'association décidait d'épuiser tous les recours, elle retiendrait les services d'autres avocats. Roncarelli, cependant, refuse. Stein et Scott l'ont toujours soutenu dans le passé et ce n'est pas maintenant qu'il va les laisser tomber. L'étape suivante consiste à faire appel à la Cour suprême, processus extrêmement coûteux. Roncarelli pense pouvoir réunir cinq cents dollars. Scott n'a pas d'argent. Stein accepte d'assumer les coûts et de les maintenir aussi bas que possible.

Lorsque l'affaire arrive devant la Cour suprême du Canada,

en mai 1958, elle n'est plus qu'une question d'interprétation de
la loi à la lumière des jugements précédents. Scott et Stein,
quelque peu nerveux, se présentent devant les neuf juges. Stein
soumet que rien ne prouve que Roncarelli ait violé les lois de la
province sur les boissons alcooliques pendant qu'il dirigeait le
restaurant familial, que le défendeur n'a pas réussi à prouver le
rôle de meneur de Roncarelli, qu'il n'a pas démontré la nature
séditieuse des brochures distribuées, que Roncarelli n'a pas payé
des cautions dans le but de faire des profits et, en outre, qu'il a
cessé de payer des cautions avant la publication de *Quebec's Bur-
ning Hate*[44].

Lorsque Scott se présente pour défendre l'affaire, le juge en
chef Kerwin lui dit : « Approchez, monsieur Scott. » La hiérar-
chie de la Cour suprême réserve la place la plus près des juges à
l'avocat de la couronne ; les simples avocats s'assoient derrière la
barre en laiton de la première rangée. Scott, qui aurait pu pré-
tendre à la fonction d'avocat de la couronne sur décision de la
province, n'a pas été reconnu par l'Union nationale de Duples-
sis. Le juge en chef, en l'invitant à venir à l'avant, lui confère, en
fait, cet honneur. Le professeur de droit aborde avec éloquence
les questions de droit constitutionnel que soulève l'affaire ; en
gros, il défend l'idée que tout acte commis par un agent du gou-
vernement, pour lequel il n'existe aucune disposition dans la loi,
est invalide.

Pour Scott, le moment crucial de ces audiences se présente
lorsque l'un des juges de la Cour suprême demande à Emery
Beaulieu, avocat de Duplessis : « Dites-moi, quelle raison vous a
poussé à confisquer le permis d'alcool ? » et que celui-ci répond
avec franchise :

> On cherchait à discréditer Roncarelli, c'est-à-dire à miner sa
> situation financière afin qu'il soit dans l'impossibilité de payer
> des cautions ! En entendant l'aveu de l'avocat de Duplessis, je
> me suis dit « nous avons gagné ». Aucune cour, dans un pays
> démocratique, ne peut laisser un fonctionnaire discréditer
> délibérément un homme pour l'empêcher de payer des cau-
> tions. Payer une caution est un droit de l'homme. Un extraor-

dinaire droit de l'homme. Tout acte de cautionnement doit être approuvé par la cour ; or, la cour a approuvé, chaque fois, le paiement des cautions par Roncarelli. Alors, quelle faute Roncarelli a-t-il commise ?

Cela, comme le conclut Scott, « dépasse l'entendement[46] ». C'est aussi l'opinion de la presse populaire. Le lendemain matin, l'un des titres du *Globe and Mail* cite l'aveu de Beaulieu.

Un après-midi, alors que Scott sort après l'ajournement de l'audience pour la journée, il voit Frank Roncarelli assis au fond de la salle du tribunal, plongé dans l'Ancien Testament en grec. « Ne vous inquiétez pas, Frank, dit ce dernier, Jéhovah est de notre côté. » « J'espère que la Cour suprême l'est aussi », répond Scott[47]. En fait, elle l'est, bien qu'elle ne rende son jugement qu'un an plus tard, le 27 janvier 1959. Scott et Stein ne sont ni l'un ni l'autre à Ottawa pour entendre la décision, mais ils y envoient un représentant. Stein appelle Scott à la faculté de droit : « Nous avons gagné, Frank, dit-il, par une décision de six contre trois[48]. »

Quelques minutes suffisent pour que la nouvelle fasse le tour de la faculté. Les cours sont annulés pour la journée. Scott participe à une assemblée d'étudiants présidée par le professeur Max Cohen, au cours de laquelle on discute de quelques points de l'affaire. Des étudiants apportent deux bouteilles de champagne. Scott ne peut répondre aux questions — l'affaire étant toujours devant les tribunaux puisque Duplessis peut décider de faire appel au comité judiciaire du Conseil privé. Cette réunion est suivie d'une soirée, avenue Clarke, avec quelques amis, dont Thérèse Casgrain, Pierre Trudeau, Eric Kierans et d'autres[49].

Le lendemain, les étudiants de Scott livrent leur verdict dans *The McGill Daily*. Le nom de McGill, déclare le rédacteur en chef, est associé aux noms de ses éminents membres : Osler, Rutherford et Penfield. On peut aujourd'hui y ajouter le nom d'un autre professeur émérite qui s'est hissé au rang des grands qui ont fait l'histoire de McGill — le professeur Scott, de la faculté de droit. On se souviendra du rôle de Scott dans l'affaire Roncarelli, car c'est l'un des plus grands accomplissements de l'histoire canadienne. Pourtant, ce n'est pas seulement pour cette raison qu'on lui accorde le respect, mais plutôt à titre de professeur et de conseiller des étudiants en droit depuis 1928, et à titre de poète et de chroniqueur littéraire. L'éditorial conclut par un hommage rendu à Scott lorsque l'Université Dalhousie, où il avait prononcé un discours soulignant le soixante-dixième anniversaire de sa faculté de droit, lui avait remis un doctorat honorifique. Celui en qui les Montréalais voyaient le jeune homme infortuné de la satire de Leacock — sorte de Don Quichotte qui a enfourché son cheval et galopé comme un fou dans toutes les directions — est maintenant perçu par ses collègues sous un jour nouveau :

> Dans cette université, nous le voyons particulièrement comme un écrivain et comme un distingué professeur en droit constitutionnel canadien, l'homme à l'origine de la création de l'Association canadienne des professeurs de droit, le président des comités sur la recherche juridique de l'Association du Barreau canadien, celui qui s'est fait récemment le champion des droits de l'homme devant les tribunaux. Comme le chevalier d'un autre âge, il est vraiment sans peur et sans reproche. Il illustre ce qu'il y a de mieux sur le plan professionnel : cet humaniste érudit est aussi un homme d'action[50].

Au bal annuel des étudiants en droit de McGill, on inscrit, sur une immense banderole rouge montrant un champion sur un cheval, la métaphore suivante : « Le chevalier Frank Scott terrassant le dragon duplessiste ».

La Cour suprême du Canada a accordé à Roncarelli trente trois mille cent vingt-trois dollars en dommages et intérêts, plus les intérêts à partir du jugement de la Cour supérieure rendu en mai 1951, plus les frais, estimés entre vingt mille et trente mille dollars. L'opinion de la majorité, écrite par le juge Rand, déclare que Duplessis a outrepassé son autorité : « Dans une réglementation publique de cette sorte (la *Loi sur les boissons alcooliques*), il n'existe rien de tel qu'un pouvoir discrétionnaire absolu et sans entraves permettant à l'administrateur d'entreprendre toute action sur n'importe quelle base ou pour n'importe quelle raison[51]. » Deux des juges dissidents, Taschereau et Fauteux, sont en désaccord sur un point de droit, car un avis d'un mois n'a pas été envoyé avant d'intenter la poursuite. Le juge Cartwright, dissident lui aussi, est d'avis que l'annulation du permis d'alcool par la Commission des liqueurs du Québec, même si elle est invalide, ne devrait pas entraîner le versement de dommages et intérêts.

De nombreux journaux au Canada commentent le jugement. *The Montreal Star,* qui imprime le texte entier de la décision, insiste, dans son éditorial du 28 janvier 1959, sur « sa grande importance par rapport à l'ordre public et à la primauté du droit ». Même si tous les juges ont noté que Duplessis croyait avoir agi « au mieux des intérêts de la population de sa province », leur décision précise « que la bonne intention n'est pas suffisante si elle entre en conflit avec la primauté du droit ». Le *Star* conclut : « Ainsi, le jugement devient un jugement relatif à la liberté du sujet et à son droit de recours en cas de non-respect de cette liberté. Il met un frein à l'exercice arbitraire de l'autorité et établit la primauté du droit dans ce pays. » Les lecteurs du *Lethbridge Herald* (4 février 1959) se font rappeler que, même si la Cour maintient le principe des libertés civiles, le fait que deux juges aient été en désaccord sur un point de droit « indique que le bastion des lois existantes est incertain et que nous devons exercer une vigilance constante, qui est le prix à payer pour la liberté ».

Un grand nombre d'éditoriaux estiment que la décision s'inscrit dans le contexte d'autres décisions touchant les droits civils, rendues au Canada dans les années 1950. Robert Duffy, dans *The Globe Magazine* (21 février 1959), fait valoir que les Témoins de Jéhovah ont rendu un service, quoique de manière équivoque, au Québec en lui permettant de renforcer les libertés et les droits fondamentaux des minorités non orthodoxes. L'affaire Roncarelli et d'autres causes que les Témoins de Jéhovah ont remportées devant les cours inférieures du Québec ont établi une base juridique qui améliore les droits civils dans la province. En conséquence, il y a maintenant un climat social plus tolérant au Québec, ce qui « était aussi nécessaire à l'évolution du Québec que son économie industrielle ».

Parmi les partisans de Duplessis, on ne voit pas nécessairement la décision comme une défaite. Le *Red River Valley Echo* du Manitoba cite le journal de l'Union nationale, le *Montréal-Matin,* qui félicite Duplessis pour « le courage qu'il a montré devant les insultes des Témoins de Jéhovah ». L'*Echo* fait remarquer aussi que même les forces antiduplessistes ont modéré leurs félicitations, en continuant à dénoncer « la menace diabolique » que constituent les Témoins de Jéhovah[52].

Ce que Scott a introduit dans le droit constitutionnel canadien des années 1950, c'est un concept qui repose moins sur des points de droit que sur l'histoire de la démocratie parlementaire et gouvernementale britannique. De son passage à Oxford, Scott a gardé les grandes perspectives sociales et historiques que professent les intellectuels anglais, et, pour cette raison, il enseigne le droit constitutionnel dans une perspective différente de celle des autres. La plupart des cours de droit constitutionnel dans les universités canadiennes traitent avant tout des articles 91 et 92 de l'Acte de l'Amérique du Nord britannique, qui touchent la répartition des responsabilités entre les provinces et le fédéral. Scott est le seul constitutionnaliste à donner deux cours distincts, répartis sur deux ans. La première année aborde la théorie de la Constitution britannique — la façon dont celle-ci échappe de justesse à l'autorité royale et donne naissance à une tradition de souveraineté du Parlement et de gouvernement responsable. Ce bagage lui a permis de présenter ses arguments devant la Cour suprême du Canada quant à l'effet réel et à la vraie nature d'une législation comme la Loi du cadenas. De même, en raison de sa connaissance de la *Common Law* britannique et du Code civil du Québec, il peut démontrer qu'aucun de ces systèmes de lois n'autorise un fonctionnaire, si haut placé soit-il, à outrepasser l'autorité rattachée à ses fonctions. Finalement, il apporte à son enseignement et à sa pratique du droit un grand souci humaniste, de nature morale, qui peut dériver en partie de la tradition anglicane d'un gouvernement dont les membres ont autant de responsabilités et de devoirs que de droits. Sur ce dernier point, il est vraiment le fils de son père.

CHAPITRE 19

Les lettres du Mackenzie

S'il est une idée assez forte pour cimenter d'une même loyauté toutes les races du Canada et pour leur permettre de surmonter leurs différences et d'instaurer une union politique stable, alors c'est dans le concept même du Canada comme nation qu'elle se trouve. L'édification d'une société juste et ordonnée au sein de ce vaste territoire, l'élimination de la pauvreté et de l'insécurité grâce à l'utilisation sage des ressources naturelles, le développement des arts et des sciences, la liberté politique et spirituelle — tout cela en maintenant un équilibre entre les revendications des minorités raciales et religieuses —, voilà une tâche… qu'on aura du mal à accomplir, à moins qu'on ne relègue aux oubliettes la vieille politique étrangère impérialiste.

F. R. SCOTT, « A Policy of Neutrality for Canada », 1939

Au cours de l'été de 1956, Scott écrit à Maurice Lamontagne, alors analyste économique au Conseil privé du gouvernement de Saint-Laurent, pour lui demander de l'aider à se rendre dans le Grand Nord canadien[1]. Scott est sur le point de partir pour l'Université d'État du Michigan, à titre de professeur invité, où il devra donner des cours sur le Canada et sur les relations canado-américaines. N'étant jamais allé dans le Grand Nord, il ressent le besoin de le découvrir. Lamontagne met Scott en contact avec des agents de la société Eldorado Mining and Refining Limited, qui acceptent de l'emmener sur le fleuve Mackenzie jusqu'à Norman Wells, pendant leur dernier voyage de la saison, vers la mi-août, avant les grands gels[2]. Scott est très heureux de la tournure des événements et en fait part à plusieurs amis. Peu de temps après, l'un d'eux, un avocat de Montréal qui collabore avec la CCF, l'appelle. « Frank, lui dit-il, est-ce que je pourrais vous accompagner pour ce voyage ? » Scott n'est pas très content. Il n'aime pas qu'on vienne « s'immiscer » dans ses affaires, même s'il s'agit d'un jeune collègue aussi brillant et sympathique que Pierre Trudeau[3].

Scott connaît Trudeau depuis le début des années 1940. En 1943, Trudeau, alors jeune socialiste à l'avenir prometteur, et Charles Lussier ont entendu Scott parler de la Constitution canadienne à un groupe d'étudiants de l'Université de Montréal, dont beaucoup s'opposaient à la conscription au Québec[4]. Après 1946, époque à laquelle Lussier commence ses cours particuliers en droit constitutionnel sous la supervision de Scott, il arrive à ce dernier de rencontrer les deux étudiants à des réunions de la CCF ou en d'autres occasions moins officielles. Trudeau se rappelle que, en 1942-1943, il lisait le « petit magazine » *Preview*, de Scott, le livre de la LSR, *Social Planning for Canada* (avec une référence au manifeste de Regina), et le document que soumet la CCF à la commission Rowell-Sirois, « Canada — One or Nine[5] » Il avait lu *Un Canada nouveau,* de Scott et Lewis (1943), et il connaissait l'article que Scott avait écrit en 1942 « Québec et le vote du plébiscite », largement diffusé dans la province. Scott approfondit sa foi en la neutralité et développe son concept d'un Canada, « société juste », dans « A Policy of Neutrality for Canada », publié dans *Foreign Affairs* en 1939. Au moment où Scott s'adresse aux étudiants de l'Université de Montréal, il affirme la nécessité de rapatrier l'Acte de l'Amérique du Nord britannique. Il ne plaide pas en faveur d'une refonte complète de la Constitution ; il croit plutôt qu'en lui apportant certaines modifications elle pourrait être aussi avantageuse pour les francophones que pour les anglophones.

Entre le milieu des années 1940, quand il assiste aux réunions de la CCF, et septembre 1950, quand il participe à la conférence fédérale-provinciale sur la Constitution à Québec, à titre de secrétaire de Gordon Robertson, qui prépare un mémoire sur les relations fédérales-provinciales, Trudeau a eu amplement le temps de s'imprégner de bon nombre des idées de Scott sur le Canada et sur la Constitution, idées qu'il allie à sa philosophie socialiste. Il a aussi acquis un grand respect pour Frank Scott, ce qu'il est loin d'éprouver pour Duplessis. Se rappelant la conférence de Québec, il évoque la différence frappante entre « l'homme de pensée [Scott] et ces politiciens[6] ».

Pour Trudeau et les autres, la violente grève de l'amiante à Asbestos a eu pour effet d'amener la société québécoise dans leur ligne de mire. Cette grève, point tournant de l'histoire sociale du Québec, a renforcé le mouvement syndical et réuni les militants opposés à Duplessis. Dans le groupe, on comptait Jean Marchand, de la Confédération des travailleurs catholiques du Canada, Gérard Pelletier, journaliste au *Devoir,* et un Trudeau barbu, tout juste de retour d'un voyage au Moyen-Orient, que les grévistes surnomment « Saint-Joseph » en raison de sa barbe et de sa verve[7]. Un jour, Marchand, plus modéré, assiste consterné au discours de l'ardent militant, qui pousse un groupe galvanisé à prendre le taureau par les cornes : les grévistes sautent sur l'occasion ; le même soir, ils lancent des briques dans les fenêtres d'un édifice de l'entreprise[8].

L'année 1950 voit la création du bulletin trimestriel radical, *Cité libre,* qui se veut une tribune de la pensée et de l'écriture contemporaines. Trudeau donne le ton dès le premier numéro : comme le fait *Esprit,* la revue catholique francophone, il parlera en faveur d'une société socialiste, chrétienne et francophone dans un contexte nord-américain. Il faut scruter à la loupe notre héritage politique, non pas pour répudier la Confédération, mais pour comprendre et rectifier les échecs du Canada français (c'est-à-dire le Québec), afin d'utiliser les pouvoirs que lui confère l'Acte de l'Amérique du Nord britannique[9]. Trudeau, qui a d'abord suivi la voie nationaliste — il s'est trouvé mêlé à ce groupe d'étudiants chantant des slogans et manifestant, au milieu des années 1930, contre les républicains espagnols —, s'est opposé avec vigueur, au milieu des années 1950, à ces groupes cléricaux et nationalistes qui ont, croit-il, maintenu le Québec dans un régime féodal[10]. Au début des années 1960, il deviendra fortement antiséparatiste. Dans un article paru dans *Cité libre,* en mars 1961, il attaque le séparatisme, expliquant que le but de la revue est « d'ébranler les superstructures, désacraliser la société civile, démocratiser la politique, entrer dans la vie économique, réapprendre le français, retirer le superflu des universités, ouvrir les frontières à la culture et les esprits au progrès[11] ». C'est dans la lutte pour la création d'une société plus démocratique au Québec, en particulier dans la lutte contre Duplessis, que se rejoignent Scott et Trudeau.

Trudeau et son groupe suivent de près les batailles que mène Scott contre Duplessis dans les années 1950. Jacques Hébert se rappelle combien le courage de Scott forçait le respect des intellectuels. « Pour eux, Frank Scott était certainement l'un des grands hommes de son temps... un homme d'esprit... il se passionnait pour la justice, pour les droits de l'homme et était sensible, bien avant l'heure, au Tiers-Monde. » Scott était « un protestant de race blanche et d'origine anglo-saxonne pure laine, naturellement, mais en même temps, c'était un vrai Québécois, et cela se sentait. Il était du Québec, ses racines étaient au Québec... et puis il était toujours avec nous — nous les intellectuels —, dès qu'il se passait quelque chose d'important en rapport avec la vie humaine, la démocratie, etc. Toujours là et donc l'un des nôtres ».

Cet « homme de qualité, plus âgé » que la plupart des membres de *Cité libre,* impressionne le groupe. « Il y avait, chaque année en automne, un grand rassemblement à l'Institut canadien des affaires publiques... Naturellement, Frank ne manquait jamais ce rendez-vous. Pour ces raisons, nous sentions qu'il était vraiment des nôtres et qu'il comprenait le Canadien français. Il n'hésitait pas à modifier son emploi du temps. Il était l'un des rares anglophones de l'époque, surtout chez les Québécois anglophones, à parler français[12]. » À la première réunion de l'Institut, en 1954, portant sur le thème « Le peuple souverain », on demande à Scott et à Eugene Forsey de présenter un exposé, tout comme à Thérèse Casgrain, à Jean Marchand, à Gérard Pelletier, à André Laurendeau et à Pierre Trudeau[13]. Durant les années 1950 jusqu'au début des années 1960, Scott vient régulièrement à l'Institut.

En 1956, lorsque Trudeau appelle Scott au sujet du voyage sur le fleuve Mackenzie, Scott, Jean-Charles Falardeau, sociologue de Laval, et lui-même viennent d'achever quelques années de collaboration pour écrire *La Grève de l'amiante* (1956), étude approfondie des événements qui ont mené à la grève d'Asbestos et de ceux qui ont suivi. Le livre cherche à analyser la société québécoise à travers le prisme de 1949. C'est grâce à Scott si le livre est publié. En effet, il forme un nouveau groupe d'études, Recherches sociales, qui doit se pencher sur les problèmes sociaux auxquels font face les francophones et les anglophones du Canada. Le groupe, formé en 1951, reçoit une subvention de deux mille cinq cents dollars provenant de la succession de son regretté ami, Alan Plaunt. La veuve de ce dernier, Bobbie Dyde, qui s'est remariée et est partie vivre dans l'Ouest, promet de verser deux mille dollars chaque année[14]. En créant ce fonds, elle rend hommage à Plaunt et à son rêve d'un Canada uni : en effet, juste avant sa mort, celui-ci avait dit à Scott qu'il aimerait contribuer financièrement à la « promotion des études sociales relatives aux relations franco-anglaises et à l'incidence des idées sociales contemporaines sur ces relations[15] ». Scott devient secrétaire-trésorier du groupe, recrute Jacques Perrault à la présidence et invite Falardeau, Eugene Forsey et, plus tard, Aileen Ross, sociologue à McGill, à se joindre au bureau de direction de Recherches sociales[16].

Le groupe veut mettre en route plusieurs projets, mais il cherche avant tout à lancer une série d'études sur la portée de l'affrontement à Asbestos. Gérard Pelletier, qui a écrit des articles sur la grève pour *Le Devoir,* prépare le plan du livre et se lance dans l'organisation préliminaire de ce projet ; Jean Gérin-Lajoie, représentant syndical des Métallurgistes unis d'Amérique, lui donne un coup de main.

En avril 1954, Bobbie Dyde écrit à Scott : « Dans l'ensemble, j'ai l'impression que l'expérience [Recherches sociales] n'a pas tenu ses promesses en dépit de vos efforts[17]. » Elle a l'air découragée de la lenteur du projet Asbestos (la plupart des gens qui collaborent au livre ont un poste à temps plein ailleurs) et de l'absence de preuves tangibles que les relations franco-anglaises se sont améliorées. Scott demande à Trudeau, que son radicalisme empêche de trouver un poste dans les universités du Québec, de réviser le livre. Celui-ci accepte. Le 21 mai 1954, Scott reçoit un mot de Falardeau lui disant : « Pierre Trudeau commence à revoir les chapitres qui sont prêts. En fait, il m'a annoncé qu'il écourtait d'une semaine son séjour à Bali afin de revenir à Asbestos. Il n'y a pas de plus grand amour que de donner sa vie pour ses amis[18] ! » Peu de temps après, le manuscrit dans une main, de nombreux textes de références et un foisonnement de statistiques dans l'autre, Trudeau quitte Montréal pour Paris. Là, entre juillet et décembre 1955, en exil volontaire, il entreprend d'écrire l'introduction.

Fin septembre, il écrit à Scott, de Paris, pour expliquer qu'il aimerait bien participer, même sans invitation, à la conférence socialiste prévue à Margate en Angleterre, afin d'y rencontrer des membres du Parti travailliste. Scott peut-il lui écrire une lettre de recommandation à « n'importe quel "gros bonnet" du Parti travailliste ? » Scott écrit à Philip Noel-Baker, député travailliste qui fut secrétaire d'État aux Relations du Commonwealth dans le gouvernement Attlee[19]. Deux mois plus tard, Trudeau raconte qu'il n'a pas eu besoin de déranger Noel-Baker lui-même, car le simple fait de brandir la lettre de Scott a suffi à lui ouvrir les portes. Il ajoute : « Margate m'a enseigné plein de choses. Mais le Parti est en très mauvaise posture. La gauche dans tous les pays, y compris le Canada, semble traverser une période de "remise en question exténuante". Il faudra qu'on en discute, quand on aura terminé le livre[20]. » La conférence de Margate a peut-être bien fait perdre ses illusions à Trudeau quant à l'efficacité du socialisme dans un contexte international.

Entre-temps, le livre exige beaucoup de travail et donne lieu à un échange épistolaire entre Paris, Montréal et Québec. Scott se trouve bientôt plongé dans le rôle de médiateur, de « diplomate », comme le dit Trudeau pour le taquiner[21]. Forsey, qui vérifie les données figurant dans le manuscrit, conteste les statistiques de Trudeau, qui sont, d'après lui, dépassées. Falardeau estime que le chapitre de Trudeau est trop polémique, qu'il ne reflète pas l'étude scientifique objective de la situation au Québec que le comité avait en tête au départ[22]. Trudeau, quant à lui, s'impatiente devant la lenteur du processus de publication. Deux maisons d'édition françaises, Le Seuil et Éditions ouvrières, ayant refusé le manuscrit, Trudeau écrit : « Étant donné qu'il est peu probable de voir notre livre accepté par un éditeur français de renom, je ne vois pas pourquoi nous le ferions imprimer en France alors que nous pourrions aider un jeune éditeur méritant du Canada[23]. » Vers la fin de l'année, il revient à Montréal pour s'occuper personnellement de la publication du livre aux Éditions Cité libre. Le manuscrit arrive chez l'éditeur en mars et le livre sort en mai. Il va favoriser l'instauration au Québec d'un climat qui mènera directement à la Révolution tranquille.

Peu de temps après la parution de *La Grève de l'amiante*, Trudeau téléphone à Scott au sujet du voyage sur le fleuve Mackenzie. Bien que Scott ne soit pas tout à fait désireux, de prime abord, de partager une telle expérience (comme il le dira plus tard, « Il y a quelque chose en moi qui aime garder ses droits d'auteur[24] »), le voyage est un succès. Trudeau est un agréable compagnon de voyage. L'humeur de Scott est toujours au beau fixe dès qu'il se retrouve dans la nature.

Le voyage commence le 9 août, à Edmonton, lorsqu'un avion du gouvernement emmène les deux hommes à Fort Smith. Emportés sur ce que Scott appelle, dans son poème « Flying to Fort Smith », de « longues routes de l'espace », ils scrutent « à travers des panneaux vitrés » :

The plain of lakes below
Is bound with bands of green
Fringed by darker green
Pocked with drops of ponds.

Everywhere
A huge nowhere,
Underlined by a shy railway★. (C. P., p. 223)

Suivant des yeux « les courants bruns sinueux », ils commencent à s'amuser : c'est un monde qu'ils connaissent bien tous les deux. Pour Scott, une chose est certaine : ce voyage n'a pas grand-chose à voir avec ses aventures en canoë sur la rivière Malbaie avec ses frères — faisant du portage, campant, vivant de poisson et de porc salé. Rien à voir non plus avec la vie de plein air que Trudeau décrit dans son essai de 1944, « L'ascétisme en canot », dans lequel le rameur se remet entre les mains de la nature, « dépouillé de tous les biens terrestres » sauf « du canot et de ses avirons, d'une couverture et d'un couteau, de porc salé et de farine, d'une canne à pêche et d'un fusil ». Pourtant, dans l'ensemble, cette descente du fleuve Mackenzie rejoint le voyage dans la nature — et dans la nature humaine — dont Trudeau plaide la cause dans son essai, ce grand voyage intérieur qui amène, grâce à l'aventure physique, à porter un nouveau regard sur soi et sur les autres.

> Il s'agit d'un début bien plus que d'un départ. Même s'il faut pour cela briser les liens, le but n'est pas de détruire le passé, mais de jeter les fondations de l'avenir. L'essentiel au début, c'est de prendre la décision d'atteindre le point de saturation. Idéalement, le voyage devrait se terminer seulement lorsque les membres ne font plus de progrès personnel. Ils ne doivent pas se laisser troubler, cependant, par une période d'ennui, de lassitude ou de dégoût ; ce n'est pas la fin, mais le dernier obstacle avant la fin. Il faut rester sereins dans la saturation[25] !

À Fort Smith, comme on l'avait dit à Scott, ils doivent attendre le remorqueur de la Northern Transportation Company qui les emmènera sur le fleuve. Pendant ces six jours de

---

★ L'étendue des lacs en dessous / Reliés par des bandes vertes / Ponctuées de vert foncé / Et de gouttes d'étangs. // Partout / Un énorme nulle part, / Que souligne une voie ferrée hésitante.

repos forcé, ils explorent les environs, allant jusqu'à la rivière des Esclaves. Ils sont aux abords du Bouclier canadien : à l'est s'étend la roche précambrienne jusqu'au Labrador ; au nord, au sud et à l'ouest, la grande plaine centrale qui va de l'océan Arctique au golfe du Mexique. Scott est au cœur de cet espace nordique dont son père lui a parlé un jour : « Il n'y a rien entre toi et le pôle Nord, Frank[26]. »

Scott et Trudeau admirent le formidable courant où se mêlent les eaux de la rivière de la Paix et celles du lac Athabasca, vingt-sept kilomètres de rapides, de grosses vagues qui assaillent le rivage. Soudain Trudeau annonce : « J'y vais ! » « Vous êtes fou ! Vous ne pouvez pas aller là-dedans. » « Oh que si ! », réplique-t-il[27]. Scott a emporté son appareil photo et, au moment où Trudeau se dirige vers les rapides, il prend un cliché.

Pierre, suddenly challenged,
Stripped and walked into the rapids,
Firming his feet against the rock,
Standing white, in white water,
Leaning south up the current,
To stem the downward rush,
A man testing his strength
Against the strength of his country★. (C. P., p. 227)

Scott retrouve aussi chez Trudeau une attitude familière dans le regard qu'il pose sur la terre. La référence à la « force » dans ce poème, « Fort Smith », rappelle « The Lonely Land » d'A. J. M. Smith, son portrait du paysage canadien des années 1920 qui raconte « … la beauté / de la force / brisée par la force / et pourtant toujours forte ». Dans les poèmes de Scott apparaît en filigrane le nationalisme romantique des années 1920, particulièrement dans la vision d'un Nord désertique, fort et rude, dans

---

★ Pierre, piqué au vif, / Se déshabille et entre dans les rapides, / Le pied fermement posé sur le rocher, / Debout, blanc, dans l'écume blanche, / Penché vers le sud, à contre-courant / Défiant le flot qui dévale, / Un homme éprouvant sa force / Contre la force de son pays.

lequel un homme se doit d'être aussi fort pour prouver sa valeur[28]. C'est cette marque d'un nationalisme canadien, d'une « idée du Canada » puisée dans la terre elle-même, qui unit les deux hommes. Trudeau, par exemple, avait terminé son article en affirmant que c'est la terre qui nous donne le sentiment de notre identité et d'une continuité historique : « Je connais un homme à qui l'école n'a jamais su enseigner le patriotisme, mais qui contracta cette vertu lorsqu'il eut ressenti dans sa chair l'immensité de son pays et qu'il eut éprouvé par sa peau combien furent grands les créateurs de sa patrie[29]. »

Lorsque le remorqueur de la Société de transports du Nord arrive enfin à Fort Smith, Scott et Trudeau se voient attribuer une cabine avec des couchettes superposées pour la durée de leur voyage. Il leur faut sept jours et demi pour descendre la rivière. Ils naviguent sur des kilomètres, la rivière s'élargissant parfois un peu quand des cours d'eau viennent s'y jeter.

This river belongs
wholly to itself
obeying its own laws

Its wide brown eye
softens what it reflects
from sky and shore

The top water calm
moves purposefully
to a cold sea

Underneath its stone bed
shows sunken rock
in swirl and surface wave★... (C. P., p. 238)

★ Ce fleuve n'appartient / qu'à lui-même / obéissant à ses propres lois // Son grand œil brun / adoucit ce qu'il reflète / du ciel et du rivage // Les eaux de surface calmes / se dirigent décidées / vers une mer froide // En dessous, son lit de pierre / dévoile des roches noyées / dans les remous de l'onde de surface.

La rive n'offre pas grand-chose à voir, mais parfois ils distinguent les montagnes au loin. L'exaltation du début devant la terre et le Nord s'émousse au fur et à mesure que défilent des kilomètres d'un paysage toujours pareil.

On est à la fin du mois d'août. Les jours deviennent plus froids, et dès la mi-septembre la navigation cessera. Scott, qui aime la chaleur, s'enferme dans la cabine afin de transcrire les détails de ce voyage. Il commence à jeter sur papier les bribes de ce qui deviendra une suite poétique : « Letters from the Mackenzie River ». Trudeau se met aussi à l'écriture. Il déniche un petit coin chauffé par le soleil sur le pont du bateau, se met torse nu, s'enroule une serviette autour de la tête et, une pile de livres à portée de la main, commence à écrire un article pour un symposium sur le biculturalisme qu'organise Mason Wade le mois suivant[31]. L'article, « Obstacles à la démocratie au Québec », est en fin de compte publié dans *La Revue canadienne d'économie et de sciences politiques,* en août 1958, et ensuite repris dans *La Société canadienne : essais sur les relations entre les Canadiens français et les Canadiens anglais* (1960), une série d'articles réunis par Falardeau, sous la direction de Wade, pour le Conseil canadien de recherche en sciences sociales, à laquelle Scott a aussi contribué.

En abordant la démocratie, Trudeau touche l'un des sujets de prédilection de Scott. Non seulement ce dernier a consigné ses sentiments sur la démocratie dans son manifeste démocratique, mais ce qu'il a pu glaner en écrivant ce texte imprégnera beaucoup ses pensées et émaillera ses conversations plus tard. Ainsi, une semaine après leur retour du fleuve Mackenzie, Trudeau publie son propre *Manifeste démocratique,* qui appelle les partis de l'opposition à s'unir afin de faire front commun, sous le nom du Rassemblement, contre la puissante Union nationale. C'est précisément l'absence de démocratie au Québec qui a incité Scott à orienter ses efforts vers une réforme, en 1931, et qui a motivé ses batailles contre Duplessis, à la fin des années 1940 et tout au long des années 1950.

Trudeau tenait à accompagner Scott dans ce voyage sur le fleuve Mackenzie pas seulement pour l'aventure, mais parce que

« Frank était mon grand héros… Il n'a jamais été mon profes-
seur… mais c'est l'homme qui prenait courageusement position
dans les affaires importantes… que ce soit dans le cas des
Témoins de Jéhovah ou dans ses écrits. » Au début des
années 1940, à l'Université de Montréal, on n'enseignait pas
beaucoup le droit constitutionnel. « C'est grâce à mes contacts
avec Frank, en personne et par le biais de ses actions, que j'ai pu
forger ma pensée constitutionnelle. » Scott a enseigné au jeune
homme ailleurs que dans une salle de classe, indirectement,
« autant par ses poèmes, par son être et par ses actions que par
ses écrits… dans un débat d'idées, il m'a toujours honoré d'une
oreille attentive. Alors, descendre le fleuve Mackenzie avec lui
n'était pas simplement une aventure parmi tant d'autres, même
si j'aime cela… c'était la chance d'être seul avec lui pendant des
jours et des semaines[32] ». Trudeau veut-il éprouver certaines de
ses idées sur la démocratie auprès de l'expert incontesté qu'est
Scott ? Veut-il faire du prosélytisme pour ses propres idées ?
C'est possible. Il aborde le sujet de la démocratie d'un point de
vue diamétralement opposé à celui de son aîné, avançant la
thèse que, historiquement, les Canadiens français ne croyaient
pas que la démocratie était pour eux, tandis que les Canadiens
anglais ne la voulaient pas vraiment pour les autres.

Trudeau voudrait que l'on réévalue d'un œil critique la
démocratie au Canada. Il fonde son analyse, tout comme Scott
dans ses notes de 1940 sur la démocratie canadienne, sur l'Acte
constitutionnel de 1791. Cet acte, remarque Trudeau, marque
l'établissement d'un gouvernement représentatif à une époque
où les Canadiens n'étaient ni psychologiquement ni politique-
ment préparés à cela. Habitués qu'ils étaient à une monarchie
autocratique, à une Église autoritaire et à un système pratique-
ment féodal, ils voyaient dans le gouvernement représentatif un
moyen d'assurer la survie raciale et religieuse bien plus qu'une
valeur intrinsèque à promouvoir. Les Canadiens français ont
appris à tourner à leur avantage ce que Trudeau appelle « l'arse-
nal des "armes démocratiques" ». Deux possibilités s'offraient à
eux : saboter le Parlement de l'intérieur, grâce à l'obstruction, ou
alors faire semblant d'accepter le Parlement sans en accepter les

principes constitutifs. Par conséquent, Trudeau estime que les Français du Canada abordent les libertés civiles d'une manière qu'il qualifie d'inhabituelle : il cite en exemple le comportement de la presse francophone, qui a soutenu l'autoritarisme de Duplessis dans les affaires Roncarelli et de la Loi du cadenas. Mais de tels exemples sont légion. Si Trudeau devait citer tous les faits qui montrent que les Québécois ne croient pas fondamentalement en la démocratie, « l'éternité n'y suffirait pas ».

Trudeau se doute sûrement que de tels commentaires ne lui attireront probablement pas la sympathie des Canadiens français et des Canadiens anglais, ni même celle de Scott, à qui il n'a pas cessé de parler de son article. Mais, loin de manifester le moindre repentir, il pense que de « tels exercices sont un mal nécessaire si on veut inculquer à tous les Canadiens la foi en une démocratie commune et durable[33] ». La référence à « une foi démocratique » doit avoir touché une corde sensible chez Scott. C'est une phrase qu'utilisent les écrivains de gauche et qu'il s'est appropriée. Mais le paradoxe au cœur de la thèse de Trudeau est moins agréable. Plus tard, se rappelant l'article de Trudeau et le voyage qu'ils ont fait ensemble, Scott fera remarquer : « [Trudeau croyait] que les Anglais nous enseignaient la démocratie, mais il ne pensait pas que les Anglais la mettaient en pratique. Alors pourquoi les Québécois en auraient-ils fait usage ? » De plus, et Scott trouve cela extraordinaire, Trudeau estime que les Anglais auraient dû l'enseigner aux Canadiens français. Mais comment ? Un certain temps, Scott songe réfuter l'article de Trudeau ; il est très surpris de découvrir que des observateurs politiques considèrent que l'analyse de Trudeau est excellente[34].

On comprend facilement la réaction de Scott à cet article, bien que lui aussi, en 1936, ait présenté le même argument, défendant vigoureusement la « liberté » et affirmant que les catholiques du Québec s'opposaient à la démocratie.

> L'État démocratique — dans le sens d'un État neutre devant les croyances religieuses, les théories politiques et les doctrines économiques, qui exige que leur propagation suive les méthodes constitutionnelles — est un État inacceptable selon

le dogme catholique, sauf en cas de nécessité politique, et le cardinal Villeneuve l'a récemment dénoncé en termes non équivoques au Québec. L'Église s'efforce simplement de rendre la vie politique québécoise conforme, autant que possible, au concept catholique, selon lequel la vérité est le catholicisme, l'erreur est tout ce qui n'est pas catholique, et la liberté se borne à parler et à vivre en fonction de cette vérité[35].

Le problème, peut-être, c'est qu'il n'a pas vraiment cherché à approfondir ce que cela suppose. S'est-il montré quelque peu naïf dans sa définition de la démocratie ? Les conséquences logiques de la thèse défendue dans l'article de Trudeau — si on les accepte — éclairent trop bien la raison pour laquelle le socialisme n'a pu s'implanter au Québec. Une société socialiste, telle que Scott la comprend, ne peut fonctionner sans prendre appui sur les fondations d'un État démocratique. Si les Québécois répugnent à la démocratie, cela signifie-t-il qu'il s'est battu contre des moulins à vent tout ce temps en essayant d'implanter la CCF dans la province ? De plus, insister sur le fait que les Anglais, malgré leurs professions de foi en la démocratie, n'ont peut-être pas été tout à fait démocratiques envers les Français conquis aurait été un aveu difficile à faire. Finalement, Scott a peut-être admis qu'il est lui-même plus élitiste que démocrate. Dans ses relations personnelles, les principes d'interaction qui prévalent sont souvent plus hiérarchiques que démocratiques.

Scott croit passionnément en la démocratie et en des principes égalitaires, mais la philosophie démocratique côtoie chez lui une attitude aristocratique (une réminiscence de son père, qui a un jour affirmé être « un aristocrate de naissance, mais un socialiste de conviction »). L'incongruité de cette cohabitation ne manque pas de susciter des commentaires. Un jour de 1940, à Harvard, après que Scott eut fait une remarque cinglante sur « l'entrée de service », un professeur riposte du tac au tac que « si c'est là ce que vous appelez un socialiste canadien, je préfère ne pas rencontrer un réactionnaire[36] ».

Ce sont ces aspects du caractère de Scott que Trudeau, non dépourvu lui-même de quelques éléments de l'élitiste et du démocrate, a pu trouver agréables. De plus, le sang écossais de Trudeau le rapproche de la réserve émotive de son aîné. Mais le jeune Trudeau, qui évolue avec une relative aisance entre les solitudes des sociétés anglophone et francophone, est alors une exception au Québec. Pour beaucoup de Québécois, l'élitisme de Scott et ses qualités typiques d'Anglo-Saxon blanc et protestant sont synonymes d'anathème.

Le gouffre qui sépare les anglophones des francophones au Québec, avant comme après la Révolution tranquille, vient peut-être, comme le suppute Jean-Charles Falardeau, des deux manières très différentes de voir le monde. Falardeau reconnaît que Scott fait de gros efforts pour comprendre les francophones du Québec : « Il n'arrête pas de poser des questions, sans cesse… De tous les collègues de langue anglaise que j'ai connus… Frank Scott est le seul qui ait poussé aussi loin sa tentative de comprendre. » Mais le bagage familial de Scott et sa formation intellectuelle lui ont forgé une tournure d'esprit qui lui rend très difficile cette tâche. Comme s'en souvient Falardeau :

> À ce que je sache, il s'est toujours montré respectueux de ce qui constitue les éléments essentiels de la culture canadienne-française, pas seulement sa langue, son histoire, mais je parle de ce que l'on pourrait appeler sa totalité, soit les mentalités, l'orientation politique, les idéologies traditionnelles de la population de langue française, et là je dois dire qu'il était perdu. Il ne pouvait pas comprendre, par exemple, comment une personne comme Duplessis avait pu demeurer premier ministre de la province de Québec pendant quinze ans, parce que Frank avait une foi irrépressible dans la démocratie et dans les droits de l'homme. Il était avocat et il a été élevé, bien sûr, selon la forme britannique de la démocratie, qui est historiquement la plus importante forme de démocratie. Ainsi, son credo ou sa foi politique l'empêchaient de comprendre pleinement des gens dont l'idéologie ou le point de vue étaient différents du sien.

En fait, Falardeau semble dire que, dans une certaine mesure, Scott est foncièrement incapable d'aller très loin dans la

compréhension de la mentalité de ses compatriotes franco-
phones… même s'il montre une curiosité insatiable[37].

Au fur et à mesure que Scott et Trudeau descendent le fleuve
Mackenzie, ils se découvrent l'un l'autre. Un jour, remarquant le
grand nombre de toponymes anglais — Fort Smith, Fort Fitzge-
rald, Norman Wells, Fort Simpson —, Trudeau s'emporte : « À
croire qu'aucun Français n'est venu ici. » « Pierre, bien sûr qu'il
n'y a jamais eu de Français, répond Scott. Il y a peut-être eu
quelques égarés, mais c'est une partie du Canada qui n'a jamais
été occupée par les Français. Jamais[38] ! » Trudeau oubliait la chro-
nologie de l'exploration du Nord. En fait, la vallée du Mackenzie
a d'abord été explorée par Alexander Mackenzie en 1789 et, bien
que des francophones aient pu faire partie de son équipage, il a
forcément donné à ces lieux des noms anglais. Et Scott, qui en
connaît bien les raisons historiques, ne se rend pas compte de
l'importance émotionnelle pour Trudeau, le Québécois, que revêt
cette omission du français. En cette occasion et à un autre
moment, un jour où les deux hommes prennent la parole devant
un groupe d'étudiants de l'Université Sarah Lawrence et où Tru-
deau s'emporte à sa manière à propos des injustices dont souf-
frent les Québécois (« presque comme René Lévesque »), Scott
commence à voir que la personnalité de Trudeau se fonde sur un
solide patriotisme[39]. C'est ce Trudeau qui a décrit dans l'intro-
duction de *La Grève de l'amiante*, « un peuple qui a été battu,
occupé, neutralisé, écarté du commerce, rejeté hors des villes,
réduit peu à peu à une minorité et qui a vu son influence minée
dans un pays qu'il a pourtant découvert, exploré et colonisé ».

D'une certaine manière, Scott et Trudeau ont écrit des
« lettres du fleuve Mackenzie ». Mais si la forme des lettres de
Scott est poétique, le contenu, bien que principalement descrip-
tif et narratif, est lourd de sens politique :

Curving in toward shore
We read on a kind of gallows
In this utterly public land
The words PRIVATE PROPERTY.
Behind is its counterpart :

TRESPASSERS WILL BE PROSECUTED
BY ORDER, IMPERIAL OIL.
Trespassers! In this North!
Man is the absent fact
Man is the aim and need
Man is the source of wealth
But Property keeps him out.
And the Indians wonder, who first
lived off this very soil
And now are outcast and dying
As their substance is drained away★. (C. P., p. 234)

À l'école de la Mission, à Fort Providence, Scott aperçoit une école grise construite comme un fort, où les « prêtres de France, les religieuses du Québec / enseignent à des Indiens du Grand Lac des esclaves (qui parlent encore l'amérindien) / de la première à la huitième année, dans un mauvais anglais ».

We walked through the crowded classrooms.
No map of Canada or the Territories,
No library or workshop,
Everywhere religious scenes,
Christ and Saints, Stations of the Cross,
Beads hanging from nails, crucifixes★★… (C. P., p. 231)

★ Nous dirigeant vers le rivage / Nous voyons écrit sur une sorte de potence / Sur cette terre incontestablement publique / Les mots PROPRIÉTÉ PRIVÉE. / Puis une deuxième pancarte : / DÉFENSE D'ENTRER SOUS PEINE DE POURSUITES / IMPERIAL OIL. / Défense d'entrer! Dans ce Nord! / L'homme est le fait absent / L'homme est le but et le besoin / L'homme est la source de la richesse / Mais la propriété privée le repousse. / Et les Indiens s'interrogent, eux qui étaient les premiers / À vivre sur ce sol / Les voilà aujourd'hui hors-la-loi et ils meurent / Alors qu'on leur enlève leurs moyens de subsistance.

★★ Nous traversons les classes pleines à craquer. / Pas de cartes du Canada ou des Territoires, / Pas de bibliothèque ou de salle de travail, / Partout des scènes religieuses, / Le Christ et les saints, le chemin de croix, / Des chapelets accrochés à des clous, des crucifix…

Dans une série d'images, Scott découvre, situés à l'étage de ce pensionnat amérindien, « soixante-dix petits lits de camp / Bout à bout / Dans une chambre de huit mètres sur dix / Où résident les garçons / Dans cette prison mentale, véritable nid à feu » (C. P., p. 231). L'intuition qu'a Scott des besoins des autochtones et sa perception du fleuve lui-même conduisent plus tard le juge Thomas Berger à citer son poème dans son rapport sur les gazoducs du Nord, *Le Nord : terre lointaine, terre ancestrale — Rapport de l'enquête sur le pipeline de la vallée du Mackenzie* (1977).

Pour Scott, le fleuve Mackenzie devient lui-même le symbole du Canada :

A river so Canadian
it turns its back
on America

The Arctic shore
receives the vast flow
a maze of ponds and dikes

In a land so bleak and bare
a single plume of smoke
is a scroll of history★. (C. P., p. 239)

La vision du Canada, terre nordique, terre nue, influence profondément la poésie canadienne des années 1950 et 1960. Un an après le voyage de Scott, Ralph Gustafson marche sur ses traces et publie un recueil de poésie intitulé *Rocky Mountain Poems* (1960). Cinq ans plus tard, Al Purdy écrit *North of Summer : Poems From Baffin Island,* qui comprend des scènes de l'Arctique peintes par A. Y. Jackson. Il dédie son livre à Frank Scott.

★ Un fleuve si canadien / qu'il tourne le dos / à l'Amérique // Le rivage arctique / reçoit le vaste flot / labyrinthe d'étangs et de filons rocheux // Sur une terre si désolée et nue / qu'un seul plumet de fumée / écrit une page d'histoire.

Durant leur voyage, Scott et Trudeau découvrent un Canada sillonné de rivières, une terre rude de canotage et de portage. Tous deux comprennent que, pour rester indépendant, le Canada doit se tenir sur la défensive, comme le fleuve, qui n'appartient « qu'à lui-même / Obéissant à ses propres lois ». Mais là où le nationalisme de Scott se rattache avant tout au Canada anglais, le nationalisme de Trudeau tire ses origines du Québec français. Scott le poète (par opposition à Scott l'historien anglophile), comme Trudeau le patriote, comprend très bien que les Français et les Anglais ont participé à la même exploration. On le décèle dans la phrase : un seul plumet de fumée / écrit une page d'histoire. Dans ce poème, comme dans « Laurentian Shield », Scott reprend son vieux thème — l'homme racontant son paysage. « Le plumet de fumée » évoque la première forme d'écriture, les signaux de fumée amérindiens. « Plumet », c'est aussi la plume d'oie, en anglais comme en français, et le stylo à plume en français, et constitue donc un jeu de mots bilingue. Il ne faut pas non plus oublier que ce nom a aussi une connotation chevaleresque : le « plumet » est ce qui identifie le casque du chevalier aventureux[40]. En un mot, le poète a saisi le passé multiracial de l'histoire du Canada. Il nous rappelle aussi la fragilité de cette histoire — comme un plumet de fumée, elle se disperse rapidement.

Trudeau et Scott sont tous deux attirés par cette terre nordique, mais chacun la voit à travers le « plumet » — la plume historique — de l'idéologie de sa race. Chacun veut laisser sa marque sur cette terre en inscrivant son nom dans les livres d'histoire. Dans ce contexte, Scott est une sorte de guide de la nature, un exemple de courage personnel et l'amitié dont a besoin le jeune homme et que, peut-être, il ne trouve nulle part ailleurs au Québec. Scott incarne également un fort sens moral. Dans le Québec des années 1940 et 1950, seul le journaliste André Laurendeau a une stature morale similaire. Des années plus tard, au cours d'un symposium sur Scott en 1981, Trudeau affirmera : « Frank m'a enseigné tout ce que je sais[41]. »

Ils sont de retour à Montréal le 5 septembre. Très vite, Scott écrit au secrétaire de l'Eldorado Mining and Refining Limited,

R. C. Powell, pour lui annoncer qu'ils ont fait un voyage sans encombre. Le voyage de Fort Smith à Norman Wells « s'est effectué par beau temps et dans le confort d'une cabine que l'on avait mise à notre disposition ». Scott et Trudeau font le voyage de Norman Wells à Aklavik en avion. À Inuvik, ils retrouvent Gordon Robertson, le commissaire des Territoires du Nord-Ouest, qui les invite à assister à la première séance du Conseil des Territoires à avoir lieu au nord du cercle polaire. Scott raconte aussi à Powell que le voyage vers le Nord « m'a permis de mieux appréhender les problèmes et les possibilités de développement de ce pays[42] ». Ce qu'il garde pour son poème, c'est son objection à l'exploitation du Nord par cette entreprise et par l'Imperial Oil, ainsi que ses observations indignées sur la réunion du Conseil, « la naissance de la démocratie » dans l'Arctique, à laquelle n'assistent que des gens du Sud — un commissaire et neuf Blancs, lui-même, Trudeau, un prêtre et des membres de la GRC en habit de cérémonie, « Étaient le seul public autour / Pas un visage indien ou inuit » (C. P., p. 236). Cependant, Scott, comme l'a fait remarquer l'un des participants, « exagère » un peu : parmi les Blancs, il y avait quatre représentants de circonscriptions des Territoires du Nord-Ouest, élus dans la plupart des cas par la majorité autochtone ; et le site, alors décrit comme « E-3 », est tout juste un baraquement planté dans la nature ; l'absence de la communauté autochtone locale se comprend, puisqu'elle n'existe pas[43].

Peu de temps après son retour, Scott invite des amis à voir ses diapositives, avenue Clarke. Parmi eux se trouve Northrop Frye, alors de passage à Montréal. Frye découvre « qu'un voyage sur le fleuve Mackenzie peut être une expérience fascinante, si on est avec quelqu'un qui a un œil aiguisé et un bon appareil photo ». Il ajoute que « les autres invités m'ont laissé entendre que la vie à Montréal offrait beaucoup de compensations[44] ». Scott se rappelle que l'un des invités a bondi de sa chaise en voyant soudain apparaître un dos nu et athlétique à l'écran. Trudeau retire la photo du projecteur. Scott est stupéfait devant cette démonstration de pudeur inattendue. « Cela a dû toucher une corde sensible en lui, la même que chez moi, pense-t-il. Je dois dire que la différence entre les deux cultures, telle que je connais la mienne et selon ce que j'ai pu constater de la sienne, n'est pas très grande[45]. » Trudeau se souvient qu'une décennie plus tard, après qu'il se fut lancé en politique, Scott lui a renvoyé cette photo de lui, accompagnée d'une lettre lui souhaitant bonne chance.

Le parallèle entre l'anglo-catholicisme de Scott et la formation jésuite de Trudeau est facile à tracer. Cette affinité fondamentale, qui se reflète dans leur socialisme commun, les a réunis. Dans une certaine mesure, Scott semble avoir joué envers Trudeau le même rôle que Woodsworth à son égard. Mais alors que Scott a tenté de réaliser un grand nombre de projets et des idéaux que Woodsworth défendait — comme le rapatriement de la Constitution et la lutte pour un socialisme canadien —, tel un maître enseignant à son disciple, la relation de Trudeau avec Scott est beaucoup plus complexe. Trudeau est d'abord attiré par un socialisme démocratique et chrétien, que reflètent les principes, en fait, qui animent *Cité libre*. Mais en explorant les ramifications de certaines théories de Scott — comme dans l'essai sur la démocratie —, Trudeau atteint ses propres conclusions, parfois complètement opposées à celles de Scott. Il reconnaît, dans la préface de l'ouvrage intitulé *Le Fédéralisme et la société canadienne-française,* que « le seul facteur constant que l'on trouve dans [sa] pensée au fil des ans, c'est une opposition aux opinions admises[46] ». Cette simplification extrême occulte le fait que le processus de développement intellectuel de Trudeau résulte d'une évolution graduelle — dialectique —, à travers laquelle il détermine la direction qu'il veut imprimer au Québec français au sein d'un système fédéral canadien.

Il est toujours délicat d'évaluer l'influence d'un homme sur un autre, mais Frank Scott a vraiment joué un rôle important dans la vie de Trudeau, en lui inculquant quelques concepts fondamentaux. Les textes de Scott ont clairement indiqué la voie à suivre à Trudeau. Celui-ci a été d'abord un socialiste démocrate, dans la lignée de Scott, qui s'était tourné vers la philosophie socialiste parce qu'il détestait l'« injustice » dans la société. « Les solutions que je cherchais, se rappelle Trudeau, je les ai trouvées avant tout dans l'étude de la pensée socialiste. » Il émet, toutefois, certaines réserves quant à l'interchangeabilité de la pensée socialiste d'un pays à l'autre. « Je me suis rendu compte plus tard que les systèmes que ces gens avaient instaurés, qu'on les nomme le socialisme ou autre chose, étaient conçus pour un pays en particulier à une période donnée, et qu'on aurait eu tort de vouloir appliquer le même schéma à un autre pays, à une autre époque[47]. » Cette réflexion, cependant, qu'il livre au *Toronto Star,* en 1968, est celle d'un Trudeau déjà plus âgé. Rien n'empêche de croire que le Trudeau du début des années 1950 croyait avec ferveur que le socialisme pouvait se révéler une solution pratique aux problèmes du Québec.

C'est donc en substance le regard de Scott sur la société québécoise — étayé par plus de statistiques, une connaissance plus approfondie des institutions québécoises et un plus grand sens de la révolte morale — que l'on retrouve dans « La province de Québec au temps de la grève », l'introduction écrite par Trudeau pour le livre *La Grève de l'amiante*. Conscient que l'Histoire ne se fait pas à coup de virages soudains et que les forces qui œuvrent au présent ont pris naissance dans le passé, Trudeau cherche les principes essentiels qui ont gouverné le passé religieux, politique et social du Québec afin de comprendre la société contemporaine. Comme Scott, il estime que la rapide industrialisation est la source des problèmes de l'heure et que l'Église catholique romaine et les institutions nationales représentent des facteurs qui militent contre le progrès[48].

L'Église et les universités — qui doivent obéir à certains idéaux et en même temps faire face à la réalité — sont incapables de combler le fossé entre leurs idées économiques dépassées et les réalités de l'industrialisation. Les partis politiques abandonnent les idées au profit de l'opportunisme. À la fin, les Canadiens français ne doivent leur survie à aucune de ces institutions qui se sont dressées pour défendre leur mode de vie, mais à l'empirisme et au « matérialisme » des nouvelles institutions qu'ils se sont données — les syndicats[49].

La grève de l'amiante, selon Trudeau, marque la fin d'une époque — l'époque de la soumission des travailleurs canadiens-français à des idéologies et à des institutions qui ne sont plus légitimes. Dans l'« Épilogue », Trudeau révèle sa préoccupation face à l'avenir et le but qu'il poursuit : « Une génération entière hésite au bord de l'engagement. Puisse le présent ouvrage lui avoir offert des éléments pour éclairer son choix[50]. »

On est frappé dans cet essai par la déception de Trudeau devant l'opposition de l'Église catholique à l'instauration du socialisme — façon logique, selon lui, d'amener les réformes économiques dont le Québec a besoin.

> Dans le domaine politique, nous nous condamnions à une impuissance [...] désespérante. Car nos idées politiques étaient imprégnées d'autoritarisme. Cette attitude, jointe à la condamnation, par le pape, du socialisme athée, nous servit de prétexte pour repousser le nouveau parti social-démocrate du Canada, la Co-operative Commonwealth Federation (CCF), qui pourtant ne se souciait ni d'athéisme ni de philosophie, mais nous proposait des moyens politiques concrets pour mettre fin à ce colonialisme économique que notre nationalisme trouvait si blessant[51].

Il revient sans cesse sur le caractère injuste de cette attaque de l'Église contre la CCF. On suppose qu'en écrivant ce chapitre, Trudeau reconnaît tacitement qu'il ne sera jamais possible d'implanter la CCF au Québec. Dans l'essai intitulé « Obstacles à la démocratie », qu'il a ébauché pendant son voyage sur le fleuve Mackenzie, il fait un éloge discret du Parti libéral, qui, après tout, a démontré une surprenante astuce, de la clairvoyance et du courage, en faisant des offres au Québec dans la dernière moitié du XIXᵉ siècle[52]. Il commence peut-être à entrevoir son propre avenir.

En 1956, le Québec est vraiment à la croisée des chemins. Un certain nombre de personnes — Scott, Trudeau, Gérard Pelletier, René Lévesque — se dressent, unies, face au duplessisme.

Dans Le Rassemblement, Trudeau tente d'unir tous les partis d'opposition contre Duplessis. Au cours des premières séances de planification du mouvement, Jacques Perrault, analysant la situation politique au Canada et au Québec, montre « qu'il existe un besoin pour un nouveau mouvement socialiste, quel qu'il soit, proche des groupes populaires au Québec. Il explique la position de la CCF et se demande si celle-ci n'est pas la réponse attendue[53] ». Il semble clair que le socialisme n'est pas une réponse souhaitable pour la majorité, même si Trudeau est lui-même enclin à favoriser cette idéologie. Le Rassemblement va échouer, comme d'ailleurs échouera l'Union démocratique, en raison de l'absence d'une assise politique au Québec.

Trudeau est actif dans les cercles de la CCF depuis une bonne décennie. Il a fait campagne pour Thérèse Casgrain et d'autres candidats de la CCF et, comme il participe régulièrement aux réunions du Parti, il est pour Casgrain l'héritier logique du leadership de la CCF au Québec. Jean Marchand confirme la forte attirance de Trudeau à ce sujet : « Je suis, dans une certaine mesure, celui qui a refréné Trudeau, car je l'ai convaincu que nous avions d'autres problèmes à résoudre dans l'immédiat — comme de se débarrasser de Duplessis — et que, si nous tentions de bâtir un nouveau parti au Québec, particulièrement un parti composé presque exclusivement d'anglophones —, eh bien, nous y passerions toute notre vie. » Trudeau confie à Marchand son désir de devenir membre de la CCF, mais lorsque le premier ministre de la Saskatchewan, T. C. Douglas, vient parler au groupe du Québec, Marchand se rappelle que « nous étions impressionnés, mais nous savions trop bien que ces gens seraient toujours incapables de communiquer avec les Québécois[54] ».

En 1959, toutefois, les alliances politiques au Québec se renversent après la mort subite de Maurice Duplessis. Lorsqu'il écrit au doyen Erwin Griswold de la faculté de droit de Harvard, en octobre, Scott exprime l'espoir que la situation va s'améliorer. Il ajoute un paragraphe sur Duplessis. « On dit qu'en apprenant la nouvelle, le cardinal Léger aurait remarqué que "l'Histoire jugera ses actes ; Dieu jugera son âme ; il ne nous reste, à

nous, qu'à prier pour lui". Plutôt bien tourné[55] ? » Une telle épi-
gramme, aussi bien tournée soit-elle, ne règle pas les problèmes
que pose Duplessis. Sa mort a certainement accéléré la rupture
des alliances politiques ; ceux qui avaient essayé de s'unir dans
leur opposition à Duplessis commencent alors à lorgner ailleurs.
Au tout début des années 1960, comme s'en souvient Mar-
chand, ils avaient un problème de conscience. « En temps nor-
mal, nous aurions appuyé la CCF, mais le mouvement sépara-
tiste menaçait de nouveau. Nous n'étions pas bien représentés à
Ottawa... Si nous passions notre vie à bâtir la CCF, alors cela
signifiait que nous n'aurions pas le temps d'empêcher ce qui
allait se produire[56]. » Par conséquent, Trudeau, Pelletier et Mar-
chand entrent au Parti libéral fédéral, avec pour premier objectif
de contrebalancer le nouveau nationalisme des libéraux de la
province.

À la fin de janvier 1968, lorsque les libéraux fédéraux pous-
sent Trudeau à devenir le chef du Parti, Scott écrit à ce dernier
pour le presser d'accepter :

Le 28 janvier 1968

Cher Pierre,
Je ne suis pas, comme vous le savez, un partisan libéral. Je suis
convaincu que si la CCF et le NPD remportaient davantage
de succès électoraux, on pourrait aplanir bien des difficultés
au Canada. Les exigences légitimes du Québec pour un par-
tenariat plus équilibré avec le Canada auraient certainement
été déjà reconnues. Mais, en dépit de ma position, je tiens pro-
fondément à ce que le Parti libéral se dote aujourd'hui du
meilleur chef possible. Celui-ci doit être prêt à défendre une
nouvelle conception du Canada et à inspirer confiance, c'est-
à-dire n'avoir rien à voir avec les vieux politiciens du Parti
libéral. Surtout, il doit comprendre les réalités constitution-
nelles et être capable de faire la distinction entre le change-
ment pour le simple changement et la véritable croissance,
fonctionnelle et intelligente. Vous êtes cet homme. Je crois
réellement que, même si cette idée vous fait peur, vous êtes
appelé à prendre les rênes. Trop de bonheur humain en

dépend ; l'occasion est trop belle de contribuer à l'édification d'un État-nation biculturel et vous ne pouvez pas vous y dérober. J'espère vraiment que vous serez d'accord avec moi. Rassemblez le courage qui vous a fait entrer dans les rapides de la rivière des Esclaves !

Salutations cordiales,

[Frank]

Dans les années qui suivent, Trudeau, toujours en relation avec Scott, semble avoir élaboré certains concepts que son aîné avait esquissés. Non seulement il partage la croyance de Scott en un idéal démocratique, mais il voit également le droit comme « un moteur social », vision qu'il ébauche non pas à l'Université de Montréal, mais plus tard, dans les années 1940 et 1950, peu de temps après le début de son amitié avec Frank Scott. Trudeau dira plus tard que le droit peut être un outil de changement social, quelque chose de *créateur*. « J'ai commencé à avoir du plaisir en droit quelques années après mes débuts… J'ai compris que nous avions entre les mains un instrument de contrôle social et que c'était une création extraordinaire de la société. Je m'intéressais moins aux législateurs qu'au processus dans son ensemble[57]. » Scott et Trudeau partagent maintenant la même idée, celle « d'un seul Canada », ils croient que le Québec a sa place dans un État fédéral, qu'il est nécessaire de rapatrier la Constitution et, surtout, d'y enchâsser une charte des droits. Ils partagent aussi une vision internationaliste du monde ; Trudeau se décrit lui-même comme un « citoyen du monde », expression qui reflète non seulement l'esprit des années 1944-1945, mais aussi, peut-être, la formulation de Scott. Tous deux ont en tête une conception du politique-législateur comme étant un roi-philosophe, qui a le pouvoir de donner naissance à l'État idéal, « l'État comme œuvre d'art ». Trudeau a fait valoir nombre de ces idées durant ses quinze années à la tête du pays. Indirectement, pendant deux décennies, Scott l'a aidé à façonner l'avenir du Canada, tout particulièrement en ce qui concerne le Québec et la Constitution.

CHAPITRE 20

« Citoyen du monde »

I am a iamb
because the bones of my social fish
were so precise
I was meant to be embedded
in the soft mud of my ancestors
or to be drawn on stone
giving out words dreams ideas
regular as ribs
crisp in the perfection of pattern
dated
a trilobite in limestone

But the earthquake came
the sea-bottom cracked
the floor rose to an island
no time for quiet death
the tranquillity of fossilization
these were mountains days
a new language in birds
diaspora of dactyls
iambs split to the core

now my ancient frame
cries for the deeps of Zanzibar
and is answered only by
I AM
« COELACANTHE »★

Frank Scott a soixante et un ans le 1ᵉʳ août 1960 et il entre dans la période la plus agitée de sa vie. Ces années marquent l'apogée de sa carrière. Il remporte une autre victoire importante, cette fois pour la liberté de la presse, avec l'affaire *Lady Chatterley*. Le voilà devenu un homme « respectable », comme son père et son frère aîné le désiraient : en 1961, il est nommé doyen de la faculté de droit de McGill, et en 1963 on l'invite à devenir membre de la Commission royale d'enquête sur le bilinguisme et le biculturalisme, en reconnaissance de son travail dans le domaine des droits civils au Québec. Il publie aussi deux excellents ouvrages de poésie : *St-Denys Garneau & Anne Hébert : Translations / Traductions* (1962) et *Signature* (1964), le dernier étant un recueil de ses plus récents poèmes.

Pourtant, cette décennie au cours de laquelle il aurait dû récolter les fruits du travail d'une vie lui apporte plus de déceptions que de motifs de satisfaction. Une subvention du Conseil des Arts du Canada, obtenue en 1960, lui permet de faire un tour du monde, ainsi qu'une sorte de voyage intérieur, un inventaire émotif et intellectuel de sa vie passée et présente. Durant ce

---

★ Je suis un iambe / aux arêtes sociales / si précises / que j'étais destiné à être enchâssé / dans la douce boue de mes ancêtres / ou gravé dans la pierre / offrant des mots des rêves des idées / alignés comme des côtes / crispés dans la perfection du modèle / daté / un trilobite dans la pierre calcaire // Mais le tremblement de terre s'est produit / les fonds marins ont craqué / le sol s'est soulevé pour former une île / pas de temps pour une mort douce / la tranquillité de la fossilisation / c'étaient les jours de montagne / un nouveau langage chez les oiseaux / diaspora des dactyles / iambes divisés en plein cœur / maintenant mon antique carcasse / pleure pour les profondeurs de Zanzibar / et on lui répond seulement / JE SUIS / « CŒLACANTHE »

voyage, Scott perçoit la subjectivité des idées et des institutions qu'il a auparavant considérées comme absolues. Comme il l'écrit dans le poème «Japanese Sand Garden» (1963), «… l'éternellement relatif / absorbe / l'éphémère absolu» (C. P., p. 127). L'absolu de la période chevaleresque de sa jeunesse — sa foi en lui-même comme agent de changement, sa certitude que le socialisme accompagnera l'arrivée du nouveau millénaire — se dilue rapidement dans des jugements plus modulés et désabusés. Le processus est douloureux.

Tout arrive d'un seul coup : le choc de se voir vieillir, la retraite prochaine, la révolte étudiante des années 1960, le traumatisme du séparatisme québécois. Si la liberté du mouvement hippie lui a tout d'abord plu, il s'en détache de plus en plus, quand il s'aperçoit que les nouveaux radicaux ne partagent pas les idéaux positifs de ses contemporains des années 1930 quant à la nécessité d'un changement social. Il est surtout meurtri de constater que tout ce qu'il souhaitait, c'est-à-dire un changement pacifique au Québec, un arrangement avec le Canada anglais grâce à des réformes constitutionnelles axées sur la protection des droits des minorités dans un fédéralisme canadien qu'il souhaitait fort, part en fumée — dans les bombes du Front de libération du Québec. Avec l'assassinat de Pierre Laporte et la proclamation de la *Loi sur les mesures de guerre*, Scott est au nadir de sa vie émotive, et les espoirs qu'il nourrissait pour le Canada sont au plus bas.

Il sent qu'un changement considérable est à l'œuvre — que le monde craque de toutes parts. Comme il l'écrit dans un poème au début des années 1960, «Le tremblement de terre s'est produit / les fonds marins ont craqué» (C. P., p. 183). Dans cette nouvelle révolution, Scott se décrit, mi-figue mi-raisin, comme un fossile vivant, comme cet ancien poisson, le cœlacanthe, que l'on vient de découvrir au large des côtes de Zanzibar. Ce Scott, qui veut retenir l'ancien modèle, fait appel de nouveau aux métaphores de l'évolution et au langage poétique pour décrire ses états d'âme. Comme le cœlacanthe, il préfère rester «enchâssé / dans la douce boue de [s]es ancêtres» où il peut offrir «des mots des rêves des idées / alignés comme des côtes » (C. P., p. 183). Mais la révolution des années 1960, comme les soulèvements des années 1920 et 1930, s'est interposée. À la différence que Scott n'est plus un jeune radical plein de vigueur ; l'effort que demande le nouvel ordre — social et poétique — est aujourd'hui incomparable. Scott, l'« iambe » comme il ironise, est « divisé en plein cœur » par les nouvelles révolutions qui appellent une nouvelle action. Sa carcasse vieillissante réclame la paix, « une mort douce / la tranquillité de la fossilisation » (C. P., p. 183). Pourtant, il répond « JE SUIS » — l'affirmation traditionnelle du Dieu de l'Ancien Testament, l'appel au devoir qui remonte du fond des âges. Son premier « devoir » public consistait à combattre la censure au Québec.

I went to bat for the Lady Chatte
Dressed in my bib and gown.
The judges three glared down at me
The priests patrolled the town.

My right hand shook as I reached for that book
And rose to play my part.
For out on the street were the marching feet
Of the League of the Sacred Heart★. (C. P., p. 264)

Lorsque Scott se lève, à la Cour du Banc de la Reine, en appel, le 7 avril 1961, pour plaider que la Cour supérieure du Québec commet une erreur en jugeant obscène *L'Amant de Lady Chatterley*, de D. H. Lawrence, son regard se pose sur un grand crucifix à l'avant de la salle d'audience. À sa gauche, les armoiries britanniques et leur devise *Honni soit qui mal y pense*. Cette devise, s'en amusera plus tard Scott, pose tout le problème

---

★ Je suis monté au créneau pour défendre lady Chatte / Revêtu de ma bavette et de ma robe / Les juges, un deux trois, me regardent de haut / Les prêtres patrouillent la ville. // Ma main droite tremble, tendue vers ce livre / Alors que je me lève pour jouer mon rôle. / Car dehors dans les rues on entend les bottes / De la Ligue du Sacré-Cœur.

de ce qui est obscène ou non : ce qu'un homme, une culture jugent obscène ne l'est pas forcément pour un autre homme, dans une autre culture[1].

Dans une certaine mesure, ces deux emblèmes — la croix et les armoiries — sont également symboliques du conflit social que provoque *L'Amant de Lady Chatterley* au Québec, conflit entre un catholicisme janséniste, qui croit en la primauté de l'esprit sur le corps, et la tradition britannique, plus ouverte que rebute la « vertu monacale », comme l'appelait John Milton, grand défenseur de la liberté de parole au XVIIᵉ siècle. Cependant, les définitions de l'obscénité correspondent invariablement aux normes de la communauté, et le climat social qui règne dans le Québec de 1959 est terriblement conservateur. « Il faut bien voir, se rappelle Manuel Shacter dans les années 1980, avocat de la défense à l'époque du procès, que cela se passait avant toutes les prétendues révolutions au Québec[2]. » Un bureau de censure est en place pour examiner le matériel écrit ; il y a en fait un « index » de la littérature interdite. Dans la cause en appel devant la Cour suprême, Scott et Shacter vont invoquer, bien évidemment, pour la défense du roman de D. H. Lawrence, le fameux discours de Milton, *Areopagitica ou de la liberté de presse*.

On a beaucoup écrit aux États-Unis et en Grande-Bretagne sur l'affaire Lady Chatterley, mais personne n'a fait remarquer que le procès canadien a précédé et a, en fait, ouvert la voie au procès anglais, beaucoup plus retentissant. Le procès canadien se révèle, de surcroît, une affaire très ardue, en grande partie à cause des mœurs extrêmement conservatrices du Canada — et du Québec. Au contraire du procès américain, gagné en appel, et du procès britannique, gagné en première instance, le procès canadien se rend jusqu'en Cour suprême. Le jugement final, favorable à la diffusion de *L'Amant de Lady Chatterley*, vient confirmer, tout comme le roman, qu'une révolution sociale autant que sexuelle est en cours.

Le procès anglais repose sur une nouvelle définition de l'obscénité. Avant 1959, l'obscénité, en Angleterre comme au Canada, était définie en vertu de l'ancienne règle Hicklin : l'effet d'une œuvre va-t-il « dépraver et corrompre » les innocents dans les mains desquels elle tombe ? C'était le principe de la moralité victorienne de M. Podsnap : cela va-t-il faire rougir une jeune personne ? Et en raison de ce principe, de nombreux classiques de la littérature pouvaient être condamnés, et l'ont été. En 1933, aux États-Unis, le juge John M. Woolsey de la cour de district du Sud de New York inverse cette tendance en levant la censure qui pesait sur *Ulysse*. Au lieu de prendre en considération le concept de *jeune fille*, Woolsey retient celui de « *l'homme sensuel moyen* », comme le désignent les Français, soit le lecteur adulte normal, « une personne possédant des instincts sexuels ordinaires ». Il pose aussi comme règle qu'un livre doit être jugé dans son ensemble plutôt que comme un ramassis de « détails salaces[3] ».

Ce n'est pas avant 1959 que les lois anglaises et canadiennes acquièrent la souplesse de la législation américaine. En 1959, les deux pays donnent de nouvelles définitions de l'obscénité. Le Parlement britannique élargit la vieille définition de Hicklin, stipulant désormais qu'un article « sera jugé obscène [si]... l'effet de l'une de ses parties est tel que, pris isolément, il tend à dépraver et à corrompre des personnes qui risquent, compte tenu de toutes les circonstances pertinentes, de lire, voir ou entendre la question qui s'y rapporte ou qui y est transposée[4] ». Une œuvre doit donc être globalement corrompue ou dépravée dans son ensemble, et non être simplement suggestive. De plus, la législation anglaise reconnaît l'argument selon lequel une œuvre relève de la littérature et, par conséquent, sert le bien public.

Au Canada, le 18 juillet 1959, le Parlement vote le projet de loi 150 (8) qui amende les dispositions du Code criminel relatives aux publications obscènes. Selon cette loi, un individu commet une infraction quand il a en sa possession, dans le but de le diffuser, tout document obscène, ou quand il l'expose en connaissance de cause au regard du public. Conformément à cette législation, tout ouvrage ou tout individu, ou les deux, peuvent faire l'objet de poursuites judiciaires. Cependant, on ne peut reconnaître coupable un individu s'il est établi que l'action à l'origine de la poursuite sert le bien public. Le paragraphe 8 établit que « pour l'application de la présente loi, est réputée obscène toute publication dont une caractéristique dominante est l'exploitation indue des choses sexuelles, ou de choses sexuelles et de l'un ou plusieurs des sujets suivants, à savoir : le crime, l'horreur, la cruauté et la violence[5] ».

Le 5 novembre 1959, à Montréal, la police effectue une descente dans les kiosques à journaux de Larry Brodie, Joseph R. Dansky et George Rubin, pour y saisir les exemplaires d'une nouvelle version intégrale de *L'Amant de Lady Chatterley*. En édition de poche, le livre se vendait au prix de cinquante cents. L'éditeur, la New American Library, visait le grand public canadien et avait, disait-on, fait imprimer quarante mille exemplaires du livre à Winnipeg. Lorsque le livre est qualifié d'obscène après avoir été mis en vente chez les marchands de journaux, les éditeurs engagent Manuel Shacter, avocat montréalais et ancien étudiant de Scott, pour les défendre.

Shacter prépare l'affaire en vue du procès qui doit se tenir le 12 avril 1960, en Cour supérieure du Québec. Comme c'est le livre seul qui fait l'objet du procès, la poursuite ne dépose comme unique preuve qu'un exemplaire de *L'Amant de Lady Chatterley*. Les passages obscènes de leur exemplaire sont largement soulignés à l'encre bleue[6]. Non seulement le Code criminel, en mettant l'accent sur « la caractéristique dominante » d'une œuvre, décourage la lecture du livre dans son ensemble, mais il impose à la Cour de s'appuyer sur une lecture biaisée du texte.

Contrairement à la loi britannique, la nouvelle législation canadienne visant à supprimer la pornographie des kiosques à journaux ne protège en rien les œuvres littéraires. Malgré cela, l'avocat de la défense commence par appeler à la barre des experts invités à montrer que le livre est une œuvre d'art. Jusque-là, seule la Cour était considérée compétente pour juger de ce qui était obscène ; à cela les avocats font valoir maintenant que des experts peuvent témoigner de la qualité littéraire du travail plutôt que de son obscénité. Toutefois, le point fort de cet argument, c'est le fait qu'une œuvre d'art, par définition, ne peut être obscène. L'avocat de la défense plaide aussi que des mineurs ne devraient pas servir de critère pour déterminer des normes d'obscénité. Il avance un autre argument : ce sont les normes en vigueur dans la communauté qui doivent servir de critères.

Parmi les témoins experts, on compte les romanciers canadiens Morley Callaghan et Hugh MacLennan, de même que Harry T. Moore, universitaire américain et spécialiste reconnu de D. H. Lawrence. Tous témoignent que Lawrence est un grand romancier du XXᵉ siècle, que son œuvre n'est pas pornographique et que les passages traitant de relations sexuelles ne visent pas à dégrader ou à corrompre, mais reflètent plutôt les préoccupations morales du romancier. Le professeur Moore considère que le livre s'attache principalement à condamner l'industrialisation stérile de l'Angleterre, condition que symbolise l'impuissance de lord Chatterley dans le roman[7].

Moore rappelle à la Cour que Lawrence lui-même a tenu tête à ses éditeurs, qui voulaient censurer le roman. Maître J. Saint-Laurent, l'avocat de la poursuite, contre-interroge : « Pouvez-vous me donner une définition du mot "expurger" ? » Moore répond : « Cela signifie simplement, bien… castrer, castrer un livre, c'est tout[8]. » Le juge en chef, T. A. Fontaine, se penche vers son greffier et lui chuchote : « Que veut-il dire exactement ? » Le greffier le lui explique. Le juge rougit et semble troublé[9].

Le juge Fontaine entend les experts le 12 avril, puis la poursuite demande un ajournement jusqu'au 5 mai, ce qui lui est accordé, afin de pouvoir convoquer d'autres experts pour témoigner du caractère pornographique de l'œuvre. Le 5 mai, toujours incapable de présenter des témoins, on lui accorde un autre ajournement jusqu'au 1ᵉʳ juin. À cette date, à nouveau dans l'impossibilité de le faire, la poursuite propose de n'accepter aucune preuve de nature littéraire. Le juge est d'accord.

Le jugement du premier procès canadien de *L'Amant de Lady Chatterley*, connu sous le nom de l'affaire *Brodie, Dansky et Rubin c. la Reine*, est rendu le 10 juin 1960. Le juge Fontaine déclare que l'escouade de la moralité a appliqué la loi en saisissant les exemplaires du roman *L'Amant de Lady Chatterley*, car il s'agit bien d'un livre obscène.

Shacter s'attendait à ce verdict. La législation sur l'obscénité est nouvelle, c'est la première fois qu'on en éprouve la validité en cour, et la Cour du Québec est connue pour son conservatisme. Il a accepté de s'occuper de cette affaire, étant entendu que les éditeurs l'appuieraient, si nécessaire jusqu'en Cour suprême. Il se tourne maintenant vers Scott, qu'il a déjà consulté auparavant, pour lui demander son aide en appel. Les deux avocats passent l'été à préparer le mémoire pour la Cour d'appel. Shacter se souvient : « J'écrivais plusieurs pages, j'allais voir Scott à la faculté de droit et nous passions quelques heures à les revoir ensemble. Il sabrait dans mes brouillons afin de faire un texte court, concis et percutant, c'était une formidable leçon pour moi, car je voyais combien il était doué à la fois comme avocat et comme écrivain[10]. »

Pendant ce temps, en octobre 1960, d'autres poursuites sont engagées contre le livre en Angleterre. Curieusement, l'avocat de la défense est Gerald Gardiner, vieil ami de Frank Scott, de l'époque de l'aviron à Oxford ; tous deux deviennent, comme s'en amusera Scott plus tard, « les avocats de lady Chatterley ». Gardiner écrit à l'avocat de la défense canadien pour lui demander une transcription du procès, afin de préparer sa propre cause. Il suit la procédure établie par Shacter et Scott au premier procès canadien et fait appel à des experts en littérature ; il plaide aussi que des mineurs ne devraient pas servir de critère pour l'établissement des normes d'obscénité, mais plutôt l'opinion de la communauté en général.

L'avocat de la défense dans le procès anglais, *Sa Majesté la Reine contre Penguin*, a réuni une pléiade d'experts, comprenant des auteurs réputés comme Rebecca West, Helen Gardner et E. M. Forster. Tous témoignent du fait que *L'Amant de Lady Chatterley* est un chef-d'œuvre de la littérature. Helen Gardner observe abruptement que, puisque l'acte sexuel lui-même n'est pas immoral, alors les termes vulgaires le décrivant ne le sont pas non plus ; Forster déclare que Lawrence appartient au courant calviniste des puritains moralistes anglais depuis Bunyan. La poursuite ne produit qu'un seul témoin, Katherine Anne Porter. Le jury rend un verdict d'acquittement le 3 novembre 1960. Kenneth Tynan, commentant avec finesse l'affaire dans *The Observer,* remarque : « Maintenant que l'affaire est classée et que les aventures de lady Chatterley se propagent à la vitesse grand "V" dans tous les recoins du pays où se trouve un lecteur, on se dit soudain qu'il aurait été impensable que le jury rende un jugement différent. Mais c'était encore tout à fait imaginable jusqu'à trois heures, jeudi après-midi, pour tous ceux qui ont passé ces six jours dans la salle d'audience et qui ont sué pendant les heures interminables qu'ont duré les délibérations du jury[11]. »

Même dans le climat social anglais relativement tolérant du début des années 1960, l'affaire Lady Chatterley est une bataille difficile, mais qui n'est rien en comparaison de celle qui se livre dans la société catholique du Québec, où on confond bien souvent sexe et immoralité. La cause se rend en appel en avril 1961. La première tâche de Scott consiste à démontrer, en s'appuyant sur la nouvelle législation définissant l'obscénité, que l'on ne peut qualifier d'obscène le traitement de la sexualité dans *L'Amant de Lady Chatterley,* car elle n'y occupe pas une place « exagérée ». À la suite de ces comparutions en Cour du Québec, Scott écrit quelques vers sur la question :

The word "obscene" was supposed to mean
"Undue exploitation of sex."
This wording's fine for your needs and mine
But it's far too free for Quebec's.
I tried my best, with unusual zest,
To drive my argument through.
But I soon got stuck on what rhymes with « muck »
*And that dubious word "undue."** (C. P., p. 264)

---

* Le mot « obscène » signifie, dit-on / « Exploitation indue des choses sexuelles ». / Cette formulation vaut pour vous et pour moi / Mais elle est beaucoup trop souple pour le Québec. // J'ai fait de mon mieux, avec un entrain inhabituel, / Pour faire valoir mon argumentation. / Mais j'ai vite buté sur ce qui rime avec « braise » / Et ce mot bizarre « indue ».

Il est possible que la présence d'un seul terme vulgaire et la description de l'adultère aient pu conduire la Cour du Québec à étendre au livre lui-même son jugement sur l'immoralité des agissements des protagonistes. Scott affirme que la nouvelle Charte des droits, que le gouvernement du premier ministre Diefenbaker vient de faire adopter, autorise la liberté de la presse.

La nouvelle Charte des droits, Scott en est conscient, est une mesure législative sans envergure qui ne s'applique pas en termes généraux, mais seulement à quelques parties de la loi fédérale. Scott a soutenu que la tentative de censurer *L'Amant de Lady Chatterley* ne reflète qu'une volonté désespérée de censurer les pulsions sexuelles propres à l'être humain. Cependant, la partie du roman qui décrit lady Chatterley et son amant tressant des fleurs dans les poils de son pubis est évidemment considérée comme « excessive » par les juges de la Cour du Banc de la Reine du Québec, qui se montrent consternés par la large diffusion du livre en format de poche.

What hurt me was not that they did it a lot
And even ran out in the rain,
'Twas those curious poses with harebells and roses
And that dangling daisy-chain.

Then too the sales made in the paperback trade
Served to aggravate judicial spleen,
For it seems a high price will make any book nice
While its mass distribution's obscene★. (C. P., p. 265)

★ Ce qui me choque n'est pas qu'ils l'aient fait beaucoup / Ni même qu'ils aient couru sous la pluie, / C'est plus ces poses curieuses avec des campanules et des roses / Et ces guirlandes de marguerites. // Puis les ventes en format de poche aussi / Contribuent à aggraver la déprime judiciaire, / Car il semble qu'un prix élevé fasse un bon livre / Alors que sa diffusion de masse est obscène.

Durant l'appel et peu de temps après, Scott commence à tourner en dérision sa propre interprétation de l'affaire *Lady Chatterley* et envoie un exemplaire de ses vers à Shacter. Mais, comme le verdict n'est pas encore rendu, il ne cherche pas à le publier. Un an plus tard, un tabloïd, *The Justice Weekly,* rapporte le 31 mars 1962 la progression de l'affaire *Lady Chatterley* en Cour suprême et publie aussi, sur la page opposée, l'histoire titillante d'un jeune homme nommé Alan, qui a subi une opération afin de changer de sexe. Le titre se lit comme suit : LES NOUVELLES AVENTURES D'ALAN, MAINTENANT « ALICE » AU PAYS DES MERVEILLES. On pense que Scott a sauté avec délice sur l'occasion : il titre son propre poème « A Lass in Wonderland », jouant sur les mots Alice et Alas ! Quatre ans plus tard, le critique américain Harry Levin rédige un texte sur la pornographie et l'affaire *Lady Chatterley,* se délectant du même élément d'absurdité. Il fera le même rapprochement en notant que le nom du procès anglais *La Reine contre Penguin,* qui évoque si fort un « chapitre d'*Alice au pays des merveilles,* annonce avec justesse le défilé de dignitaires de l'Église, de professeurs, de maîtres d'école, de bibliothécaires, d'éditeurs, de critiques, de publicitaires qui se présentent à la barre[12] ».

Le 7 avril 1961, les juges Paul Casey, Fernand Choquette et J. Larouche rejettent l'appel interjeté à la Cour du Banc de la Reine du Québec, déclarant que *L'Amant de Lady Chatterley* représente bien « une exploitation exagérée du sexe ». Le juge Casey craint que le livre ne soit pas prisé pour ses qualités littéraires ou pour sa signification sociologique : « La majorité des lecteurs de ce livre seront des jeunes… et des personnes impressionnables, ces mêmes personnes dont le Parlement se doit de protéger l'équilibre moral. » Il ajoute : « Notre civilisation est une civilisation chrétienne, et nous ne pouvons laisser une minorité bruyante imposer sa volonté et ses normes à la majorité ». On n'avait pas coutume de faire appel à des experts en littérature dans le passé, et le juge Casey en fait peu de cas maintenant que l'affaire est close : « Si la cause avait porté sur des questions scientifiques ou techniques ou si pour émettre une opinion il avait fallu avoir une formation ou une expérience quelconque, on aurait pu admettre la nécessité de consulter des experts. Mais la question traitée n'a rien à voir avec ce genre de choses[13]. »

Quand finalement la cause aboutit devant la Cour suprême du Canada, le 15 mars 1962, on demande à la Cour pour la première fois de se prononcer sur la signification de la nouvelle définition de l'obscénité que donne l'article 150 (8) du Code criminel. Scott plaide qu'il n'y a pas plus d'exploitation indue des choses sexuelles dans *L'Amant de Lady Chatterley* que dans les nus de Michel-Ange ornant la chapelle Sixtine du Vatican. L'avocat montréalais Claude Wagner, représentant la poursuite pour le Québec, « contre-attaque en affirmant que le livre est non seulement obscène — il n'enseigne aucune morale quelle qu'elle soit —, mais que le libertinage et l'adultère le caractérisent ». Le débat se concentre sur les questions suivantes : « La nouvelle définition exclut-elle complètement l'application de la précédente... la règle Hicklin ? Que signifient exactement les mots clés... "dominant", "indue" et "exploitation" ? Le témoignage d'experts quant à la valeur littéraire du livre... est-il admissible en preuve ? Quelle protection, s'il en est une, offre la Charte des droits aux écrivains sérieux ?... Peut-on parler de défense du bien public — c'est-à-dire de mérite littéraire ou artistique — dans le cas d'un livre (dénoncé pour son obscénité)[14] ? »

Scott et Shacter, se fondant sur le témoignage de Harry Moore, affirment que les thèmes principaux de *L'Amant de Lady Chatterley* sont les maux de l'industrialisation en Angleterre, l'intuition plutôt que l'intellectualisation, ainsi que la force et la beauté de l'amour physique entre un homme et une femme[15]. « Ces parties du livre qui traitent de sexe, explique Scott, traitent de l'éclosion de l'amour entre les personnages. Le thème dominant en est la relation entre les êtres. L'existence du sexe ne le rend pas dominant[16]. »

Le 16 mars 1962, un jugement est rendu en faveur de *L'Amant de Lady Chatterley* par cinq voix contre quatre. L'opinion majoritaire rédigée par le juge Judson souligne que la question, selon la nouvelle législation, « était de savoir si la caractéristique dominante du roman était l'exploitation indue des choses sexuelles ». La majorité est convaincue que le livre est un « ouvrage de fiction sérieux » et que les scènes à caractère sexuel ne sont pas écrites dans un but pornographique. Le juge Judson, en acceptant l'argument de Scott, estime que le roman est un moyen d'exprimer la vision qu'a Lawrence de la société moderne et de ses effets sur les relations entre un homme et une femme. Le jugement minoritaire, énoncé par le juge Fauteux, avance que l'exploitation des choses sexuelles est « une caractéristique dominante de l'ouvrage et qu'elle est portée à un degré choquant et dégoûtant ». Comme on pouvait s'y attendre, la décision a été prise selon une démarcation bien définie : quatre anglicans et un juge sans attache religieuse ont exprimé l'opinion majoritaire, et trois catholiques romains et un anglican, l'opinion minoritaire[17]. Cette division amène un journal du Québec à poser la question : « Y a-t-il deux Cours suprêmes du Canada[18] ? »

Il est clair que Scott n'accepte pas la censure littéraire en démocratie. Quelques années plus tard, il répondra à un individu qui lui demandait sa définition de la pornographie : « Je ne peux donner aucune définition de la pornographie qui me satisfasse ou qui satisfasse quiconque. Je ne pense pas que l'on puisse définir un tel concept. Je laisserais plutôt les gens publier ce qu'ils veulent, que ce soit en images ou par écrit. Cela fait partie de notre univers, et je ne crois pas que nous devions cacher une partie de cet univers. Dans tous les cas, c'est une tâche irréalisable, même avec la meilleure volonté du monde[19]. » Cependant, peu de temps après, lorsque Scott se penchera de plus près sur la responsabilité dans un contexte international, la liberté de l'individu dans la société sera pour lui un moindre sujet de préoccupation.

En mars 1960, le Conseil des Arts du Canada lui accorde une subvention de recherche pour qu'il poursuive ses études en droit constitutionnel, plus particulièrement en droit constitutionnel comparé. Il décide, puisqu'il s'agit d'une bourse de voyage, que le meilleur moyen d'obtenir des données pertinentes en droit comparé serait de faire un tour du monde, de se rendre dans les grands centres de droit constitutionnel et dans des pays, comme le Japon et l'Éthiopie, qui sont en train d'élaborer de nouvelles constitutions.

Scott passe l'été 1960 à préparer son voyage en écrivant des lettres à des amis et à des relations dans les ambassades du Moyen-Orient et d'Europe. Il décide de naviguer autour du globe et d'aller vers l'ouest, en commençant par Vancouver. En route, il compte s'arrêter à San Francisco et à Honolulu, et de là aller en Extrême-Orient : Tokyo, Singapour, Jakarta, Rangoon, puis New Delhi, Le Caire et Addis-Abeba. Il retournerait ensuite au Caire, où Marian le rejoindrait, et visiterait en sa compagnie la vallée du Nil, puis le berceau de la civilisation grecque à Athènes. De là, ils prévoient se rendre en Europe — Genève, Paris et Strasbourg. Le voyage prendrait fin en Angleterre.

Scott part en pèlerin solitaire. « Qu'est-ce que je vais faire dans ce voyage ? », voilà la grande question[20]. Même s'il voyage seul, il va rencontrer ponctuellement de vieux amis, des connaissances : Chester Ronning en Inde, George Cadbury au Caire, King Gordon et sa femme à Tokyo, Allan Gotlieb à Genève, son fils Peter et sa famille à Vienne, Charles Lussier et Pierre Emmanuel à Paris. Avec un réseau aussi étendu d'amis et d'étudiants, auquel s'ajoutent ses innombrables lettres de recommandation, il est pris en main par des amis ou des agents officiels d'une ville à l'autre. De temps en temps, il se réserve quelques moments pour réfléchir et écrire — essayant de consigner à ce qu'il a vu et ressenti. Comme Marian ne le rejoint pas avant la fin de son voyage, il se confie à son journal, tout comme dans le temps d'Oxford.

Dès le début de son périple, il rencontre de vieux amis à Vancouver — George Curtis, doyen de la faculté de droit de l'Université de la Colombie-Britannique, et ses amis poètes, Earle Birney, Phyllis Webb, Bill et Alice McConnell. Le voyage commence sur une note incertaine, en partie parce que McConnell lui demande de rassembler un recueil de ses traductions de poètes québécois pour Klanak Press. Scott ne se sent pas bien placé pour accepter. « Entre la poésie et moi — en fait, entre bien des choses et moi — se glisse la peur : je n'ai pas confiance en ma capacité », écrit-il dans son journal[21]. Âgé de soixante ans, il est très conscient du passage du temps.

Le voyage qu'il vient d'amorcer prend des allures de voyage d'une vie qui raccourcit. Il est aussi conscient de la diminution de ses forces. Récemment, au cours d'une conférence à Carleton, il a fait une grave erreur à propos de l'article 86. Et quand il se rend à la faculté de droit de l'Université de la Colombie-Britannique, il s'aperçoit qu'il oublie des noms[22]. La mémoire, la capacité de rassembler des faits précis, est une nécessité première pour un juriste. Scott aime citer la remarque d'un évêque anglican dans une pièce londonienne : « Deux choses peuvent nous sauver : la grâce de Dieu et, si cela échoue, la précision[23]. » Il se rappelle combien il s'est senti mal à l'aise, pendant l'affaire de la Loi du cadenas, quand un juge âgé s'était donné en spectacle en confondant les personnes et les statuts[24]. Maintenant, on dirait qu'il fait la même chose. Chez Scott, les trous de mémoire l'amènent à douter sans répit de lui, des doutes que son surmoi très développé et très rigide transforme en « monstres qui consument et rongent sa volonté de travailler[25] ».

Ces sombres pensées en tête, il quitte Vancouver pour San Francisco. Là, il voit ses vieux amis de Montréal : Betty Layton, la première femme d'Irving, ainsi qu'Avi et Naomi Boxer. Ils évoquent le bon vieux temps, particulièrement celui des amis et de la poésie des années 1940 et 1950. Les Boxer facilitent son intégration à la communauté prospère des beatniks de San Francisco. Scott est fasciné par ce nouveau phénomène « beatnik ». Dans son journal, il note ses impressions sur la « piaule » à laquelle on accède par une porte secrète : le sol recouvert de tapis d'osier tressé sur lequel les visiteurs marchent silencieusement en chaussettes ; un bar dans un coin, des verres de carton et un gros gallon de vin rouge sur le comptoir ; devant le bar, une petite piste de danse en lattes de bois ; le long du mur de briques, des matelas et des coussins « qui conviennent admirablement, suppose Scott, pour la conversation ou la copulation[26] ».

Il regarde les beatniks assis ou étendus çà et là en groupes : « À l'occasion quelqu'un se lève pour se joindre à une autre conversation, pour trouver un partenaire de danse. Certaines danses tiennent du grand art expressionniste, le couple se faisant face mais ne se touchant pas, parlant et communiquant au moyen de mouvements spontanés. » Un jeune étudiant, Paul, anciennement en poste à Cuba avec l'armée américaine pendant la révolution de Castro, lui apprend qu'il y a trois types de personnes dans la pièce : celles qui viennent pour s'amuser, celles qui seront toujours en marge de la société et celles qui se situent entre les deux et qui comme lui essaieront de garder vivantes les valeurs de la dissidence quand elles vieilliront et qu'elles devront trouver un boulot. Paul explique à Scott qu'il s'est complètement coupé de sa famille ; il s'érige contre le conformisme de la vie américaine. « Si vous avez le malheur d'être un tout petit peu différent des autres, on vous colle l'étiquette de "rouge", dit-il. On vous met sur une liste noire et on vous empêche de trouver du travail. On espère qu'ainsi vous reprendrez le droit chemin, penserez comme les autres, vous marierez jeune et aspirerez à élever des enfants en banlieue. Cela n'a rien d'attirant pour moi et ceux qui se trouvent ici. »

Ses conversations avec Paul amènent Scott à se souvenir du zèle réformateur des années 1930. Pendant le voyage en avion entre San Francisco et Honolulu, il commence à comparer le jeune homme à celui qu'il était lui-même à cet âge. « Je n'ai jamais coupé les liens avec ma famille, sauf avec W. B. S. [son frère William]. Il était, en un sens, un père, puisqu'il a pris l'initiative de me guider à mon retour d'Oxford… Mais père et mère sont toujours restés les mêmes, quelles que fussent les causes que j'épousais. Ils n'ont jamais compris ce que je poursuivais, mais cela n'a rien changé. » Il se rend compte qu'il ne s'est jamais vraiment libéré des liens familiaux. En ce sens, la révolte de Scott était moins entière que celle de Paul.

Et d'abord, je me suis dressé contre des formes dépassées de croyances religieuses et artistiques, plutôt que contre la politique. Je me suis émancipé grâce à la poésie… Ce fut une révélation, une découverte. Mes yeux se sont dessillés et je suis alors tombé dans d'autres pièges. J'ai commencé à voir des imposteurs partout ; ma plus grande préoccupation était de ne pas me fier aux apparences. Le simulacre de religion au sein de la Fraternité rendait la religion à l'extérieur encore plus caricaturale. J'ai lu Eddington, Jeans et d'autres auteurs d'ouvrages scientifiques. C'est à H. G. Wells de même qu'à mon père que je dois ce penchant : l'amour de l'astronomie. Lentement, et sans heurt ni peine, je suis passé d'un ensemble de concepts à un autre, qui m'apparaissait plus vrai, plus frais et plus passionnant. Je ne suis jamais revenu en arrière.

Il va continuer de jeter ces réminiscences sur papier, à partir de Vancouver et de San Francisco, et pendant son long voyage jusqu'au Japon. Chaque kilomètre parcouru prolonge son voyage intérieur — c'est la première fois qu'il tente de s'inspirer de ses expériences passées pour mieux poursuivre sa vie.

Le but premier de ce voyage, cependant, est d'accumuler de l'information sur le droit constitutionnel comparé. Au Japon, Scott a un entretien avec Kenzo Takanayagi, président de la commission d'enquête sur la Constitution du Japon. Le Japon, conclut-il, a accepté certains concepts de base, tels que l'État-providence et la primauté du droit, dans ses propositions de nouvelles réformes constitutionnelles, mais les conservateurs et les socialistes du pays sont tellement divisés que l'assise parlementaire du gouvernement est précaire[27]. À l'Université de Rikyo, il rencontre le professeur Miyazawa, doyen de la faculté de droit. Ce dernier n'attend pas grand-chose de la nouvelle Constitution, car l'opposition socialiste détient suffisamment de sièges pour empêcher l'obtention de la majorité des deux tiers nécessaire à son adoption par la Diète. Un autre expert japonais, le professeur Oishi, ancien doyen de la faculté de droit de l'Université de Kyoto, rejette la Constitution japonaise actuelle, la déclarant « bonne pour ceux qui veulent que le Japon soit dépendant de la Chine et de la Russie[28] ».

Sa traversée de l'Extrême et du Moyen-Orient est l'occasion pour Scott de rendre visite à d'anciens étudiants et collègues. À Singapour, il rencontre des membres de la faculté de droit de l'Université de Malaya, afin de discuter de la nouvelle Constitu-

expertise en droit constitutionnel. « La grosse pierre attachée à mon cou s'est transformée en une auréole au-dessus de ma tête », confie-t-il, jubilant, à son journal[34]. En fait, c'est grâce à ses convictions socialistes que Chester Ronning, haut commissaire du Canada en Inde, parvient à lui obtenir un rendez-vous avec Jawaharlal Nehru, premier ministre de l'Inde, le 24 février. Scott passe une journée à préparer une liste de questions ; immédiatement après l'entretien, il note au crayon quelques-unes des réponses de Nehru.

Lorsqu'il entre dans la pièce, le chef de l'État indien est assis derrière un grand bureau « vêtu d'un long manteau marron, un bouton de rose à la boutonnière, la tête nue, laissant voir sa calvitie ». Scott se présente, puis pose sa première question : « Pensez-vous progresser vers le socialisme comme prévu ? » La réponse de Nehru résonne avec une ironie amère aux oreilles de son interlocuteur : « On ne peut pas mettre en place les mesures envisagées dans le secteur public à moins de bien contrôler le secteur privé. » C'est le principal obstacle que rencontrent les socialistes. « Bien sûr, les intérêts privés ont toutes sortes de façons et de moyens pour échapper aux contrôles — la dérobade ou l'escroquerie sont toujours leurs armes. Et puis, ils possèdent la presse[35]. » Les tromperies du capitalisme et les questions qui touchent la liberté de la presse sont de l'histoire ancienne pour Scott. Cependant, dans ce dernier domaine, le Parti socialiste indien jouit d'un grand avantage. Il a la chance extraordinaire, comme le dit Nehru, que l'illettrisme des masses les protège de la presse.

Lorsque Scott lui demande s'il a un message à adresser au nouveau parti du Canada (précurseur du Nouveau Parti démocratique), le dirigeant indien répond : « Je crois qu'on assiste à l'émergence d'une forme de socialisme un peu partout. C'est le cours de l'histoire. » Y a-t-il quelque chose de particulier que le Canada puisse faire pour l'Inde ? Nehru réplique : « Nous avons toujours entretenu de bonnes relations avec le Canada. Bien meilleures qu'avec nos autres partenaires du Commonwealth… Peut-être est-ce une question de personnalités — Mackenzie (il oublie le King), Saint-Laurent, Pearson. » Il souhaite bonne chance au nouveau parti de Scott, puis retourne « à sa tâche qui

tion du pays[29]. En Éthiopie, il est ravi d'assister à une réunior
dix-neuf anciens étudiants qui collaborent à la mise en œu
d'une nouvelle Constitution. « Avez-vous participé d'
manière quelconque au dernier coup d'État ? leur demande
"Non, pas cette fois" », lui répondent-ils[30]. Cette réunio
permet de voir à quel point les anciens étudiants sont heu
de se remémorer les années passées à la faculté de dro
McGill. Il est ému de trouver, dans une maison, une photo
promotion de 1957 au-dessus du blason de McGill. « Je n'
jamais cru, quand je repense à mes sentiments de l'épc
l'endroit de la faculté, se rappelle-t-il, que nous imprégn
autant leur esprit[31]. »

C'est seulement lorsqu'il arrive à Paris qu'il peut enfir
niser à la bibliothèque. Là, il se plonge dans des lectures (
général et commence à préparer, pour le Congrès du tra
Canada, un document critique sur le projet de loi 42, la
tion du travail qu'a fait adopter le gouvernement du Créc
de la Colombie-Britannique, réglementant les contributi
versent les syndicats aux partis politiques. À Strasbourg
bunal international des droits de la personne, il s'installe
veau à la bibliothèque et se remet au travail, songeant
« très agréable de se replonger dans le milieu universi
Du 25 au 29 avril, il suit les débats de l'Assemblée cor
du Conseil de l'Europe au sujet d'un nouveau « prote
droits de la personne relatif aux minorités ». Puis, à Ca
en mai, Scott parle de la nationalisation de la Constitu
dienne — « ramener le Grundnorm à la maison » —,
du mot allemand *Grund* pour bien montrer que l'Acte
rique du Nord britannique est la pierre d'assise du
décrit à son auditoire anglais le déroulement de la conf
procureurs généraux du Canada et prédit que le C
grandira pas s'il ne se dote d'un processus de révis
probablement fondé sur la règle de l'unanimité[33] ».

Toutefois, les rencontres les plus fructueuses de
celles qui touchent à la fois la politique et le droi
prend la parole en public en Indonésie, il découvre :
ment qu'on l'admire pour son socialisme plutôt q

consiste à tenter de faire passer quatre cents millions de personnes, pour la plupart illettrées, pour la plupart affamées et malades, étouffant dans un système de castes et de statuts, de leur sous-développement présent à une société socialiste démocratique industrialisée ».

L'estime que Nehru affiche envers les hommes d'État canadiens n'est pas généralisée. Grâce à ses nombreuses relations avec les ambassades et légations canadiennes au Moyen-Orient et en Europe, Scott apprend que le prestige du Canada à l'étranger subit une dégringolade. Chester Ronning lui raconte aussi une anecdote particulièrement révélatrice. Pendant la visite du premier ministre Diefenbaker en Inde, Ronning s'est longuement entretenu avec lui au sujet de la Chine, lui rappelant que Pearson et le premier ministre Saint-Laurent s'étaient rendus à Washington en 1956, parce qu'ils estimaient qu'il était temps que le Canada reconnaisse Pékin. Croyant que le secrétaire d'État américain Dulles serait trop rigide et trop émotif pour accepter cette idée, ils s'adressent directement au président Eisenhower. À leur grande surprise, il se montre beaucoup plus chatouilleux que Dulles aurait pu l'être. Il leur dit qu'en reconnaissant la Chine, le Canada changerait la donne : la Chine deviendrait membre des Nations unies. Dans cette éventualité, les États-Unis non seulement se retireraient des Nations unies, mais « ils expulseraient les Nations unies de leur territoire avec armes et bagages ». Pearson et Saint-Laurent laissent rapidement tomber la question. Diefenbaker, en entendant cette histoire, demanda à Ronning « En êtes-vous sûr ? » Ronning l'était. Alors Diefenbaker a ajouté : « Je voulais en être sûr, parce que c'est exactement ce qu'Eisenhower nous a rapporté à Sidney Smith et à moi-même lorsque nous avons soulevé la même question avec lui en 1958. » Aux yeux de Scott, cette histoire révèle la véritable position de satellite du Canada. Le Canada aurait dû reconnaître la Chine, quelles qu'en fussent les conséquences, et « n'aurait jamais dû commettre l'erreur d'en demander la permission aux États-Unis[36] ». Scott aurait rapporté cet épisode à Trudeau, qui n'a pas attendu, à titre de premier ministre, la permission des États-Unis pour reconnaître la Chine.

Son séjour à Vienne offre à Scott un bon aperçu de la vie diplomatique et de la place du Canada dans le monde, grâce à la présence de son fils Peter, membre de la délégation canadienne à la Conférence internationale sur les privilèges diplomatiques à Vienne. Après un dîner protocolaire particulièrement déprimant (que sauve uniquement la projection d'un film de l'Office national du film sur la vie des chasseurs inuits), Scott songe : « Quelle vie, à quoi ça rime ? J'espère que Peter ne restera pas ici[37]. » Plus tard, à Genève, en visite chez son fils et sa femme, Maylie, Scott parle avec le jeune couple des différentes possibilités de changer d'emploi. Peu de temps après, au grand soulagement de Scott, le jeune homme accepte un poste au département d'anglais de l'Université de la Californie, à Berkeley. Là, il continue d'écrire de la poésie, devenant un pilier du mouvement pacifiste et, à la fin des années 1960 et au début des années 1970, après l'assassinat du président Kennedy, un expert reconnu sur ce sujet.

Ce voyage offre aussi à Scott l'occasion de rencontrer de nombreux poètes. En plus de Birney et de Webb à Vancouver, il voit aussi Pierre Emmanuel et Daryl Hine à Paris, Patrick Anderson en Angleterre et, surtout, Edmund Blunden à Hong Kong. Blunden est « si brillant et si vivant » que Scott se sent instantanément sur la même longueur d'onde que lui. « Sa voix, se souvient Scott, était la seule voix authentique parmi toutes celles que j'ai entendues au cours de mon périple. » Quand le vieux poète l'invite à partager son déjeuner, Scott se sent obligé de décliner l'invitation, car il vient d'en refuser une autre faisant partie de ses « obligations ». Il s'en mord amèrement les doigts : « Quel idiot de me laisser enchaîner par ces stupides conventions[38] ! » À Londres, avec Patrick Anderson, au pub George, il rencontre Bern Singer, qui a si mal traité *The Oxford Book of Canadian Verse* d'A. J. M. Smith, dans le *Times Literary Supplement*. Singer boit tellement de bière qu'il tombe endormi dans son fauteuil, ce qui permet à Scott d'envoyer au diable « ce petit rien du tout qui ne connaît rien du Canada, de son peuple et de sa littérature. Voilà donc à quoi riment les foudres du *Times*[39] ».

Scott dispose maintenant d'une réserve de souvenirs pour composer ses poèmes. La sérénité du vaste jardin japonais du temple Ryoan-ji l'a ébloui. Fondé en 1450, le temple s'étend au pied du versant ouest du mont Kinugasi et surplombe la rivière du Mont-Otokogama, au nord. Quintessence du zen, le jardin est le point central du temple et consiste en quinze pierres disposées d'une manière bien précise. Scott s'émerveille de cette « exacte justesse ». Il traduit cela dans un poème dont les vers évoquent la disposition des pierres.

Japanese Sand Garden

raked
in long lines   by bamboo prongs
the white sand
is endless   a distance
is waves
circling small rocks
islands
placed here three   here two
and faraway
three   two   and two
in rocks clefts
moss
makes river deltas*

Dans ce jardin, tout l'horizon s'évanouit. Ici, comme plus tard, en assistant à une délicate cérémonie du thé japonaise, Scott reconnaît une fois de plus que beaucoup de ses prétendus absolus occidentaux sont en fait relatifs.

À Angkor Thom, Scott est ébloui par le Bayon et par ce qu'il perçoit de sa structure, « un concept architectural sous-jacent

---

* Jardin de sable japonais // ratissé / en longues traînées / par des branches de bambou / le sable blanc / une distance / sans fin / comme des vagues / encerclant de petits rochers / îles / placés ici trois là deux / et plus loin / trois deux et deux / dans les crevasses / la mousse / forme des deltas

unique et durable : les parties forment un ensemble massif ». Le lendemain, en escaladant une colline des environs dans la brise fraîche de fin d'après-midi, il découvre la vue du sommet : « Tout autour s'étend la terre plate, où vivaient autrefois plus d'un million d'habitants, dont le travail et l'habileté ont érigé ces vastes monuments. Maintenant, Angkor Vat se dresse magnifique en dessous de nous, et loin vers l'ouest le soleil brille sur le grand lac, où les Chams ont vaincu les Khmers en 1177-1180. L'air est imprégné des bruits de la vie pastorale, faisant ressortir le calme ambiant. » Quand il redescend, il voit au pied de la montagne un bonze assis contre un bassin de pierre qui a la forme de l'empreinte du pied de Bouddha[41]. Depuis cette époque, Scott est fasciné par les reproductions de Bouddha, particulièrement par le portrait du grand et calme visage de pierre. Comme il l'avait fait remarquer durant son voyage en Birmanie, il y a un contraste frappant entre les représentations religieuses de l'Orient et les reproductions du Christ crucifié de l'Occident.

Au Caire, le 3 mars, Marian Scott rejoint son mari pour visiter les temples de Karnak et de Louxor. À Karnak, anticipant sa découverte de la Vallée des Rois, Scott écrit : « L'accomplissement de la grandeur, grâce à l'union de la religion et du pouvoir royal temporel — il est au Japon, à Angkor, en Inde, au Mexique — se retrouve dans toutes les civilisations, quelle que soit la forme de gouvernement. C'est l'expression primitive du "bien-être social", quelque chose qui élève l'individu au-dessus de son environnement étriqué. » Pourtant, remarque Scott, on ignore totalement l'apport individuel, car « l'idée que l'être humain a en lui des ressources qui ne demandent qu'à être exploitées n'existe pas ». Karnak, reconnaît-il, était un État esclavagiste « à la gloire d'êtres suprêmes ». La religion est-elle, se demande-t-il, un « fertilisant spirituel permettant au sol de produire davantage » ? C'est sans aucun doute parce qu'elle représente un « système poétique » que beaucoup de gens l'acceptent, « tous, sauf les esclaves ! », prend-il soin de rappeler[42].

Sa réaction face à la Grèce est très différente. À Athènes, le 18 mars, il repense aux temples qu'il a visités, frappé par le paradoxe de « l'échec et du succès, de la ruine et de la permanence » et de nouveau par « les combinaisons fatales du prêtre et du roi[43] ». Scott écrit son poème « Cloth of Gold » dans ce contexte.

The king I saw who walked a cloth of gold,
Who sat upon the throne a child of God,
He was my king when he was most a myth.

Then every man paid homage at his feet.
Some fought his battles and shed ransom blood,
Some slew their rights to magnify his claims.

It was our centuries that cut him down.
Bold kings would totter with the lapse of time.
We pushed them over with our rebel shout.

Yet of this metal are new kingdoms struck.
The unknown kings that filter through the laws
Make baron plans to multiply their fiefs…

While far across the ploughlands of the East
The single master who is history's dream
Holds up his hand to daze the patient throngs.

It seems the shadow of a king is here
That strides before us to the rising sun,
Some shadow of a king that will not fade.

The tumbled limbs of monarchy are green.
A hundred heads survive our mightiest stroke.
These broken dreams, these fragile interludes★… (C. P., p. 175)

★ Le roi que j'ai vu, qui marchait dans un vêtement d'or, / Qui a assis sur le trône un enfant de Dieu, / C'était mon roi quand il était surtout un mythe. // Puis, chaque homme s'est prosterné à ses pieds. / Certains l'ont suivi dans la bataille et ont payé de leur sang, / Certains ont étouffé leurs droits pour propager

Pourtant la tyrannie du prêtre et du roi, reconnaît Scott, n'est qu'un aspect de l'histoire.

> … pas plus réelle que l'autre aspect qui chante, crie même à tue-tête, la grandeur de l'homme, quand un système de croyances libère l'énergie des individus et de la société pour œuvrer à un immense accomplissement collectif. Et toujours, au sein de l'ensemble architectural, émerge l'artiste individuel qui crée sa propre œuvre d'art dans la joie pure de sa propre vision, en se moquant de connaître ce qui adviendra de son travail. L'homme qui peut d'un claquement de doigts rejeter la théologie et les lois, sauf celles qu'il instaure pour lui-même.

Peu importe, conclut-il, les dieux qui prévalent à une époque : le déclin vient des moules dans lesquels on se fond, du conformisme[44]. Les prêtres, reconnaît-il, ont toujours posé les bonnes questions, le « pourquoi » de l'existence de l'homme[45].

À Athènes, Frank et Marian Scott vibrent à l'unisson des idéaux démocratiques de la culture occidentale. Pendant la visite du temple de Dionysos, ils écoutent le jeune guide expliquer la tragédie grecque antique. « Les souvenirs et les scènes imaginées nous submergeaient ; je me suis retourné vers Marian et j'ai vu des larmes dans ses yeux. Sur le bas-relief, au fond de la scène en hémisphère, figurait une déesse de la démocratie. Comme nous

---

(suite de la note de la page 491)

ses exigences. // Ce sont nos siècles qui l'ont fait tomber. / Les rois audacieux vacillent au passage du temps. / Nous les avons repoussés de nos cris rebelles. // Pourtant, de ce métal on a frappé de nouveaux royaumes. / Les rois inconnus qui font fi des lois / Conspirent pour accroître leurs fiefs… // Pendant que loin, au-delà des terres arables de l'Est / Le maître unique qui est un rêve historique / Lève la main pour méduser les multitudes patientes. // Il semble que l'ombre d'un roi plane ici / Qui marche à grands pas devant nous vers le soleil levant, / Une ombre de roi qui ne s'évanouira pas. // Les membres désarticulés de la monarchie sont verts. / Cent têtes survivent à notre plus formidable coup. / Ces rêves cassés, ces fragiles interludes…

sommes loin de Karnak ! » Scott revient vers l'une des préoccu-
pations centrales de sa vie émotive et spirituelle : ici se trouve le
berceau de la démocratie. À l'Acropole ils voient « des ruines,
mais des ruines qui exaltent l'esprit et la fierté de l'homme, la tra-
gédie et la survie partielle, fusionnées dans un nouveau tout. Un
tombeau vivant. Une mort et une résurrection[46] ».

En Angleterre, les Scott retrouvent leurs racines sentimen-
tales ; Frank songe aux joies de ses années à Oxford, tandis que
Marian voit sa mère, Mme Dale, et sa sœur Anna, qui est mariée
à David Keir, maintenant sir David, maître à Balliol College, à
Oxford. À Cambridge, au début mai, le lendemain d'une confé-
rence de Scott sur la Constitution canadienne, le couple « passe
la matinée à canoter paisiblement aux environs, s'imprégnant
des rayons du soleil et de la douceur bien ordonnée qui règne
autour[47] ». En revoyant la chapelle de King's College, il la
regarde comme « un véritable poème de pierre, rien à voir avec
les grands monuments de l'Orient ». À Trinity, on remet au
couple un guide du collège à la fin duquel Scott trouve une liste
de quelques « hommes de Trinity » dans un certain ordre :
« Famille royale / Poètes / Premiers ministres / Autres hommes
publics / Hommes de science et mathématiciens / Érudits et
humanistes / Philosophes / Historiens / Juges et avocats / Ecclé-
siastiques et théologiens / Autres écrivains. Mais où sont les
grands cadres, les banquiers, les brasseurs, les magnats des
mines et les magiciens de la finance ? Peut-on parler d'une uni-
versité ? » s'esclaffe-t-il.

Néanmoins, Scott fait des découvertes plus importantes au
cours de son périple. Ces découvertes sont toutes rattachées à
un concept qui a façonné sa vie — une certaine notion de l'évo-
lution de l'esprit humain. Lorsqu'il était au Moyen-Orient et en
Extrême-Orient, il a lu *Knowledge, Mortality and Destiny,* de
Julian Huxley. Scott a aimé le livre, qui confirme sa propre
croyance dans la capacité de l'homme de façonner son destin :

> Sa vision générale de l'évolution, la place qu'elle accorde à
> présent à l'évolution culturelle consciente de l'homme, faisant
> ainsi de la politique et du droit deux activités essentielles et

ontologiques — voilà qui convient exactement à mes senti-
ments et à ma conviction de toujours. De plus, cela cadre bien
avec ce tour du monde, car rien de moins qu'une perspective
mondiale n'est valable, et ce voyage me permet de discerner
les facteurs qu'il faut intégrer à l'ensemble du concept d'évo-
lution, au moins en ce qui a trait à leur répartition géogra-
phique et, dans une certaine mesure, à leur niveau culturel[48].

Les lectures passées de Scott sur l'évolution, sa conception
de l'évolution de l'esprit de l'homme et ses quarante années
d'internationalisme — tout se rejoint dans le vaste concept de
« citoyen du monde ». Le sens de cette affirmation, « le monde
est mon pays », qui se trouve dans son poème de 1952,
« Creed », s'est élargi : la notion de citoyenneté au sein d'une
communauté mondiale est un concept qui englobe des nuances
juridiques et morales plus larges.

Pendant qu'il voyage, qu'il s'imprègne et qu'il réfléchit à un
esprit universel plus large, le cours des événements à Montréal
change énormément. Pendant qu'il est en Europe, on lui
apprend que Cyril James a été victime d'un infarctus. L'ancien
ordre change. À Paris, il reçoit une lettre de son très bon ami,
David Thomson, doyen de la faculté des études supérieures et
de la recherche, l'informant que le Conseil des gouverneurs le
pressent, lui Scott, pour devenir le nouveau doyen de la faculté
de droit, en remplacement du doyen Meredith. Les sentiments
de Scott sont partagés. « Si Meredith n'était pas mort, songe-t-il,
je n'aurais jamais pu avoir le poste pour lequel tout le monde
pense que je suis fait. » Il gribouille quelques vers laconiques sur
le sujet :

I am not McGill's choice : I am
something she could not escape.
She has had greatness thrust upon her★[49].

★ Je ne suis pas le choix de McGill : je suis / Quelque chose qu'elle ne peut évi-
ter. / On lui a jeté la grandeur dans les bras.

Scott, qui s'assimile au Malvolio de Shakespeare, manifeste un curieux mélange satirique d'humilité et de fierté.

Pendant son séjour à Paris, il apprend que le nouveau gouvernement Lesage l'a nommé avocat de la couronne britannique. Cette nouvelle aussi le trouble. « Quel changement d'un seul coup ! Avec ces fameuses initiales Q.C. [Queen's Council] que je n'ai jamais sollicitées, me voilà encore plus avocat qu'avant, et bien plus encore que ce que j'ai jamais voulu être. Cela me remémore la peine que j'ai éprouvée en 1924 lorsque Willum m'a dit que j'irais étudier le droit à McGill. Il me faut mettre de côté toute prétention d'être un poète si on m'appelle Q.C. ! Après tout, comme pour le poste de doyen, si cela arrive et que notre existence est ce qu'elle est, pourquoi pas ? C'est triste, pourtant[50]. »

Lorsqu'il est à Oxford, un autre lien avec le passé se brise quand un télégramme l'informe de la mort de son frère, Elton. On s'y attendait — Elton, qui avait été sévèrement gazé pendant la Première Guerre mondiale, venait de subir une opération délicate. Cela lui semble étrange que la nouvelle lui parvienne justement à Oxford, où ils ont vécu dans la même chambre, en 1920-1921, et où ils ont été très proches l'un de l'autre. Elton a beaucoup influencé Scott, « autant dans ma petite enfance, quand il nous a enseigné, à Arthur et à moi, à faire tout ce que les petits garçons doivent faire, que plus tard à Oxford ». Dans les dernières années, médite Scott, ils se sont perdus de vue, « alors qu'il se tournait davantage vers l'Église et que je m'en éloignais. Pourtant, c'était moi que père avait choisi pour l'Église, alors que l'habileté d'Elton à fabriquer et à inventer des choses semblait le destiner à devenir ingénieur. J'ai toujours pensé que c'était son vrai penchant, alors que moi — Dieu seul sait pourquoi — j'ai adoré prêcher[51] ! » La nouvelle de la mort d'Elton déclenche chez lui une crise de conscience : doit-il couper court à sa visite pour retourner au Canada afin d'assister aux funérailles ? Scott décide de terminer son voyage. Il apaise sa conscience en téléphonant à William pour lui expliquer qu'il a encore d'autres rencontres à faire à la London School of Economics, qui lui seront d'une aide précieuse à la faculté de droit de McGill. Quatre jours plus tard, le 21 mai, les Scott reviennent au Canada. « Que fait-on maintenant ? écrit Scott. Je n'y vois pas très clair. Une chose à la fois, cela me suffit[52]. »

CHAPITRE 21

Doyen

Au printemps de 1961, Scott est nommé doyen de la faculté de droit de McGill et reçoit une pluie de félicitations provenant de partout au Canada ainsi que d'outre-Atlantique[1]. Il assume ses fonctions dans un état euphorique que vient seulement troubler une petite voix intérieure lui soufflant qu'il n'aurait pas dû accepter. Trois années seulement le séparent de la retraite. Que peut-il accomplir de bon dans ce court laps de temps ? Cette nomination était pourtant prévisible. Il expliquera à Roy St. George Stubbs, membre de longue date de la CCF et plus tard juge, qu'il a accepté l'offre, si longtemps attendue, « parce que je voulais en finir avec cette question et effacer cette tache qui ternissait la réputation de McGill et dont le nouveau Conseil des gouverneurs avait hâte de se laver[2] ». Scott n'est pas tout à fait honnête. Le décanat est une consécration, la preuve tangible qu'il l'a toujours mérité — ce que ses collègues ne manquent pas de faire valoir dans les félicitations qu'ils lui adressent. Eugene Forsey, par exemple, considère que sa nomination est « une justice poétique rare, en vérité[3] ».

Cependant, Scott croit vraiment que McGill a été le théâtre d'une révolution sociale aussi considérable que celle que Robert Graves a dépeinte dans *Adieu à tout cela* (1929), qui rejette la guerre et le vieil ordre de l'Angleterre. Scott possède un rare exemplaire de l'édition princeps. En ce début des années 1960, il écrit sa propre version, « Goodbye to All That », des vers de mirliton qui rejettent l'ordre ancien des gouverneurs, des administrateurs et des directeurs de McGill.

Your kind founded us, they built us, we are grateful. That era is past. Now we are waving you good-bye★. (C. P., p. 212)

J. W. McConnell n'est plus président du Conseil des gouverneurs, Cyril James n'est plus recteur, les professeurs participent pleinement à la vie administrative de l'université. Et Frank Scott — enfin — est doyen de la faculté de droit. L'ancien temps est révolu, comment ne pas résister à l'envie de crier victoire ?

The poor scholars are awake at last. They have seen the new vision.
They feel in their probing hands the form of the future.
They know that the evolution of man
Is shaped by the knowledge they accumulate, test and impart...

You cannot afford to admit the first principle of a university —
That all truth is relative
And only the obligation to search for it is absolute★★. (C. P., p. 212)

Scott a de bonnes raisons de s'enorgueillir : le principe auquel il tient — que l'université a pour fonction de rechercher la vérité et non de la supprimer — est enfin reconnu. Mais l'administration de la connaissance est une autre histoire. Que se passera-t-il s'il n'aime pas ses nouvelles fonctions ? En acceptant

---

★ Votre espèce nous a fondés, nous a construits. Merci. Cette ère est révolue. / Aujourd'hui, nous vous disons adieu.

★★ Les pauvres universitaires se réveillent enfin. Ils ont vu le nouvel ordre. / Ils tâtent de leurs mains la forme de l'avenir. / Ils savent que l'évolution de l'homme / Dépend des connaissances qu'ils accumulent, testent et transmettent... // Vous ne pouvez vous permettre d'avouer ce principe premier de l'université — / Que toute vérité est relative / Et que seule l'obligation de la chercher est absolue.

ce poste, il a bien précisé qu'il le prenait pour deux ans et qu'il verrait alors si une troisième année est envisageable.

Pour célébrer la nomination de Scott, Gérald Le Dain organise une soirée, le 30 novembre 1961, à laquelle il convie les diplômés de droit. Une pléiade d'amis et de membres distingués de la communauté juridique sont là, y compris son frère, William, maintenant juge en chef du Québec. Pendant le dîner, Scott prononce un discours dans lequel il exprime sa profonde croyance en « la primauté du droit », s'inspirant d'un discours d'Abraham Lincoln : « Celui qui proclame la primauté du droit proclame la primauté de Dieu et de la raison, mais celui qui proclame la primauté de l'homme y ajoute un élément bestial ; car le désir est une bête sauvage, et la passion pervertit l'esprit de ceux qui légifèrent, même s'il s'agit des meilleurs des hommes. Le droit est la raison que le désir ne souille pas. » Dans son sens le plus large, Scott plaide que le droit, c'est « l'État lui-même, le système de gouvernement ». Passant en revue les distingués diplômés en droit de McGill, en commençant par Wilfrid Laurier, Scott souligne que la tâche d'une faculté de droit est de former des hommes de loi, de faire de la recherche, d'écrire et d'exercer un leadership dans la collectivité. Il appelle les hommes de qualité à se lancer dans l'enseignement du droit, puis aborde son sujet de prédilection — la bibliothèque de McGill. Il a toujours rêvé de construire une bibliothèque de droit ; et maintenant qu'il est doyen, il presse les membres du Barreau présents d'appuyer le projet de construction d'un nouveau bâtiment[4].

L'émotion est palpable au cours de ce rassemblement. Le frère de Scott, William, écrit le 1er décembre 1961 : « *Scripta manent*. Je veux simplement te dire que j'étais très ému hier soir quand les diplômés de la faculté de droit de McGill t'ont rendu un hommage si chaleureux, si spontané et si bien mérité[5]. » Le dîner consacre les retrouvailles des deux frères lorsque le juge en chef fait une référence courtoise au discours de « mon frère Scott », discours qu'il avoue être bien incapable d'égaler, reconnaissant implicitement ainsi que ce frère cadet a acquis une certaine prééminence — en droit comme dans la famille. Leur relation prend un tour nouveau. Peu de temps après,

Frank est tout surpris de recevoir un coup de téléphone de son frère qui s'enquiert de manière bourrue, « Frank t'es-tu occupé de ton lot ? » William Scott, qui planifie de se faire enterrer avec sa femme Esther dans le lot de la famille Aird du cimetière du Mont-Royal, se demande si son frère a l'intention de prendre sa place parmi les siens[6]. William reprend son ancien rôle de frère aîné, comme si ces trente-trois années d'éloignement étaient déjà oubliées.

La nomination de Scott marque en quelque sorte la fin d'une époque. Les étudiants de premier cycle font ressortir les aspects humoristiques de ce retournement, au printemps de 1962, en écrivant une parodie de la carrière de Scott. Tout comme le capitaine imaginé par Gilbert et Sullivan, dans la comédie musicale *H. M. S. Pinafore,* était devenu le « commandant de la Marine royale » sans « même avoir jamais navigué en mer », de même Frank est devenu le doyen de la faculté de droit « en faisant un pied de nez à la société ».

I hated capital so heartily
That they made me the Dean of the Law Faculty…
So students take a tip from me,
If renowned Professor you want to be
If you want to rise to your profession's fore,
If you want to be a Queen's Counsellor.

Just thumb your nose at society
And you may all be Deans of the Law Faculty★[7].

Scott est optimiste lorsqu'il s'installe dans son bureau, situé dans l'immense salon du deuxième étage de ce qui était jadis le

---

★ J'ai si farouchement détesté les capitalistes / Qu'ils m'ont fait doyen de la faculté de droit… / Alors, étudiants, prenez-en de la graine, / Pour devenir un professeur reconnu / Pour vous élever dans la profession, / Pour devenir avocat de la couronne britannique. Un simple pied de nez à la société / Et tous, doyens de la faculté de droit, vous serez.

vieux manoir Ross, rebaptisé pavillon Chancellor Day. Il y a de la place pour le volumineux aviron d'Oxford au-dessus de la cheminée, pour les photographies de Woodsworth et de Coldwell sur le mur, pour ses piles de livres de droit et de brochures de la CCF, et pour ses classeurs. L'entrée en fonctions officielle de Scott est fixée au 1ᵉʳ juin, mais il n'attend pas cette date pour se mettre âprement au travail. L'impression qu'un changement politique est à l'œuvre au Québec — les libéraux, sous le premier ministre Lesage, en juin 1960, ont défait l'Union nationale grâce à un vaste programme de réformes — se reflète dans les espoirs que Scott entretient à l'égard de la faculté. Il commence à écrire à des collègues juristes pour leur communiquer ses idées novatrices dans l'enseignement du droit au Québec : « Avec ce vent nouveau qui souffle sur la province, peut-être pourrons-nous aller de l'avant dans la création d'un programme d'études juridiques plus ouvert et moins dépendant des règles du Barreau[8]. »

Le doyen Scott est un professeur populaire, certainement l'un des plus populaires de McGill ; il entretient d'excellents rapports avec les gens, s'il sent que le courant passe entre lui et son interlocuteur. Malheureusement, en matière d'administration, ce n'est pas la même chanson. Le travail de bureau étouffe son esprit créatif.

Scott déteste toujours le travail routinier du bureau, et voilà que cette routine tend à le transformer en autocrate plus exigeant qu'auparavant : il établit des règles strictes à appliquer dans diverses situations afin qu'on ne vienne pas l'ennuyer avec des détails. Lorsque les circonstances exigent absolument une dérogations à ces règles, il a tendance à juger ses collègues et à les blâmer. Scott ne plaisante pas avec l'organisation. Les professeurs, jusque-là habitués à un certain laxisme administratif pendant la maladie du doyen Meredith, à la fin des années 1950, ont affaire à forte poigne. Ils ruent dans les brancards. L'un d'eux se souvient de Scott comme d'un empereur romain édictant ses décrets : « "César" Wright multiplié par trois » — autrement dit, un administrateur vieux jeu, qui ne souffre aucune frivolité[9].

Scott, qui aurait dû devenir doyen vingt ans plus tôt, fait montre d'un autoritarisme dépassé. Les étudiants se rendent compte que la « primauté du droit » est entrée au bureau du doyen d'une manière qui ne s'était jamais vue. Un plaisantin va même jusqu'à dire que se rendre au bureau de Scott équivaut à « parcourir un couloir d'un mètre de large et de deux kilomètres de long[10] ». L'administrateur Scott n'a pas le don de mettre les gens à l'aise. Le regard qu'il pose sur l'infortuné quémandeur, du haut de son mètre quatre-vingt-dix, est de glace. Il a une patience limitée envers ceux qu'il juge stupides. Quant à lui demander de bien huiler les rouages de la machine universitaire pour qu'elle tourne sans heurt, il ne faut pas trop y compter. En fait, il exècre tout ce qui constitue le travail normal du doyen, soit le rôle de modérateur dans les disputes.

Il exige beaucoup des autres mais encore plus de lui-même, et, très vite, il en paie le prix. En ayant trop pris sur ses épaules, il tombe malade, en mai 1962, et on doit l'hospitaliser. On diagnostique alors des attaques chroniques de tachycardie, qui vont ponctuer sa vie à la fin des années 1960 et pendant les années 1970. Scott se sent suffisamment mal en point pour annuler un voyage en Angleterre qu'il devait faire avec ses bons amis Jim et Jean Milner, de Toronto. Il écrit au couple en juillet, avouant qu'il se sent « lessivé ». Compte tenu de ses engagements, il ne peut envisager de prendre dix-huit jours de congé cet été sans tout foutre en l'air. « Rien que d'y penser, je me fais du souci et, dans ces cas-là, je me mets dans un état tel que je ne réponds plus de rien ou presque. » Scott est vraiment débordé :

> Je dirige le volume de la Société royale sur le « jargon », cette année ; je dois en écrire la préface et en superviser la mise au point, jusqu'à son dépôt aux Presses de l'Université de Toronto. Je dois rédiger un chapitre pour le livre de l'ACPU sur la gestion des universités. J'ai un rapport à présenter au comité qui révise la Constitution japonaise. Je m'occupe de mon volume de traductions jusqu'à la mise sous presse. La Commission royale du Québec sur l'éducation attend mon rapport au sujet du droit de regard de la profession juridique sur la faculté de droit. Je viens de finir mon rapport annuel sur la faculté de droit, destiné au recteur, et j'ai deux autres rapports de comité à

faire. Par-dessus le marché, je suis aussi avocat-conseil principal dans une affaire syndicale extrêmement importante.

Tout cela, conclut-il, est sa punition pour n'avoir pas obéi au grand commandement « Tu ne deviendras pas doyen[11]. »

À l'occasion, lorsqu'il peut s'échapper, Scott saute dans sa voiture et roule rue Peel jusqu'à l'avenue des Pins, bifurque vers l'ouest pour remonter le chemin de la Côte-des-Neiges, passe devant les strates sédimentaires du parc du Mont-Royal, à mi-chemin du sommet, pour admirer la ville. Là, accoudé à un parapet de pierre grise, il découvre de vastes horizons. Au début de l'été, en contrebas, sur la gauche, les lilas et les chèvrefeuilles exhalent leur parfum ; plus loin, un petit carré d'herbe héberge un vieux lampadaire. Par-dessus la verdure du feuillage, le regard survole d'autres feuillages, au-delà de Montréal, jusqu'au bleu du fleuve Saint-Laurent et aux montagnes à l'horizon. Là, Scott éprouve l'impression enivrante de voguer librement dans l'espace.

Every day I go up this hill
Onto the lonely plateau
And take off quietly into space.

The traffic and all the trivial sounds
Fade far away. I mount
Swiftly, for time is short, flight beckons
Out where the world becomes worlds, suns pass, galaxies
Shrink and explode, time bends, and motion,
A sweep of laws,
Rolls up all my strength and all
Into one marvel.

Yet it is always the same. A loved voice, a touch,
A phone ringing, and the thrust dies.
Another journey ends where it began
Shipwrecked on ground we tread a little while*. (C. P., p. 134)

---

* Tous les jours, je gravis la montagne / Sur le plateau isolé / Je m'envole tranquillement dans l'espace. // La circulation et tous les bruits terre-à-terre /

Non seulement Scott se sent bousculé par les événements, mais aussi par le temps qui fuit. Retombant brutalement dans le travail de bureau — le « naufrage » du contact humain (même le contact aimé) et de la sonnerie des téléphones — il est à la fois attristé et irritable. Outre ses responsabilités de doyen, il doit remplir les fonctions de président du comité chargé de la construction d'un nouvel édifice — campagne de financement, réunions de comité et supervision technique de la construction. Il s'attire l'animosité de certains en raison de son refus opiniâtre de toucher au vieux manoir qui abrite la faculté, et que certains aimeraient mieux démolir pour y mettre à la place une faculté de droit flambant neuve. Scott, quant à lui, préfère que l'on construise la nouvelle bibliothèque à côté du manoir.

Par ailleurs, Scott s'est engagé dans une autre cause touchant les droits civils, soit la contestation de la législation répressive du travail, notamment l'article 5 de la *Loi modifiant les relations du travail,* que le premier ministre de la Colombie-Britannique, W. A. C. Bennett, a promulguée. Cette législation empêche les syndiqués de contribuer financièrement à tous les partis politiques, mais vise en fait le NPD qu'appuient les syndicats. Scott passe plusieurs jours à examiner cette cause, à Paris, au cours de son voyage autour du monde, et il se fait la réflexion que « cette sorte de mariage pragmatique entre le droit constitutionnel, les droits de l'homme et l'avenir du Canada me procure un immense plaisir[12] ». C'est en mai 1961 que Thomas Berger, avocat de Vancouver, attire l'attention de Scott sur cette affaire, en lui écrivant que le Syndicat international des travailleurs du pétrole, de la chimie et du nucléaire, section 16-601, a retenu ses

---

(*suite de la note de la page 503*)

S'estompent au loin. Je monte / Rapidement, car le temps presse, l'envolée m'appelle / Là-bas, où le monde devient des mondes, les soleils passent, les galaxies / Rétrécissent et explosent, le temps se plie, et le mouvement, / Défiant les lois, / Rassemble toute ma force / En un seul prodige. // Pourtant c'est toujours pareil. Une voix aimée, une main qui nous touche, / Un téléphone qui sonne, et l'envolée meurt. / Un autre voyage se termine là où il a commencé / Échoué sur le sol que nous foulons un bref instant.

services afin de poursuivre l'Imperial Oil et de vérifier la validité de la loi. Berger demande à Scott de lui donner son avis sur les aspects constitutionnels de l'affaire[13], et Scott agit à titre de conseiller durant toute la période où ces aspects sont débattus devant la Cour suprême de la Colombie-Britannique et devant la Cour d'appel de cette même province.

En mars 1962, quand il est évident que cette cause ira jusqu'en Cour suprême du Canada, Scott écrit à Berger « Je ne crois pas que je puisse gagner quatre causes consécutives devant la Cour suprême. Ce ne serait pas naturel[14]. » Berger n'en croit pas un mot. À l'instar de ses clients, il insiste pour que seul Scott agisse à titre de conseiller principal. Berger continue avec humour : « De toute façon, j'ai perdu quatre causes de suite devant la Cour suprême et, que ce soit naturel ou non, je crois que la loi des probabilités empêchera, d'une certaine manière, que les travailleurs du pétrole soient victimes de ma cinquième défaite[15]. » Scott travaille sur l'affaire, mais plus tard, au mois d'avril, il écrit de nouveau à Berger pour lui dire qu'il doit ralentir son rythme de travail pour des raisons de santé[16].

Au fur et à mesure que l'année avance, d'autres parties s'opposent à l'article 5 : le Congrès du travail du Canada, la Fédération des travailleurs de l'Ontario, la Fédération des travailleurs du Québec et le gouvernement de la Saskatchewan[17]. Sept juges entendent l'appel, du 11 au 13 février 1963. Le 1er octobre, le verdict est rendu et l'appel est rejeté[18]. Il semble que « la loi naturelle » ait joué.

Scott, qui pensait qu'en devenant doyen il pourrait mettre sur pied de nouveaux programmes, déchante vite, tant les questions administratives grugent toute son énergie. Les semaines passent, et il se rend compte qu'il ne pourra pas accomplir grand-chose en une période aussi courte. Il commence alors à s'opposer au changement et à l'innovation, ce qui n'est pas du goût des membres les plus jeunes de la faculté. Eux qui admiraient Scott et qui le considéraient comme un modèle, ils tombent de haut. Aujourd'hui, ils sont désabusés. Les suggestions de changement (élargir le choix de cours, acheter de nouveaux livres et offrir un plus large éventail de cours aux étudiants en droit) tombent dans l'oreille d'un sourd[19]. De plus en plus, il invoque les « règles du Barreau » pour faire rempart aux innovations. Lui, qui a toujours dénigré ces règles dans le passé se montre désormais intransigeant : « comme un lion au pied de Gibraltar, gardant la Méditerranée contre toute suggestion de changement », selon l'expression d'un de ses anciens collègues[20].

Tout comme cela s'est produit pour son père à la paroisse de Drummondville, la révolte commence à gronder dans les rangs. Plusieurs membres de la faculté de droit demandent au nouveau recteur de McGill, Rocke Robertson, de ne pas renouveler le mandat de Scott pour une troisième année. Néanmoins, ceux qui ont gardé la tête froide, au sein du département ou à l'extérieur, ont le dernier mot : voilà un homme que McGill a traité injustement pendant des années et maintenant on lui reproche des peccadilles. Scott est reconduit dans son poste. Mais il n'est pas aveugle et se sent à la fois blessé et frustré. Il en veut à son vieux collègue, Maxwell Cohen, qui a été doyen intérimaire en 1959-1960 et que la dissidence pressentait comme candidat pour le remplacer.

La relation entre les deux hommes, relativement proches au début des années 1950, après que Cohen se fut joint à la faculté en 1946, devient très tendue. Les deux sont pleinement qualifiés pour le poste et le méritent également. Tout le problème vient du fait que l'ordre de succession naturel n'a pas été respecté et que, par conséquent, le mandat de Scott arrive à un moment où Cohen pouvait s'attendre, avec raison, à être nommé doyen. En outre, les deux hommes diffèrent sur certains points et n'ont pas la même approche de l'enseignement du droit. Scott, pur produit d'Oxford, tend à être réservé et succinct dans ses jugements. Cohen, produit du système juridique américain, met l'accent sur la jurisprudence et remet probablement en question le style détendu des cours d'anglais, qui n'invitent pas à l'analyse rigoureuse. En fait, les deux méthodes donnent d'excellents résultats lorsqu'elles sont appliquées par des esprits éclairés. En fin de compte, les divergences entre les deux hommes s'accentuent avec la controverse qui entoure le mandat de doyen de Scott et à partir du jour où Cohen, qui succédera à Scott, s'engage activement dans un programme visionnaire de réorganisation de la faculté : il propose un programme de quatre ans au cours duquel les étudiants obtiennent, au premier cycle, des diplômes en « droit civil » (B.C.L.), en vigueur au Québec, et en « Common Law » (L.L.B.), en vigueur dans le reste du Canada. Cette connaissance des deux systèmes de droit du Canada est un atout pour les étudiants. Peu d'avocats qui exercent au Québec travaillent exclusivement dans le domaine du droit privé, et la connaissance de l'autre système leur permet d'approfondir leur connaissance de leur propre ensemble de lois. En outre, le programme offre aux diplômés une plus grande mobilité au Canada[21].

Scott ne veut rien entendre de ce programme, ce qui, bien sûr, déçoit énormément les plus jeunes de la faculté. Frustrés, ils ne comprennent pas ses objections. Mais Scott a d'autres projets. Il a énormément travaillé pour bâtir l'enseignement du droit civil à la faculté. Or, un ambitieux programme de Common Law va diviser les fonds, qui se font rares, et Scott est amèrement déçu de voir que la bibliothèque ne bénéficiera pas d'une partie des fonds que Cohen a reçus pour un autre projet. Un de ses collègues, Donovan Waters, se rappelle avoir croisé Scott à plusieurs occasions à la bibliothèque de droit ; chaque fois, Scott désigne diverses séries de publications, remarquant qu'« on a arrêté cette série dans les années 1930, celle-ci ici, cette autre là[22]... » Au milieu des années 1960, il se sent de plus en plus étranger à la faculté de droit. Il est clair aussi que le nouveau programme d'enseignement va aller de l'avant, avec ou sans son appui.

En 1965, il termine son mandat de doyen. Il part sans aucun doute avec le sentiment de ne pas avoir été à la hauteur de ses responsabilités. Ironiquement, il aura été incapable d'instaurer des changements à la faculté, alors qu'il en rêvait depuis longtemps et qu'il s'était battu pour cela contre les anciens doyens et administrateurs. En dépit de toutes ses professions de foi en la démocratie, Scott conserve quelque chose de l'autocrate victorien. Il manifeste encore un certain penchant pour le commandement plutôt que pour le consensus : entre demander et ordonner quelque chose, Scott, à l'instar des anciens doyens et recteurs, choisit d'ordonner.

On ne peut pas passer sous silence cette différence entre le jeune réformateur et le même homme une fois au pouvoir, tant elle est frappante. Scott est devenu doyen trop tard et il fait face à des défis énormes à un moment de sa vie où il n'a plus la résistance physique nécessaire pour les relever. Il ne s'est pas ménagé durant les deux dernières décennies. Son état de santé s'en ressent : sa mémoire lui joue parfois des tours, et son amibiase sape son énergie. Plus encore, nombre de ses anciens idéaux s'évanouissent rapidement ; surtout, sa foi en la CCF, et plus tard au NPD, comme véhicule de progrès social pour les Canadiens. Même les quelques convertis que la CCF semblait avoir faits au Québec, par exemple Trudeau, se sont tournés vers les libéraux. Les espoirs qu'il entretenait pour le Québec se dissipent rapidement, quand la Révolution tranquille se change en révolte.

Dans quelle mesure la révolution hippie des années 1960 a-t-elle contribué à sa désillusion ? Il ne croit pas que l'on puisse compter sur les jeunes pour prendre la relève, comme il l'a fait lui-même dans les années 1940 et 1950. En fait, il a l'impression d'être étranger aux jeunes du début des années 1960, qui critiquent les vieilles valeurs du « travail » et de la « responsabilité » et, plus tard, aux radicaux qui, en exigeant une représentation égale aux comités universitaires, refusent de concevoir l'université comme une hiérarchie des connaissances.

Ou bien est-ce tout simplement parce que Scott, comme c'est le cas de nombreux esprits créateurs, est un mauvais administrateur ? Lui, qui n'a jamais supporté les imbéciles, n'a ni patience ni tact pour administrer équitablement. De même, il a pu se sentir déchiré entre la raison et le cœur, entre l'exercice du droit et ce qu'il voulait vraiment faire, c'est-à-dire écrire. Ou encore, le pouvoir, quel qu'il soit, une fois enchaîné à la réalité d'une fonction, peut-il transformer les idéaux ? Il semble raisonnable de conclure que Scott, qui est devenu doyen dans l'espoir de changer les choses, est aussi arrivé dans cette fonction porteur d'un bagage particulier, fondé sur son expérience. En conséquence, son passage au poste de doyen subit autant l'influence de ses préoccupations passées — l'établissement de sa propre autorité et l'amélioration de la bibliothèque de droit —

que celle de ses projets d'avenir pour la faculté. Quoi qu'il en soit, ce décanat tant attendu ne répond pas à ses espoirs. Son prestige auprès de ses proches collègues diminue au lieu de grandir et il semble le ressentir comme un cuisant échec. La dépression le guette, et les trois ou quatre martinis qu'il prend à l'apéritif lui donnent de l'entrain jusqu'au début de l'après-midi, après quoi il devient bougon.

Scott, qui a vécu pour son travail, est non seulement sur le point de quitter son poste de doyen, mais il fait aussi face au grand traumatisme de la retraite. Le droit a toujours tenu une grande place dans sa vie, pas uniquement comme vocation choisie, mais aussi, très vraisemblablement, parce qu'il représente la maîtrise de soi. En un sens, son insistance répétée tout au long de sa vie sur la « primauté du droit » est directement proportionnelle à l'ampleur de ses propres déchirements. Seul un individu qui craint vivement les dangers du bouleversement émotionnel en soi-même et chez les autres peut défendre aussi ardemment que Scott la nécessité de la primauté du droit dans la société. Homme aux sentiments profonds, il a forgé sa personnalité à travers l'exercice du droit. Le droit est, en fait, la nouvelle bible — le guide suprême qui mène à l'action.

Il lui faut maintenant laisser tout cela derrière lui. Bien sûr, il a encore du travail à accomplir avec la nouvelle Commission royale d'enquête sur le bilinguisme et le biculturalisme ; et Michael Oliver, du département d'économie et de sciences politiques, qui a donné l'impulsion nécessaire à la fondation du département d'études canadiennes-françaises de McGill, l'a invité à y enseigner pendant l'année à venir. Mais il n'y a plus de place pour lui à la faculté de droit. C'est seulement quelques années plus tard qu'on lui donnera un petit bureau, « un placard à balais », ronchonnera-t-il, où il pourra garder ses livres et poursuivre sa vie professionnelle.

Comme il se prépare à quitter son bureau du pavillon Chancellor Day, une vague de nostalgie le submerge lorsqu'il jette un dernier regard sur la pièce — et la vie — qu'il lui faut quitter.

Rude and rough men are invading my sanctuary.
They are carting away all my books and papers.
My pictures are stacked in an ugly pile in the corner.
    There is murder in my cathedral.

The precious files, filled with yesterday's writing,
The letters from friends long dead, the irreplaceable evidence
Of battles now over, or worse, still in full combat —
    Where are they going ? How shall I find them again ?

Miserable vandals, stuffing me into your cartons,
This is a functioning office, all things are in order,
Or in that better disorder born of long usage.
    I alone can command it.

I alone know the secret thoughts in these cabinets,
And how the letters relate to the pamphlets in boxes.
I alone know the significance of underlinings
    On the pages read closely.

You scatter these sources abroad, and who then shall use them ?
Oh, I am told, they will have a small place in some basement.
Gladly some alien shelves in a distant library
    Will give them safe shelter.

But will there be pictures of J. S. Woodsworth and Coldwell
Above the Supreme Court Reports ? The Universal Declaration
Of Human Rights, will it be found hanging
    Near the left-wing manifestos ?

And where are the corners to hold all the intimate objects
Gathered over the rich, the incredible years ?
The sprig of cedar, the segment of Boulder Dam cable,
The heads of Buddha and Dante, the concretions, the arrowheads,
    Where, where will they be ?

Or the clock that was taken from my 1923 air-cooled Franklin?
The cardboard Padlock, a gift from awakened students?
The Oxford oar, the Whitefield Quebec, the Lorcini?
    These cry out my history.

These are all cells to my brain, a part of my total.
Each filament thought feeds them into the process
By which we pursue the absolute truth that eludes us.
    They shared my decisions.

Now they are going, and I stand again on new frontiers.
Forgive this moment of weakness, this backward perspective.
Old baggage, I wish you good bye and good housing.
    I strip for more climbing★. (C. P., p. 218-219)

──────────

★ Des hommes mal dégrossis et rudes envahissent mon sanctuaire / Ils enlèvent tous mes livres et tous mes papiers. / Mes photos sont entassées en pile dans un coin. / On commet un meurtre dans ma cathédrale. // Mes précieux dossiers, remplis des écrits d'hier. / Les lettres de mes amis morts depuis longtemps, les témoins / irremplaçables / Des batailles maintenant terminées, ou pire, de celles qui durent encore — / Où vont-ils? Comment les retrouverai-je? // Vandales misérables, qui m'enferment dans des cartons, / C'est un bureau où l'on travaille, tout est en ordre, / Ou dans ce désordre ordonné qui vient d'une longue habitude. / Moi seul peux m'y retrouver. // Moi seul connais les pensées secrètes contenues dans mes classeurs, / Et le classement occulte des brochures dans les boîtes. / Moi seul connais le sens des soulignements / Sur les pages lues attentivement. // Vous éparpillez ces sources un peu partout, et qui alors les utilisera? / Oh, on me dit qu'on leur trouvera une petite place dans un sous-sol. / Avec un peu de chance, les étagères d'une bibliothèque lointaine / Leur accorderont un abri sûr. // Mais les photos de J. S. Woodsworth et de Coldwell / Seront-elles au-dessus des rapports de la Cour suprême? La Déclaration / universelle / Des droits de la personne, sera-t-elle accrochée / Près des manifestes de gauche? // Et dans quels coins se retrouveront tous les objets intimes / Recueillis au cours des années riches et incroyables? / Les rameaux de cèdre, le morceau de câble du barrage de Boulder / Les têtes de Bouddha et de

Scott plaisante à demi lorsqu'il fait allusion à son bureau comme à « un sanctuaire » et qu'il remarque qu'« on commet un meurtre dans [s]a cathédrale. » Il se voit lui-même comme une sorte de saint Thomas Becket, trahi et attaqué par ses assassins. Le bureau devient la métaphore centrale : c'est l'histoire de sa vie passée — la Franklin à refroidissement à air, les photos de Woodsworth et de Coldwell, le cadenas taillé dans un carton — de même que le moyen grâce auquel la pensée nourrit le cerveau, remplissant ainsi sa vie intellectuelle. Sans le bureau, le corps meurt. Il y a de la bravoure dans son dernier salut : « Vieux bagages, je vous dis au revoir et vous souhaite un bon logement / Je me dépouille pour grimper vers d'autres cieux » Scott le montagnard entreprend sa dernière ascension du mont Royal.

(suite de la note de la page 511)

Dante, les cristaux de roche, les pointes de flèches / Où, où iront-ils ? // Où l'horloge retirée de ma Franklin 1923 à refroidissement à air ? / Le cadenas de carton, cadeau d'étudiants à l'esprit vif ? / L'aviron d'Oxford, le Whitefield Quebec, le Lorcini / Ils exhalent mon histoire. // Ce sont des cellules de mon cerveau, une parcelle de mon tout. / Chaque filament de pensée les nourrit dans le processus / Par lequel nous poursuivons la vérité qui nous échappe. / Ils participent à mes décisions. // Maintenant ils s'en vont, et me voilà devant une nouvelle frontière. / Pardonnez ce moment de faiblesse, ce retour en arrière. / Vieux bagages, je vous dis au revoir et vous souhaite un bon logement. / Je me dépouille pour grimper vers d'autres cieux.

CHAPITRE 22

Le tombeau des rois

Au début de décembre 1966, Scott écrit à Micheline Sainte-Marie, jeune poétesse qui l'a aidé dans ses traductions de poésie québécoise. La lettre évoque clairement ses craintes.

> Je sens que de grands changements sont à l'œuvre, l'ombre menaçante de quelque chose qui ne présage rien de bon — est-ce la mort qui nous fait signe du doigt ? — pourtant, nous sommes bien trop occupés pour y penser vraiment. Tenez, dans mon cas : que ferai-je l'année prochaine ? Je n'en ai aucune idée. Où m'installerai-je et où mettrai-je mes livres et les papiers qui remplissent un vaste bureau à McGill, que l'on est sur le point de me retirer ? On m'a offert d'être professeur invité, mais cela ne durera qu'une année, et je ne crois pas que je supporterai de ne plus suivre la route qui m'est familière. À ma place, toute personne intelligente organiserait sérieusement sa vie ; mais puisque toutes les bonnes choses de mon existence sont toujours arrivées de manière fortuite, alors je vais tel un chien qui suit son maître. Mais que devient le chien lorsque le maître disparaît[1] ?

Scott s'est toujours perçu comme un agent passif ; il aime s'en remettre à la providence. Modernisant l'idée de l'ange gardien de son père, il plaisante sur « les petites mains » — les mécanismes bienveillants de l'univers qui lui trouvent régulièrement une place de stationnement, un débouché à sa poésie, un biographe.

Après avoir parlé de la mort dans sa lettre, Scott mentionne qu'il vient juste de voir Anne Hébert. Elle était à Montréal pour superviser la production d'une pièce de théâtre. « Elle est maintenant de retour à Paris, où elle travaille à un nouveau roman. Une vie vouée à l'écriture, en raison, je crois, d'une tragédie d'enfance[2]. » Le lien entre la mort, Anne Hébert et cette tragédie est sans équivoque dans l'esprit de Scott. Dès leur première rencontre, au début des années 1950, Anne Hébert lui a relaté la crainte que lui inspiraient les Canadiens anglais quand elle était petite fille. Parfois, lorsqu'elle traversait un certain pont, les religieuses la mettaient en garde en lui disant : « Regarde, c'est la route qui mène à Ottawa. » C'était une image sombre et menaçante. Cette anecdote frappe Scott à tel point qu'il la consigne immédiatement et étiquette le dossier « Régime de la peur[3] ».

Il a eu une réaction semblable quand il a fait la connaissance, en 1942, du poète Hector de Saint-Denys Garneau, cousin d'Anne Hébert. Dans le *Journal* de Garneau, Scott a décelé une sensibilité « angoissée », sensibilité façonnée par la société catholique romaine monolithique. Il a une très bonne idée de ce que cela signifie ; ses lectures d'adolescence du *Livre des martyrs* de Foxe l'ont rendu particulièrement sensible aux tourments religieux.

Pierre Emmanuel, qui avait écrit l'introduction du *Tombeau des rois* d'Anne Hébert, en 1954, et qu'une profonde amitié lie à Scott, fait connaître à ce dernier de petits groupes de poètes de langue anglaise et française, et Scott, au milieu des années 1950, les invite régulièrement chez lui. À cette époque, il s'est familiarisé avec les poètes francophones et avec leur poésie, et malgré les problèmes de langue — ils sont tous unilingues —, ils réussissent à nouer des liens très dynamiques. En 1955, lorsqu'on invite A. J. M. Smith à préparer une nouvelle anthologie, *The Oxford Book of Canadian Verse,* celui-ci écrit à Scott pour lui demander son avis. Ce dernier lui suggère de commencer avec

« mes jeunes amis de la revue *Cité libre* » et lui donne de nombreuses idées sur ceux et celles qui devraient figurer dans le livre et sur la place à leur réserver[4].

D'autres événements permettent aussi à Scott de rencontrer des poètes québécois, comme la première Rencontre des poètes, organisée par Jean-Guy Pilon en septembre 1957. Cette première rencontre a lieu au Manoir Montmorency, tout près de Québec, où la famille Scott a souvent pique-niqué, bien des années plus tôt. Il y a plusieurs ateliers spécialisés, dont un sur la poésie et la langue. Des poètes comme Jacques Brault, Gilles Constantineau, Roland Giguère, Gilles Hénault, Gaston Miron, Yves Préfontaine et Gilles Vigneault y assistent[5]. Scott, qui traduit de la poésie québécoise depuis le début des années 1950, est le seul anglophone présent. Ce qui amène rapidement Jean Bruchési, alors sous-secrétaire d'État (qui a financé en partie la conférence), à accueillir Scott « par la chaleureuse — et quelque peu révélatrice — salutation "Quoi, vous êtes le seul païen, ici[6] ?" ».

La seconde Rencontre des poètes se tient l'année suivante à Morin Heights, près de Montréal. Cette fois, un certain nombre d'anglophones se sont déplacés, dont Doug Jones, Jay Macpherson et Scott Symons, qui plus tard écrira *Place d'Armes*. On invite Scott à prendre la parole. Macpherson conserve un vague souvenir d'être « au fond d'une salle basse, enfumée et débordante de monde, et de voir Frank et quelqu'un d'autre discourant à l'avant — [Jean-Guy] Pilon peut-être ?… Je me rappelle très bien que j'ai beaucoup envié à Scott sa facilité à passer d'un milieu à l'autre[7]. » Au cours de ce rassemblement, Scott parle de sa propre impulsion poétique.

> Pourquoi écrire de la poésie ? Parce que quelque chose au fond de moi me pousse à écrire. Une voix qui n'arrête pas de dire « tu dois écrire, tu dois écrire, tu dois écrire ». Je n'ai pas beaucoup écouté cette voix ; en fait, j'ai passé plus de temps dans ma vie à jouer du piano qu'à écrire des poèmes. La nécessité de gagner ma vie et l'intérêt que je porte à d'autres choses m'ont éloigné de la poésie. Pourtant, la petite voix est toujours là…

Grâce à cette voix intérieure, écrire de la poésie a toujours été
pour moi une sorte d'exutoire pour toute l'énergie que j'accu-
mulais. Au fur et à mesure que le poème fait surface et avant
de l'écrire, je me sens mal à l'aise et écrasé de responsabilités,
lourd comme un nuage d'orage. En écrivant, cette chose nou-
velle et curieuse grandit sous mes yeux, prend forme et carac-
tère, évacue les flots de l'imagination, apporte calme et apaise-
ment. Plus encore, elle ouvre d'autres horizons vers la vérité,
offre un nouvel éclairage et une compréhension approfondie
de l'homme, de la société et des dieux. Parfois, elle apporte
l'extase — « Cet élan pour éclater dans l'au-delà. » Qui ne
voudrait pas écrire de la poésie ?

« La traduction, explique-t-il à l'assemblée des poètes, est
dans le pire des cas un exercice intéressant, et, dans le meilleur,
un art créatif. » Aussi intense que soit notre désir de voir tous les
Canadiens lire l'anglais et le français, la traduction de la littéra-
ture française et anglaise au Canada est certainement essentielle.
« Bien que j'aie vécu au Québec toute ma vie et que je puisse
prétendre connaître quelque chose de l'esprit du Canada fran-
çais, il n'y a pas eu d'expérience plus enrichissante pour moi que
mon travail à transcrire en anglais certains poèmes écrits par des
poètes contemporains du Québec. De plus, ajoute-t-il, cela m'a
apporté l'avantage inestimable de rencontrer les poètes eux-
mêmes[8]. »

C'est la rencontre de Scott avec les poètes francophones qui
a le plus frappé Doug Jones. Au milieu de la séance plénière, la
discussion s'étend aux problèmes auxquels se heurtent les
poètes québécois, en tant que minorité. Jones est sensible au
sentiment d'isolement, de frustration et d'aliénation qu'éprou-
vent les écrivains francophones. « On pouvait littéralement pal-
per la déprime... L'atmosphère lourde, la manière dont les gens
parlaient étaient la preuve vivante qu'on les avait castrés... »
Scott se lève et, en français, il observe qu'il parle pour la mino-
rité parmi la minorité. « ... C'était très bien dit, cet homme de
grande taille au milieu de tout ce groupe... qui proclamait son
appartenance à la minorité. Ici, un membre de la majorité se

levait pour annoncer qu'il représentait une minorité, [une partie de la] minorité anglaise. » Pourtant, Jones voyait aussi en Scott un médiateur, « créant une ambiance dans laquelle les gens pouvaient dire ce qu'ils avaient sur le cœur et qu'ils n'auraient peut-être pas dit à une demi-douzaine de personnes... dans cette ambiance ils parlaient sans hésiter ».

Deux autres images sont restées ancrées dans le souvenir de Jones. Au retour d'une promenade sur une route des Laurentides, en compagnie de Scott et de quatre ou cinq autres personnes, après minuit, dans le noir, il a conscience « du sentiment qui lie Frank aux Laurentides, là-bas ». Plus tard, après avoir écouté et observé Anne Hébert, il a soudain l'intuition qu'elle est en quelque sorte une chirurgienne, dont « les mots sont ordonnés comme des instruments chirurgicaux... explorent[9] » l'âme.

Cette image de Scott qui se fond avec la nature et cette perception d'Hébert disséquant l'âme reflètent, en général, les deux tendances opposées de la poésie moderne au Canada. Les poètes canadiens-anglais sont plus portés à explorer l'espace extérieur, alors que nombre de poètes francophones sont avant tout fascinés par l'espace psychologique intérieur. Ainsi, quand il traduit de la poésie française, comme il l'a fait dans les années 1950, Scott explore en même temps cet espace intérieur. Dans le passé, il s'est penché sur les aspects extérieurs de la société et du droit québécois ; maintenant, il scrute l'âme du Québec, où se perçoit une structure qui est d'une certaine manière aussi la sienne.

La providence ou les « petites mains » ont conduit Saint-Denys Garneau et Anne Hébert dans l'orbite de Scott, et la providence (grâce à des contacts plus fréquents avec les poètes francophones) l'encourage à continuer. Gael Turnbull, qui à l'occasion se joint au groupe de poésie de Montréal et qui a collaboré avec un professeur d'Iroquois Falls, Jean Beaupré, à des traductions, publie *Eight Poems* (1955), traduction de poèmes tirés du recueil *Les Armes blanches*, de Roland Giguère. Turnbull nourrissait aussi l'espoir d'y inclure des œuvres d'Anne Hébert, mais elle ne lui en donne pas l'autorisation, car Scott[10], qui a déjà traduit « La fille maigre » et « En guise de fête » pour la

Northern Review, en 1952, commence à traduire « Le tombeau des rois », poème qui le fascinera pendant plus de trente ans.

Il envoie à Anne Hébert sa première traduction, qu'il avait faite dans les années cinquante. Elle lui répond en lui laissant entendre que certains aspects de sa traduction ne s'accordent pas avec sa conception du poème. Par exemple, les deux premiers vers de l'original se lisent comme suit :

J'ai mon cœur au poing
Comme un faucon aveugle.

La première traduction de Scott rend plutôt l'idée que le cœur est dans un poing fermé.

I hold my heart in my clenched hand
Like a blind falcon

Le dialogue entre les deux poètes continue :

ANNE HÉBERT — In my clenched hand : l'oiseau est ici comme écrasé dans la main, au lieu d'être porté sur le poing comme le faucon à la chasse.
FRANK SCOTT — Vous mettez en lumière un aspect que ma version a obscurci, c'est-à-dire le fait que l'oiseau est libre de quitter la main de son plein gré. C'est « sur » plutôt que « dans » la main. Pourtant, au troisième vers, l'expression *pris à mes doigts* donne à penser aussi qu'il est peut-être attaché à la main, attrapé comme par ses ergots. J'ai suggéré ceci en utilisant *held on*[11].
Nouvelle version de Frank Scott : I BEAR MY HEART ON MY FIST.

Cette traduction et leur correspondance sont publiées en 1960 dans les *Écrits du Canada français,* avec une note explicative de Jeanne Lapointe.

Une fois le poème publié dans les *Écrits,* Scott se rappelle qu'il a « rencontré Anne Hébert (le soir où le frère Untel passait à la télévision) et a eu le rare plaisir de revoir avec elle la version censée être finale. Nous sommes tombés d'accord pour effectuer dix autres changements[12] ». Il incorpore ces changements au poème, et cette version est publiée de nouveau, avec la correspondance d'Anne Hébert, dans *The Tamarack Review*, en 1962. La traduction littérale, plutôt rigide, des vers du début prend une tournure plus familière[13].

> I have my heart on my fist
> Like a blind falcon.

Par la suite, la correspondance complète entre les deux poètes québécois est publiée sous le titre *Dialogue sur la traduction : à propos du « Tombeau des rois* (1970), avec une introduction de Jeanne Lapointe et une préface de Northrop Frye. Celui-ci y souligne que « Scott est allé directement à la signification pure, la signification imagée et métaphorique de ce qu'il traduit : cela a eu pour effet de forcer Mlle Hébert à s'arrêter longtemps et profondément à la vraie signification de son poème ». Il remarque aussi la tendance de Scott à s'orienter vers une traduction exacte : « Chaque amélioration de M. Scott est un pas vers une traduction plus littérale[14]. »

En décrivant le processus de traduction, Scott fera remarquer plus tard que « traduire signifie prendre des mots et des phrases hors de l'espace qu'ils occupent dans la composition originale et les remplacer par d'autres mots et phrases qui n'ont jamais tout à fait la même forme, la même taille, la même sonorité ou le même sens. Aussi grand que soit notre désir, on ne peut faire entrer un carré dans un cercle, et il en est de même pour les langues[15] ». Plus un poème est grand, plus il résiste à la traduction et plus il mérite d'être lu — et même traduit. Scott persiste dans sa tentative de trouver des équivalents précis au texte français ; en 1978, pour une seconde édition du livre, il apporte « d'autres corrections ». Plus tard, en 1984, juste avant la maladie qui devait l'emporter, il procède encore à des changements. Le désir d'exactitude est en partie le reflet de sa formation juridique, mais il se peut que Scott ait senti qu'en pénétrant dans la signification précise du poème, il pénètre aussi au cœur de la société que ce poème symbolise. En ce sens, le poème récapitule sa propre expérience politique au Québec. Bien plus, il semble se faire l'écho de symboles qui évoquent particulièrement certains aspects de son âme et de sa vie poétique.

Par chance, la providence force Scott à accélérer son travail sur le poème d'Anne Hébert. Le 2 janvier 1961, W. C. McConnell, de Klanak Press à Vancouver, lui rappelle : « Nous aimerions beaucoup publier une bonne traduction de poèmes représentatifs de quelques jeunes poètes canadiens-français, qui, mis à part Pilon et quelques autres, sont pratiquement inconnus ici » ; il ne pense pas, dit-il, que l'Ouest « soit différent de Toronto ou du Montréal anglophone à ce sujet-là. » Scott est son premier choix comme réviseur et traducteur, mais s'il ne peut accomplir ce travail lui-même, pourrait-il suggérer quelqu'un d'autre[16] ?

La première demande arrive au moment où Scott entame son tour du monde. Il est d'abord peu enclin à accepter, doutant de lui-même ; il finit cependant par donner son accord et une correspondance chaleureuse s'établit entre les deux hommes. Ils décident finalement que le volume présentera uniquement les poèmes de Saint-Denys Garneau et d'Anne Hébert, qu'il sera bilingue et que la conception et la typographie en seront des plus raffinées. Afin d'assurer la qualité du résultat, McConnell fait appel à l'artiste Takao Tanabe pour la conception du livre et à la société Morriss Printing, de Victoria, bien connue pour son travail minutieux, pour l'impression[17].

Saint-Denys Garneau & Anne Hébert : Translations/Traductions paraît en 1962, avec une préface de Gilles Marcotte et une note du traducteur, Scott, qui explique qu'il a traduit les poèmes de la présente anthologie parce qu'il estime qu'ils sont « représentatifs du meilleur travail des deux poètes canadiens-français pour lesquels j'ai une admiration sans borne ». L'objectif premier qu'il visait dans le processus était de « modifier les poèmes aussi peu que possible, et de les laisser parler eux-mêmes dans l'autre langue. C'est-à-dire qu'il privilégie la littéralité plutôt que l'interprétation : pour obtenir un poème en deux langues plutôt que deux poèmes qui se ressemblent[18] ».

George Whalley, dans sa chronique littéraire *Critically Speaking*, à la CBC, est emballé par la qualité de la traduction. « Les versions anglaises de Scott se lisent si bien ; elles sont si dépourvues des exagérations et inexactitudes dans lesquelles tombent si facilement les traducteurs, si bien ciselées, mot après mot, que le lecteur pourrait croire que ce livre merveilleusement bien conçu est un manuel de traduction du genre "faites-le vous-même" […]. La transparence, conclut Whalley, est trompeuse[19]. » John Glassco a une réaction très similaire. « Grâce à votre travail, ces poèmes difficiles semblent si simples qu'on s'y trompe — et pourtant j'ai l'impression de ne les avoir jamais lus avec une telle acuité, au point que j'en saisis pleinement la signification *essentielle*. Ce qui fait d'eux ce qu'ils *sont*. » Le livre, ajoute-t-il, « est vraiment autant une révélation de votre propre génie que de celui de Garneau et d'Anne Hébert, et j'espère que tout le monde saura le voir. Pour moi, cela fera réellement date. Cette fidélité absolue à la poésie elle-même, cette absence de la marque du traducteur rendent bien modestes mes efforts dans le champ de la traduction[20] ».

Il y a une certaine logique à publier Garneau et Hébert en un seul et même livre. Non seulement ils sont cousins germains, mais il existe une affinité entre leurs œuvres, dans le thème de l'artiste qui se rebelle contre une éducation marquée par la religion et qui se sent en exil dans un Canada statique et répressif. Les poètes canadiens-anglais partagent ces idées, comme le montre le discours d'A. J. M. Smith à la conférence de Kingston. Mais elles sont plus vives au Québec, en raison de l'emprise ecclésiastique sur la société, et parce que l'exil est un thème récurrent chez les surréalistes, les symbolistes et les existentialistes français, qui ont énormément influencé le monde littéraire du Québec.

Mais, c'est « Le tombeau des rois » d'Anne Hébert qui a le plus intrigué Scott. La puissante attraction que ce poème exerce sur sa propre imagination s'explique peut-être par une affinité dans les perceptions, chez ces deux poètes, élevés au Québec dans une tradition profondément catholique, un « régime de la peur ». Dans l'anglo-catholicisme de son enfance, comme dans le jansénisme de celle d'Anne Hébert, l'omniprésence du péché originel, la foi dans la confession et le rituel de la messe et, par-dessus tout, la primauté de l'esprit sur le corps ont engendré chez Scott une répression de sa sexualité et une détermination à se révolter contre de telles contraintes. « Le tombeau des rois », qui cherche à supprimer ce qui divise le corps et l'esprit et à rejeter le vieux catholicisme répressif, revêt ainsi un certain magnétisme aux yeux de Scott. Qui plus est, le poème peut avoir évoqué des symboles qui ont réveillé des échos de sa propre tragédie d'enfance, la mort de Harry, tragédie longtemps repoussée au tréfonds de son esprit.

Dans le poème d'Anne Hébert, la protagoniste descend dans le monde souterrain du tombeau, où elle est décrite par des images qui suggèrent la crucifixion, le sacrifice de la messe et la résurrection du Christ.

« Avides de la source fraternelle du mal en moi / Ils me couchent et me boivent » : la protagoniste, le corps, devient l'esprit ou l'offrande. Alors que les rois morts boivent son sang, en images qui suggèrent un mélange pervers du spirituel et du sexuel, le poème devient une messe noire. Comme la messe traditionnelle, la messe noire offre la guérison spirituelle, le « reflet d'aube », même si l'oiseau, l'esprit, est aveugle. Dans ce poème, la chambre close, le sens de la répression spirituelle et sexuelle, faisant écho au thème de Sartre dans *Huis clos,* est située dans un contexte propre au Québec, symbolisant une société statique et étouffante qui crucifie l'artiste (comme en fait elle a crucifié Garneau) et de laquelle il *peut* ressusciter, bien que mutilé.

Pour Scott, comme pour Hébert, la question de la mort a toujours eu un caractère obsessionnel. Un grand nombre de ses poèmes sont des élégies, tels « For R. A. S. 1925-1943 », « On the Death of Gandhi », « On Watching Margaret Dying », « Epitaph », « For Bryan Priestman », « For Pegi Nicol », « Bedside » et « Last Rites ». Même « W. L. M. K. », son poème satirique le plus connu, est une épitaphe. Scott écrit parfois sur la mort en faisant appel aux mythes littéraires (« Finis the Cenci ») ou au mythe de la fertilité (« The Spring Virgin Cries at Her Cult »), mais le plus souvent il retravaille le cycle chrétien de la mort et de la résurrection. Dans « March Field », écrit dans les années 1930, il identifie le corps du Christ (et, par là même, son propre corps) à la terre :

There is a warm wind, stealing
From blunt brown hills, loosening
Sod and cold loam
Round rigid root and stem.

But no seed stirs
In this bare prison
Under the hollow sky.

The stone is not yet rolled away
Nor the body risen★. (C. P., p. 45)

Ici, la terre évoque la sexualité autant que la religion ; Scott offre une version moderne du mythe de Pâques, façonnée par sa lecture du *Rameau d'or*, de sir James Frazer. Dans des poèmes ultérieurs, comme « Calvary » et « Resurrection », la silhouette du Christ crucifié le fascine. La leçon éternelle que donne l'humanité, particulièrement aux sauveurs éventuels (comme peut-être aux réformateurs sociaux potentiels), c'est qu'ils poursuivent une mission chimérique, « L'inaccessible idéal / Devient leur tombeau » (C. P., p. 190). Malgré cela, cependant, c'est cet esprit divin, ou cette pulsion, en l'homme que Scott célèbre.

And that of him which rose
Is our own power to choose
Forever, from defeat,
Kingdoms more splendid yet★★. (C. P., p. 190)

★ Un vent chaud souffle / Des collines sombres, libérant / La motte de terre froide / La racine et la tige rondes et rigides. // Mais pas une graine ne bouge / Dans cette prison nue, / Sous le ciel concave. // La pierre n'est pas encore déplacée / Ni le corps ressuscité.

★★ Et ce qui chez lui s'élève / Est notre propre pouvoir d'extraire / Pour toujours, de la défaite, / Des royaumes encore plus splendides.

Non seulement « Le tombeau des rois » exprime les préoccupations métaphysiques qui ont si souvent accompagné Scott — la mort et le lien entre l'esprit et le corps —, mais Hébert voit la société québécoise du même œil que lui. En fait, certains critiques littéraires du Québec ont décrit « Le tombeau des rois » comme « une allégorie nationale », en ce qu'il symbolise parfaitement la fascination qu'exerce le passé mort sur l'individu et l'enfermement où il le tient. Dans le poème, la jeune servante, attirée ou fascinée, descend dans le tombeau du passé où elle est violée par les sept pharaons morts. Le point marquant du poème se trouve implicitement, plutôt qu'explicitement, dans la reconnaissance du fait que ce sont le passé, les morts ou les grands ancêtres qui tirent les ficelles et qui réduisent la vie à son expression instrumentale. Doug Jones remarque que la fille a, en quelque sorte, payé son dû, servi les rois morts. Elle aussi l'a reconnu et elle commence à être attentive à ses propres pulsions et désirs, peut-être pas d'une façon claire et précise dans son esprit (puisque l'œil de l'introspection est crevé), du moins en percevant la lumière plutôt que l'obscurité et en ressentant la vie plutôt que la mort. Elle peut alors ressortir du passé pour commencer à vivre sa propre existence[21].

De plus, les symboles du poème (surtout la référence à la main morte du passé, qui se tend pour agripper le vivant) peuvent avoir eu une résonance chez Scott, parce qu'ils évoquent la tragédie de son propre passé, la mort de son frère Harry à la bataille de la Somme en 1916. Il est possible que Scott réagisse aux symboles des poèmes d'Hébert sans vraiment comprendre totalement pourquoi. À l'instar du récit de son père parti à la recherche du corps de Harry, de sa descente symbolique au tombeau pour lui rendre le dernier hommage anglo-catholique aux morts, ou du poème de Scott intitulé « Recovery » (dans lequel on creuse sous les décombres pour retrouver le corps de Mme Miller pendant la Seconde Guerre mondiale), « Le tombeau des rois » dépeint une descente au tombeau. Par ailleurs, la descente vise en fin de compte à réorienter le vivant vers une résurrection spirituelle. Pour le chanoine Scott et l'ancienne génération, la magie du rituel de la vieille foi nourrit la vie. Pour Scott et Hébert, ce sont les nouvelles métaphores qui refaçonnent la vieille religion en un nouveau credo. Ainsi, dans son propre poème, « Resurrection », Scott célèbre la divinité de l'homme :

Play Easter to this grave
No Christ can ever leave.
It is one man has fallen,
It is ourselves have risen★. (C. P., p. 190)

Il convient de souligner qu'Anne Hébert s'oppose à la première traduction du « Tombeau des rois », car, comme le fait remarquer Kathy Mezei, Scott fait disparaître complètement le genre féminin dans « Cette enfant fut-elle liée par la cheville★★[22] ».

Scott s'est-il identifié à la protagoniste du poème d'Hébert au point de transformer en jeune garçon le personnage de toute évidence féminin ? Quoi qu'il en soit, à la demande d'Hébert, l'enfant retrouve son sexe féminin dans une nouvelle traduction★★★.

En rétrospective, on pourrait supposer que cet ensemble d'images complexes est au cœur du psychisme de Scott. En novembre 1975, au moment de subir une grave intervention chirurgicale à la suite d'une crise cardiaque (sa bataille contre la toute nouvelle loi linguistique du Québec en est sans aucun doute la cause), il parle du devoir qu'il a reçu en héritage, « la main morte du passé » comme il l'appelle, qui l'a forcé à repousser ses limites. Il dit d'ailleurs lui-même, en utilisant une image centrale du « Tombeau des rois », que « quelque chose m'a attrapé par la cheville et ne veut pas me lâcher[23] ».

★ Jouer à Pâques devant ce tombeau / Dont aucun Christ ne sortira jamais. / C'est un homme qui est tombé, / C'est nous qui nous sommes relevés.

★★ In what dream / Was this child tied by the ankle / Like a fascinated slave ?

★★★ *In what dream / Was this child tied by her ankle / Like a fascinated slave ?*

Dans sa lettre à Micheline Sainte-Marie, Scott fait un lien entre la mort, Anne Hébert et une tragédie d'enfance, lorsqu'il mentionne « la mort qui fait signe du doigt ». Dans cette image prémonitoire se trouve la conscience qu'a Scott de sa propre mortalité. De plus, le rapprochement de la mort et du « doigt » évoque le récit de Frederick Scott, sa recherche de la tombe de Harry et sa reconnaissance du corps lorsqu'il déterre sa main portant la chevalière familiale au « petit doigt ». À l'âge de seize ans, Scott hérite du lourd fardeau familial du devoir et de la responsabilité, la « main morte du passé » symbolisée par l'anneau. Il a écrit au chanoine pour lui dire qu'il savait qu'il devrait passer le reste de sa vie à faire quelque chose de méritoire, afin de réparer la mort de Harry[24]. Scott refoule ses souvenirs le jour où les lettres décrivant l'incident sont classées dans les dossiers familiaux, mais le thème de la mort transparaîtra toujours dans sa poésie.

Après la publication de *Saint-Denys Garneau & Anne Hébert,* Scott travaille avec John Glassco et Louis Dudek, en 1963, pour organiser la conférence de poésie Foster, signe de son engagement croissant envers la poésie de langue française et anglaise au Québec. Cette conférence, qui devait rassembler des poètes francophones et anglophones, se tient à West Bolton dans les Cantons de l'Est et ne regroupe malheureusement que des participants anglophones. La naissance de la violence sépara-tiste incite le gouvernement du Québec, qui devait financer la conférence, à retenir les fonds prévus jusqu'à ce que tous les participants soient passés au crible. Par conséquent, aucun poète francophone ne peut y assister[25].

Ce n'est pas avant 1977 que Scott revient de nouveau à la poésie de langue française du Québec. Cette année-là, il publie une anthologie de traductions, *Poems of French Canada,* aux Édi-tions Blackfish, petite maison d'édition de la Colombie-Britannique. Le recueil comprend une introduction, dans laquelle Scott traite de son travail de traducteur de la poésie qué-bécoise. La période de 1945 à 1965, note-t-il, marque un pro-fond changement au Québec, au cours duquel le vieil ordre social et religieux laisse place à une nouvelle société industrialisée et aux communications de masse. Les poètes canadiens-français, qui dénoncent une tradition devenue répressive et dogmatique, plaisent à Scott et sont en harmonie avec ses convictions premières. En traduisant leurs œuvres, il rend hommage à ces poètes qui balaient la noirceur de l'ère Duplessis pour faire advenir la Révolution tranquille. Et il s'agit bien avant tout d'une révolution[26]. Comme le poème de Roland Giguère que traduit Scott, « Saisons polaires », le dicte : « Silencieusement, nous cherchions un nouvel horizon où prendre pied pour revivre, pour tout recommencer, tout réinventer à partir de nous-mêmes[27]. » Sur le plan intellectuel, Scott convient de la nécessité de cette révolution, car elle reste « largement interne et pas encore agressivement nationaliste ou politiquement indépendantiste[28] ».

Scott le poète se reconnaît une affinité émotive avec ces poèmes. Et, jusqu'à son dernier souffle, il continuera de polir sa traduction.

I have my heart on my fist
Like a blind falcon.

CHAPITRE 23

La Commission royale d'enquête sur le bilinguisme et le biculturalisme

J'ai le sentiment… que les Canadiens sont capables d'analyser leurs problèmes avec bienveillance et un désir authentique de trouver une solution. Je crois aussi que, malgré la compassion envers le Québec qu'affichent la plupart des gens qui ont la chance de réfléchir sur sa position, on voit se dessiner en filigrane le sentiment profond que ce pays, le Canada, mérite de rester un État unique et indépendant, avec son caractère bilingue et biculturel et ses différents groupes ethniques, que rien n'oblige à se fondre intégralement dans une vaste communauté.

(Journal B et B, 23-25 mars 1964)

La révolution, comme Saturne, dévore ses enfants[1] — vieux et sage dicton français. En 1963-1964, Frank Scott éprouve la réalité de cet aphorisme. Il n'est plus aussi proche de l'intelligentsia du Québec qu'auparavant. Le nouveau premier ministre libéral, Jean Lesage, prépare la Révolution tranquille, soutenu par de jeunes francophones progressistes, comme René Lévesque et Pierre Laporte. On n'a désormais plus besoin des anglophones, particulièrement quand le cri « Maîtres chez nous » est étouffé par les voix stridentes des jeunes radicaux qui réclament un « Québec libre ». Bien que toujours présentes, les forces modérées ne travaillent plus maintenant qu'en coulisses, parfois à partir d'Ottawa. Maurice Lamontagne, conseiller spécial auprès du premier ministre fédéral nouvellement élu, Lester Pearson, use de sa grande influence pour le persuader de faire une enquête afin de dissiper l'agitation au Québec. Au printemps de 1963, Scott est sollicité pour devenir membre de la Commission royale d'enquête sur le bilinguisme et le biculturalisme.

À l'origine de cette commission, un éditorial d'André Laurendeau, dans *Le Devoir,* met le Canada anglais au défi de cesser d'offrir des solutions fragmentaires aux problèmes du Québec et d'instituer une commission royale d'enquête sur le bilinguisme et le biculturalisme. « Ce qui est en jeu, c'est le français, la langue de près d'un tiers de la population du Canada. Ce qui est en jeu, c'est la participation de près d'un tiers du peuple canadien à l'exercice et à l'administration du gouvernement central[2]. » La commission en question aurait trois objectifs : connaître l'opinion des Canadiens d'un bout à l'autre du pays sur le bilinguisme, déterminer comment des pays tels que la Belgique et la Suisse ont réglé le problème et examiner le rôle que jouent les deux langues dans la fonction publique fédérale.

Invité à discuter de manière informelle chez Jean Marchand, en compagnie de Maurice Lamontagne, Laurendeau renchérit sur ce que devraient être, selon lui, les attributions de la commission, si bien qu'on élargit le mandat à un nouveau concept, le biculturalisme. Le mandat de la commission se précise alors :

> [La Commission] enquêtera sur l'état actuel du bilinguisme et du biculturalisme au Canada et en rendra compte, de même qu'elle émettra des recommandations sur les étapes à suivre afin de développer la Confédération canadienne, fondée sur l'égalité entre les deux peuples fondateurs, en tenant compte de la contribution des autres groupes ethniques à l'enrichissement culturel du Canada ainsi que des mesures à prendre pour sauvegarder cette contribution[3].

A. Davidson Dunton, président de l'Université Carleton, est nommé coprésident de la commission avec Laurendeau, mais, dans les faits, cette commission est celle de Laurendeau. On choisit les autres membres en fonction de critères régionaux, linguistiques et politiques, tout en s'efforçant de garder un équilibre qui reflète la composition du Canada. Quatre francophones, quatre anglophones et deux « autres » siègent donc à cette commission. Lorsque Scott se présente à la première réunion, à Ottawa, les 4 et 5 septembre 1963, il est heureux de découvrir qu'il connaît assez bien trois des francophones pour pouvoir les appeler par leur prénom. Dès les années 1940, il a travaillé à quelques reprises avec Laurendeau au sein de groupes d'études anglais-français ; il a également donné un coup de main à Marchand à l'époque de la grève d'Asbestos et à d'autres occasions[4]. Il était en bons termes avec Jean-Louis Gagnon, journaliste bon vivant, originaire de Québec. Le seul parmi les francophones qu'il ne connaît pas est le père Cormier, prêtre de Moncton, au Nouveau-Brunswick. Scott a eu de bons échos à son sujet[5].

Côté anglophone, Scott a déjà côtoyé Davidson Dunton, qu'il a connu lorsqu'il était éditeur du *Montreal Herald* et qui sera plus tard à la CBC. Il réserve son jugement sur Gertrude Laing, professeur de français de Calgary, et sur Royce Frith, avocat qui a acquis une expérience radiophonique. Laing, note Scott d'un œil approbateur, est séduisante, tandis que Frith est un « grand homme au profil plutôt aquilin[6] ». Au fur et à mesure que la réunion progresse, Scott s'aperçoit que Frith est bien informé et s'exprime clairement, et que Laing, dont le français est excellent, apporte une vraie dimension de l'Ouest à leurs discussions. J. B. Rudnyckyj, d'origine ukrainienne, enseigne à l'Université du Manitoba, et Paul Wyczynski, d'origine polonaise, enseigne la littérature canadienne-française à l'Université d'Ottawa. Rudnyckyj garde en mémoire un amusant dialogue avec Scott au sujet de leur statut de néo-Canadiens. « Frank nous a demandé en plaisantant ce qu'il serait advenu de nous si, après un séjour de quelques années dans un "autre pays", nous avions essayé d'en changer la Constitution ? Où seriez-

vous aujourd'hui ?, a demandé Frank, en pensant à la Sibérie. Je
me rappelle lui avoir répondu très exactement : "C'est précisé-
ment la raison pour laquelle nous sommes venus au Canada,
Frank[7]". »

Néanmoins, Donald Creighton n'a pas tort lorsqu'il s'in-
digne de l'absence d'une véritable représentation du Canada
anglais au sein de la commission[8]. Bien sûr, tous les commis-
saires de langue anglaise parlent au nom du Canada, mais la
dynamique du groupe est telle que chacun y tient un rôle bien
précis. Dunton, le président anglophone, est responsable de la
coordination interne de la Commission et de ses relations
publiques— il a la tâche difficile d'expliquer au Canada anglais
les objectifs de la commission. Frith, un des plus jeunes
membres, en est à ses premières armes en tant que représentant
du Canada anglais[9]. On l'a choisi, a dit Pearson dans une
conversation téléphonique avec Scott, parce qu'il parle un assez
bon français. C'est un grand avantage, a ajouté Pearson, car il est
simplement impossible de trouver, à Toronto, un membre du
Family Compact qui parle français. Scott comprend tout de suite
ce que signifie cette remarque : si Frith « n'était pas membre du
Family Compact... [il] ne pourrait probablement pas se faire le
porte-parole de ce bloc monolithique qu'est le cœur du Canada
anglais, qui compte autant dans la vie de notre nation que
le cœur catholique du Québec[10] ». Et Laing, choisie pour repré-
senter l'Ouest, se révèle être une ardente francophile. En enten-
dant Laing endosser les suggestions péremptoires d'un membre
de la Commission en faveur des changements constitutionnels
désirés par le Québec, Frith se penche vers Scott et lui murmure
à l'oreille : « On n'est pas au bout de nos peines[11] ! » Scott
consigne cette remarque dans le journal qu'il tient sur les
réunions de la Commission. En fait, trois des cinq francophones
se souviendront plus tard que la division au sein de la Commis-
sion n'était pas là où on aurait pu le penser. On s'attendait à ce
que Laing, Frith et parfois Dunton soient favorables à la cause
du Québec ; maints esprits libéraux canadiens-anglais des
années soixante ont le sentiment profond que le Québec franco-
phone n'a pas été bien traité, et que seules de grandes réformes

peuvent réparer les injustices du passé. Scott est d'accord avec la première prémisse, mais il a des sentiments partagés quant à la seconde, car il s'inquiète pour la minorité anglophone du Québec.

Plusieurs francophones de la Commission penchent évidemment davantage en faveur de la vision fédéraliste du Canada que prône Scott. Celui-ci, en retour, évoque dans ses écrits le père Cormier, Jean-Louis Gagnon et surtout Marchand, qu'il décrit affectueusement comme « un merveilleux compagnon ». Marchand et Gagnon, tous deux au Parti libéral, sont reconnus pour leur fédéralisme. Le père Cormier, quant à lui, parle aussi bien au nom des Acadiens du Nouveau-Brunswick que des francophones du Manitoba. Scott s'irrite de voir que les francophones sont représentés par des organismes comme la Société Saint-Jean-Baptiste et les Chevaliers de Colomb, qui déposent des mémoires, alors qu'aucun organisme ne représente le Canada anglais. Sa conviction que la minorité anglaise du Québec n'est pas vraiment représentée à la Commission lui attire cette riposte de Gagnon : « Je vous échange la Société Saint-Jean-Baptiste contre la Banque Royale du Canada, n'importe quand[12]. »

La tâche de Laurendeau, c'est-à-dire le maintien de l'unité au sein de la commission, n'est pas facile. Ayant d'abord été lui-même un nationaliste engagé, il comprend bien la cause nationaliste ; mais en homme cosmopolite, produit d'une éducation européenne, il estime que le Québec doit prendre sa place dans le vaste monde. Il n'est pas au Parti libéral ; en fait, il n'a pas confiance dans ce parti. Toutefois, son attachement au système fédéral s'est renforcé au milieu des années 1950, à l'occasion d'un voyage dans le pays, au cours duquel il s'est fait de nombreux amis, des francophones comme des anglophones, particulièrement dans l'Ouest canadien. À partir de ce moment-là, sa préoccupation pour l'autonomie du Québec, qui suppose l'éventualité d'une réforme constitutionnelle, est assortie d'un souci pour les francophones hors Québec.

Laurendeau, chef intellectuel de la commission, marche sur une corde raide et doit s'efforcer de garder l'équilibre entre le nationalisme et le fédéralisme. Au départ, il n'était pas très enthousiaste à l'idée de coprésider la commission, mais puisqu'il s'est engagé dans ce processus, il est déterminé à y voir clair. Grand et frêle, il a des manières douces. Plusieurs membres de la commission voient en lui un artiste — l'artiste proustien dans toutes les manifestations de sa mauvaise santé et de son désir d'être à la fois exhaustif et précis. C'est en grande partie à cause de son allure et de sa façon de fumer : « ses mains... la façon dont il fume, il a une manière de regarder le monde, je suppose, à travers un écran de fumée... ou se protégeant derrière... On avait l'impression qu'il était un homme très doux, gentil, et que le type de combat qu'il avait entrepris depuis les années 1940... ne révélait pas le véritable Laurendeau[13] ».

Pendant la guerre, Laurendeau avait été chef de la Ligue pour la défense du Canada et avait fait vigoureusement campagne contre la conscription. En 1942, il participe à la fondation du Bloc populaire et devient brièvement député à l'Assemblée législative du Québec. C'est à McGill qu'il rencontre Scott. Pendant les années 1950, Gérard Filion et Laurendeau, alors éditeurs du *Devoir,* se sont élevés contre la corruption croissante qui caractérisait le gouvernement Duplessis ; ils ont aussi défendu l'autonomie du Québec contre la mainmise grandissante d'Ottawa. Laurendeau est donc un homme aguerri, qui redoute pourtant l'affrontement. Derrière sa gentillesse, que perçoivent ses collègues de la commission, se cache une intégrité tendue vers le but à atteindre, jointe à une extrême vulnérabilité. Il est farouchement décidé à produire un rapport que le Canada anglais et le Canada français appuieront.

L'objectif de Laurendeau, soit un partenariat équitable, exige d'abord de concilier les points de vue des francophones et des anglophones, tels que représentés à la commission. Lorsque Jean Marchand démissionne et que l'on recommande Paul Lacoste — auparavant cosecrétaire de la commission — pour lui succéder, Laurendeau avoue aux autres commissaires que si Lacoste, qui a des opinions clairement nationalistes, est nommé commissaire, il se sentira libéré de l'obligation d'avoir à défendre ces opinions lui-même[14]. Par la suite, chaque fois qu'il aborde la

politique du Québec et ses aspirations en matière constitution-
nelle, Lacoste en vient à considérer qu'il parle aussi au nom de
Laurendeau[15]. D'un autre côté, lorsque le nom de Lacoste est
proposé comme successeur de Marchand, Scott affiche
quelques réserves. Avec Lacoste, pense-t-il, on fait entrer « le
loup dans la bergerie ». Lacoste semble plaider pour que le Qué-
bec ait une sorte de statut particulier ; il ne semble pas prêt non
plus à reconnaître qu'il faudra du temps avant de convertir le
Canada anglais. Toutefois, Scott finit par céder à l'argument de
Laurendeau, selon lequel la position la plus extrême doit être
représentée. Pour concilier deux points de vue aussi diamétrale-
ment opposés que le sont ceux de Scott et de Lacoste, il faut
souvent faire des compromis. Lacoste, plus tard, se souviendra
que Laurendeau n'avait de cesse de leur répéter son objectif :
définir une résolution dans laquelle « le gain minimal fait par un
camp ne doit pas excéder la concession maximale que l'autre
camp est prêt à faire[16] ».

Ils ne sont pas au bout de leurs peines, car tout en mettant
l'accent sur les relations entre les deux peuples fondateurs que
sont les francophones et les anglophones, le mandat vise égale-
ment certains aménagements avec les autres groupes ethniques.
Mais quels aménagements ? Comment mettre en valeur les
deux principaux groupes linguistiques du pays sans éveiller
l'hostilité des autres minorités, qui pourraient y voir l'instaura-
tion injuste d'une « aristocratie raciale », dans un pays qu'ils ont
toujours cru anglophone ?

Malgré son identité d'anglophone du Québec, Scott est
peut-être le Canadien anglais le mieux placé pour participer aux
débats qui vont suivre. Il parle véritablement au nom de ce qui
forme le cœur de ce Canada anglais, incapable de concevoir la
Confédération autrement que comme une union historique de
colonies distinctes en Amérique du Nord britannique, union
autorisant certaines dispositions relatives à la perpétuation de la
religion et de la langue française. Son empressement à ne faire
que des concessions limitées — des droits linguistiques pour le
Québec, oui, mais des droits linguistiques pour la minorité
anglaise du Québec aussi —, associé à sa conviction socialiste de

la nécessité d'un gouvernement central fort (car seul un tel gouvernement, croit-il, peut faire face aux complexités du monde moderne et aux dangers pour la souveraineté que représentent les multinationales), font de lui un formidable opposant aux exigences du Québec en faveur d'une plus grande autonomie. Par conséquent, il s'oppose aux tentatives de certains commissaires de faire des recommandations politiques et constitutionnelles. Cela, leur expose-t-il, ne fait pas partie de leur mandat.

Sa conception du Canada, celle d'un État fédéral où le français, en tant que langue d'une des deux nations fondatrices, mérite la même considération que l'anglais (mais pas au détriment du fédéralisme lui-même), ne fait pas l'unanimité parmi les membres de la commission. Et, comme cela se produit souvent dans ce type de situation, cette position modifie la dynamique du groupe. Quand une forte personnalité à l'intérieur d'un groupe affiche bien haut ses couleurs, les autres membres, même s'ils sont d'accord, ne ressentent pas le besoin de jeter leur poids dans la balance. En conséquence, Scott se retrouve souvent seul pour défendre la cause du Canada.

Au départ, il fonde de grands espoirs sur la commission. Les commissaires apprécient la compagnie de leurs pairs, les mots d'esprit, le sentiment enivrant de découvrir un monde culturel différent. Et plusieurs y ont vu l'embryon de ce que pourrait être le Canada. Après la première réunion publique de la Commission tenue à Ottawa, les 7 et 8 novembre 1963, Scott déjeune avec Jean-Louis Gagnon et le père Cormier. Le trio avoue avoir été très sensible, pendant les séances de la matinée, « au sentiment que le pays a un énorme potentiel et à la perspective que notre travail soit des plus fructueux. Nous avons entr'aperçu ce qui pourrait s'appeler le Canada[17] ».

Les représentants de soixante-seize organisations, y compris deux gouvernements provinciaux, des minorités ethniques, les médias, la fonction publique, des universités, le monde des affaires, les syndicats, les partis politiques et le milieu artistique, assistent à ces premières audiences, apportent leurs commentaires sur le sens du mandat de la Commission et soumettent leurs idées sur la procédure à suivre. Scott connaît au moins deux anciens Montréalais dans le groupe, Burton Keirstead, anciennement professeur de sciences politiques à McGill et maintenant à l'Université de Toronto, qui parle avec émotion du Canada, ce pays « que nous aimons tous[18] », et Pierre Trudeau, alors membre du Cabinet de Lester Pearson. Michael Oliver, futur directeur de recherche pour la commission, est là aussi. Il se rappelle l'essentiel de l'avis que Trudeau a donné à la commission : « Il faut vous limiter. N'entrez pas dans des considérations constitutionnelles. N'entrez pas dans la question des relations fédérales-provinciales. Concentrez-vous sur la langue. Concentrez-vous sur les relations culturelles. C'est votre mandat, c'est ce qu'il devrait être[19]. »

Scott, Gagnon et Cormier abondent dans ce sens, estimant qu'il faut doter la commission d'un plan d'action étroitement défini, afin de bien canaliser la réaction du public dans les mois à venir. Gagnon et Royce Frith, ayant tous deux l'expérience des médias, vont se révéler très utiles dans cette tâche. C'est la forme du Canada qui leur dicte la marche à suivre pour atteindre le plus de gens possible ; ils optent pour la tenue de réunions régionales dans tout le pays. Du 18 mars au 16 juin 1964, ils tiennent vingt-trois réunions régionales de St. John's, à Terre-Neuve, à Victoria, en Colombie-Britannique. La Commission rencontre un total renversant d'environ onze mille huit cents personnes. La formule de ces réunions est ambitieuse et novatrice ; avant le jour J, un agent de la commission se rend dans la région concernée afin de mobiliser le plus grand nombre possible d'individus et de groupes communautaires. Ces réunions, pendant lesquelles les commissaires se contentent d'écouter, s'articulent autour de groupes de discussion où l'on doit répondre aux questions suivantes : « Les Canadiens français et les Canadiens anglais peuvent-ils vivre ensemble et le désirent-ils vraiment ? À quelles conditions ? Sont-ils prêts à accepter ces nouvelles conditions ? » À la fin de la matinée, de l'après-midi et de la soirée, les représentants de chaque groupe rapportent aux commissaires, en assemblée plénière, un résumé des débats. Les réactions les plus fréquentes de l'auditoire canadien-anglais sont : « Pourquoi vouloir nous faire parler français ici ? Que voulez-vous que nous fassions ? Dans notre région, on s'entend tous très bien. Il n'y a aucun problème, ici. Que veut le Québec, à la fin[20] ? »

Pour les commissaires, ce voyage d'un bout à l'autre du pays est épuisant sur les plans tant émotif que physique. Laurendeau, comme Scott, tient son journal. Le 2 mai 1964, il note qu'en un très court laps de temps les commissaires entrent en contact avec un nombre considérable de gens. Les gens leur disent des choses qui parfois les touchent et les émeuvent, mais qui souvent les irritent. Et le lendemain, ça recommence ailleurs. C'est comme si les commissaires étaient soumis à un tir de mitrailleuse. Il comprend pourquoi les faibles ne peuvent le supporter longtemps, tandis que les plus forts traversent des moments de grande tension. Le traitement est rude pour tout le monde, mais il est utile, pense-t-il.

La coexistence, reconnaît-il, est plus difficile qu'il ne l'imaginait. Il ne pensait pas trouver un tel négativisme au Canada anglais, tant à l'endroit de la commission qu'à l'endroit du Canada français : « On ne peut mesurer la densité et la profondeur de l'ignorance et des préjugés. » La grande question reste : « Ces deux peuples, anglophone et francophone, désirent-ils vivre ensemble et en sont-ils capables[21] ? »

Cette question fait aussi surface pendant les réunions informelles de la commission. Il n'est pas rare, à la fin de la séance du soir, que Laurendeau se rende dans la chambre d'hôtel de Scott pour parler des événements de la journée. Les deux hommes s'estiment mutuellement. Comme Laurendeau, Scott a accepté avec réticence de faire partie de la commission. On l'a persuadé qu'on avait besoin de lui, alors que son premier mouvement avait été de refuser. Dès le début, il a reconnu que la commission offrait une précieuse occasion au Canada français de définir les exigences du Québec dans les domaines linguistique et culturel. Ainsi, ce sont les francophones, en l'occurrence Laurendeau, qui doivent plaider leur cause. En retour, Scott est obligé d'endosser le rôle de celui qui doit évaluer si le Canada anglais acceptera ou non de telles propositions.

Comme s'en souvient Michael Oliver, le but que poursuit Laurendeau, c'est la conclusion d'un nouvel accord entre les francophones et les anglophones. Ainsi, il « s'appuie sur Frank dans une très large mesure », en raison de son expertise constitutionnelle et de sa profonde connaissance du Canada anglais et du Canada français[22]. Laurendeau, ou Oliver à titre de directeur de la recherche, « bloque souvent une matinée ou un après-midi pour que Frank aborde [avec ses collègues commissaires] certains aspects des mémoires déposés, ou bien [Scott] intervient de manière impromptue. Debout, il leur tient un discours de deux ou trois heures, suivi d'un échange de questions et de réponses, sans l'aide d'aucune note et apparemment sans préparation, énonçant des faits, des événements, des dates, des perspectives, décrivant les dimensions du problème dans un contexte historique, constitutionnel et, oui, même poétique[23] ».

Des commissaires comme Royce Frith ne cachent pas leur admiration devant ces prestations « absolument extraordinaires », car Scott leur entrouvre la porte sur un Canada plus vaste.

> Il nous apporte une autre perspective du pays, qu'il nous est impossible de distinguer dans notre vie quotidienne. On en a tous parfois une vision fragmentaire, mais… Scott, semble la porter en lui. Il a une vision. Il est constamment conscient de cette dimension plus vaste du Canada.

Cette vision est faite « de bribes de conversation sur Riel et de quelque chose au sujet de son père, qui va en forêt pour y ramasser du bois et le faire brûler comme de l'encens à l'église, et de ses allusions plus poétiques aux Laurentides — c'est un kaléidoscope ». Frith poursuit : « et bien sûr, quand vous commencez à rassembler ces fragments, vous découvrez alors un pays dont vous êtes très fier[24] ».

À titre de spécialiste de la Constitution, Scott possède l'un des esprits les plus ouverts et les plus pénétrants de la commission ; en tant que juriste et orateur accompli, il met souvent le doigt sur la faiblesse d'un argument. Oliver se rappelle qu'il fallait « tout mettre à l'épreuve auprès de Frank. Il fallait vérifier l'argumentation pour s'assurer de sa qualité intellectuelle, s'assurer qu'elle se tenait… C'était lui qui faisait autorité en matière constitutionnelle[25] ». Finalement, et peut-être est-ce primordial pour son rôle à la commission, Scott, comme l'un de ses collègues le mentionne, est le seul commissaire anglophone qui puisse se targuer d'avoir « des antécédents » l'autorisant à critiquer les exigences extrémistes du Québec, sans craindre de se voir accuser de favoritisme envers le Canada anglais[26].

Tout en siégeant à la Commission sur le bilinguisme et le biculturalisme, Scott continue d'essayer d'expliquer le Québec au Canada anglais, et, en 1964, Michael Oliver et lui publient *Quebec States Her Case : Speeches and Articles from Quebec in the Years of Unrest.* L'idée de cette publication est antérieure à l'entrée des deux auteurs au sein de la Commission B et B. Ni l'un ni l'autre ne croient que leur participation à la commission est un obstacle, et ils vont de l'avant en raison de l'intérêt constant que suscite la Révolution tranquille et du manque presque total d'information à ce sujet[27]. Ce livre propose un large éventail d'opinions qui circulent au Québec, depuis les exigences économiques et politiques de Jean Lesage, de Daniel Johnson et de René Lévesque pour une autonomie croissante du Québec, jusqu'aux propositions de Jean-Jacques Bertrand pour la mise sur pied d'« états généraux de la nation canadienne-française », afin de déterminer les objectifs qui doivent mener à une nouvelle Constitution. On y trouve aussi le manifeste séparatiste de Marcel Chaput, un texte justifiant le terrorisme écrit par André Major, de la revue *Parti Pris,* et le manifeste du FLQ, avec ses slogans percutants : « Seule une révolution totale peut avoir la puissance nécessaire pour opérer les changements vitaux qui s'imposeront dans un Québec indépendant… PATRIOTES DU QUÉBEC, AUX ARMES ! L'HEURE DE LA RÉVOLUTION NATIONALE A SONNÉ ! L'INDÉPENDANCE OU LA MORT[28] ! »

Plusieurs articles de Laurendeau et un de Léon Dion affichent leur refus du séparatisme dans *Quebec States Her Case.* Ce même refus apparaît aussi nettement sous la plume de Trudeau, dans un article intitulé à l'origine « La nouvelle trahison des clercs », où il estime que le nouveau séparatisme est une « passion illusoire d'un large segment des intellectuels québécois[29] ». *Quebec States Her Case,* en tant qu'échantillon représentatif de l'opinion contemporaine, révèle clairement les facteurs politiques qui ont mené à l'élaboration du travail de la Commission royale d'enquête sur le bilinguisme et le biculturalisme et qui, par la suite, l'ont sapé.

Scott connaît très bien les diverses revendications des Québécois et il est, dans une grande mesure, favorable aux aspirations du Canada français pour une nouvelle donne. Mais il n'a pas peur d'affirmer tout haut ses objections envers ce qu'il considère comme des demandes excessives. Laurendeau, quant à lui, partage la position de Scott face aux extrémistes. Et parce qu'il veut produire un rapport qui satisfasse à la fois les groupes modérés francophones et anglophones, il voit en Scott la seule personne capable d'évaluer la situation. « Il faudrait être idiot pour passer outre à l'un des Canadiens anglais les plus sensés que vous pourriez espérer rencontrer, une personne qui a une profonde compréhension de la nature même du Canada français. » Scott est « le point de passage obligé[30] ». Un rôle qui se révèle épuisant.

Les premières réunions régionales mettent cruellement en relief le refus que le Canada anglais oppose aux exigences du Québec pour un renouvellement de la Confédération, alors que le séparatisme dans cette province est en plein essor. Des rencontres à Sherbrooke et à Québec sont houleuses. Les extrémistes dominent à Sherbrooke, les 17 et 18 mars 1964 — de jeunes étudiants et des professeurs prononcent des discours interminables et déclenchent ce que Scott ressent comme des « applaudissements orchestrés ». Un jeune séparatiste vient clamer qu'il se fiche des minorités francophones des autres provinces — elles sont perdues de toute façon ; la minorité de langue anglaise au Québec est la seule qui compte, et plus vite elle s'en ira à l'Ouest, mieux ce sera. Scott répond : « J'y suis, j'y reste. » Ce commentaire, qu'il rapporte dans son journal, lui attire des rires autant que de la sympathie[31]. Scott se sort bien de la confrontation, mais il sent sourdre en lui ses émotions. Il est né à Québec ; il a passé toute sa vie au Québec ; c'est sa terre, à lui aussi. Ses droits et ceux des autres anglophones du Québec ne comptent-ils donc pas ?

À Québec, le 16 juin 1964, les gens sont en état de choc lorsque les séparatistes prennent d'assaut les groupes de discussion. Avant les séances du soir, Rudnyckyj tombe sur une réunion privée de groupes séparatistes qui « recevaient leurs ordres de leurs chefs ». À la séance plénière, ils parlent avec véhémence de l'américanisation du Canada et de la nécessité de bâtir un État québécois indépendant, dont les anglophones seraient chassés. Une seule voix modérée s'élève. Quand les séparatistes commencent à insulter les commissaires, en particulier les francophones, Marchand, encore membre de la commission à l'époque, est tellement en colère qu'il rompt le silence auquel il est tenu. Il rappelle à l'auditoire ce que les syndicats ont apporté à la population canadienne-française. Est-ce qu'on est en train d'oublier cela ? Scott écrit que cette tentative d'étouffer les procédures démocratiques en usant de violence verbale lui rappelle la loufoquerie du Parti rhinocéros de Jacques Ferron[32].

Ces événements et d'autres signes de l'ampleur du séparatisme au Québec poussent les commissaires indécis à se demander si le Canada ne ferait pas face à une crise nationale. Laurendeau ne croit pas que la majorité des Québécois professe des opinions séparatistes, mais plutôt qu'on ne la laisse pas s'exprimer. Lacoste n'est pas d'accord. Il n'est plus question d'opinion modérée par rapport à une vision séparatiste, car l'opinion modérée, à son avis, « a atteint maintenant un point où le développement d'un État québécois puissant devient sa première préoccupation, suivie des relations avec le reste du Canada et avec Ottawa ».

Il ne leur reste pas beaucoup de temps. Rudnyckyj, s'inspirant de son expérience européenne, trace un parallèle entre la situation du Canada et deux exemples d'événements qui se sont produits en Europe et qui ont connu une issue désastreuse. Au Canada, il est minuit moins cinq. Scott est d'abord réticent à parler d'une « crise », mais il finit tout de même par l'admettre et acquiesce au rapport préliminaire de la commission, car « le moment est venu de prendre des décisions qui mèneront le

Canada soit à une rupture, soit à un nouvel ensemble de conditions qui définiront son avenir[33] ». Avant d'alarmer le pays, les membres de la commission consultent le premier ministre Pearson. « Il est bon que les Canadiens se rendent compte à quel point le pays est pétri de sentiments exacerbés », leur répond-il, ajoutant avec malice « et ce n'est pas Mackenzie King qui m'a appris cela[34] ».

Le 1er février 1965, la commission publie un rapport préliminaire dont le préambule va droit au but : « Le Canada, sans en être véritablement et totalement conscient, traverse la plus grave crise de son histoire. » On identifie le déclencheur de cette crise comme étant le Québec. « Pour la première fois, les Canadiens français du Québec rejettent l'état des choses établi en 1867, que personne n'avait jamais vraiment remis en question. » Les commissaires, en énonçant ce problème, veulent « démontrer leur confiance suprême dans le Canada[35] », car ils déclarent au pays qu'ils ont foi en lui et en son avenir.

La crise une fois reconnue, le problème consiste maintenant à établir des priorités. Certains commissaires, Lacoste compris, plaident que si le pays fait face à une crise, la première question à l'ordre du jour doit être celle de la dimension politique du problème, ce qui permettrait de reconnaître quelles sont véritablement les relations constitutionnelles entre Québec et Ottawa[36]. Laurendeau croit aussi que la Commission pourrait faire des suggestions en matière de changements constitutionnels s'il le fallait ; en fait, il n'aurait jamais accepté de siéger à la commission si cette possibilité n'avait pu être envisagée[37].

D'autres, comme Scott, ne sont pas d'accord ; à son avis, le mandat de la commission n'est pas de faire des propositions de changements constitutionnels. Il ne croit pas non plus que les commissaires sont compétents en la matière, car ils n'ont pas un bagage constitutionnel suffisant. Laurendeau et Dunton règlent ce conflit en proposant un « engagement d'honneur », selon les termes de Lacoste[38]. Puisqu'il est clair qu'il n'y a guère unanimité parmi les membres, pourquoi ne pas travailler sur des questions comme la langue dans la fonction publique, l'enseignement et le milieu de travail ? L'étude des ramifications politiques et constitutionnelles du bilinguisme et du biculturalisme est remise à plus tard. Entre-temps, on maintient certains arrangements. Décrivant la commission au premier ministre Pearson, le 29 juin 1964, Dunton explique : « Nous avons toujours cru que, selon les termes de notre mandat, les questions constitutionnelles n'étaient pas notre priorité, mais si le sujet que nous traitons nous entraîne dans ce champ, alors nous pousserons nos investigations aussi loin que nécessaire[39]. » Quelle que soit l'opinion de chaque commissaire là-dessus, la commission ne peut éviter de se pencher sur les questions de Constitution, car en abordant la question cruciale de la langue, elle met automatiquement en cause l'article 133 de l'Acte de l'Amérique du Nord britannique.

Une certaine tension s'installe au sein de la commission lorsqu'elle se demande si la Confédération et la Constitution, dans leur forme actuelle, peuvent satisfaire les besoins du Québec. Scott lance le débat sur la question d'un gouvernement central fort en s'appuyant sur une argumentation économique. Il identifie deux types de gouvernement : le public et le privé. Le gouvernement public est celui que la société organise, le privé est celui que les entreprises et les industries établissent. Le gouvernement privé, souligne-t-il, peut avoir autant d'influence sur nos vies que le gouvernement public, et c'est à ce dernier de définir l'équilibre. Au sein du fédéralisme canadien, le gouvernement se divise, selon l'Acte de l'Amérique du Nord britannique, entre en divers ordres et institutions. Cependant, certaines institutions, qui ont été créées après 1867, ne figurent pas dans la Constitution et peuvent offrir davantage de souplesse, bien plus que ce que l'on a pu penser jusqu'ici. Par exemple, aucune loi n'oblige la tenue de conférences fédérales-provinciales, et on a offert aux provinces des mécanismes de retrait de certains programmes fédéraux ou la mise en place de programmes conjoints, comme des ententes sur la fiscalité. « En fait, on dirait parfois que la Constitution est la dernière chose dont on parle dans les discussions actuelles au Canada[40]. »

Parmi les commissaires dont l'opinion diffère de celle de Scott, Lacoste est le plus brillant (il est aussi constitutionnaliste).

Pendant les réunions qui se tiennent du 26 au 30 avril 1965 (alors qu'il est encore cosecrétaire), il suggère des changements constitutionnels pour le Québec. Scott fait remarquer, indigné, que les changements dits « mineurs » de ce jeune homme sont :

l'abolition du droit de révocation, la nomination du lieutenant-gouverneur par les provinces, la nomination de tous les juges du Québec par la province, le contrôle des pénitenciers, la prise en charge de la législation du divorce et peut-être du Code criminel. Puis, bien sûr, les pouvoirs de décision concernant les faillites, le pouvoir de négocier des traités, les Inuits et les Amérindiens du Québec, ainsi que le contrôle de la télévision, qui reviendrait aux provinces désireuses d'élargir leur champ de compétences. En outre, le pouvoir résiduel ira aux provinces, et en cas de conflit entre la loi provinciale et la loi fédérale, la première prévaudra. Il faudra créer une nouvelle cour suprême et entamer des réformes radicales au sénat. Il pense, cependant, que ces changements mineurs ne s'attaquent pas à la racine du problème du fédéralisme, qui, croit-il, doit être repensé. Devrions-nous passer du fédéralisme au confédéralisme ? L'association d'États est-elle la solution ? Ces questions réclament une réflexion approfondie. Voilà qui laisse présager de joyeuses années si les francophones de la commission considèrent que ce type de changements constitutionnels est du domaine du possible[41].

Les propositions de Lacoste, toutefois, ne sont pas si éloignées de celles que Scott attribue à Jean-Jacques Bertrand dans *Quebec States Her Case*, ou de la position du Parti socialiste du Québec, rédigée par Michel Chartrand, Jacques-Yvan Morin et André L'Heureux.

À la quarante-cinquième réunion de la commission, les 5 et 6 juillet 1966, Scott ouvre la séance en lisant un document traitant de la place du gouvernement fédéral. Rapidement, il se sent fatigué et a beaucoup de mal à rester éveillé pendant la discussion. Il est tiré brusquement de sa somnolence par Lacoste, qui travaille à un document intitulé « Schéma préliminaire :

Problème », dans lequel il plaide en faveur d'un transfert majeur de compétences du gouvernement fédéral d'Ottawa vers le gouvernement provincial du Québec, afin de garantir un partenariat égal au Canada. Scott rétorque sèchement que si Lacoste est prêt à présenter une liste des domaines que le Québec désire s'approprier, alors « nous » (comprenons les fédéralistes canadiens-anglais) devrons aussi fournir une liste des domaines que le fédéral doit contrôler pour remplir ses fonctions. Scott écrit plus tard dans son journal : « La tension dans la pièce montait au fur et à mesure que la discussion se transformait en affrontement. Je me suis retrouvé dans la position d'unique défenseur des droits et des devoirs du fédéral. Le conflit s'éternisant, la réunion a été ajournée[42]. »

Scott est sensible aux doléances des Québécois, mais la solution qu'il propose s'inspire des traditions politiques britanniques, particulièrement dans le domaine des libertés civiles. H. Blair Neatby croit « qu'il est fondamentalement opposé aux "droits des minorités" chaque fois qu'ils entrent en conflit avec les "droits individuels" ». Cette attitude ouvre la voie à ses objections futures à la « territorialité » dans la détermination des droits. L'une des conséquences de cette position, comme l'explique Neatby, est que :

> Scott se retrouve de plus en plus isolé au sein de la commission, où la dualité culturelle semble, aux yeux de la plupart des commissaires, découler de l'existence de deux groupes culturels ou même de « deux nations ». Le nationalisme canadien-français, filtré par le système fédéral, conduit à des revendications pour une plus grande autonomie du Québec ; la position de Scott en faveur des droits individuels prend de plus en plus la forme d'une opposition à ces revendications, afin de défendre les droits des anglo-Québécois[43].

Durant l'été 1965, la confrontation entre le Québec et Ottawa s'intensifie. Scott, qui a appris de Michael Pitfield que le premier ministre Pearson n'a pas nommé de ministre fédéral chargé de traiter avec le Québec, prend rendez-vous avec ce dernier, le 16 août 1965 en soirée, pour en discuter et aborder d'autres questions. Il trouve Pearson en tenue de détente, « longue veste d'intérieur et pantoufles ». On leur sert un verre, et les deux hommes conversent agréablement. Sans préambule, Scott demande à Pearson s'il s'attend à ce que la commission rende des recommandations sur des changements constitutionnels. Pearson lui répond par la négative. Scott souligne alors certains des problèmes auxquels ils font face. Les commissaires, dit-il,

> ne peuvent éviter de traiter de problèmes constitutionnels majeurs, car on en discute largement dans tout le pays et particulièrement au Québec. Si la commission se tait sur des questions aussi graves, alors qu'il est légitime de croire qu'elles font partie de ses attributions dans le cadre du développement du concept de « partenariat égal », elle risque d'être dénoncée pour avoir manqué à ses devoirs envers le peuple canadien.

Il est possible, pense Scott, de nommer un sous-comité de la commission qui ne traiterait que des problèmes constitutionnels, mais l'absence d'expertise constitutionnelle au sein de la commission l'inquiète. Il serait préférable que Pearson nomme un autre comité pour traiter de cet aspect du problème et laisse la commission « faire ses recommandations sur les questions de bilinguisme et de biculturalisme ». L'idée de Scott au sujet de la présence au Cabinet d'un expert constitutionnel reçoit un bon accueil. Michael Pitfield serait-il un bon secrétaire pour un groupe d'experts ? Scott donne une réponse affirmative[44]. Ce comité constitue l'embryon de ce qui deviendra plus tard le Comité sur la Constitution, du sénateur Carl H. Goldenberg, qui se rapportera directement en 1967 au ministre de la Justice, Pierre Trudeau.

En octobre 1967, la commission publie son premier rapport. Dans la préface, Laurendeau explique que les rapports de la commission seront publiés l'un après l'autre et précise les domaines qu'ils couvriront. Ceux-ci comprennent les langues officielles, le marché du travail, l'éducation, la capitale fédérale et l'apport des autres groupes ethniques du Canada. Il indique aussi qu'un volume résumera les conclusions générales de la commission. En une phrase, Laurendeau offre de l'espoir aux membres de la commission qui désirent proposer une approche politique et constitutionnelle au problème. « Finalement, dit-il, nos conclusions générales offriront une synthèse de nos opinions et aborderont d'importantes questions constitutionnelles quant aux relations entre les deux sociétés et à leur avenir. »

L'introduction générale définit les paramètres qui ont guidé la commission. « Selon nous, la référence aux "deux races fon-datrices" ou aux "deux peuples qui ont fondé la Confédération" est une allusion au rôle indiscutable qu'ont joué les Canadiens français et anglais en 1867, et bien avant la Confédération. » Le bilinguisme ne signifie pas que tous les habitants d'un pays doi-vent parler deux langues, mais « plutôt que les principales insti-tutions publiques et privées de ce pays doivent fournir des ser-vices dans les deux langues, la vaste majorité des citoyens pouvant très bien être unilingue ». De manière similaire, « le biculturalisme » n'est pas le mélange de deux cultures, mais plu-tôt l'existence de deux cultures dominantes au Canada, incar-nées par deux sociétés distinctes.

La commission recommande, entre autres, que l'anglais et le français deviennent les deux langues officielles du Parlement du Canada, des cours de justice fédérales, de l'administration et du gouvernement au Canada. Elle recommande également que le Nouveau-Brunswick, l'Ontario et toute autre province dont la minorité linguistique atteint dix pour cent ou plus de la popula-tion fassent du français et de l'anglais leurs langues officielles ; que les autres provinces et administrations municipales accep-tent le français et l'anglais comme langues des débats dans leurs assemblées législatives et offrent des services en français ; que l'on établisse des districts bilingues ; que la région de la capitale fédérale soit également bilingue. Dans le domaine de l'éducation, la commission recommande que les enfants soient scolarisés dans la langue que choisissent les parents et qu'un paragraphe 93A soit ajouté à l'Acte de l'Amérique du Nord britannique, autorisant les écoles à être soit anglophones, soit francophones, soit bilingues. La commission suggère aussi de modifier l'article 133 de l'Acte, afin d'y définir l'anglais et le français comme langues officielles du Canada et afin de garantir les recommandations déjà citées. En outre, elle recommande l'adoption d'une « *Loi sur les langues officielles* », qui s'appliquerait aux provinces dites bilingues[45].

Les membres de la commission ressortent déprimés des réunions régionales : les francophones en raison du négativisme extrême des Canadiens anglais, et les anglophones à cause du séparatisme au Québec. Ils reconnaissent que la crise est une sorte de tragédie inévitable dans la vie du Canada. Toutefois, ils n'admettent pas volontiers, à partir de cette métaphore que, à titre de représentants d'une certaine couche de la société canadienne, chacun d'eux soit un acteur dont la destinée est déjà toute tracée dans ce drame. En raison de ses origines, de sa formation et de son tempérament, Scott a dû assumer un rôle étrange, rôle qui l'a obligé à être un spécialiste constitutionnel, un Québécois anglophone et un Canadien — parfois l'un après l'autre, souvent tous en même temps. Tant et aussi longtemps que Laurendeau est resté le metteur en scène de cette pièce, il était possible à Scott, ainsi qu'à chaque commissaire, de jouer son rôle avec l'espoir de donner une bonne prestation.

La mort de Laurendeau, cependant, viendra aggraver la crise. En novembre 1967, celui-ci avait reconnu que l'année à venir serait difficile. En dix jours, trois événements se produisent simultanément : le premier volume du rapport de la Commission est rendu public, le Québec organise indépendamment des états généraux dont le but est de recommander des changements constitutionnels, et finalement une conférence interprovinciale doit avoir lieu à Toronto, au sujet de questions constitutionnelles. C'est, s'en amuse Laurendeau, pure coïncidence, mais on pourrait croire que cela a été consciemment planifié. Il en est troublé :

> Les années qui viennent s'annoncent plutôt mal. Je vais devoir
> m'allier à des gens que je n'estime pas beaucoup (l'argent, les
> vieux partis, les masses — et on aura de la chance si on n'est

pas tous emportés par le tourbillon séparatiste) ; la plupart de mes amis seront contre moi — c'est-à-dire ceux avec qui j'ai une relation d'amitié naturelle et spontanée. Les meilleurs exemples sont René Lévesque et les jeunes. Il n'y a qu'une chose à mes yeux qui soit plus répugnante que celle d'être conspué par les jeunes et c'est de les flatter comme un démagogue. Je vais me retrouver dans une nouvelle situation qui me condamnera à la solitude. La vie ne sera pas exactement un jardin de roses[46].

Au printemps de 1968, Laurendeau subit une rupture d'anévrisme dans les bureaux de la commission à Ottawa, en plein milieu d'une réunion avec un groupe de recherche. Il meurt en juin. À peine trente-six heures avant la crise qui devait l'emporter, Laurendeau téléphone à Scott et à Lacoste de sa maison d'Outremont, pour obtenir leur accord sur un paragraphe qu'il a déjà réécrit quatorze fois. Comme l'a fait remarquer plus tard Lacoste, cela montre « où les choses en étaient rendues[47] ». Laurendeau, en rassemblant les arguments des deux parties, en réécrivant et en peaufinant patiemment son texte, avance lentement vers le consensus. Le paragraphe contesté, semble-t-il, traitait des droits de la minorité anglophone au Québec.

Beaucoup considèrent la mort de Laurendeau comme une tragédie pour la commission, car son décès se produit avant même la rédaction du volume VI, le rapport final qui devait traiter de la question du Québec et de la Constitution. Aux yeux de bien des gens, il était le seul à faire montre de la sensibilité et de l'intellect nécessaires pour tenir le rôle de médiateur entre les extrêmes, le séparatisme du Québec et le centralisme du Canada anglais. La question, cependant, est toujours là : une commission royale, aussi ambitieuse et bien intentionnée soit-elle, peut-elle trouver une solution efficace au problème primordial qui taraude le Canada depuis la Confédération, et en fait depuis 1759, soit les relations entre les francophones et les anglophones ?

Sans aucun doute, la mort de Laurendeau accentue la pression qui s'exerce sur les membres de la commission. Dès 1969, cependant, ils sont nombreux à pouvoir se féliciter du travail accompli. La *Loi sur les langues officielles,* édictée en octobre 1969 par le gouvernement Trudeau, a déjà repris les recommandations du premier volume. Le comité Goldenberg traite maintenant des propositions visant le rapatriement de la Constitution et les changements qui pourraient y être apportés. Nombre de Canadiens anglais admettent que la Confédération est en crise et sont prêts à accepter les recommandations de la Commission sur le bilinguisme.

Qu'est-ce qui a bien pu causer ce changement ? Le déclencheur en est, pour une grande part, le centième anniversaire de la Confédération, qui a permis de réaffirmer le sentiment national — Expo 67 en est l'incarnation — et de reconnaître le dynamisme de la communauté francophone. Curieusement, le « Vive le Québec libre » du général de Gaulle favorise ce changement. Une des plaisanteries qui ont beaucoup circulé au sein de la commission, que Scott a consignées, souligne qu'il n'y a pas de problème quand un visiteur entre dans une maison et dit à la femme de son hôte « Vive l'amour ». Mais c'est une tout autre histoire quand le même visiteur dit « Vive l'amour libre[48] ». L'appel aux armes du général de Gaulle est bien accueilli par les jeunes générations, mais de nombreux Québécois plus âgés le voient d'un très mauvais œil. Cet appel provoque une vague de fond nationaliste au Canada anglais. En 1969, l'idée d'un seul Canada est très ancrée dans les mentalités. Toutefois, au début de 1971, de nouveaux événements survenus au Québec — l'enlèvement de James Cross et de Pierre Laporte en octobre 1970, et la révélation, quelques jours plus tard, du meurtre de Laporte — sont venus assombrir l'impression qu'avaient les membres de la commission d'avoir accompli leur mission. Et, comme avant, le fragile sentiment de l'unité canadienne ne résiste pas à la proclamation de la *Loi sur les mesures de guerre,* en octobre 1970.

Lorsque les membres de la commission se rencontrent, le 27 février 1971, pour discuter du dernier volume, ces événements empoisonnent l'atmosphère. Jean-Louis Gagnon a remplacé Laurendeau à la coprésidence, et André Raynauld, économiste, a pris la place du commissaire Gagnon. Le groupe est divisé sur la pertinence de traiter des aspects constitutionnels du problème. Une première tentative de consensus échoue. Lacoste, cependant, rappelle à la commission que « toute la question du partenariat politique équitable » demeure du ressort de la commission ; la crise dont traite le premier volume n'est pas réglée. « Les gens ont l'impression que nous avons ouvert une boîte de Pandore et que nous nous en lavons les mains. Nous devons dire — ou bien c'est lui, Lacoste, qui le fera — que nous accomplissons un travail très important, mais qu'il reste encore beaucoup à faire pour abattre la barrière psychologique. » Pendant la pause-café, les membres de la commission plaisantent en découvrant que Lacoste boit dans une tasse ornée du drapeau britannique. Finalement, la majorité se prononce contre la publication d'un volume portant sur les aspects politiques du problème, car, précise Raynauld, les membres de la commission doutaient de pouvoir s'entendre sur la rédaction d'un volume constitutionnel final. Ce à quoi Frith répond : « Non seulement nous ne pouvons pas nous entendre, mais nous n'arrivons pas à nous entendre pour dire que nous ne pouvons pas nous entendre. » La commission, comme Scott finit par l'admettre, « reflétait exactement le Canada lui-même, dans sa composition et dans ses points de vue divergents[49] ».

Après que la commission a soumis son volume final, Paul Lacoste affirme à la télévision québécoise que la commission n'a pas réussi à incarner complètement la vision de Laurendeau. Claude Ryan, alors éditorialiste au *Devoir*, est d'accord avec lui. Scott, bien entendu, présente un point de vue différent. « La majorité des membres de la commission avaient assez de bon sens pour savoir qu'ils n'avaient pas été nommés pour écrire un tel volume et qu'ils étaient incapables de le mener à bien[50]. » Plus tard, écrivant une introduction au livre de Philip Stratford, *André Laurendeau : Witness for Quebec* (1973), Ryan ajoute : « Quand la commission a décidé de mettre fin à ses travaux sans prévoir de suivi aux propositions [constitutionnelles] que Laurendeau avait promises, les gens ont alors commencé à parler avec tristesse de la "trahison des rêves de Laurendeau". L'histoire confirmera la véracité d'un verdict aussi dur[51]. »

Il n'est pas sûr que l'histoire corroborera ce jugement. La commission a accompli un travail énorme. Pour la première fois, le pays a montré sa volonté d'étudier le tour que devraient prendre les relations entre les deux nations fondatrices et il en retire des conclusions importantes sur la nature du Canada, sur l'éducation et sur les droits des minorités et des groupes ethniques.

S'il y a eu trahison de la vision de Laurendeau, c'est d'abord en relation avec l'établissement d'un véritable biculturalisme au Canada, et cette « trahison » résulte d'événements extérieurs à la commission, événements qu'elle ne pouvait maîtriser. L'histoire a rattrapé la commission. En fait, elle l'a dépassée. L'approche intellectuelle du problème qu'avait adoptée la commission, encore valable au début des années 1960, conserve peu de sens lorsque Trudeau prend le pouvoir, et plus du tout après l'élection de René Lévesque comme premier ministre du Québec. En faisant adopter la *Loi sur les langues officielles,* en 1969, et en affrontant directement le séparatisme par l'application de la *Loi sur les mesures de guerre,* en 1970, Trudeau a fait de cette question un enjeu personnel. La place du Québec au sein du Canada est dorénavant une question que les Québécois vont régler eux-mêmes. En ce sens, la Commission royale d'enquête sur le bilinguisme et le biculturalisme — et avec elle la vision de Scott et de Laurendeau — a perdu une partie de sa signification.

Scott, bien qu'irrité par les remarques sévères de Lacoste, est relativement satisfait. La commission a accompli plus que n'importe quelle autre commission royale. Elle a vu ses premières recommandations être promptement mises en application. Sa propre position au Québec, cependant, a changé considérablement. L'historien Michel Brunet a dit un jour qu'il fallait que les anglo-Québécois apprennent à être une minorité. Scott s'est vaillamment battu contre cela, mais à la fin il devient le défenseur de cette minorité, « figure tragique dont le noble engagement en faveur des libertés civiles est devenu un engagement pour une cause marginale, écarté par le nationalisme canadien-français[52] ». Dans le nouveau Québec, le jeune radical qui a protesté contre les injustices à Montréal dans les années 1930 et

1940, le héros des affaires Roncarelli et de la Loi du cadenas, le réformateur antiduplessiste des années 1950, tombe complètement dans l'oubli. Pour beaucoup de Québécois, Frank Scott est *persona non grata,* un avocat du centralisme d'Ottawa, qui refuse aux Québécois francophones leurs droits constitutionnels légitimes. La révolution a dévoré le révolutionnaire.

CHAPITRE 24

Un fédéralisme viable

En août 1971, à North Hatley, Scott réfléchit à la situation du Québec. « Comment mettre en évidence…, écrit-il à King Gordon, que les besoins culturels autant que les besoins économiques [de la province] sont beaucoup mieux servis par un fédéralisme viable que par la séparation, ou même que par un statut spécial qui asphyxierait le reste du système, l'empêchant de survivre dans le monde moderne… Le champ de compétences du Québec est déjà bien assez vaste pour qu'il puisse protéger et promouvoir sa culture. » Il craint qu'une forme de partage économique ne rende impossible la survie du reste du pays. La vraie bataille, dit-il à Gordon, n'est pas économique, mais psychologique : il nous faut gagner le cœur des Québécois, car le Canada est en danger.

Si seulement le gouvernement à Ottawa laissait entrevoir que les vraies valeurs lui tiennent à cœur et disait OUI à des idées progressistes, au lieu de se contenter de dire NON aux mauvaises, il arriverait à convaincre plus de gens que le fédéralisme est une bonne chose, même pour le Québec. Je ne crois pas que la majorité des Québécois votera jamais en faveur d'une séparation, à moins que les choses n'empirent, et même

alors la peur pourrait bien les inciter à coopérer de plus belle.
Mais je suis sûr que le Parti libéral, sous la férule actuelle de
Trudeau, ne nous sauvera pas. Et si nous ne pouvons sauver
tout l'édifice, alors il nous faut au moins sauver les meubles.
Personne n'a l'air d'y penser, ou alors tout bas.
Quarante ans à tenter de faire évoluer les choses
Et tout ce que je sais c'est que
Ce lac est beau[1].

Cette lettre adressée à King Gordon est le soupir d'un vieux
guerrier qui a vu s'écrouler l'œuvre de sa vie, une existence pas-
sée à expliquer le Québec au reste du Canada et à défendre le
fédéralisme canadien auprès des Québécois. Mais voilà que les
francophones et les anglophones forment deux camps antago-
nistes au sein même du Québec, mettant en péril l'unité cana-
dienne. Il est convaincu, ainsi que beaucoup de ses concitoyens
anglophones, qu'en promulguant un ensemble de lois linguis-
tiques le gouvernement de la province cherche à créer un Qué-
bec unilingue francophone, braquant davantage sa minorité
anglophone. Pis encore, l'application de la *Loi sur les mesures de
guerre,* au mois d'octobre précédent, approuvée à l'époque par
quatre-vingt-cinq pour cent des Québécois, est aujourd'hui per-
çue par bon nombre d'entre eux comme une démonstration
unilatérale du pouvoir d'Ottawa. La situation semble sans issue.

Scott, ayant appuyé la *Loi sur les mesures de guerre,* voit de
plus en plus de portes se fermer, tant chez les gauchistes que
chez les libéraux de toutes tendances. Les événements de l'an-
née précédente au Québec ont profondément assombri ses
vieux jours. Il se refuse à baisser les bras devant la vague de vio-
lence séparatiste qui menace son idéal — l'idéal d'un Canada
auquel il a consacré sa vie. La seule issue pour échapper à ses
pensées pessimistes, c'est pour lui de communier avec la nature,
de se pénétrer de la beauté du lac Massawippi, qui scintille par-
delà la véranda de sa maison de North Hatley, où il vient si sou-
vent s'asseoir.

Il est presque impossible aujourd'hui de recréer l'atmo-
sphère qui régnait au Québec à la fin des années 1960 et au

début des années 1970. Pour cela, il faudrait un climat forte-
ment émotif, engendré par la montée du mouvement sépara-
tiste, par le mouvement McGill français, par une série de grèves
à Montréal et, comme cela se produit dans d'autres villes, par un
militantisme politique croissant chez les étudiants. Malgré les
propositions de la Commission B et B sur l'égalité linguistique,
malgré la *Loi sur les langues officielles* de 1969, qui stipulent que
« l'anglais et le français sont les langues officielles du Canada
dans toutes les activités du Parlement et du gouvernement du
Canada, et jouissent d'un statut égal[2] », et malgré un désir crois-
sant chez les Canadiens anglais d'accéder à de nombreuses
demandes du Québec, la violence séparatiste s'accentue dans la
province tout au long des années 1960.

Jour après jour, de nouvelles cibles, principalement à Mont-
réal, sont la proie des bombes du Front de libération du Qué-
bec : les bureaux de Revenu Canada, ceux de la Gendarmerie
royale à Westmount, le dépôt de munitions Black Watch, les
usines de la Dominion Textiles à Montréal et à Drummondville,
l'aréna Paul-Sauvé, le magasin Eaton, la maison du président du
service de limousine Murray Hill, la Banque de Nouvelle-
Écosse, l'hôtel de ville de Montréal, la librairie de l'Imprimeur
de la Reine à Montréal, la Bourse de Montréal, le Château Fron-
tenac à Québec, le collège Loyola, la maison de Jean Drapeau, le
centre de recrutement de l'armée[3]. En sept ans, soit de 1963 à
1970, ces attentats ont fait six morts. Les Québécois, et particu-
lièrement les Montréalais ont l'impression que l'ordre public
s'effondre, d'autant plus que, au début des années 1970, des
grèves en série viennent paralyser l'économie du Québec. Écri-
vant à un collègue avocat anglophone, en avril 1972, Scott
exprime son désarroi :

> Nous venons d'avoir un exemple frappant de l'application de
> la loi au Québec. Tous les syndicats du secteur public ont
> appelé les fonctionnaires à une grève générale, allant jusqu'à
> paralyser les hôpitaux, les écoles et les maisons de retraite. La
> situation est devenue intenable, et le gouvernement a dû voter
> une loi pour forcer le retour au travail. Les chefs syndicaux

ont alors demandé à leurs membres d'enfreindre cette loi. Beaucoup ont suivi leur mot d'ordre et doivent aujourd'hui en répondre devant les tribunaux. Puis, du jour au lendemain, tout le monde est retourné au travail. Qui sait ce qu'ils concoctent maintenant, peut-être de nouvelles formes de désobéissance civile ? Deux cent mille personnes ont fait trembler le gouvernement[4].

Scott souffre particulièrement de la violence du FLQ. Les attentats à la bombe ont commencé en 1963. Un soir de mai, après le dîner, alors qu'il discute avec Gérald Le Dain, une déflagration se fait entendre. Les deux hommes n'y prêtent qu'une oreille distraite, tant ils sont absorbés par leur discussion. Le lendemain matin, ils apprennent que le FLQ a fait sauter une boîte aux lettres, à quelques pâtés de maisons de là où ils se trouvent[5]. Peu de temps après, Scott et un de ses anciens étudiants, Donald MacSween (qui vient d'être nommé directeur général du Centre national des Arts), marchent non loin du lieu de l'explosion. Passant devant une autre boîte aux lettres, MacSween remarque : « Nous devrions faire attention. » « Oh, vous savez, répond Scott, les révolutions n'empruntent jamais la voie la plus difficile[6]. » Il y a du vrai dans la prédiction de Scott : les révolutions populaires exigent non seulement l'appui de la population, mais aussi l'élan que procure une voie déjà tracée. Au tout début des années 1970, au Québec, il était plus facile, et bien plus naturel, pour les intellectuels de suivre le FLQ plutôt que la voie modérée.

La violence qui sévit atteint son paroxysme pendant la crise d'octobre 1970. Scott suit assidûment les événements au Québec, non seulement parce qu'ils ont un impact sur l'unité canadienne, mais aussi parce qu'il est en contact direct avec les principaux protagonistes, à Québec comme à Ottawa. Tout commence le 5 octobre, lorsque James Cross, délégué commercial britannique à Montréal, est kidnappé par une cellule du FLQ, qui exige, entre autres, la libération de prisonniers politiques et le paiement d'une rançon de cinq cent mille dollars en or. Le 10 octobre, un autre groupe du FLQ kidnappe le ministre du Travail et de l'Immigration du Québec, Pierre Laporte, à son domicile, à Montréal. Le 12 octobre, Ottawa charge officiellement l'armée de maintenir la sécurité dans la ville, ce qui signifie qu'elle doit assurer également la protection des politiciens. La riposte ne se fait pas attendre : deux nuits plus tard, trois mille personnes, en grande partie des étudiants, se rassemblent à l'aréna Paul-Sauvé, à Montréal. Michel Chartrand, Pierre Vallières, Charles Gagnon et Robert Lemieux s'adressent à la foule. Des images diffusées par la CBC montrent une foule immense, parfois hystérique, qui scande « FLQ, FLQ ». Certains des orateurs appellent au calme, mais Vallières et Chartrand déclarent que la présence de l'armée au Québec est une « provocation[7] ».

L'atmosphère électrique qui se dégage de ce grand rassemblement détermine l'attitude de Scott. Il y voit le même potentiel de violence populaire qu'il y a quelques années — au moment des émeutes de la conscription à Québec ou de la visite des représentants du gouvernement républicain espagnol. Comme la plupart des Québécois à l'époque, il voit dans cet appel à soutenir le séparatisme une très grande menace. Pour Marian Scott et d'autres, en revanche, cette menace est minime. Marian ne croit pas au bain de sang. Cette différence d'opinion va d'ailleurs causer quelques frictions dans le couple. Scott grommelle un jour à un voisin de North Hatley, d'un ton mi-figue mi-raisin : « Elle constitue, à elle toute seule, une cellule du FLQ[8]. »

Scott est d'avis que le séparatisme révolutionnaire au Québec menace la primauté du droit dans une société démocratique. Le 24 octobre, il dénonce dans *The Montreal Gazette* le « mouvement révolutionnaire, déterminé et bien organisé, qui applique de nouvelles méthodes terroristes dans le seul but de polariser notre société, d'en ébranler les éléments qui permettent au fédéralisme canadien d'exister et qui garantissent sa continuité. On s'attaque à toutes les institutions de notre système actuel ».

Le premier ministre Trudeau, lui aussi, est convaincu de la primauté du droit en démocratie, influencé en cela par le discours que Scott n'a jamais cessé de tenir. Gordon Robertson, alors greffier du Conseil privé, a fait remarquer, au cours d'une

rétrospective de la CBC, qu'une part fondamentale de la philo-
sophie politique de Trudeau se fonde sur le principe selon lequel
« les droits des individus, qui sont souverains dans l'État, dépen-
dent de la primauté du droit, et il voit par conséquent dans les
événements d'octobre une attaque contre cette règle fondamen-
tale et, par là, contre ce qui fonde l'existence même de l'État ».

Les membres du cabinet fédéral entament des négociations
avec le gouvernement du Québec dans l'espoir de rétablir
l'ordre. Le Cabinet délègue Jean Marchand, ministre de l'Ex-
pansion économique régionale, auprès du maire Drapeau et des
autorités municipales de Montréal, ainsi qu'auprès du premier
ministre Bourassa, à Québec. L'avocat de Drapeau et le chef de
la police de Montréal lui brossent un tableau apocalyptique. Ils
lui expliquent que le FLQ possède des camions télécommandés
bourrés de dynamite, qu'il peut faire exploser sous la Place Ville-
Marie, ou près de tout autre édifice de la ville. La police est épui-
sée. Elle sort d'une grève, et les étudiants de l'Université de
Montréal menacent, à leur tour, d'en déclencher une. Selon
Marchand, la police a l'impression de ne plus rien maîtriser.
« Tout peut arriver. Et Bourassa… m'a dit exactement la même
chose. Nous ne maîtrisons pas la situation ».

Marchand se rappelle que, même si l'on soupçonnait
de nombreux individus d'être des terroristes, en l'absence de
preuve, on ne pouvait rien tenter contre eux. « Le juge les relâ-
chait tout de suite, si bien qu'il fallait trouver des moyens pour
arrêter des individus sans mandat… Nous avions aussi besoin
d'aide afin de… protéger les services publics qui risquaient
de sauter à tout instant… à Montréal — l'eau, l'électricité, et
ainsi de suite. » Malheureusement, la Gendarmerie royale ne
détient pas de renseignement précieux, sinon une liste d'environ
cent cinquante noms de suspects, dont Marchand et Gérard
Pelletier prennent connaissance. Selon Marchand, tous deux
connaissaient dix ou quinze personnes qui figuraient sur cette
liste, certaines sont de grands orateurs, « mais que les armes
effraient tellement qu'ils ne feraient jamais de mal à une
mouche[9] ! » Les autres sont de parfaits inconnus, et c'est là que
réside le danger.

Le lendemain du rassemblement à l'aréna Paul-Sauvé et à la demande du premier ministre Bourassa, l'armée investit Montréal et Québec. Le gouvernement québécois offre alors de recommander la liberté conditionnelle de cinq prisonniers en échange de Cross et de Laporte. En réponse à un journaliste qui lui demande dans combien de temps il mettra fin aux agissements du FLQ, le premier ministre Trudeau rétorque :

> Il y a bien des individus au grand cœur qui ne supportent pas la vue de gens armés… Que voulez-vous que je leur dise sinon qu'il ne s'agit pas d'une affaire de cœur. Nous, nous sommes là pour faire respecter la loi et l'ordre dans cette société et les gens lâches sont le cadet de nos soucis…
> Le journaliste l'interrompt : « À n'importe quel prix ? Jusqu'où irez-vous ? » Trudeau réplique : « Regardez-moi et vous verrez[10]. »

Cette remarque, bien que malheureuse, n'est pas ce que retiennent les nombreux téléspectateurs canadiens qui regardent cette entrevue. Non, ce qui les frappe, c'est la lueur qui traverse son regard au moment où il prononce ces mots. En apportant cette dimension personnelle, Trudeau réduit cette crise nationale à un choc entre Québécois d'obédiences politiques opposées. Trudeau et les libéraux fédéraux entament une bataille rangée contre les séparatistes du Québec. À quatre heures du matin, le 16 octobre, Trudeau proclame la *Loi sur les mesures de guerre*.

La réaction de Trudeau, jointe à ses déclarations, braque de plus belle les séparatistes, car beaucoup d'entre eux croient que la *Loi sur les mesures de guerre* est simplement une tactique des libéraux fédéraux visant à détruire le mouvement séparatiste québécois. Le conteur populaire Jacques Ferron fustige Trudeau dans un essai intitulé « Le dragon, la pucelle et l'enfant », dans lequel il insinue que Trudeau, quand il parle à la nation de la crise du Québec, agit en réalité comme un jésuite. Ferron croit que l'application des mesures de guerre n'est rien de plus qu'un jeu politique cruel destiné à broyer l'indépendance québécoise[11].

Le lendemain de l'application des mesures de guerre, on retrouve le corps de Pierre Laporte dans le coffre d'une voiture abandonnée ; on l'a étranglé avec la chaîne de sa médaille. Marchand se souvient que la situation s'est alors rapidement détériorée :

> Laporte a été tué. On était en pleine crise. Je me souviens qu'à la Chambre c'était terrible. Les députés couraient partout, les téléphones n'arrêtaient pas de sonner et tout le monde nous demandait [quand partir], car ils pensaient réellement, à tort, mais c'était ce qu'ils pensaient, que c'était ce qui allait arriver… On essayait de raisonner, si jamais on n'envoie pas l'armée et que quelque chose se produit, bien sûr qu'on nous en tiendra responsables. Vous comprenez ? On nous en aurait tenus responsables. Et ils auraient dit, on vous l'avait demandé, on vous l'avait bien dit et ainsi de suite. Alors… nous avons envoyé des gens [l'armée], et leur mission était — je ne parle pas de la Gendarmerie royale — c'était un travail habituel… de protéger les services publics. C'était le mandat de l'armée —Vous savez ? Pas de chercher les gens ou de les arrêter ou quelque chose comme cela, mais simplement de remplacer les policiers afin que les autres fassent leur travail[12].

Dans un sondage Gallup, mené le jour où la population apprend l'entrée en vigueur de la *Loi sur les mesures de guerre*, mais où elle ignore encore la mort de Laporte, on pose la question suivante : « Pensez-vous que les gouvernements à Ottawa et à Québec se sont montrés trop fermes jusqu'à présent à l'égard des kidnappeurs du FLQ ou pas assez ? » Au Canada, environ quatre pour cent des répondants les jugent trop fermes, trente-sept pour cent pas assez, cinquante et un pour cent qu'ils font bien, huit pour cent étant indécis. Au Québec, cinq pour cent les trouvent trop fermes, trente-deux pour cent pas assez, cinquante-quatre pour cent disent qu'ils font bien et neuf pour cent sont indécis[13].

L'opinion de Scott ne diverge pas de celle de la majorité. Dans une lettre à A. R. M. Lower, historien et défenseur des libertés civiles, portant sur la *Loi sur les mesures de guerre*, en 1946, Scott avait dit qu'il n'aimait pas les « pouvoirs extraordinaires que l'on peut sortir des tiroirs, mesures d'urgence que l'on impose sans être obligé d'obtenir l'approbation du Parlement ». Mais il avait aussi exprimé des réserves, se disant que peut-être un jour viendra où un gouvernement CCF pourrait bien avoir recours à ces moyens extraordinaires. « D'autre part, il faut bien penser à se défendre contre le sabotage organisé[14]. » La crainte de Scott d'un sabotage organisé de la démocratie est probablement le reflet de la pensée socialiste de cette époque, incapable de concevoir que la classe capitaliste et la fonction publique puissent coopérer avec un gouvernement de gauche démocratiquement élu. Pendant ces années 1970, il croit qu'un tel moment est arrivé, que le FLQ menace tout le système parlementaire de la démocratie.

> J'ai vécu soixante et onze années au Québec et connu quatre fois la *Loi sur les mesures de guerre*. Cette mesure est draconienne, mais c'est le seul moyen que nous avions sous la main, et on en avait déjà modifié les dispositions les plus dangereuses. Cette législation est appelée à disparaître bientôt, à moins que les terroristes du Québec ne fomentent d'autres désordres civils. Même si rien ne laissait présager une quelconque « insurrection », le gouvernement n'aurait pu rester debout très longtemps. Malheureusement, nous vivons dans une civilisation fragile, qu'un petit nombre d'hommes déterminés et sans pitié peuvent conduire au bord du désastre[15].

Au Québec même, malgré la consternation générale qu'a suscitée la mort de Laporte, le FLQ bénéficie d'un appui populaire inespéré, à la suite de la diffusion du manifeste du FLQ et du dévoilement des noms de ses membres. D'après un sociologue québécois, par ce soutien, la population reconnaît la légitimité des nombreuses réclamations du FLQ touchant la réorganisation de la société. Bien des Québécois se rendent compte également que ces prétendus terroristes sont de jeunes gens ordinaires, qui pourraient être leurs voisins. Toutefois, ce qui provoque surtout ce sursaut populaire en faveur du FLQ, c'est l'instauration des mesures de guerre, qui apparaît comme une injustice.

Au Parlement, Robert Stanfield, du Parti conservateur, David Lewis et d'autres membres du NPD s'opposent à l'application des mesures de guerre. À ce sujet, Scott dit : « Ils s'y opposaient et je les comprends, mais ils n'ont pas vécu au Québec pendant les sept ans d'attentats à la bombe ; ils n'ont pas vécu au Québec dans une atmosphère explosive, ils n'étaient pas là quand six ou sept mille étudiants ont approuvé le manifeste du FLQ. » Le procureur général du Québec, ancien étudiant de Scott, se voit obligé de se réfugier au dernier étage de l'hôtel Reine-Elizabeth, gardé par la police. Scott ne supporte pas que l'on menace la primauté du droit. « Maintenant, ils [les dirigeants politiques] ont peut-être peur, mais quoi qu'il arrive ils représentent le gouvernement légitime du Québec et je vais défendre leur droit de gouverner contre le terrorisme[16]... »

De nombreux libéraux de toutes tendances, à l'extérieur du Québec, estiment que le gouvernement fédéral a réagi trop brutalement. La suite a démontré, selon eux, qu'il n'y avait aucun risque d'insurrection ou d'effondrement civil. Cependant, le premier ministre Trudeau, Jean Marchand et Gérard Pelletier ont clairement le sentiment, à ce moment-là, qu'ils doivent prendre une décision. Et on peut bien arguer que, même si la sécurité du Canada n'était que légèrement menacée, le gouvernement se devait d'agir. Scott en était convaincu.

Sur le plan politique, les libéraux fédéraux ont avantage à se montrer fermes contre le séparatisme, ce qui jette une ombre sur la question. Par son attitude autoritaire, Trudeau donne des munitions à ceux qui croient que son action est partisane. Cependant, on comprend, à la lecture de son essai sur la démocratie, rédigé au milieu des années 1950, qu'il a vraiment pensé que les Québécois avaient mal compris le concept et qu'ils l'ont utilisé à des fins nationalistes. Conviction que viennent sans aucun doute confirmer les pratiques du FLQ, qui se fait le champion des droits des Québécois, tout en les ébranlant par des actes violents. Enfin, ce qui n'arrange rien, des rumeurs circulent sur la préparation d'un coup d'État (même s'il ne s'agit que de rumeurs), qui établirait un nouveau cabinet composé de personnalités éminentes ne siégeant pas à l'Assemblée nationale. La faiblesse du Parti libéral du Québec complique davantage la situation. Le premier ministre Bourassa et le ministre de la Justice, Jérôme Choquette, de concert avec le maire Drapeau de Montréal, font valoir qu'ils ne peuvent maintenir l'ordre et demandent au fédéral d'envoyer des troupes au Québec. Finalement, si la plupart des Québécois sont manifestement écœurés par la violence et qu'ils attendent du gouvernement fédéral qu'il prenne une position ferme, une certaine méfiance demeure dans la province, car la *Loi sur les mesures de guerre* émane d'Ottawa, l'ennemi traditionnel du Québec.

Une fois la crise passée, les Québécois commencent à se poser des questions, soutenus par des libéraux et des gauchistes hors Québec, qui n'ont pas eu à subir le terrorisme du FLQ durant toutes ces années, mais qui s'opposent à la suppression des libertés civiles. C'est la manière dont la *Loi sur les mesures de guerre* est appliquée qui fait basculer l'opinion publique. La police du Québec est dispensée de ses devoirs normaux par l'armée, et la Gendarmerie royale fait preuve d'un excès de zèle. La liste initiale des suspects ne comportait que cent cinquante noms[17], mais on arrête plus de quatre cents personnes soupçonnées d'être membres du FLQ. Comme la *Loi* entre en vigueur tôt le vendredi matin, on tire des gens de leur lit sans avertissement et on les emmène en prison, où on ne les autorise pas à consulter un avocat. De nombreuses personnes innocentes sont emprisonnées par suite de ce qui revêt bientôt la forme d'une purge. On va même jusqu'à envahir la maison de Gérard Pelletier, ministre du Cabinet libéral (qu'on ne peut certes pas soupçonner d'être séparatiste)[18]. Un jeune Québécois anglophone trouve vraiment « à propos » une caricature d'Aislin montrant Jean Marchand, plusieurs annuaires téléphoniques sous le bras, y compris ceux de Montréal, de Québec et de Hull, clamant : « Nous avons ici des listes de suspects[19]. » Comme la *Loi* permet de détenir un individu pendant sept semaines sans procès, les prisons du Québec débordent rapidement. Scott, convaincu que les mesures sont trop sévères, n'en croit pas moins que la situation réclame une action dure. Il rappelle que « dans ce type de crise, il faut agir rapidement, et il arrive que des gens innocents soient jetés en prison[20] ».

Malgré tout, il se sent déchiré. Il a constamment défendu les droits civils des minorités, mais il a toujours mené son combat pour cette cause dans le cadre du système juridique. La crise d'octobre malmène ses convictions. Scott considère que son appui aux mesures de guerre va dans le sens de sa position première sur les libertés individuelles et civiles, puisque seule la primauté du droit peut protéger les libertés individuelles. Si la loi est erronée, il incombe alors au citoyen d'essayer de la changer par voie démocratique. Il dira plus tard : « La *Loi sur les mesures de guerre* m'a rendu les libertés civiles que m'avait volées le FLQ. C'est la réponse du gouvernement à la terreur. Le FLQ a voulu exercer un chantage sur le gouvernement du Québec démocratiquement élu, afin de lui dicter une politique mal intentionnée. Il fallait y mettre fin rapidement[21]. »

Après la crise, il se trouve pris entre deux feux. Comme il l'observera plus tard avec beaucoup de lucidité : « J'étais *persona grata* tantôt chez les uns, tantôt chez les autres[22]. » Des amis québécois qui auparavant l'admiraient voient aujourd'hui en lui un traître au Québec, et nombre d'anglophones libéraux sont convaincus qu'il a renoncé à défendre les libertés civiles. Scott a l'habitude de défendre la cause des minorités, mais, comme l'invincible chevalier errant de sa jeunesse, il a toujours cru défendre une cause juste. Cette justification morale, en revanche, a redoublé son énergie. Le problème que pose la crise d'octobre, c'est qu'elle laisse bien des zones d'ombre.

Sa femme et certains de ses amis et collègues plus jeunes le stupéfient en affichant leur désaccord avec véhémence. Les Scott connaissent personnellement Robert Lemieux, ancien étudiant de McGill et avocat du FLQ, de même que Michel Chartrand. Celui-ci, tout particulièrement, est un homme d'honneur, ancien de la CCF et ardent syndicaliste. Marian estime que rien ne laisse présager une violence imminente. Elle s'aperçoit, en parlant au sociologue Marcel Rioux, un voisin de

North Hatley, qu'il partage son opinion. À leurs yeux, la *Loi sur les mesures de guerre* est injuste en rendant illégal rétroactivement le FLQ, alors qu'il constituait jusque-là un mouvement politique légal[23]. Scott tend à minimiser ce point de droit, qu'il a pourtant défendu fermement au début des années 1930, dans l'affaire de l'emprisonnement des communistes de Toronto. L'enjeu important de cette crise, c'est la primauté du droit en démocratie.

Marian et Frank sont à couteaux tirés. La primauté du droit forme la pierre angulaire de la philosophie de Scott, alors que Marian a toujours respecté les droits des révolutionnaires. Enfant, influencée par sa gouvernante, descendante de Charlotte Corday, Marian accordait toute sa sympathie à ceux qui, pendant la Révolution française, avaient dû user de la force pour détrôner la tyrannie régnante. Pendant les années 1920, ses lectures de Jean Cocteau, qui écrit que tout véritable artiste est un révolutionnaire, sont venues renforcer cette façon de voir. Dans les années 1930, elle a admiré l'idéalisme de Norman Bethune. Dans les années 1960, elle s'est unie à son fils, Peter, pour se dresser contre la guerre du Vietnam. Elle a participé à des manifestations et signé des lettres de protestation envoyées au président Nixon. Une fois de plus, dans ces années 1970, elle signe une pétition, publiée dans *Le Devoir,* appuyant la demande du FLQ, c'est-à-dire la libération des prisonniers politiques en échange de celle de James Cross et de Pierre Laporte. En fait, chez Marian, la croyance dans le droit de l'individu à l'autodétermination se heurte à celle de Frank, selon laquelle il faut nuancer ce droit dès lors qu'il menace la loi et l'ordre établi.

Le 17 octobre, au lendemain de l'entrée en vigueur de la *Loi sur les mesures de guerre,* les Scott acceptent l'invitation à un dîner offert par Doug Jones, à North Hatley, en l'honneur de deux poètes, Irving Layton et Paul Chamberland, tous deux venant de recevoir un doctorat honorifique de l'Université Bishop. Pourtant, les Scott ne s'y rendent pas. Ils restent à Montréal, où des gens de tous les horizons politiques téléphonent sans arrêt pour avoir l'avis de Scott. Le lendemain, un samedi, ils se rendent chez eux à North Hatley, où défilent un grand nombre d'amis, notamment Jones, la traductrice Sheila Fischman, Ron

Graham et Kathy Mezei, qui poursuit alors des études à Carleton. L'atmosphère est tendue, car les relations entre Scott et Graham se sont refroidies. Le jeune homme, ancien étudiant de McGill qui deviendra plus tard journaliste, est devenu un ami. Toutefois, un mois plus tôt, il a carrément écrit à Scott qu'il n'était pas d'accord avec sa vision du nationalisme québécois. C'est une lettre courageuse, car Graham a beaucoup d'admiration pour Scott, mais il ne mâche pas ses mots : Scott, en tablant sur la primauté du droit, oublie la dimension des forces émotionnelles qui agissent au Québec. Il en donne pour preuve son attitude face aux législations imminentes sur la langue, aussi bien que sa réaction aux politiques du Québec en général.

En fait, la lettre de Graham met en évidence le fossé entre les générations. Contrairement à ce qu'a vécu Scott sous Duplessis, Graham a grandi dans le libéralisme de la Révolution tranquille, avec Lesage, Bertrand et Bourassa. Il ne croit pas que le gouvernement du Québec promulguera des lois linguistiques injustes, à moins de se sentir menacé. Selon lui, Scott devrait admettre que les anglophones « doivent essayer de comprendre ce que cela signifie, pour une société, de rebâtir sa confiance, d'oublier sa peur, d'apprendre à se respecter ». Le Québec est une société en plein bouleversement ; « la poursuite d'objectifs unificateurs, fondée sur une action collective, est souvent un moyen de soulager la souffrance individuelle intense que créent la discontinuité et l'aliénation… Les gens, pris au piège de leur souffrance engendrée par les forces sociales et historiques, peuvent agir ensemble en ce sens, parce que cela satisfait *un besoin humain* ».

Graham fait une distinction importante entre la loi et la politique active. Scott dira : « la liberté linguistique est une responsabilité juridique qui relève des autorités légales… Mais ma formation et mes convictions m'amènent à croire que l'action *politique* qui vise à restreindre la liberté d'une minorité est souvent due au fait que cette même minorité s'affiche comme une force extérieure, étrangère et menaçante, à un moment crucial de l'histoire. Par conséquent, pour moi, la responsabilité *politique* relève *aujourd'hui* de la minorité ». Peu de temps auparavant, Scott avait prononcé des discours à Windsor et à Winnipeg, condamnant l'incapacité du Québec à protéger sa minorité anglophone ; cette opinion, selon Graham, a contribué à exacerber les sentiments.

En outre, Scott, en insistant autant sur le « régime de la peur » imposé aux anglophones du Québec, minimise un peu trop la peur des Québécois. De quelle sorte de « régime de terreur » s'agit-il, demande Graham, lorsqu'il se sent insulté de voir ses amis canadiens-français, qui essaient de retrouver leur confiance perdue, lui parler uniquement en français ? Ou quel « régime de la peur » lui fait monter en épingle des incidents mineurs, en les transformant en une menace « d'unilinguisme galopant », ou encore lui fait estimer la composition de la commission Gendron si injuste qu'il refuse d'y collaborer ? (Scott s'est en effet formalisé de ce que le seul représentant des anglophones, à la commission destinée à examiner les lois linguistiques du Québec, soit un immigrant.) Qu'est-ce qui, poursuit Graham, le pousse à minimiser les craintes des Québécois et les offenses subies comme si elles n'existaient pas ? En fait, quel « régime de terreur » appelle Scott à « se battre au nom de cette minorité, à une époque où les droits et les pouvoirs des Québécois anglophones sont aussi forts ? Vous pouvez dresser une liste des injustices commises envers les minorités partout, *partout,* mais celles commises à l'endroit des anglophones du Québec sont bien peu de choses au regard de celles subies par les autres minorités ».

Graham est convaincu que Scott a perdu son esprit critique, sa confiance et sa largeur de vues. « Souvent, dès qu'on aborde cette question, vous êtes sur la défensive, mesquin et fermé. » Il exagère certainement quelque peu,

> mais c'est parce que vous exagérez aussi quand on discute, et je tiens à vous ouvrir les yeux sur l'homme rigide et peu objectif que vous semblez être devenu. Vous ne cherchez même plus à approfondir l'autre aspect d'une question, particulièrement lorsque sont en jeu des forces sociales émotionnelles et irrationnelles, qui risquent de causer une grande détresse humaine. Vous ne devriez pas prendre ces forces à la légère[24].

Dans le feu de la crise d'Octobre, Scott subit une formidable tension. Il est en contact direct avec tous les pions de ce vaste échiquier politique, comme Trudeau et Chartrand, des amis de longue date, Laporte, qui lui a demandé un jour son avis sur une question juridique, Robert Bourassa, Robert Lemieux, Michael Pitfield et Jérôme Choquette, tous d'anciens étudiants. Se fiant à ses propres convictions et à ce qu'il sait de la crise, il a décidé d'appuyer l'imposition de la *Loi sur les mesures de guerre*. Toutefois, autour de lui, à North Hatley, gravitent toutes sortes de gens (Marian, de jeunes amis comme Doug Jones, Graham et Larry Shouldice, professeur à Sherbrooke, et le sociologue Marcel Rioux), qui ont tous un point de vue radicalement différent. Il est pris entre le marteau et l'enclume, dans un conflit à la fois de générations et d'idées. Tout le monde sent la tension entre Scott et Graham. Dans une lettre envoyée à sa mère au sujet de ce fameux week-end, Kathy Mezei écrit que Scott doit savoir des choses que les autres ne savent pas, ce qui le place dans une position extrêmement délicate[25]. En rétrospective, il semble qu'il était tenu au courant des rumeurs de coup d'État : toute menace de ce genre ne pouvait que durcir l'attitude de Scott.

Scott s'excuse auprès des Jones de leur avoir fait faux bond au dîner, leur expliquant qu'il était retenu à Montréal en raison des coups de téléphone qu'il a reçus de Trudeau par l'intermédiaire de Pitfield, à l'époque secrétaire adjoint au Cabinet, et des porte-parole du FLQ, Chartrand et Lemieux. Paradoxalement, les deux camps venaient chercher des conseils auprès de Scott, spécialiste du droit constitutionnel et défenseur des libertés civiles. Comme le remarque Timothy Porteous,

> c'est une tragédie personnelle, car seules deux choses importaient à Frank dans sa vie — les droits de l'homme et le Canada — et au bout de son long voyage… ces deux préoccupations entrent en conflit…. Si cinq millions de gens désirent créer un État à eux, on peut probablement les autoriser à le faire, mais si cela doit détruire son « cher Canada », alors c'est une tragédie, une véritable tragédie grecque pour lui[26].

Il n'est pas nécessaire d'aller chercher bien loin la raison pour laquelle Scott répugne à affronter les aspects émotionnels du séparatisme québécois, comme Graham l'a si bien mis en évidence, puisque dans cette question sa philosophie et sa psychologie convergent. Si Scott se concentre sur les aspects juridiques de la crise d'Octobre, c'est en partie parce qu'il est incapable de faire autrement. Personnalité relativement rigide, maîtrisant ses émotions avec une volonté de fer, Scott a unifié sa personnalité grâce au droit — « la raison prend le dessus sur la passion ». Pour lui, choisir d'invoquer ou non le dernier des recours qu'est la *Loi sur les mesures de guerre* revient à choisir, sur les plans philosophique et émotionnel, entre la démocratie et l'anarchie. Il se devait donc d'appuyer cette loi.

Il ne peut pas non plus faire autrement que de rejeter la position de nombreux jeunes de North Hatley, notamment Larry Shouldice, pour qui, sans égard à la question de la primauté du droit, le fédéral et le provincial abusent de leurs pouvoirs.

> Universitaire, relativement jeune à l'époque, j'ai perdu beaucoup de mes illusions… Frank, dont la réaction me semblait typique de la classe dirigeante anglophone du Québec, se montrait prêt à soutenir l'action du gouvernement fédéral, qui agissait exactement comme le Québec vingt ans plus tôt, et contre lequel il s'était battu — c'est-à-dire l'ignorance et la violation des droits civils des individus. J'appréciais beaucoup la compagnie de Frank, mais comme j'abordais inévitablement la question du Québec avec lui, et qu'il avait l'air de trouver cela intolérable de la part d'un freluquet comme moi, j'ai fini par croire que l'âge, la maturité ou la proximité du pouvoir l'avaient transformé en un réactionnaire assez peu nuancé[27].

Graham, Jones, Mezei et Shouldice sont des produits des années 1950 et 1960, une génération ouverte aux aspirations des Québécois à une indépendance politique et culturelle. En automne de 1969, Jones crée la revue bilingue *Ellipse*, qui publie des poèmes en traduction (Paul Chamberland et Frank Scott figurent dans le premier numéro). Ces jeunes, qui côtoient fréquemment des poètes et des artistes francophones, sont impressionnés par les manifestations culturelles du mouvement indépendantiste, par son expression et par la qualité des gens qui y participent. Il n'existe rien de tel au Canada anglais. À leurs yeux, comme aux yeux de leurs amis québécois, il semble inconcevable qu'un intellectuel soit mis en prison pour ses convictions.

Par ailleurs, ils ont tendance à voir la révolution sociale comme un passage obligé vers la libération de l'oppression. Cela ressemble fort au point de vue qu'avaient Scott et ceux de sa génération sur la révolution sociale, au début des années 1930, opinion qu'ils ont très vite abandonnée en découvrant les horreurs du stalinisme et de la guerre civile d'Espagne. Les discussions portant sur les « valeurs humaines » n'ont plus de raison d'être, selon Scott. Dans une démocratie, il faut craindre très fort et étouffer dans l'œuf tout soulèvement populaire qui prône l'insurrection ou le changement social par des voies non démocratiques. Cela pourrait coûter cher sur le plan humain. À ce point, les deux groupes sont si radicalement opposés qu'il n'y a aucun terrain d'entente possible.

C'est Walter Tarnopolsky, autorité en matière de droit constitutionnel et des libertés civiles, qui soulèvera plus tard la vraie question : dans quelle mesure l'État peut-il restreindre les droits de l'homme et les libertés fondamentales en situation de crise ? « Existe-t-il des libertés civiles et des droits de l'homme si fondamentaux que rien, pas même la sécurité de l'État, ne peut les invalider[28] ? »

Faisant le bilan de cette période à la fin des années 1970, Scott résume ainsi sa vision de la question :

> Les premières mesures issues de la *Loi sur les mesures de guerre* étaient inutilement sévères et ont, sans aucun doute, causé l'arrestation de gens innocents. C'était une injustice contre laquelle j'ai protesté devant la Ligue des droits de l'homme à Montréal. Le gouvernement a, par la suite, adopté de nouvelles mesures qui s'harmonisaient mieux avec les droits démocratiques, sans pour autant être un obstacle à la sécurité

nationale. Mais il n'y avait pas d'autre moyen pour en finir avec cette conspiration secrète, sinon d'arrêter beaucoup de gens et de séparer le bon grain de l'ivraie. Le fait que les tribunaux aient retenu si peu d'accusations contre les personnes arrêtées ne signifiait pas qu'on n'avait pas trouvé les coupables ; c'était conforme à la sage décision du gouvernement de minimiser le nombre de poursuites afin de ne pas surcharger les tribunaux et prolonger l'agitation[29].

Il soulignera plus tard que la preuve de l'efficacité de la *Loi* résidait dans son application[30], c'est-à-dire que la *Loi sur les mesures de guerre* a effectivement réprimé le terrorisme au Québec.

La gravité des premières mesures amène Scott à rencontrer treize autres membres de la Ligue des droits de l'homme de Montréal, le 25 octobre 1970, en vue de former un « comité d'aide aux personnes arrêtées sous le coup de la *Loi sur les pouvoirs d'urgence*[31] ». À cette époque, l'exécutif de la Ligue se compose de Thérèse Casgrain, présidente honoraire, de Jacques Hébert, président, et de Frank Scott, vice-président. Hébert fera très bien ressortir la différence entre le climat émotionnel qui règne au Québec et celui qui règne en Ontario. La Ligue des droits de l'homme du Québec ne pouvait condamner l'application de la *Loi,* comme l'a fait l'Association canadienne des libertés civiles à Toronto, car les membres québécois étaient trop sensibles au « climat de peur » qui régnait dans leur province. Au sein du groupe de Montréal, l'unanimité est totale quant à la nécessité de rétablir l'ordre, mais la voie médiane qu'il choisit de suivre dérange à la fois les modérés et les extrémistes. Le premier ministre Bourassa autorise un comité de trois personnes à parler aux prisonniers. Hébert effectue la plupart des visites, mais Scott lui donne un coup de main et sert d'intermédiaire dans la mise sur pied d'une aide juridique aux prisonniers[32].

En décembre 1970, époque du lancement de *La Crise d'octobre* de Gérard Pelletier aux Éditions du Jour, deux groupes d'extrémistes, sans aucun lien entre eux, font du piquetage devant la maison d'édition d'Hébert, sous prétexte que la Ligue des droits de l'homme, sous sa présidence, ne fait pas son travail.

Une telle hypocrisie rend Scott furieux ; en fait, ces extrémistes visent surtout à empêcher le lancement du livre de Pelletier. Ce livre, selon Hébert, présentait « une vision plutôt sereine de toute la situation, [ce que] des gens comme… les séparatistes purs et durs, le groupe de Reggie Chartrand… n'acceptaient pas, avant même d'avoir lu le livre ». Les membres de l'un de ces groupes, véritables armoires à glace, se font appeler les Chevaliers de l'indépendance. L'autre groupe est dirigé par Serge Mongeau, marxiste qui s'est donné pour mission de défendre les prisonniers politiques. Ils bricolent de grandes pancartes sur lesquelles on peut lire : « Hébert est un traître » et restent là devant la porte, armés de madriers. Personne ne peut entrer ni sortir. Hébert, qui ne veut pas jeter de l'huile sur le feu en appelant la police, dort sur place une nuit ou deux.

La veille du lancement, Scott entend parler de l'occupation. Hébert se rappelle avoir vu Scott faire irruption dans son bureau. Il n'était plus jeune, il s'aidait d'une canne pour marcher, mais il était dans une telle rage que l'on se soit attaqué à la Ligue qu'il réussit à franchir le barrage des hommes qui osaient bloquer la porte de la maison d'édition :

> Il est entré directement, et il y avait ce Reggie Chartrand et ces armoires à glace, avec de gros bâtons, et il les a poussés. Ils l'ont laissé entrer parce que c'était Frank Scott. Vous savez ! Ils ne pouvaient pas l'assommer. Alors, il est entré en criant « Poussez-vous. Ni vous ni personne ne n'empêchera d'entrer… » Il était fou furieux avec sa canne, mettant en lambeaux les pancartes devant les gorilles avec leurs gros bâtons, et il s'en foutait… Dieu, c'était un homme courageux. Il est juste venu me réconforter et s'assurer que j'allais bien. Voir si je n'avais besoin de rien. Et me dire qu'il était solidaire et que je pouvais compter sur lui[33].

Les liens de Scott avec les Éditions du Jour remontent à la fin des années 1960 et au début des années 1970, lorsqu'il fréquentait des Québécois francophones de manière impromptue dans les lancements de livres. Hébert se souvient qu'il y avait un lancement chaque semaine, tous les mercredis — parfois deux ou trois, les bonnes semaines, et un certain nombre de gens venaient, sachant qu'il y aurait des personnalités de divers horizons : des francophones, des anglophones, certains fédéralistes comme Mme Casgrain ou Gérard Pelletier, et des séparatistes purs et durs comme Jacques Ferron et Gaston Miron. Si vous arriviez à réunir Gaston Miron, Mme Casgrain, Frank Scott et puis Jacques Ferron, c'était quelque chose !

Ces lancements étaient « le dernier terrain durant ces années où fédéralistes et séparatistes avaient l'occasion de se croiser et de prendre un verre ensemble[34] ».

Mais la *Loi sur les mesures de guerre* change la nature des relations de Scott avec les Québécois, notamment avec Jacques Ferron, que Scott côtoie à l'occasion depuis les années 1950, période où Ferron s'est brièvement intéressé à la CCF. Ferron a été candidat de la CCF aux élections fédérales de 1958, mais il a rompu ses liens avec le parti en 1960, déçu de voir qu'il n'appuyait pas le nationalisme québécois. Ferron est aussi au nombre des écrivains francophones qui, dans les années 1950, viennent aux réunions chez les Scott, avenue Clarke. Mais en octobre 1970, séparatiste notoire, il agit comme intermédiaire entre la police et les kidnappeurs Paul Rose et Francis Simard. Médecin de profession, Ferron est aussi un écrivain de talent, et ses nouvelles, ses romans et ses essais sont souvent des allégories de la société québécoise. Il occupe une position unique dans cette société : il passe pour la conscience du Québec. Du début des années 1960 jusqu'à sa mort, en 1985, Ferron montre en quelque sorte à quel point la place de Scott dans la société québécoise est prépondérante, en le mettant en scène, tout au long de ses écrits, comme l'« autre » important, sorte d'alter ego, dans un dialogue continu sur le rôle des anglophones au Québec, et sur celui du Québec dans la société anglophone. En fait, on ne se trompe pas beaucoup lorsqu'on dit, après 1963, que Scott domine l'imagination créatrice de Ferron : il serait impossible pour Ferron d'écrire les relations du Québec avec le Canada sans utiliser Scott comme symbole de l'anglophone au Québec.

Cette utilisation de Scott comme personnage de fiction trouve sa source dans une vieille histoire : le père de Scott avait convaincu des ouvriers d'enterrer un pot de marmelade au pied de la statue de Wolfe à Québec, au moment de sa restauration au tournant du siècle. Dans ce pot, le chanoine avait placé un de ses poèmes et six pièces d'un cent, représentant chacune un de ses six enfants. En 1963, les séparatistes font sauter la statue. Peu de temps après, le frère de Scott, Arthur, appelle de Québec pour faire savoir à Scott que le pot est intact. C'est une histoire que Scott relate à de jeunes étudiants aux penchants séparatistes dans les réunions de la Commission B et B, et qui les amuse.

Par contre, Ferron y voit là une histoire plus complexe. Pour lui, ce pot de marmelade symbolise les relations entre les anglophones et les francophones du Québec. En 1964, il publie un essai intitulé « Tout n'est pas perdu », dans lequel il reprend l'histoire de la statue de Wolfe, accompagnée de ce commentaire d'une ironie mordante : « Tous ces objets importants miraculeusement sauvés, par l'intervention de saint Georges sans doute, nous autorisent à penser que tout n'est pas perdu du souvenir anglais et qu'on lui gardera, avec un sourire amusé, à défaut d'une autre place, une petite niche dans le cœur des Québécois[35]. »

Difficile de définir le ton de Ferron. Il dépeint certainement les anglophones comme des exploiteurs, mais, comme le remarque sa traductrice, Betty Bednarski, à propos de l'incident, « le petit portrait satirique de Scott qui ressort de tout cela, à mon avis, se veut affectueux… En fait, Ferron tente d'assigner une place aux Canadiens anglais du Québec, une place où ils ne constitueront plus une menace pour la majorité francophone[36] ».

Dans une série de romans publiés après 1965, Ferron reprend l'idée du pot de marmelade (qui devient alors un pot de confiture de coings) et fait de Frank Scott un personnage important. Dans *La Nuit* (1965), il caricature Scott sous les traits de Frank Archibald Campbell, un prête-nom incarnant les poètes de la génération du chanoine Scott (Archibald Lampman, Wilfred Campbell et Duncan Campbell Scott). Archétype même du protestant de race blanche et d'origine anglo-saxonne, grand, le nez busqué, réservé, ce Frank-là entreprend une tournée des pubs qui est aussi une descente aux enfers, peut-être à la façon de l'*Ulysse* de Joyce. « L'Écossais » (« Scot », en anglais), comme on l'appelle, boit comme une éponge et fait l'amour à sa petite amie du lundi au samedi. Il refuse de le faire le dimanche, car même Dieu s'est reposé le jour du Sabbat. Comme Scott se le rappelle avec humour, Ferron « semblait tout ce temps admirer ma façon de "me conformer" à ma religion tout en réussissant aussi bien ma vie[37] ». Après *La Nuit* viennent *La Charrette* (1968), *Le Ciel de Québec* (1969), *Les Confitures de coing* (1972) (nouvelle version de *La Nuit*, selon la vision de Ferron sur l'autonomie du Québec) et une annexe, « Le congédiement de Frank Archibald Campbell ».

Dans la traduction de *La Charrette* qu'a réalisée Ray Ellenwood, Campbell, ou « L'huissier bonimenteur de la nuit », arrive aux « Portes de l'enfer », cabaret du Vieux-Montréal. Là, comme c'était l'habitude du chanoine Scott, il commence à réciter ses vers. Le roman fait à la fois référence au monument de Wolfe et au rôle de Frank Scott au Québec. Le personnage de Ferron, Frank, est un agitateur qu'il décrit comme « le Messie des épouvantails ».

> Vu qu'il descendait du piton
> Anglais, son Sinaï à lui,
> Avec les tables de la loi,
> Sans doute un maudit huissier
> Apportant des assignations.
>
> J'ai protesté, j'ai crié grâce,
> Je leur ai dit me nommer
> Frank Archibald Campbell
> Et être comme eux-mêmes
> De nationalité québécoise[38].

Les vers de Ferron parodient Scott, un habitué des boîtes de nuit, ainsi que ses rôles de juriste et de messie dans le combat contre Duplessis (l'un des premiers obstacles dans l'affaire Roncarelli a été la difficulté de trouver un huissier ayant le courage de porter une assignation au tout-puissant Duplessis) et sa prétention d'être Québécois. Pour Ferron, le désir qu'éprouve Scott de se fondre dans le Québec est risible et relève d'une attitude purement affectée de l'un des anglophones privilégiés du Québec.

En été 1969, les caricatures de Ferron commencent à agacer Scott. Au même moment, Ferron écrit à Scott, dans sa prose très pince-sans-rire, que comme Scott est un homme public, « vous conviendrez certainement avec moi qu'entre un homme public et une femme publique, il n'y a pas de différence ». Ferron laisse entendre que Scott, personnalité publique, ne peut, à ce titre, se plaindre que Ferron l'ait traité comme il l'a fait.

> La première fois [continue Ferron], c'était dans *La Nuit* — vous vous étiez plus ou moins empoisonné avec de la gelée de coings. Si ma mémoire est bonne, Naïm Kattan a trouvé que c'était plutôt une situation déplorable. Plus perspicace, Gérard Bessette y a vu un conflit parental, construit sur le modèle œdipien… Le fils, afin de défendre ses futurs droits, doit tuer son père. Après tout, cela se passe dans les meilleures familles : au cours d'une cérémonie intime, rien de plus banal, en fait[39].

Le message de Ferron est clair. Scott, qui incarne le pouvoir parental anglophone, doit être assassiné par les Québécois (et, en fait mangé, comme Saturne a été dévoré par ses fils), s'ils veulent pouvoir atteindre l'âge adulte. Ferron, par le biais de métaphores et d'allégories, est aussi le maître de cérémonie de cette « banale cérémonie intime », comme il la qualifie, en mettant Scott en scène dans ses écrits.

À l'époque du lancement du *Ciel de Québec*, en 1969, Ferron est inquiet. La maison d'édition Hurtubise lui retourne son manuscrit, car un avocat le considère diffamatoire à l'égard de Scott. Curieux de connaître l'opinion de celui-ci, Ferron demande à Jacques Hébert de l'inviter à un lancement. « J'aurais ainsi une excellente occasion, comme on dit dans votre jargon, d'en avoir le cœur net », écrit-il[40]. Scott lui donne son accord pour la publication : le livre, après tout, est présenté comme une « petite farce », et tout le monde sait que Ferron est passé maître dans l'art de la plaisanterie.

Dans une lettre à Ray Ellenwood, traducteur de ses romans, Ferron dévoile les sentiments partagés qu'il éprouve envers Scott — admiration et colère — : « Campbell ne connaît plus sa langue… Je pense qu'il aimerait profondément être un vrai Québécois, mais ce n'est pas facile… Dans *La Charrette*, il n'y arrive pas et demeure une sorte de témoin déshérité, mais à la fin du *Ciel de Québec*, il y parvient. Bien sûr, là-dessus arrive la crise d'octobre, et c'est le gâchis[41]. »

Par la suite, à une réunion de l'Institut canadien des affaires publiques, au début des années 1970, Ferron attaque Scott personnellement. Ce geste injuste lui attire la colère de Trudeau :

> Ce qui m'enrage terriblement à propos du nationalisme au Québec, c'est de voir des gens de ma génération commencer à s'en prendre à Frank Scott et à le couvrir de mépris. Je me souviens qu'à l'Institut des affaires publiques, à l'occasion d'une des rares réunions à laquelle je n'ai pas assisté mais dont j'ai entendu parler par des amis, Jacques Ferron a attaqué Frank et a dit : « Oh vous savez, il n'est que du menu fretin. Il a toujours été l'Anglo. Il est du côté des exploiteurs. » Vous voyez, ce qu'il y a de plus vil. La pensée séparatiste d'un homme aussi distingué que Ferron me fait bouillir parce qu'il ne connaît pas la grandeur de cet homme et tout ce qu'il nous a apporté[42].

Après octobre 1970, il n'y a plus de terrain d'entente entre les fédéralistes convaincus et les séparatistes de même acabit. En 1971, Ferron écrit une fable pour une revue médicale sur les Patriotes de 1837, insistant sur Jean-Olivier Chénier, personnage qu'il considère plus représentatif du Québec que le célèbre Papineau. Dans sa conclusion, il fait remarquer : « Il est fort probable que, selon l'usage chez les Anglais, on ait arraché le cœur du cadavre encore chaud de Jean-Olivier Chénier. Dommage qu'on ne l'ait pas conservé : Frank Anarcharcis Scott pourrait le brandir au-dessus du Québec, district bilingue[43]. » Scott écrit au docteur Watson, qui lui a envoyé un exemplaire de l'essai, pour lui dire qu'il connaît et admire Ferron, « mais il est quelque peu injuste, dans cette fable, et je suis surpris de voir qu'il l'a quand même publiée. Il m'accuse purement et simplement de déchirer le cœur du Québec ! Dans quel but fait-il cela ? Son amertume fausse de plus en plus son jugement[44] ».

Lorsqu'on demande à Ferron, peu avant sa mort, en 1985, pourquoi il s'est acharné à caricaturer Scott, il répond : « C'était le Canadien anglais, le Québécois anglais le plus remarquable de cette époque. Un sacré bonhomme, mais le meilleur de Frank, c'était Marian[45]. » Il admirait, bien évidemment, l'impulsion révolutionnaire de Marian. Commentant les sentiments d'amour et de haine que Ferron éprouvait à l'endroit de Scott, Ray Ellenwood note que « cela faisait partie des gentilles excentricités du travail de Ferron que cette réappropriation de l'identité se fait souvent en opposition aux différents personnages qu'a incarnés Frank Scott, l'avocat du diable, le valeureux ennemi, le symbole de tout ce qui est admirable et déplorable chez ceux que Ferron appelle les Rhodésiens du Québec[46] ». Scott est un alter ego. Betty Bednarski observe : « Venir à bout de [l'"autre" Anglais], traiter avec lui est une chose absolument essentielle, si le narrateur québécois veut retrouver son âme — la sienne propre, et, par là, celle du Québec[47]. »

En 1981, au moment de mettre sous presse les débats d'un symposium sur l'œuvre de Scott qui s'est tenu à Vancouver, celui-ci insiste pour que Michael Oliver clarifie, dans le compte rendu des débats, que c'est bien sous le monument Wolfe-Montcalm à Québec que l'on a placé le pot de confiture. Plus tard, cependant, on a trouvé, dans les papiers de Scott, la lettre d'un homme dont le père a participé, au tournant du siècle, à la reconstruction du monument Wolfe. C'est sous le symbole indéniable de la domination anglaise, symbole que les séparatistes ont fait sauter en 1963, que le chanoine Scott a en fait enfoui son pot de confiture, sorte de capsule destinée au futur. La substitution mentale effectuée par Scott indique qu'il arrangeait les faits afin qu'ils concordent avec sa vision de l'histoire. En métamorphosant le monument Wolfe en monument Wolfe-Montcalm, il métamorphose aussi un passé anglais impérialiste en un héritage commun de Wolfe et de Montcalm, pour le Canada qu'il espère voir naître un jour. Dans un sens, Ferron faisait un peu la même chose dans ses romans, en se servant de Scott, parmi d'autres symboles, dans le mythe qu'il construisait pour donner un sens à son monde. Pour Ferron, le séparatiste, l'assimilation des anglophones peut seule garantir l'avenir du Québec. Pour Trudeau, le fédéraliste, cet aspect de l'influence de Scott n'est qu'un détail, puisque l'avenir du Québec ne peut se concevoir que dans la perspective d'un seul Canada.

Frank Scott et Pierre Trudeau s'entendent (contre Ferron) sur cette question, mais d'autres événements surgissent dans le champ constitutionnel, qui vont les séparer. Du point de vue de Scott, ce qui menace avant tout l'unité canadienne, ce sont les lois linguistiques promulguées par le gouvernement du Québec. À la fin des années 1960, T. P. M. Howard, conseiller général de la Commission scolaire protestante du Grand Montréal, convie Scott à participer à un comité qui étudie les aspects constitutionnels des lois linguistiques en gestation. Des gouvernements québécois successifs ont édicté plusieurs lois sur la langue, destinées à constituer une société francophone où le français domine. Le projet de loi 85, qui portait sur la langue d'enseignement, est mort au feuilleton en 1967-1968, mais, en 1968, il suscite des affrontements auxquels est mêlée la Commission scolaire de Saint-Léonard. Puis, en 1969, le projet de loi 63, qui enlève aux écoles publiques le droit de choisir la langue d'enseignement, est voté. Les projets de lois 27 et 28 viennent ensuite remanier complètement le système scolaire du Québec. Les membres de la Commission scolaire protestante du Grand Montréal se sentent lourdement menacés et estiment que l'utilisation de l'anglais comme langue d'enseignement dans les écoles protestantes du Québec doit s'appuyer sur l'Acte de l'Amérique du Nord britannique.

En conséquence, Howard forme un comité, qu'il préside,

composé de Frank Scott, de Jean Martineau et de Peter Laing, Peter Graham étant secrétaire par intérim. Trois jours par semaine pendant trois ans, de 1967 à 1969, le comité se réunit à l'hôtel Windsor, où lui est réservée une pièce avec des livres de référence. Ils y travaillent toute la journée. En 1969, ils sortent l'énorme rapport Howard, qui affirme que l'article 93 de l'Acte garantit la liberté de choisir la langue d'enseignement dans les écoles protestantes du Québec. Howard dira plus tard qu'on aurait dû l'appeler le rapport Scott, car c'est l'expertise de Scott dans le domaine qui a permis de bâtir l'argumentation[48]. Cependant, ni Québec ni Ottawa n'y font écho officiellement.

Le 26 février 1971, Scott écrit directement au premier ministre Trudeau :

> Je suis profondément préoccupé, pour ne pas dire consterné, face à la proposition de retirer, à la minorité anglophone du Québec, les droits linguistiques qu'on lui a garantis.
>
> Un tel changement violerait l'un des principes fondamentaux qui sous-tendent l'accord de la Confédération, détruirait les droits historiques du plus grand groupe minoritaire au pays et signifierait le rejet des principes émis par la Commission B et B, que vous avez jusque-là courageusement suivis.
>
> Je prends la liberté de vous rappeler les négociations qui se sont déroulées, au moment de la création de la Confédération, sur l'usage de la langue. Le bilinguisme a cours au Québec depuis le jour de la cession, et depuis 1841 dans la vieille province du Canada, bien que les deux versions des lois n'aient pas obtenu un statut égal avant 1848. Mais ce n'est pas avant la Confédération que le pouvoir discrétionnaire de la législature devient un devoir garanti, tel que décrit dans l'article 133. Et c'est à la demande expresse de certains membres francophones que le Parlement et la législature du Québec sont obligés de publier les statuts et les débats dans les deux langues.

Il rappelle aussi à Trudeau que « nous avons raconté cette histoire dans le chapitre III du volume I du Rapport de la Commission B et B ».

Le comité n'a pas plus tôt terminé son second rapport
en 1973 que le gouvernement du premier ministre Bourassa
promulgue la *loi 22*, qui fait du français la langue officielle de la
province et impose qu'elle soit la langue d'usage au gouverne-
ment et dans le monde des affaires. Cependant, les exigences de
la loi en matière d'enseignement déchaînent une vaste contro-
verse. La *loi 22* établit que le français est la langue de l'enseigne-
ment dans les écoles publiques, ce qui touche particulièrement
les immigrants parce que les enfants des parents dont la langue
maternelle n'est pas l'anglais doivent aller à l'école française[49].

Scott rappelle que, en juillet 1974, il a fait partie d'un groupe
de sept professeurs de McGill qui ont rendu publique une
déclaration « critiquant non pas le but, mais certaines des dispo-
sitions rigoureuses » du projet de loi 22 :

> Nous y voyons une attaque directe contre le concept d'égalité
> entre les deux principales cultures de la province, aussi bien
> que contre les droits et libertés depuis longtemps établis et en
> partie enchâssés dans l'Acte de l'Amérique du Nord britan-
> nique. Nous nous opposons à l'usage excessif de la réglemen-
> tation, qui, passant outre à l'Assemblée, peut imposer la loi, à
> l'immunité judiciaire accordée aux agents chargés de faire
> respecter la loi, à l'ignorance délibérée de la protection consti-
> tutionnelle des écoles confessionnelles, qu'elles soient protes-
> tantes ou catholiques, et à la forme de « favoritisme statutaire »
> permettant au gouvernement de refuser d'accorder toute aide
> ou tout contrat gouvernementaux à toute entreprise non cer-
> tifiée « francisée », selon les normes d'un corps gouvernant
> entièrement francophone. Je trouve personnellement incon-
> cevable qu'un gouvernement censé être démocratique
> réclame le droit de limiter la croissance de la minorité anglo-
> phone du Québec, en refusant l'accès à ses écoles à tout pro-
> testant qu'il choisit d'exclure par une loi provinciale. C'est le
> reniement total de l'idée d'un partenariat égal et d'un traite-
> ment juste des néo-Canadiens, que prônait la Commission B
> et B. Les anglophones vont partir, particulièrement les plus
> jeunes, ce qui revient à accomplir une forme de « génocide par

érosion ». On peut tout aussi bien parvenir à faire du français la langue de travail du Québec, grâce aux méthodes de consultation préconisées par la Commission B et B, plutôt que grâce à cette législation draconienne[50].

La Commission scolaire protestante amène l'affaire devant le juge en chef Deschênes de la Cour supérieure du Québec et, en 1976, elle reçoit un jugement de cent cinq pages, qui est perçu par plusieurs comme « davantage un jugement social qu'une décision judiciaire[51] ». Deschênes déclare que l'article 93 ne donne pas à la Commission scolaire protestante le droit de choisir la langue d'enseignement, pas plus qu'il ne protège la langue de quelque autre façon. Le comité décide d'aller en Cour d'appel, mais l'appel est rejeté. René Lévesque vient d'être élu premier ministre et le nouveau gouvernement abroge la *loi 22,* qu'il remplace par la *loi 101.* La cour déclare que, la *loi 22* n'étant plus en vigueur, elle ne peut entendre l'appel.

Scott et Trudeau ont toujours correspondu avec plaisir sur les questions relatives à la Constitution. Mais Scott affiche, dans ses lettres, un profond désaccord avec Trudeau en ce qui a trait à la *loi 22.* Il en veut au cabinet fédéral de ne pas avoir exercé son pouvoir de désaveu. Selon lui, c'est précisément pour protéger le pays de législations provinciales injustes que ce pouvoir existe. Sur réception d'une lettre particulièrement peu satisfaisante de Trudeau, Scott commence à rédiger une réponse indignée :

> Si votre raisonnement est juste et que cette loi est du ressort « de l'autorité législative » du Québec, alors les protestants de langue anglaise ont vécu dans un bonheur illusoire pendant deux cents ans. Nous avons imaginé que notre droit à des écoles confessionnelles de langue anglaise, sur lequel se fondait le système québécois, en vertu d'une loi datant d'avant la Confédération, était garanti. Aucune autre province n'avait davantage qu'une garantie pour ses écoles confessionnelles. Aujourd'hui, le gouvernement fédéral, par votre voix, nous dit que tout ce qui est garanti, c'est l'existence, le financement et l'enseignement religieux dans les écoles…

À la lumière de la vaste étude que MM. Martineau, Laing, Howard et Scott ont faite à Montréal, comment pouvez-vous déclarer aussi abruptement que, si l'on se fie aux jugements des tribunaux, rien, dans l'article 93, ne garantit l'usage d'une langue ? Qui, au ministère de la Justice, possède une connaissance supérieure de la loi ? Qui, avant nous, a jamais étudié les lois antérieures à la Confédération au Québec de ce point de vue ? Notre opinion n'est peut-être pas forcément la bonne, mais elle a le mérite de préciser que le droit d'avoir des livres en anglais et des professeurs de langue anglaise est accordé, par la loi, aux écoles confessionnelles protestantes depuis 1867.

La position de Scott est difficile à soutenir car, car dans des cas comparables dans les provinces anglophones, les tribunaux ont statué que la garantie protégeant les écoles catholiques séparées ne s'étend pas au droit pour les francophones d'enseigner en français.

Ce qui irrite Scott, c'est surtout que Trudeau suggère d'attendre de voir comment s'appliquera la loi dans des situations précises avant de faire intervenir le cabinet fédéral. C'est un argument spécieux car, souligne-t-il, « le désaveu doit s'exercer dans l'année qui suit la promulgation du texte officiel d'une loi ». Il termine sa lettre par un plaidoyer personnel afin que Trudeau intervienne pour garantir la justice.

Il faut, de temps à autre, examiner certains éléments au Québec, Pierre, et c'est le moment de le faire. Nous subirions encore la Loi du cadenas si la Cour suprême n'avait pas sauvé la mise des libéraux du Québec. On serait encore soumis à des mesures arbitraires, n'eût été de l'affaire Roncarelli. De même, le terrorisme continuerait, si cela n'avait été de votre action contre le FLQ. L'apaisement n'arrêtera pas les forces dont le grondement s'amplifie au Québec et qui menacent la Confédération, mais elles réclameront davantage encore. Vous devez rehausser la barre de l'ensemble des valeurs morales. Vous et vos ministres devez défendre ouvertement les droits

culturels des anglophones du Québec, aussi bien que les
droits des minorités francophones ailleurs, et non pas laisser
croire qu'ils n'ont pas plus d'importance que ce qui se passe
en Colombie-Britannique ou à Terre-Neuve. On dirait que la
raison a changé de camp. Je sais que la situation est difficile,
mais c'était comme cela pendant le voyage dans les rapides de
la rivière des Esclaves. Vous accordez des fonds aux Amérin-
diens pour défendre leur cause, les commissions scolaires
protestantes sont tout aussi méritantes. Elles craignent que
Bourassa ne les prive de leurs subventions si elles les utilisent
pour défendre leurs droits.

Après avoir terminé cette ébauche, le 27 août 1975, Scott la
remet en question. Il n'aime pas mêler les sentiments à ce genre
de chose. Or, dans sa lettre il se réclame d'une amitié de longue
date. Il a peut-être aussi espéré que le premier ministre finirait
par se décider à intervenir. Trudeau ne l'a pas fait, probablement
parce que lui et ses conseillers ont estimé qu'il était trop dange-
reux d'intervenir dans une situation politique si explosive et de
risquer de perdre les électeurs libéraux du Québec. Un peu plus
d'un an après avoir écrit cette lettre, Scott écrit en haut à gauche :
« Pas envoyée. Le regrette aujourd'hui. F. R. S. 24-10-76. »

À la fin de 1976, le gouvernement Lévesque est formé et
met en chantier la *loi 101,* qui fait du Québec une société uni-
lingue francophone dans tous les domaines qui relèvent du gou-
vernement provincial. Cette loi, promulguée en 1977, stipule
que la qualité et l'influence de la langue française doivent être
assurées dans toutes les activités du gouvernement provincial,
dans la loi et dans les milieux de travail. Ainsi, le français devient
la langue de l'enseignement, du commerce et des affaires. Une
société unilingue francophone, qui dénie aux anglophones
du Québec des droits qu'ils estiment avoir obtenus de l'histoire
ou du droit, existe désormais en vertu de la loi.

Eugene Forsey émet l'hypothèse, au milieu des années 1970,
que Scott a changé d'avis sur « la politique des deux nations »,
que la CCF avait approuvée au moment de sa création, après la
promulgation des lois sur la langue au Québec :

En me fondant sur certaines choses qu'il m'a dites à l'époque au sujet de la *loi 22*, je pense qu'il a révisé son opinion. Je sais qu'en une occasion au cours de notre discussion sur cette loi, il m'a dit : « Vous savez, pendant des années j'ai parlé français dès que l'occasion se présentait. Maintenant, que je sois damné si je parle français. » Frank est, et c'est tragique, ai-je pensé, à la fin de sa vie. J'espère qu'il vivra encore de nombreuses années, mais il arrive à soixante-dix ans. Il est plus âgé que moi. Quelle tragédie de se retrouver, après toute une vie passée à se battre pour les droits des Canadiens français, membre à part entière de la minorité de langue anglaise du Québec, bon gré, mal gré[52].

Certains Québécois anglophones estiment que l'on fait une montagne avec un grain de sable. Il n'est pas difficile d'apprendre le français et de vivre en bonne harmonie. Pourquoi Scott s'est-il autant démené contre la *loi 22* et la *loi 101* pour devenir l'Anglais typique de Westmount, réactionnaire en apparence ? Robert Stocks, jeune avocat de Montréal qui a travaillé avec Forsey afin de pousser le gouvernement Trudeau à intervenir sur la question, comprend :

> Scott pensait vraiment que les droits de la langue anglaise étaient enchâssés dans les articles 93 et 133 de l'Acte de l'Amérique du Nord britannique, alors qu'ils ne l'étaient pas dans la constitution du Québec, et que les lois linguistiques qui se sont succédé ont violé cette garantie ou ce droit. C'était important parce que les anglophones forment une grande minorité dans la province de Québec. L'une des plus grandes minorités au Canada. C'était une violation grave des libertés civiles et des droits civils, et Frank s'est battu contre cela toute sa vie[53].

CHAPITRE 25

Veillez bien sur le Canada

Pour Scott, les années 1970 sont particulièrement douloureuses. Il a vu s'envoler ses illusions sur la politique québécoise, tandis que le problème épineux de l'unité nationale le préoccupe vivement. Au crépuscule de sa vie, il réfléchit à sa propre existence et à ce qui la relie au passé du Canada. Comme toujours, il puise un réconfort dans la poésie satirique. Tourmenté à l'idée que le Québec ne fasse plus partie du Canada après sa mort, Scott aime déclamer, parodiant Rupert Brooke :

If should die, think only this of me :
That there's some corner of a foreign field
That is for ever Canada. There shall be
In that rich earth a richer dust concealed★[1]…

Il y a de l'amertume dans ces vers. Le Québec, sous la férule du Parti québécois, semble déterminé à éradiquer à la fois les anglophones de la province et l'idée d'un Canada uni. Il ne s'agit

---

★ Si je devais mourir, pense ceci de moi : / Qu'il y a un coin sur une terre étrangère / Qui est pour toujours le Canada. Il y aura / Cachée dans cette terre riche une poussière plus riche encore…

pas seulement des attaques croissantes contre les droits de la minorité anglophone et des lois linguistiques successives au Québec, qui font de cette province une société unilingue française. Il ne s'agit pas non plus seulement des pressions exercées par le Québec pour négocier de nouveaux accords constitutionnels avec le Canada. C'est la peur tangible que le Québec devienne une terre étrangère. Le Livre blanc sur la souveraineté-association, déposé à l'Assemblée nationale du Québec en 1979, propose que la province devienne un État politiquement souverain, ce qui comprend une citoyenneté, un passeport, un statut de membre de l'OTAN, de NORAD, des Nations unies et, peut-être, du Commonwealth. Ce rapport définit la souveraineté-association comme « le pouvoir de prendre librement des décisions, sans être soumis à des lois d'un pouvoir supérieur ou extérieur[2] ». Dans les faits, si les Québécois exprimaient, au référendum sur la souveraineté-association de 1980, leur volonté d'entamer des négociations avec le Canada au sujet des dispositions de ce livre blanc, il était alors tout à fait concevable que ce Québec tant aimé deviendrait une « terre étrangère ». Objectivement, Scott ne croit pas que le Québécois moyen votera pour la séparation : il y a beaucoup trop de facteurs en jeu sur le plan économique. Mais, sur le plan émotionnel, son enracinement au Québec lui fait entrevoir l'apocalypse. Entre deux voies, il envisage toujours la pire.

Scott a suivi la campagne référendaire houleuse de très près. Les libéraux fédéraux, le premier ministre Trudeau et le ministre de la Justice Jean Chrétien ont concocté un plan efficace qui tourne en ridicule la souveraineté-association et se polarise sur les dangers économiques qui attendent les Québécois en cas de séparation. Scott a le rare plaisir de voir Trudeau, son protégé d'antan, se battre pour l'unité du Canada. Et son amie très proche, Thérèse Casgrain, lui fait parvenir des rapports suivis sur les activités qui se déroulent sur la scène québécoise. En effet, Thérèse Casgrain s'est jetée dans la bataille du côté fédéral et fait campagne pour le « non[3] ». Le 20 mai 1980, quatre-vingt-six pour cent des électeurs exercent leur droit de vote et soixante pour cent d'entre eux votent pour le « non ». Scott a le sentiment qu'on a évité le danger d'une séparation physique et immédiate d'avec le Canada. Mais la bataille a été chaude et éprouvante. Il est épuisé émotivement, et la question des lois linguistiques n'est toujours pas réglée. Pour les Québécois, la victoire du « non » a pour conséquence, quelques mois plus tard, d'envoyer le premier ministre Lévesque s'asseoir de nouveau à une table de négociations, mais avec un pouvoir amoindri.

Scott participe activement au débat qui fait rage sur la Constitution. Son ouvrage *Essays on the Constitution : Aspects of Canadian Law and Politics,* texte remarquable sur la question, qui dépeint le contexte historique ayant mené à ce débat, reçoit en 1978 le Prix du Gouverneur général dans la catégorie Études et Essais. Dans ce livre, Scott affirme qu'il faut revoir l'Acte de l'Amérique du Nord britannique ou le remplacer, et que toute révision doit permettre d'y enchâsser une charte des droits. Cette conviction, qui remonte à ses essais rédigés dans années 1930 et 1940, a fait son chemin. On peut se demander dans quelle mesure Scott, en raison de son amitié avec Trudeau et avec d'autres acteurs clés de la réforme constitutionnelle, et par l'intermédiaire de ses articles dans *Essays on the Constitution,* a influencé les débats des années 1970. Lui-même n'a jamais réclamé quelque paternité que ce soit ; en fait, y a-t-il seulement pensé ? Néanmoins, les preuves historiques sont concluantes.

Dans les années 1930, Scott n'a pas cessé de défendre avec âpreté l'idée que le Canada a besoin d'une plus grande autonomie en politique étrangère. Et pour lui, comme pour bien des Québécois, la Seconde Guerre mondiale a doublement fait ressortir l'acuité de cette question. Dans « A Policy of Neutrality for Canada » (1939), il plaide en faveur de « l'idée du Canada en tant que nation, de la création d'une société ordonnée et juste au sein de ce vaste territoire[4]… » Trudeau a aussi fait sienne cette notion de « société juste » ; il croit comme Scott que, pour créer une telle société, il faut avant tout rapatrier la Constitution. Alors, seulement, le Canada pourra diriger comme il le doit ses affaires intérieures et extérieures.

Scott estimait que l'Acte de l'Amérique du Nord britannique définissait la répartition appropriée des pouvoirs entre le

fédéral et les provinces et laissait beaucoup de place à d'éven-
tuelles modifications. Cependant, comme la plupart des ana-
lystes des années 1930, Scott pensait que les décisions du
Conseil privé, particulièrement les interprétations successives de
l'Acte qu'en avaient fait lord Watson et lord Haldane, avaient
détourné les intentions des Pères de la Confédération. À son
avis, une interprétation fautive de la Constitution en faveur des
provinces avait diminué les pouvoirs d'un gouvernement fédéral
que la Constitution voulait fort. Lorsque le Conseil privé avait
annulé le « New Deal » de Bennett, Scott avait eu le sentiment
que le Canada était privé du pouvoir dont il avait besoin pour
faire face à la Dépression. À cette époque, il alléguait que les
membres du Conseil privé n'étaient « rien d'autre que des juges
étrangers ignorant tout de la situation du Canada, peu versés en
droit constitutionnel canadien[5]… » Scott en avait fait son leitmo-
tiv : les Canadiens devaient ramener chez eux la Constitution
afin de ne pas rater « le rendez-vous avec l'Acte de l'Amérique
du Nord britannique[6] ».

Dans les années 1920, son propre mentor, J. S. Woodsworth,
avait été l'un des premiers à prôner le rapatriement de l'Acte de
l'Amérique du Nord britannique ainsi que l'enchâssement
d'une déclaration des droits. Dès 1933, le manifeste de Regina,
auquel Scott a contribué, réclame la protection des droits des
minorités, comme le fera *Social Planning for Canada,* quelques
années plus tard. Dans ses écrits de 1948, il réclame l'enchâsse-
ment d'une déclaration des droits dans la Constitution, en
arguant qu'un gouvernement pourrait facilement révoquer un
simple statut. « L'ajout d'un nouvel article à l'Acte, qui énonce-
rait les droits garantis et qui s'appellerait Déclaration des droits,
serait alors une façon de perpétuer et d'élargir les règles déjà for-
mulées dans notre Constitution[7]. »

Au retour du voyage de Scott autour du monde en 1948,
Pierre Trudeau devient conseiller économique au Conseil privé.
À titre d'adjoint de Gordon Robertson, alors membre du secré-
tariat du cabinet au Bureau du Conseil privé, il travaille à un
mémoire d'une cinquantaine de pages qui porte sur les relations
fédérales-provinciales, en vue de deux conférences où l'on dis-

cutera du rapatriement de la Constitution et de l'enchâssement des droits de la personne[8]. Là, le vieil ascendant de Scott sur Trudeau s'affirme. Scott a toujours été convaincu que l'objectif d'une constitution, dans un État démocratique, est de définir et de protéger les droits des individus. De même, au cours des années 1950 et au début des années 1960, Trudeau défend avec vigueur la démocratie, parce qu'elle protège mieux que tout les droits des individus. Scott croit, et Trudeau abonde dans ce sens, que le meilleur moyen d'asseoir la démocratie, c'est d'édicter une déclaration des droits. Pendant les années 1950, l'affaire Roncarelli et celle de la Loi du cadenas démontrent de nouveau à Scott (et peut-être à Trudeau, qui était invariablement dans la salle du tribunal chaque fois que Scott plaidait) que seuls le gouvernement fédéral et la Constitution peuvent défendre les droits des minorités[9].

Pour Scott et pour Trudeau, la Déclaration des droits présentée en 1960 par le premier ministre John Diefenbaker n'est pas suffisante. Dans quatre allocutions prononcées sur les ondes de la radio de la CBC en 1959*, Scott souligne que le but de Diefenbaker n'est « pas la promulgation d'une règle juridique stricte, applicable par les tribunaux, mais une simple déclaration de principes[10] ». De telles déclarations répondent aux vagues aspirations à la liberté, inhérentes à tout être humain, mais sont loin de valoir une vraie déclaration des droits, qui édicterait des règles qui lieraient tribunaux et gouvernements. Scott propose, en guise de troisième choix pour les Canadiens, un amendement à l'Acte qui couvrirait le Canada au complet et placerait certaines libertés au-delà du contrôle de tout législateur. Diefenbaker présume cependant, et il a probablement raison, que cela relève de l'utopie et qu'il est impossible d'atteindre un tel objectif à cette époque.

Scott surveille de très près les révisions que l'on propose d'apporter à la Constitution et qui touchent le Québec. En fait, il est à l'origine de ce que l'on pourrait appeler le deuxième cycle

---

* « The Canadian Constitution and Human Rights ».

de négociations fédérales-provinciales des années 1960. Inquiet de voir que le travail de la Commission royale d'enquête sur le bilinguisme et le biculturalisme dépassait les compétences de ses commissaires, Scott suggère au premier ministre Pearson de mettre sur pied un comité spécial afin de prendre le pouls des Québécois quant à leurs besoins constitutionnels[11]. Ce comité, qui travaille au Bureau du Conseil privé, comprend non seulement son ancien étudiant Michael Pitfield, qu'il a chaudement recommandé, mais aussi des hauts fonctionnaires, comme Gordon Robertson et R. B. Bryce, ainsi que Trudeau pendant un certain temps, soit jusqu'à ce qu'en 1965 il se joigne au Parti libéral et soit élu au Parlement[12].

En janvier 1966, Trudeau est nommé secrétaire parlementaire du premier ministre Pearson, et, en avril 1967, ministre de la Justice. Ce poste l'amène à s'occuper du comité constitutionnel de Pearson. Au départ, Trudeau, comme Scott, ne manifeste pas beaucoup d'enthousiasme à l'égard d'une réforme constitutionnelle générale. Cependant, il tient à l'enchâssement d'une Charte des droits dans la Constitution, probablement afin de protéger en priorité les droits des francophones. Comme on l'a noté plus tôt, en 1967, le premier ministre Pearson acquiesce à la demande des provinces d'entreprendre une révision constitutionnelle. Celle-ci débute en février 1968, et Trudeau en est une force vive, à titre de ministre de la Justice et, à partir d'avril 1968, à titre de premier ministre. Les discussions se poursuivent jusqu'en 1971.

Après l'application de la *Loi sur les mesures de guerre* et l'échec des discussions tenues à Victoria en 1971, Scott affiche un pessimisme croissant. Des années plus tard, écrivant à Allan Blakeney, il énumère ses pensées sur la Constitution :

> 1. Il faut arrêter immédiatement le processus de rapatriement. Comment peut-on planifier de manière rationnelle des amendements et des procédures d'amendement quand on n'a même pas une vision du type de pays qu'on veut privilégier ? Il faut se faire à l'idée que le Québec votera peut-être un jour pour l'indépendance.

2. La question suivante est, en supposant que nous désirions sauver ce qui peut l'être (comme on peut le voir sur une carte — c'est un gros morceau) : quelles parties de la Constitution actuelle voulons-nous sauvegarder ? C'est avec la Constitution qu'il faudra travailler. Il ne faut donc pas permettre à d'autres fissures de se former sous prétexte de retenir le Québec en notre sein. Trudeau a tout à fait raison de dire qu'il ne faut surtout pas se leurrer et croire que ceux qui cherchent à détruire le Canada cesseront tout à coup de poursuivre cet objectif simplement parce que les gouvernements provinciaux ont vu leurs pouvoirs accrus dans certains domaines. Donnez une main et on vous demandera le bras.

3. Plus de veto sur les futurs amendements à ce stade. Toute cette discussion est prématurée. Tant et aussi longtemps que la Constitution reste en Angleterre, nous en contrôlons les modifications par le biais du Parlement fédéral. Nous pourrions être appelés à agir rapidement pour éviter d'autres schismes.

4. Il faut gagner du temps. Créer davantage de comités. Réclamer des chiffres. Le Québec est résolu à prouver qu'il remet plus d'argent à Ottawa qu'il n'en obtient. Mener une guerre psychologique ; il a plus que sa part dans bien des cas. Le Conseil des arts vient d'acheter cent six mille livres pour en faire don — trois cent soixante-dix titres français et trois cent vingt anglais ! Rappeler au Québec qu'il faudra rétablir les frontières de 1912, puisque la baie James a été donnée à une province, non pas à un pays étranger. Si la « souveraineté » signifie une monnaie commune et une union douanière, alors on n'a pas fini d'en étudier les répercussions, ce qui veut dire des tarifs communs et une libre circulation des travailleurs d'une province à l'autre. Et exiger l'enchâssement d'une vraie déclaration des droits, pas seulement pour protéger les droits des francophones — ne pas oublier le million d'anglophones du Québec, qui arrive au quatrième rang des provinces à population de langue anglaise[13].

À la mi-août 1978, à Ottawa, un comité constitutionnel par-
lementaire se penche sur l'ébauche d'un document, le projet de
loi C-60, que le gouvernement présente dans le but d'en débattre.
Trudeau demande à Scott de le réviser et de condenser la décla-
ration des droits qui sera incluse dans la nouvelle loi constitution-
nelle. Scott est d'accord, mais regrette aussitôt sa décision.

Dans son petit bureau de North Hatley, écrivant laborieuse-
ment à la main, il envoie une lettre à Pitfield lui expliquant son
désistement.

> Cher Mike,
> Je vous dois des explications sur ma soudaine volte-face à pro-
> pos de la révision et du résumé de la déclaration des droits.
> Puisque vous ne m'avez pas rappelé, j'aimerais vous énumé-
> rer brièvement mes raisons.
> Tout d'abord, même si les choses se sont calmées pour l'ins-
> tant, j'ai toujours peur de subir de nouvelles palpitations
> cardiaques. Dès que j'ai accepté votre invitation de réviser
> un document aussi important que la déclaration des droits,
> j'ai commencé à me faire du souci. Devrai-je accepter
> les principes fondamentaux sur lesquels tout le monde s'est
> entendu ? Supposons, les probabilités en sont très fortes, que
> je les trouve inappropriés ou même offensants (comme l'ex-
> pression évoquant « la suprématie de Dieu » ?). Serai-je alors
> obligé d'assister à une série de rencontres du comité cet
> automne, me privant ainsi de tout espoir de finir mon nou-
> veau livre d'essais (que Michiel Horn éditera) et le recueil de
> poèmes déjà bien avancé ?
> J'ai, en outre, la forte intuition que notre avenir constitutionnel
> est sans espoir, et c'est pourquoi je me retire. J'ai bien peur de
> ne pas m'être encore remis du coup que le projet de loi C-60
> a porté à mes convictions. Si on n'a pas réussi à améliorer la
> Constitution antérieure, comment pourrait-on faire mieux
> avec celle qui semble émerger ? On n'a pas prêté attention au
> pourrissement de la situation, qui remonte aux conférences
> constitutionnelles de 1950-1960 (le mot *Canada* n'était
> même pas présent à la table des conférences) auxquelles j'ai

assisté ; au contraire, Pierre lui-même, malgré quelques mots courageux sur le besoin d'un gouvernement fort à Ottawa, a favorisé et même provoqué la désintégration. Je l'ai surnommé « le séparatiste par abandon », car il a laissé tomber l'unité de Radio-Canada et des paiements pour les soins de santé, il n'a pas endigué l'énorme flot de législations anticonstitutionnelles du PQ avec les lois 22 et 101, etc. Je me demande comment une déclaration des droits peut s'intégrer dans la nouvelle Constitution ? Le préambule de l'Acte de l'Amérique de Nord britannique révisé sera-t-il différent du préambule de la déclaration ? Je ne veux pas essayer d'améliorer le texte d'une partie du document, alors que j'ignore la forme et la répartition des pouvoirs qui donneront corps à la structure constitutionnelle du pays.

Dans une certaine mesure, la lettre reflète les préoccupations du théoricien du droit et de l'idéaliste qui doit faire face au caractère pragmatique de la politique. On peut toujours avancer que « le Canada » de Scott a jusque-là réussi à rester uni, et ce depuis bien avant sa naissance, grâce à des compromis politiques. En fait, la confédération de l'Amérique du Nord britannique est elle-même le fruit d'un tel compromis.

Néanmoins, cette réflexion personnelle a pour conséquence de montrer à Scott qu'il a acquiescé trop vite à la demande de Trudeau. Une légère tachycardie l'affaiblit et le met à bout de souffle, ce qui le rend incapable de penser ou de travailler. Ces attaques le forcent à reconnaître qu'il ne pourra jamais reprendre ses activités d'ordre juridique. Cependant, après l'élection de 1980, il est réconforté de voir que Pitfield est de nouveau greffier du Conseil privé. Sa lettre de refus à Pitfield se clôt sur une note plus légère : « Je suis bien aise de savoir que vous êtes de retour dans vos anciennes fonctions. Et Trudeau réussira peut-être à sauver le navire, s'il peut rassembler son courage et se servir de certains pouvoirs. Autrement, nous sommes fichus, et je dois m'acquitter de deux tâches que personne d'autre ne peut faire à ma place. » Il termine sa lettre par « Veillez bien sur le Canada[14]. »

L'une de ces tâches, comme il le dit, consiste à réunir ses poèmes ; l'autre à rassembler ses textes portant sur le droit et sur la société. Scott se retire petit à petit du monde des débats constitutionnels afin de se plonger dans celui, plus intimiste, de ses écrits. Le 16 août, il écrit à sa biographe une lettre bougonne exprimant son mécontentement, principalement à son propre endroit (il ne réussit pas à retrouver deux de ses livres), mais aussi à l'endroit de propositions de réforme constitutionnelle qui n'ont rien à voir avec ses idéaux. « Je n'ai toujours pas retrouvé mon Thomas a Kempis ni mon Manifeste démocratique, mais pour tout vous dire, j'ai été importuné par des visiteurs et des gens bien intentionnés, sans oublier les grands pontes d'Ottawa qui veulent que je rende leurs propositions constitutionnelles moins stupides. Il me semble que si une chose ne vaut absolument pas la peine qu'on la fasse, alors elle ne vaut pas la peine d'être bien faite ; certaines réformes sont nécessaires, mais pas celles-là[15]. »

À la suite des échecs des réunions fédérales-provinciales et de la conférence postréférendaire de 1980, et après les jugements rendus par les cours d'appel du Manitoba, du Québec et de Terre-Neuve, le premier ministre Trudeau n'a plus qu'une solution. Il se tourne vers la Cour suprême du Canada afin qu'elle décide s'il est légal ou non, pour le Parlement canadien, de s'adresser directement au Parlement britannique dans le but de rapatrier la Constitution, alors que seules les provinces de l'Ontario et du Nouveau-Brunswick le soutiennent. La Cour suprême rend un jugement complexe en septembre 1981 : bien que le gouvernement Trudeau ait l'autorité légale pour procéder au rapatriement de la Constitution, la convention constitutionnelle stipule qu'un consentement provincial substantiel est impératif. Le gouvernement fédéral doit donc tout tenter pour obtenir l'accord des provinces. À la conférence de novembre 1981, le fédéral arrive à un « compromis brutal » avec les provinces, à l'exclusion du Québec. René Lévesque quitte la conférence furieux, ce qui alourdit le climat déjà tendu entre les francophones et les anglophones du Québec. Cependant, l'accord de neuf provinces est obtenu. Enfin, une solution se dessine.

Scott regarde la cérémonie du rapatriement, le 17 avril 1982, à la télévision, chez King Gordon, à Ottawa. Les deux couples débouchent une bouteille de champagne et portent un toast. Marian, en digne petite-fille de ce pieux presbytérien qu'était le docteur Barclay, entonne l'hymne national que diffuse la télévision, le visage illuminé[16]. La Constitution canadienne, qui devait revenir à la maison, comme l'ont toujours affirmé d'abord Woodsworth puis Scott, est finalement de retour au Canada. En outre, une Charte des droits y est enchâssée, ce que les deux hommes ont prôné sans relâche et que Trudeau est enfin parvenu à réaliser.

Cependant, cela va de soi, Scott n'est pas heureux. La Charte des droits, avec sa clause « nonobstant », autorise les provinces et le Parlement à échapper à son application, « pour établir leurs propres libertés fondamentales, droits juridiques et droits égaux, en adoptant une législation qui déclare expressément qu'elle s'appliquera "nonobstant" les dispositions prévues dans la Charte des droits[17] ». Cette clause, selon Scott, restreint la protection des minorités. De plus, il n'approuve pas le style impérial que Trudeau impose à la cérémonie de rapatriement et s'indigne du peu de place qui y est faite à l'anglais. Tout comme le jeune Trudeau pendant le voyage sur le fleuve McKenzie, Scott est choqué à son tour de cette oblitération du passé de sa propre race, et pour la même raison — à la différence que ce sont les noms *anglais* qui sont absents. Il s'en plaint dans une lettre à sa nièce, Rosemary Walters : « Trudeau m'a fait bouillir pendant la cérémonie du rapatriement tant y abondaient discours en français et les noms français ; imagine, pas un seul nom canadien-anglais dans le compte rendu officiel de l'événement. Mais Trudeau lui-même est là, apposant sa signature tel un doigt d'honneur… Une telle attitude ne peut qu'attiser les sentiments anti-Québec partout : l'Ontario est maintenant plus bilingue que le Québec, malgré l'article 133 de l'Acte de l'Amérique du Nord britannique[18]. »

Deux années plus tôt, après le référendum québécois de mai 1980, Scott avait fait un bilan du travail de sa vie sur la Constitution.

J'en suis pratiquement au même point que Donald Creighton, quand il a dit : « J'ai passé ma vie entière à écrire l'histoire d'un pays qui n'existe plus… J'ai l'impression d'avoir gâché ma vie. » Impossible après cela de participer activement au débat, car si les forces fédéralistes gagnent, ce qui a été le cas, elles aggravent nos difficultés en décentralisant davantage et en grignotant un peu plus la vieille notion de confédération. Même Pierre Trudeau a contribué à la dilution du vieux concept du Canada par sa volonté à faire concession sur concession à la demande des nationalistes du Québec… Je préfère alors me tourner vers la littérature et la poésie, du travail m'attend, et je ne vois vraiment pas ce que je pourrais accomplir d'utile dans le domaine politique et constitutionnel. Désormais, je me ferai discret sur ces questions.

Peut-être que j'aurais dû m'engager davantage en poésie dès le début. C'est de l'histoire ancienne, mais nous avons accompli de grands progrès dans l'édification de ce pays. C'est la preuve que le concept initial d'imputer au fédéral la responsabilité des questions d'intérêt commun à tout le pays donne des résultats. La Seconde Guerre mondiale a obligé le gouvernement fédéral à devenir le moteur du développement des nouvelles industries de guerre… Nous avons renvoyé les chômeurs au travail et nous avons ainsi pu constater ce qui pouvait être fait en vertu de la vieille Constitution, quand un esprit de coopération nous anime[19].

C'est l'une des dernières lamentations du vieux guerrier.

Le climat politique devenant beaucoup trop lourd à supporter, Scott revient à son vieil amour, la poésie. Bien avant, dans les années 1940, il avait écrit un poème intitulé « Archive » qui est une illustration de son propre passé.

Table this document : to wit, one page
Found in the odd detritus of this age.
A simple chapter, in the English tongue,
Of normal length and paragraphed. Begun

In gentle language, probing for the heart,
But soon involuntarily made a part
Of social change and crisis ; men at war
Defending systems rotten at the core★... (C. P., p. 83)

Au début des années 1970, l'élan qui le pousse à s'autodéfi-
nir revient en force. Il a l'impression que le temps lui est compté,
il sent l'urgent besoin de laisser sa marque dans l'histoire. « Pré-
servez-moi de l'oubli », s'exclame-t-il au cours d'une entrevue
avec Elspeth Chisholm, journaliste pigiste à la CBC, au début
des années 1970[20].

Il se rend compte qu'il a mené une vie remarquable. On le
sollicite de toutes parts pour écrire à son sujet, faire des films et
consulter ses dossiers ; tous ces gens qui l'abordent reconnais-
sent son engagement incessant dans le « siècle du Canada ».
Michiel Horn, étudiant en histoire puis professeur à l'Université
York de Toronto, vient faire une recherche dans ses archives pour
raconter l'histoire de la LSR. Dix ans plus tôt, Walter Young a fait
la même chose pour la CCF. L'Institut d'études pédagogiques de
l'Ontario tourne un film sur Scott, le poète. Mavor Moore monte
une pièce sur l'affaire Roncarelli pour la CBC. Des maisons
d'édition, comme Knopf, à New York, et des amis et éditeurs,
comme William Toye, d'Oxford, et Douglas Gibson, de Macmil-
lan, poussent Scott à écrire son autobiographie.

Scott hésite. Un autre vieil ami, John K. Fairbank, direc-
teur du Centre de recherche sur l'Asie orientale de l'Univer-
sité Harvard, fait valoir un argument irréfutable dans une lettre
qu'il adresse à Scott en 1971 : « La vie est une affirmation de
valeurs, mais on les perçoit mieux avec du recul. » À quoi ont

----

★ Dépose ce document : à savoir, une page / Trouvée dans les étranges détritus
de cet âge. / Un simple chapitre, en langue anglaise, / De longueur normale,
avec des paragraphes. Commencé / En une belle langue, qui vient du cœur, /
Mais qui bientôt fait une part involontaire / Au changement social, à la crise ;
aux hommes en guerre / Qui défendent des systèmes pourris jusqu'à la
moelle...

servi véritablement les efforts de Scott ? « Une autobiographie, rappelle Fairbank à Scott, est une double vie : vous, au présent, vous observant dans le passé. C'est agréable, souvent drôle. Les efforts déçus et les culs-de-sac nous apprennent quelque chose. Des thèmes émergent de tout cela. Créer un tel livre sera une tâche ardue tant le sujet est riche. » Fairbank termine sur une note ferme : « Vous ne pourrez pas vous concentrer sur une seule perspective, tant vos horizons ont été vastes et multiples... »

> Il vous reste cette tâche à accomplir. On ne peut interagir avec l'histoire tout en étant un artiste en fuite, qui tire sa révérence en laissant tout en plan. Il faut rassembler tout cela, même si c'est l'histoire schizoïde d'une triple vie. Il faut en donner un compte rendu. Vous avez encore des choses à dire. Si vous avez fustigé le monde auparavant, le dernier mot vous appartient. Rivez leur clou aux forces aveugles[21].

Fairbank ne mâche pas ses mots. La tâche que Scott doit accomplir consiste à décrire ses carrières en droit, en poésie et en politique, afin d'en faire un ensemble cohérent qui mettra l'homme en lumière. Pour cela, le contenu canadien est essentiel. Même derrière les escarmouches verbales de son dernier livre, *Trouvailles : Poems from Prose* (1967), perce le souci que Scott a toujours eu pour la justice sociale au Canada. *Trouvailles,* comme le titre l'indique, est composé de « poèmes trouvés », c'est-à-dire de poèmes que l'imagination du poète n'a pas conçus directement, mais que celui-ci a trouvé préexistants, sous forme de prose.

Scott reconnaît la véracité des remarques de Fairbank ; en outre, il aime sa conception de l'autobiographie, mais il répond à son ami qu'il doit faire face à d'autres problèmes.

> Je manque de confiance en moi pour écrire mon histoire comme il faut, c'est mon plus grand ennemi. J'ai toujours été sévère envers moi-même. La culpabilité, la sale bête, me ronge. Peut-être que suis-je moi-même ma propre force

aveugle. Peut-être devrais-je me river le clou ! J'ai envie de me détendre et de jouer au tic-tac-toe. Les arbres ont toujours des feuilles vertes, ou, comme aujourd'hui, des branches noires ornées de neige. De telles choses nous parlent de nous, si nous savons les voir[22].

Scott, qui au fond se montre lucide, va au cœur du problème — sa culpabilité engendrée par un surmoi bien trop exigeant. Sa mémoire des dates et des événements vacille et, perfectionniste, il ne supporte pas d'écrire de l'à-peu-près. Il serait tenté de tout rejeter et de passer à autre chose. Cela convient au poète en lui. Le jour du Souvenir, en 1971, il répond à Fairbank de son bureau, d'où il peut voir les branches noires de l'avenue Clarke chargées de neige : c'est la beauté de l'hiver canadien qu'il a contemplée pour la première fois dans le jardin du presbytère à Québec, au début du siècle, qui lui saute aux yeux. Écrire ses mémoires signifie subordonner le poète à l'érudit et, comme il l'écrit, « je ne suis qu'en partie un érudit, comme je ne suis qu'en partie tout le reste[23] ».

Mais cela lui plaît de raconter une partie de son histoire dans un contexte qui respecte l'exactitude des faits. Scott aime l'idée de travailler en tandem ; ses longues années à la CCF lui ont donné l'habitude du travail d'équipe. À la fin des années 1950 et des années 1960, il a particulièrement aimé traduire de la poésie québécoise avec le concours de Micheline Sainte-Marie et de Jeanne Lapointe. Déjà, il a commencé à discuter à bâtons rompus avec nombre d'étudiants qui l'ont pris comme sujet de leurs thèses de maîtrise ou de doctorat. Il a de longs entretiens avec Horn et d'autres personnes au sujet de l'importance de la LSR et de la CCF. Il encourage Victor Hoar (plus tard Howard), de l'Université d'État du Michigan, qui écrit sur la Dépression. Il demande à son frère cadet Arthur de rapporter de Québec le *Livre des martyrs* de Foxe. À North Hatley, les deux hommes commencent à enregistrer les souvenirs qu'ils ont conservés de leurs premières années au presbytère. Scott est particulièrement heureux qu'Elspeth Chisholm lui propose plusieurs entretiens biographiques. Dans l'intervalle, il tente de mieux se souvenir de sa vie de poète. Lorsque Fred Cogswell refuse de rédiger un livre sur la poésie de Scott dans le cadre de la série Copp Clark sur la critique canadienne, il aborde Doug Jones, qui admire son travail. Jones ferait-il un livre sur sa poésie ? Il remet à Jones des tonnes de documents mais, au bout d'un an, celui-ci rapporte le tout à l'éditeur. En réponse à une demande de Stephen Williams, éditeur chez Clarke Irwin, Scott écrit, le 13 mars 1977 : « Deux poètes ont déjà été sollicités pour cette tâche ; l'un a refusé et l'autre a tenu un an puis s'est désisté. Tous deux pouvaient se charger de ma poésie, mais le droit et la politique leur ont fait peur. Je les comprends. »

Scott est enfermé dans un dilemme. Il veut écrire ses mémoires et, en fait, il a reçu plusieurs offres d'aide de la part d'historiens compétents. Mais il ne tient pas à s'y engager lui-même, peut-être parce que la rédaction de ses mémoires serait une reconnaissance implicite de sa nature mortelle. « La question de mon autobiographie, assure-t-il à Williams, s'est souvent posée… Chaque fois, je me rappelle que Bertrand Russell n'a pas commencé la sienne avant d'avoir quatre-vingt-dix ans. Comme j'ai décidé de vivre jusqu'en l'an 2000, afin de pouvoir m'étendre sur trois siècles, j'ai encore amplement le temps. » Mais il en va autrement de la question d'une biographie ou de la rédaction de ses mémoires avec l'aide d'un tiers. Mais qui ? Sans aucun doute, il essaie de trouver autour de lui des individus susceptibles de le faire, lorsque, le jour du Souvenir de 1974, l'auteur de ce livre a un entretien avec lui en vue de la rédaction d'une histoire de la poésie canadienne-anglaise.

Même si l'idée d'écrire ses mémoires l'a effleuré, il opte pour une biographie. C'est un genre pour lequel Scott manifeste un grand intérêt technique : il aime comparer sa vie à un « oignon », dont le biographe devra enlever chaque pelure et se tenir prêt à éprouver quelques désagréments. Pendant les années qui suivent, il ne cesse de s'étonner devant le « processus » biographique auquel lui-même (sorte de motte d'argile patiente) et sa vie sont soumis. Le 1er juillet 1979, il écrit à Leon Edel pour le remercier de lui avoir transmis un exemplaire de *Bloomsbury : A House of Lions* (1979) et se demande comment il ressortira du moulin biographique. La lettre se termine sur un funeste pressentiment : « La vie à Hatley se déroule tout doucement. Arthur Smith espère venir à son chalet vers le 11 juillet. Hélas, chacun de nous attend son tour. » Scott a raison. Sa soirée d'anniversaire du 1er août 1979 sera la dernière qu'il célébrera en compagnie de ses proches amis, Arthur Smith et John Glassco.

Dix ans auparavant, Smith et Scott ont visité un petit cimetière dans les Cantons de l'Est et ont immortalisé leur visite en prenant des photographies : Smith debout devant une tombe au nom de « SCOTT » et Scott posant devant une autre au nom de « SMITH ». Ensemble, ils ont écrit une parodie à l'intention des générations futures sur l'identité du « grand poète canadien » des années 1920-1970. « Certains disent qu'il s'appelait Smith, d'autres croient que c'était Scott… fondateur d'un mouvement de jeunesses communistes connu sous le nom de CFC… Sa poésie amoureuse… était à la fois passionnée et spirituelle… Certains de ses poèmes sur la nature s'inspirent des superbes lacs et montagnes des Cantons de l'Est… » On dit qu'une tombe à égale distance entre Magog et North Hatley pourrait être le lieu du dernier repos du poète[24]. Leur vie et leur poésie, comme tous deux les perçoivent, se sont entremêlées depuis les années 1920, quand ils ont découvert en même temps le modernisme. Maintenant, ils vieillissent et tous deux savent bien, et ils en plaisantent, que la mort approche inexorablement.

Scott fête ses quatre-vingts ans à North Hatley, par une journée grise et brumeuse qui voit poindre le soleil dans l'après-midi. Toute la matinée, tout le monde s'affaire à préparer la fête : épicerie, confection du repas et décoration de la maison avec des bouquets de fleurs sauvages, apiacées, lysimaques, verveine hastée et sisymbre, « la plante d'anniversaire de Frank », car on dirait qu'elle fleurit toujours à temps pour son anniversaire.

Dans la large véranda surplombant le lac, il y a plusieurs chaises berçantes et des fauteuils en osier blanc : accueillants, délavés et agréables. Suspendues au plafond, des mangeoires pour les oiseaux, que Scott a fabriquées avec de vieux morceaux de planche. Il aime particulièrement observer les oiseaux qui viennent s'y nourrir. L'un de ses amis, Lois Lord,

le photographe de New York, a pris l'une des plus belles photo-
graphies du poète dans ses dernières années, en train d'observer
les oiseaux, qui rèvéle une douceur cachée dans la part d'en-
fance enfouie au fond de lui.

Au fur et à mesure qu'ils arrivent, les invités s'installent dans
la véranda où on leur sert du café : Eloise Street, estivante de
longue date à North Hatley, et Arthur Smith, qui arrive au bras
de Buffy Glassco, Parisien en cravate. Smith est devenu presque
aveugle au cours de l'année et il est incapable de reconnaître les
autres invités à moins de se placer tout près d'eux. Un peu plus
tard, un contingent d'autres amis des milieux littéraires arrive :
Louis Dudek et sa femme, Aileen Collins ; Doug et Monique
Jones ; Ron et Jean Sutherland.

Quand tout le monde est là, Smith se sent soudain très fati-
gué. Dans la véranda, une large fenêtre s'ouvre sur le salon. Là,
il va s'allonger, mais il peut encore participer à la conversation.
Et pendant que le déjeuner est servi, un cercle se rassemble
autour de lui. Après le lunch, Dudek et Sutherland, jouant de la
cornemuse et de la mandoline, défilent en procession. « L'occa-
sion réclame une note solennelle », dit Scott. « C'est mon chant
du cygne », enchaîne Smith. Et tout le monde éclate de rire. Per-
sonne ne veut voir que Smith est à l'agonie et que Scott n'en a
plus pour très longtemps. En fait, Arthur Smith meurt l'année
suivante, et Buffy Glassco l'année d'après. Scott va survivre à
ces deux très chers amis, mais pas très longtemps.

En 1981, se tient à Vancouver la Conférence F. R. Scott,
du 20 au 22 février. Organisée par la faculté en association avec
le Centre d'études canadiennes de l'Université Simon Fraser,
cette conférence est un hommage à Scott, à sa vie et à son
œuvre. Elle se veut une rétrospective et en ce sens elle est la
continuation du « résumé » ou de la réappropriation du passé
qui l'a préoccupé tout au long des années 1970. Scott n'est pas
sûr de vouloir y assister : « Faut-il que j'assiste à mon propre
symposium ? Je n'en ai pas vraiment envie. Quelque chose m'en
empêche. Morley Callaghan va-t-il au sien, qui se déroule à
l'Université d'Ottawa ? Smith a participé au sien à l'Université
d'État du Michigan : je me le rappelle vaguement inquiet, alors

que je faisais la présentation finale. Puisqu'il était là, personne n'a prononcé un seul mot méchant[25]. » Frank Scott n'est pas tellement favorable à la tenue de conférences sur des gens qui sont encore de ce monde. Pendant le symposium sur Smith, il a affiché sa désapprobation : « Smith érige son propre mausolée[26]. » Par la suite, cependant, à l'occasion d'un dîner donné par le sénateur Carl Goldenberg et auquel assiste son jeune collègue dans l'affaire des travailleurs du pétrole, le juge Thomas Berger, on le persuade d'y assister. Son sens de l'humour prévaut à cette occasion ; la chance de voir son propre « pré-mortem », décide-t-il, est irrésistible[27].

À Vancouver, il est surpris de découvrir que tout cela est agréable. Il justifie sa présence par quelques lignes satiriques : « Récoltez vos honneurs pendant qu'il en est encore temps, / La gloire ne dure jamais longtemps, / Et cette soie éclatante que vous portez aujourd'hui / Deviendra du coton demain[28]. » Plus tard, en écrivant à Hugh Keenleyside, il confesse : « Quand j'en ai entendu parler pour la première fois, j'ai dit que je n'irais pas, n'étant pas encore vraiment mort, mais finalement je suis content de dire que j'ai changé d'avis et que j'y ai pris du plaisir jusqu'au bout. Tant de vieux amis, tant de souvenirs nostalgiques. Ce qui a dominé tout du long, c'était le Canada, pas moi : j'ai servi de prétexte[29]. »

Et voilà. De bien des façons, le symposium sur Scott a offert un bottin des noms marquants de l'histoire et de la culture des soixante dernières années au Canada. Il semble certainement ne pas y avoir d'autre individu au pays pour lequel se déplacent le premier ministre, le juge en chef de la Cour suprême, le premier mandarin de la fonction publique, le directeur général du Centre national des Arts, directeur adjoint du Conseil des Arts du Canada. Mais tous le font pour Frank, parce qu'il a tellement compté dans leur vie. Une saynète, que Timothy Porteous et Donald MacSween ont écrite, rappelle le temps de *My Fur Lady*. Un certain Wilbur Throckmorton, sous-chérubin, est renvoyé de la fonction publique céleste pour avoir créé Scott, un irritant dans la machine céleste, et il fait appel devant la Cour suprême céleste. Ses avocats, l'archi-greffier Michael (Pitfield) et saint Pierre (Trudeau), conseillent à Jéhovah J., le juge, « de se boucher le nez » et d'accepter l'appel. Il s'agit d'une parodie de la remarque que le premier ministre Trudeau a adressée au Parlement anglais, quand le comité Kershaw avait laissé entendre que le gouvernement canadien outrepassait ses pouvoirs en demandant unilatéralement le rapatriement de l'Acte de l'Amérique du Nord sans le consentement des provinces. Dans la saynète, Jéhovah (le juge en chef Bora Laskin) réintègre Throckmorton, en faisant observer que la question revient à se demander « si oui ou non Scott a été bon pour le Canada[30] ».

La saynète est divertissante, mais sa teneur implicitement nationaliste est sérieuse. Nombre de contemporains de Scott partagent sa vision du Canada, nation autonome au nord du 49e parallèle ; ils sont moins nombreux, par contre, à partager sa vision socialiste d'une société où tous les Canadiens seraient égaux. Mais rares sont ceux d'entre eux qui ont un tel éventail de préoccupations, la force de sa personnalité et son éloquence pour communiquer cette vision à tous ceux qu'il rencontre. On sait assez bien ce qu'il a accompli dans le domaine de la poésie, du droit et de la politique, mais un peu moins ce qu'il a réalisé à titre de juriste pour l'établissement des droits des minorités et des libertés civiles au Canada, et que fait ressortir notamment Walter Tarnopolsky pendant les débats. D'autres aspects de ses contributions à la culture canadienne, particulièrement son rôle d'éminence grise dans le rapatriement de la Constitution du Canada, ne sont pas portés à la connaissance du public — en fait, même Scott ne les reconnaît peut-être pas, non plus que Trudeau. La dernière image qu'offrent Frank et Marian à la conférence est celle de deux ombres, l'une grande et dégingandée, qui se penche vers l'autre, menue, qui lève la tête ; ils se tiennent par la main et balancent leurs bras comme des enfants heureux, en parcourant le long couloir de l'aéroport de Vancouver.

En juin, à Winnipeg, Scott reçoit le prix du Gouverneur général pour son recueil *Collected Poems*. C'est au milieu des années 1970 qu'il a commencé à rassembler et à ordonner ses poèmes, époque à laquelle une grave crise de tachycardie lui rappelle qu'il doit encore parachever une tâche que lui seul peut mener à bien. Grâce à une bibliographie préliminaire établie par Marilyn Flitton, il reçoit une petite subvention du Conseil des Arts pour retrouver ses poèmes. Il les photocopie et les met dans un cahier à trois anneaux. Ce manuscrit peu maniable se retrouve dans un sac de plastique qu'il transporte pendant sept ans, entre Montréal et North Hatley, et une fois, au tout début, à Vancouver. Scott est déchiré de devoir faire un choix parmi ses poèmes et d'avoir à les organiser ; il consulte un certain nombre d'amis, Smith, Dudek et Glassco, entre autres. Les satires devraient-elle jouxter des poèmes sérieux ? Et qu'en est-il des vers de sa prime jeunesse ? Cela donnerait sûrement au lecteur une bonne idée de son cheminement, mais qui a envie de présenter ses moins bons vers dès les premières pages ?

Il finit par se convaincre que l'ordre chronologique doit primer, car comme il aime à le répéter, ces poèmes constituent une « mini-biographie », couvrant sa vie du début des années 1920, quand il courtisait Marian (« Below Quebec »), jusqu'à « The Indians Speak at Expo '67 ». Mais une fois cette prémisse établie, comment les arranger ? Il choisit de les ordonner selon une série de thèmes, par date de composition, puis utilise une technique qui lui vient de Smith. Il a toujours admiré la façon dont Smith organisait ses recueils. Il étalait en éventail les poèmes dactylographiés, à la manière d'un paquet de cartes, et les classait par « sentiment » ou par analogie de thème et de ton. Dans la première partie, « Indications », il offre un choix des vers de sa prime jeunesse ; « Laurentians » rassemble la plupart des poèmes sur les Laurentides jusque dans les années 1940, tandis que les autres parties couvrent la Dépression, la guerre et les années 1950.

Finalement, il décide de diviser les satires en reléguant les moins importantes à la fin. Il intègre également une série de poèmes « trouvés » et une série de traductions, notamment la dernière version du « Tombeau des rois ».

Scott a toujours eu la réputation d'être un satiriste mordant et un poète des Laurentides. Pourtant, une fois tous les poèmes rassemblés, le recueil dévoile surtout le Scott réfléchi et intensément humaniste, particulièrement le poète de l'amour. La partie

« Insights », qui couvre les poèmes de l'âge mûr et contient
« Message », « Departure », « Excursion », « Dancing », « Vision »
et « Last Rites », est la plus vibrante du livre, suivie de « Jour-
neys » qui comprend les poèmes émouvants et humanistes « A
Grain of Rice » et « Japanese Sand Garden ». La perception de la
nature s'y combine à la grande émotion méditative du poète.

Le temps a quelque peu éclipsé le poète satirique, admi-
rable, mais pas autant que lorsqu'il s'est engagé dans le feu de
la bataille, il y a près de quarante ans. Certaines des cibles
de cette satire n'existent plus. Ses ripostes spirituelles et fortes
sur des sujets comme « W. L. M. K. » et « The Bartail Cock »
(autoportrait) sont sans aucun doute savoureuses. Paradoxale-
ment, cependant, la puissante impression que l'on ressent en
lisant ces poèmes satiriques est issue de son indignation morale
— son désir virulent d'ordre social. Scott s'est autrefois indigné
qu'on ait estimé ses prédécesseurs en poésie canadienne,
« Roberts, Carman, Lampman, Scott », en raison de leur « foi
dans la philanthropie et de la profondeur de leur pensée », mais
lui-même doit aussi être apprécié, ne serait-ce qu'en partie, en
raison des préoccupations sociales et donc philanthropiques
qu'il exprimait.

Quelle place donnerons-nous à Scott dans la poésie cana-
dienne ? Il se hisse au rang de Pratt et de Birney comme l'un des
trois premiers modernistes, peut-être légèrement en retrait. Il
passe avant Smith, meilleur artisan, et avant Klein, dont l'indi-
gnation morale est presque aussi vive que la sienne. Mais la toile
poétique de Scott est beaucoup plus vaste que celle de tous ces
poètes, et aucun d'eux n'a exercé une aussi grande influence sur
les jeunes. Comme Pratt (et parfois en même temps que les
vieux poètes), Scott a montré à une nouvelle génération de
poètes d'autres façons de présenter le paysage canadien. Le ton
mordant et irrévérencieux du « Teleological » de Scott imprègne
le « Canada : case history » de Birney, tout comme son « Trans
Canada » a inspiré la forme de « North Star West » du même Bir-
ney. Al Purdy, dont le *North of Summer* est dédié à Scott, a appris
de lui à connaître le poème nordique, et on retrouve des échos
mêlés de Pratt et de Scott dans les premiers vers de Margaret

Atwood. Artiste raffiné, Scott a énormément élargi le sujet de la poésie canadienne et a permis à l'expressivité de se libérer et de s'ouvrir. Ses meilleures œuvres combinent intelligence et profondeur de sentiments, ce qui est plutôt rare ; curieusement, cependant, les sentiments s'expriment avec une réticence visible, ce qui crée une tension entre les émotions exprimées et celles qui ne le sont pas. Dans ses meilleurs poèmes, ces qualités s'unissent pour leur donner toute leur résonance.

Scott et Smith se sont probablement rendu compte que leurs positions respectives dans la poésie canadienne avaient changé au milieu des années 1960. Un jour, pendant que les deux hommes regagnent les Cantons de l'Est après avoir enregistré une émission ensemble pour la CBC, Smith fait remarquer : « Frank, les gens semblent préférer tes poèmes aux miens. Les tiens parlent de choses qu'ils reconnaissent. » « C'est vrai, Art, répond Scott, mais tes poèmes sont *sub specie aeternatis.* » C'est une belle réplique. La poésie de Scott a une plus grande résonance chez les Canadiens — et dans le contexte d'une tradition naissante —, mais au firmament de l'univers poétique plusieurs des poèmes de Smith se situent au-delà de ceux de Scott.

La cérémonie des prix du Gouverneur général se tient tard en après-midi dans la salle de bal de l'hôtel Fort Garry. Ce jour-là, Scott est visiblement affaibli. Au moment où il monte l'escalier pour aller recevoir son prix, ses pieds hésitent, comme s'ils cherchaient les marches. Pendant un instant, il lutte pour garder son équilibre, manque de tomber, et les gens assis aux premiers rangs retiennent leur souffle. Sur la scène, il reçoit le prix des mains de la romancière Adele Wiseman, dont le discours préparé pour l'occasion rend hommage au « M. Poésie » du Canada.

En soirée, les gagnants et leurs amis, avec les représentants du Conseil des Arts, vont à un restaurant de Saint-Boniface, où Scott et Marian sont le centre d'attraction. L'éditeur Douglas Gibson rapporte à Scott, qui s'en amuse, la réponse glaciale d'une dame, membre d'une association locale d'écrivains, présente au cocktail de l'après-midi. « Elle a eu l'impression (juste) que F. R. S. les visait dans sa satire, elle et ses pairs, quand il a

écrit "The Canadian Authors Meet"… Lorsque l'un des invités
s'est exclamé : "N'est-ce pas merveilleux que Frank Scott ait été
capable de venir à la remise du prix ?", cette digne dame a
répondu "Non !" en serrant les lèvres afin de décourager toute
discussion[31]. » L'histoire fait rire Scott ; une fois de plus son
passé poétique chevauche le présent. La remise du Prix du
Gouverneur général pour la poésie, le prix que Scott convoitait
plus que tout autre, marque l'une de ses dernières apparitions
en public.

CHAPITRE 26

Les dernières années

Dans les dernières années de sa vie, la santé de Scott décline terriblement et, depuis la fin des années 1960, ses problèmes cardiaques le forcent à freiner ses activités. Les effets positifs du stimulateur cardiaque, qu'il porte depuis 1974, commencent à se faire sentir, puisqu'ils stabilisent sa tachycardie. Mais, en 1980, il est usé physiquement. Scott a toujours été plus ou moins conscient de sa propre mortalité. Déjà avant l'âge de trente ans, il écrivait sur le vieillissement.

Growing old is withdrawing
　　From the fire
In the little clearing
　　Of desire.

It is moving to the cooler
　　Air on the fringe
Where the trees are nearer
　　And voices strange.

We need not shudder
　　Or be afraid

Till we cross the border
  Of that dark wood.

Till in the dark glow
  Suddenly
We find the shadow
  *Become the tree**. (C. P., p. 33)

Sa faiblesse s'accentue, et la maladie et la mort de ses contemporains l'affectent profondément. À la fin des années 1970, même Bora Laskin, beaucoup plus jeune que lui, est hospitalisé aux soins intensifs. Scott écrit à la femme de Laskin, Peggy, le 7 novembre 1979, pour lui exprimer son inquiétude. « Il a fait tellement pour que le Canada vive et devienne une nation libre, grâce à ses écrits et à ses jugements, qu'en ce moment crucial de notre histoire son retour sur le banc de la Cour est d'une suprême importance. Comment cette nation pourrait-elle être en bonne santé quand lui ne l'est pas ? » Dans les années 1980, Laskin, de nouveau, tombe gravement malade.

La vieille garde s'éteint : Frank Underhill en 1971 ; Raleigh Parkin et Jeannie Smith en 1977 ; John Bird en 1978 ; Patrick Anderson en 1979 ; Arthur Smith en 1980 ; David Lewis et Thérèse Casgrain en 1981. À la conférence de Vancouver, Lewis avait évoqué les mots que Scott avait eus aux funérailles de son père, mort de leucémie à Montréal, en 1950. Il est probable que déjà Lewis savait que sa fin était proche et que, dans quelques mois, Scott ferait la même chose à son enterrement. Scott est le dernier survivant d'une famille de sept enfants. Mary est morte dans les années 1950, Elton et William dans les années 1960. Après la mort de son frère cadet, Arthur, en 1979 (il croyait pourtant qu'Arthur lui survivrait), Scott se sent

---

* Vieillir c'est se retirer / Du feu / Dans ce petit effacement / Du désir. // C'est aller vers l'air / Plus froid à la lisière / Où les arbres sont plus proches / Et les voix plus étranges. // Pas besoin de frissonner / Ou d'avoir peur / Jusqu'à ce que nous franchissions la frontière / De ce bois obscur. // Jusqu'à ce que dans l'éclat obscur / Soudain / Nous découvrions l'ombre / Devenue l'arbre.

exposé comme un arbre — nu, livré aux assauts du vent de l'hiver. En écrivant à Eugene Forsey, il plaisante : « Je me sens bien, mais je viens de perdre un idiot de nerf dans une molaire. Funérailles bientôt. Le nerf semble ignorer que j'espère vivre jusqu'en l'an 2000 ! Si cela continue, je pourrais bien changer d'idée[1]. »

Toutes sortes de petits bobos l'agacent : le nerf de sa dent, un orgelet, une bosse sur le doigt. Mais le pire de tous ces problèmes , c'est la terrible arthrite qui lui a tordu les doigts. Bouger est devenu difficile, puis impossible. Il suit des traitements de physiothérapie. Mais le simple déplacement à la clinique lui est pénible. Sujet à des pertes d'équilibre — sa grande carcasse s'effondre soudain sur le sol —, il marche avec une canne, par précaution. Sa vue baisse aussi terriblement, et il ne peut lire qu'à l'aide d'une grosse loupe. Mais ce qu'il regrette le plus, c'est qu'en raison de sa mauvaise vue, il ne peut plus s'asseoir au piano de Mme Dale pour jouer ses cantiques favoris ; la musique religieuse lui a toujours apporté une consolation.

Pis encore pour un homme possédant l'intellect de Scott, il est conscient d'avoir perdu sa concentration. Après un bon dîner, particulièrement bien arrosé et peut-être précédé d'un martini, il a tendance à piquer du nez. Par la suite, « sur ordre du médecin », il doit abandonner son martini bien-aimé pour le remplacer par un jus de tomate, qu'il appelle un « Virgin Mary ». Au début des années 1980, il lui arrive même de s'assoupir avant la fin du dîner. Une fois, au cours d'un appel interurbain, le 28 mars 1983 (il ne pouvait plus écrire sans l'aide d'un secrétaire), il m'a débité la longue liste de ses maux, résumant avec tristesse : « Je suis en rémission d'une maladie que tous les médecins qualifient d'incurable. »

En 1980, il est hospitalisé à la suite d'une bronchite grave, compliquée d'une pneumonie. Pas encore assez bien remis, il ne peut assister, en mai, au service en mémoire d'A. J. M. Smith, à East Lansing, au Michigan, mais il conserve de vifs et déprimants souvenirs des funérailles de ce dernier. Il n'y a pas eu de service religieux et on a enterré, sans autre cérémonie, l'urne contenant les cendres de Smith. « Englouti dans un petit trou[2] », se souvient-il avec horreur.

Pendant ces années de solitude et de tristesse, Marian est la seule force positive dans sa vie, dont il s'est rapproché et qui lui est d'un grand réconfort quand le désespoir et la douleur le font souffrir. Malgré les inévitables heurts entre deux personnalités aussi fortes, le mariage des Scott a tenu. Comme s'en souvient un de leurs amis : « Ils ont accompli quelque chose de très neuf — quelque chose de créateur dans l'art de vivre[3]. » Comme parents et grands-parents, fiers de leur fils Peter et de sa femme Maylie, ainsi que de leurs petits-enfants, ils ont eu une vie commune très riche. Dans « Question », de *The Dance is One*, Scott se remémore, dans un poème d'amour, la période où il courtisait Marian, des années plus tôt, sur les pentes du mont Royal.

> *Suppose I took your hand*
> *or just the tips of*
> *your fingers*
> *and led you again*
> *up a mountain side*
> *where first we walked*
> *and pointed to the island*
>
>   *far away*
>
> *would an old yesterday*
> *shine clear of now*
> *would the whole of time*
> *come to a silent stop*
> *as it did*
> *as we did*
> *among the ferns on our first shining day*
> *when we held*
> *as only lovers hold*
> *all anti-time within our clasping palms*[*][4] *?*

---

[*] Imagine que je prenne ta main / ou seulement le bout de / tes doigts / et que je te conduise de nouveau / au sommet de la montagne / où nous avons marché la première fois / et où je t'ai montré l'île du doigt / loin, là-bas / notre vieil hier / s'illuminera-t-il débarrassé d'aujourd'hui / le temps tout entier / s'arrêtera-t-il

En automne de 1983, Scott tombe gravement malade et est hospitalisé plusieurs mois. Donald MacSween, venu lui rendre visite, est ému de trouver Marian, dehors, devant l'hôpital, assise en train de regarder des enfants jouer. Toujours au chevet de Frank, elle était sortie quelques instants. Lorsqu'il pénètre dans la chambre de Scott, MacSween le trouve assis dans un fauteuil, des oreillers calés entre les bras afin de l'empêcher de tomber. Il porte un kimono et est assis, raide comme un piquet, agrippant les accoudoirs. MacSween lui demande s'il a vu Gerry Le Dain récemment, et Scott lui répond : « Oh oui ! Gerry Le Dain. Il est entré depuis longtemps dans ma vie. En fait, je suis aussi entré dans ma vie depuis longtemps. »

Son humour frappe d'autant plus qu'il vient d'un homme qui souffre beaucoup. Comme l'avoue MacSween, « On est très ému de le voir conserver une telle maîtrise de son esprit, alors que son corps est assailli de toutes sortes de maux. » À la demande de Marian, il pose des questions précises et Scott répond avec autant de vivacité que d'habitude, mais aussi avec une nouvelle sérénité. Entre les silences qui peuplent la conversation, cette silhouette dégingandée quelque peu fantomatique dégage une étrange impression. MacSween est sensible au double rapport que Scott entretient avec le temps — le temps lui est compté, mais d'un autre côté le temps est une éternité.

En présence de MacSween, Scott doit faire des exercices, se pencher, toujours assis, pour « embrasser ses genoux », comme il dit. « Il se penche très doucement, et c'est apparemment très douloureux, incline ce grand torse, embrasse son genou gauche et se félicite d'avoir mené à bien cette tâche, puis il se redresse et s'incline encore une fois pour embrasser le genou droit, tout cela dans une absolue dignité. Pas une once de lamentations. Et tout le temps, en fait, il se parodie lui-même[5]. »

---

complètement / comme il l'a fait / comme nous l'avons fait / au milieu des fougères de notre premier jour illuminé / quand nous tenions / comme seuls les amoureux tiennent / tout cet anti-temps dans nos paumes jointes ?

Cette période est exceptionnellement difficile pour les Scott. Marian, qui passe la plupart de ses journées et de ses nuits à l'hôpital, est exténuée. Puis, Scott revient à la maison, où Marian continue de s'occuper de lui. Un matin, complètement épuisée, elle se brûle gravement le bras sur la cuisinière et doit, à son tour, être hospitalisée. Sans Marian à ses côtés, Scott est un peu perdu. Elle obtient son congé, après avoir repris quelques forces, pour renouer avec ses activités au foyer, le bras en écharpe. Aussitôt, Scott se sent mieux.

À la fin de l'été 1983, le visiteur trouve Frank dans un fauteuil roulant devant la fenêtre ouverte. Il regarde les vieux arbres de la rue Clarke. De profil, il est extrêmement maigre, son visage est émacié. Sa conversation prend un tour poétique plutôt que rationnel. Il discute de la CCF et de l'assurance-maladie, mais les années 1930 et les années 1980 se confondent dans son esprit. Il évoque l'attitude des francophones à l'égard de l'assurance-maladie. Si la CCF veut garder l'harmonie dans ses rangs, elle doit tenir compte de la position des francophones dans le dossier de l'assurance-maladie. Scott se sent « vraiment déprimé ». Il exhorte sa biographe à « examiner la situation du Québec[6] ». Il s'exprime encore avec force, et si ses mots sortent plus ou moins dans l'ordre, ils ne sont pas toujours bien choisis. Il se rend compte aussi que ses visées prennent une nouvelle tangente : il reconnaît qu'il lui faut revoir sa position philosophique et s'inquiète de ce que l'on pensera de lui. Scott, après avoir adhéré fermement toute sa vie à une stratégie fortement centraliste, est maintenant, à l'occasion de sa dernière maladie, désireux d'assouplir sa position face au Québec.

Cet automne-là, Scott reçoit des exemplaires des actes du colloque, *On F. R. Scott : Essays on His Contributions to Law, Literature and Politics,* tout juste sortis des presses. En décembre, Marian, dans une lettre, indique qu'elle en lit des extraits à Frank : « Ils remuent tant de souvenirs[7]. » C'est aussi l'époque où l'on diagnostique une tumeur sur le front de Scott. Celui-ci la sentait depuis un an déjà et l'avait classée au nombre des désagréments dont la quantité augmente avec l'âge, une légère sensation de piqûre lorsqu'il appuyait sur son front. La tumeur s'est nichée là où sont restés incrustés des morceaux de plomb après l'explosion qu'il a provoquée au presbytère, dans son enfance. Il s'amuse d'abord de ce lien tangible qui unit son corps d'aujourd'hui à celui qui était le sien au moment de l'accident, si loin dans le passé. La tumeur, cependant, n'est pas bénigne ; elle fait pression sur le cerveau et affecte sa lucidité.

À la fin de décembre, Scott a une attaque qui l'affaiblit mais semble le laisser un peu plus serein. Il a encore de bons moments dans la journée. Il aime intensément la musique. « Il y a des moments où il est très lucide et *très* spirituel et d'autres où ce qu'il dit n'a de sens que sur un plan poétique[8]. » En avril 1984, toutefois, Scott retourne à l'hôpital. On l'opère à la mi-mai afin de lui retirer une partie de la tumeur. Marian est soulagée de le voir se remettre suffisamment pour revenir à la maison. À partir de ce moment, il lui faut quelqu'un en tout temps. Des infirmières de jour et de nuit viennent prendre la relève du jeune auxiliaire médical francophone qui s'occupait de lui jusque-là.

Cette dernière année, il hésite beaucoup à recevoir des gens, car il déteste exposer sa faiblesse et sait qu'il perd un peu la tête. À la mi-décembre, son esprit lui fait défaut. Il ne comprend plus ce que Marian lui lit à haute voix : « Mon esprit est comme une passoire », lui dit-il[9]. Scott s'affaiblit au fur et à mesure que grossit sa tumeur. La pression qu'elle exerce sur son cerveau, jointe aux effets des médicaments, provoque de la confusion mentale et de l'anxiété chez lui. À la fin de l'année, le doute n'est plus possible, il est mourant.

Le matin du 31 janvier 1985, Scott est très faible. Ses poumons s'obstruent et il a passé une très mauvaise nuit. Marian renvoie l'infirmière de nuit, en disant qu'elle veut rester avec son mari et lui apporter du réconfort. Sa respiration n'est plus qu'un râle. Assise à ses côtés, Marian lui tient la main et lui caresse le front en murmurant « je suis là ». Scott meurt doucement en sa présence. « Sa respiration s'est ralentie et il est passé tranquillement de vie à trépas[10]. »

Tout en préparant *The Dance is One* en 1973, Scott a écrit ses dernières pensées sur ce qui a été la passion de sa vie, puis il a classé cette réflexion parmi ses papiers.

> Chaque poème est un partenaire du poète dans la danse de la création. Sont-ils deux ? Sont-ils un ? Est-ce le poète qui crée le poème, ou le poème qui crée le poète ? Ou bien les deux ? Les rythmes changent, les modes vont et viennent, de la strophe métrique et de la rime, du vers libre et de l'imagisme, du surréalisme, du vers concret et des anti-poèmes, de telle ou telle nouvelle intensité naissent des formes, mais c'est toujours la danse de la vie, de la vision qui s'appuie sur le stéréotype, de l'homme, de la matrice et de la femme, du yin et du yang, du commencement et de la fin, sans fin[11].

L'après-midi du 6 juillet 1985, les cendres de Frank Scott sont déposées dans le caveau familial au cimetière du Mont-Royal. Des orages ont ponctué la matinée, mais au milieu de l'après-midi ils ont cessé, et le soleil est apparu. Le neveu de Scott, le révérend Brian Kelley, est venu de Boston. Il a dirigé une cérémonie courte et émouvante, faisant allusion à l'hommage que King Gordon avait rendu à Scott à l'occasion du service funéraire, qui s'était tenu au pavillon Redpath de McGill, et au cantique que l'on a chanté, « Guide Me, O Thou Great Jehovah ». Il prie et lit le Service des morts. La boîte est déposée dans la tombe de Scott. Seule la famille proche est présente — Marian, Peter Scott et sa femme, Maylie, les neveux et nièces de Scott, Brian, Rosemary et Frances, les enfants de Mary Scott Kelley[12]. Sur la pierre toute simple, devant le vieux chêne magnifique, on lit :

F. R. Scott
1899 — 1985
Marian Dale Scott
1906 —
The Dance Is One

Épilogue

Ce récit de la vie de Frank Scott s'arrête en 1985. Sa femme, la peintre Marian Dale Scott, est morte en 1993. Depuis, nombre des collègues et amis de Scott qui se pressaient à ses funérailles, à Redpath Hall, à l'Université McGill, dont Louis Dudek, King Gordon et Pierre Elliott Trudeau, nous ont aussi quittés. Je me rappelle que Gordon avait évoqué avec une grande émotion les valeurs et les politiques que défendaient les socialistes des années 1940, tandis que Trudeau, aux allures de tortue qui tend la tête hors de sa carapace, buvait les paroles de l'orateur.

Au cours des dix dernières années, on a assisté à une réévaluation de la vie et de l'œuvre du couple remarquable que formaient Frank et Marian Scott, qui rend compte de la place qu'ils occupent dans la culture québécoise et, plus largement, au Canada, que ce soit dans le domaine des lettres ou de la politique. À la mort de Scott, les relations entre le Québec et le Canada connaissaient leur heure la plus sombre. Toutefois, à mesure que s'installait un nouveau climat dans les cercles de l'art et de la politique au Québec, et après la mort de Trudeau, on a pu observer un regain d'intérêt dans l'extraordinaire collaboration qui a réuni ces deux hommes pendant plus de trois décennies et dans l'influence que Scott a exercée sur la pensée politique de son cadet. Enfin, on a également et parallèlement reconnu la contribution de Marian Scott à l'art du Québec. En 2000, le professeur et critique d'art Esther Trépanier faisait paraître *Marian Dale Scott, pionnière de l'art moderne,* en collaboration avec le Musée du Québec, qui montre comment la peintre a contribué à faire connaître l'art moderne du Canada et du Québec au-delà de leurs frontières.

S. D.
novembre 2001

Postface

Au moment où Scott était sur le point d'entrer dans sa soixante-dixième année, de nombreux amis et éditeurs le poussaient à commencer son autobiographie, ou, du moins, à écrire ses souvenirs. Mais il doutait de lui-même. « Je n'ai pas assez confiance en ma capacité à bien raconter, c'est mon plus grand ennemi. » Sur le plan pratique, il était aussi toujours « bien trop occupé par des choses qui réclamaient son attention immédiate ». L'idée d'écrire lui-même l'histoire de sa vie dans les trois arènes où il a joué un rôle (le droit, la politique et la poésie) s'estompant, il s'est mis en quête d'un biographe, tout en sachant que les facettes multiples de sa vie rendraient la tâche ardue. Il craignait que l'historien du droit ou l'expert en politique ne tiennent pas assez compte de la place prépondérante qu'il a accordée à la poésie, mais il était conscient que le critique littéraire risquait de passer à côté de sa carrière en droit et en politique. Cependant, Scott se considérait avant tout comme un poète, et c'est pourquoi il a arrêté son choix sur un critique littéraire, se disant qu'une telle personne reconnaîtrait inévitablement que sa poésie, sa vie politique et sa carrière d'avocat se confondaient pour exprimer sa personnalité.

Historienne de la littérature, je suis devenue candidate le 11 novembre 1974, jour où j'ai rendez-vous avec Scott pour un entretien dans le cadre d'un projet de rédaction d'une histoire de la poésie canadienne-anglaise. Par une journée du Souvenir grise et froide, peu après neuf heures, je me suis présentée à son bureau de la faculté de droit sur le campus de McGill. Là, j'ai trouvé Scott effondré sur ses papiers, victime d'une crise de tachycardie. J'ai pris aussitôt la situation en main : je l'ai allongé doucement sur le sol ; j'ai appelé un médecin. Très vite un taxi nous a emmené tous deux chez lui. Peu habitué à être traité de manière aussi cavalière, Scott était à la fois surpris et reconnaissant. Et, en attendant l'heure de son rendez-vous avec un médecin, en fin d'après-midi, il a tenu à mener notre entretien comme prévu et m'a parlé avec animation de sa poésie et de la poésie canadienne en général. Petit à petit, la conversation a bifurqué vers son enfance — ses souvenirs d'enfance au presbytère, la lumière nordique qui baigne Québec, le sentiment d'infini qu'il éprouvait enfant. Plus tard, dans la soirée, il m'a téléphoné pour me dire qu'on allait l'hospitaliser et lui poser un stimulateur cardiaque. « Si je me fais renverser par un camion, m'a-t-il demandé, réunirez-vous mes poèmes ? » J'ai accepté de faire une liste chronologique, dans un premier temps, de ses poèmes. Par la suite, McClelland and Stewart publiait *Collected Poems of F. R. Scott* en 1981.

Au bout de plusieurs mois, je lui ai envoyé une copie de la transcription de notre entretien, lui faisant remarquer que nous nous étions étendus sur sa vie plutôt que sur sa poésie. N'était-ce pas un signe qu'il devrait s'attaquer à ses mémoires ? Il ne s'est pas montré très enthousiaste à l'idée de rédiger une autobiographie, mais m'a invitée à « revenir et à en discuter bientôt ». Un an plus tard, en 1976, il m'a demandé d'écrire sa biographie. Alors a commencé la première étape de ce travail, entreprise commune, qui visait à mettre en relief les principaux événements qui ont jalonné sa vie longue et trépidante, tâche à laquelle s'est jointe sa femme, Marian, et son frère cadet, Arthur. Scott aimait à reconstruire son passé. Pendant nos fréquents entretiens à Montréal et à North Hatley, qui ont débuté en 1976, il arpentait le salon ou la véranda de sa maison, mâchouillant ses mots et le tuyau de sa pipe, gesticulant, riant, s'indignant, jetant pêle-mêle ses opinions sur un tas de gens et sur des batailles qui se sont terminées il y a bien longtemps — « ou pire », comme il l'écrit dans l'un de ses poèmes, « sur celles qui durent encore ».

L'avantage d'une autobiographie, par rapport à la biographie dans laquelle on interprète la vie d'un autre, c'est qu'elle laisse une autonomie totale au sujet. Cela, Scott le savait bien. Des années plus tôt, en 1926, en s'apercevant qu'il y avait des jours dans son journal où il n'avait rien inscrit, lacunes qui correspondent à son éveil sexuel, il écrivait joyeusement :

> Mais qu'ai-je donc fait depuis le 13 février dernier ? Ha ! Ha ! Ho ! Ho ! (et un petit ha ! ha !) Voilà précisément ce que je n'ai pas besoin de dire maintenant. Vingt-cinq bons jours de ma jeunesse qui sont partis et, grâce à Dieu, on n'a pas besoin d'en parler. Quel soulagement pour moi, quelle confusion pour mon biographe !
> Attendez un peu — on pourrait bien me forcer, par précaution, à écrire une auto-b. !

Même à l'âge de vingt-six ans, Scott entrevoyait déjà ce qu'il faudrait retenir de sa vie ; mais quelle que soit la forme que prennent ses notes, il désirait garder un certain contrôle.

Au milieu des années 1970, quand j'ai commencé sa biographie, il n'avait pas encore abandonné l'idée de rédiger une autobiographie sous forme de mémoires. Il m'a offert de dactylographier des entretiens et m'a ouvert ses archives. Nous avons rendu visite à de vieux amis de Frank, comme Raleigh Parkin et Percy Corbett, et en avons prévenu d'autres que nous allions bientôt prendre contact avec eux. Il trouvait les entretiens stimulants et aimait l'idée que sa vision des événements allait être couchée sur le papier. En 1978, Scott écrivait encore en plaisantant à Michiel Horn, « Je suis le nègre de mes propres mémoires », mais en juillet 1979, il a accepté la différence qui existe entre mémoires et biographie.

Ce changement est survenu chez Scott après qu'il a admis que le biographe et le sujet ne posent pas le même regard sur la vie du sujet. Le voyage dans le passé s'est révélé être aussi un voyage dans des recoins oubliés de l'être. Est apparu alors un Frank Scott jeune et fou, un jeune colonial plein d'un zèle militaire. Il s'est aperçu ainsi que son frère aîné, William, a qui il en a toujours voulu de l'avoir poussé vers le droit alors qu'il aurait préféré être poète, n'était pour rien après tout dans son choix. Les pages du journal de Scott révèlent que c'est lui et non son frère, qui a pesé le pour et le contre et pris la décision finale. La mémoire, une matière vivante, lui joue des tours : elle a rajusté le passé afin qu'il corresponde à sa vision présente de lui-même.

Au départ, Scott a eu de la difficulté à accepter cette nouvelle version de sa vie, surtout lorsqu'elle entrait en conflit avec l'image qu'il se faisait de son père, dont il n'avait jamais rejeté l'autorité, aimait-t-il souligner. Pourtant, le Frank Scott qui avait admiré et assimilé les qualités du chanoine Scott, particulièrement son courage moral, ne pouvait reconnaître les traits négatifs de la personnalité de son père, notamment son égotisme, car cela serait revenu à admettre qu'il possédait certains de ces traits. Il se serait senti déloyal d'entériner cette vision. Toute sa vie, Scott semble avoir refoulé ce conflit émotif latent en bannissant le chanoine Scott (qu'il a vu très peu dans les années 1930) et en séparant les aspects psychologiques de son père en deux personnalités distinctes, le « bon » et le « mauvais » père, critères qu'il appliquera aux autres. Il associait les bons aspects à J. S. Woodsworth et les mauvais à son frère William. S'étant arbitrairement substitué à son père, William Scott a donné à son frère de bonnes raisons de lui attribuer ce rôle. Scott a campé sur cette position jusqu'au milieu des années 1970 ; puis, en lisant *Sincerity and Authenticity*, de Lionel Trilling, il s'est soudain rendu compte que sa défense de la liberté individuelle et sa révolte contre tout pouvoir dominant dans la société étaient, comme pour Shelley, reliées à son rejet de la domination paternelle.

Scott est un sujet riche et exigeant car il possède une personnalité très complexe et a eu une vie imbriquée dans l'histoire sociale du Canada. Au fur et à mesure que nous remontons le temps, il était parfois rebuté et parfois ému aux larmes par le jeune homme que révèle son journal d'Oxford, qu'il n'avait jamais relu (« Comme je me prenais au sérieux », pensait-il) et par les réactions émotives, parfois dures, qu'il y a consignées. « Pourquoi une telle colère ? », a-t-il écrit sur le compte rendu dactylographié de l'entretien au cours duquel il a rejeté avec vigueur l'idée que Woodsworth ait pu devenir un père spirituel. « J'ai ri et pleuré », a-t-il dit une autre fois. C'était toujours un défi de travailler avec Frank Scott, en raison de sa probité intellectuelle, du mépris qu'il affichait envers la médiocrité. Et, au cours des neuf années de travail sur sa biographie qui ont filé, même si nos opinions sur certains faits ont parfois divergé et même si nous avons eu des mots, il n'a jamais essayé d'exercer quelque pression que ce soit quant à l'interprétation à donner à certains événements.

En fait, au fur et à mesure qu'émergaient les faits du passé — par opposition aux mythes de ses souvenirs — il s'est rendu compte qu'il n'avait pas bien perçu certains aspects de sa vie. Ceux qui écrivent leur autobiographie recréent fréquemment leur vision du passé à chaque décennie. Scott ne fait pas exception à la règle. Il savait qu'il était poussé par un lourd héritage du sens du « devoir », mais il ne l'attribuait pas à des incidents particuliers du passé autres que sa formation religieuse. Il était convaincu qu'il avait toujours été opposé à la guerre.

La tâche de sa biographe a donc consisté à chercher les preuves — journaux, lettres et autres comptes rendus contemporains — couvrant les trois premières décennies du siècle pour l'aider à déterminer, autant que possible, l'exactitude des vues exprimées au cours des entretiens. Et, comme ce fut le cas, lorsque certaines impressions se révélaient sans fondement, il fallait réinterpréter les distorsions de la mémoire à la lumière des nouveaux éléments. En fait, il s'agissait de faire ressortir l'essence de la personnalité qui se cachait derrière le personnage public. De plus, comme Scott a justement été un personnage public important et l'un des rares Canadiens anglais à avoir eu un impact sur la société québécoise, il fallait de surcroît relier cette personnalité charismatique à quelques-uns des nombreux individus qu'il a influencés.

Scott ne s'est pas vraiment rendu compte du rôle d'alter ego canadien-anglais qu'il a joué pour le conteur québécois Jacques

Ferron, pas plus qu'il ne s'est rendu compte de la profonde influence qu'ont eue sa vision du Québec et sa pensée constitutionnelle sur Trudeau (l'ancien premier ministre lui-même ne s'en est pas aperçu). En fait, j'ai eu beaucoup de mal à faire ressortir tout l'aspect de la relation de Scott avec le Québec, car il y a peu de documents là-dessus. Puisque les chapitres touchant le Québec ont nécessité des discussions informelles avec des Québécois en vue, ils sont largement fondés sur des échanges verbaux et des rapports écrits. À titre de corédacteur de *Quebec States Her Case,* Scott a sans aucun doute lu l'introduction de Michael Oliver, dans laquelle ce dernier mentionne la « nouvelle » idée de Trudeau d'enchâsser une déclaration des droits dans la Constitution. Mais Scott n'a pas rappelé à Oliver qu'il défendait cette idée auprès de Trudeau et de bien d'autres depuis les années 1940. Il n'y pensait même pas, car, comme il le disait souvent, « il n'y a pas de droits d'auteur sur les idées ». Pourtant le parallèle entre les écrits constitutionnels de Scott sur le Québec des années 1940 et ceux de Trudeau, dans les années 1950 et 1960 est clair. Cependant, ce n'est pas avant septembre 1984 qu'a pu être prouvée la validité de ce lien, quand j'ai lu à haute voix un paragraphe sur la « société juste », tiré de l'essai de Scott, datant de 1939, et qui traite de la politique de neutralité du Canada, à Pierre Trudeau : pendant un moment, ni lui ni moi n'avons pu déterminer qui de Scott ou de lui en était l'auteur.

Scott lui-même, en fin de compte, en est venu à reconnaître que la biographie n'est pas un simple recueil de souvenirs, mais plutôt le récit des événements d'une vie, choisis, reconstruits et interprétés par quelqu'un d'autre. En juillet 1979, il écrivait à Leon Edel : « Je comprends maintenant votre théorie de la biographie : se concentrer sur la nature de la personnalité que l'on décrit en fonction des événements de sa vie, plutôt qu'une série d'événements qui arrivent à un personnage, relégué au second rang… Je ne peux m'empêcher de me demander comment je vais ressortir de ce tamisage des événements. » Cela ne l'empêchait pas de penser que sa biographie serait une biographie autorisée, qui s'attacherait avant tout à l'homme public.

Edward Mendelsonm, dans *Authorized Biography and Its Discontents,* a raison de dire que ce genre est inévitablement restrictif. Néanmoins, la biographie de Scott présentait l'une de ces rares vies qui ont une immense portée dans la grande sphère publique. Le tamisage des événements signifiait qu'il fallait séparer le jeune colonial des années 1920 — téméraire, très religieux, déterminé à faire « quelque chose d'utile dans ce monde » — de l'homme public courtois, intelligent et souvent dogmatique des années 1970. Cela signifiait qu'il fallait extraire de la mémoire de Scott les incidents qui sont devenus flous avec les années et retrouver leurs contours, grâce à la transcription du journal et des lettres, grâce aux entrevues avec les amis et la famille, au tri de centaines de lettres, d'abord dans le petit bureau de Scott à l'Université McGill, puis aux Archives nationales. Cela amenait à séparer le poète de l'homme de loi et du militant, et à mettre l'accent sur l'une de ces trois vocations dans la décennie où elle aura tenu la plus grande place. Comme les années 1930, occupées surtout par la Dépression et par la CCF, j'ai dû accorder moins de place à certains aspects littéraires de sa vie durant cette décennie, particulièrement à l'histoire de *New Provinces.* Toutefois, j'ai remis toutes les lettres pertinentes à D. G. Pitt, qui écrit la biographie littéraire d'un autre poète de *New Provinces,* E. J. Pratt. Par-dessus tout, le processus d'élaboration de cette biographie a exigé de jeter sur le monde de Scott le regard du poète, que ce soit là où s'élève le vieux presbytère à Québec, à Cap-à-l'Aigle, à Oxford, au belvédère du mont Royal ou bien au lac Massawippi, qui scintille à North Hatley. Ce voyage s'est achevé au cimetière du Mont-Royal.

Au cours de toutes ces recherches qui tentaient de cerner la vie de Scott en tant que processus évolutif, on retrouve toujours un dénominateur commun, le Canada — et souvent le territoire lui-même. Ce n'est pas vraiment surprenant. Historiquement, comme en atteste l'hymne national, l'imagerie poétique et le vocabulaire politique au Canada ont entretenu une relation étroite avec ce que l'on perçoit comme les réalités physiques du paysage lui-même : « Le vrai Nord, libre et fort. » Depuis la Confédération, et particulièrement dans les années 1920, quand

F. R. Scott atteint la maturité, la vieille question « Pouvons-nous avoir une littérature et un art canadiens ? » a été une autre façon de demander : « Pouvons-nous avoir une nation canadienne ? » La carrière aux multiples facettes de Scott, en droit, en littérature et en politique, est en elle-même une réponse aux préoccupations des nationalistes des années 1920 : le désir de voir advenir une littérature canadienne, un ordre juridique et politique canadien (particulièrement une nouvelle constitution pour remédier aux problèmes que n'a pas réglés le Statut de Westminster) et un ordre social spécifiquement canadien.

L'un des plaisirs que m'a apportés la rédaction de cette biographie, ce fut de découvrir comment l'imagination créatrice d'un avocat expert en droit constitutionnel, d'un militant et d'un poète a reflété et façonné le climat culturel et politique dans lequel nous baignons aujourd'hui. Malgré la nature exceptionnelle des réalisations de Scott (et il a été, comme l'a dit une fois Frank Underhill de J. S. Woodsworth, un « Canadien atypique »), la vie de Scott incarne ce qui constitue le cœur de l'expérience canadienne.

Sandra Djwa
Université Simon Fraser, avril 1987

Remerciements

De nombreuses personnes m'ont aidée à mener à bien ce livre. Avant tout, j'exprime toute ma reconnaissance à Ann Herstein, secrétaire de M. J. Coldwell, qui a, la première, retranscrit bénévolement les entretiens avec Frank Scott et qui a continué, tout au long des années, à me soutenir avec enthousiasme. Il y a eu aussi Frances Hord, qui m'a consacré si généreusement son temps et s'est montrée patiente dans le décryptage du journal de Scott, transcrivant plus de trois cents entretiens, dactylographiant les ébauches successives du manuscrit. En outre, je dois beaucoup à Leon Edel dont la générosité intellectuelle ne s'est jamais démentie.

Je n'aurais pas pu mener à bien mes recherches sans l'expérience bibliographique de Marilyn Flitton, qui m'a aidée à rassembler la documentation préliminaire et à établir les fichiers de référence, et qui m'a donné un coup de main dans mes recherches à Montréal, à Toronto et aux Archives nationales. Je remercie aussi Ruth Yates, qui a repertorié le journal de Scott, m'a assistée dans mes recherches et a tapé les trois premiers chapitres du manuscrit. Perry Millar a pris la suite de Marilyn Flitton en 1983 à titre de chercheure associée, et a travaillé avec moi sur les ébauches successives du manuscrit ; elle s'est avérée une collaboratrice précieuse jusqu'au bout, particulièrement au moment de la mise sous presse. Un certain nombre d'étudiants diplômés, notamment Rob Campbell, Elizabeth Gowland, Jim Janz, Carol Lane, Carey Vivian et Lynne Whenham, ont contribué à ce projet durant toutes ces années. Je les remercie tous.

J'ai pu prendre le temps d'écrire ce livre grâce à une bourse Senior Killam et à une subvention du Conseil canadien des recherches sur les humanités. Pendant une année financièrement difficile, le Fonds du Président de l'Université Simon Fraser a financé le projet, ainsi que la Boag Foundation, la Foundation for Legal Research et la Law Foundation de la Colombie-Britannique. Sans leur aide, je n'aurais pu terminer le livre. Je remercie tout particulièrement R. C. Brown, doyen de la faculté des arts de l'Université Simon Fraser. Barbara Barnett a dactylographié le manuscrit jusqu'à la partie portant sur les années 1930, puis Anita Mahoney, sans hésiter et avec enthousiasme, a dactylographié le reste. Ma famille, Peter et Phillip Djwa et Bill McConnell particulièrement, m'a soutenue tout le long de ce travail.

Catherine Carver, Alan Dawe, Michiel Horn, J. R. Mallory, Ruth McConnell, William Robbins et Peter Scott ont lu le manuscrit, en partie ou en entier, et m'ont apporté des suggestions utiles. Les personnes suivantes m'ont fait bénéficier de leur expérience pour la rédaction de chapitres spécifiques : Betty Bednarski, Alan Cairns, Norman Chalmers, George Curtis, Glwadys Downes, Louis Dudek, Davidson Dunton, Leon Edel, Ray Ellenwood, Barbara Godard, Ron Graham, Doug Jones, W. C. McConnell, Kenneth McNaught, H. Blair Neatby, Frank Newby, Ivon Owen, Gordon Robertson, Malcolm Ross, le juge Barry Strayer et William Toye. Je leur dois aussi beaucoup pour l'information qu'ils m'ont donnée. Toute erreur et toute omission me sont imputables. Je remercie spécialement le service des Collections spéciales de la bibliothèque de l'Université de la Colombie-Britannique, notamment Anne Yandel, Laurenda Daniells et Joan Selby. Je suis aussi reconnaissante au personnel des Archives nationales du Canada à Ottawa, particulièrement R. S. Gordon, Anne Goddard et David Walden. Finalement, j'aimerais également remercier tous les nombreux amis et relations de Frank Scott qui ont si gentiment accepté de m'accorder des entretiens. Vous trouverez la liste de leurs noms dans les notes.

Ce livre a pu être publié grâce à une subvention de la Fédération canadienne des études humaines, dont les fonds ont été fournis par le Conseil canadien des recherches sur les humanités.

Notes

C'est grâce à de nombreuses sources de documentation, notamment des journaux intimes et des archives non publiés ainsi que des retranscriptions d'entretiens, que j'ai pu mener à bien cette biographie. J'ai reçu une aide précieuse de Frank Scott et de sa femme Marian, qui m'ont donné, au cours de diverses conversations, un aperçu de toutes ces années qu'a traversées Scott et qui m'ont offert un libre accès à leurs archives et journaux non publiés. Nombre de relations, d'amis et de collègues de Frank Scott m'ont raconté leurs souvenirs qui remontent, dans certains cas, à plus de soixante ans. Je remercie particulièrement Peter et Maylie Scott, le regretté Arthur Scott et sa femme Janet, Grace Scott, veuve d'Elton Scott, A. J. M. Smith et sa femme Jeannie, tous deux décédés, également le regretté Raleigh Parkin et sa femme Louise, et enfin David Lewis, aujourd'hui disparu.

Les archives de Frank Scott sont conservées aux Archives nationales du Canada et comprennent des documents politiques et juridiques, des journaux divers, des manuscrits de poèmes publiés et non publiés et plusieurs pages de « Notes Towards an Autobiography ». Lorsque je fais référence à ces documents, je l'indique par les lettres FRSA. J'indique les citations provenant du journal de Scott (1912-1928) par la mention « Journal » suivie de la date pertinente. J'utilise l'abréviation FGSA pour les archives de Frederick George Scott, logées au musée McCord, à Montréal, et qui comprennent aussi les archives de William Edward Scott. Les autres documents pertinents sont :

Les archives de John Glassco (ANC)

Les archives de Frank Underhill (ANC)

Les archives de J. S. Woodsworth (ANC)
Les archives de H. R. C. Avison (ANC)
Les archives de Brooke Claxton (ANC)
Les archives de M. J. Coldwell (ANC)
Les archives de J. W. Dafoe (ANC)
Les archives d'E. A. Forsey (ANC)
Les archives de Grace MacInnis (ANC)
Les archives de Mackenzie King (ANC)
Les archives d'Angus MacInnis (Collections spéciales, bibliothèque de l'Université de la Colombie-Britannique)
Les archives d'Alan M. Plaunt (Collections spéciales, bibliothèque de l'Université de la Colombie-Britannique
Les dossiers de l'Université McGill (Archives de McGill)
Les archives de G. M. A. Grube (Université Queen's)
Les archives d'Harry M. Cassidy (Université de Victoria)
Les archives d'E. A. Forsey (Groupe pour un ordre social chrétien) Université de Victoria
Les archives de Leon Edel (En possession de Leon Edel, Hawaii)
Les archives de John Robert Colombo (Collections spéciales, Université McMaster)

Toutes les références aux poèmes de Scott sont tirées de *The Collected Poems of F. R. Scott*, Toronto, McClelland and Stewart, 1981, à moins d'une mention contraire.

Pour préparer cette biographie, j'ai eu des entretiens ou des conversations avec les personnes suivantes :
L'honorable Douglas Abbott, le 25 août 1983, à Ottawa
Patrick Anderson, le 8 juin 1974, à Ottawa
Geoffrey Andrew, le 23 février 1981, à Vancouver
Murray Ballantyne, le 26 octobre 1978, à Montréal
Inglis Bell, le 22 avril 1985, à Vancouver
Thomas Berger, le 19 janvier 1981, à Vancouver
Jacques Bieler, le 25 avril 1979, à Montréal
Florence Bird, le 27 avril 1979, à Ottawa
Earle Birney, le 31 août 1983, à Toronto
Roma Blackburn, le 8 juin 1977, dans les Cantons de l'Est
Alan C. Cairns, le 25 juillet 1985, à Vancouver
La sénatrice Thérèse Casgrain, en juin 1978 et en mai 1980, à Montréal
R. Cheffins, les 3 octobre et 31 décembre 1983, à Victoria
Leonard Cohen, le 9 janvier 1983 et le 11 janvier 1984, à New York
Maxwell Cohen, le 24 août 1983, à Ottawa

Emile Colas, le 18 février 1985, à Montréal

Ramsay Cook, le 23 août 1983, à Toronto

Percy Corbett, le 8 juin 1977, dans les Cantons de l'Est

Paul Crépeau, le 19 septembre 1984, à Montréal

George Curtis, le 3 août 1982, à Vancouver

Guy Desaulniers, le 27 août 1983, à Montréal

Louis Dudek, le 1er octobre 1975, les 24 mai et 26 avril 1979, à Montréal

Davidson Dunton, le 18 février 1985, à Montréal

Abraham Edel, le 6 septembre 1979, à Londres

Leon Edel, le 21 février 1981 et le 25 octobre 1982, à Vancouver

Arnold Edinborough, le 6 novembre 1984, à Toronto

Jean-Charles Falardeau, le 22 novembre 1979, à Québec

Abraham Feiner, le 2 décembre 1980, à Montréal

Mary Filer, le 13 décembre 1983, à Vancouver

Le sénateur Eugene Forsey, le 1er octobre 1977 et le 13 mai 1983, à Ottawa

Le sénateur Royce Frith, le 25 septembre 1984, à Ottawa

Northrop Frye, le 23 août 1983, à Toronto

E. Davie Fulton, le 15 décembre 1983, à Vancouver

Jean-Louis Gagnon, le 24 septembre 1984, à Montréal

Le sénateur Carl Goldenberg, le 19 septembre 1984, à Montréal

J. King Gordon, le 30 septembre 1977 et le 5 février 1982, à Ottawa

Hamish Gow, le 30 décembre 1983, à Victoria

Ronald Graham, le 18 février 1985, à Montréal

J. L. Granatstein, le 15 mai 1983, à Toronto

Ralph Gustafson, le 4 mai 1975, à Ottawa

Jacques Hébert, le 17 septembre 1984, à Montréal

Joyce Hemlow, le 2 décembre 1980, à Montréal

Ralph Hodgson, le 21 septembre 1984, à Ottawa

Michiel Horn, en août 1982, le 20 février 1983, et du 15 au 18 février 1985, à Vancouver

Glen How, le 31 août 1983, à Toronto

T. P. M. Howard, le 18 février 1985, à Montréal

John Humphrey, le 27 août 1983, à Montréal

W. A. Irwin, le 2 octobre 1983, à Victoria

Doug et Monique Jones, en septembre 1975 et le 28 août 1983, à North Hatley

Lady Anna Keir, le 13 septembre 1979, à Oxford

Leo Kennedy, le 24 avril 1979, à Montréal

Paul Lacoste, le 19 février 1985, à Montréal

Marc Lapointe, le 26 septembre 1984, à Ottawa

John Lawrence, le 26 septembre 1984, à Ottawa

Irving Layton, le 10 septembre 1975, à Toronto

L'honorable Gérald Le Dain, le 24 octobre 1981, les 22 et 23 août 1983 et le 5 octobre 1984, à Ottawa

Douglas LePan, le 7 mai 1983, à Toronto

David Lewis, le 3 août 1976 et le 18 février 1981, à Vancouver

Dorothy Livesay, le 15 décembre 1974 et le 2 août 1975, à Vancouver

Le sénateur Charles Lussier, le 23 août 1983, à Ottawa

R. St. John Macdonald, le 21 mai 1981, à Halifax

Grace MacInnis, le 8 juillet 1981, à Vancouver

Hugh MacLennan, du 2 au 4 décembre 1980, à Montréal

Donald MacSween, le 24 août 1983, à Camp Five Lakes

J. R. Mallory, le 28 août 1983, à Montréal

Eli Mandel, le 5 janvier 1975, à Toronto

Le sénateur Jean Marchand, le 23 août 1983 et le 25 septembre 1984, à Ottawa

Ronald McCall, le 25 avril 1979, à Montréal

W. C. McConnell, le 8 décembre 1974 et le 30 juin 1984, à Vancouver

Kathy Mezei, en mai 1985, à Vancouver

Mavor Moore, le 31 août 1983, à Toronto

Anne Moreau, le 28 août 1983, à Montréal

Mary Naylor, en juin 1982, Cap-à-l'Aigle

John Newlove, le 9 septembre 1975 et en 1982, à Toronto

Michael Oliver, le 28 août 1983, dans les Cantons de l'Est

Michael et Kim Ondaatje, le 24 septembre 1975, à Toronto

P. K. Page, le 20 juillet 1975 et le 3 octobre 1983, à Victoria

Raleigh et Louise Parkin, le 7 juin 1977 et le 22 avril 1979, à North Hatley

Léon Patenaude, le 17 septembre 1984, à Montréal

L'honorable Gérard Pelletier, le 28 septembre 1984, à Ottawa

L'honorable Jack Pickersgill, le 5 février 1982, à Ottawa

Le sénateur Michael Pitfield, le 28 août 1983, à Ottawa

Timothy Porteous, le 24 août 1983, à Camp Five Lakes

Margaret Prang, le 20 mai 1976, à Vancouver

Al Purdy, le 4 janvier 1975, à Ameliasburg

Gordon Robertson, le 26 septembre 1984, à Ottawa

Aileen Ross, le 25 avril 1979, à Montréal

Malcolm Ross, le 25 mai 1981, à Halifax

Bruce Ruddick, en décembre 1983, à New York

Micheline Sainte-Marie, le 5 juin 1985, à Montréal

Douglas Sanders, en novembre 1981, en Colombie-Britannique

Arthur et Janet Scott, les 25 et 26 mai et le 15 septembre 1976, et du 20 au 23 novembre 1979, à Québec et à North Hatley

Frank Scott, les 15 juillet et 11 novembre 1974, du 6 au 11 janvier et le 1er octobre 1975, en mai et juin et du 13 au 15 septembre 1976, le 27 janvier, du 6 au 8 juin, et du 27 novembre au 1er décembre 1977, du 19 au 22 mai, du 18 au 25 juillet, et du 26 au 27 octobre 1978, les 1er et 2 février, et en novembre 1979, le 24 mai, en juin, le 8 octobre, et les 3 et 4 décembre 1980, le 23 février et le 29 octobre 1981, en février et en octobre 1982, du 26 au 31 janvier, le 23 février et en août 1983, à Montréal, à Vancouver et à North Hatley

Grace Scott, le 29 octobre 1978, à Toronto

Marian Scott, le 15 septembre 1976, le 22 mai 1978, le 29 octobre 1981, le 27 août 1983 et le 4 juin 1985, à Montréal

Peter Scott, du 11 au 13 avril 1982, à San Francisco

Stephen Scott, le 19 septembre 1984, à Montréal

Manuel Shacter, le 19 février 1985, à Montréal

Neufville Shaw, le 8 janvier 1975, à Montréal

Terence Sheard, le 29 octobre 1978, à Toronto

A. J. M. Smith, le 8 novembre 1974, le 28 mai 1975 et en novembre et décembre 1975, à Vancouver, à Edmonton, et à East Lansing, au Michigan

Fred Soward, le 11 décembre 1978, à Vancouver

Harold Spence-Sales, le 13 décembre 1983, à Vancouver

Graham Spry, le 30 septembre 1977, à Ottawa

A. L. Stein, le 29 août 1983, à Montréal

Robert Stocks, le 18 février 1985, à Montréal

L'honorable Barry Strayer, le 10 avril 1985, à Vancouver

Margaret Surrey, le 24 avril 1979, à Montréal

William Taylor, le 28 septembre 1984, à Ottawa

George Tompkins, le 11 juin 1984, à Vancouver

William Toye, le 1er janvier 1980, à Toronto

Philippe Vaillancourt, le 19 septembre 1984, à Montréal

Rosemary Walters (aujourd'hui Cartwright), le 9 juin 1985, à Londres

Donovan et Marilla Waters, le 31 décembre 1983, à Victoria

Sir Edgar Williams, le 13 septembre 1979, Rhodes House, à Oxford

Paul Wyczynski, en août 1984, à Ottawa

J'ai aussi eu accès à des transcriptions d'entretiens de Frank Scott avec les personnes suivantes :

Elspeth Chisholm, le 28 mai 1963, s.d. (vers 1975)

Doug Francis, le 15 juin 1978

King Gordon, le 12 juin 1977

Arthur Scott, le 7 mai 1966

Vincent Tovell, s.d. (vers 1971)

William Toye, le 18 septembre 1976 et le 9 avril 1977

UN : LA FAMILLE SCOTT

1. F. G. S., journal, 1ᵉʳ août 1899, FGSA.

2. F. R. S. à F. G. S., lettre, 8 décembre 1916, FGSA.

3. Entretien de l'auteur avec Marian Scott, le 4 juin 1985.

4. Toutes les informations généalogiques proviennent de l'arbre et des documents généalogiques de Peter Scott.

5. Tiré de la série de souvenirs écrits par des lecteurs du *Montreal Daily Witness*, « The Witness Jubilee Symposium » (s.d.), publiés dans chaque édition du samedi de 1895-1896 afin de commémorer le cinquantième anniversaire du journal. Archives de l'Université McGill.

6. Compte rendu des réunions de la faculté de médecine de McGill, le 28 mai 1883, archives de McGill.

7. Journal d'Elizabeth Scott, fête du Dominion, 1883, FGSA.

8. Elizabeth Scott à F. G. S., lettre du 11 mars 1883, FGSA.

9. Chanoine Sydenham Lindsay, *Old Boys Association of Lower Canada College News Letter*, vol. 4, automne 1959, p. 2.

10. F. G. S., « A Mood », *Poems*, Londres, Constable & Company, 1910, p. 46.

11. F. G. S., souvenirs de sa visite au cardinal Newman écrits à son retour au Canada, s.d., FGSA.

12. FGSA.

13. L'évêque de Montréal à F. G. S., lettre du 18 décembre 1883, FGSA.

14. « Answers », manuscrit de l'examen de F. G. S. à Divinity, FGSA.

15. Amy Brooks à F. G. S., lettre datée, St. Michael's and All Angels, FGSA.

16. Amy Brooks à F. G. S., lettre de la veille du nouvel an de 1885, FGSA.

17. *Ibid.*, lettre datée St. Michael's and All Angels, FGSA.

18. Lettre de Matilda Preddy à F. G. S., 6 septembre 1886, FGSA.

19. *Ibid.*

20. F. G. S., « The Soul's Quest », *The Soul's Quest and Other Poems*, Londres, Kegan Paul, Trench & Co., 1888, p. 10.

21. L'évêque Williams aux marguilliers de la congrégation, le 18 avril 1887, FGSA.

22. L'évêque Dunn à F. G. S., le 22 mars 1893, FGSA.

23. F. G. S. à M. Würteh, le 24 février 1891, FGSA.

24. Amy Scott à F. G. S., le 29 mars 1886, FGSA.

25. *Ibid.*, le 18 août 1886, FGSA.

26. Une tête de cerf figure sur la liste du collège héraldique comme faisant partie du blason des Scott, mais F. G. Scott n'avait pas vraiment le droit de l'utiliser. Il a aussi très bien pu reprendre ce concept en s'inspirant du papier à lettre de la communauté anglo-catholique de Coggeshall.

27. Entretien de F. R. S. avec l'auteur, novembre 1979.

28. F. G. S., *Elton Hazelwood : A Memoir, by his Friend Henry Vane,* New York, Thomas Whittaker, 1892, p. 18.

29. F. G. S., *The Unnamed Lake and Other Poems,* Toronto, William Briggs, 1897, p. 8.

30. Lettre de F. G. S. au révérend Lennox Williams, en possession de F. R. S.

31. Sermon prononcé à l'église St. Matthew's, Québec, le 27 janvier 1901, FGSA.

32. André Siegfried, *The Race Question in Canada,* éd. et intro. par Frank Underhill, Toronto, McClelland and Stewart, 1966, p. 86-87.

33. Melvin O. Hammond, Journaux, Toronto, le 21 avril 1909, Archives de l'Ontario.

34. Anecdote racontée par F. R. S. et d'autres membres de la famille Scott.

35. Henri Bourassa à F. G. S., le 3 décembre 1903, FGSA.

36. Entretien de F. R. S. avec l'auteur, le 26 octobre 1978.

37. Entretien de Micheline Sainte-Marie avec l'auteur, le 5 juin 1985.
38. Entretien de F. R. S. avec l'auteur, novembre 1979.

DEUX : UNE ENFANCE À QUÉBEC

1. Conversation entre F. R. S. et Arthur Scott, le 7 mai 1966.
2. Entretien de F. R. S. avec l'auteur, le 13 septembre 1976.
3. Conversation de l'auteur avec Arthur Scott, novembre 1979.
4. Photographie de famille.
5. Entretien de l'auteur avec F. R. S., le 28 novembre 1977.
6. *Ibid.,* les 14 et 15 septembre 1976.
7. *Ibid.,* le 14 septembre 1976.
8. Entretien de l'auteur avec F. R. S. et Arthur Scott, les 14 et 15 septembre 1976.
9. *Ibid.*
10. Entretien de l'auteur avec F. R. S., le 13 septembre 1976.
11. Entretien de l'auteur avec F. R. S., octobre 1980. F. G. S., « Duty », *In Sun and Shade : A Book of Verse,* Québec, Dussault & Proulx, 1926, p. 37.
12. Entretien de l'auteur avec F. R. S., novembre 1979.
13. F. G. S., « The Key of Life », *Collected Poems,* Vancouver, Clarke & Stuart, 1934, p. 153.
14. Entretien de l'auteur avec F. R. Scott, le 11 novembre 1974.
15. *Ibid.,* le 13 septembre 1976.
16. *Ibid.,* le 11 novembre 1974.
17. *Ibid.,* novembre 1979.
18. Conversation entre F. R. S. et Arthur Scott, le 7 mai 1966.
19. Entretien de l'auteur avec F. R. S., le 13 septembre 1976.
20. Conversation de l'auteur avec Arthur Scott, novembre 1979.
21. Entretien de Vincent Tovell avec F. R. S., 1971.
22. Scott se revoit dans cet épisode comme représentant des Français et un ami d'enfance, Jack Price, représentant des Anglais. Dans une lettre adressée à Scott, le 26 novembre 1969, John H. Price, se souvenant d'une pièce de théâtre, lui demande s'il se rappelle lorsque « tu étais le marquis de Lévis et moi le comte de Québec ».
23. Entretien de l'auteur avec F. R. S., le 14 septembre 1976.
24. *Ibid.,* le 13 septembre 1976.
25. Entretien de F. R. S. et Arthur Scott avec l'auteur, le 13 septembre 1976 ; et entretien de F. R. S. avec l'auteur, le 27 mai 1980.
26. Entretien de l'auteur avec F. R. S., novembre 1979.
27. *Ibid.,* mai 1976. Voir aussi Stephen Leacock, *Nonsense Novels,* Londres/New York, John Lane, The Bodley Head, John Lane Company, 1911, p. 45.

TROIS : LE CHEVALIER SCOTT

1. F. G. S., *The Great War as I Saw It,* 2ᵉ édition, Vancouver, Clarke & Stuart, 1934, p. 15.
2. F. G. S., « Blood Guilt », *In the Battle Silences : Poems Written at the Front,* Toronto/Londres, The Musson Book Company, Constable and Company, 1917, p. 31.
3. Entretien de l'auteur avec F. R. S. et Arthur Scott, les 13-14 septembre 1976.
4. Journal, 1914.
5. F. G. S., *The Great War,* p. 34-37.

6. Entretien de l'auteur avec F. R. S., les 13 et 14 septembre 1976 et novembre 1979.
7. Lettre de Amy Scott à F. G. S., le 26 juin 1916, FGSA.
8. Lettre de F. G. S. à Amy Scott, le 5 juillet 1916, FGSA.
9. Article de journal, sans date, FGSA.
10. Entretien de l'auteur avec F. R. S. et Arthur Scott, le 13 septembre 1976.
11. Album de photos de famille de F. R. S.
12. Entretien de l'auteur avec Mary Naylor, juin 1982.
13. Entretien de l'auteur avec F. R. S., le 28 novembre 1977.
14. Photo de l'album de famille.
15. « Knighthood », *In the Battle Silences,* p. 23.
16. Lettre de F. G. S. à Amy Scott, le 15 octobre 1916, FGSA.
17. Télégramme de F. G. S., le 30 octobre 1916, FGSA.
18. Entretien de l'auteur avec F. R. S., le 28 novembre 1977.
19. Lettre de F. G. S. à Elton Scott, le 31 octobre 1916, FGSA.
20. Lettre de F. G. S. à Amy Scott, le 17 novembre 1916, FGSA.
21. Lettre de F. R. S. à F. G. S., le 8 décembre 1916, FGSA.
22. Cette thèse sur l'importance des accents chevaleresques de la poésie canadienne en temps de guerre s'est développée en 1973 et est expliquée dans une demande de financement présentée au Conseil de recherches en sciences humaines du Canada pour entreprendre la biographie de F. R. Scott, en 1979. Par la suite, ce concept a été généralement adopté grâce à Mark Girouard et à son livre *The Return to Camelot : Chivalry and the English Gentleman,* New Haven, Yale University Press, 1981.
23. Journal, le 24 mars 1918.
24. *Ibid.,* le 30 mars 1918.
25. Entretien de l'auteur avec F. R. S. et Arthur Scott, les 14 et 15 septembre 1976.
26. *The Great War,* p. 319-320.
27. Entretien de l'auteur avec F. R. S., le 27 novembre 1977.
28. *Ibid.,* les 13 et 14 septembre 1976.
29. Conversation de F. R. S. avec l'auteur, novembre 1977 ; George B. Shaw, « Socialism : Principles and Outlook », Londres, The Fabian Society, 1930, extrait de Encyclopedia Britannica, FRSA.
30. F. R. S., « The Brotherhood of Man », FRSA.
31. Entretien de l'auteur avec F. R. S., le 20 juillet 1978.
32. Journal, le 11 septembre 1919.
33. Entretien de l'auteur avec F. R. S. et Arthur Scott, les 14 et 15 septembre 1976.
34. Journal, le 19 octobre 1919.
35. *The Great War,* p. 317.
36. Journal, le 31 décembre 1919.
37. *Ibid.*
38. Entretien de l'auteur avec F. R. S., le 27 mai 1980.
39. *Ibid.*
40. Journal, le 11 juin 1920.

QUATRE : OXFORD : « LA GRANDE AVENTURE »

1. Journal, le 5 octobre 1920.
2. Stephen Leacock, *My Discovery of England,* Londres, John Lane, The Bodley Head, 1922, p. 81.
3. Journal, le 2 février 1921.

4. *The Mirrors of Downing Street : Some Political Reflections,* par A Gentleman with a Duster, NewYork/Londres, G. P. Putnam's Sons ; The Knickerbocker Press, 1921, p. 46-47.

5. Journal, le 7 août 1921.

6. Conversation de F. R. S. avec l'auteur, juillet 1979.

7. Journal, le 12 août 1921.

8. *Ibid.,* les 2 et 5 août 1921.

9. *Ibid.,* le 20 avril 1923.

10. *Ibid.,* le 27 mai 1921.

11. *Ibid.,* le 11 avril 1923. Il a vu la toile pour la première fois à la National Gallery le 11 avril 1923.

12. Conversation de l'auteur avec F. R. S., juin 1980.

13. Journal, le 28 avril 1923.

14. John Darlington à l'auteur, le 20 octobre 1981.

15. *Ibid.*

16. Journal, le 16 septembre 1921.

17. *Ibid.,* le 2 janvier 1923.

18. *Ibid.,* le 3 avril 1923.

19. *Ibid.,* le 2 septembre 1923.

20. Entretien de l'auteur avec F. R. S., les 14 et 15 septembre 1976.

21. Journal, le 26 janvier 1921.

22. *Ibid.,* le 6 février 1921.

23. Cité par F. R. Scott dans une cassette sur la chrétienté et les problèmes industriels enregistrée pour S. Djwa, septembre 1977. Une transcription de cet enregistrement est parue dans *Canadian Poetry,* n° 4, 1979, sous le titre de « F. R. Scott : Discussing Oxford Study Groups on Christianity and Industrial Problems », p. 83-93.

24. R. H. Tawney, *The Acquisitive Society,* New York, Harcourt, Brace and Company, 1920.

25. Thomas a Kempis, *De imitatione Christi,* traduction de F. de Lammenais, Paris, Seuil, 1961.

26. Journal, le 29 décembre 1921.

27. *Ibid.,* le 4 juillet 1922.

28. Rupert Brooke, *The Collected Poems of Rupert Brooke With a Memoir,* Londres, Sidgwick & Jackson, 1918, p. 9.

29. *Ibid.,* le 19 juillet 1922.

30. Herbert George Wells, *The Undying Fire,* New York, Macmillan Company, 1919.

31. Toutes les citations précédentes proviennent du Journal, le 20 juillet 1922.

32. Entretien de l'auteur avec F. R. S., le 27 novembre 1977.

33. Journal, le 23 août 1921.

34. *Ibid.,* le 5 avril 1922.

35. *Ibid.,* le 17 juillet 1922.

36. F. R. S. dans une conversation avec l'auteur, juillet 1980.

37. Journal, le 17 juillet 1922.

38. *Ibid.,* le 20 août 1922.

39. Publiée plus tard dans *The McGill Fortnightly Review,* janvier 1926, p. 43.

40. Journal, le 11 décembre 1922.

41. Cité dans Christopher Hollis, *Oxford in the Twenties : Recollections of Five Friends,* Londres, Heineman, 1976, p. 14.

42. Lettre de F. R. S. à F. G.S., le 6 novembre 1922, FGSP.

43. Entretien de l'auteur avec F. R. Scott, les 14 et 15 septembre 1976.

44. Journal, le 26 juillet 1921.

45. *Ibid.,* le 19 août 1923.

46. Entretien de F. R. S. avec l'auteur, juillet 1978.

47. Journal, le 16 juillet 1921.
48. *Ibid.,* le 2 juillet 1922.
49. Entretien de l'auteur avec Terence Sheard, Toronto, le 29 octobre 1978.
50. Hollis, *Oxford in the Twenties,* p. 15
51. Journal, le 7 novembre 1922.
52. Entretien de l'auteur avec F. R. S., le 18 juillet 1978.
53. Lettre de F. R. S. à Amy Scott, le 20 novembre 1921.
54. Journal, le 5 mai 1922.
55. *Ibid.,* le 2 mars 1923.
56. *Ibid.,* le 4 juillet 1923.
57. *Ibid.,* le 5 janvier 1922.
58. *Ibid.,* le 3 janvier 1924.
59. F. R. S. dans une conversation avec l'auteur, juillet 1980.
60. Journal, le 11 avril 1921.
61. *Ibid.,* le 14 août 1921.
62. Poème non publié, FRSA.
63. Journal, le 15 août 1923.
64. *Ibid.,* le 7 décembre 1921.
65. *Ibid.,* les 23 et 25 juin 1923.
66. *Ibid.,* le 23 février 1923.
67. Entretiens de l'auteur avec F. R. S., les 26 et 27 octobre 1978 ; octobre 1981.
68. Journal, le 18 mai 1923.
69. Lettre de F. R. S. à F. G. S., le 15 octobre 1922, FGSP.
70. Lettre de F. R. S. à Amy Scott, le 24 mars 1923, FGSP.
71. Lettre de F. R. S. à F. G. S., le 24 avril 1923, FGSP.
72. Journal, le 9 juillet 1923.
73. F. R. S., notes prises à la suite d'une conversation avec Jacques Parizeau, FRSA.
74. Journal, le 30 août 1923.
75. *Ibid.,* le 31 octobre 1923.
76. *Ibid.,* le 2 novembre 1923.
77. *Ibid.,* le 3 novembre 1923.

CINQ : UNE NOUVELLE TERRE

 1. Journal, le 10 novembre 1923.
 2. *Ibid.,* le 12 novembre 1923.
 3. Discours de F. R. S. dactylographié, sans titre, mais avec la note suivante en haut de la page : « Ce n'est pas tant à propos de la poésie en général qu'à propos de la poésie et de Frank Scott — c'est tout ce dont je suis sûr », daté de 1958, FRSA.
 4. Journal, le 23 décembre 1923.
 5. *Ibid.,* le 26 janvier 1925.
 6. *Ibid.,* le 2 novembre 1924.
 7. *Ibid.,* le 21 mai 1924.
 8. *Ibid.,* le 26 octobre 1924.
 9. *Ibid.,* le 1er février 1925.
10. *Ibid.,* le 30 avril 1923.
11. *Ibid.,* le 20 février 1925.
12. *Ibid.,* le 6 juillet 1924.
13. *Ibid.,* le 1er décembre 1923.

14. *Ibid.,* le 3 juin 1924.
15. *Ibid.,* le 10 mai 1924.
16. Carleton Stanley, « Spiritual Conditions in Canada », *Hibbert Journal,* juin 1923. En plus de sa critique du matérialisme au Canada, Stanley écrit : « Dire que la vie est instable, spasmodique et désordonnée revient à dire qu'il n'existe pas d'art canadien ni de littérature canadienne. », p. 276.
17. Journal, le 1er novembre 1924.
18. *Ibid.,* le 3 mai 1924.
19. *Ibid.,* le 21 août 1924.
20. *Ibid.,* le 12 octobre 1922.
21. *Ibid.,* le 15 novembre 1923.
22. *Ibid.,* le 3 février 1924.
23. Conversation de F. R. S. avec l'auteur, septembre 1976.
24. Journal, le 3 février 1924.
25. *Ibid.,* le 21 novembre 1923.
26. *Ibid.,* le 26 juin 1924.
27. Entretien de l'auteur avec F. R. S., le 20 juillet 1978.
28. Journal, le 5 juillet 1924.
29. *Ibid.,* le 13 juillet 1924.
30. *Ibid.,* le 15 juillet 1924.
31. F. R. Scott, « My First Memories of the Law Faculty », *The McGill You Knew : An Anthology of Memories 1920-1960,* sous la direction de E. A. Collard, Don Mills, Longman Canada, 1975, p. 189.
32. Stephen Leacock, *Montreal : Seaport & City,* Garden City (New York), Doubleday, 1942, p. 290.
33. Scott, *My First Memories,* p. 190.
34. Journal, le 20 novembre 1924.
35. Entretien de l'auteur avec F. R. S., le 27 janvier 1977.
36. Journal, le 9 mars 1925.
37. *Ibid.,* le 18 novembre 1924.
38. *Ibid.,* le 11 mars 1925.
39. *Ibid.,* le 11 octobre 1924.
40. *The Canadian Forum,* vol. I, no 1 octobre 1920, p. 1.
41. Journal, le 10 novembre 1924.
42. *Ibid.,* le 13 mai 1924.
43. *Ibid.,* le 26 mars 1925.
44. *Ibid.,* le 18 mars 1925.
45. *Ibid.,* le 22 mars 1925.
46. *Ibid.,* le 30 avril, le 12 mai, le 29 juin, les 12, 13, 14 et 24 août et le 25 novembre 1925, le 22 juillet 1926.
47. Entretien de Ronald McCall avec l'auteur, le 25 avril 1979.
48. Entretien de l'auteur avec Marian Scott et F. R. S., le 2 décembre 1980 et octobre 1981.
49. Entretien de l'auteur avec Marian Scott, novembre 1979.
50. Notes de l'auteur d'après une conversation avec Marian Scott, juin 1977.
51. Conversation de l'auteur avec F. R. S.
52. Entretien de l'auteur avec Marian Scott, le 29 octobre 1981 et le 27 août 1983.
53. *Ibid.*
54. Dora Russell, *The Tamarisk Tree,* Londres, Elek/Pemberton, 1975, p. 156.
55. Entretien de l'auteur avec Marian Scott, le 29 octobre 1981.
56. Journal, le 21 mars 1925.
57. Journal, Marian Scott, le 10 janvier 1926, lu à l'auteur le 4 juin 1985.

SIX : LA MODERNITÉ CONTRE L'ORDRE ÉTABLI

1. Journal, le 20 octobre 1925.
2. *Ibid.,* le 25 octobre 1925.
3. *The Canadian Forum,* vol. I, n° 1, octobre 1920, p. 1.
4. *The McGill Fortnightly Review (MFR),* vol. I, n° 1, 21 novembre 1925, p. 1 et 2.
5. *Ibid.,* p. 2
6. « Nordic » (F. R. S.), « Talks on the Mountain », *ibid.,* p. 7.
7. Journal, le 11 décembre 1925.
8. Lettre de Harold Files à l'auteur, le 1er janvier 1976.
9. *MFR,* vol. I, n°s 9-10, 22 mars 1926, p. 80.
10. *MFR,* vol. II, n° 4, 15 décembre 1926, p. 1.
11. F. R. S., « Student Government at McGill », *MFR,* vol. II, n° 7, 10 mars 1927, p. 50-51.
12. Arthur J. M. Smith, « Contemporary Poetry », *MFR,* vol. II, n° 4, 15 décembre 1926, p. 32.
13. *MFR,* vol. II, n°s 9-10, 27 avril 1927, p. 66.
14. Journal, le 22 mars 1925.
15. Leon Edel, « *The McGill Fortnightly Review :* A Casual Reminiscence », *The McGill News,* automne 1939, p. 22.
16. *MFR,* vol. II, n°s 9-10, 27 avril 1927, p. 66.
17. Journal, le 29 novembre 1925.
18. Arthur J. M. Smith, « Symbolism in Poetry », *MFR,* vol. II, n° 2, 5 décembre 1925, p. 11, 12 et 16.
19. « R. S. » (Frank Scott), « The Royal Canadian Academy », *ibid.,* p. 14.
20. Journal, le 24 décembre 1924.
21. Sandra Djwa, «« A New Soil and a Sharp Sun » : The Landscape of a Modern Canadian Poetry », *Modernist Studies : Literature and Culture, 1920-1940,* vol. 2, n° 2, 1977, p. 11, 12 et 15.
22. F. R. S., « Frost in Autumn », *The Collected Poems of F. R. Scott,* Toronto, McClelland and Stewart, 1981, p. 39. À moins d'indications contraires, tous les autres poèmes de Scott qui suivent proviennent de cette édition et seront identifiés par *C. P.* et le numéro de page correspondant.
23. F. R. S., « XXX », *MFR,* vol. II, n° 2, 17 novembre 1926, p. 14, version revue dans *Collected Poems,* p. 29.
24. David H. Lawrence, « Fidelity », *Pansies : Poems by D. H. Lawrence,* Londres, Martin Secker, 1929, p. 69.
25. Entretien de l'auteur avec F. R. S., juillet 1978.
26. Journal, le 11 juin 1924.
27. *MFR,* vol. II, n° 6, 18 février 1927, p. 41.
28. Entretien de l'auteur avec F. R. S., le 3 décembre 1980.
29. Entretien de l'auteur avec A. J. M. Smith, à East Lansing, (Michigan), le 8 novembre 1974.
30. Lettre de F. R. Scott à Leon Edel, le 22 mars 1976.
31. *MFR,* vol. I, n° 8, 6 mars 1926, p. 61.
32. Entretien de l'auteur avec Leon Edel, le 25 octobre 1982.
33. Entretien de l'auteur avec A. J. M. Smith, à Vancouver, novembre et décembre 1975.
34. Lettre de Wilfrid Bovey au major général J. H. MacBrien, le 17 décembre 1932, Archives de McGill.
35. Journal, le 2 mai 1925.
36. Henry Festing Jones et A. T. Bartholomew sous la direction de, *The Note-Books of Samuel Butler,* New York, AMS Press, s.d., p. 392.

37. Entretien de l'auteur avec F. R. S., le 8 juin 1977.
38. Journal, le 2 mai 1926.
39. Journal, le 1er juillet 1927.
40. Entretien de l'auteur avec F. R. S. octobre 1981.
41. F. R. S., « H. G. Wells », février 1925, document non publié, p. 18. Toute autre citation provenant de ce document sera mentionnée dans le texte et désignée par HGW et le numéro de page.

SEPT : À LA RECHERCHE DE LA FORME

1. Journal, le 12 août 1927.
2. Journal, le 29 juin 1925.
3. Entretien de l'auteur avec F. R. S., juillet 1978.
4. Journal, le 22 septembre 1924.
5. Lettre de A. J. M. Smith à F. R. Scott, le 1er décembre 1927.
6. Journal, le 5 juillet 1927.
7. *Ibid.,* le 22 juillet 1927.
8. Entretien de l'auteur avec F. R. S., octobre 1981.
9. Journal, le 29 août 1925.
10. *Ibid.,* les 2, 3 et 4 septembre 1925 ; entretien de l'auteur avec Arthur Scott, novembre 1979.
11. Journal, le 5 septembre 1925.
12. *Ibid.,* le 31 août 1925.
13. F. R. S., « The Poet in Quebec Today », *The McGill Movement : A. J. M. Smith, F. R. Scott and Leo Kennedy,* sous la direction de Peter Stevens, Toronto, Ryerson, 1969, p. 51.
14. Sandra Djwa, « A New Soil and a Sharp Sun », p. 3 à 16.
15. Journal, le 18 août 1928.
16. Entretien avec Marian Scott, le 29 octobre 1981.
17. Desmond Flower Sous la direction de, *The Poetry of Ernest Dowson,* Rutherford, Fairleigh Dickinson University Press, 1934, 1970, p. 52.
18. Entretien de l'auteur avec Marian Scott, le 29 octobre 1981.
19. Journal, le 17 octobre 1927.
20. « Sonnet (Written on a May Morning) », *MFR,* vol. II, n° 2, 17 novembre 1926, p. 11.
21. Entretien de l'auteur avec Marian Scott, le 2 décembre 1980.
22. David H. Lawrence, *Look ! We Have Come Through ! (Vois ! Nous en sommes sortis),* New York, B. W. Heubsch, 1919, p. 1.
23. Entretien de l'auteur avec Marian Scott, le 29 octobre 1981.
24. Havelock Hellis, *The Dance of Life,* Boston, Houghton Mifflin Co., 1923, p. 259.
25. Entretien de l'auteur avec F. R. S., octobre 1981.
26. *Ibid.,* le 2 décembre 1980.
27. Dora Russell, *The Right to be Happy,* Garden City (New York), Garden City Publishing Co., 1927, p. 153 à 155.
28. Entretien de l'auteur avec Marian Scott et F. R. S., octobre 1981.
29. Journal, le 23 mai 1927.
30. Entretien de l'auteur avec Marian Scott, le 29 octobre 1981.
31. Conversation de l'auteur avec F. R. S., octobre 1980.
32. Entretien de l'auteur avec Marian Scott, le 29 octobre 1981.
33. Lettre de F. R. S. à William Scott, le 8 janvier 1928.
34. Journal, le 12 mars 1928.

35. F. R. S., « Little Body of Baby », *The Auto-Anthology of F. R. Scott*, Montréal, 1939, p. 54, manuscrit non publié, FRSA.

36. « Metamorphosis », *ibid.,* p. 51.

37. Journal, le 29 décembre 1924.

38. « The Labour Party in Canada », *MFR*, vol. II, nᵒ 5, 1ᵉʳ février 1927, p. 35.

39. Kenneth McNaught, *A Prophet in Politics : A Biography of J. S. Woodsworth,* Toronto, University of Toronto Press, 1959, p. 244 à 245.

40. Entretien de l'auteur avec F. R. S., le 27 janvier 1977.

41. Entretien de l'auteur avec F. R. S. et Marian Scott, le 7 juin 1977.

42. F. R. S., « What Prof. Frank Scott Thinks About Grace MacInnis's Book », *CCF News*, février 1954.

43. E. A. Pulker, « The Social Concern of Canon Scott », *Journal of the Canadian Church Historical Society,* nᵒ XXII, octobre 1980, p. 1.

44. *Ibid.,* p. 4.

45. Olive Ziegler, *Woodsworth : Social Pioneer,* Toronto, Ontario Publishing Co., 1934, p. 128.

46. *Ibid.,* p. 124 et 125.

47. Conversation de l'auteur avec F. R. S.

48. A. S. Eddington, *The Nature of the Physical World,* Cambridge, Cambridge University Press, 1929, p. 276.

49. Henri Bergson, *L'Évolution créatrice,* Paris, Presses universitaires de France, coll. « Quadrige », 2001.

50. Notes manuscrites insérées dans l'exemplaire de Scott du *Le Nouveau Machiavel*.

51. Journal, le 11 novembre 1926.

52. Entretien de l'auteur avec F. R. S., le 30 novembre 1977.

53. Notes de l'auteur prises à la suite d'une conversation avec F. R. S., juillet 1978.

54. Article littéraire écrit entre 1929 et 1931. Publié dans *Canadian Poetry* et daté de 1927. Cependant, si l'on se fie aux références internes à *À l'Ouest rien de nouveau*, d'abord publié en 1929, il est clair que l'article n'a pas pu être écrit avant mars 1929, date de l'exemplaire de Scott.

55. J. S. Woodsworth, *Following the Gleam : A Modern Pilgrim's Progress — To Date,* n. p., 1926, p. 6.

56. *Ibid.,* p 18.

57. « New Poems for Old : I — The Decline of Poesy », *The Canadian Forum*, vol. XI, mai 1931, p. 297.

58. « New Poems for Old : II — The Revival of Poetry », *ibid.,* juin 1931, p. 338.

HUIT : LA POLITIQUE — LA VOIE DU SALUT

1. FRSA.

2. Entrevue de l'auteur avec F. R. S., le 27 janvier 1983.

3. Cité dans John W. Dafoe, *Canada : An American Nation,* de John W. Dafoe, New York, Columbia University, 1935, p. 22.

4. F. R. S., « The Value of Imperial Sovereignty », *The Canadian Forum,* vol. X, août 1930, p. 398 et 399.

5. H. Blair Neatby, *The Politics of Chaos : Canada in the Thirties,* Toronto, Macmillan, 1972, p. 5.

6. Conversation de l'auteur avec F. R. S., juillet 1980.

7. *Ibid.,* entretien, le 13 septembre 1976.

8. Lettre de J. S. Woodsworth à F. R. S., le 28 octobre 1932, FRSA.

9. « J. E. Keith » (F. R. S.), « The Fascist Province », *The Canadian Forum,* vol. XIV, avril 1934, p. 251 et 252.

10. Conversation de l'auteur avec F. R. S.

11. Entretien de l'auteur avec Terence Sheard, le 29 octobre 1978.

12. F. R. S., « The Trial of the Toronto Communists », *Essays on the Constitution : Aspects of Canadian Law and Politics,* Toronto, University of Toronto Press, 1977, p. 59. "Happier far are those who inherit revolutions than those who attempt to make them." Plus heureux sont les héritiers d'une révolution que ses testateurs.

13. J. King Gordon, « The Politics of Poetry » dans, *On F. R. Scott : Essays on His Contributions to Law, Literature, and Politics,* sous la direction de Sandra Djwa et R. St. J. Macdonald, Montréal, McGill-Queen's University Press, 1983, p. 21 et 27.

14. Entrevue de l'auteur avec Florence Bird, le 27 avril 1979.

15. *Ibid.*

16. Gordon, « The Politics of Poetry », p. 21.

17. Entretien de l'auteur avec F. R. S., le 30 novembre 1977.

18. *Ibid.,* octobre 1981.

19. *Ibid.,* le 11 novembre 1974.

20. *Ibid.,* le 27 janvier 1983.

21. Conversation de l'auteur avec David Lewis, le 18 février 1981.

22. D'après des notes manuscrites de F. R. S. sur le socialisme. Il indique avoir tiré cette citation de G. D. H. Cole, « Guide [du socialisme] de l'homme intelligent ».

23. Gordon, « The Politics of Poetry », p. 21.

24. Discours devant la Ligue des jeunes socialistes, 1931, p. 1 à 4, FRSA.

25. Lettre de David Lewis à F. R. S., le 24 octobre 1932, FRSA.

26. Entretien de l'auteur avec David Lewis, le 18 février 1981.

27. David Lewis, « F. R. Scott's Contribution to the CCF », dans *On F. R. Scott,* p. 83.

28. Michiel Horn, *The League for Social Reconstruction : Intellectual Origins of the Democratic Left in Canada 1930-1942,* Toronto, University of Toronto Press, 1980, p. 18.

29. Eugene Forsey, « Montreal Is a Quiet City », *The Canadian Forum,* vol. XI, juin 1931, p. 327 à 329.

30. Frank H. Underhill, « O Canada », *The Canadian Forum,* X, avril 1930, p. 235.

31. *The Montreal Star,* le 18 octobre 1933.

32. Lettre du recteur Arthur Currie à Arthur Purvis, le 24 octobre 1933 ; lettre du premier ministre Taschereau à Arthur Currie, le 20 octobre 1933, Archives de McGill.

33. F. R. S., « The Trial of the Toronto Communists », *Essays on the Constitution,* p. 50 et 59. Un éditorial du *Globe* de Toronto publié en août 1932 applaudit au style de Scott, notant que « ceux qui sont déterminés à supprimer l'habitude de penser à Toronto n'y trouveront que peu à redire. Cependant, on y trouve une sorte de calme surpris que le verdict et les sentences soient ce qu'elles sont dans un pays où tout le monde sait lire et écrire ».

34. Lettre de B. K. Sandwell à F. R. S., le 15 octobre 1932, FRSA.

35. Note interne du recteur Currie aux départements de McGill, le 26 octobre 1933, p. 2, Archives de McGill.

36. Lettre de Wilfrid Bovey au major-général J. H. MacBrien, le 17 décembre 1932, Archives de McGill.

37. Conversation de F. R. S. et de Marian Scott avec l'auteur, février 1982.

38. Sandra Shaul, « Marian Scott : The Balance of Structure and Expression in Abstract Art », *The Modern Image : Cubism and the Realist Tradition,* Edmonton, Musée des beaux-arts d'Edmonton, 1981, p. 31 à 35, catalogue de l'exposition du même nom.

39. Entretien de l'auteur avec Marian Scott, le 4 juin 1980.

40. F. R. S., « The Efficiency of Socialism », *Queen's Quarterly,* n° 42, été 1935, p. 215 à 225.

41. Entretien de l'auteur avec Marian Scott, le 29 octobre 1981.
42. "Christian Ethics at a Discount", *Saturday Night*, 8 avril 1933, p. 1.
43. Gordon, « The Politics of Poetry », p. 27.

NEUF : LES MISSIONNAIRES DE LA POLITIQUE

1. David Lewis, *The Good Fight : Political Memoirs 1909-1958,* Toronto, Macmillan, 1981, p. 84.
2. Cité dans Kenneth McNaught, *A Prophet in Politics : A Biography of J. S. Woodsworth,* Toronto, University of Toronto Press, 1959, p. 253.
3. Décrit dans Grace MacInnis *J. S. Woodsworth : A Man to Remember,* Toronto, MacMillan, 1953, p. 179.
4. F. R. S. à F. H. Underhill, le 7 mars 1932, FRSA.
5. *Handbook of The League for Social Reconstruction,* février 1933, p. 1, 2 et 10.
6. Michiel Horn, *The League for Social Reconstruction : Intellectual Origins of the Democratic Left in Canada 1930-1942,* Toronto, University of Toronto Press, 1980, p. 27 et 28.
7. Entretien de l'auteur avec F. R. S., le 8 octobre 1980.
8. Conversation de King Gordon avec l'auteur, le 30 septembre 1977.
9. FRSA.
10. Horn, *The League for Social Reconstruction,* p. 55.
11. Entretien de l'auteur avec F. R. S., le 20 juillet 1978.
12. Horn, *The League for Social Reconstruction,* p. 31.
13. Lettre de F. R. S. à G. W. Allen, le 25 août 1932, FRSA.
14. McNaught, *Prophet in Politics,* p. 259.
15. Lettre de F. R. S. à M. J. McPhail, le 15 juin 1932, FRSA.
16. King J. Gordon, « The L. S. R. — Thirty Years After », discours à The Humanities Association, Université de l'Alberta, Calgary, 2 décembre 1963, p. 17, FRSA. Voir aussi MacNaught, *Prophet in Politics,* p. 258 à 265.
17. MacInnis, *J. S. Woodsworth,* p. 267 et 268.
18. Gordon, « The L. S. R.—Thirty Years After », p. 17.
19. Lettre de F. R. S. à F. H. Underhill, le 7 septembre 1932, FRSA.
20. *Ibid.,* le 20 octobre 1932, FRSA. Scott donne une version différente lorsqu'il écrit en 1961 : « Seul un court programme en huit points a été adopté à Calgary : pour Underhill, c'était l'occasion de produire un document plus complet. Il a alors préparé la première ébauche du manifeste de Regina et nous l'a fait lire afin d'avoir nos commentaires. Woodsworth a pris connaissance de cette version révisée, par l'intermédiaire de Graham Spry, et il a été si impressionné qu'il s'est arrangé pour présenter ce projet à l'exécutif national de la CCF, qui devait se rencontrer à Regina deux jours avant le congrès. Il s'est arrangé aussi pour que des représentants de la Ligue soient présents au moment de la discussion. C'est ainsi que Eugene, King Gordon et moi-même avons assisté à la réunion de l'exécutif national d'un nouveau parti dont nous n'étions pas membres officiellement. » Journal de voyage, le 13 janvier 1961, FRSA.
21. Lettre de F. H. Underhill à F. R. S., le 1er décembre 1932, FRSA.
22. Michiel Horn, « The L. S. R., the CCF, and the Regina Manifesto », discours à la conférence commémorant le 50e anniversaire du manifeste de Regina, Regina, 24 juin 1983.
23. T. C. Douglas, discours donné au banquet de la conférence commémorant le 50e anniversaire du manifeste de Regina, 25 juin 1983. Notes de l'auteur.
24. Laurence Grolund, *The Cooperative Commonwealth,* sous la direction de Stow Persons, 1884, réimpression : Cambridge, Massachusetts, Harvard University Press, 1965.

25. Lettre de F. R. S. à King Gordon, le 11 août 1937, citée dans « The Politics of Poetry », p. 26.

26. Repris sur l'ordre du jour de la conférence commémorant le 50ᵉ anniversaire du manifeste de Regina.

27. F. R. S., journal de voyage, le 13 janvier 1961, FRSA.

28. Horn, *The League for Social Reconstruction,* p. 44 et 45.

29. Journal de voyage, le 13 janvier 1961, FRSA.

30. « Co-operative Commonwealth Federation Programme », adopté au premier congrès national à Regina, Saskatchewan, juillet 1933, repris dans McNaught, *Prophet in Politics,* p. 321.

31. *Ibid.,* p. 330

32. Walter Young, *The Anatomy of a Party : The National CCF 1932-1961,* Toronto, University of Toronto Press, 1969, p. 44, note 16.

33. Entretien de l'auteur avec George Curtis, le 3 août 1982.

34. *The Leader Post,* Regina, 21 juillet 1933.

35. *Le Canada,* 21 août 1933.

36. Horn, *The League for Social Reconstruction,* p. 44 et 46.

37. Ivan Avakumovic, *Socialism in Canada : A Study of the CCF-NDP in Federal and Provincial Politics,* Toronto, McClelland and Stewart, 1978, p. 59.

38. *Toronto Daily Star,* 10 novembre 1932.

39. *The Ottawa Journal,* 10 novembre 1932.

40. *Ibid.,* 15 novembre 1932.

41. Entretien de l'auteur avec F. R. S., le 8 octobre 1980.

42. F. R. S. à l'éditeur, *The Ottawa Journal,* 18 novembre 1932, FRSA.

43. Horn, *The League for Social Reconstruction,* p. 34

44. *Ibid.,* p. 40.

45. *Ibid.,* p. 67 à 69.

46. F. R. S. *et al., Social Planning for Canada,* Toronto, 1935, réimpression : Toronto, University of Toronto Press, 1975, p. vii et viii.

47. Horn, *The League for Social Reconstruction,* p. 69. Le titre complet du livre est : *A Criticism of the Book Written by Eugene Forsey, J. King Gordon, Leonard Marsh, J. F. Parkinson, F. R. Scott, Graham Spry and Frank H. Underhill and Published by the League for Social Reconstruction Under the Title "Social Planning for Canada".*

48. Conversation de F. R. S. avec l'auteur.

49. Michiel Horn, *The League for Social Reconstruction,* p. 69.

50. *Ibid.*

51. John Strachey, *The Coming Struggle for Power,* Londres, Gollancz, 1933.

52. Horn, *The League for Social Reconstruction,* p. 135.

53. *Ibid.,* p. 14

54. Entretien de l'auteur avec F. R. Scott, le 26 octobre 1978.

55. F. R. Scott et H. M. Cassidy, *Labour Conditions in the Men's Clothing Industry,* Toronto, Thomas Nelson & Sons, 1935, p. vi.

56. « People Who Do Things », *Saturday Night,* 12 octobre 1935, p. 20.

57. J. H. R. Wilbur, « Stevens Upstages Bennett », *The Bennett New Deal : Fraud or Portent ?,* sous la direction de J. H. R Wilbur, Toronto, Copp Clark, 1968, p. 118 à 120.

58. F. R. S., « Why Stop with Radio ? », *ibid.,* p. 58 et 59.

59. Conversation de l'auteur avec F. R. S.

60. H. Blair Neatby, *La Grande Dépression des années 30,* Montréal, La Presse, 1975.

61. "A Pox on all your Houses", *The Bennett New Deal,* p. 186. Tiré d'un éditorial paru dans *The Canadian Forum,* vol. XV, 1935.

62. "Goodbye Dominion Status", *ibid.,* p. 208 à 211.

63. Conversation de l'auteur avec F. R. S.

64. F. R. S., « The Consequences of the Privy Council Decisions », *The Canadian Bar Review*, n° 15, juin 1937, p. 485 et 494.

65. Voir Alan C. Cairns, « The Judicial Committee and Its Critics », *Canadian Journal of Political Science*, vol. IV, n° 3, septembre 1971, p. 233. Cairns prétend que le Conseil privé a eu un effet décentralisateur qui convient mieux à la diversité du Canada et qu'il a apaisé le Québec, et que par conséquent il a une bonne influence sur le fédéralisme. Voir aussi Gérald Le Dain, « Sir Lyman Duff and the Constitution », *Osgoode Hall Law Journal*, vol. 12, n° 2, octobre 1974, p. 261 à 338. Le Dain offre une explication modérée sur les antécédents juridiques des décisions du Conseil privé et sur le climat qui prévalait à l'époque dans l'opinion publique.

66. F. R. S., « The Need for a Canadian Penal Association », discours présenté au Canadian Penal Congress, Montréal, 14 juin 1935, p. 1 à 5, FRSA.

67. J. A. Edmison, « Perspective in Corrections », *Canadian Journal of Corrections*, n° 12, octobre 1970, p. 534 à 548.

68. Entretien de l'auteur avec F. R. S., février 1982.

69. D. V. Smiley, « The Rowell-Sirois Report, Provincial Autonomy, and Post-War Canadian Federalism », *The Canadian Journal of Economics and Political Science*, vol. XXVIII, n° 1, février 1962, p. 54.

70. F. R. S., « The Royal Commission on Dominion-Provincial Relations », *University of Toronto Quarterly*, n° 7 Janvier 1938, p. 150.

71. *Canada — One or Nine ? The Purpose of Confederation*, mémoire soumis par la LRS à la Commission royale d'enquête sur les relations entre le Dominion et les provinces, s.d., FRSA.

72. Maxwell Cohen, « Couchiching », *The Canadian Forum*, vol. XX, octobre 1940, p. 202.

73. « Impressions of a Tour in the U.S.S.R. », *The Canadian Forum*, vol. XV, décembre 1935, p. 382.

74. Journal, voyage en Russie et en Suède, le 20 juillet 1935, FRSA.

75. « Impressions », p. 384.

76. Journal, voyage en Russie et en Suède, le 16 juillet 1935, FRSA.

77. *Ibid.*, le 29 juillet 1935.

78. *Ibid.*, le 18 juillet 1935.

79. Entretien de l'auteur avec F. R. S., le 7 juin 1977.

80. *Ibid.*

81. *Ibid.*

DIX : LE CANADA, UNE NATION

1. Conversation de l'auteur avec F. R. S., octobre 1978. Leacock s'est joint au département d'économie et de sciences politiques de McGill en 1903.

2. Journal, le 8 novembre 1921.

3. Entretien de l'auteur avec F. R. S., septembre et octobre 1976.

4. *Ibid.*

5. Notes sur un projet de livre sur les politiques et les réformes au Canada, FRSA.

6. Horn, *The League for Social Reconstruction*, p. 21 et 22.

7. Lettre de F. R. S. à Lester Pearson, le 21 juillet 1931, FRSA.

8. Lettre de Lester Pearson à F. R. S., le 22 juillet 1931, FRSA.

9. F. R. S., « The Permanent Bases of Canadian Foreign Policy », *Foreign Affairs*, n° 10, juillet 1932, p. 631.

10. Compte rendu du Royal Institute of International Affairs, 1932, v. 2, septembre, p. 696 et 699.
11. Entretien de l'auteur avec F. R. S., le 8 octobre 1980.
12. Brooke Claxton, « Memoir », non publié, Archives Claxton, p. 371 et 393, ANC.
13. Entretien de l'auteur avec F. R. S., le 6 juin 1977.
14. Lettre de F. R. S. à King Gordon, le 11 août 1937, citée dans « The Politics of Poetry », p. 27.
15. Entretien de F. R. S. avec l'auteur, juin 1977.
16. *Ibid.*
17. F. R. S., « Russia, Japan and the Pacific », émission de radio, vers 1936, FRSA.
18. F. R. S., *Le Canada d'aujourd'hui,* Montréal, Éditions du Devoir, 1939.
19. Entretien de l'auteur avec F. R. S., le 8 juin 1977.
20. Entretien de Fred Soward avec l'auteur, à Vancouver, le 11 décembre 1978.
21. *Ibid.*
22. *The Montreal Daily Star,* 23 novembre 1938.
23. *Ibid.,* 25 novembre 1938.
24. J. L. Granatstein, « The "Man of Secrets" in Canada, 1934 », *Dalhousie Review,* vol. LI, n° 4, hiver 1971-1972, p. 510.
25. A Quebecer (E. K. Brown), « French Canadian Nationalism », dans J. L. Granatstein et Peter Stevens (dir.), *Forum,* Toronto, University of Toronto Press, 1972, p. 143.
26. « J. E. Keith » (F. R. S.), « The Fascist Province », *The Canadian Forum,* vol. XIV, avril 1934, p. 251 et 252.
27. « S » (F. R. S.), « Embryo Fascism in Quebec », *Foreign Affairs,* n° 16, avril 1938, p. 455 et 456.
28. *Ibid.,* p. 464.
29. *Herald* de Montréal, 23 octobre 1936.
30. Entretien de l'auteur avec F. R. S., le 8 octobre 1980.
31. *The Gazette* [Montréal], 24 octobre 1936.
32. *Ibid.*
33. Entretien de l'auteur avec F. R. S., le 8 octobre 1980.
34. *The Gazette* [Montréal], 24 octobre 1936.
35. *The Montreal Star,* 24 octobre 1936.
36. *Ibid.*
37. *Ibid.,* 26 octobre 1936.
38. *La Presse,* 26 octobre 1936.
39. Humphrey Carpenter, *W. H. Auden,* Londres, Unwin Paperbacks, 1981, p. 214.
40. W. H. Auden, « Impressions of Valencia », *The New Statesman and Nation,* vol. XIII, 30 janvier 1937, p. 159.
41. Carpenter, *Auden,* p. 218.
42. *The Gazette* [Montréal], 26 octobre 1936.
43. Entretien de l'auteur avec J. R. Mallory, le 28 août 1983.
44. H. R. Trevor Roper, « Acts of the Apostles », critique de *After Long Silence* de Michael Straight, *New York Review of Books,* 31 mars 1983, p. 3.
45. F. R. S. « Where Do We Go From Here ? », *Winnipeg Tribune,* 5 décembre 1938, p. 11.
46. *The Gazette* [Montréal], 10 août 1934.
47. F. R. S., cité dans *The Gazette* [Montréal], 28 octobre 1936.
48. J. L. Granatstein, *Canada's War : The Politics of the Mackenzie King Government, 1939-1945,* Toronto, Oxford University Press, 1975, p. 20.
49. « Our Position When Britain Enters War », *McGill Daily,* 3 mars 1937.
50. Lettre de F. R. S. à J. S. Woodsworth, le 3 février 1937, Archives de J. S. Woodsworth, ANC.

51. R. A. Mackay, tiré d'un chapitre pour un projet de livre parrainé par l'ICAI, *Canada's Status in Peace and in War,* envoyé à F. R. S. pour qu'il fasse des commentaires, p. 1 et 2, FRSA.

52. MacInnis, *J. S. Woodsworth,* p. 237.

53. *The Montreal Star,* 23 février 1937.

54. Claxton, « Memoir », p. 414.

55. R. C. Brown et Margaret Prang sous la direction de, *Confederation to 1949,* Toronto, Prentice-Hall, 1966, III, p. 309.

56. F. R. S. de *The Winnipeg Tribune,* 5 décembre 1938, p. 11 et 12.

57. F. R. S. de « A Policy of Neutrality for Canada », *Foreign Affairs,* vol. 17, n° 2, janvier 1939, p. 1 et 7.

58. *Ibid.,* p. 8 et 9.

59. Déclaration non publiée, « Toward a Canadian Foreign Policy », p. 1, FRSA.

60. Michael Oliver, « F. R. Scott as Quebecer », dans *On F. R. Scott,* p. 168.

61. « Toward a Canadian Foreign Policy ».

62. Arthur R. M. Lower, *My First Seventy-Five Years,* Toronto, Macmillan, 1967, p. 232 et 233.

63. Entretien de l'auteur avec F. R. S., juin 1976.

64. F. R. S., notes prises au cours des réunions du Conseil national, Ottawa, 6 septembre 1939, FRSA.

65. Entretien de l'auteur avec F. R. S., le 28 novembre 1977.

66. Entretien de David Lewis avec l'auteur, à Vancouver, le 18 février 1981.

67. David Lewis, *The Good Fight : Political Memoirs 1909-1958,* Toronto, Macmillan, 1981, p. 173 et 174.

68. McNaught, *Prophet in Politics,* p. 306.

69. Entretien de l'auteur avec F. R. S., le 28 novembre 1977.

70. Granatstein, *Canada's War,* p. 26.

71. Lettre de F. R. S. au Très honorable Mackenzie King, le 5 janvier 1940, FRSA.

72. Note de Mackenzie King à J. Pickersgill, 12 janvier 1940, Archives de Mackenzie King, ANC.

73. Note de O. D. Skelton à Mackenzie King, janvier 1940, Archives de Mackenzie King, ANC.

ONZE : QUI ENTEND LE BRUIT DES ARMES ?

1. Conversation de F. R. S. avec l'auteur, le 8 octobre 1980.

2. *Ibid.*

3. Entretien de l'auteur avec Jack Pickersgill, le 5 février 1982.

4. Entretien de l'auteur avec F. R. S., le 8 octobre 1980.

5. Lettre de F. R. S. à Stuart LeMesurier, le 6 octobre 1940, FRSA.

6. Entretien de l'auteur avec F. R. S., février 1982.

7. F. R. S., « Personal Stuff Mostly Ideas Such as Come Casually », 20 septembre 1940, notes non publiées, FRSA.

8. Je remercie Douglas LePan d'avoir attiré mon attention sur ce parallèle.

9. Constantine FitzGibbon, *The Blitz,* Londres, Macdonald, 1957, 1970, p. 78.

10. F. R. S., Journal sur la Commonwealth Labour Conference, 15 septembre 1944, FRSA.

11. Entretien de l'auteur avec Douglas Le Pan, à Toronto, le 7 mai 1983.

12. Entretien de l'auteur avec F. R. S., le 8 octobre 1980.

13. *Ibid.*

14. *Ibid.*
15. Rainer Maria Rilke, *Élégies de Duino.*
16. Entretien de l'auteur avec F. R. S., le 11 novembre 1974.
17. *Ibid.,* le 8 octobre 1980.
18. John Strachey, *The New Statesman and Nation,* vol. XX, 9 novembre 1940, p. 466.
19. Entretien de l'auteur avec F. R. S., le 8 janvier 1975. En fait, Barker a écrit l'une des plus belles élégies de la Seconde Guerre mondiale : « Sonnet to My Mother ».
20. « The Democratic Manifesto », p. 16.
21. *Ibid.,* p. 58, 59 et 60.
22. *Ibid.,* p. 56.
23. *Ibid.,* p. 36.
24. Thomas Paine, *Rights of Man,* dans *The Oxford Dictionary of Quotations,* 2ᵉ édition, Londres, Oxford University Press, 1966, p. 373. Je remercie Ramsay Cook d'avoir attiré mon attention sur ce parallèle.
25. F. R. S., « Personal Stuff », 24 novembre 1941, FRSA.
26. John Bird, « A Political Poet », *Ottawa Evening Citizen,* album de coupures de presse de F. R. S., FRSA.
27. Lettre de Bartlett Brebner à F. R. S., le 19 octobre 1942, FRSA.
28. Granatstein, *Canada's War,* p. 234.
29. Walter D. Young, *The Anatomy of a Party : The National CCF 1932-1961,* Toronto, University of Toronto Press, 1969, p. 231.
30. Granatstein, *Canada's War,* p. 227.
31. Lettre de F. R. S. à M. J. Coldwell, le 7 mai 1942, FRSA.
32. F. R. S., « What Did No Mean ? », *The Canadian Forum,* vol. XXII, juin 1942, p. 72.
33. *Ibid.,* p. 73.
34. Lettre de Gérard Pelletier à F. R. S., le 5 juin 1942, FRSA.
35. Lettre de Louis Morisset à F. R. S., le 6 juin 1942, FRSA.
36. Conversation de F. R. S. avec l'auteur.
37. Lettre de Louis Dudek à F. R. S., le 25 juillet 1942, FRSA.
38. Lettre de J. M. Macdonnell à F. R. S., le 6 juillet 1942. FRSA.
39. Lettre d'Eugene Forsey à *The Canadian Forum,* vol. XXII, août 1942, p. 141.
40. Éditorial, *Saturday Night,* 8 août 1942, p. 3.
41. *Ibid.,* 26 septembre 1942, p. 1.
42. *Ibid.,* 10 octobre 1942, p. 3.
43. B. K. Sandwell, *ibid.,* 21 novembre 1942, p. 20.
44. Lettre de A. R. M. Lower à F. R. S., septembre 1947, FRSA.
45. Lettre de Harold Innis à F. R. S., le 21 août 1942, FRSA.
46. Lettre de Brooke Claxton à F. R. S., le 19 juillet 1942, FRSA.
47. Entretien de l'auteur avec F. R. S., juillet 1978.
48. Lettre d'Elton Scott à F. R. S., le 22 août 1942, FRSA.
49. *The Gazette* (Montréal), le 11 novembre 1942.
50. *The Gazette* (Montréal), le 14 novembre 1942.
51. Thérèse F. Casgrain, *Une femme chez les hommes,* Montréal, Éditions du Jour, 1971.
52. Conversation de F. R. S. avec l'auteur.
53. Entretien de l'auteur avec Jacques Bieler, le 25 avril 1979.
54. F. G. Scott, dans *Colombo's Canadian Quotations,* sous la direction de John Robert Colombo, Edmonton, Hurtig Publishers, 1974, p. 527.
55. *The Gazette* (Montréal), 26 août 1943.
56. Entretien de l'auteur avec F. R. S., le 7 juin 1977.
57. *Ibid.,* septembre 1976.
58. *Ibid.*

59. Brooke Claxton, « Memoir » non publiée, Archives Claxton, p. 433 et 434.
60. Entretien de l'auteur avec Murray Ballantyne, à Montréal, le 26 octobre 1978.
61. Entretien de l'auteur avec Grace Scott, à Toronto, le 29 octobre 1978.
62. Entretien de l'auteur avec F. R. S., le 10 janvier 1975.
63. F. R. S., « Personal Stuff », 1944, FRSA.
64. *The Standard* (Montréal), 22 janvier 1944.
65. Ordre de cérémonie funéraire, FRSA.
66. *Quebec Chronicle-Telegram,* 22 janvier 1944.

DOUZE : LE GROUPE ET *PREVIEW*

1. Lettre de F. R. S. à Leon Edel, le 4 février 1944, FRSA.
2. « Statement », *Preview,* nº 1, mars 1942.
3. Entretien de l'auteur avec Patrick Anderson, le 8 juin 1974.
4. Entretien de l'auteur avec Margaret Surrey, le 24 avril 1979.
5. Entretien de l'auteur avec F. R. S., février 1982.
6. Entretien de l'auteur avec P. K. Page, le 20 juillet 1975.
7. *Ibid.*
8. *Preview,* nº II, février 1943.
9. John Sutherland (histoire figurant dans l'inventaire publié par Golden Dog Press).
10. Entretien de l'auteur avec Louis Dudek, le 1er octobre 1975.
11. *Ibid.,* le 24 mai 1979.
12. John Sutherland, « Introduction », *Other Canadians : An Anthology of the New Poetry in Canada 1940-1946,* sous la direction de John Sutherland, Montréal, First Statement Press, s.d., p. 5 à 20.
13. Entretien de l'auteur avec Louis Dudek, le 1er octobre 1975.
14. Entretien de l'auteur avec P. K. Page, le 20 juillet 1975.
15. Patrick Anderson, « Poem on Canada », *Return to Canada,* Toronto, McClelland and Stewart, 1977.
16. F. R. S., « Four of the Former *Preview* Editors : A Discussion », *Canadian Poetry,* nº 4, printemps-automne 1979, p. 109.
17. Conversation de l'auteur avec F. R. S., le 27 janvier 1983.
18. *Poetry,* Chicago, vol. LXV, nº II, novembre 1944, p. III.
19. Entretien de l'auteur avec Earle Birney, le 31 août 1983.

TREIZE : UN CANADA NOUVEAU

1. F. R. S., « The C.C.F. Program Today », tapuscrit du discours, octobre 1942, FRSA.
2. David Lewis, « F. R. Scott's Contribution to the CCF », *On F. R. Scott,* p. 83.
3. Lettre de Roger Lemelin à l'auteur, le 20 juin 1984.
4. Entretien de George Tompkins avec l'auteur, le 11 juin 1984.
5. Entretien de Thérèse Casgrain avec l'auteur, mai 1980.
6. David Lewis et Frank Scott, *Make This YOUR Canada : A Review of C.C.F. History and Policy,* Toronto, Central Canada Publishing Company, 1943, p. 122
7. *Ibid.,* p. 56.
8. *Ibid.,* p. 147 et 148.

9. *Ibid.*, p. 187.

10. Lewis, *The Good Fight*, p. 252.

11. Conversation de l'auteur avec F. R. S., janvier 1983

12. Lewis, *The Good Fight*, p. 230.

13. Conversation de l'auteur avec F. R. Scott, janvier 1983.

14. Gouvernement totalitaire en Saskatchewan. — Après juin 1944, album de coupures de presse de F. R. S., FRSA.

15. Voir *The Leader-Post*, Regina, 30 décembre 1944.

16. Entretien de l'auteur avec F. R. S., le 27 janvier 1983.

17. *Ibid.*

18. Lettre de Brian Moore à l'auteur, s.d. [vers août 1983].

19. Entretien de l'auteur avec F. R. S., le 27 janvier 1983.

20. Cité dans Lewis, *The Good Fight*, p. 238.

21. *Ibid.*, p. 240.

22. F. R. S., Journal de la conférence travailliste du Commonwealth, 18 septembre 1944, FRSA

23. *Ibid.*, 12, 15 et 30 septembre 1944.

24. *Ibid.*, 9 septembre 1944.

25. *Ibid.*, 21 septembre 1944.

26. Entretien de l'auteur avec George Tompkins, le 11 juin 1984.

27. *Saskatchewan Commonwealth*, 19 juillet 1944.

28. Granatstein, *Canada's War*, p. 392 à 410.

29. Stephen Spender, « The Making of a Poem », *Partisan Review*, vol. XIII, n° 3, été 1946, p. 300 et 301.

30. Arthur Lismer, « Techniques in the Education of Children in Art », Transcription de 1933, de la radio CBC, FRSA.

31. F. R. S., *I. F. Stone's Weekly*, 17 mai 1943.

32. George Cadbury, « Saskatchewan 1944-1951 », discours non publié prononcé à la Conférence commémorant le 50ᵉ anniversaire du Manifeste de Regina, le 24 juin 1983, p. 7.

33. Young, *The Anatomy of a Party*, p. 119.

34. Lewis, *The Good Fight*, p. 456.

35. *Ibid.*

QUATORZE : LE PROFESSEUR DE DROIT

1. Entretien de Gérald Le Dain avec l'auteur, le 24 octobre 1981.

2. Conversation de F. R. S. avec l'auteur.

3. F. R. S. à Arnold Heeney, le 22 janvier 1946, FRSA.

4. Gérald Le Dain, « F. R. Scott and Legal Education », *On F. R. Scott*, p. 104.

5. *Ibid.*

6. *Ibid.*

7. *Ibid.*, p. 104 et 106.

8. Tout ce qui précède provient d'un entretien de l'auteur avec Marc Lapointe, le 26 septembre 1984.

9. Toutes les citations qui précèdent proviennent de la conférence dactylographiée de F. R. S., « Some Thoughts on the Constitutional Question », donnée devant l'Association du jeune Barreau, s.d. [vers 1943], p. 3, 10, 12, 13 et 14, FRSA.

10. Le Dain, « Legal Education », p. 103 et 104.

11. Entretien de l'auteur avec F. R. S., le 8 octobre 1980.
12. Entretien de l'auteur avec Le Dain, le 24 octobre 1981.
13. Le Dain, « Legal Education », p. 107.
14. *Ibid.*, p. 108.
15. Entretien de l'auteur avec Charles Lussier, le 23 août 1983.
16. Lettre de Lussier à l'auteur, le 13 février 1984.
17. Entretien de l'auteur avec Ron Cheffins, le 31 décembre 1983.
18. Le Dain, « Legal Education », p. 111 et 112.
19. Lettre de Cyril James à C. S. LeMesurier, le 14 août 1942, FRSA.
20. Lettre de Harold Laski à F. R. S., le 27 janvier 1948.
21. Entretien de l'auteur avec Charles Lussier, le 23 août 1983.
22. Lettre de F. R. S. à C. A. Wright, le 14 avril 1948, FRSA.
23. Lettre de C. A. Wright à F. R. S., le 23 octobre 1947 [*sic*] FRSA. À la lecture du contenu de cette lettre, il est clair qu'elle n'a pas été datée correctement.
24. Lettre de F. R. S. à Cyril James, le 14 février 1947, FRSA.
25. Lettre de F. R. S. à Escott Reid, le 13 novembre 1947, FRSA.

QUINZE : UN GRAIN DE RIZ

1. Discours de F. R. S. au congrès de la CCF, 26 juillet 1950, FRSA. Toutes les citations qui précèdent proviennent de ce discours.
2. Entretien de l'auteur avec Eugene Forsey, le 1er octobre 1977.
3. Lettre de F. R. S. à T. W. L. MacDermot, le 16 octobre 1951, FRSA.
4. Lettre de Peter Scott à Rosemary Kelley (Cartwright), le 4 août 1946 ; entretien de l'auteur avec Rosemary Cartwright, le 9 juin 1985.
5. Lettre de Peter Scott à Rosemary Kelley (Cartwright), le 11 juillet 1947.
6. Lettre de Burton Keirstead à F. R. S., le 12 octobre 1950, FRSA.
7. Itinéraire de « Peter Scott — Maylie Marshall Wedding », FRSA. Entretien de l'auteur avec Rosemary Walters, le 9 juin 1985
8. Peter Dale Scott, curriculum vitae, FRSA.
9. Marian Scott, curriculum vitae.
10. Journal, le 8 novembre 1921.
11. Lettre du secrétaire général à son Excellence le juge U Aye Maung, le 14 mars 1952, FRSA.
12. Lettre de F. R. S. à M. Mandereau, le 31 mars 1952, FRSP.
13. Entretien de l'auteur avec F. R. S., le 27 mai 1980.
14. F. R. S., « Monthly Report No. 3 Covering the Period 1 May-30 June [1952] » (Rapport mensuel n° 3 couvrant la période du 1er mai au 30 juin 1952), p. 1, FRSA.
15. F. R. S., journal de Birmanie, le 13 mai 1952, FRSP.
16. *Ibid.*, le 7 mai 1952.
17. Gordon O. Rothney à F. R. S., le 20 décembre 1951, FRSP.
18. Rudyard Kipling, *Rudyard Kipling's Verse 1885-1932*, Toronto, Copp Clark, 1933, p. 411.
19. Journal, le 8 mai 1952.
20. *Ibid.*, le 9 mai 1952.
21. *Ibid.*, le 11 mai 1952.
22. *Ibid.*, le 12 mai 1952.
23. Tous les incidents qui précèdent sont décrits dans le journal, le 13 mai 1952.
24. Owen, Keenleyside à Rangoon (Birmanie), télégramme, le 27 juin 1952, FRSA.

25. Lettre de F. R. S. à T. W. L. MacDermot, le 21 mai 1953, FRSA.
26. Journal, le 13 mai 1952.
27. Entretien de F. R. S. avec Elspeth Chisholm, les 27 et 28 août 1962.
28. Conversation avec l'auteur de F. R. S.
29. Entretien de F. R. S. avec Elspeth Chisholm, les 27 et 28 août 1962.
30. Épigraphe, *Events and Signals,* Toronto, The Ryerson Press, 1954, couverture.
31. Sandra Djwa, « F. R. Scott », *Canadian Poetry,* no 4, printemps-été 1979, p. 1 à 16.
32. F. R. S., discours dactylographié, « A Function for Poetry » (Une fonction pour la poésie), s.d. [1946], FRSA.
33. F. R. S., discours dactylographié, sans titre, mais avec l'annotation suivante au début : « Ce n'est pas tant au sujet de la poésie en général que sur la poésie et Frank Scott — c'est la seule chose dont je sois sûr », daté de 1958, FRSA.
34. Entretien de F. R. S. avec Elspeth Chisholm, s.d. [vers 1975].
35. *Ibid.*
36. Sandra Djwa, article non publié sur F. R. S.

SEIZE : MCGILL : LE DROIT DANS LA SOCIÉTÉ

1. Entretien de l'auteur avec Joyce Hemlow, le 2 décembre 1980.
2. Entretien de l'auteur avec Harold Spence-Sales, le 13 décembre 1983.
3. Entretien de l'auteur avec J. R. Mallory, le 28 août 1983.
4. Lettre de Donald Hebb à l'auteur, le 24 août 1983.
5. Lettre d'Arnold Edinborough à l'auteur, le 7 septembre 1983.
6. Voir l'épigramme de « Bonne Entente », *Collected Poems,* p. 256.
7. F. R. S., compte rendu dactylographié de « The Day We All Got Imperially Oiled », 1950, FRSA.
8. Conversation de l'auteur avec F. R. S.
9. Conversation de l'auteur avec Elizabeth Brewster, été 1984.
10. Entretien de l'auteur avec F. R. S., janvier 1983.
11. Lettre d'Arnold Edinborough à l'auteur, le 7 septembre 1983.
12. Lettre de Joyce Marshall à l'auteur, 19 mars 1984.
13. Mémoire à la Commission royale sur le développement national des arts, lettres et sciences, rédigé par le Comité des écrivains canadiens, p. 1, 2, 3 et 6.
14. *Rapport de la Commission royale d'enquête sur l'avancement des arts, lettres et sciences au Canada 1949-1951,* Ottawa, Imprimeur du Roi, 1951, p. 18, 227 et 271.
15. Frank Underhill, « Notes on the Massey Report », *The Canadian Forum,* vol. XXXI, août 1951, p. 100 à 102 ; J. B. Brebner, « In Search of a Canadian Accent », *The Saturday Review of Literature,* 1er septembre 1951, p. 6 à 8 et 31.
16. Entretien de l'auteur avec George Curtis, le 3 août 1982.
17. Le Dain, « F. R. Scott and Legal Education », p. 112.
18. J. R. Mallory à l'auteur, novembre 1985.
19. Lettre de Louis Saint-Laurent à T. C. Douglas, le 7 décembre 1949, FRSA.
20. Notes de J. W. Corman, procureur général de la Saskatchewan ; envoyées au Conseil de planification de la province, le 16 janvier 1950, p. 1, FRSA.
21. Lettre de J. W. W. Graham à F. R. S., le 6 mars 1950, FRSA.
22. Lettre de F. R. S. à T. C. Douglas, le 20 février 1950, FRSA.
23. Lettre de F. R. S. à Eugene Forsey, le 17 octobre 1950, FRSA.
24. Compte rendu de la conférence sur les droits civils, Ottawa, 28 et 29 décembre 1946, p. 1, 3 et 7, FRSA.

25. Toutes les citations qui précèdent sont tirées de F. R. S., « The State as a Work of Art », FRSA.

26. Entretien de l'auteur avec Michael Pitfield, le 28 août 1983.

DIX-SEPT : UN NOUVEAU SOUFFLE POÉTIQUE

1. Entretien de l'auteur avec F. R. S., le 3 juillet 1978.
2. Conversation de l'auteur avec Northrop Frye.
3. Entretien de l'auteur avec F. R. S., les 14 et 15 septembre 1976.
4. Lettre de Pierre Emmanuel à F. R. S., le 28 août 1955, FRSA.
5. Conversation de l'auteur avec Northrop Frye.
6. « Proposal for a McGill Poetry Session in 1951 » (proposition pour une séance de poésie à McGill), FRSA.
7. Entretien de l'auteur avec Kim Ondaatje, le 24 septembre 1975.
8. *Ibid.*
9. A. J. M. Smith, « Astraea Redux », *A. J. M. Smith : Collected Poems,* Toronto, Oxford University Press, 1962, p. 62 et 63.
10. Conversation de l'auteur avec F. R. S.
11. Entretien de l'auteur avec F. R. S., le 29 juillet 1978.
12. Entretien de l'auteur avec Louis Dudek, le 26 avril 1979.
13. Entretien de l'auteur avec Doug Jones, le 28 août 1983.
14. Entretien de l'auteur avec Kim Ondaatje, le 24 septembre 1975.
15. Lettre de F. R. S. à Robert Weaver, le 25 novembre 1954, FRSA.
16. Entretien de l'auteur avec F. R. S., le 8 janvier 1975.
17. Programme de la « Canadian Writers' Conference » (conférence des écrivains canadiens), 28 au 31 juillet 1955, FRSA.
18. *Ibid.*
19. Entretien de l'auteur avec F. R. S., le 8 janvier 1975.
20. F. R. S., recommandations de Margaret Avison, Hugh MacLennan, et brouillon de recommandations pour P. K. Page, s.d., FRSA.
21. Entretien de l'auteur avec F. R. S., le 8 janvier 1975.
22. Lettre de Malcolm Ross à F. R. S., le 28 juin 1955, FRSA.
23. Lettre de Louis Dudek à F. R. S., le 9 juillet 1955, FRSA.
24. *Ibid.,* le 15 juillet 1955, FRSA.
25. Lettre de F. R. S. à Louis Dudek, le 18 juillet 1955, FRSA.
26. Lettre d'Anne Wilkinson à F. R. S., lundi, s.d., FRSA.
27. Lettre de Robert Weaver à l'auteur, le 27 décembre 1983.
28. Conversation de l'auteur avec W. C. McConnell.
29. Lettre de Roy Daniells à F. R. S., le 8 août 1955, FRSA.
30. « Liste des délégués », *Writing in Canada,* sous la direction de George Whalley, introduction de F. R. Scott, Toronto, Macmillan, 1956, p. 144 à 146.
31. Entretien de l'auteur avec Eli Mandel, le 5 janvier 1975.
32. *Writing in Canada,* p. v et vi.
33. Conversation de l'auteur avec W. C. McConnell.
34. James Reaney, « Another View of the Writers' Conference », *The Canadian Forum,* vol. XXXV, octobre 1955, p. 158.
35. Entretien de l'auteur avec Doug Jones, le 28 août 1983.
36. Entretien de l'auteur avec F. R. S., le 8 janvier 1975.
37. A. J. M. Smith, « Poet », *Writing in Canada,* p. 13, 16 et 19.

38. *Ibid.,* p. 20.
39. Lettre de Jay Macpherson à F. R. S., le 1er août 1955, FRSA.
40. Entretien de l'auteur avec Eli Mandel, le 5 janvier 1975.
41. *Ibid.*
42. Entretien de l'auteur avec W. C. McConnell, le 23 avril 1985.
43. Entretien de l'auteur avec Louis Dudek, le 24 mai 1979.
44. Entretien de l'auteur avec Doug Jones, le 28 août 1983.
45. Entretien de l'auteur avec W. C. McConnell, le 23 avril 1985.
46. Entretien de l'auteur avec Arnold Edinborough, le 6 novembre 1984.
47. Reaney, « Another View », p. 158.
48. Lettre d'Irving Layton à F. R. S., le 2 août 1955, FRSA.
49. Lettre de F. R. S. à Irving Layton, le 11 août 1955, FRSA.
50. Lettres de F. R. S. au Très Honorable Louis Saint-Laurent, à l'Honorable L. B. Pearson, à l'Honorable J. W. Pickersgill, le 26 octobre 1955 ; lettre de F. R. S. à l'Honorable Ray Williston, le 2 décembre 1955, FRSA.
51. Lettre de F. R. S. à W. A. Deacon, le 11 août 1955, FRSA.
52. Lettre de W. A. Deacon à F. R. S., le 13 août 1955, FRSA.
53. Entretien de l'auteur avec Doug Jones, le 28 août 1983.
54. F. R. S., « The Canadian Writers' Conference » (Conférence des écrivains canadiens) *University of Toronto Quarterly,* no 25, octobre 1955, p. 101 et 102.
55. *Ibid.,* p. 98.
56. Lettre de F. R. S. au secrétaire du Conseil des Arts, le 17 juin 1959, FRSA.
57. Entretien de l'auteur avec Doug Jones, le 28 août 1983.
58. *Ibid.,* septembre 1975.
59. *Ibid.,* le 28 août 1983.
60. Lettre d'Irving Layton à l'auteur, le 24 avril 1985.
61. Conversation de l'auteur avec Leonard Cohen, le 9 janvier 1983.
62. Lettre de F. R. S. à Helen Digby, le 8 mars 1962, FRSA.
63. Lettre de F. R. S. à Judith MacKnight, le 18 avril 1969, FRSA.
64. Louis Dudek, discours pour le service commémoratif en l'honneur de Scott, Université McGill, le 18 février 1985.
65. Lettre de Al Purdy à l'auteur, le 24 avril 1985.
66. Entretien de l'auteur avec Leonard Cohen, le 9 janvier 1983.
67. Entretien de l'auteur avec F. R. S., le 8 janvier 1975.
68. Entretien de l'auteur avec Leonard Cohen, le 9 janvier 1983.
69. Entretien de l'auteur avec Doug Jones, le 9 août 1983. Voir aussi Leonard Cohen « Summer Haiku », *Selected Poems 1956-1968,* Toronto, McClelland and Stewart, 1964, p. 70.
70. F. R. S., « The EDGE of the PRISM » FRSA.
71. Toutes les citations précédentes proviennent d'un entretien de l'auteur avec Louis Dudek, le 26 avril 1979.
72. *Ibid.*
73. Lettre de F. R. S. à Judith MacKnight, le 18 avril 1969, FRSA.
74. Entretien de l'auteur avec Donald MacSween et Timothy Porteous, le 24 août 1983.
75. F. R. S., « Canadian Culture », *The Eye of the Needle,* Montréal, Contact Press, 1957, p. 43.
76. F. R. S. et A. J. M. Smith, « Introduction », *The Blasted Pine : An Anthology of Satire, Invective and Disrespectful Verse,* sous la direction de F. R. Scott et A. J. M. Smith, Toronto, Macmillan, 1957, 1965, p. xvii et xix.
77. David L. Thomson, « Preface », *ibid.,* p. vii.
78. Earle Birney, « Canada : case history », *ibid.,* p. 3.

79. « The Triumph of *My Fur Lady* », *The McGill You Knew : An Anthology of Memoirs 1920-1960*, sous la direction de Edgar Andrew Collard, Toronto, Longman Canada, 1975, p. 123 et 124.
80. Entretien de l'auteur avec Donald MacSween et Timothy Porteous, le 24 août 1983.
81. *Ibid.*
82. « The Triumph of *My Fur Lady* », p. 127 à 129.
83. Toutes les citations précédentes proviennent de John Robert Colombo, « A Lawyer-Poet Talks About Politics » et de « Social Criticism in Poetry », *The Varsity,* lundi 24 novembre 1958, FRSA.
84. Lettre de John Robert Colombo à l'auteur, le 27 mars 1985.
85. Lettre de F. R. S. à John Robert Colombo, le 27 novembre 1958, FRSA.
86. *Ibid.,* le 5 décembre 1958, FRSA.
87. Lettre de John Robert Colombo à l'auteur, le 27 mars 1985.
88. Toutes les citations précédentes proviennent d'une lettre de F. R. S. à Irving Layton, le 28 juillet 1959, FRSA.

DIX-HUIT : CHEVALIER DE JÉHOVAH

1. Ken Lefolii, « The Poet Who Outfought Duplessis », *Maclean's,* 11 avril 1959, p. 72.
2. Bruce Taylor, « Padlock Law Unconstitutional, Switzman's Lawyers Tell Court », *Montreal Herald,* 3 mars 1949.
3. Entretien de l'auteur avec Abraham Feiner, le 2 décembre 1980.
4. *Ibid.*
5. Lefolii, « The Poet Who Outfought Duplessis », p. 74.
6. Entretien de l'auteur avec F. R. S., décembre 1980.
7. *Ibid.*
8. Entretien de l'auteur avec Abraham Feiner, le 2 décembre 1980.
9. *Ibid.*
10. *Ibid.*
11. « Padlock Case Defense Scores Moral Judgement in Quebec », *The Montreal Star,* 8 novembre 1956.
12. « Attack Quebec Law As Thought Control », *ibid.,* 9 novembre 1956.
13. *Ibid.,* 10 novembre 1956.
14. Conversation de l'auteur avec F. R. S..
15. Lettre de F. R. S. au doyen W. C. J. Meredith, le 28 décembre 1956, FRSA.
16. Lettre de R. B. Nye à l'auteur, le 22 janvier 1984.
17. Lettre de Malcolm Ross à l'auteur, le 17 janvier 1984.
18. *Ibid.*
19. Lettre de F. R. S. au doyen Erwin Griswold, le 25 février 1957, FRSA.
20. Lettre de F. R. S. à Gérald Le Dain, le 10 février 1957. Cité par Le Dain dans la lettre de Le Dain à l'auteur, le 28 juillet 1983.
21. Lettre de Malcolm Ross à F. R. S., le 8 mars 1957.
22. Lettre de J. R. Mallory à F. R. S., le 15 mars 1957, FRSA.
23. Entretien de l'auteur avec F. R. S., le 3 décembre 1980.
24. F. R. S., « Duplessis Versus Jehovah », *The Canadian Forum,* vol. XXVI, janvier 1947, p. 222.
25. Ronald Hambleton, « The Destruction of Roncarelli », *Saturday Night,* 8 février 1947, p. 29.
26. *Awake !,* « Jehovah's Witnesses Banned », 8 juin 1973, p. 23.

27. M. James Penton, *Jehovah's Witnesses in Canada : Champions of Freedom of Speech and Worship,* Toronto, Macmillan, 1976, p. 111 à 115.
28. *Awake !,* « Happy Changes in Quebec », 8 mars 1975, p. 16.
29. Notes de A. L. Stein à l'auteur, le 23 août 1983.
30. Penton, *Jehovah's Witnesses,* p. 183 et 184.
31. Entretien de F. R. S. avec Elspeth Chisholm, s.d. [vers juillet 1975], FRSA.
32. Lettre de A. L. Stein à l'auteur, le 4 août 1983.
33. Entretien de l'auteur avec F. R. S., le 3 décembre 1980.
34. *Roncarelli v. Duplessis,* Dominion Law Reports, 1952, p. 689.
35. Entretien de l'auteur avec A. L. Stein, le 29 août 1983.
36. Toutes les citations précédentes sont tirées de F. R. S., « Pure List for Roncarelli Case », historique non publié de l'affaire, p. 5, 7, 9, 11, 12 et 13, FRSA.
37. *The Herald,* 11 mai 1950.
38. *Ibid.*
39. Entretien de l'auteur avec F. R. S., le 3 décembre 1980.
40. *The Herald,* 11 mai 1950.
41. *The Montreal Star,* mai 1951.
42. *Rapports judiciaires,* Duplessis c. Roncarelli, 1954, p. 447 à 449.
43. *The Montreal Star,* 27 juillet 1973.
44. *The Montreal Star,* 16 mai 1958.
45. Entretien de l'auteur avec F. R. S., le 3 décembre 1980.
46. Entretien de F. R. S. avec Elsepth Chisholm, s.d. [vers juillet 1975], FRSA.
47. Conversation de l'auteur avec F. R. S.
48. *Ibid.*
49. Signatures apposées sur la page de garde des *Voix du silence,* d'André Malraux.
50. *The McGill Daily,* 28 janvier 1959.
51. *The Montreal Star,* 28 janvier 1959.
52. *The Red River Valley Echo,* 11 février 1959.

DIX-NEUF : LES LETTRES DU MACKENZIE

1. Lettre de F. R. S. à Maurice Lamontagne, le 12 mars 1956, FRSA.
2. Lettre de R. C. Powell à F. R. S., le 4 juillet 1956, FRSA.
3. Entretien de l'auteur avec F. R. S., le 3 décembre 1980.
4. Lettre de Charles Lussier à l'auteur, le 13 février 1984.
5. Conversation de l'auteur avec Pierre Trudeau, le 27 septembre 1984.
6. *Ibid.*
7. F. R. S., « Foreword », *The Asbestos Strike* (*La Grève de l'amiante,* Éditions du Jour, 1970), sous la direction de Pierre Trudeau, traduit du français par James Boake, Toronto, James Lewis and Samuel, 1974, p. ix et x.
8. Entretien de l'auteur avec Jean Marchand, le 25 septembre 1984.
9. Edward M. Corbett, *Quebec Confronts Canada,* Baltimore, The Johns Hopkins Press, 1967, p. 50.
10. Entretien de l'auteur avec Michael Oliver, le 28 août 1983.
11. Cité dans Corbett, *Quebec Confronts Canada,* p. 51.
12. Entretien de l'auteur avec Jacques Hébert, le 17 septembre 1984.
13. « Programme », l'institut des affaires publiques, 29 septembre-2 octobre 1954, FRSA.
14. Lettre de F. R. S. à Walter Herbert, le 18 janvier 1951, FRSA.

15. *Ibid.*
16. Lettre de F. R. S. à Herbert, le 2 décembre 1953, FRSA.
17. Lettre de Bobbie Dyde à F. R. S., le 12 avril 1954, FRSA.
18. Lettre de F. R. S. à Jean-Charles Falardeau, le 21 mai 1954, FRSA.
19. Lettres de Pierre Trudeau à F. R. S., le 28 septembre 1955, et de F. R. S. à Philip Noel-Baker, le 6 octobre 1955, FRSA.
20. Lettre de Pierre Trudeau à F. R. S., le 8 novembre 1955, FRSA.
21. *Ibid.*, le 28 septembre 1955, FRSA.
22. Lettres de Jean-Charles Falardeau à F. R. S., le 7 septembre 1955, et de Eugene Forsey à F. R. S., le 29 août 1955, FRSA.
23. Lettre de Trudeau à F. R. S., le 28 septembre 1955, FRSA.
24. Entretien de l'auteur avec F. R. S., le 3 décembre 1980.
25. Pierre Trudeau, « L'ascétisme en canot », *Jeunesse étudiante catholique*, nº 6, novembre 1944.
26. Entretien de l'auteur avec Vincent Tovell, 1971.
27. Entretien de l'auteur avec F. R. S., le 3 décembre 1980.
28. Sandra Djwa, « A New Soil and a Sharp Sun », p. 3 à 17.
29. Trudeau, « L'ascétisme en canot ».
30. Entretien de l'auteur avec F. R. S., le 3 décembre 1980.
31. Conversation de l'auteur avec Pierre Trudeau, le 27 septembre 1984.
32. Toutes les citations qui précèdent sont tirées de Pierre Elliott Trudeau, « De quelques obstacles à la démocratie au Québec », dans *Le Fédéralisme et la Société canadienne-française*, Montréal, Hurtubise HMH, 1967, p. 105-128.
33. Entretien de l'auteur avec F. R. S., le 3 décembre 1980.
34. « S » [F. R. S.], « Embryo Facism in Quebec », p. 464 et 465.
35. Entretien de l'auteur avec F. R. S., le 26 octobre 1978.
36. Entretien de l'auteur avec Falardeau, décembre 1979.
37. Entretien de l'auteur avec F. R. S., le 3 décembre 1980.
38. *Ibid.*
39. Je suis reconnaissante à Ruth McConnell, professeure émérite, Université de la Colombie-Britannique, pour ses commentaires perspicaces sur ce poème.
40. Alan Twigg, « The Achievements of F. R. Who ? », *The Province*, Vancouver, 1er mars 1981.
41. Lettre de F. R. S. à R. C. Powell, le 5 septembre 1956, FRSA.
42. Entretien de l'auteur avec Gordon Robertson, le 26 septembre 1984.
43. Lettre de Northrop Frye à Marian Scott, le 13 novembre 1956, FRSA.
44. Entretien de l'auteur avec F. R. S., le 3 décembre 1980.
45. Trudeau, « Avant-propos », *Le Fédéralisme et la Société canadienne-française*, p. v-xiii.
46. George Radwanski, *Trudeau*, Toronto, Signet/Gage, 1978, p. 55.
47. Trudeau, *La Grève de l'amiante.*
48. C. B. Macpherson, critique, *La Grève de l'amiante* (source inconnue) p. 269, coupures de presse de F. R. S., FRSA.
49. Trudeau, « Épilogue », *La Grève de l'amiante.*
50. Trudeau, *La Grève de l'amiante.*
51. Trudeau, « De quelques obstacles à la démocratie au Québec », dans *Le Fédéralisme et la Société canadienne-française,* p. 123.
52. F. R. S., notes manuscrites du discours de Perrault, sur « Aide Mémoire », FRSA.
53. Entretien de l'auteur avec Jean Marchand, le 25 septembre 1984.
54. Lettre de F. R. S. au doyen E. N. Griswold, le 6 octobre 1959, FRSA.
55. Entretien de l'auteur avec Jean Marchand, le 25 septembre 1984.
56. Radwanski, *Trudeau,* p. 53.

VINGT : « CITOYEN DU MONDE »

1. Entretien de l'auteur avec F. R. S., le 3 décembre 1980.
2. Entretien de l'auteur avec Manuel Shacter, le 19 février 1985.
3. Toutes les citations qui précèdent sont de Harry Levin, « The Unbanning of the Books », *Refractions : Essays in Comparative Literature,* New York, Oxford University Press, 1966, p. 297. Aussi, concernant Podsnap : « The question [with Mr. Podsnap] about everything was, would it bring a blush into the cheek of the young person ? » (la question [avec M. Podsnap] est : cela fera-t-il rougir les jeunes personnes ?), Charles Dickens, *Our Mutual Friend,* Londres, Oxford University Press, 1864-1865, 1963, p. 129.
4. Grande-Bretagne, Obscene Publications Act (Loi sur les publications obscènes).
5. Code criminel canadien, matériel obscène, article 150 (8), 1959.
6. Entretien de l'auteur avec Manuel Schacter, le 19 février 1985.
7. Voir Harry T. Moore, « *Lady Chatterley's Lover* as Romance », *A. D. H. Lawrence Miscellany,* sous la direction de Harry T. Moore, Carbondale, Southern Illinois University Press, 1959, p. 263. Également, entretien de l'auteur avec F. R. S., le 3 décembre 1980.
8. Transcription de témoignage de *Brodie, Rubin and Dansky v. Her Majesty the Queen,* 12 avril 1960, p. 133.
9. Entretien de Shacter avec l'auteur, le 19 février 1985.
10. *Ibid.*
11. La description du procès en Angleterre est de Kenneth Tynan, « Lady Chatterley's Trial », *The Observer Weekend Review,* Londres, 6 novembre 1960, p. 21. Voir aussi Levin, « The Unbanning of Books », p. 298.
12. Levin, « The Unbanning of Books », p. 298.
13. J. Casey, *Rapports judiciaires* [1961], B. R., 7 avril 1961, p. 614 à 618.
14. Morris Fish, «'Lady Chatterley' Ban Not Needed, High Court Told », *The Montreal Star,* 16 novembre 1961.
15. Ébauche du mémoire de l'appelant, « Larry Brodie v. Her Majesty The Queen », déposé à la Cour suprême du Canada (en appel), p. 30, FRSA.
16. Fish, « Lady Chatterley's Ban Not Needed ».
17. Bruce MacDonald, « Lady Chatterley's Lover Cleared, May Now Be Brought in Canada », *The Globe and Mail,* 16 mars 1962, p. 8.
18. Pierre Chaloult, « Y a-t-il deux Cours suprêmes du Canada ? », *Le Nouveau Journal* [Montréal], 16 mars 1962.
19. Lettres de F. R. S. à H. Craig Campbell, le 23 mars 1967, FRSA.
20. F. R. S., journal de voyage, le 12 janvier 1961, FRSA.
21. Journal, le 11 janvier 1961.
22. *Ibid.*
23. F. R. S., Journal de la London Conference, 1944, le 13 septembre 1944, FRSA.
24. Conversation de l'auteur avec F. R. S.
25. Journal, le 11 janvier 1961.
26. *Ibid.,* le 13 janvier 1961. Tous les autres souvenirs de cette soirée proviennent de cette page de son journal.
27. *Ibid.,* le 24 janvier 1961.
28. *Ibid.,* les 25 et 30 janvier 1961.
29. *Ibid.,* le 14 février 1961.
30. *Ibid.,* le 27 février 1961.
31. *Ibid.,* le 2 mars 1961.
32. *Ibid.,* le 20 avril 1961.
33. *Ibid.,* le 11 mai 1961.

34. *Ibid.,* le 15 février 1961.
35. *Ibid.,* le 24 février 1961. Toutes les citations de l'entretien avec Nehru qui suivent proviennent du journal de Scott à cette date.
36. *Ibid.,* le 20 février 1961.
37. *Ibid.,* le 27 mars 1961.
38. *Ibid.,* le 4 février 1961.
39. *Ibid.,* le 16 mai 1961.
40. F. R. S., « Japanese Sand Garden », *Signature,* p. 10. Voir aussi la version révisée dans *Collected Poems,* p. 127.
41. Journal, les 6 et 7 février 1961.
42. *Ibid.,* le 7 mars 1961.
43. *Ibid.,* le 18 mars 1961.
44. *Ibid.*
45. Entretien de l'auteur avec F. R. S., octobre 1981.
46. Journal, le 17 mars 1961.
47. *Ibid.,* le 12 mai 1961. Toutes les citations qui suivent sur la période à Cambridge proviennent du journal à cette date.
48. *Ibid.,* les 10, 11 et 12 février 1961.
49. *Ibid.,* le 24 avril 1961.
50. *Ibid.,* le 1er mai 1961.
51. *Ibid.,* le 16 mai 1961.
52. *Ibid.,* le 21 mai 1961.

VINGT ET UN : DOYEN

1. Lettres à F. R. S., d'avril 1961 à janvier 1962, FRSA.
2. Lettre de F. R. S. à Roy St. George Stubbs, le 26 novembre 1969, FRSA.
3. Lettre d'Eugene Forsey à F. R. S., le 21 mai 1961, FRSA.
4. F. R. S., notes pour un discours donné devant les diplômés de droit de McGill, le 30 novembre 1961, FRSA.
5. Lettre de William Scott à F. R. S., le 1er décembre 1961, FRSA.
6. Entretien de F. R. S. avec l'auteur, du 18 au 25 juillet 1978.
7. Feuillet de chants de la soirée de la Société de droit de McGill, printemps 1962, FRSA.
8. Lettre de F. R. S. à l'Honorable Gérald Fauteux, le 12 juin 1961, FRSA. Fauteux était le doyen de la faculté de droit de l'Université d'Ottawa.
9. Entretien de l'auteur avec Ron Cheffins, le 31 décembre 1983.
10. *Ibid.*
11. Lettre de F. R. S. à J. B. Milner, le 20 juillet 1962, FRSA.
12. F. R. S., journal de voyage, les 14, 15 et 16 avril 1961, FRSA
13. Thomas Berger à F. R. S., le 4 mai 1961, FRSA.
14. Lettre de F. R. S. à Berger, le 26 mars 1962, FRSA.
15. Lettre de Berger à F. R. S., le 28 mars 1962, FRSA.
16. Lettres de F. R. S. à Berger, les 12 et 30 avril 1962, FRSA.
17. Lettre de Berger à M. deFeyter, Travailleurs unis du pétrole, de la chimie et du nucléaire, le 5 novembre 1962, FRSA.
18. Lettre de Berger à J. L. LeBourdais, Travailleurs unis du pétrole, de la chimie et du nucléaire, le 1er octobre 1963, FRSA.
19. Entretien de l'auteur avec Ron Cheffins, le 31 décembre 1983.
20. Entretien de l'auteur avec Donovan Waters, le 31 décembre 1983.

21. J. E. C. Brierley, « Developments in Legal Education at McGill, 1970-1980 », *The Dalhousie Law Journal,* vol. 7, n° 2, avril 1983, p. 364 à 374.
22. Entretien de l'auteur avec Donovan Waters, le 31 décembre 1983.

VINGT-DEUX : LE TOMBEAU DES ROIS

1. Lettre de F. R. S. à Micheline Sainte-Marie, le 4 décembre 1966, FRSA.
2. *Ibid.*
3. Conversation de F. R. S. avec l'auteur.
4. Lettre de F. R. S. à A. J. M. Smith, le 20 mars 1955, FRSA.
5. « Horaire », Première rencontre des poètes canadiens, 27-29 septembre 1957, FRSA.
6. F. R. S., « Preface », *Poems of French Canada,* traduit par F. R. Scott, Whiterock (C.-B.), Blackfish Press, 1977, p. v.
7. Lettre de Jay Macpherson à l'auteur, le 26 avril 1985.
8. F. R. S., tapuscrit d'un discours sans titre mais avec les annotations suivantes en haut de page : « Ce n'est pas tant sur la poésie en général que sur la poésie et Frank Scott — c'est tout ce dont je suis sûr », daté de 1958, FRSA.
9. Toutes les citations qui précèdent proviennent d'un entretien de l'auteur avec Doug Jones, août 1983. On retrouve plus tard les impressions de Jones sous une forme poétique. Voir D. G. Jones « Sketches for a Portrait of F. R. S. », *The Sun is Axeman,* Toronto, University of Toronto Press, 1961, p. 5, et « A Portrait of Anne Hébert », *A Throw of Particles,* Toronto, General Publishing, 1983, p. 25.
10. Lettre de Gael Turnbull à l'auteur, le 6 avril 1985.
11. F. R. S. et Anne Hébert, « Dialogue », *Écrits du Canada français,* vol. VII, 1960, p. 202, 203 et 215.
12. F. R. S., « Final Note by Frank Scott », 1962, FRSA. Frère Untel était le pseudonyme de Jean-Paul Desbiens, qui deviendra rédacteur en chef de *La Presse.* Sous le nom de Frère Untel, il a été un des premiers critiques de Duplessis.
13. F. R. S. et Anne Hébert. « The Art of Translation », *The Tamarack Review,* n° 24, été 1962, p. 88.
14. Northrop Frye, « Avant-propos », *Dialogue sur la traduction : à propos du « Tombeau des rois »,* Montréal, Hurtubise HMH, 1970, p. 13.
15. F. R. S., « Translator's Note », *Saint-Denys Garneau & Anne Hébert : Translations/Traductions,* traduction de Frank Scott, Vancouver, Klanak Press, 1962, p. 9.
16. Lettre de W. C. McConnell à F. R. S., le 2 janvier 1961, FRSA.
17. Lettre de W. C. McConnell à F. R. S., s.d. [1961], FRSA.
18. F. R. S., *Saint-Denys Garneau & Anne Hébert,* p. 9.
19. George Whalley, « Critically Speaking », transcription d'une critique à la CBC, 16 décembre [vers 1962], FRSA.
20. John Glassco à F. R. S., le 21 septembre 1962, FRSA.
21. Conversation de l'auteur avec Doug Jones avec l'auteur, 11 juin 1985.
22. Anne Hébert et Frank Scott, *Dialogue sur la traduction,* p. 37 et 65. Voir aussi Kathy Mezei, « A Bridge of Sorts : The Translation of Quebec Literature into English », *The Yearbook of English Studies,* n° 15, 1985, p. 209.
23. Cet incident s'est produit pendant une conversation de l'auteur avec F. R. S., le 11 novembre 1975.
24. Lettre de F. R. S. à F. G. S., le 8 décembre 1916, FRSA.
25. Lettre de John Glassco à F. R. S., le 25 juin 1963, FRSA.
26. D. G. Jones, « F. R. Scott as Translator », *On F. R. Scott : Essays on His Contributions to*

Law, Literature and Politics, sous la direction de Sandra Djwa et R. St. J. Macdonald, Montréal, McGill-Queen's University Press, 1983, p. 161.

27. Roland Giguère, « Polar Season », *Poems of French Canada,* p. 44.
28. Jones. « F. R. Scott as Translator », p. 161.

VINGT-TROIS : LA COMMISSION ROYALE D'ENQUÊTE SUR LE BILINGUISME ET LE BICULTURALISME

1. Pierre Vergniaud, *Histoire des Girondins,* cité dans *The Oxford Dictionary of Quotations,* 2ᵉ édition, Londres, Oxford University Press, 1953, p. 552.
2. André Laurendeau, « Une proposition pour une enquête sur le bilinguisme », *Le Devoir,* 9 janvier 1962.
3. Davidson Dunton, André Laurendeau *et al.,* « Les mots clés du mandat », *Rapport préliminaire de la Commission royale d'enquête sur le bilinguisme et le biculturalisme,* Imprimeur de la Reine, Ottawa, 1965.
4. Entretien de l'auteur avec Jean Marchand, le 25 septembre 1984.
5. F. R. S., journal de la Commission B et B, les 4 et 5 septembre 1963, p. 1, FRSA.
6. *Ibid.,* p. 4.
7. Lettre de J. B. Rudnyckyj à l'auteur, le 15 mars 1985.
8. Entretien de l'auteur avec Ramsay Cook, le 23 août 1983.
9. Entretien de l'auteur avec Royce Frith, le 25 septembre 1984.
10. Journal, les 4 et 5 septembre 1963, p. 1.
11. *Ibid.,* les 5 et 6 juin 1966, p. 324.
12. *Ibid.,* p. 165 et 166.
13. Entretien de l'auteur avec Ralph Hodgson, le 21 septembre 1984.
14. Journal, les 13 et 14 septembre 1965, p. 245.
15. Entretien de l'auteur avec Paul Lacoste, le 19 février 1985.
16. *Ibid.*
17. Journal, le 7 novembre 1963, p. 33.
18. *Ibid.,* p. 34.
19. Entretien de l'auteur avec Michael Oliver, le 28 août 1983.
20. Rapport préliminaire.
21. *Journal tenu durant la Commission royale d'enquête sur le bilinguisme et le biculturalisme,* 2 mai 1964, Montréal/Québec, VLB/Septentrion, 1990.
22. Entretien de l'auteur avec Michael Oliver, le 28 août 1983.
23. Lettre de Royce Frith à l'auteur, le 11 juillet 1984.
24. *Ibid.,* entretien, le 25 septembre 1984.
25. Entretien de l'auteur avec Michael Oliver, le 28 août 1983.
26. Entretien de l'auteur avec Ralph Hodgson, le 21 septembre 1984.
27. « Preface », *Quebec States Her Case : Speeches and Articles From Quebec in the Years of Unrest,* sous la direction de Frank Scott et Michael Oliver, Toronto, Macmillan, 1964, non paginé.
28. « Manifeste du FLQ ».
29. Pierre Elliott Trudeau, « La trahison des clercs », dans *Le Fédéralisme et la société canadienne-française,* Montréal, Hurtubise HMH, 1967.
30. Entretien de l'auteur avec Michael Oliver, le 28 août 1983.
31. Journal, les 17 et 18 mars 1964, p. 75.
32. *Ibid.,* suivant la description de la réunion à Québec, du 15 au 19 juin 1964, p. 123 à 125.
33. Rapport préliminaire.

34. Journal, p. 135.
35. Rapport préliminaire.
36. Entretien de l'auteur avec Paul Lacoste, le 19 février 1985.
37. Journal, p. 116.
38. Entretien de l'auteur avec Paul Lacoste, le19 février 1985.
39. *Journal tenu durant la Commission royale d'enquête sur le bilinguisme et le biculturalisme,* 29 juin 1964, Montréal/Québec, VLB/Septentrion, 1990.
40. F. R. S., « A Strong Central Government », ébauche manuscrite à l'intention de de la Commission B et B, avril 1965, FRSA.
41. Journal, 26 à 30 avril 1965, p. 210.
42. *Ibid.,* les 5 et 6 juillet 1966, p, 322.
43. H. Blair Neatby à l'auteur, le 13 décembre 1985, en réponse à une version préliminaire de ce chapitre.
44. Journal, les 16 et 17 août 1965, p. 238 et 239.
45. Toutes les citations qui précèdent sont tirées de Davidson Dunton, André Laurendeau *et al., Rapport de la Commission d'enquête sur le bilinguisme et le multiculturalisme,* vol. 1 : *Les Langues officielles,* Ottawa, Imprimeur de la Reine, 1967.
46. *Journal tenu durant la Commission royale d'enquête sur le bilinguisme et le biculturalisme,* 26 novembre 1967, Montréal/Québec, VLB/Septentrion, 1990.
47. Entretien de l'auteur avec Paul Lacoste, le 19 février 1985.
48. F. R. S., « B & B Stories », *The Tamarack Review,* n°s 83-84, hiver 1982, p. 31.
49. Journal, le 27 février 1971, p. 557 et 558.
50. *Ibid.,* p. 559 et 560.
51. Claude Ryan, « Introduction : André Laurendeau », dans *Witness for Quebec,* non paginé.
52. Entretien de l'auteur avec H. Blair Neatby, le 13 décembre 1985.

VINGT-QUATRE : UN FÉDÉRALISME VIABLE

1. Lettre de F. R. S. à King Gordon, le 9 août 1971, FRSA.
2. Article 2 de la *Loi sur les langues officielles.*
3. Gérard Pelletier, *La Crise d'octobre,* Montréal, Éditions du Jour, 1971.
4. Lettre de F. R. S. à R. M. Jackson, le 24 avril 1972, FRSA.
5. F. R. S., *F. R. Scott : Rhyme and Reason,* sous la direction de Donald Winkler, Office national du film, 1982.
6. Entretien de l'auteur avec Donald MacSween [et Timothy Porteous], le 24 août 1983
7. « The Santo Domingo of Pierre Elliott Trudeau », *The Last Post,* vol. I, n° 5, p. II.
8. Lettre de Marcel Rioux à l'auteur, s.d. [septembre 1985].
9. Entretien de l'auteur avec Jean Marchand, le 25 septembre 1984.
10. Cité dans « Au-delà des mots… la loi sur les langues officielles », Office national du film, 1981.
11. Lettre de Ray Ellenwood à l'auteur, le 7 août 1985.
12. Entretien de l'auteur avec Jean Marchand, le 25 septembre 1984.
13. Sondage Gallup, Index de la Presse canadienne, le 19 octobre 1970.
14. Lettre de F. R. S. à A. R. M. Lower, le 3 avril 1946, FRSA.
15. Lettre de F. R. S. à Donald Cameron, le 25 janvier 1971, FRSA.
16. F. R. S., *Rhyme and Reason.*
17. Entretien de l'auteur avec Jean Marchand, le 25 septembre 1984.
18. Pelletier, *La Crise d'octobre.*
19. Lettre de Larry Shouldice à l'auteur, le 30 juillet 1985.

20. F. R. S., *Rhyme and Reason.*
21. Conversation de F. R. S. avec l'auteur.
22. F. R. S., *Rhyme and Reason.*
23. Entretien de Marian Scott avec l'auteur, le 4 juin 1985.
24. Lettre de Ron Graham à F. R. S., le 16 septembre 1970, FRSA.
25. Conversation de Kathy Mezei avec l'auteur, mai 1985.
26. Entretien de l'auteur avec Timothy Porteous [et Donald MacSween], le 24 août 1983.
27. Lettre de Larry Shouldice à l'auteur, le 30 juillet 1985.
28. Walter Tarnopolsky, « Emergency Powers and Civil Liberties », *Canadian Public Administration,* 1972, p. 196.
29. Conversation de l'auteur avec F. R. S., 1978.
30. *Ibid.*
31. *Rapport préliminaire du Comité d'aide aux personnes arrêtées en vertu des lois d'urgence de la Ligue des Droits de l'homme,* p. 1, FRSA.
32. Entretien de l'auteur avec Jacques Hébert, le 17 septembre 1984.
33. *Ibid.*
34. *Ibid.*
35. Jacques Ferron, « Tout n'est pas perdu », dans *La Charrette,* Montréal, Hurtubise HMH, 1968, p. 88-89.
36. Lettre de Betty Bednarski à l'auteur, le 9 août 1985.
37. Entretien de l'auteur avec F. R. S., janvier 1983.
38. *La Charrette.*
39. Lettre de Jacques Ferron à F. R. S., [vers l'été 1969], FRSA.
40. *Ibid.*
41. *La Charrette.*
42. Conversation de l'auteur avec Pierre Trudeau, le 27 septembre 1984.
43. Jacques Ferron, « Le cœur de Jean-Olivier Chénier », *L'Information médicale et paramédicale,* 16 novembre 1971, p. 14.
44. Lettre de F. R. S. à R. E. L. Watson, le 25 novembre 1971, FRSA.
45. Conversation de l'auteur avec Jacques Ferron, le 17 septembre 1984.
46. Ray Ellenwood, « Translator's Note », dans Jacques Ferron, *Quince Jam (La Confiture de coings),* traduction de Ray Ellenwood, Toronto, Coach House, 1972, 1977, p. 11.
47. Betty Bednarski, article non publié.
48. Entretien de l'auteur avec T. P. M. Howard., le 18 février 1985.
49. John Saywell, *The Rise of the Parti Québécois 1967-1976,* Toronto, University of Toronto Press, 1977, p. 106.
50. F. R. S. à l'auteur, « Opposition to Bill 22 », le 19 décembre 1977.
51. Entretien de l'auteur avec Robert Stocks, le 18 février 1985.
52. Entretien de l'auteur avec Eugene Forsey, le 1er octobre 1977.
53. Entretien de l'auteur avec Robert Stocks, le 18 février 1985.

VINGT-CINQ : VEILLEZ BIEN SUR LE CANADA

1. Conversation de l'auteur avec F. R. S., vers 1979.
2. Graham Fraser, *René Lévesque & the Parti Québécois in Power,* Toronto, Macmillan, 1984, p. 197.
3. *Ibid.,* p. 234.
4. F. R. S., « A Policy of Neutrality for Canada », *Foreign Affairs,* vol. 17, n° 2, janvier 1939, p. 8.

5. F. R. S., « The Privy Council and Mr. Bennett's "New Deal" Legislation », *Essays on the Constitution,* Toronto, University of Toronto Press, 1977, p. 99.
6. Gérald Le Dain, « F. R. Scott and Legal Education », dans *On F. R. Scott,* p. 106.
7. F. R. S. « Dominion Jurisdiction over Human Rights », *Essays on the Constitution,* p. 214.
8. Entretien de l'auteur avec Gordon Robertson, le 26 septembre 1984.
9. Conversation de Pierre Trudeau avec l'auteur, le 27 septembre 1984.
10. F. R. S., « A Bill of Rights for All Canadians », *The Canadian Constitution and Human Rights,* Toronto, Canadian Broadcasting Corporation, 1959, p. 44, FRSA.
11. Journal B et B, les 16 et 17 août 1965, p. 238 à 240, FRSA.
12. Entretien de l'auteur avec Barry Strayer, le 10 avril 1985.
13. Lettre de F. R. S. à Allan Blakeney, le 30 novembre 1976, FRSA.
14. Lettre de F. R. S. à Michael Pitfield, le 6 août 1980, FRSA.
15. Lettre de F. R. S. à l'auteur, le 16 août 1978.
16. F. R. S., *Rhyme and Reason.*
17. Keith Banting et Richard Simeon sous la direction de, *And No One Cheered : Federalism, Democracy and the Constitution Act,* Toronto, Methuen, 1983, p. 9.
18. Lettre de F. R. S. à Rosemary Walters (Cartwright), le 30 octobre 1982.
19. F. R. S. à l'auteur et à Elizabeth Gowland, mai 1980.
20. Lettre de F. R. S. à Elspeth Chisholm, le 18 mars 1973, FRSA.
21. Lettre de John Fairbank à F. R. S., le 27 octobre 1971, FRSA.
22. Lettre de F. R. S. à John Fairbank, le 11 novembre 1971, FRSA.
23. *Ibid.*
24. Dicté par A. J. M. Smith à Jean Milner, Keewaydin, le 24 juillet 1960, FRSA.
25. Lettre de F. R. S. à l'auteur, le 29 janvier 1980.
26. Conversation de l'auteur avec F. R. S., mai 1976.
27. Conversation de l'auteur avec Thomas Berger.
28. F. R. S., Conversations au Symposium Scott, 21-22 février 1981.
29. Lettre de F. R. S. à Hugh Keenleyside, le 5 mars 1981, FRSA.
30. Sandra Djwa, « Introduction », *On F. R. Scott : Essays on His Contributions to Law, Literature and Politics.* Les résumés qui suivent sont extraits de ce livre.
31. Lettre de Douglas Gibson à l'auteur, le 9 septembre 1985.

VINGT-SIX : LES DERNIÈRES ANNÉES

1. Lettre de F. R. S. à Eugene Forsey, le 21 août 1979, FRSA.
2. Conversation de l'auteur avec F. R. S..
3. Conversation de l'auteur avec Gerald Le Dain, 1983.
4. F. R. S., « Question », *The Dance Is One,* Toronto, McClelland and Stewart, 1973, p. 26.
5. Entretien de l'auteur avec Donald MacSween [et Timothy Porteous], le 24 août 1983.
6. Conversation de l'auteur avec F. R. S., août 1983.
7. Lettre de Marian Scott à l'auteur, le 8 décembre 1983.
8. *Ibid.,* le 15 février 1984.
9. *Ibid.,* le 14 décembre 1984.
10. *Ibid.,* entretien, le 4 juin 1985.
11. FRSA.
12. Lettre de Rosemary Cartwright à l'auteur, le 5 juillet 1985.

Index

Table des matières